運動・社会民主主義・対抗構想

渡辺治著作集

The Collected Works of Osamu Watanabe

第16巻

旬報社

刊行にあたって

本著作集は、筆者が一九七〇年代後半以降四五年あまりに発表してきた論稿の一部を、いくつかの領域に分けて編集した自選の著作集である。

大学時代、学生運動の片隅に加わる中で、この社会の困難を解決し、人々が幸福に暮らせる社会をつくるには現存する政治・社会を変革していかねばならない、そのためには、当の日本社会と国家の構造を自分の手で検討・解明したいという思いを固めて以来、ひたすら前ばかり向いて走り続けてきた。今、ふり返ってみると、手をつけた課題は、戦前天皇制国家の構造の検討に始まり、憲法、企業社会、教育、自民党政治、象徴天皇制、冷戦後日本の軍事大国化と新自由主義改革、反新自由主義の運動から民主党政権、そして安倍政権、「平成」の天皇、コロナ、社会運動、対抗構想……と、よくいえば「多岐にわたる」が、冷静にみればあれもこれもの混乱、しかもそれら課題の検討のどれ一つ、完成したものはなく中途半端のままである。

そんな試行錯誤の産物ではあるが著作集として発表しても、と思うに至った唯一の理由は、筆者が、一見独立してばらばらに見える諸事象を、現代日本の社会と国家の特殊な構造の相互に関連ある構成部分として検討している点になにがしかの意義があるかと考えたことである。

現代日本の軍事、政治、天皇、治安、憲法、教育、イデオロギーなどなどを、社会の土台となる経済の構造、社会の統合の在り方に規定され特殊な相貌を帯びた、相互に関連する構築物としてとらえ、その構造の形成、確立、再編を歴史的に明らかにする、という方法は、『資本論』の著者、また『帝国主義論』の著者から学んだものであり、それを自分なりに具体化して行なったつもりである。

＊

全体の巻構成は以下のとおりである。

第1巻　天皇制国家の専制的構造
第2巻　明治憲法下の治安法制と市民の自由
第3巻　戦後日本の治安法制と警察
第4巻　戦後政治史の中の天皇制
第5巻　現代政治史の中の象徴天皇制
第6巻　憲法をめぐる戦後史・その1　日本国憲法「改正」史
第7巻　憲法をめぐる戦後史・その2　政治改革と憲法改正
第8巻　憲法をめぐる戦後史・その3　現代改憲をめぐる攻防
第9巻　憲法をめぐる戦後史・その4　運動が支える憲法の力
第10巻　企業社会の形成と自民党政治─戦後日本国家の構造
第11巻　グローバル化と現代日本の帝国主義化
第12巻　「帝国」アメリカの覇権と日本の軍事大国化
第13巻　新自由主義日本の軌跡
第14巻　新自由主義日本の現在─第一次安倍政権、民主党政権から復活安倍政権へ
第15巻　現代日本国家と教育、ナショナリズム
第16巻　運動・社会民主主義・対抗構想

あらかじめ、筆者が検討してきた諸事象の相互の関連性と検討の経緯を巻構成との関係で示しておくと、以下のようになる。

　現代日本の国家と社会は、いきなり姿を現わしたわけではなく、明治維新以来後発の開発独裁国家として急速な近代化と植民地支配、帝国主義化を遂げた近代天皇制国家の崩壊・再編成から生まれた。現代日本の国家は、天皇制国家を直接の前提にし、それに規定されて形成された。そのため、筆者は、現代日本の分析を近代天皇制国家の専制的構造の分析から始めざるをえなかった。第1巻、第2巻に収録した論文で筆者は、国民をあれだけ長期にわたり戦争に動員しながらイタリアやドイツとも違って敗戦後も既存の支配体制を維持し続けた天皇制の構造を、天皇に政治権力を集中し市民の自由をトータルに抑え込んだ明治憲法の構造、さらには不敬罪や治安維持法という治安法制を素材にして解明を試みた。

　こうした天皇制国家は占領改革で解体を余儀なくされたが、保守支配層は、天皇制時代の統治の経験を捨てきれず五〇年代にはさまざまな領域でその「復活」を図った。しかし、それらの動きは台頭する民主主義運動により挫折を余儀なくされ、自民党政治の転換が図られる。この自民党政治の類い稀な安定の秘密を探って、筆者は、自民党政治安定の土台となった、日本独特の強い企業への労働者の統合の仕組み—企業社会にたどり着いた。そこで、筆者は、第10巻所収の諸論文で、企業社会とそれに規定された企業主義労働組合運動の形成、自民党政治の安定の形成・確立過程を解明した。この時代に形成された教育の競争的構造（第15巻）、西ヨーロッパと対照的な、高度成長期以降の社会党の停滞（第16巻）も、筆者は、企業社会構造の産物として解明を試みた。こうした企業社会と自民党政治という戦後型政治の確立に伴って、天皇制国家の専制性を支えた治安法制や警察も再編成され、現代の国民統合を補完する役割を果たすようになった（第3巻）。戦後たえず復活が企てられてきた天皇制も、こうした戦後社会の中で大きく変貌した。そこで筆者は、第4巻、第5巻で、戦後天皇制が保守政治の下で変容を余儀なくされ、戦後型支配の補完物として新たな機能を果たしていくさまを検討した。

ところが、筆者が、ようやく、現代日本の国家の構造の解明にある程度の見通しをもった直後の九〇年代に入って、冷戦が終焉し、世界秩序が大きく変動する中で、企業社会と自民党政治も大規模な再編の過程に入った。現代日本の国家・社会の構造の再編の時期が始まったのである。筆者は、こうした再編が、冷戦終焉による自由市場秩序の大拡大、アメリカ一極支配による世界秩序の再編、多国籍企業間の「大競争時代」への突入という国際社会の変動と、高度成長以来巨大化し多国籍的進出を強めた日本資本の帝国主義化に根拠をもつものではないかと考えた。その再編の柱は、自由市場秩序擁護を掲げて「ならず者国家」への戦争に踏み込んだアメリカの要請に応じた自衛隊の海外派兵体制づくり・軍事大国化と、日本の巨大企業が世界的競争に勝ち抜くために要求した新自由主義改革の二本柱であった。そこで筆者は、第11巻で現代日本の帝国主義化の総過程を、また第12巻では軍事大国化の柱を、第13巻では新自由主義改革を検討した。

しかし、こうした再編成は、既存の国家構造の大規模な再編を不可欠とした。筆者は、九〇年代初頭に起こった「政治改革」をこうした再編のための突破口と見なして、第7巻で分析した。政治改革を踏まえて、自民党は大きく変貌し、小泉政権以降急進的新自由主義改革が強行されたが、それは、企業社会構造の下で社会保障の脆弱な日本においては他の先進国にはない矛盾と社会の破綻をもたらし、反新自由主義運動を昂揚させ、反新自由主義に転じた民主党の伸張と政権奪取をもたらしたのである。しかし、民主党政権は国民の期待を裏切り、第二次安倍政権が誕生し、後期新自由主義政治を強行した。筆者は、こうした政治の激変を、第14巻の諸論文で、新自由主義と軍事大国化の二本柱を軸に検討した。

筆者が、現代日本社会・国家の特殊な構造の歴史的変化を解明する鍵として注目したのが、憲法とその改変をめぐる対抗の推移であった。支配層が戦後統治に自信をもっていなかった五〇年代には憲法の復古的改変の動きが急であったが、戦後民主主義運動が復古的支配の企図を挫折させ、企業社会と自民党政治の安定期には支配層も憲法の枠組みを承認した統治を追求するようになる。ところが、九〇年代の再編期には、憲法は軍事大国化の障害物として新たな改憲の波がやってくる。しかし、こうした動きに改憲反対の運動が昂揚し、未だに改憲は実現をみていない。筆者は、第6巻から第9巻に収録した著作や諸論文を通じて、こうした憲法をめぐる支配層と運動側の攻防を軸にすえて、現代日本の国家・社会の構造の形成・確立・変容の過程を描くとともに、運動が構造に与える刻印を明らかにしようと試みた。

筆者が、戦前天皇制国家から戦後国家への転換、現代日本社会の歴史的変化を解明するために、憲法と並んで注目したのが、天皇制である。天皇制は、憲法改革と戦後社会の新たな統合の構造の形成によって大きな変貌を余儀なくされた。第4巻では、戦後社会の形成・確立の下での天皇制を、第5巻では、「平成」の天皇期の、政治と天皇の関係を分析した。

筆者は、当初、自分の課題を変革の対象たる現代日本国家の構造分析に集中し、それと対抗し、それに影響を与える運動については、正面から検討してこなかった。しかし、実際には、運動は現代日本国家・社会の構造自体に絶えず影響を与え、またその影響を免れない。そのため、ある時期から、運動と対抗構想をも検討対象に加えざるをえなくなった。第16巻所収の論文は、そうした運動と対抗構想の検討の一部である。とくに、筆者は、戦後日本の運動に独自の役割を果たした「社会民主主義」に注目して検討を行なった。

＊

冒頭ふれたように、筆者の作業は未完である。この著作集は、筆者にとって、中間総括である。二〇一五年、戦争法に反対する「戦争させない・9条壊すな！総がかり行動実行委員会」のイニシアティブでつくられた、野党共闘が、ジグザグはありながら発展し、自公政権に代わる選択肢として立ち現われている。この共闘が、政権を握り政治を変えることによって、現代の軍事大国化と新自由主義政治を阻止し、この著作集の続編が必要になる日が来ることを切望している。

二〇二一年三月

渡辺　治

目　次

刊行にあたって……i
解説……I

I　戦後社会運動の歴史的位置——25

1　階級の論理と市民の論理——27

一　問題の所在——現代における〈階級の論理〉の危機……27
二　〈階級の論理〉の歴史的形成と確立……30
1　〈市民の論理〉と〈階級の論理〉　30
2　〈階級の論理〉の二系列への分岐と優位の確立　32
3　〈階級の論理〉の動揺と解体の開始　33
三　戦後日本における〈階級の論理〉と〈市民の論理〉——第1期・結合の時代……35
1　大衆社会的統合の未完成と〈市民の論理〉と〈階級の論理〉の結合　35
2　占領権力の改革構想の〈市民の論理〉的性格　37
3　〈階級の論理〉の特質・その1——社会主義派の優位　38
4　〈階級の論理〉の特質・その2——〈市民の論理〉との親和的性格　40

5 〈市民の論理〉の特質 41
6 〈市民の論理〉と〈階級の論理〉の融合 42
四 **戦後日本における〈階級の論理〉と〈市民の論理〉**――第2期・分離の時代…… 43
1 支配層の復古主義――〈階級の論理〉と〈市民の論理〉の親和性の社会的条件 43
2 転換点としての安保闘争 45
3 企業社会の成立による日本型大衆社会的統合のインパクト 47
4 〈階級の論理〉の変容――反企業社会連合へ 49
5 〈市民の論理〉の変容――右派と左派への分岐 50
五 **日本の新帝国主義化と〈市民の論理〉の台頭**…… 51
1 日本の現代帝国主義化の遅れ 51
2 日本の新帝国主義化と右派〈市民の論理〉の台頭 53

Ⅱ 企業社会と新自由主義に対抗する運動 59

2 「豊かな社会」日本の構造 61

序章 「豊かな社会」日本の困難 61
一 **「豊かな社会」は幸せか？**…… 61
二 **日本はまだ「豊かな社会」でない？**…… 64
三 **企業社会日本の困難の特徴**…… 69
1 長い労働時間と「ゆとり」 69

2 「過労死」とストレス 82
四 日本社会が抱えている困難の原因……86

第I編 現代日本社会の構造 91

第一章 現代日本社会の構造・その歴史的形成 91

はじめに――日本社会の特殊性をめぐって……91
1 「前近代性」論 91
2 「ジャパン・アズNo1」論 93
一 「現代日本社会」の構造……94
1 現代日本社会の特徴的諸現象 95
2 現代日本社会の構造の形成 111
二 現代日本社会の歴史的形成……113
1 戦後改革期〈一九四五―五二年〉 114
2 天皇制国家への復古志向期〈一九五二―六〇年〉 118
3 現代日本社会の成立期〈一九六〇―七四年〉 125
4 現代日本社会の確立期〈一九七四―八〇年〉 135
5 現代日本社会の現在〈一九八〇年―〉 139

第二章 現代日本社会における「平和」の構造 147

一 現代日本の「平和」の独特のあり方……147
1 戦後続いている「平和」の意味 147
2 「平和」のなかに氾濫する「戦争」 148

二　現代日本における「平和」の特徴と問題点……151
1　平和の特徴　151
2　日本的「平和」の問題点　153
三　現代日本の「平和」の歴史的形成……157
1　「平和」の国際的枠組みの形成　157
2　「平和」の国内的構造の形成　161
3　高度成長と現代日本の「平和」　163
四　平和理念の再建への道すじ……167
1　「競争」・「カネ」信奉のなかで　167
2　「競争」原理への批判　170

第Ⅱ編　対抗すべき力の現状と展望

第三章　現代日本の社会民主主義　172
一　問題の所在――今、なぜ社会民主主義か……172
1　現代国家と社会民主主義　172
2　社会民主主義再評価の動き――オルタナティヴとしての社会民主主義　176
3　西欧社会民主主義の危機と変貌　178
4　日本型社会民主主義の特殊性　180
5　分析の視角　184
二　片山・芦田内閣期の社会党〈一九四五―四九年〉……187
1　社会民主主義の前期的性格　187

2　敗戦直後の社会民主主義――負の遺産　188
3　〝早すぎた〟社会党内閣　190
4　片山内閣の失敗の原因　193

三　戦闘的社会民主主義の形成〈一九五〇―六〇年〉……196

1　五〇年代総評型運動の形成　196
2　日本型社会民主主義の形成　202
3　右派社会党――日本における西欧型社会民主主義路線の採用　211
4　日本社会党の統一――日本型社会民主主義の完成　217

四　日本型協調組合運動の形成と社会民主主義の停滞〈一九六〇―七九年〉……219

1　企業社会の形成と日本型協調組合運動　219
2　日本型協調組合と政党支持――社会民主主義停滞の社会的背景　229
3　日本型協調組合運動と「福祉国家」戦略　231
4　民社党結成と「福祉国家」戦略　234
5　日本型社会民主主義の停滞　244

五　日本型社会民主主義の転換〈一九八〇―現在〉――「新宣言」路線の採択の意義……253

1　八〇年代における転換　253
2　社会党路線転換の背景　258
3　社公民路線の採用　262
4　「道」見直しと「新宣言」　266
5　「組織」と「政策」の見直しへ　272

六　現代日本社会の変革と社会民主主義の可能性……276

1　社会党「新宣言」路線の可能性　276
2　戦後日本の社会民主主義の教訓　279

第四章　資本の労働戦略にみられる労働組合の力　295

はじめに……295

一　**日経連労働問題研究委員会報告の三つの段階とその特徴**……297

1　賃上げ抑制・「減量経営」が目標――第一段階　298
2　民間大経営の労使関係の普遍化――第二段階　299

二　**八八年労問研報告の新しい特徴**……310

1　研究会の世代交代と拡充　311
2　研究会の新しい目標の設定　313
3　企業レベルから産業レベルの課題へ　316
4　春闘終息提言の意味　316
5　「先進国病」予防のための視点転換　318

三　**〝資本の効率性〟と〝人間らしい生活〟との矛盾**……321

第五章　企業社会の再編成と「連合」　328

一　**新「連合」の登場**――「連合」は企業社会を変えられるか？……328

1　「連合」の華やかな登場　328
2　「連合」は企業社会を変えられるか？　330

二　**「連合」はなぜつくられたのか？**……335

1　第一次労戦「統一」と今回の比較　336
2　企業社会の再編成と協調的労働組合の地盤沈下　348

三　「連合」の政治戦略……357
1　政治構想をめぐる「連合」内の二潮流　358
2　新「連合」と「政治改革」　368
四　「連合」と企業社会変革の可能性……373
1　企業社会の構造を前提にして「ゆとり」ある生活は達成できるのか　373
2　企業社会維持のための「政策・制度要求」　376
むすび――企業社会日本の矛盾　386
一　深刻化する企業社会の困難……386
二　企業社会再編成と維持にともなう矛盾……388
三　オルタナティヴの提示の必要……389
あとがき……391

3　現代日本社会と社会民主主義――「西欧型社会民主主義」への模索とその隘路――397

一　日本社会民主主義の脆弱性……397
1　社会民主主義の脆弱性についての従来の仮説　397
2　企業社会――企業主義的労働組合と社会民主主義　402
3　社会党はなぜ「現実主義」化できないか？　407
二　七〇年代における社会党の「現実主義」化の破綻……409
1　社会党「現実主義」化の端緒　409
2　社会党改革の二潮流　410
3　七〇年代改革と八〇年代改革の共通点と差異　412

4　七〇年代における「現実主義」化挫折の原因　415

三　協会派退治から社公合意へ　420

1　社会党の転換――第四〇回大会から第四一回大会へ　421

2　社公民連合への模索　426

3　「命がけの選択」の背景　435

四　「新宣言」への道　438

1　「道」見直し　438

2　石橋「ニュー社会党」のつまずき　441

3　組合の不満と圧力　447

4　「新宣言」をめぐる攻防　449

むすびにかえて――「新宣言」その後　457

4　戦後型左翼の形成・展開と日本政治に対する規制力　467

はじめに――課題と仮説　467

一　「戦後型左翼」の形成と構造　475

1　左翼ブロックでとらえることはなぜ有効か？――本報告の視角　475

2　前期「戦後型左翼」の特殊な構造　477

(1)　平和、独立、民主主義という一般民主主義課題の追求　477

(2)　左翼の対立の争点は社会主義ではなかった　478

(3)　「近代の不足」の克服――自由主義に対する批判の欠如　480

(4)　「戦後型左翼」の西欧社会民主主義と福祉国家への低い評価　482

(5)「戦後型左翼」の構成部分　484
二　一九六〇年代における「戦後型左翼」の変貌……486
1　「戦後型左翼」の構成の激変　486
(1)　戦後型左翼から民間大企業労組の脱落　487
(2)　社会党の変貌と持続　489
(3)　共産党の「周辺」政党への変貌　490
2　「戦後型左翼」の課題の連続と断絶　491
(1)　平和運動のバージョンアップ　492
(2)　革新自治体運動　492
三　「戦後型左翼」の政治に対する規制力とその限界……495
1　平和と反復古主義――小国主義政治　495
(1)　小国主義の形成　495
(2)　小国主義政治を促した左翼の構造　496
2　企業社会に対抗する福祉国家型連合政権の構想――「戦後型左翼」の限界……498
小括――「戦後型左翼」の終焉と新たな左翼ブロックの展望……500

5　現代日本における社会民主主義の可能性
――「新しい福祉国家」の戦略――505
一　新自由主義からの転換の必要性、緊急性……505
二　二つのデモクラシー、新自由主義……507
三　戦後日本における社会民主主義の特殊性と脆弱性……509

四　新自由主義の世界展開と日本型社会民主主義の解体……514
五　新しい福祉国家の構想……517

6　二つの国民的経験と新自由主義をめぐる対抗の新段階
――新自由主義政治転換の構想と主体形成に焦点をあてて――523

はじめに　523
一　日本の新自由主義の特質と民主党の形成……524
1　軍事大国化と新自由主義改革の併行　524
2　日本の新自由主義改革が再編の対象としたのは、福祉国家ではなかった　525
(1)　福祉国家と企業主義国家　525
(2)　企業主義国家の新自由主義化に伴う諸特徴　526
二　民主党はなぜ転換し、なぜ躍進したか――運動の力と新自由主義転換への萌芽……527
1　反新自由主義運動の展開とインパクト・その1――軍事大国化反対運動の影響　528
(1)　九〇年代平和運動の新しい特徴　528
(2)　「九条の会」運動の四つの特徴　529
(3)　九条の会運動の与えたインパクト　530
2　反新自由主義運動の展開とインパクト・その2　532
(1)　企業主義にからめとられない労働組合の反新自由主義運動　532
(2)　社会運動における反新自由主義の昂揚　533
(3)　矛盾の爆発と運動の昂揚による影響――民主党の二段階「革命」　534
3　民主党マニフェストにみる政策転換の類型構造分析――運動と政策変更の四類型　536

(1) 運動による転換強制型 536
(2) 新自由主義政策体系上のトッピング的転換型 537
(3) 自民党への接近、反転急進化、再び自民党への接近・回帰型 537
(4) 新自由主義政策継続型 538
三 政権交代の政治学――圧勝から変質へ……539
1 民主党大勝をもたらした二つの力 539
2 民主党初期政権の政策 540
3 民主党政権の変質と構造改革回帰 540
(1) 安保防衛政策の転換 541
(2) 第一類型政策の変質 541
4 新自由主義再起動への梃子となった三・一一 542
四 新自由主義転換の構想と主体形成……543
1 民主党政権の変節、新自由主義サイクルへの逆戻りの原因 543
(1) 政権交代を促した運動の停滞と党内福祉実現派の解体 543
(2) 新自由主義に代わる体系的な対抗構想の欠如 545
2 新自由主義転換の体系的構想の必要性と緊急性――新たな福祉国家構想の提示 545
(1) 福祉国家戦略と社会主義戦略 546
(2) 福祉国家か福祉社会か――グローバル経済と国民国家 546
(3) なぜ新たな福祉国家戦略なのか 547
(4) 新たな福祉国家戦略の日本的特殊性 548
3 新自由主義転換の主体形成の萌芽と展望 548

(1) 労働組合の組織化と主体形成 548
(2) 反TTP、反原発運動に見られる九条の会型運動の普遍化 549
(3) 地域と再建主体 550
まとめにかえて……………………550

資料

1 許すな！憲法改悪・市民運動全国交流集会の経過 553
2 九条の会都道府県別結成数の推移 555
3 東京地域区市部における九条の会結成数 556
4 「九条の会」集会参加者構成、年齢、性別 556
5 九条の会の結成数と世論調査における改憲反対の率の推移 556
6 民主党の憲法政策の変化 557
7 （1）正規・非正規労働者数の推移、（2）大企業と小零細企業における正規労働者数の推移 560
8 ローカルユニオンの増加 561
9 2007年「小沢マニフェスト」（抄） 562
10 民主党政権政策マニフェスト2009（抄） 563
11 民主党・障害者福祉・障害者自立支援法政策の変化 564
12 政府の生活保護政策と民主党の生活保護政策の変化 565
13 自民党・民主党の得票率の推移の2類型 567
14 2010菅マニフェスト 568

Ⅲ　平和運動、憲法運動の歴史と現在　569

7　日本国憲法をめぐる攻防の七〇年と現在　571

はじめに　571

一　**憲法に盛り込まれた戦後日本の構想**　574
1　日本軍国主義復活阻止を目標とした憲法　574
2　憲法構想に結実した諸力　575
3　憲法の三つの柱　577

二　**占領下の憲法への最初の攻勢**——改憲攻防史の第一期　581
1　冷戦と憲法の桎梏化　581
2　占領権力による憲法改変の最初の攻勢　582

三　**憲法第一の危機とそれを阻む運動の対抗**——改憲攻防史の第二期　583
1　憲法改変の第一の危機　583
2　憲法擁護の最初の運動、その特徴　585
3　改憲への岸政権の挑戦　587
4　安保闘争の新たな特徴　587

四　**憲法の修正と「定着」**——改憲攻防史の第三期　589
1　自民党政治の大転換——改憲断念　589
2　自衛隊活動を制約する政府解釈　590

3　憲法構想の歪曲と「定着」　595
4　政府の巻き返しと一進一退　596
五　憲法第二の危機——改憲攻防史の第四期……597
1　冷戦終焉と軍事大国化　598
2　「解釈改憲」による自衛隊派兵の試みと攻防　599
3　自衛隊派兵をめぐる攻防　601
4　明文改憲とその挫折　605
六　安倍政権の歴史的位置と私たちの課題……608

8　「戦後」日本の岐路で何をなすべきか——613

一　岐路に立つ「戦後」……613
二　「戦後」脱却の切り札としての安倍政権……615
三　「戦後」を維持してきた原動力……618
1　第一の岐路　619
2　第二の岐路　621
3　第三の岐路　623
四　「戦後」日本の岐路に立って——改憲阻止の国民的共同組織を……625
1　安倍政権の改憲戦略　625
2　安倍政権の矛盾と新たな可能性　626
3　改憲を阻む国民的共同の課題　628

9 戦争法案反対運動の到達点と「戦争する国」づくり阻止の展望 633
はじめに 633
一 戦争法案反対運動を改めてふり返る 634
1 戦争法案反対運動準備期—二〇一四年五月～一五年五月 634
2 第一期—二〇一五年五月一五日～六月四日 運動の担い手の登場 636
3 第二期—六月四日～七月一六日 反対運動の急速な広がり 636
4 第三期—七月一六日～七月二七日 反対運動第一の昂揚期 638
5 第四期—七月二七日～八月三〇日 参院審議、安倍政権の反攻と運動側の再編成期 639
6 第五期—八月三〇日～九月一九日 反対運動第二の昂揚と戦争法強行 640
二 戦争法案反対運動昂揚の原動力——二つの共同と新たな力 641
1 運動の昂揚をつくった二つの共同・その1——総がかりの共同 642
2 政治的立場、政策、思想の違い乗りこえる「平和」と「民主主義」の共同 646
3 批判的国民の根こそぎ決起と新たな階層、新たな組織の台頭 648
三 戦争法案反対運動の成果と課題 655
1 戦争法案反対運動の到達点——何を切り拓いたか、三つの打撃、三つの確信 655
2 戦争法案反対運動が提起した課題と運動の問題点 658
四 安倍政権の今後と「戦争する国」づくり阻止の展望 660
1 いかに早く安倍政権を倒すかで、「戦争する国」づくりは阻める 660
2 参院選へ向けての安倍政権の反撃と狙い 663
3 戦争法廃止、新たな政治へ向けての運動の課題 669

Ⅳ　日米安保と自衛隊に代わる平和の対抗構想　673

10　安倍政権による戦争法強行と対抗構想　675

一　戦争法、参院選が示した日本の岐路　675
二　戦後世界と戦争――冷戦期の戦争と冷戦後の戦争　679
三　安保体制は日本の平和と安全を確保したのか？　691
四　安倍政権の安保構想で日本の平和は確保できるか？　693
五　安保と日米同盟強化に代わる選択肢は？　695
六　憲法と日本の平和　699

11　安保のない日本をめざす運動と構想の歴史　705

一　平和運動と対抗構想の経験から学ぶ　705
二　一九五〇年代平和運動と対抗構想　707
1　運動と対抗構想の担い手の特質　707
2　平和問題談話会を中心とした対抗構想の特質　713
3　第一期の限界と課題　716
三　一九六〇年安保闘争期と対抗構想　716
1　担い手の移動――総評＋社会党＋共産党という隊列　717
2　中立構想の共通化・具体化　719

3 連合政府構想の登場 722
4 第二期の限界と課題 723
四 一九六〇―八〇年代――対抗構想の具体化、変容 724
1 自民党政治の転換と運動の担い手の変貌 724
2 平和構想の具体化と前進 726
3 なぜ共闘はできなかったのか 735
4 一九八〇年代の運動の変貌と対抗構想 736
五 一九九〇年代、冷戦終焉と経済グローバル化のもとでの大国化と対抗構想の変質 738
1 冷戦終焉と自衛隊海外派兵の動きの台頭 738
2 平和運動の担い手の大変貌 740
3 「現実主義」の対抗構想とその変容 746
4 冷戦後の新たな対抗構想の特質 750
六 学ぶべき諸点と課題 751

12 日米安保と戦争法に代わる日本の選択肢

755
一 戦争法案反対運動からみえてきたもの 755
二 「リベラル」派は安保条約や日米同盟、自衛隊をどうしようとしているか 762
1 孫崎享――安保と対米従属を強く批判 763
2 寺島実郎――日米安保体制の「再設計」 765
3 柳澤協二――自衛隊の「専守防衛」への改組 765
三 安保条約と米軍をそのままに日本の平和は実現するのか? 767

1 アメリカの日本に対する一貫した志向の過小評価 768
2 安保条約のもとで、日米同盟の相対化、非軍事化は可能か? 771
3 安保条約をそのままに、沖縄基地の削減・撤去は可能か? 775
4 安保条約を前提にして、自衛隊を「専守防衛」に引き戻すことはできるのか? 777
四 安保のない日本の構想……781
1 安保条約・日米同盟は、日本とアジアの平和の確保に役立たない 781
2 安保条約の廃棄によるアジアと日本の平和保障への前進 785
五 自衛隊をどうするか?……787
1 自衛隊の縮小・解散の二つの段階 788
2 自衛隊の縮小・解散の第一段階——自衛隊の対米従属性打破、真の「専守防衛力」へ 789
3 自衛隊縮小・解散の第二段階 790
六 多国籍企業の規制による経済構造の改革と市場規制……791
1 平和国家と福祉国家の連結 791
2 新たな福祉国家による新自由主義改革の停止と多国籍企業規制 794
七 安保廃棄へ至る道……795
1 戦争法廃止の連合政権 796
2 安保廃棄への国民的合意づくりと安保廃棄の連合政権 807
八 戦争法廃止から安保のない日本へ……811
解題にかえて・論文執筆の経緯……817

著作目録……831
著作集あとがき……859

解説

Ⅰ　社会運動を検討する意義と視角

著作集の最終巻を成す本巻には、現代の支配構造、国家に対抗し、その変革をめざす社会運動や対抗構想に焦点を当てた論稿を収録した。

筆者は研究の当初は、現代日本の困難をもたらしている支配構造の分析に集中してきたため、それに対抗する運動を正面から分析する余裕はなかった。もちろん、当該社会の変革をめざす運動には、当初から強い関心があった。しかも、研究をすすめるにつれ、支配構造の変革を展望して支配構造を分析するには対抗する社会運動をあらためて検討しなければならないこともわかってきた。

一つは、現存の支配に対抗しその変革をめざす社会運動も、同じ社会主義運動、社会民主主義運動といっても、変革をめざす対象である国家の支配構造に規定されて独特の形態をとることである。そのため、支配構造の特徴を明らかにするうえでも、運動の分析が不可欠となることである。例えば、戦後日本の社会党や共産党の運動では、社会主義を実現するという課題の前に、独立と平和と民主主義を実現するという課題が大きな比重をもち、社会党の度々の分裂は、社会主義の戦略をめぐる対立ではなく、平和をめぐる戦略の対立によって生じた。また、日本の協調的労働組合運動は、日本の企業社会の構造に規定されて、欧米のそれに比べて、企業主義的性格をもち、企業の繁栄とともに労働者の生活改善を展望する方針を一貫してもった。

二つ目は、現存の支配構造の倒壊と新たな支配への転換、ある時代から新しい時代への移行は、その社会の矛盾が激化しただけでは生じ得ず、対抗する社会運動の中から既存の支配構造に代わる構想とそれを担う政治勢力が台頭し、政権を樹立することで初めて現実的可能性をもつ。いかに、支配の矛盾が顕在化しても、それを転覆する運動と構想の台頭がなければ、転換は起こらない。とすれば、特定の支配構造の転換を展望するには、当該社会を変えようという運動と構想、担い手がどのように生まれているか、その分析と発見に努めなければならないことに気づいたことである。

特に、それを痛感したのは、新自由主義改革の時代に入って以降の三〇年余りの間であった。世界でも日本でも、新自由主義が、労賃切り下げのための大規模なリストラ、非正規化、資本に課せられた負担軽減とそのための福祉財政の削減、国際競争力の足枷となる地場産業、農業など弱小産業の切り捨てなどを強行した結果、新自由主義政治は頻繁に激しい矛盾を顕在化させ、その度に〝新自由主義の破綻〟、〝新自由主義の終焉〟が語られた。近いところでは、コロナ禍の世界的席巻時に、各国でその終焉が語られた。しかし、新自由主義の時代は依然、継続している。新自由主義の終焉のためには、それに代わる構想と運動が、新自由主義に代わる政権を樹立することが必要であり、その芽となる運動を発見する必要があると、改めて実感した。

以上のような問題意識から、筆者は、運動の戦略や戦術をめぐる攻防、変化をたんにそれら戦略、戦術が正しかったか誤っていたかという視点から検討するだけでなく、それら戦略、戦術が採用された客観的要因の解明に力を入れ、それらが主として当該支配構造に規定され特殊性を帯びたことを重視して検討してきた。本巻では、そのうち以下のような論稿を収録した。

第Ⅰ部では、社会運動の戦後史における展開を概観し、日本の社会運動の特殊なありよう、道程を概観したものを収録した。

第Ⅱ部では、八〇年代末までの日本社会の構造を形作った企業社会と自民党政治の時代に政権に立ち向かった、総評労働組合運動と社会党に焦点を当て、その日本的特殊性と政治への影響力、企業社会の形成に伴うその停滞と変質を検討した論稿を収録した。

また、この第Ⅱ部には、九〇年代に入り企業社会を右から再編して登場した新自由主義改革に対抗する社会運動の台頭、それに励まされて登場した民主党政権の意義と限界を、反新自由主義運動との関連で分析した論稿も収録した。

第Ⅲ部には、戦後日本の社会運動を特徴づける平和運動、憲法運動の歴史と、復活安倍政権の手で強行された戦争法に反対する運動を取り上げ、その特質を、「市民と野党の共闘」に焦点を当てて検討した論稿を収録した。

第Ⅳ部には、戦後日本の安全保障体制である、安保条約と自衛隊に代わる、武力によらない平和をめざす運動と対抗構想の歴史を検討し、その対抗構想の輪郭、担い手を展望した論稿を収録した。

Ⅱ　第Ⅰ部「戦後社会運動の歴史的位置」収録の第1論文「階級の論理と市民の論理」について

第Ⅰ部に収録したのは「階級の論理と市民の論理」一本である。

本論文は、冷戦後の時代のとば口に立って、第一次大戦後からの社会運動の展開、消長を概観し、戦後日本の社会運動の特質を、社会主義・共産主義運動と市民運動の独特の結びつきという点に着目してふり返ったものであり、社会運動の総論的なものなので、ここに収録した。

本論文では、「階級の論理」と「市民の論理」という、使い慣れない用語を使用した。ここで「市民の論理」とは、現存する社会の困難の原因を社会における自由と民主主義の欠如、制限にあると見、その解決と理想の社会を、自由と民主主義を尊重する市民社会に求める構想とそれをめざす運動を指す。つづめて言えば、市民運動とその思想である。それに対して、「階級の論理」とは、現存社会の困難が、自由の名の下での資本の野放図な蓄積による貧困と格差に発しているとし、その打開を、労働者階級による資本主義の規制と変革に求める構想と運動を指す。つづめて言えば、社会主義の思想と運動である。

近代以降の社会運動を、以上のような市民の論理と階級の論理の展開という視点から眺めると、近代社会から現代にかけて、歴史は大きく、〝市民の論理から階級の論理へ〟という流れをたどった。その過程で、一九世紀末から二〇世紀初頭にかけて、階級の論理の内部は、社会主義・共産主義派と、社会民主主義派に分離し、前者は、ロシア革命によって一個の政治体制として成立し、第二次世界大戦後には、東欧、中国を加えて「社会主義圏」を構成するに至り、かたや社会民主主義の方も、第一次世界大戦後のイギリスでの労働党政権という先駆的経験を経て第二次世界大戦後には西ヨーロッパにおいて複数の福祉国家体制を実現させた。ところが、一九九〇年代に入ると、現存する社会主義圏が崩壊しその多くでは開発独裁型資本主義への転換がなされ、他方、社会民主主義による福祉国家体制も、グローバル資本の蓄積の再建をめざす新自由主義改革により攻撃を受け再編を余儀なくされ、外見的には〝階級の論理から市民の論理へ〟という逆転現象が現れた。それを踏まえて、本稿では二つのことを明らかにした。

第一は、世界史における市民の論理から階級の論理への流れと、その逆流とみられる動きを概観したうえで、日本の経験をふまえて、現代は、階級の論理から市民の論理への単純な逆行ではないこと、新自由主義政治は持続的体制をつくりえず、新自由主義を克服する新たな福祉国家の現出と経験を通じて、市民の論理を組み込んだ新たな階級の論理の時代が始まるのではないか、という展望を示唆したことである。

第二は、戦後日本における、階級の論理と市民の論理の特殊な関係を検討し、以下の諸点を明らかにしたことである。

そこで明らかにしたことの一つは、戦後日本の社会運動においては、階級の論理を担う運動内では、戦前・戦時において天皇制による専制と侵略戦争と闘った共産党、社会党内左派勢力に代表される共産主義、社会主義派が有力となったことを指摘したうえで、これら社会主義派が、特に最も重要な戦略課題として、資本主義の害悪を是正する社会主義の課題ではなく、アメリカと保守政権により強行された日本の独立と平和の蹂躙、民主主義の破壊に反対する課題を掲げ、米軍基地の拡大、再軍備、改憲に反対する運動の先頭に立ったことを明らかにした。社会主義運動内で、西欧社会民主主義派が大きな潮流とならず社会主義派が優位に立った背景にも、西欧社会民主主義派が、第一次世界大戦前のドイツ社民党に見られるように、戦争協力に転じたこと、また、日本の社会民主主義勢力が天皇制の戦争に対決せず協力したことへの不信感にあったことを明らかにした。

また、戦後日本の社会主義運動は、社会に残る封建制の払拭、平和と民主主義の擁護を戦略的な目標とする市民の論理と強い親和的関係をもったことをも明らかにした。

二つ目は、高度成長に伴って企業社会が形成されるに伴い、階級の論理にも、市民の論理にも大きな変容が見られたことを明らかにしたことである。まず企業社会の形成に伴い、労働者は自らの生活改善を組合運動によって実現するよりは、企業の成長と繁栄、企業内での昇進を通じて実現することをめざすようになり、それに伴い、労働組合運動も企業主義的協調組合が支配的となった。協調組合は、自前の労働者政党の育成と政権掌握による福祉国家をめざすのではなく、企業の成長を促進する自民党を支持するようになったため、高度成長で労働者階級が増大したにもかかわらず、社会党や民社党は停滞を余儀なくされた。

他方、組合運動から排除された共産党は、高度成長と企業社会の形成期に、企業社会から排除されたり企業社会の犠牲となった、非正規労働者、農業、中小零細企業、自営業者層など「周辺」部の利益を擁護する運動を展開することで前進した。

市民の論理を擁する市民運動内でも、高度成長と企業社会による環境破壊、公害、女性差別などと闘う左派市民運動が台頭し、社会党の一翼を担うとともに、共産党と協力して、革新自治体をつくり推進する力となった。

三つ目に、ソ連・東欧の崩壊によって、世界的には共産党の解党や社会民主主義の衰退が起こったが、企業社会から排除された周辺層に依拠して闘ってきた日本の共産党は、九〇年代以降、社会保障費の構造的削減をはじめとする新自由主義改革に反対する運動、アメリカの圧力による自衛隊の海外派兵に反対する新たな平和運動の先頭に立つことで新たな存在意義を獲得した。また左派市民運動も、自衛隊の海外派兵に反対する立場から、新たな高揚を見せた。

以上のように、戦後日本の社会運動は特殊な相貌を見せながら、冷戦後も、社会主義派と市民運動の連携により、〝階級の論理から市民の論理へ〟という逆流とは異なる相貌を見せていることを明らかにした。

本論文を書いてから三〇年以上が経ち、冷戦後の世界の配置、対抗、そして、日本の位置と社会構造も、当時予想もしなかった現象――中国の台頭、アメリカの世界戦略の転換、米中対決と世界の分断、新自由主義政治の展開による社会の分裂、新自由主義政治の継続による日本経済の長期停滞など――の台頭も含め、大きく変貌した。改めて、本論文の主題の現代版を検討して書いてみたいと思う。

Ⅲ　第Ⅱ部「企業社会と新自由主義に対抗する運動」収録論稿について

第Ⅱ部には、企業社会に対抗する運動、新自由主義に対抗する社会運動関係のものを収録した。

1　第2論稿『「豊かな社会」日本の構造』について

第Ⅱ部冒頭には、『「豊かな社会」日本の構造』（以下『豊かな社会』と略称）を収録した。『豊かな社会』は、必ずしも運動だけを取り上げたわけではなく、その主題は、一九六〇年代における企業社会の形成に伴う現代日本の支配構造の成立、社会運動の変貌、企業社会に固有の困難、矛盾の現れを解明することであった。しかし、本書の第3、4、5章において、企業社会の成立に伴い、労働組合運動が大きく企業主義的に変貌し、それに依拠する社会党の党勢や活動にも大きな変化が生じたことを検討し、この三つの章が本書の中核をなしているので、ここでは本書を一括して収録した。

(1) 序章 「豊かな社会」日本の困難

本書冒頭の序章では、日本がＧＤＰ世界二位という経済大国になりながら、それに〝相応しくない〟、長時間労働や過労死という問題が噴出していることに着目し、これら日本社会の困難が決して、日本社会がその急速な経済発展・大国化に追いついていないが故に噴出している問題ではなく、日本の経済成長が、長時間労働、過労死を生むような企業の労働者支配の構造のゆえに可能であったことを指摘した。

(2) 第一章 現代日本社会の構造・その歴史的形成

第一章は、極めて特殊な相貌をもつ現代日本社会の構造とその歴史的形成を概観した、本書の総論にあたる論稿である。

本章では、まず、現代日本社会の特徴的現象として、五つの特徴を提示した。第一は成長主義経済であり、第二はその土台をなすと考えられる企業の強い支配力である。この強い企業の労働者支配が労働者を激しい競争に巻き込み異常な経済成長の原動力となると同時に長時間労働や単身赴任といった他の先進国では見られない困難を生んでいる。第三は、その裏返しである、労働組合運動の脆弱性であり、その上に乗る社会党、民社党といった社会民主主義の不振である。これが、労働組合や労働者政党による資本蓄積に対する規制をミニマムにし、異常な成長と困難を生み出す、もう一つの要因となっている。第四は、自民党一党支配の継続による系統的な成長促進的政治、福祉国家の未成立であり、第五は、アメリカへの従属・依存という国際的枠組みである。

本稿では、これら五つの特徴が、高度成長期に相互に連関をもって成立したことを明らかにした。すなわち、戦後日本は、第二次世界大戦でドイツや日本帝国主義に勝利し広大な自由市場の覇権を確立したアメリカに従属・依存することで、この自由市場から安価な原燃料を輸入し、広大な市場に輸出することで経済成長の条件を獲得した。日本企業は、労働者を不断の競争に駆り立てる支配構造を確立し、これが類い稀な競争力の源となった。労働者が企業に巻き込まれるにしたがい、労働組合運動内には、企業の成長によってその拡大したパイの分前を得ることで労働者の生活改善を図ろうとする企業主義的協調組合運動が支配的となり、欧米の協調組合のように、企業の蓄積、合理化に抵抗するのと対照的に企業の生産性向上に協力した。また、企業主義組合は、社会党、民社党という労働者政党を支持するより、企業の成長を促進する政権党・自民党への支持の傾向をもったため、日本では労働者階級が増大した高度成長期に返って社会党支持は低迷し、自民党政権は安定した。自民党政権が継続したため、官僚機構は、企業の成長のため、大規模な設備投資に資金を投下し、また企業の成長を妨げる公害規制などを遅らせたため、この面からも経済成長は促進された。

そのうえで、本章では、こうした現代日本の社会的支配構造の形成を基準に、戦後史を時期区分した。戦後日本の第一期は、一九四五―五二年の占領期であり、第二期は、一九五二―六〇年、講和と安保条約により戦後日本の国際的枠組みは一応できたにも関わらず、戦後の民主的改革で実現した民主主義と市民的自由のもとでの安定した統治の枠組みを築けていない支配層が、復古主義的政治を志向した時代である。第三期は、一九六〇―七二年で、企業社会が形成され、労働組合運動でも企業主義的潮流が台頭し、経済の高度成長が持続し、自民党政治が安定した、先の五つの特徴が一応出揃った現代日本社会の構造の成立期である。しかし、この第三期には、企業社会はまだ確立をみておらず、膨大な中小企業や公共部門には企業社会は及んでいなかった。ところが、一九七三年以降の第四期になると、オイルショックによる不況を「減量経営」と称する過酷なリストラで乗り切り、不況で立ち行かなくなった中小企業を下請けに組み入れることで、企業社会は確立をみた。また企業主義組合も労働運動を制覇した。この時期を、現代日本社会の確立期であるとした。

本章の分析は、新自由主義前の日本についての仮説としていまでも変わっていない。

(3)　第三章　現代日本の社会民主主義

第三章は、第五章と並んで本書の中心をなす章であるが、ここでは、戦後日本の政治にも大きな影響を与えた日本社会党の運動に焦点をあて、社会党は同じ社会民主主義でありながら、なぜ、西ヨーロッパの社会民主主義、労働者党と異なる特徴をもった社会民主主義となったのかという問いに答える形で、日本の社会民主主義が、日本社会の支配構造に規定されて特殊な相貌をもったことを明らかにした。

本章では、先の、日本の社会民主主義の特殊性はなぜ生まれたかという問いを分節して、以下の三つのなぜに答えた。

なぜ社会党は西欧社会民主主義を拒否したか？

第一に、本章では、日本社会党がなぜ西欧社会民主主義を拒否したのかという問いを検討した。日本社会党は、五〇年代初頭に、左派社会党という形で、のちの社会党の原型をつくるが、その社会党は、自らを社会民主主義とは認めず、マルクス主義を信奉し、社会主義革命を追求する党をめざした。特に、社会党は、西欧社会民主主義政党が追求した福祉国家戦略——冷戦期に西側陣営の一員として冷戦対決の一方に立ち、アメリカからの援助による経済成長に乗りながら、産業別労働組合による高賃金体制と、産業行動では実現できない失業、高齢、教育、介護などの問題を解決するために、労働者党を支持し労働者党政権による福祉国家型政治をめざす戦略――の採用を拒否した。同時に社会党は、総評労働運動とともに、日本を冷戦対決の一方に組み込もうとする保守政権の、片面講和、安保条約、再軍備に反対し、再軍備反対、平和と民主主義運動の先頭に立って闘った。これが、戦争を忌避し、戦前への復古主義を危惧する国民の支持を得、左派社会党、続く日本社会党の躍進を生む大きな要因となった。日本社会党は、五五年の総選挙、五六年参院選で相次いで、憲法改正発議を阻止する三分の一を獲得し、さらに、共産党を含めて安保共闘をつくり闘うことで、保守政権による復古主義の政治を断念させた。

本章では、日本社会党がこのような姿勢をとった大きな要因として、社会民主主義者や労働組合運動指導部が、かつて天皇制が遂行した侵略戦争に立ち向かえずそれを止められなかったことへの反省と悔悟――これは社会民主主義者のみならず知識人も含めた共通意識であった――にあったとした。

また、五〇年代は企業社会が未成立であったため、労働組合が企業の枠を超えて横断的な運動を展開し得たことが総評・社会党の戦闘性を支える客観的要因であったことを指摘した。

なぜ、日本社会党は、高度成長で労働者が増大する六〇年代以降に停滞したのか？

本章では、第二の問いとして、こうした戦闘性をもち躍進していた社会党が、なぜ、高度成長期になると停滞したのか、という問いに答えた。

ここでは、「社会党の伸び悩みは、社会党が現実主義的方針をもたず、頑迷な社会主義革命路線に固執したからだ」という通説を批判し、社会党の伸び悩みは、現実主義を採用しなかったからでなく、企業社会の成立と労働運動の変質によることを立証した。企業社会の成立とそれにともなう、民間産業労働組合の企業主義的協調組合への変質、企業主義組合の政権党支持が、社会党の支持基盤であった民間企業労働者の社会党離れを生み、社会党伸び悩みの主たる原因となったことを明らかにした。

その証拠として、本章では、六〇年に社会党から分裂して福祉国家・現実主義路線を採用した民社党が結党後低迷したことを挙げ、その大きな理由も企業社会と労働組合の企業主義化にあったことを明らかにした。すなわち、民社党の低迷も、民社党の支持基盤であった「同盟」、大企業労組が、企業主義的労働組合に変質するに伴い、企業の成長を促進する自民党支持に転じたからであって、現実主義の採用、不採用の違いではなかったことを立証した。

しかし、この六〇年代以降も、社会党は低迷したが衰退しなかったこと、また、六〇―七〇年代前半期には、社会党は共産党との共闘によるベトナム反戦運動、さらに革新自治体の結成などで力を発揮したことに着目し、その要因として、この時代には、まだ、国労、自治労、日教組など総評官公労や中小企業労組は、企業主義に巻き込まれず、これが社会党の運動の持続を支えたことを明らかにした。

なぜ社会党は七〇年代後半期から現実主義への転換を行なったのか？

第三のなぜは、社会党が七〇年代後半から現実主義路線への転換を開始し、七九年の社公合意、「道」見直し、「新宣言」の採択という形で転換が強行されたのはなぜかという問いである。

本章では、この要因として、七三年のオイルショックによる不況克服の過程で企業社会が確立をみた結果、社会党の党勢の地盤沈下が一層進行したため、社公民連合による社会党政権樹立により、衰退の挽回を図ろうという勢力が有力化したことを指摘した。具体的には、企業社会の確立に伴う、これまで社会党を支持していた周辺層の縮小、これまで現実主義化に反対してきた総評官公労の地盤沈下、さらに企業主義協調組合潮流の自民党との連携の動きの活発化、公明、民社の自民との協調路線などが、社会党の焦りと現実主義化を促し、転換を加速したと分析した。

そして本章の分析の帰結として、八〇年代中葉に採用された社会党の現実主義路線が、西欧福祉国家の新自由主義改革による再編、現実主義路線の綱領として採択された「新宣言」が一体いかなる社会をめざしているか不明であること、何よりこの現実主義路線が、企業社会を前提している限り、社会変革の魅力ある展望は打ち出せないことなどを理由に、その思惑通りにはいかないことを指摘した。

(4) 第四章　資本の労働戦略に見られる労働組合の力

第四章は、オイルショックによる不況克服過程で、企業主義組合が鉄鋼労連の「経済整合性論」にみられるように、企業による「減量経営」や賃上げ抑制に協力し、それもあって企業はいち早く不況を克服し、企業社会は確立したが、その結果、皮肉にも労働組合の存在意義が希薄化し、資本の側からも軽視されるに至った過程を、日経連の「労働問題研究委員会報告」を通じて明らかにした論稿である。

(5) 第五章　企業社会の再編成と「連合」

第五章は、一九八七年に民間労組を結集して民間連合が結成され、八九年には公共部門労働組合も含めて、八〇〇万の労働者を集めて新「連合」が結成された過程を検討し、この「労働戦線統一」が何をめざして敢行されたのか、そのねらいは達成できるかを検討した章である。

ここでは三つのことを明らかにした。第一は、連合結成が労働運動の上げ潮に乗って行なわれたものではなく、「統一」による票の力で政治に働きかけることで労働組合運動の地盤沈下の挽回を図ろうという防衛的狙いで行なわれたものであることを明らかにしたことである。オイルショックによる不況に直面して、企業主義組合は、企業の不況乗り切りに協力することで組合の存続を図る方針をとり、「減量経営」リストラ、賃上げ抑制に協力し、そのおかげもあって企業はいち早く不況を克服し、再び成長を開始した。しかし、組合勢力は、首切りにも闘わず、春闘も連敗した結果、地盤沈下と存続の危機に見舞われた。だが、企業主義組合は、そうかといって方針を転換し産業行動で要求実現を図るわけにもいかず、危機乗り切りのためには、労働戦線「統一」による、集票力の増加を武器に、政治の力で要求を実現し、危機を乗り切ろうとしたことを立証した。

第二は、労戦「統一」による政治力の増加を求めた企業主義組合勢力のなかには、いかなる形で、政治力を拡大するかで、二つの潮流があったことを明らかにしたことである。

第一の潮流は、拡大した集票力をもって、手っ取り早く自民党と取引し、政策実現を図ろうという潮流で、ここには民間重化学産業大経営の単産が入る。それに対して、第二の潮流は、拡大した集票力で、社会党の現実主義化を推進し、社公民連合を結成、その政権を樹立して自己の要求を実現しようという潮流で、全電通などの官公労や電機労連などが入る。

第三に、いずれの潮流の構想によるにしても、企業社会の枠組みを前提にした「連合」の政治構想は、企業社会の存立に矛盾しない、企業の要求と一致する政策――例えば農産物自由化、原発推進は可能であっても、企業社会の存続を危うくする政策――たとえば、本格的な時短などの実現には無力であると指摘したことである。

2 第3論文「現代日本社会と社会民主主義」について

第3論文「現代日本社会と社会民主主義――西欧型社会民主主義への模索とその隘路」は、第二論稿『豊かな社会』の三章、五章の続きである。この論文では、『豊かな社会』の仮説を復習した後、『豊かな社会』では、十分検討しなかった論点、すなわち、社会党の停滞は、党が、西欧社民のように現実主義化しなかったからではなかったことは前稿で立証したが、では、いったいなぜ日本の社会民主主義は西欧と異なり、高度成長以降も現実主義化を拒否したのか、また、その延長線上だが、その社会党はなぜ、七〇年代末から現実主義化の動きが台頭し、ついに八〇年代中葉には新宣言を採択し現実主義化したのかという問い――この後者の問いには『豊かな社会』の第3章で一応の回答をしておいたが、実際の過程と攻防については検討していなかった――の検討を行なった。

第一の問い、日本社会党は、なぜ西欧社民のように現実主義化する路線を拒否したのか、という問いに対しては、従来は、「左翼の跋扈」という程度の答えしかなく、まともな検討がされていなかった。ここでは、その要因は、社会党を支えてきた労働組合運動のうち民間産業労働組合が、企業社会の成立とともに企業主義化し社会党支持勢力から脱落して以降、社会党の運動や得票を支えたのは、一つは官公労であり、もう一つは高度成長期に活発化し一個の勢力を成しつつあった市民運動勢力であり、これら勢力がいずれも、企業社会に組み込まれず、企業社会の矛盾に対し闘う立場に立っていたことが、社会党が現実主義化を拒否し得た要因であったことを明らかにした。

第二の問い、その社会党が、七〇年代後半以降に現実主義化の動きを開始し、実現するに至ったのはなぜか、という問いに対し、本論文は、六〇年代中葉以降の社会党の支柱の一つであり、七〇年代前半の社会党の現実主義化を潰した官公労が七〇年代後半になると地盤沈下し、それを巻き返すために、企業主義的組合潮流と手を組んで、社会党を現実主義化し社公民連合政権を樹立することで、いわば政治の力で復権を図ろうとする路線に転換したことにあったことを明らかにした。

論文では、七〇年代末の党の現実主義化、全野党共闘という名の下での共産党との共闘の再検討、社公合意の動き、続く「道」見直しから「新宣言」に至る現実主義化が終始、日教組、全電通、などの官公労と電機労連などの組合主導で推進されたことを立証した。

同時に論文では、組合主導で、社会党の路線の現実主義化は推進されたものの、なお社会党の掲げる政策、非武装中立路線、原発反対などは、党の理念の変更とは異なり、度重なる修正の動きがことごとく挫折を余儀なくされた過程を追い、その要因として、七〇年代以降の社会党を支えるもう一つの柱である市民運動勢力が、非武装中立、原発の政策転換に強く反対したためであること、しかもこうした社会党の立場は、社会党支持者層の分厚い支持を受けていたため、選挙を気にする議員層も政策変更に反対したことをあげた。こうした社会党の新たな支持層と、社会党の原点的政策の改変が遅れた象徴が、土井たか子党首の下での社会党であったことを指摘した。

3　第4論文「戦後型左翼の形成・展開と日本政治に対する規制力」について

第4論文「戦後型左翼の形成・展開と日本政治に対する規制力」は、日本政治学会の二〇〇四年度統一テーマにもとづく全体会での報告用原稿である。本論文は、戦後日本には、五〇年代に、独特の特徴をもった「左翼」——ここで左翼とは、社会の困難を資本主義生産に起因すると捉え資本に対する規制と廃棄により社会の困難の解決をめざす運動・勢力を指す——勢力が形成され、その運動が、西ヨーロッパの社会民主主義とは異なる形で、平和と民主主義の領域で政治に対する規制力をもったことを明らかにした。

本論文は、『豊かな社会』や、第3論文の延長線上にある。本論文が新たに付け加えた点は、二つある。

一つは、『豊かな社会』では扱わなかった、日本共産党の運動を含めて、社会運動を考察しようと試みた点である。本稿が注目したのは、五〇年代以降、社会党、総評、共産党が、時に激しく対立しながら、日本の独立と平和、民主主義の擁護という民主主義的課題を共に闘った点、またそれが実現した社会的要因を指摘したことである。

もう一つは、こうした社会党、共産党、労働組合の運動により、戦後保守政治は、復古主義的政治の断念を余儀なくされたばかりでなく、対米従属による米軍の駐留は確保したものの、自衛隊の活動とりわけアメリカに加担した海外派兵を止められ、日本独特の「小国主義政治」を余儀なくされたことを明らかにした。

4　第5論文「現代日本における社会民主主義の可能性」

第5論文「現代日本における社会民主主義の可能性——『新しい福祉国家』の戦略」について」は、第2、第3論文の執筆から二〇年ほどのちに、九〇年代初頭から企業社会を右から攻撃、改変した新自由主義の政治が強行され、新自由主義に歯止めをかけてほしいという期待に乗り民主党政権が誕生したものの、アメリカ、財界の圧力を受けて再び新自由主義に回帰した時点で書かれたものである。

本論文は新自由主義政治の経験を踏まえて、改めて、日本の社会民主主義を振り返り、その新たな可能性に言及した論文であるので、ここに収録した。

論文では、新自由主義による、大企業の正規労働者を含めた大量のリストラ、非正規化、福祉の大規模な削減、地場産業の解体などに対抗し新自由主義に終止符を打つためには、かつて西欧社会民主主義が掲げた「福祉国家戦略」をバージョンアップした、多国籍企業と新自由主義に反対する「新しい福祉国家」をめざすべきであると主張した。

本論文は、旧い福祉国家と新しい福祉国家の違いとして、以下の諸点をあげた。第一は、旧い福祉国家は、冷戦の一方に加担してアメリカ帝国主義に従属した軍事国家であったが、新しい福祉国家は、多国籍企業の市場を維持するためのアメリカ帝国の戦争政策に反対し、平和国家をめざすこと。第二に、旧い福祉国家は大企業の成長に依存して福祉政策を展開したが、新しい福祉国家は、世界的大競争のために福祉国家の再編と新自由主義に乗り出した大企業に反対しその規制と負担を求めること。第三に、旧い福祉国家の担い手は、協調的労働運動と社会民主主義政党であったが、新しい福祉国家の担い手は、企業社会と新自由主義の被害を受けた膨大な非正規労働者、中小地場産業労働者、これら階層を組織する労働組合、新自由主義に反対し周辺階層の利益の擁護をめざす共産党などの政党、新自由主義による差別、環境破壊に反対する市民運動の連合であることである。

本稿では、このような新しい福祉国家の政治を実現することにより、新自由主義時代の終焉をもたらすことができると展望した。

5　第6論文「二つの国民的経験と新自由主義をめぐる対抗の新段階」について

第6論文「二つの国民的経験と新自由主義をめぐる対抗の新段階――新自由主義政治転換の構想と主体形成に焦点をあてて」は、第5論文とほぼ同時期に書かれた論文であるが、新自由主義に対抗し、その終焉をめざす社会運動の台頭・昂揚を正面から検討した論稿であるため、ここに収録した。本論文で、新たに指摘した点は、四点ある。

(1)　反新自由主義社会運動の特質

第一は、二〇〇〇年代に入って台頭・昂揚した、新自由主義に対抗する社会運動の特質を、日本の新自由主義改革がもった特徴に対応したものであるという視点から、検討したことである。

日本の新自由主義は、大まかに二つの特徴をもっていた。一つは、日本では新自由主義改革が、冷戦後のアメリカの圧力を受け推進された、自衛隊の海外派兵を中心とする軍事大国化と併存していたことである。

二つ目は、日本の新自由主義が相手としたのは、福祉国家ではなく、企業社会と開発主義を柱とする企業主義国家であったことである。そのため、福祉国家に比べ福祉制度が脆弱であり新自由主義改革の被害者の受け皿とはなり得ず、新自由主義の矛盾が、餓死、ネットカフェ難民などの形で、他の諸国に見られない劇的な形で顕在化したことである。また、新自由主義による農業や地場産業の切り捨てにより、今まで自民党利益誘導政治の下で覆われていた地方の衰退が一気に顕在化し、他国の新自由主義に増して、新自由主義の矛盾が地方の衰退という形で現れたことである。

その結果、本論文では、そうした新自由主義の特徴に対応して社会運動に二つの特徴が現れたことを指摘した。

その第一の特徴は、新自由主義に反対する運動が、自衛隊派兵に反対する平和運動と併存し、しばしば担い手も重なっていたことである。本論文は、ここで九〇年代以降の平和運動の特徴を分析し、平和運動の担い手の一つとして、新しい市民運動が台頭していることに注目しその特徴を分析した。

反新自由主義の社会運動の第二の特徴は、企業主義に絡め取られないローカルユニオンの運動、非正規、派遣切りに対抗する労働運動と福祉切り捨てに対抗する反貧困の社会運動の連携が実現したことである。また、母子加算の廃止を違憲として争う裁判、障害者自立支援法違憲訴訟などの裁判運動が、反新自由主義運動内で大きな役割を果たしたことも大きな特徴であった。

(2) 民主党の転換と社会運動との連関

本論文が明らかにした第二は、二〇〇七年参院選、二〇〇九年の衆院選における民主党の政策の二段階にわたる劇的転換を、日本の新自由主義の矛盾の特徴、反新自由主義運動の特徴と関連づけて改めて検討し直し、民主党の転換は明らかに運動の影響を受けたものであり、国民の民主党への期待は決して幻想ではなかったことを明らかにしたことである。とりわけ本論文では、民主党の政策転換を運動の強弱との関係で四類型に分けて検討した。

(3) 民主党の変節と運動との関連

本論文が明らかにした第三点は、国民の期待を受けて政権を担った民主党政権が、一時は保守政治の枠組みを明らかに逸脱したにもかかわらず、アメリカと財界の圧力に屈して、変質、新自由主義回帰を余儀なくされた要因として、反新自由主義の社会運動のもった限界と、民主党が新自由主義に代わる体系的対抗構想をもちえなかったことを挙げたことである。

(4) 新しい福祉国家の構想と主体形成

本論文が明らかにした第四点は、以上を総括して、新自由主義に対抗する構想は、新しい福祉国家になると予想し、それをめざす運動の担い手は、新自由主義の被害を被っている非正規労働者を組織する労働組合、反ＴＰＰ、反原発運動に取り組む市民運動、新自由主義で衰退を余儀なくされている地域と軍事大国化・改憲に反対する平和運動勢力の連合にあることを明らかにしたことである。

Ⅳ 第Ⅲ部「平和運動、憲法運動の歴史と現在」収録論文について

第Ⅲ部には、戦後日本の社会運動の大きな特徴をなしている平和運動、憲法運動の歴史、とりわけ六〇年安保闘争に続く大規模な大衆運動となった戦争法反対運動について検討した論文を収録した。

1 第7論文「日本国憲法をめぐる攻防の七〇年と現在」について

第7論文「日本国憲法をめぐる攻防の七〇年と現在」は、戦後日本の社会運動の大きな特徴である、改憲反対、憲法擁護運動に焦点を絞って、七〇年を振り返り、憲法を運動が支えることで、政治に対し、いかに影響を与え続けてきたかを明らかにした論稿である。

2 第8論文「戦後日本の岐路で何をなすべきか」、第9論文「戦争法案反対運動の到達点と『戦争する国』づくり阻止の展望」について

第8論文「戦後日本の岐路で何をなすべきか」と第9論文「戦争法案反対運動の到達点と『戦争する国』づくり阻

止の展望」は、いずれも復活安倍政権が集団的自衛権行使の限定容認に踏み切り、それを法定化する戦争法案を提出した事態に直面し、戦争法への対決の必要と、戦争法案反対運動の特徴を検討した論文である。

第8論文は、「戦後」日本の岐路は、安保条約締結と再軍備という形で戦後の改変をねらった講和期、安保条約を改定し、その軍事同盟化を図り改憲に結びつけようとした安保改定期、そして冷戦後自衛隊のインド洋海域、イラク派兵を強行し改憲を志向した二〇〇〇年代初頭の三回あったとし、各岐路において、「戦後」破壊の試みを阻止した運動の特徴と教訓を分析した後、安倍政権による集団的自衛権行使容認と戦争法案を、戦後四番目の、戦後最大の岐路と捉え、「戦後」擁護の闘いの重要性を訴えたものである。

本論文では、その鍵を「改憲を阻む国民的共同」の構築にあるとし、めざす国民的共同は、安保条約と自衛隊に反対し武力によらない平和をめざす運動勢力、安保条約と自衛隊を合憲と認めつつ自衛隊の戦争する軍隊化に反対する勢力、そして集団的自衛権行使など大きな転換を立憲主義と国民的議論抜きに強行する民主主義手続き違反に反対する勢力、という相互に対立を孕んだ三者の共同であるとした。

続く第9論文は、戦争法案反対運動が、「戦争させない・9条壊すな！総がかり行動実行委員会」（以下、総がかりと略称）を、ついに発見された共同の形態として注目し、総がかりを軸に、戦争法反対運動の発展を時期区分して検討した論文である。

Ⅴ　第Ⅳ部「日米安保と自衛隊に代わる平和の対抗構想」収録論稿について

第Ⅳ部に収録した三つの論文は、いずれも渡辺治・福祉国家構想研究会編『日米安保と戦争法に代わる選択肢』（大月書店、二〇一六年、以下、『選択肢』と略称）のために書かれた論文である。本書は、安保条約と自衛隊による安全保障に代わる、憲法理念に沿った平和の対抗構想を探求した共同研究の書物であるが、ここに収録した三本は、安保と自衛隊に反対する運動内で、運動を担う諸勢力により対抗構想が探求され議論されてきた歴史と、現時点に立っての安保条約と自衛隊に代わる平和の構想とそれへの接近の道筋を探求したものであるため、一括して収録した。

1　第10論文「安倍政権による戦争法強行と対抗構想」について

第10論文「安倍政権による戦争法強行と対抗構想」は、『選択肢』の序章として書かれた論稿である。第11、12論文の前提となる冷戦時と冷戦後のアメリカの世界戦略、戦争の変化を概観し、対抗構想の輪郭を提示しているので、ここに収録した。

2　第11論文「安保のない日本をめざす運動と構想の歴史」について

第11論文「安保のない日本をめざす運動と構想の歴史」は、安保条約と自衛隊、日本の軍事大国化に反対する運動のなかで、安保と自衛隊に代わる平和の構想、また、その担い手をめぐり、社会党、共産党、知識人たちからいかなる構想が提示され議論されたかを検討した論文である。

本論文で提示した新たな点は以下の諸点である。第一は、戦後の日本で安保と憲法に関わり最初の大きな対決となった、講和と安保条約、再軍備をめぐる闘いを検証し、その担い手、運動の動因、対抗構想の特徴を析出したことである。特に、本論文では、この時代の運動の担い手が、総評、左派社会党、知識人の連合であり、そこで彼らを立ち上がらせた大きな要因は、かつての侵略戦争を食い止められなかった反省にあったことを明らかにした。またそこで初めて、安保と再軍備に代わる対抗構想が探求されたこと、その構想で注目すべきは、アメリカ依存の経済成長に代わる自立経済構想が検討されていたことを明らかにした。

本論文で明らかにした第二点は、岸内閣による安保条約改定をめぐる闘争期の運動の昂揚の要因、講和期の運動との違いを明らかにしたことである。特に、ここでは、安保条約改定阻止国民会議による共闘がこの運動を高揚させたこと、この闘争の過程で、安保条約を廃止する政府構想が初めて提起されたことを明らかにしたことである。

本論文で明らかにした第三点は、安保闘争後の六〇—七〇年代に、社会党、共産党が運動を強めるなかで、その対抗構想を具体化したことを振り返り、その内容を改めて検討したことである。安保共闘は開店休業となり、社会党、共産党の共闘は、ベトナム反戦の一日共闘などに限られていたが、安保と自衛隊に反対する運動は高揚し、そのなかで、社会党の「非武装中立」構想、共産党の「中立自衛」構想が提示され、議論されたことを検討した。また、七〇年代初頭には、高度成長によるさまざまな弊害の噴出などを背景に、自民党政権に代わる革新連合政権構想が提示され、議論されたことを明らかにした。

3　第12論文「日米安保と戦争法に代わる日本の選択肢」について

第12論文「日米安保と戦争法に代わる日本の選択肢—安保条約、自衛隊、憲法の今後をめぐる対話」は、安倍政権によって戦争法が強行された時期に、安保条約と自衛隊に代わる平和の構想の輪郭とそれを担う政権の性格を明らかにした論文である。

本論文では、第一に、安保条約、自衛隊は容認しながら、戦争法、集団的自衛権に反対する一群の論客を「リベラル派」として取り上げ、その議論を批判的に検討することを通じて、安保条約廃棄の不可欠性、自衛隊改変、廃止の必要性を明らかにした。

第二に、本論文では、安保廃棄、自衛隊縮小・廃止に至る過程を検討し、日本の政治転換の第一歩として、戦争法反対運動の共同を発展させ、戦争法廃止の連合政権を樹立することが不可欠であることを立証した。

第三に、本論文では、戦争法廃止の後、安保廃棄と自衛隊縮小・廃止の道筋を検討したことである。ここでは、第一段階として、戦争法廃止の後、連合政権を構成する諸勢力の同意、国民の同意を経ながら、まず安保条約の廃止が必要なこと、それにより米軍基地を一掃すると同時に、自衛隊を真に「専守防衛の」武装勢力に変える段階があることを明らかにした。そして、そのうえで、外交政策によりアジアと世界平和を前進させるなかで国民的合意を得ながら、自衛隊縮小・廃止に至るという二段階戦略が必要なことを明らかにした。

小括——残された課題

以上、本巻には、著作集の最終巻として、現存社会の変革のための運動と構想に焦点を絞った論稿を収録したが、振り返ってみると、先に第1論文の解説のところでも指摘したように、これらの諸論文を執筆して以降、冷戦後の世界と日本の状況が大きく変わり、対抗する運動の分析においても、新たな課題が浮かび上がっていることが痛感される。

とりわけ、世界では、本巻収録の第10論文でも少し触れたように、冷戦後自由市場の大拡大を背景とした、アメリカ一極覇権の状況が、二〇一〇年代に入って大きく変わりだした。冷戦後の自由市場を舞台に、国家資本主義に転じた中国が驚異的経済成長を遂げ、二〇一二年に党主席に就任した習近平政権のもと、アメリカに対抗する覇権国家として名乗りをあげた。アメリカの自由市場強制戦略に与し得ないロシア、イラン、北朝鮮などが中国との関係を強化し、アメリカとその覇権下の諸国に対抗する覇権的勢力が台頭した。これを受けて、アメリカはトランプ政権の二〇一七年、冷戦後の「自由市場の維持・拡張戦略」とでもいうべき戦略から、対中国覇権主義対決戦略に転じた。この米中対決に、新自由主義で社会分断と格差の増大に苦しむ各国の政治が絡んで、冷戦後の世界は大きく変貌した。ウクライナに対するロシアの侵略、イスラエルによるパレスチナ攻撃が続き、新たな戦争の時代がやってきた。

こうした世界の変貌の中で日本も大きく変化している。一つは、米中軍事対決、アメリカの世界戦略の転換圧力を受けて、岸田文雄政権のもとで未曾有の軍拡と戦争体制づくりが進んでいる。他方、長く続く新自由主義政策のもとで、日本経済は長期停滞に陥り、にもかかわらず新自由主義政策に固執する自公政権の下で、社会の困難が増している。

対米従属の下での戦争体制づくりに終止符を打ち、国内では、後期新自由主義政策を転換することが焦眉の課題となっている。本巻で検討した、現存政治に対する対抗の構想と担い手の探求の、新たな段階における再検討とバージョンアップが求められている。

I

戦後社会運動の歴史的位置

1

階級の論理と市民の論理

［一九九六年執筆］

一　問題の所在——現代における〈階級の論理〉の危機

一九九〇年代に入って、特にソ連・東欧の社会主義政権の崩壊以後、社会改革をめざす運動内における〈階級の論理〉と〈市民の論理〉の関係に重大な、歴史的変化が生じている。端的に言えば、〈階級の論理〉から〈市民の論理〉への雪崩現象あるいは〈市民の論理〉の再評価論の台頭である。一九世紀の末葉から二〇世紀の後半にかけての世界史は、〈市民の論理〉から〈階級の論理〉へという形で特徴づけられるから、九〇年代の事態は、その逆転が生じたといえる。その意味では、九〇年代は、単に冷戦の終焉という第二次世界大戦後の歴史の一大画期というに留まらず一九世紀末葉以来の歴史的傾向の終焉と転換の始まりの時代であるかのごとき外見を呈している。

ここであらかじめ注目しておくべき点がいくつかある。その第一は、〈階級の論理〉の雪崩現象といったとき、その第一にソ連・東欧の現存社会主義体制の崩壊に伴う社会主義派の動揺が挙げられるのはいうまでもないが、実はすぐ後に述べるように、同じ〈階級の論理〉の中で社会主義派と一貫して対決し、それを批判してきた社会民主主義派の方も同じく危機に陥っているという点である。これは旧ソ連・東欧において、既存の権威的体制に対する長年の批判派であった民主的社会主義派や社会民主主義的潮流でなくそれらを押し流して市場導入派がひとまず勝利を占めたことにも現われているが、それ以上に、冷戦終焉とソ連・東欧の崩壊が、ヨーロッパでの社会民主主義の凋落と雁行しているという事実に一層よく現われている。つまり、〈階級の論理〉の凋落は、その内部の二系列の同時的凋落として現われているという点である。

第二に注目しておくべき点は、こうした〈階級の論理〉の凋落が、日本においてはとくに鋭く、また特殊な格好で現象しているという点である。その詳細は後に検討することになるが、さしあたりごく現象的にいっておくと、日本においては〈階級の論理〉の危機は以下の四点で特別に深刻に現われているように思われる。

その第一は、日本においては、戦前の講座派以来、〈階級の論理〉の二系列のうちマルクス主義的社会主義の潮流が一貫して大きな権威をもってきたこともあって、九〇年代におけるソ連・東欧の崩壊が知識人に与えたインパクトはとりわけ大きなものがあったといえることである。その結果、九〇年代に入って、マルクス主義的知識人内で大量の転向と〈市民の論理〉への回帰現象が生じている。

しかし、その第二に、こうした知的世界における現象は、必ずしも運動には連動していないことも同時に注目すべき点である。というのは、日本では〈階級の論理〉のうちこうした系を担ってきた日本共産党の力は、なるほど長期にわたって低迷を余儀なくされているとはいえ、ソ連・東欧の崩壊以後も急速には没落せず、かえって社会民主主義派の解体の中で相対的に〈階級の論理〉内で大きな地位を占めるに至っているからである。この点は、ヨーロッパにおける共産党の凋落と対蹠的な特徴として検討に値する点である。

その第三は、すでに示唆した点であるが、日本においても社会主義派の凋落が社会民主主義の台頭を結果しなかった点である。一時期には、社会主義の凋落が社会民主主義の時代の到来を告げるという論調もあったが、そうした「楽観主義」はすぐに消え去り、社会民主主義派の運動潮流は社会主義潮流をはるかに上回る形で衰退し、逆に社会民主主義派においても〈市民の論理〉への迎合現象が大量に生じたのである。(1)

その第四は、こうした九〇年代の変化が〈市民の論理〉の内部にも変化をもたらしているという点である。それは、〈市民の論理〉の内部でも右派の優位が現われ、新自由主義的な「自由」と「規制緩和」の大合唱を生んでいるということである。こうした右派的〈市民の論理〉は、既存の保守政治による農民や自営業者などの保護の上に成り立つ利益政治が政官財の癒着や腐敗を生んでいることを強く批判し、その改革を主張している。こうした右派〈市民の論理〉による既成の保守政治の右からの打破の運動が、九三年の政変と「政治改革」であったといえる。(2)

ともあれ、以上のような日本における〈階級の論理〉のとりわけ鋭い崩壊現象は、既存の社会主義者のみならず左派市民主義者からも、強い危機意識を生むことになった。以下の二つの表現は長年対抗関係にあった古参社会主義者と市民主義者が存外共通する危機意識を抱いていることの一証左である。

「八〇年代末、ベルリンの壁の崩壊、ソ連型社会主義体制の全面解体以降、この国にも『さらば社会主義』の雪崩が始まり、私の周辺にも〝あの人〟〝この人〟と社会主義を捨てる状況が続いた。知識人レベルでは『脱マルクス→西欧型社会民主主義』にとどまる人も見受けられるが、政治社会、運動社会ではその社会民主主義さえ重荷と感じたのか、この看板もあっさり捨てて『社会』の二文字を敬遠してリベラル名称に雲集する政治集団、運動集団が続出している」(3)。

「それ（ソ連・東欧の崩壊——引用者補）に乗じて、リベラル派というか、現実肯定派の、今の、形式本位の、つじつま合わせの民主主義でいいんだという考え方の人々が、かつての左翼なり全方面的平和主義者なりに、紋切り型的攻撃を加えて保守勢力の方へ脱走している」(4)。

本稿では、このように、世界的な〈階級の論理〉の凋落現象のなかで特殊に鋭く問題を発出させている日本に焦点を合わせ、その戦後史における〈階級の論理〉と〈市民の論理〉の交錯と対立を跡付けるなかから九〇年代の日本におけるこうした特徴がどうして生じたのかを解明してみたい。それを通じて、二一世紀においてこの日本社会をいかに変えていくか、その方向を探ってみたい。

二 〈階級の論理〉の歴史的形成と確立

1 〈市民の論理〉と〈階級の論理〉

しかし、今その詳細に立ち入る前に、あらかじめ、ごくおおざっぱにではあれ〈階級の論理〉と〈市民の論理〉について定義づけを行ない、一九世紀から二〇世紀にかけて〈市民の論理〉から〈階級の論理〉への転化が生じた過程をかいま見ておく必要があろう。

まず〈市民の論理〉とは、現存する社会の困難の解決と理想の社会を、自立した互いの自由と平等を尊重する〈市民〉によって担われる〈市民社会〉に求める構想と運動である。それは当初市民革命を追求する理念と運動として歴史的には登場し現実のブルジョワ社会において制度化されたが、しかし現実のブルジョワ社会にすべて吸収されたわけではなく、以後現存社会の批判の理念・運動として生きつづけた。〈市民の論理〉は、資本制生産の市場の論理が個人の自立と自由をもたらすという点を重視してその貫徹をめざす右派と、現実のブルジョワ社会が生み出す差別と抑圧、不自由を〈市民〉の立場から批判する左派に分岐した。

それに対して、〈階級の論理〉とは、逆に現存社会の困難が市民=ブルジョワ社会のもとで展開した資本の野放図な蓄積による差別と不平等に根拠を持つとして、その打開を、市民社会の被支配階級としての労働者階級の団結した力による社会の規制に求める構想と運動である。こうした〈階級の論理〉も歴史的には、二系列に分かれて展開、発展した。

一つは、市民社会から排除された労働者が、市民社会を転覆し、資本主義を打倒して生産手段の社会化を実現する社会主義の構想と運動であり、歴史的には、ロシア革命によって現実化した。これを社会主義派と呼んでおく。

もう一つは、労働者の団結としての労働組合が労働者党を支え、その力で労働者階級を市民社会の成員として承認させるとともに、労働者党の政権掌握によって資本の野放図な蓄積を規制し所得再分配によって市民社会のうみだす差別の是正を図ろうとする社会民主主義あるいは福祉国家の構想である。これをめざす潮流をここでは社会民主主義派と呼んでおく。後者は、支配の側から見ると、帝国主義の成立の下で労働者階級を国民として承認し社会内へ統合をはかる新たな支配形態としての〈大衆社会〉の成立を意味するので、そうした面から言えば、〈階級の論理〉の〈市民の論理〉への統合形態といえるが、それも労働組合=労働者党という階級的団結の力を背景としたものである点に着目して、ここでは〈階級の論理〉のなかに入れておきたい(5)。

この二系列の〈階級の論理〉には、それに応じた労働組合運動が存在した。前者の社会主義派においては、組合は、労働者を資本主義社会を変革する担い手として形成するための学校と位置づけられ、そこでは組合がたんに自らの「狭い」組合的利害の擁護のために活動するのでなく平和や民主主義という全国民的課題の先頭に立つことが求められた。それに対して、社会民主主義派においては、組合は現実の労働者の利害の実現の道具と位置づけられた。またここでは労働者の政治的要求は、組合→社会民主主義政党を通じて実現が求められた。

2 〈階級の論理〉の二系列への分岐と優位の確立

市民革命によって産み落とされた資本主義社会の展開は、一方で市民社会から疎外された労働者の組合運動を強め、他方資本主義の変革を指向するユートピア社会主義という形で〈階級の論理〉を発生させた。〈階級の論理〉はその内部で次第に分岐していったが、第一次世界大戦への参戦問題を機に、ついに二系列の運動に分裂した。

専制権力が近代化を進めながら頑強に労働者や農民の社会成員としての組み込みを拒否しつづけたロシアでは、社会外の大衆が専制を打倒して社会主義権力を樹立した。

他方、ドイツやフランスなどの西ヨーロッパ諸国では、社会主義運動は自国の戦争を認める改良主義派と帝国主義戦争反対派に分裂したが、おおむね改良主義派の優位の下に激しい角逐を繰り返した。第一次世界大戦時に、総力戦の遂行のために労働者の動員を必要とした各国政府は、いずれも労働者階級に戦争への協力と引き換えに権利の譲歩を約束していたが、大戦後にはドイツのワイマール共和国をはじめヨーロッパ各国で男子普通選挙権と労働基本権が承認され、労働者が社会成員として承認されるとともに、労働組合と労働者党の力によって早熟的に福祉国家を成立させた。その意味において、福祉国家とはまぎれもなく帝国主義の産物であった。

福祉国家は、一九二九年の世界恐慌の克服をめざした各国の管理通貨制の採用によって経済的実現の制度的基礎を獲得し、第二次世界大戦後の経済成長によって大規模な形で実現した。他方、第二次世界大戦によって、東ヨーロッパやアジアでは社会主義政権が相次いで成立し、かくして、二〇世紀中葉には、社会主義の体制と並び先進資本主義諸国の内部でも〈階級の論理〉にもとづく体制が実現し、二系列の〈階級の論理〉の体制化という形で〈市民の論理〉に対する優位が定着したのである。

3 〈階級の論理〉の動揺と解体の開始

こうした〈階級の論理〉の優位に陰りが生じたのは、一九六〇年代の末葉であった。その第一の現われは、現存社会主義体制の内部での動揺と、改革の試みの台頭であった。六〇年代初頭以来の中ソ論争、そして六六年に始まった中国の文化大革命、六八年のチェコの改革とソ連によるその圧殺は、〈階級の論理〉の第一の系の内部でその構想にもとづく現実に対する懐疑が生じたことを象徴するものであった。

中ソ論争は、核兵器の評価や平和共存政策といった社会主義の対外政策を巡る対立を中心として展開されたが、しかし同時に現存の社会主義が必ずしもそれが理想とした階級的差別や抑圧を廃止しておらず、また巨大な官僚主義を生み出しているという現状と理想との乖離をどう埋めるかという社会主義建設上の対立をも内包していた。対立は、〈階級の論理〉に〈市民の論理〉を加味するという路線をとるか、それとも問題を〈階級の論理〉の不徹底ととらえ、その徹底化をはかるかにあったといえよう。前者に立つソ連が、もっぱら生産力問題に関心を集中して利潤導入などの市場の論理の導入を試み、片や後者に立つ中国が文化大革命という形で、社会主義の「階級闘争」を強めたのは、その歪んだ現われであった。むしろ、〈階級の論理〉のはらむ問題に対する正面からの挑戦は、チェコの改革の方であった。チェコの六八年は、社会主義が民主主義とは逆の体制となっているという現状の打破の試みであった。

他方、同じ時期に、〈階級の論理〉の第二の系にも変化が現われた。社会民主主義は、第二次世界大戦後、資本主義の経済成長に乗ってイギリスや西ドイツで福祉国家を出現させていたが、この時代に左右からの批判を呼び起こしたのである。左からの批判は、福祉国家が階級・階層間格差を縮小せずまた官僚主義を生み出すなど決してそれが現存社会の差別と抑圧を克服しえていないというものであったが、右からの批判は、福祉国家政策がそれの前提とした経済成長を食い潰したばかりでなく、その資本に対する重い負担と規制が経済の停滞をもたらしているというものであった。すでに六〇年代には、イギリス経済の停滞が国民的合意となり、労働党の側も経済の再建のための諸方策を打ち出して福祉国家の論理を切り崩さざるをえなくなったのである。

一九八〇年代に入ると、福祉国家の改編を主張する新自由主義の潮流が台頭した。新自由主義とは、一方でのオイルショック以降の経済成長の終焉による労資妥協の崩壊と福祉国家に対する反動という性格のみでなく、現代資本主義の新たな展開を基礎にした支配の新たな段階でもあった。それは、第二次世界大戦後の現代帝国主義の下で六〇年代に登場した多国籍企業の世界的展開が、福祉国家的統合と規制に大きな制約を感じその廃棄を強く求めた結果、現代帝国主義が採用した新たな統合の形態でもあったのである。(6) 同時に、新自由主義は、福祉国家的再分配に不満を強めていた上層市民を担い手とする右派〈市民の論理〉による反動的運動に支えられていた。それに対して社会民主主義派は有効な反撃をなしえなかった。

冒頭にみた、九〇年代における〈階級の論理〉の凋落がただに社会主義派にとどまらず社会民主主義派の凋落をも引き起こした背景が、すでにここに胚胎していた。九〇年代の事態は、その意味では六〇年代以降進展した〈階級の論理〉の危機の、鋭いが一帰結に過ぎなかったといえよう。

ではいったい日本における先のような特殊な現象形態は何故生じたのであろうか。以下に日本における〈階級の論理〉と〈市民の論理〉の特殊な交錯のありようを検討しよう。

三　戦後日本における〈階級の論理〉と〈市民の論理〉——第1期・結合の時代

1　大衆社会的統合の未完成と〈市民の論理〉と〈階級の論理〉の結合

戦前の日本は、後発の資本主義化を強行したために特殊に専制的な天皇制権力と半封建的地主制という社会的特徴によって、急速な近代化＝資本主義化にもかかわらず、社会改革をめざす運動内に〈階級の論理〉のみでなく〈市民の論理〉の浸透する余地を広範に残していた。

第一次世界大戦後になると、既存の専制的・寡頭制的統治の限界が露呈され、労働運動や農民運動が昂揚すると、日本でも労働者階級や農民に参政権を付与して両階級を市民の一員として組み込み、新たな統合を作り出そうという支配の側の試みが台頭した。それに呼応するように〈階級の論理〉の内部でも、社会主義派と袂を分かって社会民主主義派が台頭したのである。

しかし、日本では、こうした大衆社会的統合は極めて不徹底にしか実現せず、したがって強固な統合様式としては定着しなかった。なるほど、一九二五年の衆議院議員選挙法によって日本でも男子普選が導入され、労働者・農民の社会成員への組み込みがはかられたが、その前提となる市民的自由の付与や労働組合運動や小作運動の公認は実現されなかった。天皇制国家は、労働者や農民の階級的団結や政治的結集を承認したうえで、彼らを大衆社会的に統合するという決断をするまでには踏み切れなかった。そうした新たな統合を可能にする経済的な基礎は不安定であり、かつその場合に不可避的に求められるであろう土地改革を容認して地主勢力を切ることは、天皇制にとってあまりにも

危険な賭けであったからである。(7)

このように、天皇制国家が依然市民的自由を頑強に禁圧し、大衆社会的統合も不徹底であったために、市民運動は十全な開花を見ることはできず、また〈階級の論理〉の第二系列たる社会民主主義派も活動の余地はなかった。こうして、天皇制国家の専制支配を外側から攻撃する非合法共産党を中心とする社会主義派の運動が、運動内のヘゲモニーを握った。

しかし、日本共産党は、専制的な天皇制支配を前に直接社会主義をめざす路線を提起したわけではなく、まず天皇制を打倒し社会の半封建的な構造を除去する民主主義的変革を指向した。(8) いわば〈階級の論理〉を実現するために徹底して〈市民の論理〉を実現するという戦略をとったのである。

それを受けて、当時のマルクス主義は、講座派にその典型をみたように日本社会の半封建的構造の分析に集中した。ここに、戦前期日本において、〈階級の論理〉が圧倒的な知的権威を確立し、〈市民の論理〉を追求する知識人達にも大きな影響力を与えた理由があった。〈市民の論理〉は、専制的支配の下で独自の運動を創出することができなかったばかりか、理論的にも講座派の日本資本主義分析に依存を余儀なくされたのである。

こうして戦前から戦時期をまたいで戦後期にまで継続することになる、あの〈階級の論理〉と〈市民の論理〉の独特の融合が生まれたのである。戦時期の丸山眞男、大塚久雄、川島武宜らの営みの中に講座派マルクス主義が強く影響を与えていたこと、逆に「講座」に参画した羽仁五郎が、戦時下には、『ミケルアンジェロ』や『都市』をはじめとする作品で〈市民の論理〉に依拠して抵抗したことは、こうした二つの論理の融合の象徴であった。

2 占領権力の改革構想の〈市民の論理〉的性格

戦後の改革は、日本帝国主義の復活を阻止するためという明確な目標の下に取り組まれたが、それは上にみたような〈階級の論理〉に深く規定された講座派的な〈市民の論理〉に立ったものであった。

もちろん、改革を直接執行した占領権力は、当代日本社会を単純な前近代社会と看做したわけではない。けれども、占領権力は、日本帝国主義の特殊な侵略性と凶暴性の根源を、天皇制の専制的支配による民主主義の抑圧と日本資本主義が地盤とした社会の封建的・前近代的性格がもつ市場の狭隘性に求めたのである。その結果、占領軍は、日本帝国主義の復活を阻止するためにも、あえて日本社会の広範な民主化と市民的担い手の育成に力を入れたのである。

こうした占領改革の〈市民の論理〉的性格を象徴したのが、日本国憲法であった。筆者が別稿[9]で検討したように、占領権力が主導した憲法草案の起草過程において、GHQ部内には日本の福祉国家化を主張する強い勢力が若手のニューディーラーを中心に存在していたにもかかわらず、草案では意識的に福祉国家的側面は切り捨てられ市民国家的構想が前面に出たのである。

もちろんそうはいっても、占領権力とて、純粋な〈市民の論理〉一本やりで社会の改革が可能であるとは思っていなかった。社会の大衆社会的統合の要素は不可避であった。男女普通選挙権の承認とともに、労働者の組合結成と労働基本権が逸速く承認されたのは、その現われであった。そこでは、労働組合の公認→民主党的リベラル政党の育成→ニューディール型福祉国家が想定されていたといってよい。

もっともその際でも、そこで育成が目指された労働の勢力は、アメリカを念頭に置いた極めて自由主義的な、つまり〈市民の論理〉になじむものであったことが注目される。占領権力が想定した「健全な」労働の力の範囲は相当に狭いものであった。それは労働組合運動を社会主義の方向へ扇動するものは無論のこと、そうでなくとも大衆運動によって要求の実現を強要するようなものは、その範囲外のものとされた。しかし、労働組合結成という蛇口を開けた結果、労働者の運動は占領軍の「健全」さの思惑をはるかに越えた奔流となって噴出したのである。

3 〈階級の論理〉の特質・その1——社会主義派の優位

戦後直後の日本社会の状況は、〈階級の論理〉にも、ある刻印を押した。それは、第一に、〈階級の論理〉の二系列のうち社会主義派の圧倒的優位であり、第二に、一見それと矛盾するが〈階級の論理〉と〈市民の論理〉の親和的性格であった。

戦後改革期にあって、労働運動内にとどまらず広く知識人達の世界のなかでも、社会主義派、それも共産党の権威は圧倒的であった。それは、第一に共産党的勢力のみが天皇制国家と帝国主義に終始反対したこと、第二にそれのみならず進行する農地改革や憲法改革からも、共産党＝講座派マルクス主義が示していた日本社会の分析と変革構想の正しさが立証されたかに見えたこと、の故であった。

それに対して、社会民主主義勢力は、戦時中には、議会内においてもまた産業報国会においても天皇制の政策に屈服しそれに積極的に協力していた。特に社会民主主義派のなかでは、最左派の無産党系を除くと、むしろ中間・左派のグループの方が戦時国家総動員体制による労働者の地位向上に期待して、一層積極的に政府に協力した。社民右派は、戦時下にあっては、保守のリベラル派＝英米派と協力しそこに融合していた。そのため、敗戦直後には、社会民主主義派特にその中間派の方が占領軍のパージの対象となり壊滅的打撃を受けたのである。こうして、社会民主主義派は、総体として知的・道徳的ヘゲモニーを喪失し、敗戦直後に独自の政治構想を打ち出す勢力としては脆弱であった。

こうした社会民主主義派の脆弱性は、戦後労働組合運動にもあらわれた。なるほど労働組合は社会主義派の産別会議と社会民主主義派の総同盟に二分されたかにみえたが、実際には、労働組合運動の思想は圧倒的に社会主義派の影響下におかれた。その結果、組合がたんに企業内の要求実現にとどまらず民主主義の先頭に立って闘うべきことは自明のこととされた。こうした運動の特徴が、後述するように〈階級の論理〉と〈市民の論理〉の強固な結合を生む一要因となったのである。

このように、社会民主主義派は運動内において脆弱な勢力であったにもかかわらず、保守支配層への幻滅が圧倒的であったこと、かといって共産党にまでは移行しえないという大衆の過渡的意識状態に助けられ、また中道＝社民の勢力による安定的統治を期待したマッカーサーらGHQ指導部の後押しを受けて、片山哲政権が誕生した。しかし、この社民政権の惨憺たる失敗は、〈階級の論理〉のなかでの社会民主主義派の権威をさらに一層決定的に低落させることとなったのである。この経験をふまえて、社会党内での左派の台頭、マルクス主義の知的権威の確立、社会民主主義戦略の否定といった戦後日本社会党をきわだたせる独特の構造が形成されたのである。

こうして、戦後日本における〈階級の論理〉内部での社会主義派の優位の独特の構造が形成された。それは、社会党が「社会民主主義」戦略を否定したこと、また反共産党を掲げて登場した総評労働組合運動においても急速に社会主義派が支配的となったことに象徴的にあらわれていた。

そこで、以下では、こうした〈階級の論理〉内での独特の社会主義派を、本来の社会主義派も含めて、仮に階級派と呼んでおこう。

4 〈階級の論理〉の特質・その2――〈市民の論理〉との親和的性格

他方、〈階級の論理〉は、後述する〈市民の論理〉と極めて親和的性格をもった。その第一の理由は、当代日本社会の改革は、社会に残る前近代性の一掃を中心とする民主主義的性格のものであって、社会主義はその延長線上にいわば連続的に実現するものという捉え方が支配的であったことが挙げられる。先述のように、共産党や講座派マルクス主義にとっては、日本社会の前進にとって決定的な障害物は、天皇制という絶対主義的権力とその土台たる半封建的地主制であった。したがって、当面する革命は民主主義的な性格をもつものであり、労働者階級は、そうした民主主義の実現の先頭に立つべきものとされたのである。そこでは後に日高六郎が言ったように、近代市民社会は「通過駅」ではあったが、そこを通らなければ社会主義へはいけない不可欠の通過点として意識されていた。[10]

第二に、しかも、この社会の前進を阻んでいる封建的障害物は、極めて強固なものであると観念されていた。戦後改革の過程で、天皇制権力の専制性を保障していた法制度は急速に破壊・一掃されつつあり、共産党内から、天皇制はすでに崩壊したので、主要な課題は社会主義の実現であると主張する勢力も台頭したが、主流はあくまで、「天皇制は打倒されておらず依然として民主主義革命は継続中である」という認識であった。共産党やマルクス主義者のこうした認識を正当化するような事態は確かに存在した。例えば、天皇制を廃棄して共和制にすることはいかなる意味からも社会主義的な課題ではなく、市民的課題の中心に座るはずであったが、天皇制を廃止して共和制を主張した政治勢力はほんのわずかの知識人を除けば共産党に限られていた。[11] こうした状況下では、共産党と労働者階級をおいて社会の民主化を推進することはできないという認識が一般化したのも自然であった。

さらに、第三に、戦後日本の直面した新しい課題も、こうした〈階級の論理〉と〈市民の論理〉の親和性に貢献した。すなわち、冷戦の激化のなかで、日本はアメリカの世界戦略の基地として軍事的政治的従属下に置かれるようになり民族独立の課題が浮上し、また冷戦の一方に荷担することに反対して平和の課題がクローズアップされてきたが、このいずれの課題も、国民的＝民主主義的性格をもつものであったからである。そして、日本社会の封建性の一掃の課題と並んで、こうした戦後の新しい課題、すなわち民族独立と平和の課題は、すぐ後に述べるように、市民的勢力も精力的に取り組んだ課題であったから、かくして運動の内部において〈階級の論理〉と〈市民の論理〉の親和性は、増大した。

5 〈市民の論理〉の特質

他方、戦後の〈市民の論理〉も極めて大きな特徴をもって形成された。その第一は、戦後の社会運動内での〈市民の論理〉の強大性であった。これは〈階級の論理〉の第二系列である社会民主主義派の脆弱性と対蹠的な戦後日本固有の特徴であった。第二は、〈階級の論理〉の帯びた特徴の裏返しであるが、〈市民の論理〉がある程度〈階級の論理〉を受け入れ、あるいはそれを当然の前提としたという点であった。以下、順次述べていこう。

敗戦後の日本では、極めて強力な市民的勢力の台頭が見られた。これは、日本帝国主義の侵略戦争が金融資本の産物という側面と同時に、専制的天皇制軍国主義による民衆の声の抑圧のうえに遂行されたという認識による点が大きかったからであった。そのため、敗戦直後から共産党系の運動とともに市民運動が澎湃として起こったのである。

こうした市民的運動は、戦前・戦中期の反省から、ある種の市民的組織と、自らの隊列を育成するための教育組織をもっていた点が特徴であった。清水幾太郎や久野収らの作った「二十世紀研究所」などが前者の例であり、また「鎌倉アカデミア」や久野・新村猛らの「人文学園」「労働学校」は、後者の教育組織の例である。(12)

こうした市民運動は、共産党＝労働組合運動と一定の緊張関係を保ちつつ共同関係を維持しながら独自の勢力を拡大していったのである。

こうした運動が開花したのは、四〇年代末の「平和問題談話会」の発足とその活動であった。この組織は、〈市民の論理〉にもとづく組織と方向を典型的に打ち出して大きな影響力をもった。第一に、この組織は、共産党と同様平和を追求するための組織であったが、階級派の信奉する「革命による平和」論を否定して社会体制の変革に結び付けない平和の追求を主張するという点で、その独自性をもとうとした。第二に、それに呼応して、この組織は、久野収や丸山眞男、清水幾太郎らを中心としながら、安倍能成や和辻哲郎ら保守派をも含む広範な知識人の結集体として結成された。これは明らかに彼らの平和運動が革命と意識的に切り放して存立しうるし、すべきであるという方針に基づくものであった。

こうして、戦後日本では社会民主主義派でなく〈市民の論理〉が社会主義派に対峙したのである。

6 〈市民の論理〉と〈階級の論理〉の融合

しかし、こうした市民運動は、第二の特徴をもっていたことを過小評価できない。この〈市民の論理〉は先述のように、自らが戦争を阻止しえなかったことに対する痛切な反省にもとづいたものであっただけに、いわば素朴な〈市民の論理〉ではなく、むしろ〈階級の論理〉を承認しそれと積極的に提携することを身上としていた。

後藤道夫が指摘するように、この〈市民の論理〉は、いわば歴史の終着点で社会主義を予定し、ある場合にはそれを承認していた[13]。その点では当代〈市民の論理〉は左派的性格を濃厚に帯びていた。また、〈市民の論理〉を実現するための担い手として、中産的市民層ではなく、労働者・農民を想定していたことも、この〈市民の論理〉が純粋型を当初から放棄していたことを示していた。

平和問題談話会の組織者としての吉野源三郎が当初談話会の中心に日本共産党の最高幹部であった野坂参三を入れようとしていたこと、また談話会の声明が総評の左派系の活動家によって増刷りされ組合活動家の中に配布され総評や社会党の平和四原則の決定に大きく貢献したことなどは、彼等〈市民の論理〉が積極的に〈階級の論理〉と提携したことを象徴していた(14)。

〈市民の論理〉がこうした提携を指向した背景には、先述のような社会主義派の日本社会分析、すなわち社会の前近代性論、民族的従属論を市民派も共有していたことが挙げられる。同時に、これら市民的知識人らが戦前・戦中に徹底して抵抗を貫いた日本共産党の権威を承認していたことも否定できない。こうして、市民派は、階級派と時に鋭い緊張関係に立ちながら、大局的には、密接な結合関係を保ちつづけたのである。

四　戦後日本における〈階級の論理〉と〈市民の論理〉——第2期・分離の時代

こうした〈階級の論理〉と〈市民の論理〉の親和的状態は、六〇年代に入って解消された。以後、二つの論理は現存日本社会の改革のあり方をめぐる二つの路線として対抗・競合しあうようになる。

1　支配層の復古主義——〈階級の論理〉と〈市民の論理〉の親和性の社会的条件

実は、この二つの論理が親和的でありえたのは、戦後日本の保守支配が、占領権力によって強制された市民国家と大衆社会的統合様式の受け入れに難色を示し、戦前型の権威的秩序への復帰をしつこく追求していたという条件に基礎を置いていた。おまけに保守支配層は、一九五〇年代中葉以降、早熟的な帝国主義復活政策を追求しはじめたのである。

支配の側が対米従属政策と復古主義を追求しているかぎり、民族的独立と平和、そして市民社会の追求という〈市民の論理〉の目標は、〈階級の論理〉から受容されかつ〈階級の論理〉の担い手によって強力に推進されたのである。〈市民の論理〉は、当時未だ階級派に対峙するような独自の運動の担い手をもっていなかったから、その目標を真面目に実現しようとするかぎり、階級派に働きかけ階級派と手を組まざるをえなかった。

こうした両論理の融合・親和の頂点は、五〇年代中葉に高揚した基地拡張反対闘争、勤務評定反対闘争、警察官職務執行法改正反対闘争、そして安保条約改定に反対する安保闘争であった。これら一連の闘争の中心を担ったのは、もっぱら総評に結集する労働組合運動であり、総評が自らの経済問題にのみ目を狭めることなく平和と民族独立という国民的課題に決起するよう指導したのは、総評内の民同左派活動家と共産党系の活動家群、それと階級派・市民派に属する知識人達であった。また共産党の周囲に結集する様々な地域の運動体も大きな力を発揮した。

そのうえに乗って、一九五五年第六回全国協議会によって共産党が統一を回復し極左冒険主義を自己批判して以来、中央レベルでも徐々に、社会党、共産党の共闘が成立するようになったが、この共闘の蝶番いになったのも、総評や市民派的知識人であり、こうした運動を理論的に領導したのも、市民派とマルクス主義的知識人達であった。

この時代の階級派と市民派の共闘関係を市民派の側から代表したのが、清水幾太郎の活動であった。清水は、平和問題談話会の活動家として、平和運動に積極的に取り組む過程で、砂川闘争や勤評反対闘争などに積極的に参加し、これら一連の闘争で市民派の論陣を張り大きな影響力をもった。清水はその過程で、総評の高野実指導部を積極的に支援し、左派社会党の育成と強化を図った。清水の行動は、この時代の市民派知識人の、階級派との密接な関係を象徴していたのである。

それに対して、この時代の階級派の運動を代表したのは、総評であった。階級派を代表した共産党は、コミンフォルムの批判を受けて一九五〇年に分裂し、その主流が極左冒険主義に陥って大衆的影響力を喪失していた。その間、総評が階級派を代表して〈階級の論理〉と〈市民の論理〉の協調を実践したのである。総評は、労働組合運動として、平和四原則の採択以来積極的に平和闘争に取り組み、こうした平和・基地闘争の先頭を担った。

この労働組合運動の参加によって、戦後民主主義運動は強力な力を発揮し、支配層の復古主義と対米依存下の早熟的帝国主義復活路線を挫折させることができたのである。

2 転換点としての安保闘争

こうした両論理に最初の亀裂が顕在化したのは、安保闘争であった。安保闘争は、両論理の親和性の頂点であると同時に、両論理が特に〈市民の論理〉の側から分離していく発端としても注目すべき闘争であった。安保闘争において、市民派ははじめて、階級派と異なる独自の運動をもつようになり、独自の戦術と組織を主張しはじめ、その自立は後に戦略的な展望にまで拡大していくこととなった。

まず第一に、市民派は、市民社会の建設の担い手としてはじめて労働者・農民という階級的勢力とは異なる独自の階層としての〈市民〉を主張し組織することとなった。

そもそも、〈市民〉という言葉が登場したのは、この一九五〇年代後半のことであった。それまで市民派は公然と〈市民の論理〉の担い手は階級的勢力であることを承認してきたが、この時以来、階級的勢力とは異なる、実体としての市民に、自らの運動を託すようになったのである。市民派の代表たる久野収は、これら市民運動の担い手をこう表現した。

「目覚めた個人が、どう自発的集団を組み、各問題の解決に歩み出すか。この横の連帯的集団形成の中から、近代社会、近代人は誕生し、成長したといえる。…自発的結社、契約的集団、任意的組織が自由に各所に輩出して、国家や社会や地域を動かさなければダメだというわけです。……

その自発的団体は、〝にもかかわらず〟出てくるもので、何か、存在や制度に規定され、〝それ故に〟出てくるものではない。何らかの意味で自分の生活に内在する伝統や慣習や制度の支配〝にもかかわらず〟ある新しい共通目標を実現しようとして共通の立場が出てきてはじめて〝新しい人間〟が誕生し、活動する」と。

これを思い切って「翻訳」すれば、こうなる。それは学生や主婦などを除けば階級的担い手と同じかもしれない、しかし、市民とは、社会的存在や制度に規定され〝それ故に〟出てくるものではなく、〝にもかかわらず〟出てくるものである、というのである。そこで久野は、〈階級の論理〉とは異なる〈市民の論理〉の担い手を措定したのである。(15)

また、それに応じてこれら市民運動は、安保闘争の下で新しい組織を生み出した。久野や篠原一らの「武蔵野沿線市民会議(16)」や「声なき声の会(17)」などは、その典型例であった。

第二に、これら市民運動は、〈階級の論理〉とは異なる〈市民の論理〉を主張することとなった。市民派にとって、岸内閣が強行しようとした一連の政策は、憲法上の価値たる市民的自由の蹂躙であり、それに反対することは実現しつつある市民社会の擁護という保守的意義をもった。このことは、階級派が安保闘争において、アメリカによる日本の従属と日米共同防衛体制に反対し民族独立と平和の課題を追求したのに対し、市民派が、民主主義の擁護を前面に押し出したことによく現われていた。六〇年五月一九日の強行採決以後、竹内好が「民主か独裁か」とスローガンを提起したこと[18]は、それを象徴していた。実にここにこそ、〈市民の論理〉と〈階級の論理〉が乖離していく秘密が隠されていたのである。

3　企業社会の成立による日本型大衆社会的統合のインパクト

実はこうした〈市民の論理〉の自立は、その背後に社会的な基礎をもっていた。〈階級の論理〉と〈市民の論理〉が手を携えて安保闘争を闘っている背後で、二つの論理の乖離をもたらすような変化が進行していたのである。

戦後日本の高度成長の下での市民社会の成立がそれであった。経済の高度成長の下で、企業は極めて独特の企業社会を形成し、これが高度成長を加速化させたばかりでなく、極めて特殊な形で日本の大衆社会的統合＝市民社会化を確立させたのである[19]。

強力な労働組合運動のインパクトを受けて、日本の大企業は一九五〇年代後半から新しい管理を採用した。それは、それまで企業の管理において一般化していたブルーカラーとホワイトカラーの厳然たる格差構造を改編して昇進体系を一本化し、彼ら全体を企業の競争に巻き込もうとするものであった。この新たな支配によって、それまで労働組合運動によって自己の生活を改善する展望をもっていたブルーカラー層は次第に企業の繁栄と企業内での昇進によってその生活の向上を展望するようになった。この支配は、大企業の男性本工層のみを巻き込んだものであり、女性労働者や広範な中小企業や公共部門労働者は、その外に置かれたにもかかわらず、進行する高度成長による生活向上の希望と相まって強力なイデオロギー的な浸透力をもった。

そして、この六〇年代に、日本では、労働組合→労働者党→福祉国家政策、というヨーロッパにおける大衆社会的統合とは異なる形で、大衆社会的統合が成立したのである。それは、以下のような特徴をもっていた。

第一に、ヨーロッパの大衆社会的統合が労働組合の階級的団結と労働者党の政権参画という形で一応〈階級の論理〉を組み込んだものであったのに対し、日本のそれは、組合も労働者党も媒介とせずに労働者を直接企業が〈社員〉として統合するものであっただけに〈階級の論理〉に対する破壊的影響は一層強かった。企業社会の成立に伴って、労働者内では、自らを〈労働者〉と自覚するよりは〈社員〉と自覚する比率が急速に高まり、階級意識が溶解していった。

第二に、企業社会的統合の成立は、自民党政治に大きな影響を与え、その転換を促した。企業社会的統合によって労働組合の運動が次第に企業内に吸収されるにしたがい、保守党は復古主義を強引に押し進める必要がなくなっていった。六〇年安保の手痛い教訓から自民党が逸早く復古主義的路線を転換しえた背景には、こうした企業社会的統合があったのである。

自民党はそれに代えて経済成長の基盤を拡充する政策に専念し、その結果として増大する税収を梃子に経済成長政策をさらに展開するとともに、地方に対する利益誘導政治を展開して、企業社会的統合の網からこぼれる農家や自営業者など広大な〈周辺〉層に対する支持を確保した。

今や自民党政治は、執念を燃やしていた憲法改正や市民的自由の削減にさほど意欲を示さなくなった。こうした自民党政治の転換は、〈市民の論理〉が〈階級の論理〉と連携する必要性を喪失させ、両者の乖離を促進したのである。

第三に、企業社会的統合は、〈階級の論理〉の第二系列である社会民主主義の勢力が力を得る基盤を奪い、社会民主主義派のさらなる地盤沈下をもたらした。またしても、社会民主主義は成長する基盤をもちえなかったのである。

企業社会の成立は、一方で労働者の労働組合離れをもたらしたが、同時に労働組合の企業主義的変質をももたらした。今や労働組合は、労働者党に肩入れして自らの要求を実現するよりは、企業の生産性向上に協力して企業のパイを大きくすることによって自己の要求を実現しようとするに至ったのである。一九五〇年代に存在していた総評・社会党ブロックは、六〇年代に入ると次第に弛緩し、中小企業や公共部門の労働組合のみが社会党を支え、民間大企業の労組は社会党から離れ経済成長政策をとる自民党に接近していった。他方、福祉国家政策を唱導した民社党も衰退した。

それに対し、〈階級の論理〉の第一系列を担った共産党は、企業社会的統合からはみだした中小企業や公共部門の労働者さらには農民や自営業層といった〈周辺〉層に依拠して運動を発展させた。六〇年代における共産党や民青（日本民主青年同盟）の伸長の社会的根拠はここにあった。

また社会党内で構造改革派を中心とした社会民主主義派がヘゲモニーをとれず、左派が主導権を握りつづけたのも、総評内の公共部門の労働組合が未だこの時点では企業社会の競争構造に巻き込まれずにいたことによっていた[20]。

第四に、企業社会的統合は、階級意識を希薄化させる一方で労働者上層の中に〈市民〉意識をもった一定層を形成し、彼ら市民を担い手とする市民社会を成立させた。こうして六〇年代には、先の自民党政治の転換と相まって、〈階級の論理〉とは分離した〈市民の論理〉の台頭する土壌が生まれたのである。

4 〈階級の論理〉の変容——反企業社会連合へ

企業社会の成立は、〈階級の論理〉、〈市民の論理〉の双方に極めて大きなインパクトを与えた。

〈階級の論理〉から見ていこう。企業社会の成立が社会民主主義派の運動に甚大な衝撃を与えたことは先述した。そのため、民社党や社会党右派の社会民主主義派は、運動内で現実的力をもちえず、いきおい体制側と癒着し、一層権威を喪失した。

それに対して、社会主義派の運動も変容した。今や特殊な形で、市民社会化が実現し、間歇的な衝動を別とすれば、五〇年代のような、支配者層による改憲や復古主義の動きは影をひそめた。アメリカへの従属に伴う米軍の寄港やベトナム戦争への加担などの平和の課題は依然大きかったが、それを除くと、五〇年代までの、市民社会の欠如を問う運動の課題は後景に退き、代わって日本型市民社会の形成に伴う公害や福祉、激化する競争に伴う教育の荒廃などの諸困難が登場した。

社会主義派にとっては、西ヨーロッパ諸国で現実化しつつあった福祉国家体制は階級的運動をそらせるまやかしとして非難の対象であったが、平和と福祉は新たな課題の中心となりつつあった。社会主義派は、それでも依然、五〇年代以来の戦後民主主義型の運動の継続を追求したが、なしくずし的に課題の力点を変えていくこととなった。

こうした社会主義派の運動の転換を象徴したのが、革新自治体の運動であった。この運動は社会主義派が、共産党・社会党の共闘を軸に公共部門・中小企業労働者、自営業、主婦などの企業社会に組み込まれない〈周辺〉層を結集し、福祉と環境という企業社会的統合のもたらした新たな困難と課題の解決を目指した反企業社会連合であった。この共闘には市民派的知識人も重要な役割を果していたから、この運動は一見、五〇年代のそれの延長に見えたが、担い手から民間企業労組が脱落している点、課題が反企業社会的に転換している点で、その内実は大きく変わっていたのである。

5 〈市民の論理〉の変容――右派と左派への分岐

対する〈市民の論理〉も大きく変わった。第一に、日本型市民社会の成立に伴って、市民派内部に分裂が生じ、その右派は運動から脱落し新たな保守支配の支持基盤となった。清水慎三は一九六〇年代初頭、従来階級派と市民派の融合した戦後革新の運動の担い手であった企業の青年労働者層が保守化しつつあることに注目していたが、この層が新憲法感覚を保持したまま保守化したのである。この層は、以後政府が戦後民主主義の枠に手を付けようとする際には間歇的に決起するが日常的には体制内に統合される部厚い層となった[21]。

他方、かかる右派から分岐して、企業社会のもたらす差別と抑圧に反対する左派市民運動が形成された。市民左派も、階級派と同様、ベトナム反戦運動や革新自治体の運動に参加したが、一九五〇年代のそれと異なり、階級派と名実ともに分離し、自立した運動を展開した。一九六五年に結成されたべ平連（ベトナムに平和を！市民連合）運動などは、その典型であった。そこでは、意識的に階級派の反帝平和、社会主義と平和を結び付けて捉える運動理念とは、距離が置かれた。

総じて、この時代の日本では、西ヨーロッパにおいて社会民主主義勢力の手によって実現した福祉国家体制とは異なる大衆社会的統合が実現した。日本では、社会民主主義勢力の脆弱さを、共産党を中心とする〈周辺〉共闘と左派市民勢力が代替し、福祉国家に代わり地方のレベルで革新自治体という形でその要求の一部を実現した。その結果、日本では、一方でヨーロッパやアメリカに比べて極めて強力な平和運動があり、反面、福祉国家の制度的立ち後れが目立ったのである。

五　日本の新帝国主義化と〈市民の論理〉の台頭

1　日本の現代帝国主義化の遅れ

六〇―七〇年代に見られた以上のような〈階級の論理〉と〈市民の論理〉の日本的な特殊性は、先述のように、現代日本の企業社会的統合に根拠をもっていたが、実はそればかりでなく、もう一つ日本の現代帝国主義化の遅れにも大きな要因をもっていた。

日本帝国主義は、敗戦によってその軍事的機構を破壊され、アメリカの従属下に陥った。講和以後、支配層は早くから帝国主義復活を指向したが、六〇年安保闘争に象徴される戦後民主主義運動はこうした支配層の思惑をさしあたり挫折させた。高度成長と企業社会は、日本の経済成長を実現したが、日本の帝国主義化は経済的力量に比してはるかに遅れたのである。

その原因の第一は、国民の中にある帝国主義復活への警戒と反対の強さであった。改憲に見られるような政府のこうした動きが現われると、階級派と市民派の連合が復活し、さらには眠っていた市民右派が立ち上がってこれを阻止したのである。

第二は、企業社会の競争力の強さそのものであった。企業支配の結果、日本商品は強い競争力をもってアメリカやEC市場を席捲した。しかし、日本の労働時間の異常な長さ、QCなどにみられる労働密度の高さ、調達する部品の安さ、在庫管理費の安さなどなどの日本商品の競争力を支える諸要素は、いずれも企業支配にもとづく労働者の企業への従属や下請け企業に対する支配の故であり、いずれも多国籍企業的進出により消失する類いのものであった。そのため、日本の大企業は、経済摩擦の激化にもかかわらず、輸出にこだわったのである。

しかし、日本企業のそうした輸出指向的体質は、六〇年代以降ヨーロッパやアメリカ資本が行なった多国籍企業的進出を遅らせ、現代帝国主義化を遅らせた。多国籍企業の世界的展開は、途上国との間に新たな格差や差別を作り出し、また先進帝国主義諸国による新たな支配・従属関係を作り出した。また、多国籍企業化は、帝国主義本国の低生産性部門の切り捨て、産業の空洞化など新たな困難を作り出した。ところが、こうした多国籍企業化の遅れた日本では、途上国への関心はもっぱら貿易に限られ、また国内でも、保守支配の維持のために、農業や自営業などの低生産性部門への利益政治的保護は強固に残ったのである。[22]

こうした多国籍企業化と帝国主義化の遅れが、六〇―七〇年代の日本が、アメリカに従属しつつ防衛費を相対的に低位に抑え経済成長に専念する体制をとりえた理由であり、また八〇年代に先進帝国主義諸国の支配形態の再編による福祉国家の解体と新自由主義反動の旋風が相対的に弱かった原因でもあった。

2　日本の新帝国主義化と右派〈市民の論理〉の台頭

ところが、日本企業の洪水輸出に対する経済摩擦の増大と円高は、かかる企業体質の変更を迫り、一九八五年のプラザ合意以降日本企業の多国籍化が急速に進んだ。それとともに、日本でもようやく新たな帝国主義化の動きが台頭したのである。

一九九〇年代における日本の特徴的な動きの背景には、ソ連・東欧の崩壊という世界史的な動きに加え、遅れていた日本の新帝国主義化という日本特有の動きがあったといわねばならない。

以上の駆け足による概観を前提にして、冒頭に提示した九〇年代日本における〈階級の論理〉凋落の四つの特徴が生じた根拠を改めて検討しておこう。

第一に、日本では、戦前講座派以来日本社会の民主化の先頭に立ってきたことにもとづき、また社会民主主義派の脆弱性にも助けられて、マルクス主義の権威は、極めて強固であった。それだけにソ連・東欧の崩壊による社会主義的オルタナティブの「失敗」は、日本の社会主義派の信念に大きな動揺を与えたのである。

同時に、日本の社会主義運動内では、市民社会化の不足による諸困難は運動でも常に大きく取り上げられてきたが、〈市民の論理〉の貫徹の先にある社会主義の構想については理論的にも運動内でも必ずしも十分に彫琢されてこなかった。六〇年代以来マルクス主義の知的影響力が後退してきた背景には、こうした弱点があると思われる。九〇年代に入っての社会主義派知識人の動揺と〈市民の論理〉への屈服は、こうした弱点が露呈した故であった。

第二に、しかし、企業社会の競争、さらには多国籍企業化に伴う新たな帝国主義化の動き——すなわち新しい改憲の動き、自衛隊の海外派兵とアメリカの肩代りの動き、多国籍企業の要求にもとづく国内市場の自由化と低生産性部門の切り捨ての動き、産業の空洞化などなど——は、共産党を中心とする階級派の〈周辺〉連合の課題をなくすどころか、増大させている。共産党の運動が、ソ連・東欧の崩壊にほとんど影響を受けなかった理由はここにあったと思われる。しかも、九〇年代における社会党左派の崩壊は、平和の課題においても共産党の比重を高めることとなった。

第三に、すでに述べたように、企業社会的統合は、民間大企業労働組合運動の企業主義化を招き、社会民主主義の脆弱化をもたらした。企業主義的労働組合運動の地盤沈下を政治的にカバーすべく、一九八九年には「連合」が結成されたが、これは社会民主主義の再生をもたらすものではなく、むしろ連合は、基盤となる大企業の多国籍化に伴って大企業の競争力強化をめざす新自由主義と日本の帝国主義化に自らの利害の実現を託そうとしている。

しかも、八〇年代における「行政改革」のなかでの民営化によって、これまで社会党の右傾化を防いできた公共部門の労働組合運動が弱体化した結果、社会党の現実主義化が劇的に進行し、これまた急速に保守と新保守に吸収されつつある。九〇年代における社会民主主義派の解体の根拠はここに求められる。

第四の、市民右派の登場は、日本企業の多国籍化に伴い、新自由主義的改革——多国籍企業の権益を保護するための政治大国化＝「国際貢献」、農業や流通部門の自由化・切り捨てによる自由貿易体制の確立、低生産性部門への利益政治的保護主義の切り捨てによる「小さな政府」の実現など——を指向する新たな市民上層が形成されたことを基盤にしている。この層は、社会主義体制の崩壊による社会主義的オルタナティブの「失敗」により一層自らの路線に確信をもち、政治的にも活性化している。この層は、従来の保守政治が農業や零細企業などの低生産性部門への利益誘導政治によって支えられてきたことに強い不満をもち、従来の保守政治を変えて、自らの利益を実現する新しい保守政治を指向している。

九〇年代にはいって登場した日本新党やさきがけなどの新保守政党、小沢一郎の構想への期待などはこの層の「反自民」の要求の性格を象徴している。この層の運動、すなわち帝国主義的な〈市民の論理〉の台頭こそ、日本の新帝国主義化が本格化したことを示すものである。九三年政変は、こうした層の要求に基づく「政治改革」の動きであった[23]。

こうしてみると、二一世紀を迎えて、日本社会の「改革」をめぐっては、企業社会の〈周辺〉連合によって担われている〈階級の論理〉の第一系列と同じく企業社会に組み込まれない女性や障害者・エコロジストなどを担い手とする左派市民運動の連合と、大企業の正社員層を中心的担い手とする右派〈市民の論理〉のめざす新自由主義改革とが真っ向から対立・拮抗しているといえよう。社会民主主義派は日本では存立の基盤を喪失した。

九〇年代に始まる時代は、〈階級の論理〉から〈市民の論理〉への逆転の時代ではなく二つの論理がその内部編成と論理を再編しつつ連携、並存する新たな時代の始まりと見ることができる。

筆者は、このうち最初の潮流、すなわち〈階級の論理〉の〈市民の論理〉をくみこんだ、現代的再生に期待したい。この運動こそが、新帝国主義化に伴う新たな軍事大国化と他民族抑圧、企業社会のもたらす競争や差別、多国籍企業化による第三世界への新たな支配と差別の再生産、国内での農業や零細企業など非効率部門の切り捨て、新自由主義化による弱者の切り捨てと規制緩和に真に対決し、平和と競争のない社会を展望できると思われるからである。

その際、新帝国主義化による軍事大国化と規制緩和・弱者切り捨て政策に対抗して、安保廃棄・武器輸入の即時中止から自衛隊の縮小、そして多国籍企業規制による他国を侵害しない経済構造の形成、福祉制度の拡充などを柱とする反帝国主義的福祉国家の建設が、左派市民運動と連携して追求されなければならないと思われる。

ここで追求される新しい福祉国家は、その担い手が労働組合と社会民主主義政党であった古典的福祉国家と異なり社会主義派と左派市民運動の連合を担い手としている点で、また第二に帝国主義と軍事同盟を前提とするのでなく明確にそれに対決して平和国家を志向する点で、したがって第三に大企業の労働者支配を中核とする既存の経済・労働の体制を大きく改編することを追求している点で、古典的福祉国家構想とは大きく異なるものとならざるをえまい。しかし、こうした構想の具体化と彫琢は、現実の反企業社会連合の運動のなかでこそ行なわれるべきものであろう。

(1) ヨーロッパ社会民主主義の〈市民の論理〉の受容については、吉崎祥司「社会民主主義の達成と限界」後藤道夫ほか編『ラディカルに哲学する5』大月書店、一九九五年、を参照。日本でのそれは、山口定ほか編『市民自立の政治戦略』朝日新聞社、一九九二年、住沢博紀『これまでの社会民主主義これからの社会民主主義』社会新報ブックレット、一九九三年、などに見られる。

(2) 野口悠紀雄『一九四〇年体制』東洋経済新報社、一九九五年、などがその典型例である。また、山口定や山口二郎の一連の発言は、九三年の政変を、こうした右派〈市民の論理〉から読もうとするものである。この点、吉崎祥司「リベラルとは何か」『トポス』六号(一九九五年)を参照。

(3) 清水慎三『戦後革新の半日陰』日本経済評論社、一九九五、四五三頁。

(4) 久野収『市民として哲学者として』毎日新聞社、一九九五、三〇四頁。

(5) こうした〈階級の論理〉の二系列的展開と大衆社会的統合の関係について、後藤道夫「政治・文化能力の陶冶と社会主義」『現代のための哲学2　社会』青木書店、一九八二年、をみよ。

(6) この点につき、後藤道夫「資本主義批判の現在と変革イメージ」前掲『ラディカルに哲学する5』一九頁以下、参照。

(7) 渡辺治「日本帝国主義の支配構造」『歴史学研究別冊　民衆の生活文化と変革主体』一九八二年、本著作集第1巻に収録、参照。

(8) いわゆる二七年テーゼ、三二年テーゼをみよ。

(9) 渡辺治「日本国憲法運用史序説」樋口陽一編『講座憲法学1』日本評論社、一九九五年、本著作集第9巻に収録、参照。

(10) 日高六郎「近代主義解説」『現代日本思想体系34　近代主義』筑摩書房、一九六四年、一八頁。なお、この点につき、後藤道夫

「階級の論理と市民の論理の現在」『ポストモダニズム・戦後マルクス主義思想の軌跡』青木書店、一九八八年、を参照。
(11) 渡辺治「戦後改革と法」『講座革命と法3　市民革命と日本法』日本評論社、一九九五年、本著作集第5巻収録、参照。
(12) 久野収『市民として哲学者として』毎日新聞社、一九九五年、参照。
(13) この点、後藤道夫「戦後思想」渡辺治編『現代日本社会論』労働旬報社、一九九六年、を参照。
(14) 吉野源三郎ほか「平和問題談話会について」『世界』一九八五年七月臨増、一九頁ほか、参照。久野収『平和の論理と戦争の論理』岩波書店、一九七〇年、あとがき。なお、この時代の労働組合と市民派知識人との関係については、赤堀正成「戦後民主主義と労働運動」(補、のち同『戦後民主主義と労働運動』として御茶の水書房から二〇一四年に刊行)がくわしい。
(15) 久野・前掲『市民として哲学者として』二二五頁。また日高六郎編『一九六〇年五月一九日』岩波新書、一九六〇年、七四頁以下。
(16) 久野・前掲『市民として哲学者として』二一八頁以下。
(17) 日高編・前掲『一九六〇年五月一九日』八〇頁。
(18) 同前、九四頁。
(19) 以下の点につき、渡辺治「現代日本社会の権威的構造と国家」『企業支配と国家』青木書店、一九九一年、第二章所収、のち本著作集第10巻に収録、『「豊かな社会」日本の構造』労働旬報社、一九九〇年、本著作集本巻に収録、後藤道夫「日本型大衆社会とその形成」『シリーズ日本近現代史4　戦後改革と現代社会の形成』岩波書店、一九九四年、などをみよ。また、この過程が運動に与えたインパクトにつき、清水慎三『戦後革新勢力』青木書店、一九六五年、をみよ。
(20) 渡辺治「現代日本社会と社会民主主義」『現代日本社会5　構造』東京大学出版会、一九九一年、本著作集本巻に収録、参照。
(21) 清水、前掲『戦後革新勢力』八九頁以下。
(22) さしあたり渡辺治「日本の帝国主義化と総保守化の現段階」『トポス』七号、一九九五年、を参照。
(23) 九三年政変のもつ政治的意義につき、渡辺治『政治改革と憲法改正』青木書店、一九九四年、本著作集第7巻収録、を参照。

II

企業社会と新自由主義に対抗する運動

2

「豊かな社会」日本の構造

［一九九〇年執筆］

序章　「豊かな社会」日本の困難

一　「豊かな社会」は幸せか？

一九八八年五月一九日の『朝日新聞』家庭欄の「ひととき」に、こういう投稿が載った。少し長いが引用する。

「増える過労死。労働災害の基準が緩和されたにもかかわらず救済されにくい――という記事を読んだ。私は二ヵ月ほど前に、労災の申請をしたばかりである。昨年四十三歳で急逝した夫が、過労死であったと確信した時点で、労働基準監督署を訪れた。応対に出た署員は『困難な事例ではあるが、奥さんが過労死だと信じるなら申請行為を起しなさい』と進言してくれた。

それから会社に出向き、協力を要請し、死に至るまでの状況書を生前の日記や言動、友人の証言などから書き起こして作成した。涙をぬぐいながらのつらい作業であった。

しかし『家へは寝に帰るだけ』ならまだしも、週に一、二日の徹夜、それに加えて早朝会議、休日出勤――と。疲れた、疲れたを連発しながら、働きとおした中間管理職の厳しい現実が、経済大国日本を支える『労働』の実態であることを、妻として軽視して通ることはできなかった。

今も鮮やかに思い返されるのは、死去した当日、かぜで休んだ末っ子に玩具を持ち帰り、二人の男の子と床の上で遊んだのち、受験間近の長女と数学を解いていた、あの生き生きとした表情である。痛切な家族の思いとは別に、労災認定まではどんな曲折が待ち構えているのか。

過労死などという無念な死にざまが激減することを願うだけである(1)」と。

日本経済は、八〇年代中葉の「円高」不況をも克服して、八六年以来きわめて長期にわたる好況を続けている。その結果、八八年度の鉱工業生産は対前年比八・八％増となり、実質経済成長率も五・七％と七三年以来の高い成長を記録した。一人当たりＧＮＰも八八年には、ＯＥＣＤ加盟国中トップの二万三三五八ドルにまでたっした。

それを受けて、八〇年代に入りしきりといわれるようになった日本の「金持ち」ぶり、「豊かな社会」化は、いっそう昂進した。

たとえば、この間の好景気による消費の伸びを反映して、大手デパートの八八年度決算は軒並み増収となったが、そこでは、「とくに紳士服、高級婦人服、ハンドバッグなどのブランド商品や美術品など高額商品の売り上げが伸びているのが大きな特徴となっている(2)」ことは、よく知られている。ヨーロッパの高級車や、グルメ指向を反映したキャビアやフォアグラなどの輸入増(3)が、この間の輸入拡大を支えているといわれている。

また、海外に出かける者も年々うなぎ登りで、八八年も前年に比べさらに二三・四%も伸び、八四二万七〇〇〇人にのぼっている。(4) 八九年には年間一〇〇〇万人時代を迎えるといわれている。その八割方は海外旅行者であるから、いまや、夏休みや冬休みともなれば、海外に出かける若者や家族連れで成田がごった返すのは、恒例となっている。

「高級化、多様化」のかけ声のもとで家電製品や家具の買い換えのスピードが増し、まだ使えるテレビや冷蔵庫が無造作に道端に捨てられ、外国人労働者がそれを修理して使うというありさまである。

注目すべきは、こうした現象は、決して一部の富裕な階層にのみ生じているわけではなく、どこの家庭でも多かれ少なかれ、経験していることであるという点である。かくして、ここ数年来、日本にはすっかり「豊かな社会」とか「金満大国」という言葉が定着してしまった。

九〇年一月、衆議院選挙での人気浮揚をねらって東欧を歴訪した海部首相に、ポーランド「連帯」のワレサが「日本の経済成長をモデルにしたい」「第二の日本になりたい」と語ったことは、(5) 援助めあてのリップサーヴィス半分としても、わが経済ナショナリストの矜持をいっそう高めたように思われる。

しかし、わが「豊かな社会」は、それでは他の先進資本主義諸国が、また社会主義諸国がこぞってモデルにする「地上の楽園」なのであろうか？

私には、とうていそうは思われない。冒頭にあげた、「過労死」の急速な社会問題化は、似たような事例が、日本の労働者の身近かに起こっているからであろう。長い労働時間、「単身赴任」、大量「出向」などを強要する異常に強い企業の力、労働者の総「働きバチ」化の結果としての家族の崩壊、日本的企業社会の所産としかいいようのない独特の教育荒廃などなど、わが「豊かな社会」は、その住人にとっては、「楽園」どころか、競争によるストレスでかなり住みずらい社会であるように思われる。しかも、日本で発生している諸困難は、日本においてのみ発生し深刻化しているか、日本独特の格好をとっているものが多いのが特徴である。

問題は、休みに家族でハワイへ香港へオーストラリアへ出かける人びとは、また、使えるテレビを粗大ゴミとして気軽に捨てる人びとは、「過労死」で倒れたり、「単身赴任」で何年も家族と別れて暮らす、そういう人びとと同じ人びとである、という点である。海外旅行に家族を連れて成田を飛び立つ労働者は、長い労働時間と残業で、起きた子どもの顔をみない労働者でもあるのである。前者と後者は決して別の階層の人間ではないのである。

日本の急速な経済成長と「豊かな社会」化と、海外で日本社会の代名詞となりつつある「過労死」とは、同じ根っこを持っている。日本の経済成長が異常であるのと、日本の「働きバチ」化が異常であることは、同じ構造に発しているのである。冒頭の投書がいうとおり、「過労死」が「経済大国」日本を支えている。

もちろん、このようにいうことに急いで留保をつける必要がある。何やらこういうと、日本の労働者は「過労死」にいたるまで強制的に働かされて経済大国を支えているというイメージになりかねないからである。しかし、労働者は外的強制のもとでは、過労死になるまで働くようなことはない。過労死が社会問題化するのは、労働者が層として企業のために外見的には自発的に忠誠をつくす構造があるからである。それがまた日本の経済成長を内から支えている。このようにみてくると、日本的「豊かな社会」と、その独特の困難を解く鍵は、日本の企業社会にあるのではないか、と思われる。本書の第一の課題は、かかる日本の企業社会の構造を解明すること（第一章）である。

二　日本はまだ「豊かな社会」でない？

ところで、日本は「豊かな社会」だという声が強くなる一方で、それが抱える独特の困難が社会問題化するにつれて、〝いや、日本はまだまだヨーロッパなどに比べれば真に豊かではない〟とか、〝日本は豊かだが、その豊かさが実感できないでいる〟とかいう、いわば、〝日本は真に豊かになっていない〟という議論が、いろいろなところで主張されはじめた。この種の議論が問題にしたのは、次のような事実であった。――たしかに日本は一人当たりGNPは高いが、物価が高いため購買力平価でみれば一人当たり消費支出額で日本は一〇位に後退する。また、福祉や住宅などが貧困で豊かさを実感できない。日本の労働時間は西ドイツ、フランスに比べて年間五〇〇時間も長く、ゆとりがない、などなどの事実である。(6)

たとえば、一九八七年に発足した「連合」は、一九八九年公共部門の労働組合も合流した新「連合」への移行にさいしてうちだした「運動方針（案）について」において、こういう「真の豊かさ」追求路線を示し、こういった。

「九〇年代は、新しい成長・発展が展望される経済を背景に、今日までの経済成長と生活とのギャップを埋め、生活の質を問い直しつつ、総合生活を改善する時代である。このため、経済先進国にふさわしいゆとり、豊かさ、公正をめざした中期的目標を設定し、積極的に生活闘争を進める。そして『産業優先・外需型』から『生活優先・内需型』への経済改革を推進していく(7)」と（傍点引用者）。

そして、「連合」は、春闘のスローガンとして「経済先進国にふさわしい『ゆとり』『豊かさ』の実現」「欧米なみの生活」を掲げたのである。ここには、この種の議論の型が典型的に示されている。〝日本はいまや経済大国になったが、いまだ生活小国であり、このギャップを埋めねばならない〟という論理がそこにある。リベラルな学者やジャーナリズムが展開する議論にも同様の論理が多い。

こういう「真の豊かな社会」追求論は、しかし労働組合やジャーナリズムで展開されただけではなかった。政府の側も、それに劣らず、この種の議論を展開しはじめたのである。たとえば最近の『国民生活白書』はこういっている。

たしかに経済成長のもと「国民の経済的豊かさの水準は上昇」した。しかし「豊かさを実感できない様々な要因」が山積している、「欧米よりかなり長い労働時間」「働きざかりの世代の……自由時間……減少」が眼につくし、ストックの面でも欧米にはまだまだ追いついていない、と[8]。

労働省や経済企画庁はとくに労働時間問題などで精力的にこの種の議論を展開している。

「我が国経済の巨大さが指摘されるようになって久しい。しかし、われわれは、この大きさを、活気を、一人ひとりの生活にとって十分価値あるものとは成しきれていない。……その最大でかつ根源にある要因は、何といっても労働時間の長いことである。また、『世界とともに生きる日本』にふさわしい経済活動、世界に通用するビジネスマンを考える時、企業等がこれほどまでに人々の時間と能力を拘束し続けていいのかという問題にもつきあたる[9]」と。

こうしていまや、日本は、まだ欧米なみの〝真の豊かな社会〟には到達していないという議論は一種の流行となっており、その点では、政府も労働側もなんの意見の差もみられないのである。

しかし真の問題は、上から下まで皆が口をそろえて、〝日本はまだ欧米なみの豊かさを享受していない〟といいながら、いっこうにそういう方向に日本社会が向かわないことであるように思われる。政府も労働側も一緒に口をそろえて合唱しているのに実現しないとはいったい何が障害となっているのであろうか。しかし、この種の議論は決してその点を問題にしないのである。

それに関係して、この種流行の〝日本はまだ欧米なみの豊かな社会ではない〟論には致命的ともいえる問題点がある。

第一に、この種の議論の構造は、たしかにいろいろ日本社会の「豊か」でない現象をあげるが――そしてそれは悪いことではないのだが――日本は経済的には大国になったが、まだ生活小国であるという格好をとっている。あるいは、日本は経済先進国にふさわしい豊かな生活を享受していないということもいわれる。しかし、現代日本社会の抱えている深刻な困難というのはたとえば長い労働時間ひとつとってみても、それははたして、この種の議論がいうように、経済先進国だがいまだ実現できていない「ギャップ」というようなものなのであろうか、それはきわめて疑問である。むしろ、他の諸国に比べて特段に長い労働時間だからこれだけの経済先進国になっているようにみえるし、そもそも、この種の議論が考えるように、日本がこのままさらに突っ走ればこの種の困難が解消するかは――欧米に比べればまだまだという言い方はそういう含意がある――はなはだ疑問である。とにかくこの種の議論は、現代日本の異常な経済成長＝「豊かさ」と、現代日本の深刻な困難＝「真の豊かさの欠如」との不可分な関係をまともに検討しない点に特徴があるのである。

第二に、この種の議論は、現代日本において、ではどうすれば真の豊かさが実現できるのかについて、決して語らない点である。もっともこれは、これまた最近登場してきている日本的「豊かな社会」批判論にも共通した弱点であるように思われるが、それはさておいて、たとえば、労働時間ひとつとってみても、この種議論は必ずまず日本のそれをヨーロッパとくに西ドイツ、フランスのそれと比較して日本がいかに長いかを指摘し、しかる後これを短くしなければ日本には「真の豊かさ」など享受できないと強調する。しかし、それでは、その労働時間を〝先進国並みに〟短くするにはどうすればいいか、ということはどこにも語られていないのである。しかし皆が本当に知りたいのは、この点なのではないだろうか。それをぬきにして、いくらフランスでは西ドイツでは、といわれ、日本はそれに比べれば「まだまだ」といわれても、この社会に住む私たちにとってはとまどうばかりである。

そういうと反論がかえってくるかも知れない。そんなことはない。「前川リポート」は労働時間の先進国並みをうたったし、「新前川リポート」も二一世紀に向け「一八〇〇時間」をうちだした。政府の「経済運営五ヶ年計画」はさらにつっこんで一九九二年度中に一八〇〇時間達成を掲げたではないか、と。また「連合」も——どういうわけか達成年度は政府計画より一年遅いのだが⁉——一九九三年までに一八〇〇時間達成という目標を掲げたではないか、と。

たしかに、それはそのとおりである。しかし問題は、労働時間に限らず今日本社会で深刻化している困難は先述のように、政府や労働組合がいってもいっかな変わらないところに最大の問題があるのである。そしてそれはおそらく、これら日本社会の困難が、他でもなく日本社会の構造そのものから発生しているからだと思われる。だから、この種の議論がいくら改善をうたっても、それを生みだしている日本企業社会の構造に手をつけないでそれを前提にするかぎり、ほんのちょっとした改善すらできないのである。

あらかじめ結論を先取りしていえば、じつは日本の異常ともいえる経済成長は日本企業の異常に強い労働者支配を土台に成りたっており、それは日本型協調的労働組合によっても支えられている。こうした企業社会の構造は、不断の経済成長を実現することにより、自民党一党支配を支え、また日本独特の市民的・政治的自由のありようをつくっているように思われる。日本の長い労働時間とはまさしく、かかる日本企業社会の構造から生みだされているものなのである。だから、この企業社会の構造をそのままにしておいて、労働時間を先進国並みに短くすることができないのと同様、日本社会の抱える「過労死」とか「単身赴任」とかと切り離してただ日本の〝すばらしい〟経済成長だけを学ぶことも——東欧はまさしくそれをやろうとしているようだが——できないのである。

以上のような問題関心から、本書では、日本的「豊かな社会」の全構造を、その基盤をなす企業社会を中心にしながら、それにくみこまれそれを補完している協調的労働組合運動のあり方（第四、第五章）、社会民主主義政治勢力の独特のあり方（第三章）、そして政治支配さらには、「平和」など国民意識のあり方（第二章）にいたる日本的「豊かな社会」の全構造に検討を加えてみたい。これが本書の第二の課題である。そして、最後に、かかる企業社会を基底とした「豊かな社会」日本の困難の克服の途を探ってみたい（むすび）。最後の課題は本書が正面から取り扱うものではないけれど、それでも本書の検討のなかから、何がしかその方向を探ってみたいと思う。

三　企業社会日本の困難の特徴

さて、以上のような、本書の課題の検討に進む手がかりとして、まず始めに、現代日本社会が抱えている、きわめて日本的でかつ深刻な困難である長時間労働と「過労死」の問題をとりあげ、その特徴を検討してみたい。それが、問題の接近への鍵を提供してくれるように思われるからである。

1　長い労働時間と「ゆとり」

日本の労働時間が異常に長いということは、最近では誰れもが認める常識である。

図1でみるように、一九八七年時点でみても、日本の年間総実労働時間は二一六八時間で、一九四〇時間台のアメリカ、イギリスよりも二〇〇時間以上、一六四〇時間台の西ドイツ、フランスよりも五〇〇時間程度長くなっている。

サービス残業　しかも、日本では、統計上「所定外労働時間」にあらわれない、いわゆる「風呂敷残業」とか、「サービス残業」が一般化していることは公知の事実であり、これを加えれば、内外の格差はいっそう開くことは必定である。

図1　労働時間の国際比較（推計値、原則として製造業生産労働者、1987 年）

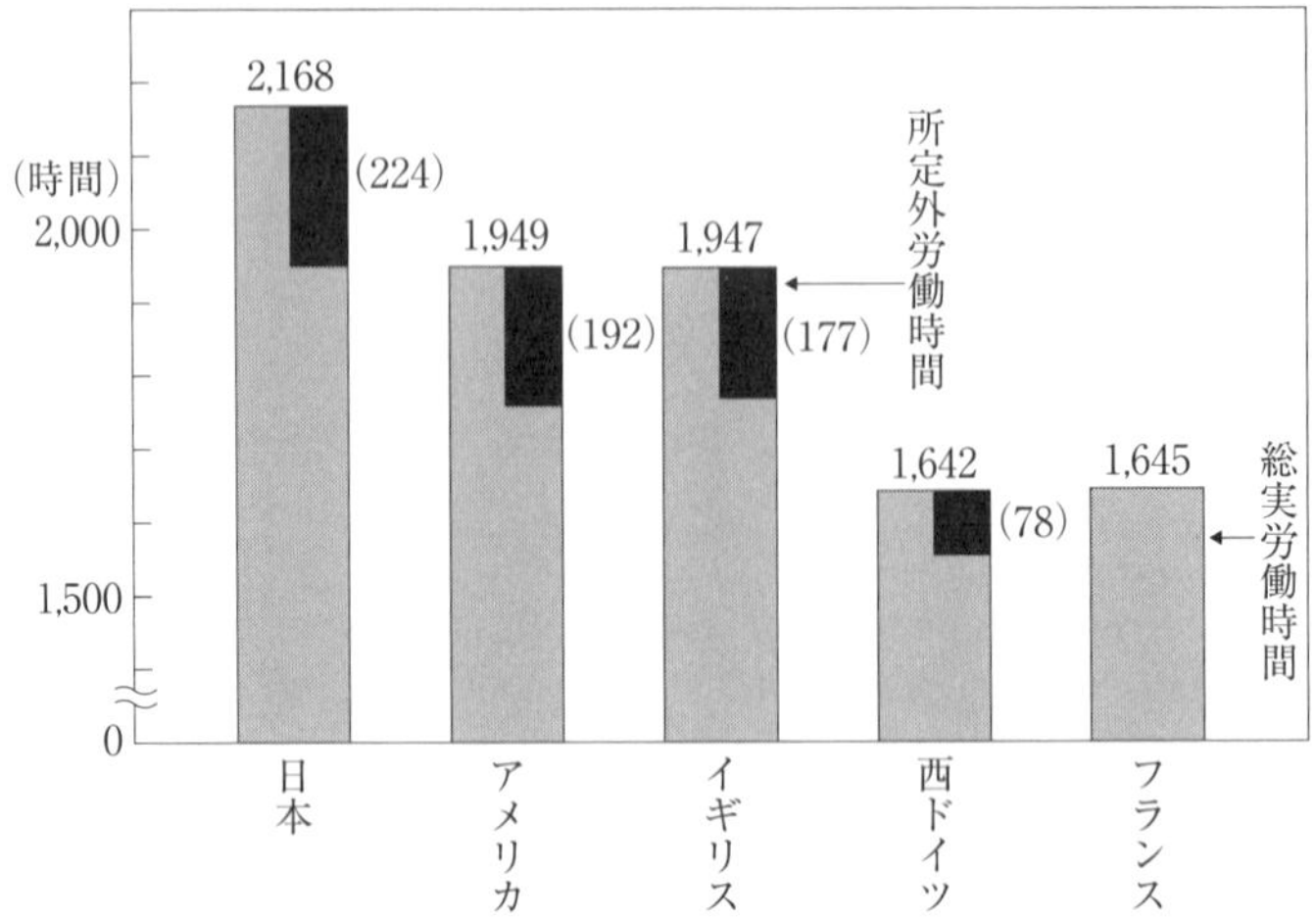

資料出所：EC および各国資料、労働省賃金時間部労働時間課推計。
注：1）フランスの所定外労働時間は不明。
　　2）事業所規模は、日本５人以上、アメリカ全規模、その他は 10 人以上。
　　3）常用パートタイムを含む。
出典：『平成元年版労働白書』73 頁。

たとえば、サービス残業が広くおこなわれている銀行など金融機関や損保会社では、企業そのものが、残業規制――じつは残業手当規制をおこなっている。

「銀行の残業手当は勤務表に自分で記入する自主請求方式。このため銀行は期初に予算を作成し、その範囲内に納めるようさまざまな圧力をかけます。朝は就業規則に定められた時刻の一時間も前に出勤。退行は夜八時から一〇時。月間百時間にも及ぶ残業に支払われる残業手当は約二十時間、あとはすべてサービス労働です。都銀十三行のこうした不払い賃金は合計で一千億円にも達するといわれます[10]」。

「ゆとり」の欠如　さらに、日本では、労働時間の長いのに加えて、住宅事情のため通勤時間も長く、雇用者を比較してみると、**図2**でかなりはっきり示されるように、日本では六〇分以上かけて会社に通う人が一六・一％なのに対し、フランスでは四％とかなりの差がある[11]。その結果、ＯＥＣＤ調査では一日の生活時

図２　各国の通勤時間比較（男女計）

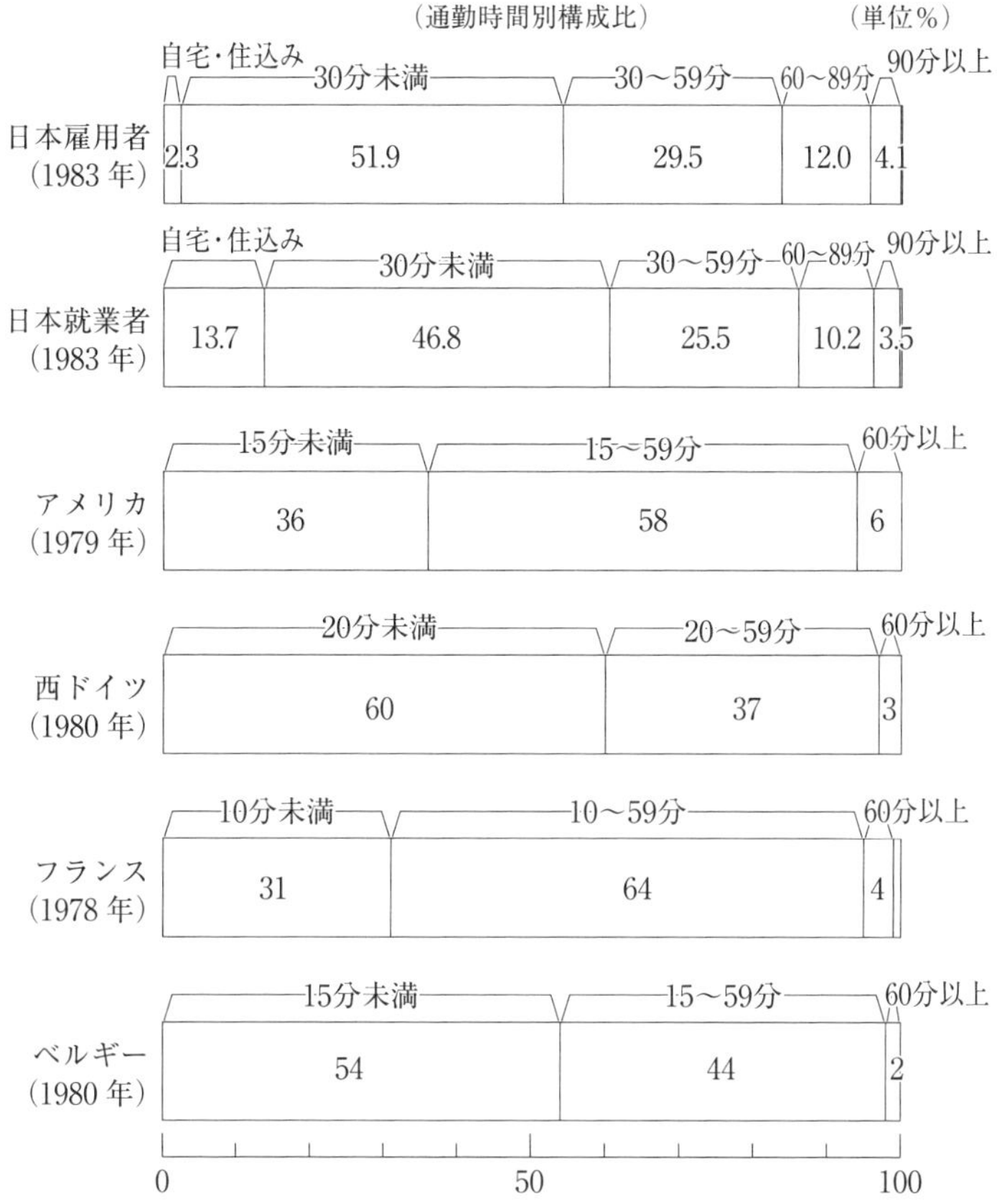

資料出所：総務庁統計局「住宅統計調査」（昭和58年）。

注：日本雇用者は、世帯の主な働き手が雇用者である普通世帯。日本就業者は、上記世帯の、世帯の主な働き手が商工・その他の業種である普通世帯を加えた。アメリカ（農業就業者を除く）、西ドイツ、ベルギーは就業者、フランスは雇用者。

出典：『昭和63年版労働白書』350頁。

図3　年齢階級別男子有業者の生活時間の種類別構成比

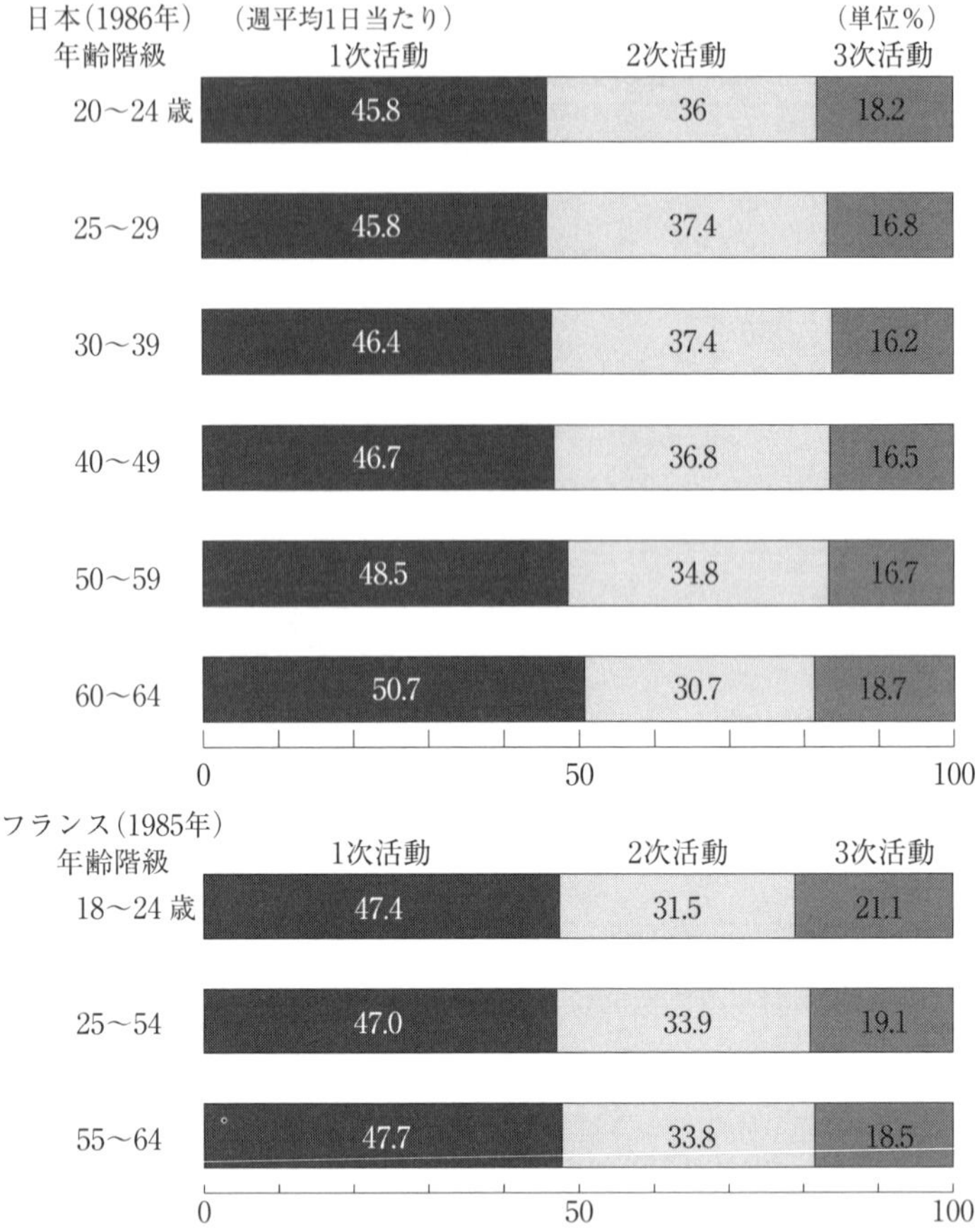

資料出所：日本　総務庁統計局「社会生活基本調査」。

　　　　　フランス　INSEE "Les Emplois du Temps en Erance Premiers Resultats"

注：フランスとの定義をそろえるため、次のように分類した。

　1次活動：睡眠、身の回りの用事、休養、食事

　2次活動：通勤・通学、仕事、学業、家事、育児、買物

　3次活動：移動、テレビ・ラジオ・新聞・雑誌、学習・研究、趣味・娯楽、スポーツ、社会奉仕、高裁・付き合い、その他

出典：『昭和63年版労働白書』352頁。

表　年齢階級別男子有業者の2次活動の内訳別構成比
（週平均1日あたり）　（単位%）

	年齢階級	仕事	通勤・通学	家事・育児・買物	学業
日本	20 ～ 24歳	83.4	10.8	2.3	3.5
1986年	25 ～ 29	87.0	10.2	2.6	0.2
	30 ～ 39	87.0	9.8	3.2	0.0
	40 ～ 49	87.4	9.8	2.8	0.0
	50 ～ 59	87.4	9.8	2.8	0.0
	60 ～ 64	88.0	7.7	4.3	0.0
フランス	18 ～ 24歳	72.9	8.1	17.2	1.8
1985年	25 ～ 54	70.1	8.0	21.1	0.8
	55 ～ 64	76.4	7.6	15.6	0.4

資料出所：日本　総務庁統計局「社会生活基本調査」。
フランス　INSEE "Les Emplois du Temps en Erance Premiers Resultats"
出典：『昭和63年版労働白書』352頁。

間のうち、労働・通勤に費やす契約性時間が、日本の男子就業者の場合「他の国の男子よりとび抜けて長くなっている」[12]。

この生活時間の配分を、さらにフランスと比較してみると、**図3**でみるように両国の三〇歳台の有業者では通勤・通学、仕事、家事・育児・買い物に費やす第二次活動——それに対して睡眠・休養・食事などが一次活動、テレビ・スポーツなどの余暇が三次活動である——の占める比重が日本のほうが三%ポイント以上多く、その分三次活動に費やす時間が少なくなっている[13]。

しかも、この二次活動の内訳（**表**）をみると、日本の場合、仕事と通勤時間で九七%以上を費やしており、家事・育児・買い物は三%弱なのに対し、フランスでは前者が八〇%で、家事に二〇%近くが費やされているという顕著な違いがある[14]。つまり、日本の労働者は、「働きバチ」で一日の大半を労働と通勤にあて、ゆとりを楽しむヒマがないどころか、家庭内の役割分担をもほとんど果たすことなく、「粗大ゴミ」といわれる状態にあることが統計的にもいえる。

画期としての一九七五年　問題は、このような現代日本の長い労働時間には、構造的ともいえるいくつかの特徴があるということである。その第一は、現在、国際的にも問題になっている長い

図4　年間実労働時間の推移

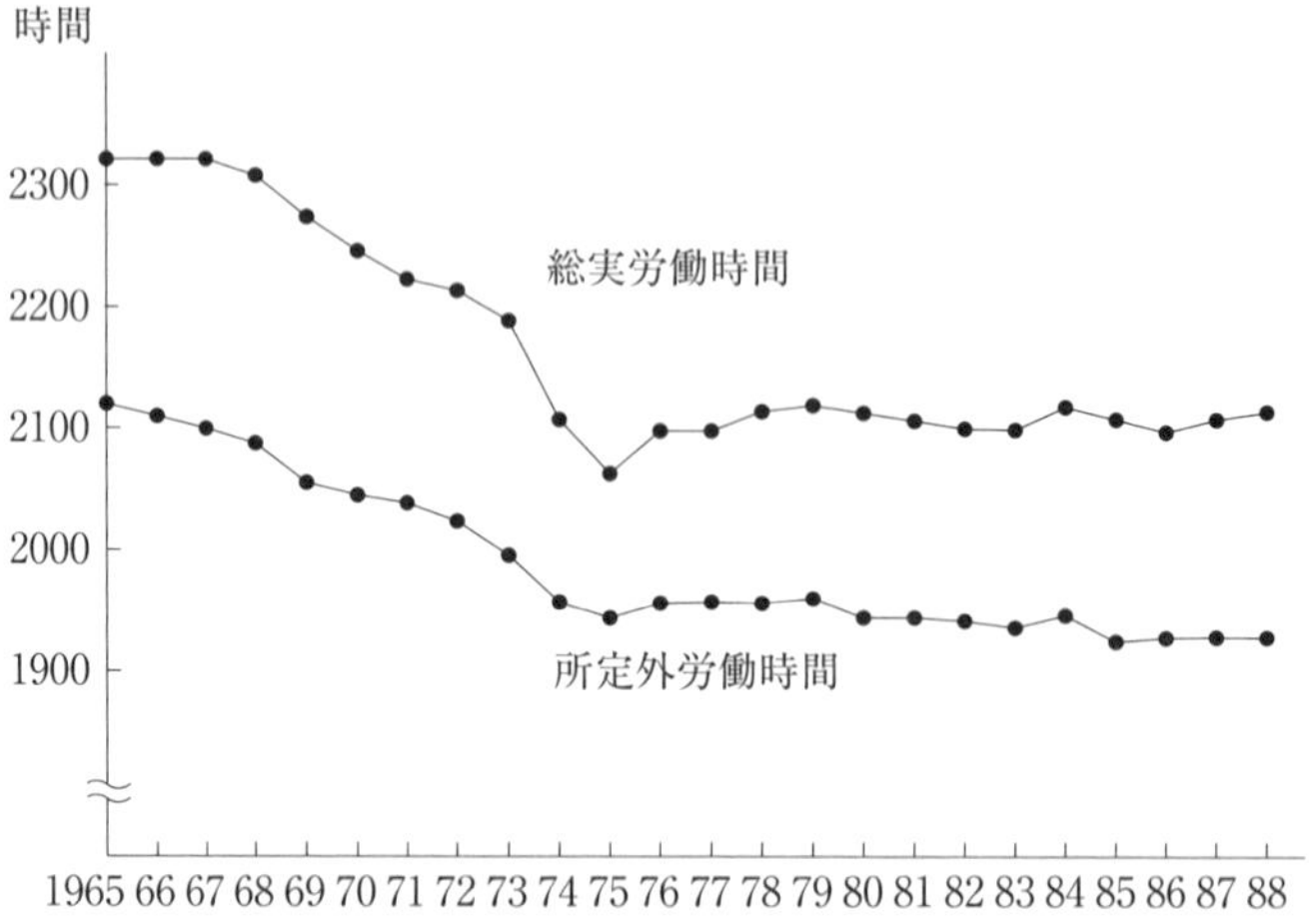

出典：『昭和 63 年版労働白書』223 頁、『平成元年版労働白書』参 59 頁。

労働時間というのは、決して、戦前日本資本主義の低賃金・長時間労働の単純な延長・存続ではない、という点である。

たしかに戦後においても、日本の労働時間は欧米に比べると長かったが、それは、一九六〇年代の高度成長期に下がっていたのである。**図4**をみればわかるとおり、一九六〇年には、二四三二時間まで増加していた総実労働時間はその後減少を続け、六九年には二三〇〇時間台を割り、七三年には二二〇〇時間台を割り、ついにオイルショックによる不況の七五年には二一〇〇時間台を割りこんで二〇六五時間となった。

問題はこの先であった。日本は、七五年を底として、オイルショックによる不況克服期に労働時間の減少はストップしてしまい、逆に七八年には再び二一〇〇時間台に増加し、その後ほぼ横バイを続けているのである。これは、まことに、日本独特の現象であった。もっとも、アメリカも日本に似てこの期間はほぼ微減横バイで推移するが、それを除くと、七五年以降の一〇年で一〇%~五%ポイントくらい労働時間を落としている。その結果、現在、日本との比較でひきあいにだされる西ドイツやフランスとは、この期間に一挙に格差が拡大したのである(**図5**)。

図5　雇用者の実労働時間の推移

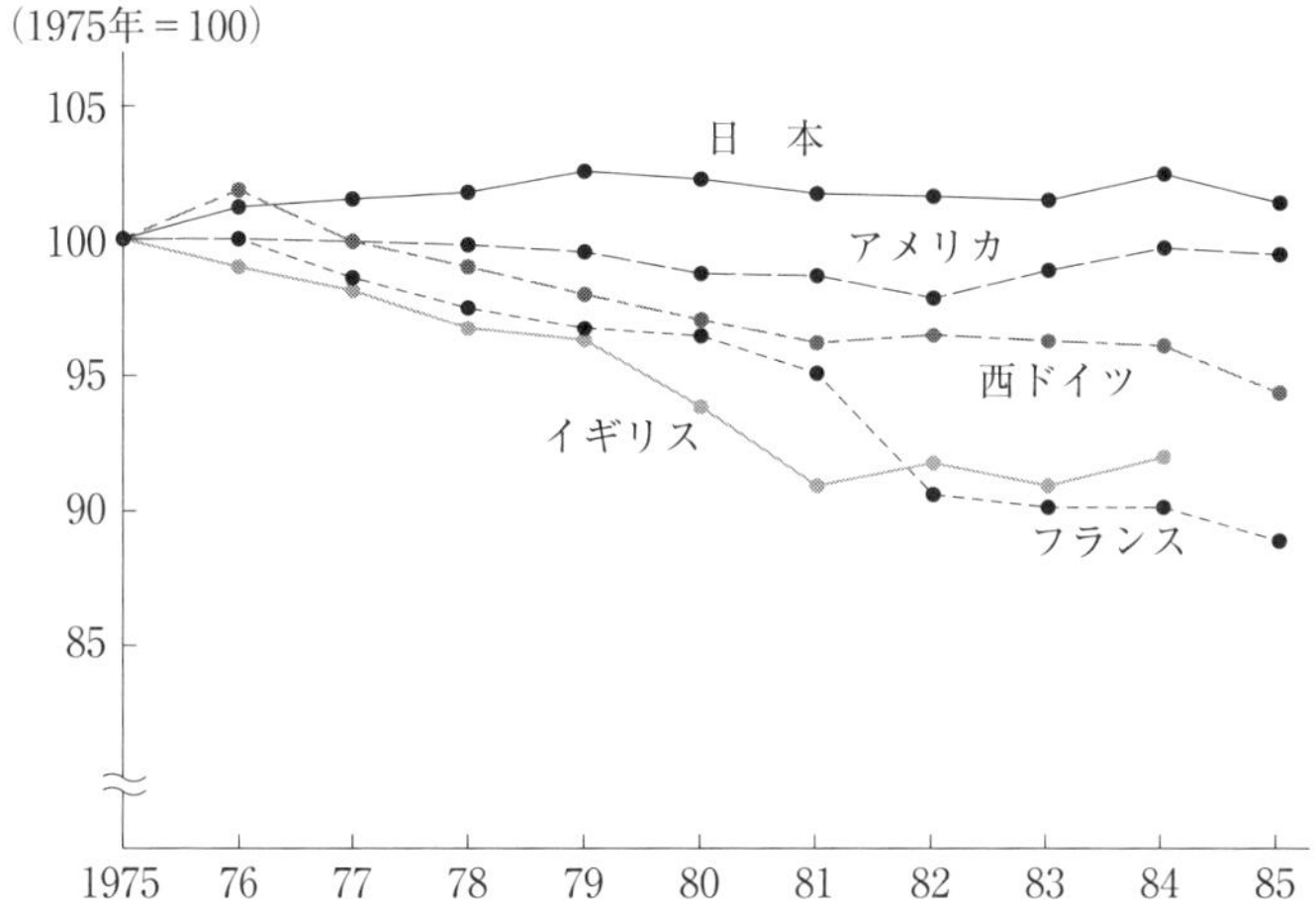

資料出所：OECD「Employment Outlook 1987」。
出典：『昭和63年版海外労働白書』102頁より作成。

つまり、あらためて強調したいのは、現代日本が抱えている長い労働時間という問題の起源は、もちろんそれまでの問題を抜きしていいわけではないが、何よりオイルショック以降のものであり、他の先進諸国の企業が不況期にあって、ワークシェアリングで労働時間の減少を余儀なくされた時、日本では、なんとそれまでの減少カーヴに歯止めがかかり、逆に少し増加するという逆転がみられた結果であるという点である。

欧米からの長時間労働への非難が急速に高まるのも、このオイルショック以降の彼我の格差拡大に端を発しているのである。つまりこうである。日本の長時間労働というのは、「先進国」欧米に比べての日本の「豊かさ」が欠如し、まだまだ遅れている故ではなく、むしろ日本経済が他の諸国を尻目に「減量経営」によって逸早く不況を克服し、急速に「大国」化し「豊かな社会」をつくり上げたその過程で生じたものだということである。したがっておそらく、日本の長時間労働は、現代の「豊かな社会」がもっと進めばしだいに「先進国」に追いつき解消するというような問題ではなく、かえって今の「豊かな社会」の進展によっては長時間労働は解消しないのではないかと思われるのである。

オイルショック以降の不況期に、日本企業は、企業存立の危機を訴えて、徹底した「減量経営」をおこなった。鉄鋼や造船など構造不況業種を中心に、下請け企業の切り捨てをふくむ徹底した人減らし合理化――「省人化」がおこなわれた。それに並行して、少ない要員をより効率的に利用するための「多能工化」、また、ＱＣ運動などを梃子とした職場の徹底した「省力化」が追求された[15]。

この「減量化」の成功が、不況克服に手間どる他の先進諸国を尻目に日本が逸早く不況を脱出しえた理由であるが、他でもなく、この「減量化」に成功したが故に、企業は少ない要員で残業を増やすことにより、「洪水輸出」をおこないえたのである。これが、七五年以降日本の労働時間カーヴが下げ止まり、逆に若干上昇に転じた理由である。その証拠にこの期間の労働時間の微増横バイは、所定内労働時間が減少していたからもっぱら所定外労働時間に支えられていたのである（**図４**）。

企業は、この不況期の「減量化」のなかで、労働者同士のいっそうの競争を調達する体制をつくり、企業社会を確立した。オイルショック以降の労働時間の推移は、この企業社会の確立を示す指標であったのである。

長時間労働と協調的労働組合　現代日本の長時間労働にみられる第二の特徴は、それが日本の協調的労働組合の企業主義的対応によって補完されているという点である。

後に詳しく検討するように、六〇年代に支配的となった民間大経営の協調的労働組合は、他の先進資本主義諸国のそれといちじるしく異なる特徴をもっていた。それは、ひと言でいえば企業主義的性格である。団結によって、資本と対抗・交渉して労働者の利益の維持増進を追求するのではなく、企業と協力し企業の業績を上げ〝パイ〟を大きくして、その分け前で労働者の生活を改善しようというのが、日本の協調的組合運動の主要な理念であった。だから、オイルショック以降の不況期になり、企業が存亡の危機を訴えると、協調組合は企業の存立のため、自分たちの仲間を切る「減量経営」を承認しそれに協力していったのである。組合は、企業の存立のための大合理化に協力し、また省力化のためのロボット導入、QC運動にも積極的に対応した。また、残業についても、三六協定によって企業の思うままの残業を認めたのである。こうして、七〇年代後半の「豊かな社会」化＝長時間労働化は、労使一体でつくられたのである。

本来、資本の無制限な蓄積衝動に歯止めをかけ、労働力商品としての人間を守るのが組合の役割であるが、現代日本においては組合はむしろ資本の蓄積に協力したのである。労働組合の規制力によって、思うような「減量化」ができず、不況克服に手間どるヨーロッパに比べて、日本の企業が不況脱出をできたのは、この組合の力に負うところ大であった。日経連が『賃金問題研究委員会報告』のなかで、くり返し、この民間大経営における労働組合に感謝の意を表明したのは、あたり前であった。

たとえば、日経連は、不況を克服した後の一九七八年一二月にだした『賃金問題研究委員会報告』において、いまだ不況克服ができずに苦しんでいる欧米の経済に比較した日本経済の地位を論じて、こう語った。

「昭和三十八年以降十年間の高度成長期に比べれば、現在の日本経済は不況だということになろう。しかし、……（低迷を続ける——引用者補）世界各国の経済の現状に比較すれば、まさに最良・最高の条件下にある。……日本経済の現状は、世界的比較の立場でみれば最も好ましい状態にあることだけは忘れてはならない。そして、それは労使、とくに民間企業労使の協力のたまものなのであり、わが国将来のあり方として、今後とも心がけていかなければならない要点である(16)」と（傍点引用者）。

それはともかく、ここでは日本企業社会の構造にとって日本型の協調的労働組合の果たす役割が不可欠であるという点に注目しておきたい。

企業社会の構造と労働時間規制

現代日本の長時間労働にみられる第三の特徴は、すでに示唆したことであるが、この長時間労働が協調的労働組合をも含めた日本企業社会の構造の一角にくみこまれたものであるだけに、たんにもう少し「豊か」になれば「ゆとり」ができて解消するだろうとか、日米経済摩擦に象徴されるような外国の圧力で早晩減少せざるをえないだろうというような生やさしいものではなく、かなり頑強に残るだろう、という点である。

周知のように、経済摩擦にからんで、欧米諸国から、日本の労働時間の長さへの非難が八〇年代に入って急速に強まった。たとえば、一九八五年の労働サミットではＯＥＣＤの労組諮問委員会は「労働時間に格差ある国」があると日本を暗黙に批判し、いやみにも日本に時短の項を担当させていた。こうした圧力を受けて、一九八六年四月、「前川リポート」は、構造調整政策のひとつとして「労働時間の短縮により自由時間の増加をはかるとともに有給休暇の集中的活用を促進する。労働時間については公務、金融などの部門における速やかな実施を図りつつ欧米先進国なみの年間総労働時間の実現と週休二日制の早期完全実施を図る」とうたった[17]。労働基準法の改正は、こうした時短の流れに乗って成立しえたのである。さらに、八七年四月、「新前川リポート」は、より具体的に、「できるだけ早期に一八〇〇時間程度を目指す[18]」と報告した。それを受けて政府は八八年の「経済運営五ヶ年計画」において、五年以内に一八〇〇時間を達成することを掲げたのである。

しかし、実際には、労働時間は減少していない。八八年度も二一一一時間で、前年と変わらず、かえって好況のため、労働時間は増加傾向にある。政府は、一八〇〇時間達成のポイントを「週休二日制」の拡大と有給休暇の拡大・行使において、八九年一月から政府機関の土曜閉庁・隔週週休二日制を実施した。しかし、民間企業の週休二日制は、一九七五年以来停滞し遅々として進んでおらず、完全週休二日制は企業の七・三％にすぎない[19]。

しかも、金融機関などは、週休二日制の導入にともなって、なんと平日の所定労働時間の延長をはかったのである。たとえば安田生命では、完全週休二日制にともない、平日の所定労働時間を四〇分も延長し、週休二日制実施によっても年間所定労働時間の八三〜九五時間延長をおこなったのである。[20]所定労働時間延長により、当然残業手当は減額されることとなり、職員は月平均二万円程度の賃金カットとなった。

ここにみられるように、日本企業は、そう安々と、自らの構造に手をつけるようなことはしないのである。

フレックス・タイム制　労働時間短縮をうたった労働基準法改正で、フレックス・タイム制の導入が認められた。労働省は、いまこれを、労働時間短縮の「お勧め品」としてPRにつとめている。[21]

「フレックスタイムというのは、一日のうちたとえば四時間をコアタイムとして設定する。このコアタイムは全員出社しなければならない。その前後にフレキシブルな時間を設け、その時間帯の間なら何時に出社、退社してもよいというもの…(で)、前日遅くまで残業した場合、次の日は遅く出社することが可能となる。労働者も楽になるし、仕事の効率も上がる[22]」と何やら、夢のような話であるが、実際には、ここでも企業の論理が貫徹している。

つまり、「フレックス制は、会社が必要なときに必要なだけ働かせ、残業手当を削減する方策として導入[23]」されているきらいがあるのである。

たとえば、三菱電機では八六年一二月から試験的に導入され、八七年には本格実施に近いものになっているが、そこでは、フレックス・タイムに次のような条件がついていて、労働者が自主的に出・退時間を決めるというようなものでないことが明瞭となっている。

「その一、自主判断といっても業務の都合を無視した自分勝手な判断であってはならない。
その二、自己の業務遂行と他との協調、連携を大前提とした自主判断でなければならない。
その三、業務状況をタイムリーに遂行しなければならない。
その四、責任をもって与えられた仕事をやり通さなければならない。

その五、たんに労働時間の長短のみに着目することなく、真の業績に対応した適正な評価につね日ごろから心がけ、管理者との信頼関係のもと、活力ある職場作りに努力しなければならない[24]」と。

その結果、三菱電機では、フレックス・タイム制は、従来の制度であれば、残業であった午後五時以降の作業も所定内労働時間にカウントされるため、残業手当を減らすことに使われ、また、厳しい残業規制——月四〇時間以上の残業は認めない、つまりそれ以上は残業手当を払わない——のもとでは、規制以上の残業をした場合に、次の日に遅く出社して、早く退社することにするなど帳簿上のやりくりをするのに便利に使われることになったのである[25]。

このように、オイルショック以降、最近ではとりわけ円高以降、絶えざる「減量化」、「省人化」による要員の徹底した効率的使用を追求している日本企業社会の構造のもとでは、労働省の〝甘い〟もくろみは、「残業手当ての削減方策」と化したのである。

有給休暇にも「後ろめたさ」　しかも、労働省が、労働時間減らしのために期待している年次有給休暇にしても、付与日数は一九八六年には労働者一人当たり一四・九日と、一〇年前の七六年に比べ一・五日増加したが、しかしその取得率のほうは七・五日、五〇%と、一〇年前の八・二日、六一%を下回っているありさまである[26]。

企業社会の強い規律のもとでは、多くの労働者は、権利として付与されている有給休暇を取る自由はないのである。先のフレックス・タイム制導入にさいしての三菱電機の覚え書きがいうように、労働者は絶えず「業務の都合」「他との協調」をはかることを余儀なくされ、ギリギリに「減量化」されている職場では、それらを考慮すれば休暇を取れるはずはなくなるのである。

かくして、一九八七年一一月二三日総理府の発表した世論調査では、有給休暇を「取るのに抵抗感がある」と答えたサラリーマンがなんと五二・五%に及んだのである。そして、その「抵抗を感じる休暇の使い方」を聞いた問いに対してもっとも多かったのはなんとスポーツ・レジャーで三〇・五％、病気の場合でも一〇・六％が抵抗を感じると答えた(27)。

その結果、当然ながら、有給を使いきる人は、一四・〇％と少なく、「仕事の状況をみながらできるだけ使う」が五三・〇％、一三・四％もの人が「あまり使わない」と答えた(28)。

こういう日本企業社会の構造をそのままに、労働時間の短縮などはたしてできるのであろうか。現に、五年以内に一八〇〇時間と威勢の良い計画をうちだした政府の「経済運営五ヶ年計画」を達成するためには、八八年度の二一一一時間を前提とすれば、年になんと七七時間以上の時短を実現しなければならない。それは、たんに「目標達成は難しい(29)」などという生やさしいものではなく、最初から実現するつもりのない、対外向けアドバルーンにすぎないようにもみえる。

しかもこの時短は、それを追求する最大の力であるはずの労働組合のあり方をみると、いっそう絶望的となるのである。たしかに、「連合」は時短問題を重視し、一九八八年六月の第七回中央委員会で「中期時短方針」を確認し、政府・労働省の計画より一年遅い(?!)一九九三年度までに年間総実労働時間を一八〇〇時間とする目標を掲げた。そして、八九春闘に向け、八九年を「時短元年」とする時短闘争をおこなう方針をだしたのである(30)。しかし、その成果は、鉄鋼、自動車、電機をはじめ若干の休日増を獲得したものの目標には遠く及ばなかった。そればかりか、八九春闘後、ＪＣの主力単産である全金同盟は、この「連合」の目標「達成は難しく、見直すべきだ」といちゃもんをつけたのである(31)。そして、あげくの果てにそれに対して労働省が反論をするという転倒的な事態を生じたのである。

ともあれ、以上のように、労働時間をながめただけでも、「豊かな社会」日本の困難が、いかなるところに根拠をもって生じているかの見当はついたように思われる。

2 「過労死」とストレス

「過労死」という言葉は八〇年代に入ってから、日本企業社会の担い手たちを襲う現象として、使われはじめていた。大阪では弁護士、医師、労働組合によってすでに一九八一年七月に大阪で過労死問題連絡会がつくられて活動していた。(32) しかし、これが急速に社会に普及した画期となったのは、八八年六月一八日、ストレス疾患労災研究会が、全国の有志弁護士、医師、組合活動家に応援を依頼して、全国七地域（札幌、仙台、東京、京都、大阪、神戸、福岡）で、「過労死一一〇番」を開設したことであった。(33)

「過労死一一〇番」 「過労死一一〇番」を設置したところ、当事者たちの予想をはるかに上回り、初日だけで一三五件、その後一年間で一〇〇〇件を超える相談があった。この活動はマスコミでくり返し報道され、『現代用語の基礎知識』や『イミダス』もこれをとりあげ、米紙シカゴ・トリビューンや、アメリカのABC、NBCもとり上げたといわれる。(34) 「過労死」という言葉は、いまやすっかり定着してしまった。

こうした「過労死」の普及は、現代日本において、企業社会が依然強力な支配力をもっていることを証明したと思われる。気持ちの良い話ではない。

こうした「過労死」の社会問題としての深刻化にともなって、労働省は、一九八七年一〇月、従来批判の強かった過労死の労災認定基準を二六年ぶりに改正し、「脳血管疾患及び虚血性心疾患等の認定基準について」（基発第六二〇号）を定めた。(35)

一九六一年二月の通達による旧基準では、「発症直前又は前日の災害的出来事」による強度の精神的緊張や肉体的負担がなければ、労災と認められなかったのを、新基準は、発病直前または前日に過重な業務がない場合でも、発病前一週間以内に過重な業務が継続していれば労災と認めることとなったのである[36]。

旧基準は、高度成長初期の頃の、農作業や土木、建設など、肉体労働による過労死を想定してつくられていたために、現代企業社会の引き起こす過労死には合わなくなったのである。この新基準も、いろいろ問題があることが指摘されているが[37]、とにもかくにも、労働省が認定基準を見直さざるをえない程度に、過労死は発生していることが、ここでも示されたわけである。

「過労死」もオイルショック以後

ところで、「過労死」がこんなに社会問題化すること自体が「豊かな社会」日本の特質であるが、それを措くとしても、「過労死」について、いくつか注目すべき特徴がある。その第一は、この「過労死」も、長時間労働と同様、それが登場したのは、オイルショック以降の不況克服期であるという点である。

先の「過労死一一〇番」全国ネットを呼びかけたストレス疾患労災研究会の代表である医師の上畑鉄之丞は、過労死には、オイルショックと第二次オイルショックの二つの山があると説明している。少し長くなるが、重要な点なので引用しておこう。

「『過労死』の問題は今にはじまったことではありません。高度経済成長が終り、低成長経済に移行した時期、一九七四、五年頃がはじまりだと思います。当時、大企業は中高年の労働者を中心に一斉にレイオフをやりました。『去るも地獄・残るも地獄』といわれ、職場では人が急激に減らされ、減ったままの人員で今まで以上に生産性を上げろと要求された時代でもあったわけです。辞めて職場を去った人の場合には、なんとか今までの生計を維持しなければならないため、すぐにたくさんの収入が上げられるような仕事をさがしていく。そのため、きびしい労働条件のなかで働く。どちらも無理があって、そういう中で『過労死』がかなり広がった時期だと思います。私のところに、循環器の過労死で労災の申請をしたいということで相談に来る人が多くなったのがこの頃です。

その次の時期は一九七九、八〇年頃です。これは第二次石油危機の時で、日本企業は低迷から脱し息を吹き返した時期で……新しい技術を導入する、あるいは新しい技術を開発するということで、コンピューターあるいはマイクロ・エレクトロニクス中心の技術開発がされはじめた頃です。……新しい技術が入ってくるので、労働者は、それに対応するために必死になって仕事をやらねばならない。とくに中間管理職の場合は、ある程度年令もいっているので、なかなか頭がついていかないけれども、それでもやらなければならない。やらないと、若い人たちについていけなくなるので必死になって仕事をやる。こういう中で無理をして、過労で倒れてしまうケースが増えました」[38]と。

「過労死」と弁護士・労働組合　「過労死」問題のもつ特徴の第二は、企業戦士たちの働きすぎによる〝戦死〟の問題が、主として「過労死」で夫を失った妻と弁護士や医師たちの手で、「過労死」の労災認定という、独特の格好で社会問題化したという点である。

本来、労働者が過労で倒れるまで働くのをチェックするのは、労働組合の問題である。「過労死」は、日本ではこの労働組合の規制力が無力であるということを如実に示した。そればかりでなく、職場で「過労死」がでても多くの協調的労働組合は、それを自分たちの問題としてとり上げなかった。だからこそ、弁護士が登場したのである。弁護士たちによる「過労死一一〇番」の活動は、画期的なものといえよう。しかし、そこには、何かおかしいところがあるという点を見過してはならないように思われるのである。

「過労死」と労働組合の関係に視点をおいて、「過労死」の労災認定請求事例をみると、注目すべきことがある。まず第一に、ほとんどの「過労死」は企業の労働者であり、とくに最近は、ホワイトカラーが多い[39]にもかかわらず、多くの事例には、その会社にあるはずの組合がでてこない点である。「過労死一一〇番」を担った弁護士の一人上柳敏郎もその点を別の角度から指摘している。すなわち、「過労死一一〇番」の東京での相談「二〇〇件についてみると、……相談者は圧倒的に妻が多く、職場の同僚からの相談は少ない。この問題について労働組合があまり機能せず妻のみの問題となっていることの反映であろうか[40]」と。

「過労死一一〇番」の東京での二〇〇件を分析した結果でも、発病の原因として掲げられる（複数）第一は労働時間に関するもの（一三一件）であり、第二が「過重責任」「ノルマ」「人員減」などの仕事上の負担・責任（四二件）であり、第三は「単身赴任」「転勤」「異動」「出向」など（五三件）である。[41]これらは、「過労死」が、まぎれもなく、日本企業社会の結果であることを示しているのである。それだけに、この「過労死」に対して、多くの労働組合が無視しているのはきわめて特徴的である。

それのみならず、ある大手ベアリングメーカーの工場で班長をしていた平岡悟さんの過労死についての労災申請事件においては、その会社の組合は、「労災を申請することがはっきりすると、むしろ明確に協力を拒否[42]」している。おそらく、組合としては、平岡さんの家族が労災申請することにより会社の労働実態が明らかにされ、会社のイメージが損われることを恐れたのであろう。多くの「過労死」事件で組合がでてこないのは、多かれ少なかれ、この平岡さんの事件での組合と同様の考え方に立っているからと思われる。つまり、このことは、日本の会社組合がいかに企業主義的であるか、いいかえればいかに深く企業社会にくみこまれているかを示しているといえよう。

しかし、「過労死」事件について、そうでない組合もいくつかみられる。注目すべき第二点はその点である。数は多くないが、いくつかの「過労死」事件では、組合が全面的にバックアップして労災認定を求めているケースがある。たとえば、大分県日田市のタクシー運転手堀和男さんの「過労死」事件では、堀さんの属していたイサゴタクシー労組が全面的に支援を決定し、上部団体の日田自動車交通労組、自交総連大分地連に支援要請をし、これらの組合で「堀労災対策委員会」を設置し、労災認定をかちとっている。[43]また、神戸フェリーターミナルに派遣されていた警備員藤井昇さんの「過労死」の労災認定請求の場合も、藤井さんが所属していた全港湾労働組合阪神支部マヤターミナル分会は、この問題で討議を重ねた結果「明日はわが身」であるとして労災補償にとりくむことを決め、全港湾阪神支部に支援要請をおこなうとともに、作業環境や実態調査にとりくんだ。ここでも、労災認定をかちとっている。[44]

また、長時間労働で悪名高い、損害保険会社で働く労働者で組織されている全損保も、一九八〇年代初めから、職場で「過労死」が発生したことから、この問題にとりくんできている。[45]

これら「過労死」にとりくんでいる組合は、階級的労働組合や、少数派第一組合の結集体であることは注目される。たまたま「過労死」で亡くなった労働者が、こういう協調的労働組合以外の組合員である場合には、組合がこの闘いを自らの問題として支援しているのである。

このように、「過労死」の問題も、結局、探っていくと日本の企業社会の構造と、そこにくみ入れられている企業主義的労働組合の問題にいきつくのである。

四　日本社会が抱えている困難の原因

以上に垣間みた、労働時間や「過労死」の他にも、現代日本社会の住人が抱えている困難は数多い。労働者であれば、「単身赴任」が、そして、「出向」「配転」が人生に大きな影を投げかけ、労働者家族に害を与えている。また、労働者が企業にからめとられた結果としての家庭の崩壊も深刻である。

宅配サービス会社という今もっともはやりの会社に勤める夫をもつ妻の投書は、企業社会日本に独特の相貌をもつ家族問題を浮び上がらせている。

「三歳の娘は、お父さんお帰りなさいとは言いません。お父さん来たといいます。お父さんの帰りを待ってがんばっても、やっぱり眠ってしまうから、早く寝て早く起きてお父さんと朝を一緒にしたいといいます。そして声をかけます。『お父さんまた来てね。今度いつ[46]』」と。

そして、さらにこういう企業社会が社会全体をつかんだ結果としての教育荒廃[47]も深刻である。

これらの諸困難は、各々が固有の内容を持っているにもかかわらず、きわめて共通した特徴を持っている。労働時間と「過労死」の問題でややくわしく検討したので、ここでは結論だけをあらためて書いておこう。

第一に、これら諸困難は不思議なほど発生した時期が共通している。オイルショックによる不況期——すなわち高度成長期に成立した企業社会が確立する時期[48]である。そして、その企業社会の力によって日本が「経済大国」「豊かな社会」として肥大化していくに従って、これらの困難は深刻化し、社会問題として意識されるにいたっているのである。

第二に、これらの困難、あるいは困難の形はすこぶる日本独特である。「過労死」や「単身赴任」などは、そもそも他の先進諸国にはあらわれない。他の諸国で深刻化しているのは、むしろいわゆる「先進国病」といわれるような労働倫理・規律の解体であり、日本とはあべこべの問題であるといってよい。

それに対し教育荒廃とか家族の崩壊・離婚などは、他の諸国でも多かれ少なかれ深刻化しているが、これらの問題の場合でもその要因したがって形態という点では、およそ異なっているようにみえる。総じて現代日本社会の困難は、企業社会がもたらす激しい競争に巻きこまれた結果発生しているものが多い。

第三に、これら困難の発生を抑止したり、それを解決するのに、労働組合が機能していないばかりか、しばしば労働組合が企業社会の側にさえ立つことがあるという問題である。労働組合が組合として果たすべき規制力を持ちえないから資本の野放図な蓄積が可能になると同時に、そのしわ寄せは個々の労働者やその家族に直接かかってしまうのである。

しかしこれら諸困難は、個人的・私的に解決することがきわめて難しいものである。

それでは、以上のような諸点を念頭において、以下第Ⅰ編では、こういう困難を生みだす、日本企業社会の構造を検討し、第Ⅱ編では、本来そういう社会のあり方を規制すべき労働組合や社会民主主義政党が、日本ではどうしてそういう力を持ちえないでいるのかを検討しよう。

(1) 八木光恵「労災通るか夫の過労死」『朝日新聞』一九八八年五月一九日付。
(2) 日刊工業新聞特別取材班『「豊かさ」日本の構造』にっかん書房、一九八九年、七頁。
(3) 同前、一二頁。
(4) 法務大臣官房司法法制調査部編『第28出入国管理統計年報平成元年版』Ⅶ頁以下。
(5) 『朝日新聞』一九九〇年一月一六日付。
(6) これらの事実については、さしあたり、日刊工業新聞特別取材班、前掲『「豊かさ」日本の構造』、とくに八五頁以下、参照。
(7) 全日本民間労働組合連合会「運動方針(案)について」一九八九年一〇月一八日、労働者教育協会編『労戦統一問題基本資料集第3集』所収、二二一頁。
(8) 経済企画庁編『国民生活白書』昭和六二、六三、平成元年各版、参照。
(9) 経済企画庁『1800労働時間社会の創造』一九八九年、一頁。
(10) 日本共産党中央委員会出版局『リポート・大企業の現場から　使い捨てられてたまるか』同出版局、一九八九年、五六頁。
(11) 労働省『昭和六三年版労働白書』日本労働協会、一九八九年、三四八頁。
(12) 同前、三四八頁。

(13) 同前、三五一頁。
(14) 同前、三五一頁。
(15) 不況克服期の「省力化」、「省人化」、QCなどの自主管理運動の実態については、たとえば、朝日新聞経済部『嵐の中のサラリーマン』朝日ソノラマ、一九八一年、とくにその「第1章『減速経済』の最前線をゆく」をみよ。
(16) 日経連『賃金問題研究委員会報告―総力をあげて雇用問題の解決とインフレ防止へ―』日経連弘報部、一九七八年一二月、三―五頁。
(17) 「国際協調のための経済構造調整研究会報告」政策情報資料センター『月刊ニューポリシー』一九八六年五月号所収、五三二頁。
(18) 「経済構造調整特別部会報告―構造調整の指針―」政策情報資料センター『月刊ニューポリシー』一九八七年五月号所収、一〇三頁。
(19) 労働大臣官房政策調査部『産業労働レポート(平成元年版)』二二六頁。
(20) 鴨田哲郎「労働時間短縮と勤務制度の改定」『労働法律旬報』一二一三号(一九八九年四月上旬号)三六―七頁。
(21) 日刊工業新聞、前掲『「豊かさ」日本の構造』六〇頁。
(22) 同前、六一頁。
(23) 鴨田、前掲「労働時間短縮と勤務制度の改定」三五頁。
(24) 日本共産党中央委員会出版局、前掲『リポート・大企業の職場から』一四頁。
(25) 同前、一四―五頁。
(26) 労働大臣官房政策調査部、前掲『産業労働レポート』二三〇頁。
(27) 『朝日新聞』一九八七年一一月二三日付。
(28) 同前。
(29) 日刊工業新聞、前掲『「豊かさ」日本の構造』五八頁。
(30) 全日本民間労働組合連合会「89春季生活闘争基本方針(案)」。
(31) 藤井昭三『〈連合〉の誕生』労働旬報社、一九八九年、一七六頁。
(32) 大阪の過労死問題連絡会のつくった書物に、同会『過労死110番』合同出版、一九八九年、がある。
(33) 「過労死一一〇番」全国ネットの形成とその後の活動について、上柳敏郎「過労死一一〇番の経過と課題」『労働法律旬報』一二

○六号（一九八八年一二月下旬号所収）一九頁以下、「過労死弁護団全国連絡会議」編『過労死』双葉社、一九八九年、第一章などを参照。
(34)「過労死弁護団全国連絡会議」編、前掲『過労死』八頁。
(35)『朝日新聞』一九八七年一〇月九日付。なお、この新認定基準については、大阪過労死問題連絡会、前掲『過労死110番』四九頁以下がくわしい。
(36) 同前、五〇―一頁。
(37) 同前、五四頁、また、「過労死弁護団全国連絡会議」編、前掲『過労死』一六―七頁。
(38)「過労死弁護団全国連絡会議」編、前掲『過労死』二〇四―五頁。
(39)「過労死一一〇番」にかかってきた相談事例のうち、東京の分二〇〇件を集約して分析した調査によると、いわゆるホワイトカラーが被災者の七一・四％の高率を占め、そのなかでもとくに中間管理職が多いといわれる。これはまさしく「過労死」が日本企業社会の中心的担い手を襲っていることを示していよう。上柳、前掲「過労死一一〇番の経過と課題」一二頁、「過労死弁護団全国連絡会議」編、前掲『過労死』九頁も同じ。
(40) 上柳、前掲「過労死一一〇番の経過と課題」、一二〇頁。
(41) 上柳、同前、一二頁、「過労死弁護団全国連絡会議」編、前掲『過労死』一〇―一一頁にも同じ表。
(42) 同前、一一六頁。
(43) この事件、同前、一五七頁以下。
(44) 同前、一七三頁以下。
(45) 全損保労組役員「いのちと健康を守るために」、「過労死を考える―11・22集会」『労働法律旬報』一二一〇号（一九八九年二月下旬号所収）、一八頁。
(46) 大阪過労死問題連絡会、前掲『過労死110番』一〇四頁より再引。
(47) 日本企業社会と教育荒廃の関係について、渡辺治『現代日本の支配構造分析』第七章、本著作集第15巻、収録、同「八〇年代の教育改革」『労働法律旬報』一一八九号（一九八八年四月上旬号）所収、本著作集第15巻、収録、をみよ。
(48) この企業社会の成立と確立につき、くわしくは渡辺治「現代日本社会の権威的構造と国家」藤田勇編『権威的秩序と国家』東京大学出版会、一九八七年、所収、本著作集第10巻、収録、を参照。

第Ｉ編　現代日本社会の構造

第一章　現代日本社会の構造・その歴史的形成

はじめに――日本社会の特殊性をめぐって

本章では、序章で示したような、現代日本社会の抱える独特の困難・不幸を不断に発生させている現代日本社会とはいったいいかなる特殊な構造を持っているか、また、それは、どういう歴史的経過で形成されてきたのかを、大ざっぱに素描してみたい。

ところで、日本社会の特殊性という、このテーマは、じつは、決して新しいものではなく、従来から日本の社会科学が、くり返し解明を試みてきたものであることはいうまでもない。戦前の講座派・労農派の論争以来、日本の社会科学は、このテーマとともに歩いてきたとさえいえるのである[1]。

1　「前近代性」論

日本社会の特殊性とは何か、というとき、従来、もっとも有力であったのは、その根拠を日本社会の「前近代性」

あるいは「後進性」に求める議論であった。

その発想は、大ざっぱにいうと、日本社会の特殊な諸現象は、つきつめていくと、資本主義化にかかわらず強固に存続している日本社会の前近代的構成にその根拠が求められる、というものであったように思われる。戦前の天皇制社会は、こういう視角でかなり解明できるところがあったことは否定できない。

ところが、戦後の広範な民主的改革があり、ものすごい高度成長を経て、それでは、日本社会の特殊な相貌は消え去ったか、というと、現に私たちが眼にしている現代日本社会はなお依然として、きわめて特殊な相貌をし、特殊な問題を抱えこんでいるようにみえるのである。

しかしもはやその根拠を「前近代性」やら「後進性」なるものに求められるであろうか。なおそういう議論がないわけではない。けれども、いうまでもないことであるが、講座派以来の「前近代性」論がその根拠にしていたのは、前資本制的生産関係——もっと具体的にいえば寄生地主制を中心とする農業における半封建制であった。だから、この議論は民主主義革命による農村の封建性の打破という明確な戦略的展望とドッキングしていたのである。

ところで、戦前の講座派が重視した日本社会の「後進性」の根拠は、戦後改革と高度成長によって基本的に一掃された。それにもかかわらず、なお依然「後進性」論や「前近代性」論は、根強く、存在しているのである。あとで述べるような現代日本社会の特徴である、日本の労働者の強い企業への依存も、自民党政治の継続も、長い労働時間も、なんでもかでも「前近代性」である。「市民社会」の未成熟といいえてもよい。しかし、「前近代性」やら「後進性」という言葉が、日本社会の特殊性を説明する便利なレッテルとしてひんぱんに使われるようになるにしたがい、この概念は当初それがもっていた科学性を喪失して不可避的に拡散し、無規定のレッテルと化している。現にこの種の言葉は、しばしば現代日本社会の特殊性を分析する道具というより、それの根拠の分析を放棄し、説明したらしくみせるブラックボックスとして使われているように思われる。それは、最近はやりの日本固有性礼讃論とイデオロギー的には対蹠的ながら、理論的にはさして異ならない地点にいる。

こういう視角では、現代日本社会の特殊な構造は解明できないように、私には思われる。このことについては、すでに別のところで論じたことがあるので[2]、これ以上ふれないが、私の関心は、現代日本社会の特殊な構造とその形成の根拠を、――いつでも持ちだされて便利なわりに内容のない「前近代性」あるいは「市民社会の未成熟」というようなレッテルによってでなく――解明したいという点にある。

2 「ジャパン・アズNo1」論

ところが、最近、といっても一九七〇年代の後半以降のことであるが、こうした日本社会の「後進性」論とは違った、日本社会特殊性論が流行するようになった。

前者の議論は、多かれ少なかれ、その時々の日本社会に対して批判的であり、そういう日本社会を変革していきたいという願望を背後に秘めていたように思われる。だから、論者が、日本社会の「前近代性」、「後進性」というとき、そこには、市民革命をへたヨーロッパの「近代」社会が暗黙の、しかし自明な理念あるいはモデルとして存在していたのである。

ところが、七〇年代後半以降に登場した、新手の日本社会の特殊性論は、こういう「前近代性」論のもつ視角とは、およそまったく違う視角を持っていた。それは、端的にいえば、日本経済の持続的かつ高度な成長――とりわけオイルショック以降の不況の逸早い克服――に注目し、このようなことが可能であった日本社会の特殊性に関心を寄せるものであった、と思われる。だから、そこで注目されとりだされる日本社会の特殊性なるものは、批判し克服さるべきものではなく、逆に学習さるべきものであった。

このような議論を比較的に早い時期に、しかもきわめて乱暴に提出したのは、エズラ・ヴォーゲルの『ジャパンアズ　ナンバーワン』であった[3]、と思われる。したがって、ここで、この種議論を、ヴォーゲルの著書にあやかって「ジャパンアズNo1」論といっても、決して的はずれにはならないと思われる。

この種「アズNo1」論は、その議論の性格から、当初はもっぱら経済・経営の領域で〝活躍〟していたが、その後急速に、政治や社会――教育や警察など――の領域にも波及した。それまでもっぱら負のイメージで語られ、その克服が求められていた自民党一党支配まで、逆に日本経済の効率的・持続的成長に貢献する制度として肯定的に評価されさえしはじめたのである。

しかし、この種の日本社会特殊性論も、日本社会の「前近代性」論同様、あるいはそれ以上に、現代日本本社会の特殊な構造の究明に成功しているとは思われない。何より、この議論は、日本経済の良好なパフォーマンスという現実にそって、日本社会の諸現象を等しく肯定的に描きだすことによって、日本社会の住人が抱えこんでいる困難や問題をほとんど無視してしまうか、その理論にくみこむことに失敗している。この種の議論の問題点や欠陥が日本の警察や教育や自民党政治を扱った場合にみるも無残に露呈してしまうのは、そのため、と思われる。

以上のような、従来の日本社会の特殊性論とは異なる視角で、現代日本社会のもつ、特殊な相貌を解明すること、これが本章の課題である。

一　「現代日本社会」の構造

そこで、まず、ここで「現代日本社会」の特殊な構造というときそれがいかなるものを想定しているかを示す必要があるが、その手がかりとして、「現代日本社会」を、特徴的に表現している諸現象を提示してみたい。

これらの諸現象は、各々、経済、社会、政治、国際的枠組みにかかわって、現代日本社会の特殊性を表現しているとみられる諸点であり、その一つひとつをとりだしてみれば、大方の人が、多かれ少なかれ日本の特徴として認めているものである。だからそれ自体決して新奇なものではない。しかし、従来、これら諸現象は、比較的にバラバラに根拠が求められてきたように思われる。もっとも、私が第一に掲げる「成長主義的経済」と第二の「強力な企業の支配力」、あるいは第三の「労働組合運動の脆弱性」は、相互に関連あるものとして論じられることもないではないが、これらと、政治的諸特徴として掲げた「自民党一党支配の継続」や、あるいは憲法、国際的枠組みの特徴については、各々、別個に論じられてきた。

しかし、「現代日本社会」の最大の特徴は、じつはこれら諸特徴が、同時に成立し展開しているところにある、と私には思われる。そしてさらにいえば、「現代日本社会」とは、これら諸特徴が相互に連関し、不可分の、構造として成立している、そういう社会だと思われるのである。現代日本社会において、人びとが直面し抱えこんでいる諸困難も、この構造の産物として、これまた日本に特殊な形態をもってたちあらわれている。したがって、これら諸現象を、まずはとりだして検討し、ついでそれらの連関を明らかにすることによって、現代日本社会の特殊な構造が浮び上がってくるのではないかと思われるのである。

1　現代日本社会の特徴的諸現象

(1)　成長主義的経済

「現代日本社会」というときまずは念頭に浮ぶ第一の特徴として、この社会をひっぱっている成長主義的経済をあげることにそれほど異論はないと思われる。

もっとも、この長期にわたる経済成長というのは、必ずしも日本だけのものでなく、馬場宏二がいうように、「現代資本主義」――第一次大戦後を過渡期として、第二次大戦後普遍化した――の共通の属性といえるものである[4]。まさしく第二次大戦後は、「史上未曽有の工業化」の時代であり、「おそらく、統計的比較の可能な限り、いつの時代をとっても、第二次大戦後に比しうる規模と速度と安定性をもって工業化が進んだことはない[5]」。

その点だけをとってみれば、現代日本は、「現代資本主義」の、いわば生産力的側面における典型国であったといいうる。しかし、「典型」といえるのはじつはそこまでであるように思われる。その強蓄積の要因には、日本社会に独特のものがあり、その結果としての現代日本社会の相貌も独特のものを持っている。とにかく、現代日本社会の構造を解く第一の基礎が、この持続的成長にあることは間違いないように思われる。

ところで、現代日本社会を、主としてこの側面から検討したものとして、馬場の「富裕化」論――「会社主義」論がある。そこで、以下、馬場の議論を追いながら、この問題の所在を探ってみたい。

日本資本主義の強蓄積の特殊性　馬場は、この日本資本主義の強蓄積の根拠を、マクロとミクロの両方からあげ、前者として、「後発資本主義」の特性を、後者として、「企業内ないし企業間等の生産力発展に適合的な組織化[6]」あるいは後には「会社主義[7]」をあげている。

現代日本社会の特殊な構造を解明したいという本章の視角からすると、このうち、とくに後者の面にいっそう注目しておきたい。なぜなら、日本資本主義の持続的強蓄積を支えている中心的メカニズムが、日本企業の強力な労働者支配の構造にあるということこそが、その所産としての「豊かな社会」日本のあり方においても他の先進諸国にみられない独特の構造を生んでおり、さらに、そこでの特殊な困難を蓄積しているのではないか、というのが私の仮説だからである。

「豊かな社会」の特殊な構造　それはともかく、このような経済の持続的成長の結果、現代日本社会が、「豊かな社会」――馬場流にいえば「富裕化社会」あるいは「過剰富裕化社会」[8]としてたちあらわれていることも、これまたさして実証するまでもない。したがって、現代日本においても、「豊かな社会」が抱えるいくつかの問題が台頭・深刻化している。しかし、ここでも、現代日本社会は、かなり独特の格好をとっていることが注目される。

たとえば、「富裕化」あるいは「福祉国家」化にともなって一般に生ずるといわれ、現に先進諸国で生じている、労働規律の弛緩、アブセンティズムの多発、さらには、スタグフレーション、資本の「活力」低下といったような深刻な諸問題[9]――いわゆる「先進国病」は、現代日本社会では必ずしも深刻化していない。

馬場は、この日本の経済的パフォーマンスの良さをさして、日本は現代資本主義の「例外」である、とし、その根拠を、他でもなく「会社主義」に求めているのである。[10]この「会社主義」が労働者の「脱社会化」を阻止し、企業・生産への動員を可能としているというわけである。それでは現代日本社会には何も問題はなく、万歳か？　と問うて、馬場は、この「会社主義」の裏側に、現代日本社会固有の問題が発生することをみている。それは、「会社主義」の裏として、「会社から疎外された社会」[11]のあるいは「生活圏文化」[12]の空洞化という危機であるという。そういう「生活圏文化」の危機の象徴として、馬場は「教育の荒廃」をあげるのである。[13]

ところで、馬場はやや別のすじでも現代日本社会の問題をとらえているので、そちらのすじもみておく。こちらのほうが時期的には後である。それは「会社主義」の結果としての「速すぎた過剰富裕化」にともなう問題というとらえ方である。[14]この視点は、現代日本社会の困難は日本社会の「富裕化」が速すぎたために生じている、というものである。そこでは、たとえば「国際摩擦」は、経済大国化したにもかかわらず、依然日本が「政治小国」性に固執しているがために深刻化している、ととらえられ、同じく速すぎた成長のためにまた速すぎた成長をもたらす動因として、都市問題や住宅問題の深刻化がとらえられる。

また先に「会社主義」の裏面として重視された教育の荒廃も、「速すぎた富裕化」のため、親の生活体験が子どもの教育にまったく役だたず、また同じ「富裕化」が子どもから労働、仲間、生活空間を奪った結果である、ととらえられる。

以上のような、現代日本社会の抱える問題群についての馬場の仮説は、きわめて説得的である。けれども、あえて、私との把握の違いをいうとすれば、現代日本社会の抱える困難というのは、そういう「富裕化」のスピードあるいはズレにともなうものもさることながら、より根本的には、「富裕化」の構造——他でもなく日本資本主義の持続的蓄積を可能とした構造そのものに起因しているように思われるのである。

なるほど、現代日本では労働規律の解体は生じておらず資本の「活力」も旺盛である。その意味で、その経済的パフォーマンスの良さは現代資本主義の「例外」である。しかし、現代日本社会は、まさにそのことのなかに、もっとも深刻な問題を抱えこんでいるのではなかろうか。

「過剰規律」・「過剰活力」の病理　現代日本社会は、現代資本主義諸国の社会が抱える問題を持っていないが、それは決して現代日本社会が〝地上の楽園〟であることを意味しない。むしろ先進諸国とはある意味で対照的な困難を抱えているようにみえる。

ひと言でいえば「働きバチ症候群」といわれるような、過度の労働規律の順守、一見きわめて自発的な長時間労働の普遍化、過度の競争、その結果としての神経症や突然死の増大、さらに、かかる資本蓄積に適合的な理念の全社会的規模への過度の貫徹、などといった深刻な諸困難が、現代日本社会にうっ積している。「活力」「規律」の低下でなく、過剰「活力」、過剰「規律」の病理が深刻化しているのである。馬場のあげる教育の荒廃はたしかに現代日本社会の問題を凝集していると思うが、それは、馬場のいうような、「労働からの剝離」という性格の問題であるとともに、何より企業において異常に強力に浸透している「競争」理念が子どもたちをも巻きこんでいる結果であるように思われるのである。

ところで、現代日本社会を強力につかんでいる労働「規律」や「活力」「競争」は、いうまでもなくすぐれて資本主義的な原理である。このような「規律」や「活力」「競争」の発生源こそが馬場のいう「会社主義」なのだが、それについてはまた後に検討するとして、現代日本社会の特殊な困難というのはこういう資本主義的原理の過剰貫徹によるといってよかろうと思われるのである。その意味では、ここで掲げたような現象を日本社会の「前近代性」の残存としてあげる見解は、まったく問題の歴史的性格を誤っている、といわざるをえない。

本来、現実に存在する近代ブルジョア社会においては、ブルジョア的原理が一元的に支配したことはなかった。近代ブルジョア社会の典型国であったイギリスにおいても、ブルジョア的原理に対立し、その一元的貫徹をはばむ、さまざまな伝統的要素——「反動」的要素が強力に存続していた。それればかりか、これまた後述するごとく「現代資本主義」はその延命のためにも他の社会原理を内包せざるをえなくなっている。ところが現代日本社会では、かかる反ブルジョア的あるいは非ブルジョア的諸原理という、資本蓄積に対する夾雑物を取り去って、ブルジョア的原理が異常に強力に社会をつかんでいるといえる。だから現代日本社会の抱える困難の性格は、「前近代的」ではまったくなくむしろ逆にブルジョア社会が抱える問題の凝集したものというべきなのである。馬場の「過剰富裕化」という言い方をまねしていえば、現代日本社会の困難はむしろ「過剰ブルジョア化」の産物というにふさわしい。これが日本社会の第一の特質である。

(2) 強力な企業の支配力

現代日本社会の構造にかかわる特徴を考えるとき、歴史的には経済成長にともなって形成されまた成長の持続の起動力ともなった企業の労働者支配の強力さを掲げることは不可欠である。これはすでに述べた「豊かな社会」の日本的相貌・日本的困難の根拠とも思われるものである。

長時間労働の存続　この例をあげるのも比較的容易である。たとえば、七〇年代後半、とくに八〇年代に入ってから、「単身赴任」が大企業を中心に、急速に普及し、ついに、八七年以降、労働省も、単身赴任の実数をはじめてつかむようになったが、この「単身赴任」という慣行などは、企業の強力な統制権なくしては考えられないものである[15]。

周知のように、八〇年代に入って、日本は先進諸国との経済摩擦を深刻化させたが、そのひとつに、日本の長時間労働があったことは周知のとおりである。序章で少しく検討したように、この長時間労働も日本の企業の労働者支配力、ならびに労働省その他の行政に対する企業の力の強さを示すものである。ここで注目すべき点をあらためて指摘すると、第一に、この長時間労働は、いわゆる低賃金と長時間労働という日本資本主義の伝統的構造のたんなる延長・存続ではないという点である。先述のように、日本の高度成長期には、たんに大企業においてのみならず、中小においても、労働時間は減少カーヴをとった。この減少が止まり、若干の逆流現象があらわれたのが、オイルショック以降であり、いま問題視されている長時間労働とは、この七〇年代後半以降のそれなのである。

また、第二にこのことのコロラリーであるが、長時間労働を日本人の文化的特質からみる考え方にも異論をはさまざるをえないという点である。七〇年代後半以降の長時間労働は、企業の「減量経営」と同様、この時期における企業の労働者支配力の強化の結果とみなければならない。

それはともかく、摩擦の深刻化をふまえて、労働省も、積極的に労働時間短縮にのりだし、「新前川ポート」も、一九九〇年度二〇〇〇時間、二〇〇〇年に向けてできるだけ早く一八〇〇時間をめざすと、時短をうちだした。そのあげくが、あのような労基法の改正であった。国際圧力を背景にした労働省の奮闘の結果、企業は、労働時間の若干の縮小の確認——これが不十分であることはよくいわれている——とひきかえに、「弾力化」を実現したのである。

これをみても、日本の資本の力の強さは明らかである。(16)

「会社主義」　こうした企業の強力な支配力は、いわゆる「日本的労使関係」と呼ばれているような、日本企業の特殊な労働者支配の構造によって生みだされている。馬場のいわゆる「会社主義」である。この企業の労働者支配の構造については、すでに検討したことがあるので、(17)詳細は略すが、それでも、この構造は、現代日本社会の構造の核心をなすものと思われるので、馬場の「会社主義」論を素材としながら、あえてそれとのニュアンスの差に力点を置いて私見を提示しておきたい。

さて、本来であれば、ここでまず、馬場のいう「会社主義」の概念の展開をきちんとあとづけることが必要であるが、ここではそのような細部を省略してきわめて大ざっぱにいってしまうと、馬場にあっては、「会社主義」は、マクロに、戦後日本の社会体制を総括する体制理念という意味と、ミクロに、「強烈な会社帰属意識」という意味との二面から押えられている。(18)

ここで重要なのは、このミクロの面であるが、馬場は、日本の労働者にとりわけて強い会社帰属意識が、労働者の企業への参加の度合の高さに根拠を持っているとみ、その原因を、小池和男の議論(19)を媒介にして、日本において広くかつ深く内部労働市場化が進んでいることに求めている。

そして、馬場は、日本の労働者の――ブルーカラー、ホワイトカラーを問わない――参加意識の高さと会社の立場への同一化をさして、「一種の自主管理(20)」といい、「生産面に結集したしのびよる社会主義(21)」だとしている。ここで馬場が、「会社主義」を一種逆説的に「社会主義」と呼ぶ根拠のひとつとして、日本企業にくみ入れられた労働者が「労働力の商品化」規定を超えるような〝主体〟性を持っている点に注目している点も興味深いところである。それはともかく、こういう把握であるから、「会社主義」日本の問題は、この「会社主義」に身も心も入れあげている労働者そのものには発生しようがなく、むしろ、その結果として「会社」から疎外された、女性や子どものところに現出するといわれるのである。

私も日本企業への労働者の参加意識の強さはそのとおりであり、しかもそれが一定の現実的根拠を持っていると考えている点でも同感であるが、その根拠を何にみるかでは、違う。私は労働者の企業への求心力の核は企業が身分制の障壁を打破することを中心にして、労働者間の不断の競争を組織しえたことにあると考えている。そこでの鍵《キー》となる原理は、客観的には参加でなく競争である。比喩的にいえば、日本企業は、労働力商品の持つ属性に着目してその価値を十二分に引きだす装置を形成することにより、労働者の忠誠を獲得したと思われるのである。

その意味では、ここでも、日本企業のもつ特殊性は「前近代」ではなく、また――日本企業の労働はたしかに外見的には、マルクスが『資本論』で描いた工場内の「専制」とはまったく対照的な労働者像であるにもかかわらず[22]――「社会主義」的でもない、すぐれて「資本主義」的な性格を帯びたものであると思われるのである。したがって、私には、こうした「会社主義」の問題は、馬場と異なり、「会社主義に疎外された社会」にあらわれる前に、まずは他ならぬ日本「会社主義」にくみこまれた「社員」＝労働者層に蓄積されざるをえないと思われる。

(3) 労働組合運動の脆弱性

さて、以上のような企業の強力な支配力は、他面、資本蓄積を規制する〈労働〉の力の脆弱性に支えられており、それと裏腹の関係にある。この労働組合運動の特殊な脆弱性――〈労働〉による規制力の弱さは、現代日本社会の明らかな一特徴をなしていると思われる。

現代資本主義と「社会主義」　そもそも、現代資本主義の最大の特徴は、それを「組織化[23]」の一局面とみるか、「社会改良的措置[24]」あるいは「資本主義的原理と『社会』主義的原理との二本立て[25]」とつかまえるかはともかく、いずれにせよ、資本蓄積の阻害要因をその内部にくみこまざるをえない体制として特徴づけられている。

そして現代資本主義が、このような「社会主義原理」を内包せざるをえない、あるいは「組織化」による労働者の同権化を認めざるをえない根拠は、「社会主義の圧力」、内部的には、労働組合運動、ならびにその力を背景にした労働者党の政治権力への参画、「社会主義の〈体制内化〉」に求められるのである。[26]

このような、労働者の「同権化」、あるいは「社会主義原理」の拡大にもかかわらず、現代資本主義は金本位制を離脱してインフレーションをその内部にくみこむことにより、また、さらに重化学産業を基軸とした新しい産業構造の形成とそれを梃子にした市場の外延的内包的拡大により、第二次大戦後に、持続的な成長を実現した。そしてこの成長による生産力的な支えが、現代資本主義の「福祉国家」化の安定を可能としたのである。

〈労働〉の蓄積規制力の脆弱な日本　ところが、日本は、こうした資本の蓄積制約要因たる〈労働〉の力が格段に弱かったために、他の先進資本主義諸国に比べ、「社会主義的原理」の浸透がミニマム化され、そのことが、他に比べて格段の資本の強蓄積を可能とする条件のひとつとなったと思われる。

ところで、ここで注意すべきは、現代日本における労働組合運動の脆弱性といったとき、それは、労働組合運動における「協調主義」、あるいは「改良主義」の制覇一般を意味するものではない、という点である。なるほど、日本においても、一九六〇年代以降労働組合運動における協調主義的潮流の強化、それによる組合運動のヘゲモニー掌握という事態が進行し、それが、労働組合運動の脆弱化と軌を一にしていることは否定できない。

しかしながら、組合運動における協調主義の潮流の制覇というのは、何も日本にかぎられているわけではなく、むしろ、「現代資本主義」が、その機構の内部にくみいれた〈労働〉とは、じつは協調主義的組合運動であり、改良主義的労働者党であったといってさしつかえないのである。[27] したがって、現代日本における〈労働〉の脆弱性は、協調主義的組合運動一般の——階級的あるいは「左派」的組合運動に比しての——脆弱性ではないとみなければならない。同じ協調主義的潮流であっても、ヨーロッパあるいはアメリカにおいては、産業レベルでの労働組合の競争規制力は、日本よりはるかに強力である。

従来、私は〈労働〉の脆弱性をレーニンのいう「帝国主義」段階の成立にともなう、協調主義的労働組合運動の潮流の制覇という点でつかまえていたが、それはいま述べたような点からみて、不十分であったといわねばならない。むしろ、日本においては、競争規制力として脆弱な、あるいは、「生産性向上」に協力的な協調組合運動という、特殊な〈労働〉の成立として、問題を考える必要がある。

この点はまた後にふれるが、さしあたり一言しておけば、いわば、ヨーロッパに典型的な協調組合運動を、一応「古典的協調組合主義」と呼んでおくと、現代日本においては、そういう「古典的協調主義」とならんで、「現代的」というか、すぐれて企業主義的な協調組合運動の潮流が存在し、むしろこの後者が、左派潮流のみならず、「古典的協調主義」の潮流をも抑えて支配的になっているととらえることができると思われるのである。(28) ここで「古典的協調主義」として念頭においているのは、総同盟から同盟系に流れ込んだ潮流であり、「現代的」として念頭においているのは、IMF・JC（国際金属労連日本協議会）に結集するような大企業労働組合の潮流である。

それら二潮流をなぜ「古典的」と「現代的」と名づけたかといえば、協調組合運動のこの二潮流は、非常に乱暴にいってしまうと、資本主義の発展段階に照応する熟練形成のあり方に対応しているのではないかと思われるからである。つまり、「古典的」流れのほうは従来型産業における熟練形成のあり方——外部労働市場に対応した組合運動の組織論であり、「現代的」潮流のほうは、重化学産業段階において普遍化する内部労働市場に対応した労働組合運動であると思われる。そこに後者の潮流が企業主義的方向をとる理由もあると考えられるのである。

現代日本における社会民主主義の不振

そして、このように、日本の協調主義的組合運動の主流がすぐれて企業主義的な偏倚を持っていることと関連して、日本では、社会民主主義的政治潮流の脆弱性あるいは不振が現出している。高橋彦博は、「第二次大戦後の歴史を現代史としてとらえるならば、現代史の潮流は明らかに社会民主主義ではないか」[29]といっている。この命題自身が検討に値するものであるが、仮にこれを認めるとしても、現代日本は明らかにその例外をなしているように思われるのである。この点は、後に、第三章であらためて検討する。

ところで、現代日本の政治構造というとき、人は即座に自民党一党支配を念頭に浮べ、その要因の分析はいまや一種の流行の観を呈してさえいるが、じつはそれとならんで、それとは相対的に独自な根拠を持つ社会民主主義の不振の固有の根拠が検討される必要があるように思われる。現代資本主義の「『社会』主義原理」が、ヨーロッパにおいては、社会民主主義の政治権力の掌握あるいは参画によって担われてきたしあるいはなおいる、ということを考えれば、日本における社会民主主義の不振は、明らかに一個の特質をなしていると思われるからである。

ところで、この、社会民主主義の不振も戦後一貫したものとはいえない。現に一九四〇年代末には、社会党首班の片山哲内閣が成立しているし、次の芦田均内閣でも社会党は連立の一角に入っていた。その後の社会党の不振は、これら内閣での社会党の行動への不信から説明されることが多いが、しかし、それだけでは、長きにわたる社会党の不振を説明できないことは明らかである。

現にこの後も、五〇年代には、社会党は左、右に分裂していたにもかかわらず、前進をみせている。社会党の頭打ちは、一見奇妙なことに、高度成長による労働者階級の増大という事実と重なっているのである。この点は注目に値することである。

よく知られているように、自民党「ニューライト」の雄である石田博英は、一九六三年一月号の『中央公論』誌上に「保守政党のビジョン」という論文を書き、労働者階級の増大にともなう保革の逆転を予測した。ところが事態は、それとは逆とはいわないまでも、明らかに違う方向をとったのである。

ここでは、それ以上述べないが、おそらく日本の社会民主主義の不振、伸び悩みの背後には、〈労働〉の勢力が、もっぱら企業別に運動を展開しており（これは、いわゆる企業別組合という組合組織の形態のみをいうのではない）、横断的組合運動が未成熟であること、そして、協調組合運動も、大企業の組合を中心とした企業主義的なそれであるという点にかかわっていると思われる。そこでは、西ヨーロッパのように、横断的組合の力を背景とした社会民主主義党の増加↓その政権参画あるいは政権掌握という等式が成りたたず、むしろ企業別組合↓企業利害の優先↓政権党の支持、という図式が優位を占めた。

通例往々にして、総評―社会党、同盟―民社党という、組合のナショナルセンターと政党の系列関係が重視されるが、実際にはこのナショナルセンター単位の色分けが過大評価できないことは政党の得票をみれば明らかである。現代日本では、そもそもナショナルセンターの比重が低いことが重要な特質をなしているのであり、労働者は、ナショナルセンターの指令よりは企業別組合の意思にしたがって企業単位で動くのである。

大衆社会形成の二系列　このような、日本における協調主義的組合運動の独特の形態、社会民主主義の不振という特徴に関係して、「大衆社会」という、現代社会の分析にとって不可欠と思われる概念と現代日本社会の関係について少し検討しておきたい。

「大衆社会」という概念をさしあたり、金融資本の展開による重化学産業を基軸とした大規模生産↓人口量の多数の労働者階級化、を前提にし、この労働者階級への権利付与と体制内への取りこみ＝〈国民〉化を実現した社会、とつかまえておく。[30] そうすると、現代日本社会も明らかに大衆社会であることは違いないのだが、第一次大戦後にヨーロッパで普遍化した大衆社会とはかなり形態を異にしているように思われるのである。

そこで私は、大衆社会の形成には二系列があり、さしあたりヨーロッパで成立したそれを「古典的」大衆社会と呼べば、現代日本社会で成立しているそれは「現代的」なそれであると考える。

「古典的」大衆社会の形成は、乱暴に図式化すると次のようなものであったと思われる。労働者階級の量的増加↓不熟練労働者の増大↓その協調主義的労働組合への組織化↓労働者の政治的同権化の進行・「ブルジョア的労働者党」

の進出・政治参加あるいは政治権力の掌握→福祉国家政策の展開→大衆社会の形成、というすじである。

それに対して、後発資本主義として、急速な「近代化」をおこなった日本では、大衆社会の形成もこれとは別の仕方を余儀なくされた。日本でも第一次大戦後には「古典的」型と相似の状況があらわれたが、半封建的な農村への人口の滞留、急速な資本主義化に不可欠だった後見的国家のもとでの政治的・社会的同権化の不徹底により、労働組合の組織化・労働者党の形成も阻害され、福祉国家政策も展開の余裕がなく、それが大衆社会形成を阻害し、また大衆社会形成の未熟が社会的支配の安定基盤を脆弱なものとしたため逆に政治的・社会的同権化が遅れるというかたちをとった。

敗戦と戦後改革――とくに財閥解体、農地改革、労働改革により、こうした大衆社会形成の隘路は打破され、日本でも大衆社会形成の条件が成立したが、一九五五年以降の高度成長期に実際に形成された大衆社会は、「古典的」なそれとは異なっていた。そこでは、人口の多数を占める労働者階級は、企業単位の協調組合に組織され、その利害は企業の業績向上を通じて達成されると考えられ、その要求は企業に同化した。したがって、彼らの多数の支持は、企業を媒介にして保守党に集ったのである。しかも、後にもう一度ふり返えるように、保守党政府の政策は福祉国家政策というよりは、成長国家政策とでもいうべきものであった。

それはともかく、現代日本では、こういうかたちで労働者階級の体制内化が達成されている。ここで日本の大衆社会化を「現代的」と呼ぶのは、労働者階級の体制内化のされ方が、「現代資本主義」の資本蓄積にいっそう適合的であると思われるからである。

ところで、この二つの大衆社会化にあっては、階級意識のあり方に重要な違いがあることに注目すべきである。「古典的」大衆社会では、労働者階級が、〈大衆〉化することは必ずしも階級意識の稀薄化を意味しない。むしろ、そこでは労働者は自己の階級的利害が実現されたという意識を持つ。それに対して日本においては、階級としての意識は、会社の社員としての意識に吸収され、階級としての意識は後景に退く。その点では、日本のほうが大衆社会としての徹底形態であると思われる。

(4) 自民党一党支配の継続

現代日本社会の特徴としてあげるべき第四はいうまでもなく、政治支配のレベルにおける自民党一党支配の継続である。しかも、この場合一九六〇年代から七〇年代にかけては、自民党得票の傾向的低落がいわれ、議席においても、七〇年代なかば以降、いわゆる〝保革伯仲〟状況が生まれたが、八〇年代に入ると、こうした流れは明らかに逆転した、という点が注目されねばならない。

ところで、この長期にわたる自民党一党支配を支えた一貫したイデオロギーは、成長主義経済に対応した、成長―繁栄―西欧へのキャッチアップというものであったように思われる。この支配的イデオロギーという点でも、現代日本の場合には、独特である。

「福祉国家」の理念の未成立　というのは、「現代資本主義」日本の特殊な国家のあり方に対応して、日本では、「福祉国家」の理念が、かつて、支配的イデオロギーとして定立されることがなかったようにみえるからである。このことは、実体においての、現代日本の国家財政・行政における福祉の貧困と結びついているが、しかしそれとは相対的に独自に、きわめて興味ある点である。ちなみに、「福祉国家」の理念に代わって日本の支配的イデオロギーとなった「成長国家」の理念は、「結果の平等」でなく、「機会の平等」、能力発揮の場・条件の平等を強調する点で、いちじるしく競争主義的である。日本でも、七〇年代に入って、一時、「福祉国家」イデオロギーの導入が試みられたが、そのときでさえも後述のようにすこぶる留保がつけられている。

なぜ、日本では「福祉国家」が支配的イデオロギーとならなかったのかは、きわめて興味深い論点であるが、さしあたり指摘しておきたいのは、この問題は、労働組合運動が、ある時期にいたるまで、「福祉」に無関心であったこと、関係があるのではないか、ということである。それは、労働組合が「福祉」をいわなかったから「福祉国家」のイデオロギーが普遍化しなかった、という脈絡においてではなく、「福祉国家」が支配的イデオロギーとならなかったことも、組合が「福祉」に比較的に冷淡であったことも、じつは同じ根拠から発生しているのではないか、という点で関連があると思われるのである。[31]

現代日本の企業主義的労働組合運動は、生産性向上に協力し、企業間競争を通じて自企業が勝ち残り発展することによってパイを大きくし、それによって労働者の生活改善を実現するという方向を追求した。組合の役割は、そのパイの分配の公平を求めることであった。これが労働組合の企業規制力の脆弱性の理由であったが、反面、この発想では、当然労働組合は何より当該企業に雇用され、組合に組織されている本工層の利害のみを重視しがちとなった。ところで、企業別組合に組織される本工層は「日本的労使関係」のもとで終身雇用慣行が確立していることとの関係で失業などは意識されにくかった。また、西ヨーロッパに比べ、企業共同体的理念の強化に資する企業内福利が充実していたから、両々相俟って組合における「福祉」要求は、低位にとどまったのである。そこでは、労働組合が国家に求めたのは、「福祉」というよりは、労働者の質上げの前提となる企業の業績向上に資する措置であり、また企業の活動条件や基盤の整備であった。自民党一党支配のもとで展開された「成長」政策は、こうした企業主義的労働組合の要求と合致したのである。また、労働組合のこうした企業主義的運動のあり方は、社会レベルのイデオロギーとして、「成長」と「繁栄」のイデオロギーを支援することともなった。こうして、日本における「福祉国家」理念の未定着という問題も上記の諸問題と連関していると思われるのである。

(5) 依然として強いアメリカへの依存

さて、日本資本主義の成長は、内部的には企業の競争秩序——労働組合の競争規制力の脆弱性——自民党支配の安定、というなかで実現されているが、じつは独特の国際的枠組みが、好条件として作用した点も見逃されてはならない。

現代資本主義の持続的成長が、IMF体制といわれるアメリカを基軸とする国際経済体制の故であることは、明らかであるが、戦後日本も大きくは、こうした体制の一環を占めることによって成長をしてきたことはいうまでもない。しかし、同時に、日本は国際的枠組みにおいてもかなり特殊な——成長に有利な——体制をとったと思われる。

安保+〝軽武装〟　その要は、戦後日本は、講和=安保条約によって軍事的・政治的・外交的にアメリカに従属・依存し、アメリカを通じて国際社会とリンクし、復活を果たした、という点である。アメリカへの従属・依存は、金融・技術・資源・市場面で日本資本のアメリカ圏での発展を保障したばかりか、軍事面でも相対的に日本の国家財政の負担を少なくさせた。

現代日本における軍事費の額を以って、なお〝軽武装〟というのはミス・リーディングだという意見もあろうが、ここで私が〝軽武装〟という語を使ったのは必ずしも額の問題を軽視しているわけではない。

額はたしかに、円高のもと、あるいは計算方法の違いを加味すればなおのこと、かなりのものになるが、それにもかかわらず、日本の軍隊は、現在なお、自前の国防構想を持ちえていない。国防構想の前提には、アメリカの来援が不可欠のものとしてくみこまれているのである。これは、米・ソと離れて自国の防衛を考えにくいという現代諸国一般の傾向と軌を一にするものであるが、それにしても、極端な形態であることには間違いない。それはたとえば外務省の安全保障部局が、北米局の一角(安全保障課)にあったということと同じことである。(32)

また、日本の軍隊は、量的な比重を高めながらなお、政治行動の自由を持っていない。これは、いうまでもなく、敗戦後、憲法第九条の拘束によるものである。戦前の帝国軍隊のように、〝一朝事あるとき〟に自国民の安全を保護するという名目で自衛隊が出動するという、およそ軍隊の基本的な任務についての合意すらが形成されていないのである。それは「有事」のさい、現実には、政策上、自衛隊が出動するという選択はかなりかぎられるであろうということとは、また別個の問題である。でるかでないかはともかく、でようと思えばでられるという国民的合意が形成されていないことが問題なのである。

また、こういうアメリカへの従属と、憲法第九条の規範力の結果、戦後日本資本主義は軍需に手をだすのをひかえてきた。かつて、経済学者によって、何度か「日本経済の軍事化」の危険が叫ばれたが、実際には、日本の資本は軍需の方向へシフトしたことはなかった。それがアメリカ資本主義と比べて大きな特徴であり、戦後日本資本主義の持続的成長の一要因となっていることは無視しえないように思われる。

2　現代日本社会の構造の形成

以上のような、現代日本社会の一連の問題群を、私は、現代日本のクリティカルな問題であると考えている。加えて、すでに述べたように、じつは、これら五つの諸特質は、相互に連関しあっており、しかも、現代日本社会のなかで、ほぼ時期を同じくして、あいついで登場することによって、現代日本社会の固有の構造が形づくられたと思われる。本章では、正面から問題にしえない現代日本国家や法の諸特質、さらには、現代日本社会の運動が持っているさまざまな色彩も、こうした構造との関係で解明することができるのではないかと、私には思われる。

しかし、それはさておき、このような現代日本社会の構造は、高度成長期に形成され、七三年のオイルショック以降の不況克服過程で確立をみた、と思われる。そこで以下、現代日本社会の諸特質が相連関して一個の構造を形成するにいたる輪郭を概観しておきたい。

パクス・アメリカーナのもとでの経済成長

五〇年代後半以降、日本資本主義は、成長に特別有利な国際的枠組み——ひと言でいえばパクス・アメリカーナのもと、それを自覚的に利用しつつ、二次にわたる高度成長を果たし、さらにオイルショック以降の不況をも他国に先がけて克服し資本主義陣営内での比重を高めた。

企業の権威的労働者支配の成立

この成長の過程で、企業は、高度成長下の企業の拡大を基礎にしながら、成長を持続させうる独特の労働者支配のあり方を形成した。この労働者支配の構造は、一方で「終身雇用」「年功制」にみられるように、企業への労働者の所属意識を高める装置を持っているが、主要には、企業への貢献によって昇進・昇格が可能であり、かつ昇進・昇格の基準は、企業の側の査定によるという特殊な競争秩序を本質とするものであった。この構造の特徴は、これにしたがわない少数派への暴力をともなう専制を含みつつ、しかし、身分的障壁を打破して、とにかく企業へ忠誠をつくす労働者の昇進を可能にするという点で民主的な性格をもち、労働者の自発的服従を調達しえた点にあった。これが、日本における「大衆社会」——階級観念の後景化——の確立の画期ともなる。この構造によってつくられる〝企業戦士〟の発するエネルギーによって、企業は、競争を通じて驚異的成長を遂げたのである。

企業主義的協調組合運動の台頭

こうした企業の労働者支配の形成と平行して、民間大経営では左派労働組合運動を駆逐して、——これは第二組合の形成というかたちで進行した——古典的協調主義ともかたちを異にする、新しい企業主義的協調組合運動が台頭した。この組織的画期は、総評、同盟というナショナルセンターの枠をこえたＩＭＦ・ＪＣ（国際金属労連日本協議会）運動の台頭とその労働運動内でのヘゲモニー獲得である。この潮流は、生産性向上に協力する点においてのみならず、すぐれて、企業至上主義的である点に特徴を持った。このような協調主義の潮流はオイルショック以降の不況下、企業存続のために、いっそう企業の提起する賃金抑制、「減量経営」を受け入れるにいたった。

企業の強力な競争秩序と相俟った労働組合のこうした流れこそが、労働者階級が高度成長下に人口のなかで圧倒的な比重を占めるようになりながら、労働者が階級的区分にしたがって行動する契機を失い、企業単位に統合されていった根拠であり、かつ、社会党、民社党などの労働者党が伸び悩んだ根拠である。

自民党支配の安定　この時期、自民党は、それまでの天皇制的権威体制への復古をめざした統治からの転換を余儀なくされ、高度成長による国民経済の繁栄を基軸にして、統治のあり方を再編する。いわば、成長構造に受動的に乗り、それを加速化させることにより自民党支配は安定をみたのである。自民党一党支配の安定により、官僚機構は、それとの「永続的」結びつきを強め、成長という目標にそった政策的一貫性を確保した。こうして、「福祉国家」ならぬ「成長国家」が現出したのである。

一九八〇年代における構造の不純化　高度成長期から七〇年代末葉までは、以上のように、現代日本の特殊な社会＝国家の形成と「純化」の時代であったと思われる。八〇年同時選挙による、自民党の圧勝は同時選挙というテクニカルな要因に助けられたとはいえ、こうした現代日本の社会＝国家の構造の完成の政治的指標であった。しかし、同時にこの八〇年を境に、主として、国際的枠組みの変容を梃子に、成長主義構造の循環が困難となり、いわば、この構造の「不純化」の過程が始まっている。現代日本社会の「現在」とは、この「不純化」の進行過程である。

二　現代日本社会の歴史的形成

さて、以上のデッサンをもとに、ややくわしく、現代日本社会の構造の歴史的形成の経緯を追ってみた。もちろん、とはいえ、この小論で、歴史過程へのていねいなフォローはできない。図式的な大ざっぱな話となる。

1　戦後改革期〈一九四五―五二年〉

第一期をなす、一九四五年から五二年にわたるこの時期は、占領によって、国際的枠組みという面では戦後的枠組みの骨格が強制的につくられ、国内的にも、戦後の構造の基底をなす制度改革、社会経済的改革が推進されたという点で、現代日本社会の出発点をなす時期である。

しかし、この時代には、まだ現代日本に固有の企業主義的な社会的支配構造が未成熟であるため、社会内で階級対抗を秩序の内に抑え込み統合するメカニズムが働かず、支配の側は、いきおい、手慣れた天皇制的統治手法に依存しようとした。他方、民衆の側も、この時期には、戦後改革で創設された民主的制度の担い手として形成されるにはいたっていなかった。そのため、戦後改革で導入された民主的制度はきわめて不安定であった。以下、とり急ぎこの時期の特徴を列挙しておきたい。

(1)　占領支配のもとでの国際的地位の強制的変更――憲法第九条の役割

国際的枠組みという面でこの時期の特徴は、日本の敗北の結果、連合国の占領支配のもとで日本の国際的地位が、植民地支配、中国支配という点を中心に強制的に変更された、という点である。権力的におこなわれたこの変更が、五二年の講和・安保両条約そして六〇年の安保改訂をつうじて、定着をみる。

この点で補足しておきたいのは、憲法第九条というかたちで、日本の非武装の固定化が試みられたことである。(33) 周知のように、憲法第九条の存在にかかわらず、五〇年以来再軍備が開始されたため、その法的保障措置は打破されたかにみえるが、実際にはなお依然として、この影響は無視しえないものがあり、それが日本の国際的あり方のみならず、先述のように、現代日本社会の構造にも少なからぬ刻印を押している。

ところで、この第九条は、憲法学者のみならず一般にも、もっぱら、日本の安全保障政策との関係で論じられているが、制定時には、これは決して、そういう文脈で導入されたわけではなかったことに注目すべきである。第九条＝日本の非武装規定は、日本帝国主義の復活、その他国への脅威を防止するという、連合国とくにアジア諸国の、日本に対する安全保障政策として導入されたのである。

したがって、第九条は、日本の安全を守る理想というようなものでなく、すぐれて現実的な、政策的なものであり、実効的な制度として導入されたのである。日本の非武装化により、戦後の、とくにアジア世界の安定をはかろう、という構想は、敗戦直後には決して突飛なものでも、マッカーサー個人の思いつきでもなかった。その証拠に、同じ時期に、国務省は、日本非武装化条約を構想していた。マッカーサーの構想の独自性は、それを日本国憲法のなかにくみいれた点であろう。

アメリカによる日本の非武装化政策自体は、中国革命の進行にともなう日本の戦略的位置づけの変更にともない、変更・破棄されたが、この政策が憲法典のなかに規定され固定されたため、事態は複雑な方向をとることとなった。このことが、日本の資本蓄積のあり方、さらに、軍隊のあり方、ナショナリズムの形成に大きな影響を与え、現代日本社会の特殊な構造の形成の一要因となったのである。

(2) 戦後改革の意義と社会的支配構造の未形成

この時期に強行された諸改革が、現代日本社会の形成に決定的といってもよい意義を持っていることは明らかである。この改革ならびにそれにともなう占領下での運動を媒介にしてはじめて、現代日本社会の固有の構造が形成されるのであって、現代日本の構造を前近代以来の日本の固有の構造の延長に求める諸々の文化論的日本特殊性説は、多かれ少なかれこの時期の変革が与えた日本社会への決定的ともいえる刻印を過小評価するという誤りを持っていると思われる。

もっとも、この時期に強行された戦後の諸制度が、そのまま定着したわけではなかった。支配階級は、戦後改革によって既存の統治の諸手段を次々に破壊され、パージによって人的にも大きな打撃を受けた。かといって彼らは、改革で導入された政治的・社会的制度のもとで安定した統治をおこなえるような新しい支配の手法を身につけていたわけではなかった。旧い統治の方法が壊され、新しい構造が未形成であったという点で、この時期は支配の危機の時代であったといえよう。

天皇制国家の社会的支配の原型であった農村の地主的秩序は、すでに戦時体制下には動揺しており、戦時下に農村秩序の新たな主体として登場していた自作層が農民組合運動のリーダーとなって農地改革を担ったため、改革は急速に進行し、農村の秩序は激変した。また、企業においても、経営側は、後述する労働運動の攻勢を受けて、自企業内での支配権の掌握を脅かされていた。敗戦直後の政治的支配は、主として戦時下の翼賛体制でひっそくしていたグループが主導権を握った。彼らは、戦時翼賛体制の解除と、政党政治への復帰をめざして勢いづいたが、その構想は現実の政治的・社会的改革に比べると、はるかに遅れていた。彼らも新しい統治構想を示すことはできなかった。総じて、この時期には、支配の側が、日本社会の将来のあり方について、何がしかの総体的展望を持っ余裕はまったくなかったと思われる。

(3) 企業別組合の簇生と横断的組合運動の可能性

敗戦後、労働組合運動は急速に復活・再生した。その組合結成は、さしあたり企業別に組織された。それが、戦時労働組織たる産業報国会を梃子としていたことはよく知られている。この組織形態が、後に、特殊に企業主義的協調組合運動の形成の組織上の媒介となったことはたしかであるが、注目すべきは、決して、戦後企業別組合がただちに企業主義的協調組合運動を生みだしたわけではなかったという点である。

むしろ、この時期には、企業別組合を基礎に、左派のナショナルセンターの産別会議と、古典的協調組合の流れをくむ総同盟がつくられ、産別会議優位のもと、これらナショナルセンターの指導下で横断的組合運動が展開された。この時期の運動、とりわけ産別主導の左派的運動はさまざまな弱点を持っていたために、四〇年代末から五〇年代はじめに占領権力の政策転換にともなう抑圧・攻撃を受けて急速に解体を余儀なくされたが、実際には、この運動の与えた影響力は現代日本社会の形成にとって少なくないものがあった。

というのは、たしかにこの産別の組合運動の弱点は、占領政策の転換による梃子入れと相俟って、組合内に反共民同を生み、総評結成というかたちで、その急速な制覇を許した。しかし産別の運動の体験があったからこそ、次の時期になって、企業でのヘゲモニーを掌握した資本側が、戦前型労使関係の復活を策したさい、さらに保守党政府のもとで「逆コース」政策が展開されようとしたさい、それに対する広範な反対運動を生み、総評の〝左傾化〟を生んだと思われる。「逆コース」に反対し、平和と民主主義を守ろうという職場における広範な動きがなければ、総評のあのような急速な変貌はありえなかったであろう。そして、その総評の五〇年代における職場を軸にした運動の昂揚があったからこそ、——しかもそれと産別期の組合運動のイメージがダブったからこそ——五〇年代中葉以降の技術革新に際しての企業秩序の形成にさいして、企業サイドは、ブルー・ホワイトの身分制の障壁を打破して能力に応じた昇進可能性をつくるなどの民主的措置をとらざるをえなかったのだと思われる。ここでつくられた労使関係が、高度成長期に見事図にあたって、資本の強蓄積を可能とするのだが、その労働者支配が何よりも職場における労働者の団結を解体し彼らを競争に巻きこむことに主眼が置かれたのは、明らかに五〇年代の運動が職場を基軸に置かれていたことを抜きにしては考えられない。

そういう点から、現代日本の企業支配の持つ一定の「民主的」な性格や、職場の労働態様に応じた「繊細」さは、四〇—五〇年代の組合運動が刻印したものと思われるのである。

少し話が先回りしてしまったが、産別組合運動は以上の視点から見直しが必要と思っている。

(4) 統治の不安定

民主的制度改革、社会的支配構造の未形成、横断的労働組合運動の展開は、統治の不安定をもたらした。社会党の得票数の多さ、そして、片山内閣、芦田内閣という、社会党首班、あるいは社会党の参加する連立内閣の成立は、この時期に、疑似的に「福祉国家」型の社会構造が形成された結果であるが、それは、その後順調に「福祉国家」へとは発展していかなかった。「福祉国家」型への芽は、現代日本の固有の構造の形成にともなって、ふたたびあらわれることはなくなる。

2 天皇制国家への復古志向期〈一九五二—六〇年〉

さて、第二期には、サンフランシスコ講和条約と安保条約によって、戦後日本の国際的地位は一応固まるが、国内的には依然社会的支配構造の未成熟のため、政治的支配層が多くの領域で占領の終了とともに一気に天皇制期の統治への復古をめざした、そういう時期である。

五〇年代前半には、朝鮮特需によって前期のドッジラインによる不況は克服されたが、それでもなお経済成長のメドは立っておらず、また、アメリカとの関係も、支配層内の分岐もあって——、決して、第三期以降のような安定はみていなかった。

労働組合運動でも、前期のような急進的な横断的組合運動展開の芽は、レッドパージによる産別指導部への攻撃によって産別が崩壊したことにより一応つまれたとはいえ、総評主導の労働組合運動はなお、横断的運動への可能性を残していた。総じて、この時期は、現代日本社会の構造の形成との関係でいうと、過渡期として位置づけられる。

(1) 講和=安保体制の成立

いま述べたように、この時期にはサンフランシスコ講和=安保の両条約によって、前の時期に権力的に強制された国際的地位が、一応法的枠組みで固定された。しかし、大きな意味で、日本の国際的地位は確定したものの、その基軸をなす日米関係は、次の時期以降に比べて、まだ安定したものではなかった。[34]

統治集団内の分派──吉田主流派　そればかりか、大枠でサンフランシスコ体制の枠を承認してはいるものの、そのなかでの日本のあり方については、支配層のなかに大きな分岐がみられた。国際的地位のあり方についてのかかる分岐の存在はこの時代までで終わりを告げ、後にはあらわれてこない点から、国際的枠組みでのこの時期の過渡的性格をもっとも良く象徴する事態である。

自由党吉田派は、サンフランシスコ体制内で、アメリカへの軍事的・政治的・外交的従属・依存を徹底しアメリカを通じて国際社会への復帰をはかろうとした。この派の特徴は、その再軍備政策にあらわれている。すなわち、ひとつは、再軍備を憲法を維持したままでなしくずしに進めようという態度をとる点であるが、これは後述するとして、もうひとつ存外注目されていないのは、再軍備を、徹底してアメリカへの従属・同盟軍としておこなおうとした点である。[35]吉田が、この点では派閥的に近いGⅡ──彼らは、服部卓四郎ら旧軍幹部と接触を保ちつつ、自立的帝国軍隊の復活を志向した──の線を切って、再建日本軍をアメリカの従属軍としてつくろうとするGSと組んだということは、吉田のこの点での自覚をよく示していた。そのような軍事構想を持った理由のひとつは、吉田の旧軍部に対する反発があった。吉田は、日本のあの無謀な戦争は、あげて軍部の独断専行に責任があると考えていたから、その点で旧軍の復活にはすこぶる警戒的であった。再軍備の第一歩である警察予備隊の長官を旧内務官僚にしたのも彼のかかる意図のあらわれであった。もうひとつの理由は、冷戦下での日本の防衛はアメリカに従属依存しておこなうほかはないと考えていたことに求められる。吉田は、再軍備のスピードについては、ダレスに相当抵抗したが、再軍備をアメリカの主導でおこなう点については、きわめて積極的であったことが注目される。

こうした再軍備の方針が、現在にいたるまで日本の国防政策を規制している点からみれば、軍事面での現代日本社会の構造の原型はこの時期につくられたといっても過言ではない。この思いきった従属軍方式は、武器のアメリカからの輸入を必然化し、高度成長期にアメリカの産軍複合体の要求をみたすとともに、自前の軍備を持つことにともなう均衡のとれた整備を不必要とさせ、第九条に依る平和運動の力への配慮と相俟って、日本の過大な軍事化の進行を抑制した。これまた、現代日本社会の経済・政治構造の形成にあずかって力のあったことが明らかである。

外交的にも、この派はアメリカに依存的であり、中国を含むアジアやソ連をはじめとする社会主義国への対応もまずアメリカの意思をそんたくして政策決定をおこなった。したがって五二年の旧安保条約に対する改訂についてもこの派はすこぶる消極的であった。

統治集団内の分派——鳩山派　それに対し、統治集団内には、日本が大枠でアメリカを基軸とする反共陣営の一員として国際社会に復活することを承認しつつ、その枠内でより自立的方向を模索しようとする分派があった[36]。鳩山や岸ら追放組に多かったが、この派は、反共性という点では吉田派に劣らなかったものの、多かれ少なかれ旧日本帝国主義の国際的地位を念頭において、その回復をはかる方向で軍事・外交姿勢をとろうとした。

軍事的には、彼らは憲法を「改正」して公然と再軍備をおこない、それを背景に安保条約を改訂し、より対等な日米同盟関係をつくろうと志向した。外交的にも、アジアへの進出、中国への再進出を求めるなど、総じて対米一辺倒からの脱却をめざした。鳩山政権の日ソ国交回復、岸政権の展開した東南アジア賠償問題処理などは、この派の政策志向の典型例であった。

こうした分派、とりわけ後者の存在こそ、この時期の国際的進路の未確定を象徴する事態であった。こうした分岐・対抗は、六〇年における安保条約の改訂と高度成長による日本の国際的位置の安定化にともなって解消する。吉田派よりの路線が勝利し、それが以後の現代日本の国際的あり方となるのである。

(2) 社会的支配構造の未形成

企業を中軸とした社会的支配構造は、依然未形成であった。企業においては、ドッジライン―レッドパージ―民間大経営での一連の争議での勝利(電産争議・日産争議)をつうじて、経営側が支配権(=経営権)を掌握するが、五〇年代前半にはまだ経済成長は軌道に乗っておらず、企業の労働者支配力は必ずしも強くなかった。企業が技術革新を梃子にして、能力主義競争秩序を形成するのは、五〇年代後半に高度成長がはじまって以降のことである。その画期は、五五年の日本生産性本部の設置である。しかしこの過程は、第三期のところで述べる。

(3) 総評型組合運動の台頭

この時代は新しい企業秩序の未成立に対応して、経営側もまだ新しい労働者支配の構造をうちだしえておらず、そのため、経営権を掌握した企業が追求したのは、統治全体の志向と同じく、戦前の企業秩序への復古であった。清水慎三はそれを「戦前型労使秩序の回復に熱意」をもったといっている。[37]

こうした動きは、四八、九年の日経連の経営権回復宣言、労組法改正を始期として、多くの企業での協約破棄、就業規則による労働者統制、賃金でのベースアップ方式の回避、などのかたちで展開された。

復古・反動に対する闘い—戦後平和と民主主義運動の原型

こうした企業の復古志向に反発・対決するかたちで展開されたのが、先述のように、五〇年代の総評運動であったと思われる。この五〇年代の総評運動は、いわば「総評型」とでも称すべき独特の労働組合運動を展開した。この労働組合運動の第一の特徴は、経営側の戦前的秩序への復帰政策に対して戦闘的な運動を展開しえたことである。

そのコロラリーであるが、第二に、この時代の総評型運動は統治全体の復古志向に反対する平和と民主主義運動の主たる担い手となることにより政治的性格の強い運動であった、という特徴を持っている。

第三に、総評型運動は、四〇年代の産別主導の革命的横断組合運動の否定のうえに形成されたものであり、企業の経営権再建、企業別の支配強化に対応していた点では、四〇年代後半のような革命的性格を持ちえなかったが、それにもかかわらず、一定の横断的組合運動を形成しえた。それは、この時期の総評運動が、単位企業での労働者支配の脆弱性（——それは、a労働過程での旧型熟練層の存在による資本の労働者掌握力の弱さ、bまた先述したような、経営の戦前型秩序への復古路線の不適切さによっていた。）を基礎に、「職場闘争」と呼ばれる、厚い職場での活動力を基盤にして運動を展開しえたことによる。運動の担い手の面でも、この時期は職場活動家→単産幹部→全国指導部という三重の主体により運動を形成しえた。

総じて、この総評型組合運動と学生が、五〇年代の、「逆コース」に反対する平和と民主主義運動の主たる担い手となったのである。この時期の破防法反対の労闘ストなどの悪法反対闘争、内灘、砂川とつづく基地反対闘争、教育二法など教育の反動化に反対する闘争、そして憲法「改正」に反対する闘争など、のちに安保闘争に合流するこれら闘いは、いずれも彼らを主力に闘われた。そして、より注目すべきことは、この時代の平和と民主主義運動が、その後の日本の社会運動の基本的原型となった点である。しかしこの点はまた後にふり返ることにしよう。

社会党の伸長　のちに第三章でくわしく検討するように、社会党が、左、右に分裂しながらこの時期に――とくに左派を中心に――勢力を拡大しえたのは、このような総評型組合運動の昂揚を背景にしていたからであった。ここでも、四〇年代とは異なるにしても、社会的支配構造の未成熟を前提にして、労働者階級――総評型組合――社会党という支持図式が成りたちえていたことが、社会党伸張の背景にあったのである。

だからこそ、五〇年代後半以降、企業の労働者支配が形成され大企業において企業主義的協調組合運動が台頭し「現代的」大衆社会が形成されるにともない、高度成長期における労働者階級の量的増大にかかわらず、社会党は停滞から減少に向かうのである。

(4)　天皇制国家の統治構造への復古志向とその挫折

「逆コース」の時代　この時代、保守支配層は、警察・教育・地方行政などあらゆる領域で、戦後改革による民主的制度を改変して、天皇制国家のそれへの復古をめざした。

いわば、その集大成が、憲法「改正」であったわけである。したがって、この時代の復古政策を総括する理念は憲法「改正」であり、戦後支配層の憲法政策のなかで、もっとも改憲への意思が強く、またもっともその実現可能性の強かったのはこの時代であった。

先述のように、この時代には、戦後型の社会的支配が未形成であったことも相俟って、統治層は、まだ新しい現代的統治のあり方を発見しえておらず、いきおい、手慣れた復古へと走ったのである。統治集団内の諸分派もこの復古政策の遂行という点ではおおむね一致をみていた。しかし、先述のような、国際的あり方の面での分岐と連動して、この復古政策を、憲法を維持しつつ立法でやるか、それとも憲法を「改正」して一気にやるかで対抗があった。吉田派が前者であり、鳩山、岸、あるいは改進党はおおむね後者をとった。こうした、支配層の国際的―国内的構想上の分岐・対抗、そしていずれの構想もが決め手を欠いていたという事態こそが、この時代の保守党の分立と、めまぐるしい政党の離合集散の要因であった。この時期の保守党の抗争とその後の自民党への一本化を、たんなる派閥抗争次元あるいは革新との対抗のみでとらえることは誤りである。

復古政策の挫折―六〇年の転換　しかし、この時代の復古政策は、五〇年代半ばあたりからその実現をはばまれるにいたる。それをはばんだのは、先述のような、総評型組合運動を主たる担い手とする平和と民主主義運動の昂揚であった。改憲の前提とされた小選挙区制強行の試みがまず挫折し、警職法の「改正」が挫折、勤評の実施も反対闘争でつまずいた。これら諸闘争の合流として、安保改訂反対闘争が昂揚した。

この民主主義運動の昂揚が、統治の復古的あり方の挫折をもたらした。ここから支配層の統治のあり方の転換が余儀なくされ、現代的統治の手法が追求されることになるのである。

ちなみに、政治学のほうでは、五五年における保守合同―自民党一党支配体制の成立に注目して、「五五年体制」論というのが有力である。しかし、以上に検討してきたように、五五年は、支配構造の転換の画期としては必ずしもふさわしくない。五五年以後も統治集団は復古政策を追求したし、それが変わるのは、六〇年を待たねばならない。高度成長は五五年あたりからはじまるが、それが社会に影響を与えるのももっとあとのことなのである。日本の政治支配のあり方が大きく変わる転換点を求めるとすればそれは一九六〇年であろうと思われる。

戦後平和と民主主義運動の功罪　五〇年代後半の民主主義運動は、統治や企業のレベルでの戦前への回帰志向に対する反発をバネとしていた。日教組の「教え子を再び戦場に送るな」というスローガンの普及は、この時代の民主主義運動の性格を象徴していた。これは、大きな力を発揮して統治の方向を変更させたが、同時にそれだけにこの時代の運動方式が六〇年代以降も平和と民主主義運動の基本型として踏襲されることとなった。

しかしこのことは、戦後の民主主義運動に、ある弱点をもたらした。それは、支配層が露骨に戦前回帰の志向を示した場合（「反動」化）には、運動は大きく盛り上がったが、支配層がよりソフィスティケートされたやり方を採って攻撃してきた場合には必ずしも運動は盛り上がらなかったことである。こうして、この運動は、次第に現代的統治への有効性を減少させていった。

また、このスタイルは、次の時期以降に企業で展開された資本家的競争的秩序の形成に対しては無力であった。この種の運動の担い手は、六〇年代に入ると、逆に、こうした秩序形成に巻きこまれ、運動から姿を消していくことになるのである。(38)

3　現代日本社会の成立期〈一九六〇―七四年〉

この時代は先にもふれたように、その国際的枠組みにおいても、国内の構造においても、「現代日本社会」を形づくる固有の要素がでそろい、それらが一定の連関をもって一個の構造を形成した時期である。

(1)　安保＋〝軽武装〟路線の確立

安保改訂は、旧安保の帯びていた占領支配的遺産を払拭することにより、日米の従属同盟関係を安定した基盤に置いた。以後、日本は、この安定した枠組みのもとで、国家の総力を経済成長に向けることになる。

日本が安定的関係をもった当のアメリカは、時あたかもその力の絶頂期にあった。パクス・アメリカーナの最盛期である。これは、日本資本主義にとってすこぶる有利な条件をなした。

日本はパクス・アメリカーナの傘の下で、安価な原燃料をえ、金融・技術、市場面でふんだんにその恩恵をこうむったばかりでなく、軍事面でもその負担をアメリカに依存し、その分を社会資本その他の資本蓄積条件にふり向けることができた。
池田・ブレーンの宮沢喜一らによって展開され、当時の支配的イデオロギーとして急速に普及した「安保繁栄」論は、かかる国際的枠組みと成長の関係を安保の正統化に援用することによってリアリティと効果を持ったのである。

(2) 政治の転換――「戦後型統治」の台頭

安保闘争を機に成立した池田勇人内閣の手によって、統治の転換がはじまった。この直接の契機は、安保闘争の昂揚という政治的契機であるが、この転換を安定させたものこそ、企業内で進行していた能力主義競争秩序の形成を中核とする社会的支配の構造であった[39]。

復古政策の後退　五〇年代の復古的・政治主義的政策は軒並み後景に退いた。そして、教育、地方行政、警察などの行政諸領域でも、五〇年代とは違った新しい、いわば「戦後型」の政策が展開されることとなったのである。

〔教育〕教育政策では、五〇年代の勤評は六〇年代の学力テストの強行に続いたが、学テが事実上破産するとともに、こうした政治主義は影をひそめた。代わって、カネで教師を分断・管理するという手法が前面にで、また、資本の労働力政策が、教育政策のなかに持ちこまれた。こうした資本と教育との体系的結合は前期にはみられなかった特徴であった。

子どもたちは、五〇年代のように、国家の礎として、ひとしなみに教育対象となるのでなく、エリートと労働力予備軍というかたちの差別・選別方針が持ちこまれた。この画期は六二年経済審議会の人的能力開発答申、六六年中教審の後期中等教育の拡充整備に関する答申であった。これらによって、企業社会の競争に教育がドッキングし、競争秩序が形成された[40]。

〔地方〕地方行政も、前の時期に推進されていた権威的再編―知事官選論は影をひそめ、代わって、開発政治による地方の統合が前面にたつようになった。高度成長政策の一環としておこなわれた全国総合開発計画――新産都市の指定などがその典型例である。

〔警察〕警察も復古的治安的志向が後退し「市民」警察的側面が前面にでるようになった。高度成長下の社会変貌に対応する交通警察、刑事警察が警察権拡大のパイオニアとなった[41]。

〔改憲〕それを総括するものとして、改憲政策の後退があった。五六年の憲法調査会法にもとづき、改憲案を作成すべく憲法調査会が設置されたが、会は延々八年にわたって検討をつづけ、あげくの果てに、統一的改憲案の作成もできないまま、調査会メンバーの意見を羅列した厖大な報告書をだして解散してしまった。

この間、池田首相は選挙時に再三改憲消極論を展開し、ついに六三年自分の任期中には改憲をしないと言明するにいたった。これが現在にいたるまで、歴代首相によって踏襲されることになった。

支配層が新たに採用した憲法政策は、解釈改憲政策であり、そのイデオロギーを主としてうちだしたのが、憲法調査会会長高柳賢三であった。彼の、憲法第九条＝プログラム規定説、象徴天皇存続論などは、以後、より精緻化されるとはいえ、支配的憲法イデオロギーとなって踏襲される。

統治集団内の新しい主流派の形成と分岐　こうした統治の転換にともなって支配層内の五〇年代の分岐が再編成され、新しいかたちで浮び上がった。

主流派となる戦後型統治派は、以上のような政策を自覚的に推進したグループであり、この派の考え方は、基本的には、高度成長による大衆社会の成立とそのもとで形成されつつあった企業支配に乗って、統治を推進しようというものであった。五〇年代の復古政策は、党内融和の手段としてのみ出し入れされるにとどまり、むしろこの派の本領は、成長促進政策であった。成長の持続、成長のための国家財政の分配――これこそ保守統治を支えるものであるというのがこの派の支配的考え方であった。

それに対して、反主流派も新しいかたちで再編された。反主流派のほうは、安保闘争を機に形成されたこととも相俟って、大衆社会化する状況への危機意識が強かった。彼らは、高度成長と大衆社会化による社会の変貌を、主流派と違い、きわめて深刻に受けとめ、強い危機感をもった。彼らにとっては、大衆社会化は、一方では、農村にみられるような伝統的な社会的支配の崩壊、それまで伝統的支配の網にくみ入れられていた〈大衆〉の解放、それら〈大衆〉の革新への組織化、ととらえられた。だから、彼らにとっては、あの安保闘争の、訳の分からない昂揚こそ、大衆社会化を象徴するものと映じたのである。また、他方、大衆社会化は、生産力の上昇による、社会の伝統的規律、秩序の解体をもたらすものとしてもとらえられた。

大衆社会状況に安易に乗って政策展開をはかろうとしている戦後型統治派への激しい反発は、大衆社会状況へのこうした認識の差から生じたのである。こうして、この新しい反主流派は、安保再改訂＝固定化、社会の全般的管理＝治安の強化、高度成長政策批判、を柱とし、それらを総称する理念として、あらためて、憲法「改正」を志向した。しかしこの派は、その後現代日本社会の構造形成のなかで、ネグリジブルな力となり、八〇年代に入るまで派閥的対抗のなかに埋没することになる。

(3) 企業の能力主義競争秩序の成立

この時代のもっとも大きな変化は、高度成長にともなって、現代日本社会に固有の社会的支配構造が形成されたことであった[42]。

高度成長によって、労働者は急激に増加し、就業人口中の雇用者は一九六〇年に五〇％を越えた。

ところが、同じ時期に、戦後日本にかろうじて成立していた〈労働者社会〉は、技術革新と労働過程の変貌のなかで急速に解体し、労働者の階級的結集の機会は失われていった。増大した労働者は、自らを、まずは企業人として意識するようになり――日本の労働者は自らを労働者というより従業員・社員として認識する――、労働者階級の増大が、同時に階級という観念の消失と並行するという逆説的事態が進行した。これは、先に述べたように「現代的」大衆社会の成立を意味する事態であった。すなわち、労働者階級は、ここでは、政治的のみでなく、企業内においても「同権化」することにより、〈大衆〉＝〈社員〉と化したのである。これこそ、大衆社会化＝労働者階級の階級としての解体傾向、の徹底した形態であった。

大企業の労働者支配の成立　こうした事態の背後には、五五年以降の高度成長にともなう企業の能力主義競争秩序の形成――労働者によるその受容、という事態があった。

企業の能力主義競争秩序は二つの契機から形成された。

(イ) ひとつは、技術革新にともない、五〇年代の職場を統括していた旧型熟練工＝親方が解体し、資本は直接的に労働者をつかむようになった。そして、職務は明確化・画一化し、若年労働者も働けばそれだけ賃金が上がるようになった。それまでの親方を中心とした職場仲間による労働に代わり、一人ひとりが機械に向かって競争する労働過程がつくられた。五〇年代総評運動の昂揚の基盤であった職場闘争を生んだ〈職場〉の解体が進行した。

(ロ) 第二に、それに並行して、日本の企業は、それまで多かれ少なかれ企業に残っていた身分的障壁――職員・工員の昇進の差など――を撤廃した。この障壁と職場集団の存在が、戦後日本において脆弱ながら〈労働者社会〉を成立させていた要素であったが、五〇年代後半における企業の政策は、こうした〈労働者社会〉をあっというまにつぶしてしまった。いまやブルーカラー層でも経験を通じて昇進をくり返せば一応観念上は最上級まで到達しうることになった。八幡製鉄に導入され鉄鋼産業全体に広がっていった作業長制、そして〝青空のみえる昇進制〟というスローガンこそ、かかる競争的昇進構造の成立を意味するものであった。

こうして、労働者のなかに競争が持ちこまれたが、高度成長下での激しい企業間競争をつうじての企業の発展は、労働者が働けば、それに応じて賃金が上がり生活も向上する現実的基礎をつくっていた。本工労働者はこうして、労働組合によって自分の生活を改善するよりは、企業に忠誠をつくし昇進をくり返すことにより自分の生活を向上させる途を現実的なものと考えるようになった。

労働者を企業内、企業間の競争に巻きこむなかで、企業は、労働者をいっそう緊縛する副次的装置を持った。六〇年代に大企業を中心として増加した企業内福利厚生がそのひとつであった。企業内福利――とくに低利の住宅貸付資金など「持ち家政策」――は、労働者の企業への献身にいっそう拍車をかけるとともに、日本の「福祉国家」化を一部代替する機能を持ったのである。

大企業の労働者支配の限界　このような企業の労働者支配は、さしあたり、民間大企業の本工層のなかで成立をみた。これが、この時期に民間の労働組合運動が急速に戦闘性を失い協調主義に変貌していった根拠であるが、しかし、この労働者支配はなお限界を持っていた。

(イ)　ひとつは、この支配はこの時代にはまだ民間大経営の本工層を巻きこんでいただけで、大経営の臨時工、社外工などの非正規労働者、中小零細企業の労働者、さらに公共部門の労働者層には浸透していなかった。

(ロ)　この支配は質の面でも脆弱性を持っていた。この時期の企業の労働者支配力の源は、もっぱら企業の業績向上をつうじての賃金引き上げ・昇進という、労働過程からいえば外部的刺激によるものであった。したがって、同じ労働過程の変化がもたらしたオートメ労働にともなう疎外への対処はできていなかった。賃上げが圧倒的魅力のあった時代にはともかく、六〇年代後半になり労働者の生活にゆとりがでてくるにともない、若年労働者を中心として労働内容への不満が増大し、重化学産業大経営での労働者の定着率の減少がみられたのは、労働者支配のかかる限界によるものであった。

この限界が、六〇年代後半に、日本においても、現代資本主義諸国の「富裕化」にともない発生する諸問題を小規模ながら発生させた原因であった。賃金の刺激のみによる労働者掌握の限界が、日本資本主義においても他の先進諸国と相似的状況をつくりだしたのである。ちなみに、七〇年代初頭における経済同友会その他財界団体の問題関心が、労働者の定着率の減少や労働規律の弛緩などいわゆる「先進国病」への対処と予防であったのも、こういう理由によるゥ。

このような、労働者支配の外延的・内包的限界は、次の時期に、オイルショックによる不況克服をつうじて克服されていくのである。

(4) 大企業労組体制の成立

以上の企業主義秩序の成立に直接根拠をもって、五〇年代の総評型組合運動の急速な変貌が起こった。その画期をなすのは、五〇年代の運動の基礎をなした職場闘争を梃子にした三池闘争の敗北であった。

企業主義的協調組合運動の台頭　一九六〇年代には総評型運動に代わって、総評、同盟、中立労連というナショナルセンターの枠をこえて、企業主義的協調組合運動の潮流が台頭し、民間労働組合運動の主流となっていった。それを象徴したのは、六〇年代中葉の、企業合併に呼応するビッグユニオンのあいつぐ結成と総評・中立労連からの脱退、それに呼応して、一九六四年、ＩＭＦ・ＪＣの結成――とくに六六年鉄鋼労連のＪＣ一括加盟であった。

すなわち、六六年には、日産プリンス自動車労組の全金脱退（全金プリンス七三五〇人）、合化労連の中核組合であった東洋高圧労組（七五〇〇人）の合化脱退、三菱支部横浜造船分会の全造船脱退などがあいつぎ、その後も、全金、全造船、合化、紙パ労連などから有力単組の脱退があいつぎ、これらの単産には、中小のみが残ることになり、大企業労組に対する指導力を急速に喪失した。

これらの総評、中立労連からの大企業労働組合の脱退は、しかし必ずしも同盟（＝古典的協調主義）の拡大を意味せず、金属産業の大手企業労組はＩＭＦ・ＪＣに結集した。ここに、新しい企業主義的協調組合運動が台頭したのである。

古典的協調主義と現代的協調主義　ちなみに、旧型の協調組合と比較して、新しい企業主義的協調組合運動には次のような特質があった。

(イ)　第一に、新型協調組合運動は、労働者の利益向上のためには企業の利益が増大することが必要だという理念を持っていた。

鉄鋼労連のＪＣ一括加盟を果たした宮田義二はその点を次のごとく表明している。

「企業にとって、その存立・維持・発展が最優先されることは先ほど述べたが、一方、企業の存立こそが従業員の雇用維持にとっての必須の条件である」(43)と。

こういう企業主義は、同盟内の旧総同盟系にみられるような古典的協調主義の理念とはすこぶる異なっていた。こちらのほうは、労働組合運動の横断的結集を背景にしてスト権を集約しそれを梃子に、経営者との団交によって要求を獲得するというスタイルを重視したため、幹部への権限の中央集権を志向した。総同盟も生産性向上へ協力したが、それはあくまで労働組合の存在を認識させるための手段的なものであった。

(ロ)　また、旧総同盟系の場合、ナショナルセンターや産別組織に所属する専従幹部層が、組織の主力であったが、企業主義的協調組合では、ナショナルセンターは軽視され、むしろ大企業労組の企業連への権限集中がはかられた。また、幹部も、企業幹部への昇進の一階梯で組合幹部を経験する場合が多く、必然的に素人幹部（在籍専従）であった。

(ハ)　さらに、企業主義的組合主義の場合、その政治的志向は、一体としての企業の利害の増進であるから、野党よりはむしろ体制政党たる自民党との提携のほうが現実的であり、少なくとも野党との提携のみである必要はなかった。古典的協調組合が、その力を背景に改良主義的労働者党を育成し、その政治参加による労働者としての利害実現をめざしたのとは異なっていた。全体として、企業主義組合の場合には「階級」的結集や「横断」的結集は、企業的結集に従属させられたのである。

(5) 自民党支配の安定

大企業を中心とした能力主義競争秩序の形成↓特殊に企業主義的協調組合運動の台頭、これが、高度成長のもとでの労働者の増加のなかで自民党支配が安定的に存続しえた社会的根拠であった。その傾向的低落がいわれながら、池田↓佐藤栄作内閣の十数年は、自民党支配、自民党と官僚と財界の連携がもっとも安定的・循環的に推移しえた時代となった。

パクス・アメリカーナと自民党支配のもとで財界は成長に専念し、官僚機構は成長政策という視点から他ならぬ成長の結果として可能となる増分主義予算の平等な分配に腐心し、政党は国費をいかに多く分捕り地元にはりつけ後援会組織の支持を獲得するかに専念する――この〝永遠の循環〟が、政＝財＝官三位一体論という仮説を成りたたせたのである。

「福祉国家」にかわる「成長国家」　以上のように、相互に関連を持った現代日本社会の諸特徴が、高度成長期に一個の構造として成立したのであるが、それは、すでに再三ふれたように、ヨーロッパで典型的に現出した「福祉国家」とはずいぶん違った、いわば「成長国家」とでもいうべきものであった。

(イ)　その要因の第一は、ヨーロッパにおいて「福祉国家」化の原動力をなした、改良主義的労働組合の力を背景とした労働者党政権が、日本においては労働組合の特殊に企業主義的偏倚―社会民主主義の脆弱性のために成立しなかったばかりか、政策形成においても、強力な労働の規制力を発揮しえなかったことである。

(ロ) 第二に、また、そのコロラリーであるが、企業主義的労働組合運動は、七〇年代に入るまで、「福祉」要求をうちださなかったことがあげられる。これは、労働者の生活改善をもっぱら企業の業績向上を通じておこなおうという志向の必然の産物であった。というのは、そこでは、企業に対する国家財政の関与を求めても、横断的な階級あるいはその予備軍への配慮の要求は強くなかったからである。また、能力主義競争秩序を承認した労働組合が、「平等」を追求する福祉要求に冷淡になるのは当然でもあった。

こうして「福祉国家」はもっぱら、同盟それも旧総同盟系→民社党という、いわば日本における古典的協調組合運動の潮流からのみ提出されたにとどまり、労働運動全体にさえひろがりを持たなかったのである。

労働運動に代わって、「福祉」の要求を担ったのは、むしろ自治体へ向けての住民運動であった。これが革新自治体を生みだすひとつの力となったが、ここにも日本の特殊性があらわれた。「階級」に代わり「市民」が福祉要求を担ったのである。[44]

(ハ) このように〈労働〉の「福祉」要求が微弱であるもとで、自民党も「福祉国家」のイデオロギーを掲げなかった。自民党が掲げたのは、「成長」「繁栄」のイデオロギーであった。

七〇年代に入って、自民党も、革新自治体などにみられる「福祉」要求を無視することができなくなり、周知のように、七三年は「福祉元年」といわれたが、この時代ですら、自民党あるいはその周辺のイデオローグは、「福祉」への違和感を隠さなかった。彼らの「福祉国家」への違和感はいろいろあるが、つづめていうと、それは、「福祉国家」の理念が、成長あるいは活力、競争という現代日本の支配的イデオロギーと矛盾するという点であった。

そこにはすでに、後に「新自由主義」がおこなう福祉国家批判と同様の視点がでそろっていたのである。日本が、

「新自由主義」の主張を、予防的に、逸早くとり入れえたのは、すでにその構造が高度成長期にあったからであると思われる。

4　現代日本社会の確立期〈一九七四―八〇年〉

第三期に一応の成立をみた現代日本社会の特有の構造は、しかし、七三年オイルショックに典型的に顕在化したような、パクス・アメリカーナの衰亡―国際的枠組みの動揺によって、大きな危機に直面した。この構造の安定の基底が経済成長であるかぎり、その停止は構造全体を揺がしかねないものであった。ところが、大方の予想に反し、日本資本主義はオイルショックによる未曽有の不況を逸早く乗りこえ、その過程で、現代日本社会の構造は、より強固に確立をみたのである。しかし、この確立した構造は、一見きわめて安定的であるにかかわらず、あらかじめやや先取り的にいうと、不安定化した国際秩序のもとでのそれであるだけに、不断に外からのインパクトで動揺を余儀なくされる運命にある。これが八〇年代における現代日本社会の構造の再編＝「不純化」の根拠である。

(1)　パクス・アメリカーナの動揺

永遠に循環するかにみえた高度成長期の現代日本社会の構造を揺がしたのは、パクス・アメリカーナという、日本資本主義をとりまくかってない〝幸福な〟国際条件の動揺であった。それは、アメリカのベトナム戦争への介入による地盤沈下、ドル危機、そして軍事的・政治的力の低下によってもたらされた。オイルショックはまさしく、アメリカの政治的・軍事的支配力の低下を象徴するものであった。危機はとりあえず外からやってきた。

(2) 社会的支配構造の確立

オイルショックは高度成長を終焉させ、未曽有の不況をもたらしたが、それは、成長を土台にして成りたっていたはずの企業の競争秩序を崩壊させなかったどころか、その強化・拡延をもたらした。

生き残り競争の激化　不況は、企業に存亡の危機を意識させた。その意識はひとり経営者のみならず、企業主義的に組織された〈労働〉の側も共有した。つまり、ひとたび企業に自己の生活向上の途をあずけた労働者たちは、パイの小型化にさいして、そのなかで生き残るべくいっそう凄惨な、生き残り競争にかりたてられることとなったのである。こうして、企業の提起する賃金抑圧、「減量経営」という名の首切り・合理化はヨーロッパ・アメリカと異なりさしたる障害もなく労働者に受け入れられていった。労働組合もそれをのんだ。かくて、一九七九年には、日経連賃金問題研究委員会は、「民間企業労働組合指導者を中心とした労働組合指導者とわれわれの間にはほとんど、考え方の相違が見出せなくなった」というにいたったのである[45]。この点は、後に、第四章でくわしく検討する。

下請け化の進行　また、不況下では、高度成長期に大企業との格差を縮めていた中小企業にいっそう打撃を与え、この不況下に大企業への系列化が進行した。それにともなって、大企業に形成された企業主義秩序が、下請け系列で、中小に持ちこまれた。その持ちこみには、大企業の企業主義的労組が協力したのである。こうして、企業秩序は、私企業全体に拡延した。この企業秩序の、残る公共部門への拡延をめざしたのが、八〇年代における臨調の「行革」であることはいうまでもない。

ＱＣ運動の展開　六〇年代企業支配の限界であった労働過程の内包的掌握という点でも、この時期に企業は限界の突破をはかった。ＱＣ運動にみられるような小集団による自主管理運動の導入がそれである。ＱＣは、六〇年代末に導入されているが、不況克服期の「減量経営」下で、いっそう弱体化した労働の規制力につけこんで、生産性向上的もくろみから急速に普及した。しかしこれは、いかに欺瞞的とはいえ、一面では、自らの労働過程の改善に自主的・集団的にとりくみたいという労働者の意欲をかきたてるものであり、その急速な普及は、たんに、それが査定等にひびく事実上の強制であったためばかりではなかったと思われる。

日本的「豊かな社会」の問題の顕在化　ともあれ、以上のような経緯で企業主義的秩序は、強化・拡延した。それにともなって、日本的特殊性を帯びた「豊かな社会」の問題が、いっせいに顕在化した。[46] その「特殊性」とは、先述したように、「豊かな社会」にともなって発生するといわれる労働規律の解体などの「先進国病」を、企業の強力な支配力によって抑えこんだ社会のもつ困難といってもよいものである。

先進国では、一般に教育の問題は深刻化しているが、日本での教育問題の噴出は、始めに述べたごとくマイノリティ、離婚等による家庭の崩壊などが原因というよりは、企業社会の発する強烈な競争秩序に、親をつうじて教育がすっぽり包みこまれリンクされた所産であるという特殊性がある。また、労働倫理の解体でなく、労働規律の過度の強化が、「働きバチ症候群」といわれる神経症の蔓延、ストレスの蓄積・爆発を生んでいるのである。実際、教育、労働、等々、現代日本社会の一連の問題群を検討する場合には、このような特殊な相貌の根拠が解明されなければならないと思われるのである。

(3)　大企業労働組合体制の確立

こうした企業支配力の確立と並行して、民間労働組合運動内部では、企業主義的協調組合運動が労働組合運動のヘゲモニーを握るという事態が進行した。ＪＣ型労働運動の制覇とでもいうべき事態である。この不況時、企業の下請け支配に並行して、大企業労組は、資本系列を通じて、下請け組合を組織・変質させていった。[47] ＪＣは、七五年以降、春闘の相場形成の主導力を握り、以後「ＪＣ春闘」という言葉が定着した。そして春闘では、ＪＣ傘下主力の鉄鋼労連が、悪名たかい「経済整合性論」をうちだした。賃金を日本経済全体の動向に合わせようというこの議論は、企業主義的労働組合運動の理論の典型とでもいえる。

また、一九七六年には政権政党との協調を重視する政策推進労組会議が設立された。これらがJC運動の制覇の指標である。

(4) 自民党一党支配の動揺

しかし、この時期は、前の時期と異なり、政治支配の面では、自民党一党支配の動揺がみられた時期であり、前期の終わりから、この時期一杯、革新自治体が伸張した時代でもあった。その意味では、「社会」の安定と「政治」の不安定というズレの時代といってもよい。

このズレは、大ざっぱにいうと、まだ社会的支配構造にくみこまれていない、〈周辺〉部の矛盾が、「政治」に顕在化したことによってもたらされたといえる[48]。

たとえば、企業主義的な組合がとりあげない福祉や反公害をとりあげた社会運動が、革新自治体を支えたり、野党の多党化と共産党の伸長をもたらした。これは、その一例である。七〇年代中葉になって、社会的支配の拡延にともない、〈周辺〉が圧迫されたことが、八〇年代の自民党回復の背後にある事態である。

それはともあれ、こうした自民党支配の動揺にともない、〝永遠の〟循環を形成しているかにみえた、政＝財＝官の三位一体は弛緩した。財は自企業の不況克服にやっきとなり、官は、彼らの政策の不動の前提であった経済成長がとまった結果、しばらくの間、政策提起力を失った。こうして、政＝財＝官のバランスにも変化があらわれた。

5　現代日本社会の現在〈一九八〇年—〉

一九八〇年以降の現代日本社会の現在とでもいうべき時期については、その十全な展開は別の機会にゆずらざるをえない。

七〇年代中葉に確立をみた現代日本社会は、じつは、国際的枠組みの不安定のために、外見上の強固さに比して、脆弱性を抱えており、その克服のための「改革」は、今度は、現代日本社会の構造の再編——安定の基盤そのもののとりくずしを余儀なくさせるというディレンマを抱えているという点が重要である。

(1)　国際的枠組みの不安定化

八〇年代の国際的枠組みはパクス・アメリカーナがいまや危殆に瀕しているもとで、不安定きわまりない状況にある。日本も今や、この枠組みを支えるべく能動的役割を発揮すべきことが求められているが、これが存外簡単ではない。

一朝事あるときに邦人保護の名目で日本軍の出動する自由を確保することひとつとってみても、これは容易なことではない。五〇年代の復古政策の挫折以降自民党は、軍事政策においては、ただ軍事費の増強のみを求め、その活動の自由のための積極的合意（たとえば自衛隊の海外派兵についての世論調査をみよ）を獲得する努力をしてこなかった。むしろ、逆に、軍事大国にならない旨をうたうことで、保守支配の安定を確保してきたのである。そうであるかぎり、この合意をくつがえし、国民に国家主義的動員を承認させることは容易ではない。「保守」と「反動」のギャップとでもいうべき問題がそこにはあるのである。

(2) 産業構造の再編成

危機はそれだけではない。なるほど日本資本主義は、オイルショック不況を賃金抑制と「減量経営」で乗りきり、自動車と電機を基軸に資本主義世界での比重を高めたが、この成長は無限につづくものではない。ちょうど日本がアメリカを追いかけたように、いまやアジアＮＩＥＳが日本を追いかけており、円高はこれを加速化している。ところで、資本の蓄積・成長は、現代日本社会の構造のもっとも基礎をなすものであるから、ここが壊れると、構造そのものの危機が必定である。そのため、産業構造の再編と新しい基軸産業の創出が不可避であるが、重厚長大からの転換は、これまで、企業の安定的労働者支配の中心をなしていた本工層の〝スリム化〟をも必至とする。ここでも、構造維持のための構造再編というディレンマが生ずるのである。

(3) 現代日本社会の変貌

こうした課題の遂行にともない、現代日本社会の構造は、いま大きく変貌しつつある。その性格は明らかに六〇年代に形成され確立をみた構造の「不純化」、つまり、構造の基本的環の再編成を含むものである。

企業支配構造の変貌　まず、もっとも基盤をなす企業支配構造が、産業構造再編成のために大きく変貌しつつある。過渡期に合わせて、本工は容赦なく削られ、それを「日本的労使関係」ということで企業グループ内で持ちこたえることももはやできなくなりつつある。代わって派遣やパートなどの非正規雇用層が大量に雇用されている。これは先述のとおり、社会的支配構造の安定を大きくそこねるものであり、現代日本は、もはや、七〇年代までのような社会的安定を求めることは難しくなってきているのである。

大企業労組体制の危機　しかし、企業より先に、いっそう危機に陥っているのは、企業主義的協調組合運動である。組合は、企業の存立のために、ということで一貫して企業への協力姿勢をとってきたが、いまやそれが裏目となって、自らの基盤である本工層の削減、組合運動の「空洞化」を大量に発生させている。

「連合」の発足は、かかる企業主義的協調組合運動の危機克服の最後の手段として強行されつつあることをみる必要がある。それは決して、上げ潮に乗ってのものではない。「連合」は企業主義的組合運動の無力化と危機を「連合」→政党再編を梃子とする政治力の強化によって突破しようというものであり、外見的には、協調組合運動→労働者党→政権掌握、というヨーロッパ社会民主主義の歩く道を踏襲しているようにみえ、あるいはその構造は外見的にはネオコーポラティズム化にみえるが、実際には、それとは逆のまったく転倒したものであることが重要である。しかし、この点は後に第Ⅱ編第五章でくわしくみることになる。

自民党一党支配の回復と保守改革　先述のように、八〇年代に入り、自民党の議席は回復をみ、「社会」と「政治」のギャップは解消したが、ここでも事態は彼らにとって楽観を許さない。自民党の安定多数にもかかわらず、保守が、六〇年代とまったく逆に、次々に保守改革を遂行していることは、その証拠である。行革、教育改革、労働法制の再編、ナショナリズムの喚起、いずれも、上記二つの課題の遂行のためである。

顕在化する〈周辺〉の問題　そして、最後に、社会的支配構造の安定帯が狭くなるにつれ、一度は支配にくみこまれた〈周辺〉部が、再び支配の外に排除され、さらに〈基軸〉部分から〈周辺〉に回る部分が拡大し、矛盾を顕在化させつつある。

保守の絶対多数にもかかわらず、治安政策が強化されあるいは「政治改革」の名のもとに政党の再編成と二大政党化がめざされていることは、現代日本社会の構造の社会的基盤の動揺の結果に他ならないのである。

(1) 石田雄『日本の社会科学』(東京大学出版会、一九八四年)は、ある意味では、こうした、日本社会の特殊性究明という視角から、日本の社会科学を検討したものということができる。

(2) 渡辺治「高度成長期における戦後型支配構造の成立」一九八七年度歴史学研究会大会報告『世界史認識における国家』所収、一九八七年、同「現代日本社会像の再構成」『UP』二〇〇号(一九八九年六月号)を参照。

(3) エズラ・ヴォーゲル『ジャパン アズ ナンバーワン』TBSブリタニカ、一九七九年。

(4) 馬場宏二『現代資本主義の透視』東京大学出版会、一九八一年、五八頁以下、を参照。なお、「現代資本主義」という概念については、同書、第一章をみよ。

(5) 馬場、同前、六六頁。

(6) 馬場宏二「日本資本主義の特殊性」林健久・佐々木隆雄編『マルクス経済学・理論と分析』時潮社、一九八五年、のち馬場『富裕化と金融資本』ミネルヴァ書房、一九八六年に収録(引用は後者から)、二〇〇頁以下。

(7) 馬場宏二「現代日本の焦点」『社会科学研究』三八巻四号(一九八六年一二月)、のち『教育危機の経済学』お茶の水書房、一九八八年、に収録(引用は後者から)、一三七頁以下。

(8) 「富裕化」という概念の初出は、馬場、前掲『現代資本主義の透視』七六頁、と思われる。つづいて、同、『富裕化と金融資本』の序論「富裕化の哲学」、第一章「マルクス経済学と三つの現代」、第二章「現代資本主義の透視」などで展開されている。そして、前掲「富裕化の哲学」一三頁)においてその延長上に「過剰富裕社会」という概念が登場した。

(9) 馬場、前掲『現代資本主義の透視』六九頁以下、『富裕化と金融資本』五九頁以下、など。

(10) 馬場、前掲『現代資本主義の透視』七五頁で「例外」という指摘がなされている。この日本例外論は、同名の論文「現代資本主義の透視」『労働者自主管理研究』一二号(八二年一一月)、のち『富裕化と金融資本』第二章に収録、六一頁以下でいっそうくわしく展開され、前掲「日本資本主義の特殊性」(この論文では「会社主義」という言葉自体はでてこない)、「日本会社主義への視点」毎日新聞社『現代と経済学の対話2』一九八四年、のち『教育危機の経済学』に所収、などで、その根拠が「会社主義」という言葉で提示されるようになる。「会社主義」については後述する。

(11) 馬場、前掲「現代日本の焦点」『教育危機の経済学』一五四頁。

(12) 馬場、前掲「日本会社主義への視点」、「会社主義の挑戦」いずれも『教育危機の経済学』所収、四五、五四頁。

(13) 馬場の教育荒廃についてのまとまった検討として、「教育危機の経済学」『経済評論』一九八三年四月号所収、のち『教育危機の経済学』に収録、他をみよ。
(14) 馬場、前掲「現代日本の焦点」『教育危機の経済学』所収、をみよ。
(15) この「単身赴任」の増加という例を出したのに対し、ある研究会において、転勤は前から存在しており、最近の「単身赴任」の増加は、教育問題の深刻化で家族ごと動けなくなった結果であり、それは必ずしも企業の支配力の強化を意味しないという指摘を受けた。単身赴任の増加が子どもの学校問題との関係で増加していることは明らかだが、そういう家庭の事情と会社の命令をはかりにかけて、転勤を断わるというのでなく、「単身赴任」というかたちでその解決をはからざるをえないところが問題であると思われる。それは家族の利害の貫徹の結果でなく、共に住むという家族の本来的形態を犠牲にした選択であり、そこには明らかに転勤拒否を許さないという企業の権力が存在しているのである。ついでにいえば、子どもの学校がかわれないという受験問題の重大化もまさしく、企業社会の論理の全社会的規模への普遍化の結果に他ならず、これまた企業権力の強化を意味していると思われる。この点につき渡辺治「現代日本社会の権威的構造と国家」藤田勇編『権威的秩序と国家』東京大学出版会、一九八七年、所収、二一四頁、本著作集第10巻、収録をみよ。
(16) この労基法「改正」の評価については、さしあたり、渡辺治・西谷敏対談「現代日本社会と労働者の未来」『労働法律旬報』一一八三・八四合併号（一九八八年一月）をみよ。
(17) 渡辺、前掲「現代日本社会の権威的構造と国家」参照。
(18) 馬場宏二「傍観者風日本資本主義論」『社会科学研究』三六巻五号（一九八五年二月）所収、のち『富裕化と金融資本』所収、二二五頁以下、また、同書、二三四頁の注（37）で、「会社主義」のミクロとマクロの二面の指摘が登場している。つづいて「会社主義の挑戦」『思想の科学』一九八五年一〇月号、のち『教育危機の経済学』所収、五一頁、同「現代日本の焦点」前掲『教育危機の経済学』一四一頁などをみよ。
(19) 小池和男『職場の労働組合と参加』東洋経済新報社、一九七七年、『労働者の経営参加』日本評論社、一九七八年、『日本の熟練』有斐閣、一九八一年、他。
(20) 馬場、前掲「会社主義の挑戦」六二頁。
(21) 馬場、前掲「富裕化の哲学」一六頁。
(22) 渡辺、前掲「現代日本社会の権威的構造と国家」一八五頁。
(23) 加藤栄一「現代資本主義の歴史的位置」『経済セミナー』二二七号（一九七四年二月）、三七頁。

(24) 馬場、前掲『現代資本主義の透視』八一頁以下。
(25) 同前、一〇七頁。
(26) 加藤栄一「福祉国家と社会主義」『社会科学研究』三八巻五号（一九八七年）、二七九頁。同、前掲「現代資本主義の歴史的位置」三七頁をみよ。
(27) 加藤、前掲「福祉国家と社会主義」は、社会主義の現実的影響力の増大と、「社会主義の多様化と現実化」傾向を連関してとらえているが、これはきわめて示唆的である。
(28) 労働組合の同じ右派潮流のなかで、このような二潮流が析出できる点について、高木郁朗「日本労働組合運動における『右派』の系譜」清水慎三編著『戦後労働組合運動史論』日本評論社、一九八二年、所収、に依った。
(29) 高橋彦博『現代政治と社会民主主義』法政大学出版局、一九八五年、はしがき。
(30) この大衆社会の概念については、さしあたり松下圭一『現代政治の条件』中央公論社、一九五九年、二〇頁以下を参照。大衆社会については畏友後藤道夫の「政治・文化能力の陶冶と社会主義」『現代のための哲学②社会』青木書店、一九八二年、「大衆社会論争」『戦後思想の再検討・政治と社会篇』白石書店、一九八六年、所収、を参照した。なお後藤は最近「階級と市民の現在」『モダニズムとポストモダニズム』青木書店、一九八八年、で、筆者とほぼ同様の視角で大衆社会の二類型を指摘している。乞う、参照。
(31) この点につき、高木郁朗「実現しなかった福祉国家」『エコノミスト』一九八一年二月二四日号、参照。
(32) 永野信利『外務省研究』一六四頁。なお臨調答申を受けて、一九八五年情報調査局が新設され、そこに「安全保障室」が新設された。
(33) くわしくは、渡辺治『日本国憲法「改正」史』日本評論社、一九八七年、第二章、本著作集第6巻、収録をみよ。
(34) 石井修「冷戦・アメリカ・日本（二）」『広島法学』九―二号（一九八五年九月）、参照。
(35) この点もくわしくは渡辺、前掲『日本国憲法「改正」史』第二章参照。
(36) くわしくは同前、第三章をみよ。
(37) 清水慎三「五〇年代前半の労働運動（高野時代）は何であったか」労働運動史研究会『高野時代の労働運動』労働旬報社、一九七八年、所収、三一頁。
(38) ちなみに坂野潤治は、「日本近代史と今日の日本―『文明開化』と『自由民権』―」『社会科学研究』三八巻四号（一九八六年一二月）において、戦前天皇制国家の体制が確立する以前の自由民権期に焦点をあて、従来の歴史像の再検討を提起している。すなわち、従来、民権期は、井上毅主導の明治政権の構想対福沢・植木ら民権派という対抗でつかまえられ、明治一四年政変を画期とする前者のヘゲモニー掌握とその主導での天皇制国家体制へ、という見取り図で描かれていた。もちろん従来も福沢的路線と植木的路線の違いは明らかにされていたが、それは民権運動の二潮流としてつかまえられていた。坂野は、これを民権期における三つの潮流として措定しなおし、とくに福沢的潮流は、井上的潮流と対抗しながら、天皇制の、より現実主義的潮流として存在し、戦前の確立期天皇制の体制は、単純な井上型＝官僚派の勝利でなく、むしろ、福沢型の構想の実現という側面があったこと、を明らかにした。

こうした民権期→天皇制国家の見取り図は、坂野自身が、十分意識し示唆しているとおり、戦後改革期から現代日本社会にいたる展開に相似的である。とくに、一九四〇年代後半から五〇年代いっぱい、安保闘争までの時期は、自由民権期に、一九六〇年以降は、天皇制の確立期に照応すると思われる。というのは、私流に坂野仮説を、〃歪曲〃して、敷衍すると、六〇年代に成立した現代日本の支配体制は、決して、単純な反動型でなく、五〇年代における復古・反動的潮流─さしずめ現代の井上型──の挫折と転換のうえに登場した現実主義路線であり─さしずめ福沢型──、現代日本社会の一切の困難は、じつは、この現実主義路線の支配のもとで生じているとみることができるからである。

ところで、五〇年代に昂揚した戦後の平和・民主主義運動は五〇年代の復古・反動型支配との対抗として形成されたために、六〇年代の現実主義路線にうまく対抗できず、またその担い手がそれに吸収されていくのである。しかしいうまでもなく、近代の形成期と現代の形成期の比定はその辺までである。戦後改革期における革新の流れ──植木的流れ──として、共産党＝産別の革命的流れと、社会民主主義の流れのいずれあるいは双方を考えるのか、そもそも近代日本の確立期以降、現代にいたるまで、この社会民主主義的潮流を、どうつかまえたらよいのか、など興味深い、しかし現代に固有の問題があるが、いずれあらためて考えてみたい。

（39）以下の部分については、渡辺治「保守政治と革新自治体」歴研・日本史研究会編『講座日本歴史12　現代2』東京大学出版会、一九八五年、所収、本著作集第10巻、収録、渡辺、前掲『日本国憲法「改正」史』第四章、前掲「高度成長期における戦後型支配構造の成立」等、でくり返し論じているので、くわしくはそれらを参照。

（40）教育政策について渡辺治『現代日本の支配構造分析』花伝社、一九八八年、第七章、本著作集第15巻、収録、をみよ。

（41）警察のこの脈絡の動きについて、さしあたり、渡辺「現代日本警察の形成」『社会科学研究』三七巻五号（一九八五年）、本著作集第3巻、収録をみよ。

(42) この点につきくわしくは、渡辺、前掲「現代日本社会の権威的構造と国家」を参照。

(43) 宮田義二『組合ざっくばらん』東洋経済新報社、一九八二年、五九頁。なお、以下の、協調主義組合の違いにつき、高木、前掲「日本労働組合運動における『右派』の系譜」参照。

(44) 後藤、前掲「階級と市民の現在」、参照。

(45) この点につきくわしくは、拙稿「新たな戦略視点と布陣示した日経連」『賃金と社会保障』九八一号(一九八八年三月上旬号)、本書第四章をみよ。

(46) この点につき、くわしくは、渡辺治、拙著『現代日本の支配構造分析』第一、八章、本書の序章を参照。

(47) たとえば、宮田は、前掲『組合ざっくばらん』で、組織拡大を資本系列でやることを提唱している。「産業別という形にあまりこだわらないというか、産業の枠を広げて、組織化することが考えられる。……例えば、メーカー組合、部品組合、販売組合を同時に組織している自動車産業の労働組合が、この典型といえる」と(六九頁)。

(48) 「周辺」—「基軸」について、前掲『現代日本の支配構造分析』第一、八章。

第二章　現代日本社会における「平和」の構造

本章では、現代日本社会の構造のなかで、その「豊かさ」とならんでもう一つの特徴をなす「平和」の構造と、その問題性を検討する。

一　現代日本の「平和」の独特のあり方

1　戦後続いている「平和」の意味

敗戦以来、すでに、四〇数年が経っているが、この間、私たち日本人は、自らが始めたり、あるいは参加したりする戦争を経験していないというかぎりにおいて、ずっと「平和」を享受し続けている。戦後四〇年以上にわたって、このような「平和」が続いたということは戦前の日本と比べるとじつに顕著な相違であるといえる。

戦前の日本では、四〇年もの長い間戦争がない状態が続くなどということはとうてい考えられないことであった。それどころか、近代日本では、一〇年の間、戦争がない状態が続いたこともない。日本の近代のどの時期を輪切りにしても、およそ戦争というものを体験し見聞きしない民衆は、大人であれ子どもであれ、いなかった。そこでは、だから、教育で戦争体験を教えるとか継承するということは必要もなかったし、そもそもそういう発想は生まれようもなかったと思われる。現代日本の教育において、教師たちが戦争体験の風化やそれを教えることの困難を語ること自体、近代日本の歴史のなかでも、あるいは世界の諸国と比較してもきわめて独特の現象だと私には思われるのである。

このことだけみても、私たちが現在自明のこととして享受している日本の「平和」というものは、存外非常に特殊な格好をしていることがわかる。いまの子ども・青年にとって、現にある「平和」は空気みたいなものであるに違いない。彼らが生まれたときからすでに非武装を定めた憲法があり、「平和」が続いている。そして、そういう戦争を知らない世代が、いまや日本社会の多数を占めるようになっている。このこと自体、歴史的にも世界的にも非常に変わったことだということを、まず確認する必要がある。

2 「平和」のなかに氾濫する「戦争」

ところで、現代日本社会の「平和」の独特のありようを考えるさい、もうひとつ注目すべきことがある。それは現代の日本人にとっては、一方で「平和」が自明の動かしがたいものとして存在しているその反面で、大人たちのなかにも子どもたちのなかにも奇妙なことに「戦争」とか「戦士」という言葉が氾濫しているということである。これは、戦争が多くなっているとか、兵器のオモチャや本が増えている、戦争のコンピューターゲームがはやっている、というようなことをさしているのではない。たとえば、こんなことがあった。

「戦士」としてのサラリーマン　プロ野球選手のキャンプの模様を報道したテレビ番組のなかでアナウンサーが家に残った選手の妻のことを「銃後の妻たち」といっていた。これを聞いたときはドキッとし、なんとも嫌な感じを持ったが、考えてみるとこういう言い方は、自分の夫や同僚が「単身赴任」をしているサラリーマンやその家族にとっては必ずしも縁遠いことではない。それどころかある種の共感を覚えさせる言葉かも知れないとも思われる。つまり、「銃後の妻」という言葉は、戦争を知らないで四〇年以上たった現代日本社会においてもちっとも死語になっていないのである。おまけに、現代日本においてかかる言葉を実感させている労働者の「単身赴任」や「海外出張」は、最近になって一段と身近なものになっているのである。

しかし、夫だけが家庭を離れて一年も二年も暮らすというのは、特殊な職業を除けば世界の他の国では決してあたりまえのことではない。日本でも、こういう慣行があらわれたのはオイルショック以降のことだし、今日のように普及したのは八〇年代になってからである。他の先進諸国では、企業がいくらそういうことを望んでも労働者のほうがついていかないし、それがわかっているから企業のほうも提起しようとしない。だいたい家族が別れて暮らすというのは、とても不自然で非人間的なことである。ところが、現代日本ではそれがあたりまえであり、サラリーマンやその家庭がそれをむりやり納得させられている。その論理が企業同士の「戦争」であり、サラリーマンは「戦士」なのだという観念であるように思われる。

城山三郎の作品はサラリーマンに非常に人気がある。(1) なぜ彼のものが読まれるかというと、彼の作品に登場する人物は、いろいろな衣装を着て、いろいろな時代に生き、いろいろな格好をしているけれども、皆じつは現代日本の「企業戦士」＝サラリーマンなのである。たとえば城山が、何年か前に『勇者は語らず』という小説を書いた。そこでは、ある自動車産業が下請けの会社ぐるみでアメリカに進出する話が書かれていて、そこにも日米の、あるいは企業同士の「戦い」やその「戦い」にいろいろな矛盾や重荷をひきずりながら参加する「戦士」たちがでてくるのだが、そこで注目されたのは、この書物を売ろうとした当の出版社自体が、そのことを意識し、またおそらく城山もそのことを承認しているふしがあることである。

というのは、この本の横帯には、こう書いてあったからである。

「この作品は私の日本人論である」と。つまり城山は、この小説に登場してくる現代日本の「企業戦士」たちこそ、現代日本人の典型だと考えているのである。

それはともあれ、このように、現代日本の労働者にとって、日々の企業生活は文字通り「戦争」と観念されている。彼らにとって「戦争」というのは彼らの属する企業同士の競争であると同時に、同僚を蹴おとしての昇進競争でもある。その「戦争」こそが自分と自分の家族の生活を維持するための不可欠の手段と観念されている。現代日本社会における「戦争」の氾濫の最大の根拠はこのような企業社会の競争構造にある、と思われる。

受験という「戦争」　さらに、子どもたちの世界をのぞいても「戦争」があふれている。久しく前から「受験戦争」という言葉が登場したが、今ではそれは、小学生やさらにはその下の子どもたちにまで浸透している。私が大学からの帰途、最終バスに乗ると暗い車内に何人もの子どもたちが大きなカバンを抱えて乗っているのにしばしばでくわす。世界各国と比較して日本の子どもたちの学校外での勉強時間は非常に多いといわれており、三時間以上が二〇%、二時間台が三一%、一時間台三三%を占めるそうであるが[2]、こうしたことは日本の子どもたちがとりわけ勉強好きだからというのではおそらくなく、子どもたちが巻きこまれている「戦争」の所産にほかならないということはいうまでもない。

こうした「戦争」の単純な延長上に人の殺しあう戦争がくるというつもりはない。そうではなくて、現代の日本人にとっては、生活そのものがまぎれもない「戦争」、すなわち人を蹴おとすことによって生き残る闘いであり、しかも自分の欲求を犠牲にして、ひたすら耐えるものと観念されている闘いという点で、当事者たちに「戦争」と観念されている、そういう闘いを演じているということを強調したいのである。かつてなかったような「平和」がつづいていると同時に、その「平和」な社会のなかで人びとがいやおうなく「戦争」に巻きこまれている。これが現代日本の「平和」のありようではないかと、私には思われる。

二　現代日本における「平和」の特徴と問題点

こうみてくると、「平和」とか「戦争」という観念は一見万国共通、歴史普遍的であるようにみえるが、じつはその国ごとに、あるいは同じ国でもその歴史の段階によって特定の構造を持っているのではないか。そして、私たちが普通に使っている、現代日本で支配的な「平和」とは、やはり現代日本の独特の格好・構造を持っているのではないかと思われる。そこで、このような「平和」を一般的・概念的に検討するのではなく、その特殊な歴史的構造を、それがいかにして形成され、またいかなる問題をはらんでいるかを含めて検討してみたい。そのことが、ひいては現代日本社会のあり方、問題を解き明かす手がかりとなるのではないかと思われる。

1　平和の特徴

「豊かさ」とセットになった「平和」　今の日本の「平和」の特徴の第一として強調したいのは、現代日本においては、「平和」という観念が物質的「豊かさ」とセットになって存在しているということである。さらにいえば「平和」は、独特の歪みをもった現代日本の「民主主義」とか「自由」と対になって存在していると考えられる。

つまり、多くの国民のなかでは、「平和」の意義は、それ自体の価値もさることながら、「平和」の所産として、戦後日本経済が高度成長を遂げて経済「大国」となり、「豊かな」社会をつくったということとの関係で実感され、また価値づけられているようにみえる。このように、「平和」が「繁栄」と対になって存在しているというところに、現代日本の「平和」志向の強さの秘密もあるように思われるのである。

〝敗戦後の日本は、安保体制によりアメリカの核の傘に入り、その分、防衛費を節約し、余計に経済に投下することによって高度成長を遂げることができた〟――これは六〇年代以降自民党政府がくり返してきた言い分だが[3]、その当否はさておいて、ここで注目されるのは、安保体制の正当性が、経済成長によってなされているという点である。つまり、自民党政府ですら、安保条約という存在の正当性を、それ自体としてでなく、もっぱら日本の繁栄との関係できわめて間接的に訴えなければならなかったということが、ここからわかるのである。

もっとも、こうした「安保繁栄」論を自民党政府は始めから展開していたわけではない。五〇年代には、安保条約の正当性、日本に米軍基地が置かれる正当性は、「戸締まり」論などにみられるように、もっぱら「共産主義の侵略からの安全保障の見地から説かれていた。「安保繁栄」論が登場する背景には、ひとつには、こうした五〇年代の安全保障論が国民の支持を得ることができず、かえって日本軍国主義の復活を策しているのではないかという国民の危惧を招いたこと、があげられる。「安保繁栄」論が、六〇年安保闘争という大闘争の後に、あらためて安保の存在を説得する論理として登場したのは、こういう背景があったからである。この議論が登場するもうひとつの背景は、五〇年代中葉から、アメリカへの従属・依存のもとで日本の経済成長が始っており、労働者の多くが、この成長体制に巻きこまれていたからである。そこに「安保」を「繁栄」と結びつけて、国民を納得させようという思惑が登場するもうひとつの背景があったのである。

しかし、それはともあれ、日本がとにもかくにも「平和」であり戦争に加わらなかったことが、今日の「豊かさ」と関係のあることは否定できない。ちなみに、自民党がいろいろな批判を受けながらずっと国民の多数の支持を得てきたのは、自民党政治こそが安保＋経済成長政策によって、このような「平和」と「豊かさ」のセットをつくってきたのだというイデオロギーが国民のなかにかなり浸透しているからではないかと思われる。

現に在るものとしての「平和」　現代日本における「平和」のあり方の持つ特徴の第二は、第一のことと重なりあうが、「平和」が追求すべき理念ではなくて現に在る状態とみられているということである。つまり多くの日本人にとっては、「平和」とは今の日本そのものであり、だからそれはこれから大いに努力して実現するというものではなく、もっぱら維持・保持すべきものにすぎない。だからこそ、この「平和」は現在の自民党政治への支持とも結びつきうるものなのである。

同じことのコロラリーだが、現代日本で「平和」というとき、往々にして、世界で相変わらず、戦火が絶えないという現実はあまり問題にならない。日本限りの「平和」というイメージが強いこともその特徴のひとつではないだろうか。

こういう日本だけの「平和」というイメージは、たんに国民意識のレベルで存在しているだけではない。むしろ、現にある日本の「平和」がそういう構造を持っており、国民の意識はそれを反映しているというほうが正しいといえる。あとで詳細にふり返るが、たしかに戦後日本は戦争をせずに軍需産業を比較的抑制して発展してきた。日本の発展は平和経済のおかげ、という説もあながち間違いではない。しかし、その「平和」的発展は、一方で朝鮮戦争――そのおかげで日本経済は成長への浮力をえた――や、ベトナム戦争――これは間接的に高度成長の加速化のよりどころとなった――、を不可欠の前提にして可能なものでもあった。つまり、日本の「平和」的発展は戦争と隣あわせのものであり、もっと厳しくいうと戦争を不可欠の一環にしておこなわれたといえるのである。

2　日本的「平和」の問題点

現代の日本の「平和」というのは、このような構造を持ったものである。それだけに、この「平和」のあり方は深刻な問題をはらんでいる。

世界平和への発展性の欠如　その第一は、今の「平和」が日本だけの平和であるということにからんで、必ずしも世界中から戦争をなくすような方向に発展しない「平和」だという点である。日本の「平和」はストレートに世界の「平和」に結びつかない構造を持っている。それはちょうどアメリカや日本、ＥＣ諸国のような先進諸国が「豊かな」国になり、飢えではなくて肥満が深刻な問題となっているのに、他方では第三世界の子どもたちが飢えのために死んでいるというまことに対蹠的な現実が併存しているという問題――つまり、先進国の「豊かさ」が第三世界の「豊かさ」に結びつかないという問題とよく似た構造である。

「自由」「民主主義」「人権」の欠如　第二に、現代日本の「平和」とセットになっている「自由」とか「民主主義」のありようの問題がある。たとえば、熊沢誠の論文集『民主主義は工場の門前で立ちすくむ』では、大企業のなかで企業に全面的に忠誠を誓わない労働者がいかに抑圧されているかがヴィヴィッドに描かれているが、この本のタイトルは、現代日本の「民主主義」や「自由」の構造を象徴的にいいあてているように私には思われる。

今、日本の多くのサラリーマンにとって「自由」「民主主義」とは何か。それはよくいって会社の外での「民主主義」であり「自由」にすぎない。会社のなかでは自分のいいたいことや欲求などまったくワキに置かざるをえない。会社のなかで、自分の政党支持や組合観など政治的意見の自由な表明が困難であり、そうした意見の表明は、「少数派」というレッテルと差別・抑圧・昇進構造からの排除を覚悟しなければできないことは明らかであるが、ことは、政治的自由にかぎられているわけではない。会社が終わったあとのつきあいとか、休日に家族と一緒に過ごす、というようなライフスタイルについての信条についても、日本の会社では自由があるとはいえないのが、常識である。

しかも、それでは一歩会社の外にでたら「自由」が満喫できるかといえばそうではない。マルクスは『資本論』において、資本制社会の搾取が「市民社会」の自由という外被のもとで成りたつ論理を解明したが、そこで「工場内では専制、工場の外では自由・平等・ベンサム」といった。しかし、現代日本では、必ずしもこういう関係が成りたたないのが特徴である。会社のなかでの権威的関係が外の、つまり労働者の「工場の外で」の全生活をもつかみ支配しているのである(4)。

たとえば、今から一〇年以上前のことだが、『朝日ジャーナル』の懸賞論文に東洋工業の社員が「くるまなき社会を求めて」というクルマ社会を静かに告発する論文をだしたが、この人はそれを機に会社をやめざるをえなくなった。

また、たとえば、大丸デパートの社員であった作家の渡辺一雄は、大丸労働組合の左派をつぶすための会社のやり口を書いた作品『野望の椅子』で日本作家クラブ大賞をとったが、以来渡辺は一作書くごとに降格され、さらに、そのことを書いた「なぜ中高年をいじめるのだ――サラリーマンが経済小説を書くとき」という『エコノミスト』に載せた一文によって、ボーナスを削られた。さらに渡辺は、なんの仕事も与えられず、ただ壁に向かって時を過ごすことを強いられて、ノイローゼとなり、ついに転職を余儀なくされている(5)。ちなみに、こうした渡辺に対する会社の抑圧は、会社が、共産党員や、労働組合の戦闘的活動家に対しておこなっている差別と同じものである。会社にとっては、政治的にであれ、社会的にであれ、企業秩序に歯むかう人間は、同じような「敵」なのである。それはともかく、これらの事例は日本の企業が企業外においてすら、決して「自由」を許さない、という例の氷山の一角にすぎない。

日本の場合、労働時間の異常な長さが問題になっているが、これも企業の権力の強さ――サラリーマンの「自由」「民主主義」の欠如のひとつのあらわれにすぎない。労働時間の統計は必ずしも正確に実際に労働者が働いている時間を反映していないが、それをみても日本の労働時間は先進諸国に比較してかなり長くなっている。おまけにオイルショックによる不況以後、先進諸国では労働時間が顕著に減少しているのに、日本だけは減っていない。同じ時期、日本では「減量経営」という名の首切り合理化が進んでいたわけで、会社は一方で人を減らし、他方で残った労働者を残業させたことがわかる。残業手当のつかない――統計にあらわれない――「サービス残業」もこの時期に増えているから、七〇年代後半以降、労働者の労働はいっそうきつくなったわけである。

さらに、八〇年代に入ると経済摩擦や円高を乗りきるためにということで、労働者の「出向」「配転」などが増えている。先にふれた「単身赴任」なども、これを拒否すると「出向」にまわされるというので、労働者はしぶしぶ会社の命令をのんでいるという状態である。こうした「単身赴任」や「大量出向」の横行も、現代日本における企業権力の強さのあらわれにすぎない。こういう状態では、企業への批判の「自由」など問題外となり、サラリーマンはなんとか自分が生き残るべくいっそう激しい競争＝「戦争」にかりたてられることになる。最近、サラリーマンに過労が原因の「突然死」が増え、ノイローゼが顕著に増えているのは、こういう現代の日本の労働者の過労とストレスの重さを象徴している(6)。

現代日本の「平和」と「繁栄」は、以上のような労働者の不「自由」とストレスのうえに成りたっているものだということを見逃すわけにはいかない。はじめに述べたように、現代日本において「戦争」という言葉が氾濫していることは、かかる「平和」の必然の結果であるといえよう。企業社会のなかでの毎日毎日の精神的殺しあいによって支えられている「平和」——その点に現代日本独特の「平和」の持つ深刻な問題があるのである。

もちろん、こういう「平和」であっても、戦前のような、戦争により成りたつ社会に比べればはるかに良い社会かもしれない。しかし、本当にこの「平和」のもとで私たちは幸福かと問われればそうはいえない。いまの日本の「平和」というのは、いってみれば〝平和without人権〟、人権のない平和とでもいうべきもののように思われる。

「平和」という理念が価値を持っているのは、人間同士が殺しあいを強いられない、ひと言でいうと人間が人間として尊重されるからである。それは、だから「人権」という理念と必然的に結びつく。それなのに現代日本においては、「平和」が「人権」と結びついていない。それどころか、「平和」が不「自由」のなかでそれに支えられて成りたっているというところに、現代日本の「平和」の問題が凝集されているといえるのではなかろうか。

三　現代日本の「平和」の歴史的形成

1　「平和」の国際的枠組みの形成

現代日本の「平和」が形づくられる出発点はいうまでもなく敗戦であった。

戦争とともに歩んだ戦前　戦前の日本資本主義は、明らかにその発展自体が「平和」を否定する格好でつくられたといえる。日本の資本主義の発展は、農村の半封建的な構造とタイアップしてなされたものであり、それにもとづく低賃金に支えられていた。したがって、国内市場も狭く、いきおい資本は対外進出に向かった。しかし、日本の資本の力は、ほかの先進資本主義国に比べると脆弱であり、低賃金に支えられた繊維など軽工業製品を除くと競争力を持つものは少なかった。だから、日本帝国主義は、そういう資本の脆弱性を軍事力でカヴァーし、その巨大な軍事力で中国をはじめとする市場を暴力的に独占し、他の諸国の資本を排除して、原・燃料と市場を確保したわけである。こうして日本資本主義は軍隊と侵略＝「戦争」とを不可欠の手段として発展した。それゆえ近代日本は、くり返し戦争をし、侵略を拡大しなければ経済が成りたたなかったのである。近代日本も、戦後日本ほどではないが、急速な経済成長によって特徴づけられる。しかし、近代日本においては、「成長」は「平和」でなく、「戦争」と結びついて存在しえた、といえる。

アメリカ占領軍による「平和」　そういう軍国日本を打ち破って、占領者として進駐したアメリカによって、戦前の日本資本主義の構造は大きく変えられた。このアメリカによる戦後改革が現代日本の「平和」の第一歩を形づくったわけだが、ここで注目しておきたいのは、「平和」の第一歩は、日本国民が自らの力でつくりだしたものではなかったということである。もちろん、戦後の「平和」の背景には、国民の長かった戦争への嫌悪や反省のおもいがあり、この力がアメリカの強制した「平和」を維持させる力となるのだが、自力で「平和」を獲得することのできなかった弱さは今にいたるまでも尾をひいていると思われる。

さて、日本を占領したアメリカが改革にさいして念頭に置いたことは、日本が再び軍国主義を復活させ侵略を開始しないという保障をつくることであった。アメリカは、日本資本主義の侵略性の最大の原因が半封建的な農村、狭い国内市場にあると判断し、強大な軍隊を解体するとともに、農地改革をおこなって国内市場を拡大し、日本資本主義の特殊な侵略性の牙を抜こうとした。

アメリカの強い示唆のもとでつくられた憲法は、第九条で戦争放棄、戦力不保持をうたったが、これも日本が再びアジアやその他に侵略をおこなわない保障として設けられた規定であることに注目する必要がある。世界の「平和」を乱す日本の侵略の防止――これが、憲法第九条が具体的に目標としたことであった。

また、占領軍は、日本の軍国主義が天皇を中心とした権威的制度によっても支えられていたと考え、それらの民主的改革と政治的・市民的自由の拡大を指示した。アメリカの考えた日本の「平和」とはこのように、農村を中心とした社会「改革」、「民主主義」と「自由」とがワンセットになっていたのである。

対日政策の変更・講和・安保のもとでの「平和」へ

ところが、冷戦が激しくなるにつれてアメリカはこうした対日政策を変更する。〝再び日本が侵略大国として復活するのを阻止するための政策〟という視点は弱まり、日本を極東における反共の防壁として再建するという方向が重視されるにいたった。それに応じて、日本の「平和」のあり方にも変更が求められることになった。憲法第九条で持つことを禁止していた軍隊の再建が推進され、また安保条約によって日本がアメリカの極東戦略の基地の一角にくみ入れられたことは周知のとおりである。

ともかく、こうして一九五二年、講和と安保条約のもとで現代日本の「平和」を支える国際的枠組みができあがり、以後現在にいたるまで日本はその枠組みのもとでアメリカに従属・依存しながら国際社会に復活・参加することになったのである。

ところで、この時期にアメリカが構想した「平和」というのは、敗戦直後のそれとは異なり、日本をアメリカの軍事的支配の一翼に位置づけ、日本の再軍備を促進し、社会主義陣営の「侵略」に対抗することにより「平和」を確保しようというものであった。そこでは、もはや日本の侵略性などは問題にならず、むしろ、反共陣営の強化のために早急な軍備増強が求められたのである。

けれども、こうしたアメリカの望む「平和」はそのままのかたちでは実現しなかった。というのは、戦後改革のときアメリカの構想した「平和」のあり方は、「民主主義」「自由」とともに全体として日本国憲法のなかにはっきりと書かれてしまっていたからである。そして日本の民衆は、朝鮮戦争がはじまり、まさしくアメリカが早急に以前の「平和」の構造を変更しようとしたそのころから、その「平和」のあり方を強く支持するようになった。[7]

こうした民衆の側の強い「平和」の要求を前に、時の保守政府＝吉田茂内閣は、こうした「平和」を公然と否定すると保守政権の存立自体が危うくなると判断し、基本的にはアメリカの枠内で進むことを了承しながら憲法改悪や急速な再軍備には反対したのである。

こうして、五〇年代にはアメリカの望む「平和」と民衆の希求する「平和」が対抗しあい、吉田政府がその間に立って憲法は維持しつつ、また急速なそれに抵抗しつつ、なしくずしに再軍備を進めるという政策が追求されることとなった。この構図は、いろいろの紆余曲折を経ながらも、その後基本的に維持され、現代日本の「平和」の構造を形づくっているといえる。現代日本の「平和」をめぐる国際的枠組みは、アメリカの力により外的につくられながら、なお民衆の力により修正をこうむってできあがっているといえよう。

「平和」への民衆の力

この民衆の力をもうすこし詳細にみることにしよう。

日本の民衆の「平和」を希求する力は、たしかに再軍備そのものを阻止することはできなかった。また、日本が朝鮮戦争に積極的に加担するのをやめさせることもできなかった。そういう点は「平和」の力の弱さだった。けれども他面、日本の民衆の「平和」への力は、朝鮮戦争に日本が直接参加するという最悪の事態を防ぎ、その結果、アメリカにとって、朝鮮戦争は大変に苦しい戦争となった。

当初、アメリカは警察予備隊を駐留米軍の朝鮮戦線への移動にともなう空白をうめるためにつくったが、次第にこの予備隊を朝鮮の前線に投入したいと切望するようになったのである。講和交渉の過程で、アメリカ側が飛躍的な地上軍の増強を要求した背景には明らかに、朝鮮戦線が念頭にあったのである。しかし、結論的にいって日本の政府はアメリカの要求をかろうじて拒みとおした。吉田政府がこの点でアメリカの要求を拒否しえたのは、民衆の意思と憲法第九条とのドッキングした力によるところが大きい。それがいわばアメリカの圧力への楯となったと思われる。

さらに、一九六〇年代、アメリカがベトナムへ全面的に介入したさいにも、同じようなあるいはそれ以上の圧力があった。現に韓国、台湾、フィリピン、オーストラリア、ニュージーランドなどの環太平洋諸国はアメリカの意を受けて、続々ベトナムに派兵を決定していたのである。アメリカは日本の自衛隊にも出動・派兵を要請したが、当時の佐藤栄作政府が拒否し続けたのも、日本の平和運動、あるいは運動というかたちでは顕在しない国民の「平和」への意志を保守政府が考慮しなければならなかったからである。

また、急速かつ公然たる再軍備を可能にするということからアメリカが再三にわたって要求した憲法改悪——しかも五〇年代には政府自らも切望していた憲法改悪を結局のところ挫折させてきたのも、民衆の力であるといってまちがいのないところである。

このような民衆の力が日本のいまの「平和」を不十分ながら支えてきたし、現在でもなお支えているということは過小評価してはならないように思われる。日本が直接に「戦争」にかかわることを、民衆がよってたかって防いできたのである。

しかし、反面、民衆の力は残念ながらその「平和」のもつ限界を突破して、「人権」とつながった「平和」、あるいは日本のみの「平和」ではなく世界の「平和」につながるような「平和」をつくっていくほどの力はなかったし、今もない。また、憲法第九条を変えさせないという力は持っているが、第九条の理念を本格的に実現する力はない。その弱点が、今の日本の「平和」の発出するさまざまの問題を生んでいる根拠なのである。

2 「平和」の国内的構造の形成

それでは、次に現代日本の「平和」の独特の国内的構造――「豊かさ」との結合や歪んだ「自由」との結合――はいつどのように形成されたのかをみてみよう。

復古政策から平和・自由・民主主義の「尊重」へ　先に述べたように、講和と安保条約によって、アメリカの傘のもとでの「平和」という国際的枠組みがつくられたわけだが、「平和」の国内的構造ができあがるのはもう少しあとになる。というのは、講和の前後から一九五〇年代の間は、保守政府は日本国憲法が予定した「平和」「民主主義」と「自由」の体制を壊して、彼らの支配に都合のよい戦前の天皇制の統治制度に可能なかぎりもどしたいと考え、真剣にそれを追求していたからである。

政府は、こうした思惑にもとづいて警察制度を中央集権的に改組し、教育を復古的に改編したり、地方知事を戦前のように官選にもどそうとしたり、さまざまの面で復古的政策を追求した。憲法改悪はその集大成であったわけである。当時の革新政党や知識人たちは、政府の一連の政策が戦前の日本への逆もどりをねらうものだと批判したが、それは根も葉もない主張ではなかった。

しかし、こうした復古的方向は、警職法改悪反対闘争、勤務評定反対闘争、そして安保闘争を機に挫折を余儀なくされた。保守政権は、安保闘争の高揚をみて、もはやこれ以上従来の復古政策を続けたのでは「平和」「民主主義」を志向する民衆を前に保守政治そのものすら危うくなる、と考えるにいたった。安保闘争が安保体制＝アメリカの軍事力による「平和」という構想に反対する運動であったのと同時に、そういう民衆の危惧を押しきって安保改定を強行した岸信介政府の権威的やり方に反対する「民主主義」の闘いでもあったことはその意味で注目される。

ともあれ、以後、自民党政府も表面的には、「平和」「民主主義」「自由」を尊重せざるをえなくなった。こうして「自由」「民主主義」が制度上は〝尊重〟される現代日本の構造ができあがったのである。たとえば、五〇年代に比べると、あからさまな反動化の動きが鳴りをひそめるようになったことにもそれはあらわれている。

権威的な企業社会の成立　しかし、それでは日本社会に「自由」や「民主主義」が実現される方向に向かったかといえば、残念ながらそうではなかった。憲法の明文改悪は断念させたものの、憲法第九条のもとで自衛隊が年々肥大化するのを抑えることはできなかったし、憲法の人権の理念の実質化はいたるところで妨げられた。なによりこの「自由」は、社会の主人となりつつあった企業の外でのみかろうじて棲息しうる「自由」であり「民主主義」であった。先にみたように、労働者がその生活の大半を過している企業内では、「自由」は逆にこの頃からいっそう括弧にくくられ奪われていったのである。この時期の民衆の力は企業のなかにまでは浸透しえない弱さを持っていた。企業の側はこの時期にそういう弱さにつけこんで、すこぶる権威的な企業社会をつくりあげ、日本のたぐいまれなる高度成長と「繁栄」を実現した。その結果、企業のなかでは、その「繁栄」の分け前をより多くとるために、労働者同士の競争が激化していったのである。

こうした企業内の競争＝「戦争」原理は七〇年代になると、企業のなかにとどまらず、家庭や子ども――次代の労働者たる――の世界にまで広がっていった。親たちは、自分の子どもたちが競争社会でよりよいスタートラインに立てるように子どもを受験競争に追いたてたのである。

こうして今や「平和」とか「自由」とか「民主主義」という理念は、しらけた、実現などとうてい覚つかないものにみえるようになった。それらは建前にすぎず、本音の理念は「戦争」「競争」であって、この戦いに勝ち昇進をする、あるいは〝良い〟学校に入ることこそが幸せを実現する唯一の途なのだ、という価値観が社会をおおうようになったのである。

青年や子どもたちの間で「平和」とか「民主主義」の理念の影が薄くなり、それに代わって、カネ＝貨幣こそが最大の価値となり、社会の多数の価値観に従わないもの、それからはずれたり、反抗したりするものをいじめるという風潮が急速に広がっていったのは、この七〇年代以降のことであった。

3　高度成長と現代日本の「平和」

以上のような「平和」の国内的構造を形成するのにあずかったものとして、経済の高度成長とそれによる社会の変貌をみておくことが必要である。いま述べた企業社会も、じつはこの高度経済成長のなかで形成されたものだからである。この高度経済成長こそ現代日本の「平和」の独特の構造の形成にとって最後の、そして最大のインパクトであったといえよう。

「高度成長国家」路線の選択　さて、先に述べたような戦後改革のもとで、戦後の日本資本主義は戦前とはまったく異なるかたちでの発展を余儀なくされた。五〇年代半ばから、民間重化学工業大経営では、設備投資による技術革新―生産性向上―輸出―設備投資というくり返しによる成長が始まった。国家は、財政や金融そのほか総力をあげてこうした企業の投資を応援した。戦前と異なり、国家財政は、軍事部門には、他の先進諸国と比べても相対的に少ない割合しか配分されなかった。これが先のような憲法第九条と民衆の「平和」志向の力によるものであったことは明らかである。もっとも日本の場合、国家財政はEC諸国の場合とも違って、福祉の部面にも相対的に少ない割合しか割かれなかった。日本はその財政の大半を、経済成長の基盤となる社会資本——道路、鉄道、港湾その他——に投下したのである。また、瀬戸内海のコンビナートをはじめ全国の地域開発にも大量の資金が散布された。その意味で戦後の日本国家は、アメリカのような「軍事国家」でも、ヨーロッパのような「福祉国家」でもない、「高度成長国家」とでもいうべき路線をとったわけである。(8)

こういう国家の構造は、現代でも変わっていないように思われる。不況の時期になると企業はもうけの確実な軍需産業への衝動を強め、軍需の拡大を要求する。最近では、SDI関連の産業への傾斜も目だっている。それでも高度成長期に民衆の「平和」への意志を受けてつくられた武器輸出三原則は、かなり厳しく武器の輸出を規制しているため、民間重化学産業大企業の軍需産業への進出は依然として抑えられている。

七六年の三木武夫内閣のときにこの三原則は強化され、事実上あらゆる国に、また武器技術もふくめて輸出を禁止するにいたった。中曽根康弘内閣は一九八二年アメリカへの武器技術輸出を例外とすると決定し、この原則を大きく後退させたが、依然日本の資本のなかで軍需産業の占める比重は大きくない。このような戦後日本資本主義の構造は、戦前のそれとは大きく異なるものであることは強調する必要がある。この構造が軍需に過度に依存するアメリカ経済と対照的に、日本経済が急成長した一要因であったことは明らかである。

ちなみに、第二次大戦後から一貫してアメリカは軍需産業に傾斜した発展を追求した。ところで軍需産業というのは大変な金食い虫であり、その市場は国家であり、それは激しい競争を不可避とする普通の市場とは非常に異なっている。多数の会社が技術革新をくり返して安価で良質の製品をつくるべく競争をする、それが日本経済の成長源であったのに対し、軍需産業の場合にはそういう競争がない。兵器の開発は膨大な資金と期間が必要であり、リスクも大きいので多数の企業は参入できず、どうしても資本規模の大きい独占企業が手をだすことになる。また、軍需企業は必ず国家から開発のリスクもふくめ購入の特約を受ける。また、軍需産業の力点は、軍の要求にフィットするものを開発することで、それができれば金がいくらかかろうがかまわない。だから、軍需産業は国家財政のどれだけを確保できるかというところで激しい競争を展開するが、その競争は普通の競争とは異なり、腐敗や汚職を生みだしやすいものなのである。このような軍需産業が発展すればするほど経済は効率のよい技術革新や設備投資による生産性向上への意欲を失い〝活力〟を喪失していく。

六〇年代のアメリカが産軍複合体の支配のもと、ベトナム戦争に財政的にも人的にも総力を投入し、そのあげくインフレを昂進させドル危機を加速させ経済の地盤沈下をもたらしたことは、そうした軍需肥大化もひとつの要因をなしたといえよう。日本の高度成長はこういうアメリカの方向と対照的方向を採ったことから生まれたのである。

しかし、先にひと言ふれておいたように、日本の高度成長は同時にアメリカの世界市場支配と戦争に支えられていたことも、また明らかである。日本経済はアメリカおよびアメリカの軍事的勢力下にある東南アジアや中東諸国から石油その他の資源を輸入し、アメリカから基本技術を導入し、これまたアメリカの勢力下の諸国に輸出することで発展してきた。高度成長はパクス・アメリカーナの枠内ではじめて可能だったのである。先にみた安保体制は、だから軍事的のみならず経済的にも重要だったわけである。

それればかりではなく、日本経済はより直接的にベトナム戦争遂行のために肥大化したアメリカ経済の恩恵をこうむり、その分け前にあずかったということも見逃すわけにはいかない。なるほど日本は直接戦闘に参加することだけは逃れたが、アメリカのベトナム戦争遂行の文字通り最大の兵器廠・補給基地として〝活躍〟した。このように、日本の「平和」経済も「戦争」と結合してのみ成りたっていたのである。そして、まことに皮肉なことに、日本はアメリカの地盤沈下に反比例して経済大国に成長し、世界経済における比重を増大させていった。現代日本の「平和」と「繁栄」はこうして結びついているのである。

競争を支える「日本的労使関係」　「平和」経済とならんでもうひとつ日本の高度成長の源となり、また、現代日本の「平和」の構造を形づくっているものがある。それは、五〇年代後半以降企業が労働者を全面的に動員するためにつくった労働者支配の独特の構造――私が先にいった言葉でいうと「企業社会」あるいは一般には「日本的労使関係」と賛美されていわれる構造である。[9]もっとも、「企業社会」の形成自体が高度成長によって、〝企業のために働き企業内で昇進すれば生活向上ができる〟という観念が労働者のなかに浸透したから可能であったわけだが、一度そういう観念が形成されると、労働者は企業間競争に勝つために、そして自らが、企業内昇進競争で勝つために、よりいっそう企業に忠誠をつくすことを余儀なくされることになる。

そして、こうした競争は職場の雰囲気を変え、仲間同士の連帯を壊していった。また、日本では福祉はとても貧困であったから、労働者は自分たちの老後の生活費も自分でかせがなければならないのだが、企業はそこに目をつけて労働者をいっそうきつく企業に縛りつけようとした。日本企業は、たとえば労働者のために安い住宅ローンを提供して「持ち家」政策を推進したり、いろいろな福利厚生施設を拡充したりした。企業に長期間勤続すれば労働者はそういう恩恵に浴することができた。そのため労働者はいっそう企業に依存し企業のために働くことを余儀なくされたのである。もし企業に反抗して企業をやめさせられでもすれば、一挙にローンの返済が迫られ労働者は生活できなくなるからである。

オイルショックと不況による企業の「減量」化は、こうして企業に縛りつけられ依存するようになった労働者に、いっそう苛酷な生存＝サバイバルのための競争＝「戦争」を強いることになった。民間大企業の労働組合もこういう「減量経営」に対決して仲間を守ることを放棄し、〝企業あっての組合〟という口実のもとに企業に積極的に協力さえしたのである。こうして、日本資本主義は他の諸国が賃金抑圧や首切り合理化ができずにモタモタしているのを尻目に逸早く労働者整理に成功し、いっそう力をつけた。それが八〇年代日本の大国化と深刻な経済摩擦を生んでいるのだが、先にもいったように、いま企業はそれをも口実にしてさらに労働者の「出向」、「配転」、パート化、等々とやりたい放題である。

戦後日本資本主義の「平和」な成長と「豊か」な社会化は、こうした労働者に対する厳しい支配によって成りたっているのである。現代日本の「平和」と「豊かさ」がたぐいまれなサラリーマンの不「自由」と非「民主主義」と一体になっていることの最大の秘密はじつにこの点に求められると思われる。

四　平和理念の再建への道すじ

1　「競争」・「カネ」信奉のなかで

魅力のない「平和」　以上のようにして、歴史的に形成され支配的となった現代日本の「平和」の構造のもとで、「平和」という理念は、そのままでは、青年にとっても子どもたちにとっても、否、広く民衆にとってもあまり魅力のない、影の薄いものとなっている。たしかに日本だけの「平和」、「自由」と結びつかない「平和」などというのはあまり魅力ある理念ではない。その理念は、人びとが命をかけて追求しようという意欲をおこさせる豊かな彩りを持ったものにはみえない。

戦前以来の歴史を知る者にとってみれば、現代日本の〝とにもかくにもの「平和」〟でも、〝制度だけの「民主主義」でも戦前よりははるかにましだから、これらを全力で守らなければならないというパトスがわいてくるのだろうが、まさにそういう「平和」のただなかに生まれ、育った多くの人びとにとっては、それを守れといわれてもなかなか難しいと思われる。

「平和」とか「民主主義」、「自由」のかわりに現代日本の多くの人びとが本音の価値として後生大事に抱えているのは、大人であれば会社の格であり、その会社内での地位であり、学生や子どもであれば、学校のランクであり、学校の成績である。そして、これらの価値を手に入れるべく多くの人びとが信奉し現代日本社会の支配的原理となっているのが「競争」、つまり、現代日本の「戦争」なのである。サラリーマンであれ、子どもであれ、この競争の前には、「自由」だろうが、「民主主義」だろうが、すべての価値を捨て、あるいは容赦なく犠牲にするべきものとなっている。こうした「戦争」の最大の犠牲になっているのは子どもたちである。

「戦争」の犠牲としての子ども

高度成長期以来、企業社会にくみこまれた親たちは、自分のことをふり返り、人並みのスタートラインに立たせようと、子どもたちを進学競争にかりたてるようになった。そのために子どもたちは小学校から受験競争を強いられるようになったのである。山田太一のテレビドラマで『大人になるまでガマンする』という小学生たちを主人公にした作品があったが、まさしく子どもたちは「大人になるまでガマンする」ことを強いられ、受験のためには休日に友だちと遊ぶのもがまんしなければならない。

山田のドラマのなかで、私立中学校への受験のために子どもの尻をひっぱたいている母親とその祖母の会話がある。

ミツ「みんな元気でなんとか平和にやってるってことをもう少し、ありがたいことだって思わなくっちゃいけないんじゃないかねぇ？　いいとこ入らなくっちゃ暗闇みたいに思っているのは、少しなんか贅沢なんじゃないかねぇ？」

純子「孫のことだから、そんなことといってられるのよ。世の中は競争なんだもの。競争に勝つように、手をかしてやるのは親の役目じゃないの」
ミツ「そうかねえ。そんなに勝たなきゃいけないのかねえ[10]」

しかし実際、子どもたちは大人になったら「自由」を満喫できるかといえば、そうでないことは明らかである。そこにはいっそうたいへんな競争社会が待っている。だから子どもたちはもちろん、大人たちもそういう競争のいきつくところに幸せがあるとは誰れも思っていない。また、山田のドラマの登場人物の一人の言葉ではないが、「いいとこ入った奴から順番に幸せになってくってもんじゃない」。本当は誰れも信じていないのに「競争」を価値に掲げ、本当は望んでもいないのにやむなく「競争」にかりたてられている社会こそが今の日本の姿なのである。

その結果、人びとは大人も子どももほんのちょっとした「自由」や「個性」を得るために必死になる。そうした「自由」を得る手段が「カネ」であり、かくして、「競争」とならんで現代日本人の多くがもっとも確かなものとして信奉しているのが「カネ」となる。カネさえだせばどんなものでもサービスでも買える「豊かな」社会、これが現代日本なのである。こうして、小学校から中学生までの一年間のおこづかいの額は平均四万円を超え、全国の子どもの貯金箱には七五一億円もの金が眠っていると日本生命は試算している[11]。また、学生のなかではアルバイトや経営、財テクがはやっている。カネをためて海外旅行へいくことこそが、つかの間のモラトリアムを過す学生たちの「自由」となっているのである。サラリーマンのなかで熱病のようにはやっている財テクも、同様に彼らの行使できるまことに乏しい「自由」にほかならない。

このように、人びとが「競争」とか「カネ」という原理に深く支配され、つかまれている現代日本社会においては、この社会をそのままにしておいて「平和」や「民主主義」「自由」の理念を再建することはできないように思われるのである。

2 「競争」原理への批判

「戦後政治の総決算」＝日本的「平和」の総決算

一九八二年、首相に就任したての中曽根康弘は、自らの政治の中心スローガンとして「戦後政治の総決算」を掲げた。この「戦後政治の総決算」の意味するところは、一九五〇年代に支配層が追求したような天皇制政治への単純な復帰であるとは思われない。彼が「総決算」しようとしたのは、これまで説明してきた現代日本の「平和」「民主主義」「自由」の構造であることに注目する必要がある。中曽根の「総決算」論の背後には、現代日本の資本主義が二一世紀にかけてあらためて飛躍し生きのびるためには、高度成長期において形成され、これまで日本をひっぱってきた〝とにもかくにもの「平和」〟や制度だけの「民主主義」「自由」すら邪魔になってきた、これを廃棄していっそう端的な権威的統治体制と国家目標を設定する必要があるという支配層の危機感が存在していたように思われる。かれらにとっては、日本はいまや政治的にも軍事的にも西側の大国としての〝責任〟を果たさなければならず、そのためには――私たちにとってはたいへん不十分な――現代日本の「平和」の構造すら大きな障害物となっているのである。

ところが、民衆の多くが「平和」を自明のものと考え、しかも深く「競争」や「カネ」の原理に支配されている現代の日本では、現にある「平和」を守ることすら容易なことではない。なぜなら、中曽根は〝今のような「豊かな」日本を守るためにも〟という理屈で現代日本の、〝とにもかくにもの「平和」〟をすら総決算しなければならないと訴えているのだから。

人間らしい社会改造のための道すじを

今、私たちに必要なことは、現代日本社会を支配している「戦争」＝「競争」の原理を批判し、本当に人間らしい社会改造のための道すじを呈示することではないだろうか。大人から子どもにいたるまで現代社会をつかんでいるこの「戦争」をなくす道を示すことが、現代日本の「平和」の問題を克服し、「平和」や「民主主義」「自由」の理念を再建する第一歩となるように私には思われる。現代日本の民衆をとらえている「豊かさ」や「競争」がはたして本当に私たちに幸せをもたらしているだろうか、と問うこと、これが「平和」教育にとって焦点となる課題であるように思われてならない。

(1) この点につき、中島誠『企業小説とは何か』日本工業新聞社、一九七九年、一三頁をみよ。
(2) 高度成長期を考える会編『高度成長と日本人 part2 家族篇』日本エディタースクール、一九八五年、二四頁。
(3) 「安保繁栄」論につき、宮沢喜一『社会党との対話』講談社、一九六五年、一九二頁以下。
(4) この点、渡辺治「現代日本社会の権威的構造と国家」(藤田勇編『権威的秩序と国家』東京大学出版会、一九八七年、所収、一八五頁、本著作集第10巻、収録。
(5) 『野望の椅子』徳間文庫、一九八四年、の佐高信による「解説」。
(6) 「過労死弁護団全国連絡会議」編『過労死』双葉社、一九八九年、などをみよ。
(7) この点、さしあたり渡辺治『憲法はどう生きてきたか』岩波ブックレット、一九八七年、本著作集第9巻、収録、をみよ。
(8) 宮本憲一『現代資本主義と国家』岩波書店、一九八一年、は日本の国家を「企業国家」と位置づけている。
(9) 渡辺、前掲「現代日本社会の権威的構造と国家」また、本書第一章を参照。
(10) 山田太一『大人になるまでガマンする』大和書房、一九八六年、二〇五頁。
(11) 朝日新聞経済部『金満症にっぽん』朝日新聞社、一九八六年、四三頁。

第Ⅱ編　対抗すべき力の現状と展望

第三章　現代日本の社会民主主義

一　問題の所在——今、なぜ社会民主主義か

一九六〇年代以降、日本国民の統合の主軸をなした企業社会を変革して、もっとゆとりのある、人間らしい社会をつくるにはどうしたらいいのだろうか？　そもそも、企業社会の頑強な構造をつきくずすことができるのか？　本章以後の各章では、その問いを考えてみたい。

とくに、ここでは、企業社会を規制する力として、「社会民主主義」の持つ可能性と限界を検討しようと思う。しかし、いったいなぜ、今「社会民主主義」を検討する必要があるのか。その理由をあらかじめ提示し、そこから検討を始めたい。

1　現代国家と社会民主主義

私が「社会民主主義」を検討したいと思う第一の理由は、それが、現代資本主義国家のあり方に無視することので

きない刻印を与えており、当該国家のなかでの、社会民主主義の力の強弱が、国民の生活やその国の民主主義に大きな差異をもたらす要因のひとつとなっているからである。

総力戦体制と現代国家の成立　そもそも現代資本主義国家は、組織された労働者階級の力の台頭のもとで、現存体制を維持・存続するためにも、労働者階級の要求をある程度受け入れ、その力を体制内に吸収することを余儀なくされた国家である、ということができる。

こういう意味での「現代国家」の形成の画期となったのは、第一次大戦であった[1]。第一次大戦における総力戦は、労働者階級を戦時体制に動員することを余儀なくさせ、労働者の同権化を促進した。第一次大戦後のワイマールドイツなどで成立した大衆民主主義、労働基本権の承認、労働者の参加などは、明らかにこの延長上に体制化されたものと思われる[2]。

こうした「現代国家」の特徴は、戦間期にはいまだ不安定であり、部分的でもあったが、第二次大戦後に、先進資本主義諸国に普遍化した。第二次大戦は総力戦の規模からいっても、第一次大戦とは比較にならないものであり、労働者階級のみならず国民諸階層の根こそぎ動員が恒常化した。これは、第二次大戦が連合国側では反ファシズムの理念を掲げて闘われたという点とも相俟って、第二次大戦後の諸国の「現代国家」化を大きく進めたのである。

こうした第二次大戦後の先進資本主義諸国の「現代国家」化の傾向を示す理念として、「福祉国家」という理念が普遍化したのである。

「福祉国家」の担い手としての「社会民主主義」　ところで、こうした「現代国家」化＝「福祉国家」化は、独自の政治的担い手を持っていたことが注目される。それが協調的労働組合運動の勢力を背景とした社会民主主義であった。第二次大戦後のヨーロッパの「福祉国家」化は、その多くが、社会民主主義政党の政権によって推進されたものである。

社会民主主義が、ほかならぬ第一次大戦時に、自国政府の遂行する帝国主義戦争に賛成するか否かをめぐっての社会主義運動の分裂から生じたという事実は、こうした社会民主主義と「現代国家」化との密接な関係を象徴するものといえよう。

ちなみに、高橋彦博は、最近の著書で「第二次大戦後の歴史を現代史としてとらえるならば、現代史の潮流は明らかに社会民主主義ではないか……。社民党政権はもはや例外形態ではなく、先進諸国における通常の政権形態になりつつある」と述べ、「このことの意味」を強調している(3)。これは、「現代国家」化ということを、その担い手の側に着目して特徴づけたものといえよう。

現代国家の例外？日本　ところが、このように、現代国家の特質を、「福祉国家」—「社会民主主義」ととらえると、現代日本の国家は、いちじるしく異なっているようにみえる。なるほど日本も、広い意味で「福祉国家」であることは否定できないにせよ、少なくとも、「福祉国家」としてきわめて徹底を欠いてきたことは見逃すわけにはいかない。また、日本では、敗戦直後の片山内閣のわずかな期間を除いて社会民主主義勢力は政権を掌握したことはおろか参画したこともない。戦後日本では、一貫して保守党の政権が存続してきたことは、周知の事実である。

このことは、現代の日本とヨーロッパ諸国のあり方に、かなり大きな違いをもたらしている。

その違いは、決して、いずれの国も資本主義国だからといって相対化できないものを持っていると思われる。そこには、現代資本主義国家の異なる類型が析出できる。そして、この類型化にとって、社会民主主義の存在が大きな要因となっているのである。

その違いはたとえば、日本とヨーロッパ諸国での国家財政内での福祉の占めてきた比率、そもそも国家財政の規模の違いとしてあらわれている。戦後日本においては、ヨーロッパに比べ経費水準が低位で推移してきた——「小さな政府」——が、その原因は軍事費とともに福祉関係費の少なさによるものであった。

また、たとえば、日本の国家は資本蓄積を規制するような介入は総じて弱い[4]。労働時間規制をはじめとする労働行政などにそれは端的にあらわれているが、それだけではない。公害=環境規制、住宅・都市政策などの面でも、日本は資本蓄積を制約する性格の規制は弱いのである。こうしたこともおそらく、社会民主主義が政権についたことがなかったという日本の特殊性から生まれた差異のように思われる。

自民党政治は社会民主主義の先取りか?　この点に関連し、先に紹介した高橋は、「現代史の潮流は社会民主主義」だという原則は戦後日本においても貫徹しているということを強調して、こういっている。たしかに、戦後日本では社会民主主義政党は戦後ごくわずかの時期しか政権を握っておらず、そこだけみれば「社会民主主義の政権党化」の例外のようにみえるがじつはそうではない。一九五五年の保守合同も、何より社会民主主義の政権党化を阻止するためにおこなわれたのであり、また保守党の政策は、社会民主主義の政策を先取りしたものとならざるをえなかった[5]。つまり日本もこういう変則的なかたちであれ、社会民主主義のインパクトを受けざるをえなかったのであり、世界の例外ではないというわけである。

けれども、私にはとうていそうは思われない。歴代保守党は――たしかに「福祉国家」というスローガンを掲げたことはあるが――福祉政策に一貫して冷淡であった。また、「社会民主主義政党の政策の先取り」というが、自民党は、ついに、体系的な労働者向けの綱領・政策を持たずに、今日まできている。一九六〇年代前半期、自民党の傾向的低落のもとで、一時期たしかに党内にも労働者政策を持とうという動きがあったが、それは挫折しているのである。むしろ際立っているのは、ヨーロッパの福祉国家と、日本の国家との違いであり、現代日本社会の特徴や、またそれが抱えている固有の困難は、ほとんどこの点にかかわっているように思われる。

それでは、現代日本のかかる特殊性は、一体どうして生じたのか?　なぜ、日本では社会民主主義がそういう力を持ちえていないのか?　これが問題関心の第一である。

2　社会民主主義再評価の動き——オルタナティヴとしての社会民主主義

このように、社会民主主義は現代資本主義国家に少なからぬインパクトを与えたが、社会民主主義のかかるインパクト、影響については従来、現存社会の変革を志向する運動や政治の側からはあまり注目されてこなかった。そこでは、社会民主主義は、現代資本主義の体制を打破するものではないという点から、社会民主主義の力そのものへの過小評価があったのである。

ところが、最近になって、この面で大きな変化があらわれている。社会主義運動の側から、社会民主主義の再評価の動きが起こっているのである。すなわち、社会民主主義を、社会主義の新しい理念として再評価しようという動きである。

「新しい思考」とイタリア共産党　その典型が、ソ連のペレストロイカで唱えられている「新しい思考」の社会民主主義再評価論であることはいうまでもない(6)。また、イタリア共産党の最近の路線のなかでも、社会民主主義の再評価と、社会民主主義への接近の傾向がみてとれる(7)。

周知のように、国際共産主義運動の歴史は直接には、第一次大戦時の第二インターの崩壊、社会民主主義との分裂から始まっていることを考えれば、現在起こっている社会民主主義の再評価論の意味は、きわめて重大である。それは、社会主義の共産主義と社会民主主義への分岐、共産主義運動の存立の意義そのものへの懐疑にまでいたる可能性を持っているからである。

そこでは、従来、資本主義の危機の産物であり、資本主義体制を補完しその延命を助けるものとしてもっぱら批判の対象であった社会民主主義が、資本主義社会を変革して追求すべき社会主義の諸モデルの、少なくもひとつに位置づけられようとしているのである。

こうした、社会民主主義再評価論台頭の背後には、現存社会主義諸国で生起した数々の事態の影響があることは明らかである。チェコ事件、ポーランド、ソ連のアフガニスタン侵略、はては中国天安門事件にいたる一連の事態は、社会主義の理念についていちじるしく魅力を喪失させ、その深刻な再検討を促している。イタリア共産党がポーランドの軍事政変の直後の八一年末に決定した「社会主義をめざす闘争の新しい局面を開くために」は、同党の路線転換にとっても画期をなすものと思われるが、次のくだりは、その点を、こう語っている。

「第二インタナショナルのまわりに結集して社会党および労働組合運動が誕生し発展をみた局面が底をついてしまったのと同じように、十月革命に始まった社会主義の発展のこの局面も、その推進力を使い果たした[8]」と。

こうして、西欧社会民主主義の道が、社会主義発展の新しい道として浮び上がってきたのである[9]。

新しい社会主義の理念　先の高橋の問題提起の背後にも、こうした社会民主主義の再評価論があることは明らかである。

「ソ連や中国などの既成社会主義国が社会主義の典型モデルであった時代は過ぎ去り、ユーゴスラビアやポーランドに見られるように、古い社会主義体制の内部で志向されている新しい社会主義の像は、分権、参加の追求を内容としているのであり、ヨーロッパ諸国の社会民主主義が掲げている追求目標と一致している。ここでは社会主義への移行の多様性というとき、社会民主主義政党の政権党化を移行過程とするもう一つの社会主義へのもう一つの転化の形態が考えられてしかるべきではないかという問題提起が可能になる[10]」と。

日本でも、社会党が八〇年代に入って追求している、いわゆる「新宣言」路線が、西欧社会民主主義の路線の追求であることは明らかである。

はたして、社会民主主義は、現存資本主義の補完物ではなく社会主義への新しい移行の道であるのか？　その日本版である社会党の「新宣言」は、企業社会を中核とする現代日本社会を変革する新しい途でありうるのか？　この点には大きな関心を持たざるをえない。

とくに最近の「リクルート」「消費税」のなかで、久方ぶりに社会党がクローズアップされ、期待が寄せられている事態のもとで、このことの検討は不可欠であると思われる。これが、現代日本の社会民主主義を検討したいと思う問題関心の第二である。

3　西欧社会民主主義の危機と変貌

問題関心の第三は、他でもなく、西欧社会民主主義の路線自身が、一九七〇年代後半から危機に陥り、その危機克服をめざして変貌しつつある、ということにかかわっている。

福祉国家の危機　西欧社会民主主義路線の危機は、第一に「福祉国家」の危機によってもたらされた。第二次大戦後、社会民主主義政党の追求した「福祉国家」路線は、資本蓄積にとっては制約となる側面を多くはらむものであった。それにもかかわらず、現代資本主義は、それを克服して成長を続け、その成長が福祉政策の展開を可能としたのである。いわばそこでは、「成長」と「福祉」の好循環が成りたっていた。社会民主主義政党は、その成長―福祉の併立にのって政権を維持しえたのである。社会民主主義政権が、六〇年代の高度成長期に政権を掌握しえた背景には、かかる条件があったと思われる。[11]

ところが、オイルショックによる不況は、この成長―福祉の併存を断ち切った。そして、社会民主主義政権の不況克服策は、スタグフレーションを深刻化させたのである。

福祉による国家財政の赤字は深刻化し、また不況克服のための賃金抑制・所得政策は、労働者の政権への不信をまねき、社会民主主義政権は危機に陥った。

代わって登場したのが、新自由主義の理念を掲げたサッチャーをはじめとする保守政権だったのである。これは、不況期になって、福祉国家政策の資本蓄積制約的側面が、資本の側にとって大きな隘路となり、この制約打破を求める力が強くなったあらわれであった。社会民主主義政党が政権を維持しえたところでも、福祉政策の見直し、労働者の権利の削減が起こった[12]。

産業構造の転換による労働者の変貌　社会民主主義の危機をもたらした要因はそれだけではなかった。一九八〇年代に入って資本主義諸国が直面した産業構造の再編成――ハイテク化やソフト化といわれる――も、社会民主主義政党の地盤沈下をもたらしたのである。第三次産業の労働者増は、組合組織率の低下をまねき、社会民主主義政党の最大地盤を狭隘化したからである。

社会民主主義の模索と変貌　こうした社会民主主義の危機に対して、各国の社会民主主義の対応は必ずしも同一ではない。しかしいずれにせよ、成長を自明の前提とし福祉を追求する従来の路線の維持が困難であることははっきりしている。

たとえば、西ドイツ社民党は、従来の路線を定式化した一九五九年のバート・ゴーデスベルク綱領の見直しをおこない、一九八九年一二月に新綱領を採択した[13]。八六年に大会に提案されたその新綱領の草案である、いわゆるイルゼー草案は、旧綱領の〈成長→福祉〉路線を否定し、「平和」と「自然」の危機の克服を前面にだし、エコロジー重視の政策体系を展開している。また、草案は、女性を重視し、全体として、労働組合から市民、女性へと党の支持基盤の拡散をはかろうとしているのである。

日本の社会民主主義の二重の危機　ところで、こうした社会民主主義の危機という問題を日本にあてはめてみると、日本の場合にはいっそう複雑である。というのは、もともと日本の社会民主主義はその無力のゆえに、福祉国家的政策を押しつけることができず、それだけ日本の国家は資本蓄積に制約的な政策をとらなかった。それが日本の強蓄積＝高成長、異常なばかりの「豊かな社会」化を可能にしたのだが、そのことは、日本の社会民主主義の存在感の稀薄さや、権威低下をもたらしていると思われる。

ところが、その日本でも、一九八〇年代に入ると、新自由主義の理念のもと、第二臨調の「行革」によって、ただでさえ資本蓄積を制約するものが弱かった、その規制のいっそうの緩和を求める動きが台頭した。さらに、産業構造の再編成は、日本でも階級・階層構成を変えている。その結果、現代日本の社会民主主義は二重の危機に陥っている、と思われる。

社会党はそうした危機克服の方策として、「新宣言」路線、社公民連合路線をうちだしていると思われる。そこには、したがって従来の西欧型社会民主主義の路線と、社会民主主義の新しい模索が混在して、時に矛盾しあいながら入っているようにみえるのである。

はたして、社会民主主義、とりわけ日本の社会民主主義は、かかる社会民主主義の危機の克服ができるのか？　これが第三の関心である。

4　日本型社会民主主義の特殊性

以上の諸問題は、そのいずれもが、すでにその都度述べてきたように日本の社会民主主義、とくにその特殊性にも大きな関係を持ってはいるが、しかし、必ずしも日本のそれだけにとどまらない、社会民主主義の性格・位置づけそのものにかかわる問題であった。しかし、第四番目の問題関心は、日本の社会民主主義――とくに社会党を中心とした――の持っている西欧社会民主主義との違い、特殊性そのものへの関心である。

その場合、西欧の社会民主主義と比較して日本の特殊性は、大きくいって、一九六〇年代を境に、その前後で、まったく違った意味でいわれていることに注目しなければならない。

日本型社会民主主義の戦闘性　一九五〇年代から六〇年代の中葉ぐらいまでの時代には、日本の社会党は通例の社会民主主義、西欧型の社会民主主義の枠には入らない政党だという評価がきわめて一般的であった。社会党自身もそういう認識を持っていたように思われる。そこで〝西欧型社会民主主義の枠に入らない〟といわれたのは、もっぱら、日本の社会民主主義が西欧型社会民主主義のような協調主義に侵されない、戦闘性を持った政党であるという意味で理解されていた。

この点を、清水慎三は、安保闘争直後の一九六一年に、「社会民主主義のワクをはみ出した社会民主主義」と規定して、こう語っていた。

「戦後日本の社会民主主義運動は、日本社会党の運動によって代表されてきた。そして西欧社会民主主義運動の主流とは異なる道を歩み、異なる道を歩み続けたが故に……日本の革新勢力の中核としてその政治的多数派の地位を確保してきた。……日本社会党は……統一された政治性格を持たず、上部は非共産社会主義諸派の政治連合であり、首脳部の構成はより前時代的な派閥連合とさえ見ることができる。だが、戦後十五年にわたってこの党の組織と活動を支えた中堅分子とくに青年活動家は、現代西欧社民思想でもなく歴史的伝統的意味の社民思想でもない。……『社会民主主義のワクをはみ出した社会民主主義類型』の人たちである[14]」と。

ところで、こういう日本の社会民主主義の「戦闘性」という時、その内容は何かというと、ひとつは、日本の社会党がなお、マルクス主義を指導原理としている、あるいはその潮流が強いということであった。日本の社会民主主義も、強い反共的性格を持っていたが、にもかかわらず、党内では、マルクス主義さらには、レーニンの理論も強い権威を持っていた。

第二に、そのコロラリーであるが、日本の社会党は、改良主義を否定していた。もう少し別の言葉でいうと、「福祉国家」戦略をとらないという点で特徴的であった。つまり、「福祉国家」についてきわめて批判的な立場をとっていた、ということでもあった。〝「福祉国家」は労働者階級を解放する、そういうものではないのだ。むしろ、それは資本主義の危機における体制の延命のためのまやかしの産物だ〟という評価が日本の社会党のなかにあり、そういう点からも西欧型社会民主主義とは非常に違うといわれていた。

軍事同盟体制の否認　「戦闘性」ということの中身でいわれたことの、もうひとつの、ある意味ではより重要な特徴は戦後の現代国家が不動の国際的な枠組みとした、アメリカを盟主とする軍事同盟体制――すなわち、ヨーロッパの場合はＮＡＴＯであり、日本の場合には日米安保条約――を認めない、それにきわめて批判的な態度を堅持していたという点で、西欧型社会民主主義とは非常に違う性格を持っていたことである。

周知のように、西欧の社会民主主義はいずれも、西側陣営の一員に属することを宣明し、ＮＡＴＯを認めていた(15)。それが、社会民主主義と共産主義の対立の焦点であった。ところが、日本社会党とくに左派は後述のように、この点で、明白に安保反対―再軍備の否定をうちだしたのである。

そういう「戦闘性」という点で、日本の社会民主主義は西欧型と異なるものと思われていた。

社会民主主義の脆弱性　ところが、一九七〇年代の後半から八〇年代にかけての社会党、あるいは日本の社会民主主義をみてみると、こういう戦闘的社会民主主義の性格はいちじるしく稀薄化している。

それでは西欧型社会民主主義に近づいたのかというと、これは、また、いちじるしく西欧型の社会民主主義とは違う特徴がでているのである。しかも、この場合の西欧型社会民主主義との違いというのは、今度は、六〇年代までと一八〇度変わって、むしろ西欧型社会民主主義政党が持つような、資本の横暴に対する一定の規制力すら持ちえない、そういう脆弱性が、日本的特殊性ということで問題にされているのである。

たとえば、最近、ヨーロッパのそれと比べて日本の社会党の特殊性という時にいわれるのは、きまって、社会党が政権を担当したことがない、〝万年野党〟に甘んじているということである。社会民主主義のこの弱さが、野放図な資本蓄積や、政治の腐敗をまねいている、というわけである。

先に引用した清水慎三が、五〇年代から六〇年代前半の日本型社会民主主義を領導する理論家であったのに対し、八〇年代の日本社会民主主義の「新宣言」路線をバックアップする理論家である大内秀明は、この点をこういう。

「われわれがいま、自民党神話の時代にピリオドを打ち、真の政治改革にむかって進むのなら、社会主義インターをはじめ、欧米先進国における社会民主主義の新たな脱皮に向けての苦悩を共有すべきだと思う。

なぜなら、日本における社会民主主義の歴史と運動は、あまりにも弱く貧しすぎた。そのために、欧米のような政権交代の歴史をもたず、自民党一党支配の政治を長期にわたってゆるしてしまった。……自民党一党支配の神話は、じつは野党の無力さと政権担当能力の欠如の結果であったことを忘れてはならない[16]」(傍点引用者)と。

みられるように、ここでは、さっきとまったく逆に「弱く貧しい」日本社会民主主義が問題にされているのである。清水が、西欧のように堕落しない日本社会民主主義を評価していたのに対し、それから三〇年近くたった後の大内は、西欧のようになれない日本の社会民主主義をなげき、西欧に追いつけと激励しているのである。

このように、日本の社会民主主義は、五〇年代、六〇年代も西欧型とは非常に違っていたし、八〇年代も西欧型とは違っていて、しかもそれは、左の極から右の極へいってしまって、ついに一度も西欧型をとりえなかったというふうにみえる。そういう点で日本の社会民主主義の現象形態というものは、いちじるしく他の西欧諸国と違うのではないかと思われるのである。これが、日本の社会民主主義を検討したく思う、第四の理由である。

5　分析の視角

以上のような関心にもとづきながら、しかし、社会民主主義そのものの本格的検討はとうていできないので、主として、日本の特殊性に焦点をあてて、戦後日本の社会民主主義を歴史的に検討してみようというのが、本章の課題である。

そこで、分析の視角をあらかじめ二つばかり設定しておきたい。

日本型社会民主主義の根拠　ひとつは、前述のような日本社会民主主義の日本的な特殊性の根拠を探りたい、それは一体どこからきているのか、ということに注目してみてみたいというのが第一の視角である。

現存体制の変革をめざす運動とて、その運動が現存の支配構造のなかでおこなわれざるをえないかぎり、多かれ少なかれ、現存する社会の構造に規定され、それとの対決を余儀なくされるかぎり、社会民主主義の日本的特殊性の根拠を探ることは、たんに社会民主主義者だけではなくて、他の政治勢力にとっても教訓となるはずである。

戦略・戦術を規定する客観的要因の分析　もうひとつは、この日本型がどこからきているのかということを探っていく場合、たんに、社会民主主義が採用した主観的な、戦略・戦術上の誤りや欠陥にとどまらず、そういう戦略・戦術をとらせた労働者階級の組織のあり方、すなわち労働組合のあり方、さらにそれを規定した日本資本主義の構造やあり方にまで一度降りてみようという視角である。

もう少し具体的にいうと、社会党なり、民社党の運動史の分析の方法は、従来の場合には、もっぱらそれら政党の戦略・戦術を検討批判し、さらに、その採用にいたる党内の諸勢力の状況や、その批判に力点がおかれてきた。もちろん、そういう主体的な面の検討も重要だが、政党が時々にそういう選択をなぜせざるをえなかったのかという問題を考えていくと、社会党なら社会党が時々にとってきた路線というのは社会党が任意に選択できたものではなく、その時点での日本社会に規定されている側面があったように思われるのである。

とくに、社会党や民社党は労働者を主たる組織基盤にした政党であるから、その時々の労働組合運動の社会的なあり方に規定される度合いが強い。ところで、その労働組合運動の社会的なあり方は、日本の資本主義の独特のあり方に規定されている。

このように考えると、社会党の、あるいは民社党の歩みを検討する場合に、時々の戦略・戦術の誤りとか、正しさというものを、たんに運動論的に指摘するだけではなく、さらに、そういう決断を余儀なくさせたような構造というのは何かというところまでさかのぼらなければならない、と思われるのである。

さらに注目すべきは、社会党の党勢の消長は必ずしも、時々の戦略・戦術のいかんにかかわらず、当該社会の支配構造や労働組合のあり方に規定されて推移することがあるという点である。たとえば、高度成長期における社会党の停滞は、この時期に形成された企業社会の構造に規定されたものであり、決して、昨今いわれているように、同党が現実主義＝西欧社会民主主義路線をとらなかったせいではないと思われる。党の消長を即座にその時々の路線の正否に結びつけるのは誤りのように思われるのである。

以上のような視角にもとづいて、現代日本の社会民主主義の特殊な構造を歴史的に検討しようと思う。もっとも、小稿では、社会民主主義の歴史を網羅的にとりあげることはできない。その特殊な構造が形成されるうえで鍵を握るような時期・問題にかぎり、検討を加えるという方法をとらざるをえない。

戦後史の二つの山　ところで、そのような日本社会民主主義の特殊性の形成の分析、という視点から注目される、戦後史の二つの山がある。

ひとつは一九五〇年代、とくにその前半期、社会党が左右に分裂しながら、勢力を伸長した時期の社会民主主義である。ここでは先の第一の特殊性、つまり西欧型社民のようにならなかった社会党というものが注目されるわけで、なぜ、そうだったのかを検討する必要がある。この時代は、社会民主主義勢力が変革の運動のなかで中心的な位置を占めていた時代でもあったので、たんに社会民主主義の日本的特殊性というものを検討するうえで注目されるだけではなく、独特な社会民主主義が戦後の民主主義の性格付けに与えた影響を考えるうえでも重要な時代である。とくに、その点では、五〇年代前半期に形成され、その後も社会党を語るときに必ずふれられることになる、総評と左派社会党のブロックの形成とその運動が注目される。

もう一つの時代は、一九六〇年代後半から七〇年代後半の時期である。この時期がなぜ注目されるかというと、この時期には、今度は、日本社会が高度成長を経て、労働者階級が増大していくそのなかで、社会民主主義が低迷し後退していくからである。この時期には日本の社会民主主義の特徴の第二があらわれるのである。

八〇年代に入っての社会民主主義の大きな変貌――とくに社会党の「新宣言」路線――は、この二つの時代の遺産を背景に、社会党がなんとか停滞を脱出しようとする試みであるように思われる。してみると、この八〇年代の社会党の路線をきちんと評価するためには、それに先立つ二つの時期を重視しなければならないと思われるのである。

もっともその前提として、日本の社会民主主義がただ一回政権をとり、続いて政権に参画した片山哲＝芦田均内閣期のそれも見落とすわけにはいかない。片山内閣が成立したあたりまでは、少なくとも外見上は日本と西欧の社会民主主義は、同一の歩みをしていたようにみえるからである。違ってきたのはその後の歩みであった。そこで、最初にこの一九四〇年代後半の社会民主主義の持っていた問題を考えておきたい。

二　片山・芦田内閣期の社会党〈一九四五―四九年〉

1　社会民主主義の前期的性格

ところで、従来、片山＝芦田内閣が注目されるのは、良い意味でも悪い意味でも、このときの社会党の行動様式が現代日本の社会民主主義の出発点であるという視点からであるように思われる。たとえば、日本の社会党はなぜ政権がとれなかったかというとき、片山＝芦田内閣期に、社会党が独自の政策を実行できなかったばかりか、汚職などに巻きこまれ、それが日本の国民のなかに社会主義に対する不信と失望をもたらしたことが非常に大きな理由だという見方が一般的な常識としてある。あるいは、現代日本の社会民主主義の資本との協調性、現政権との妥協的性格をいう場合でも、さらに、共産党との統一行動の拒否という体質を問題にする場合でも、いつも、この片山内閣の例がだされるのである。

しかし、このように、片山内閣を現代日本社会民主主義の原型とみたてる考え方は必ずしも正しくないと私には考えられる。とくに、この時代の社会民主主義の持っていた特徴というのはかなり戦前的なものをひきずっていた。それは次のところで分析する一九五〇年代や六〇年代前半の社会民主主義とは非常に大きく異なったものであったし、また七〇年代の中葉から八〇年代にかけて展開している社会民主主義とも異なったものであった。

そういう点で、この時代の社会民主主義はどちらにしても、戦後の社会民主主義の原型ではないという点が重要である。
　むしろ、この四〇年代後半の社会民主主義が否定されていくなかに、日本型の社会民主主義の形成史があるのではないかと思われるのである。

2　敗戦直後の社会民主主義――負の遺産

　そこで、この時代の社会民主主義の、前期的性格を理解するうえで注目すべき点を指摘しておきたい。

壊滅していた社会民主主義政党　第一に注目したいのは、敗戦時には、社会民主主義政党は、左派、中間派、右派を問わず壊滅していた、という点である。そこからスタートせざるをえなかったという問題が、現代日本の社会民主主義の出発を考える場合に重要なのではないかと思われる。

　これはヨーロッパでも、ドイツのようにファシスト連合に入った国では、多かれ少なかれ共通していたが、しかしそのなかでも日本の場合には特殊な問題があった。ひとつは、ドイツのように社会民主主義が権力によって暴力的に抑圧されたということは、日本の場合にはなかった、ということである。たしかに左派社会民主主義は、一九三〇年代後半「人民戦線事件」により弾圧されたし、右派も、四〇年の時点で党の解散を強要されたとみれないでもないが、抑圧の程度は共産党とは明らかに異なっていた。

　第二に、日本の運動は、外国の亡命指導部などはなかったため、文字通り壊滅状態で敗戦を迎えざるをえなかった点もヨーロッパと違う点であった。

　こういう状態は、戦後の再出発時の社会民主主義者に、ある刻印を与えた。そのひとつは、社会民主主義者の共産党に対するコンプレックスである。共産党も同じく敗戦を壊滅状態で迎えたのだが、同党は、文字通り天皇制権力によって弾圧されてそうなったのであって、社会民主主義者とりわけその中間派が陥ったように、自ら権力に迎合し、解党したのではなかった。それがコンプレックスを生んだのである。これがあとで述べるような社会民主主義者の異常なまでの共産党嫌いというかたちであらわれることになる。

しかし問題はそれだけではない。社会民主主義が、ファシズム権力への抵抗をしないままに消滅した、ということは、そのファシズムの権力が倒壊した戦後の出発点において、それに代わる新しい、政治的、社会的理念と構想を持ちえていなかったという問題を持たせたのである。なぜなら社会民主主義者は、戦時体制のもっとも困難な時期に、その体制に対決して社会民主主義の旗をたててこなかったからである。

社会民主主義の路線は、戦時下にはまったく空白であった。だから、敗戦時に戦後体制に代わるオルタナティヴはだせなかったのである。共産主義者も、弾圧のため社会で運動することを禁圧されたが、しかし、獄中においてであれ共産主義の路線は存在していた。それは、社会民主主義と異なり、敗戦を待っていたのである。

自由主義者再結集論　それとの関係で第二に注目しなければならないのは、社会民主主義者の一部は、敗戦直後、社会民主主義政党の再建、ではなく、自由主義的諸勢力の再結集というかたちで、政治的復活をはかろうとしていたということである。

これは、いま述べたような、戦時下社会民主主義者の、新しい政治・社会構想の欠如ということの産物であった。こういう点にみられる社会民主主義の自信の欠如は、たとえば、天皇制の問題についての社会民主主義者のおそろしく妥協的な態度や、憲法問題に対する対応の遅れなどにもあらわれたのである。

共産党との共闘の拒否　さらに、第三に、この時代の社会民主主義の強烈な反共主義、共産党との共闘拒否という特徴がある。

再結集を始めた、四五年の秋から、社会民主主義者は共産主義者との共闘を拒否した。(17)一時的には、野坂参三の帰国などを機に、社会党と共産党の共闘が成立する可能性はあったが、ほぼ一貫して、日本の会民主主義政治勢力は共産党との共闘というものに対して非常に否定的であった。

それは先述した共産主義者へのコンプレックスに加え、日本社会民主主義の戦前の経験に規定されるところが多かった。すなわち日本の社会民主主義は一九三〇年代後半の「人民戦線」や、戦時下のレジスタンスなど、西欧の社会民主主義者が、多かれ少なかれ経験したような、共産主義者との政治的な統一戦線の経験をほとんど持たないできているという特徴を持っている。

もちろんヨーロッパにおいても、社会民主主義と共産主義との統一戦線は、スムーズにいったわけではない。それは、ファシズムの台頭のもとで「やむをえず」おこなわれた選択であった。にもかかわらず、とにもかくにも、両勢力の共闘という経験は、戦後の運動に無視できない遺産を与えたと思われる。日本の場合には、こういう共同闘争の経験は、ずっと下って五〇年代の中葉から六〇年代の前半期にかけての時期を待たなければならなかった。こういうところにも敗戦直後の社会民主主義の前期的性格があらわれていた。

3 〝早すぎた〟社会党内閣

一九四七年四月二五日の総選挙において、社会党は、わずかの差ながら、自由、民主という保守党を抑えて、第一党となった。社会党一四三、自由党一三一、民主党一二四、国民協同党三一、そして共産党は四であった。二五日の夜、新聞記者からこの報を聞いた社会党書記長西尾末広が、「そいつぁえらいこっちゃぁ」と口走ってしまったことはよく知られている。(18)

「そいつぁ、えらいこっちゃぁ!」　西尾が、こう口走った背景には、社会党首班内閣が早すぎる、まだとても準備ができていない、という判断があったことは明らかであった。この場合、西尾の考えた、「早すぎる」という意味は、後にもふれるが、主として主体的条件、政策能力とか閣僚経験の皆無ということをさしていたと思われる。[19]

この意味で、片山内閣が早すぎた内閣だというのは、決して、新しくいわれたことではなく、むしろ通説に近い。[20]

しかし、ここで、注目したいのは、もう少し別の意味で、この内閣が「早すぎた内閣」であったのではないか、という点である。

成熟していた客観的条件　しかし、その前に強調しておく必要があるのは、敗戦直後のこの時期には、社会民主主義者が政権に参画しあるいは政権を握る客観的条件は成熟していた、という点である。この客観的条件からみるかぎり――西尾のように当事者はそう思っていなかっただけで――社会党首班内閣の出現は、決して〝早すぎて〟はいなかったのである。

そういう理由の第一は、敗戦直後から一九四〇年代いっぱいぐらいまでは、戦前から戦時の支配体制、とりわけ社会的支配の構造は崩壊しており、さりとて、新しい社会的支配の構造は未形成であった、という点である。それどころか、旧政治的支配の担い手は、GHQのパージによって、続々と支配の部署から放逐されており、企業レベルでも、労働組合による旧経営者への厳しい追及のもとで、支配層は、日々の秩序維持にも四苦八苦しているありさまであった。

第二に――その半面であるが――戦後の急速な労働組合の組織化によって、横断的な、かつ強力な労働組合運動が形成され、この力にのるならば、強力な政治を遂行できる可能性があったことである。

第三に、当時日本を支配していた、占領権力＝GHQも、社会民主主義政権は認めていたという点である。日本の政治対抗は、ソ連と直接対峙していたヨーロッパほど厳しくなく、社共の連合政権以外は、認められる可能性があった。これは、片山内閣成立時のマッカーサーの歓迎声明でも明らかである。[21]社会党に警戒を持ってその政権参加に反対するＧＨＱ内のＧⅡ（参謀第Ⅱ部）など保守派の力[22]は、この時点ではさほど強くなかった。したがって、内閣に共産党が入り、その方向が、社会主義的変革を志向すると判断される場合以外であれば、つまり社会民主主義者が体制の枠内で動くことが予想されるかぎりでは、占領権力はその存立を認めたと思われる。

以上のような点から、敗戦後数年間の社会民主主義政権成立の客観的条件は存在していたと思われる。

連立を求めた保守党　そのことは、一九四六年五月以降政権を担当した吉田茂自由党内閣が、再三にわたり、社会党との連立を模索した事実からも逆に立証できる[23]。

一九四六年四月におこなわれた、戦後第一回の総選挙では、第一党は自由党となり、一四〇名、第二党の進歩党が九四名、第三党の社会党は九三名であった。四六年五月の吉田内閣は、迂余曲折の末、自由・進歩の保守連立内閣としてスタートしたが、四六年後半から、首相の吉田は再三、社会党に連立を呼びかけたのである。

そのくわしい経緯はともかくとして、なぜ吉田が社会党に接近したかが、ここでは注目される。なぜなら、数のうえだけでいえば、保守連立内閣は二三四名という多数のうえに成立して安定しているはずだからである。

実際には、議席のうえでのこの安定は、当時高揚していた労働運動の力を抑えるにはまったく不十分であった。吉田は、労働運動を秩序の枠内に抑えるためにも、社会党の力が不可欠と考えたのであろう。

この点を伝記『片山内閣』の著者松岡英夫はこういう。

「激化する労働攻勢は焦眉の大政治問題である。しかし吉田、幣原という両保守党の総裁はともに外務官僚出身で、労働運動に何の知識もない。……吉田首相が労組のリーダーたちを〝不逞のやから〟といったのは、大衆動員による圧力戦術を彼が理解できなかったことを示す。こうなると、保守党政権では『餅は餅屋に』ということにならざるをえない。労働攻勢には、労働者の党である社会党を内閣に引き入れて、対応させる以外に方法はない[24]」と。

この連立工作は、二・一スト後、マッカーサーが、総選挙を指示したため実らず、先述の四七年四月の結果になるのだが、この事実をみても、当時社会民主主義政権が成立する客観的条件が存在していたことは裏づけられる。

4　片山内閣の失敗の原因

こうしてみると、片山内閣が、この客観的条件を断固として利用し、社会民主主義的政策を遂行し、当時政権に課せられていた、戦後民主的改革の仕上げ、経済の再建を、保守連立政権より民主的、労働者的な方向で遂行しうる可能性は十分あったと思われる。

しかし、実際には、片山内閣は、そうした方向を十分実施できないまま、短期間に崩壊し、そのあとを継いだ芦田民主党内閣では、社会党左派二名の入閣にもかかわらず、政令二〇一号など、労働運動の弾圧をおこなう政策を支持することにさえなったのである。

では一体、片山内閣のかかる失敗はどうして生じたのか？　ちなみに、ここで念のためにくり返しておけば、この時点の片山内閣が――当時の社会党綱領が一応うたっていたような――「社会主義の断行」をやれる可能性は皆無であった。そのような政策は、占領権力が認めるものではなく、社会党自身、そういう政党でもなかったからである。だから、ここでいう可能性とは、戦後資本主義の、より改良的な、民主的な再建の途の可能性である。

運動の力を政治に反映する力の欠如　それはともあれ、片山内閣が失敗した最大の原因は、経験の欠如にあった。しかし、その「経験」とは、必ずしも、先に引用した松岡がその著書でいうような、統治の経験の欠如――政策能力、官僚を使う能力、はては閣議のやり方等々[25]――ということではない。そうした経験も足りなかったかも知れないが、それらは実際に政権をとるなかで急速に克服できるものである。ここでいう「経験」とは、社会党が依拠している労働運動と連帯しその力を背景にその要求を政治として実行する経験であった。

当時保守党が「連立」によって社会党に期待したのは、社会党が、労働攻勢の前面にでてそれを抑える役目を果たすことであった。いわば資本主義再建の〝汚れ役〟を労働者〝代表〟の社会党に押しつけようとしたのである。保守党にしてみれば、社会党が、その〝抑え〟に成功すればしたで労働者の信頼を失うし、失敗してももともとで、どちらにしても損はない――こういう計算で、保守党は連立を呼びかけたのである。

それに対し、選挙において社会党に投票した大衆の期待は、社会党が、より労働者の要求をいれた統治をおこなうことであった。

こうした相反する期待のなかで、片山内閣は、ほぼ全面的に、支配層の要求と期待に沿う道を選んだのである。主観的に彼らがその道を選んだのではなく、彼らの戦前の経験では、その道しか知らなかったのである。たとえば、片山内閣の大きな課題として浮んだ炭鉱国家管理にしても、彼らは閣内の民主党の要求に対しひたすら譲歩をした。彼らは、こういう争点について自らの主張を通すために、当時政局を決定する主導力であった労働組合運動の力をついに一度も使わなかった。彼らがやったのは、戦前の社会民主主義者たちがやった、議会内での保守党との内密の取引であった。彼らはこの方法しか知らなかったのである。ここに社会民主主義の前期的性格の致命的弱点が露呈した。

共闘の徹底回避　社会党が、共産党との共闘や統一戦線的運動を徹底して忌避したことも同じ問題であった。当時、労働戦線は、産別会議系と総同盟系に二分されていたが、強力な運動力をもっていたのは産別系であった。もし社会党が、運動の力を利用して、自己の政策を実現しようと考えれば、共産党との共闘や統一戦線は不可避であった。ところが、彼らはいわゆる左派をも含め、徹底して共闘を拒否し続けたのである。

これは先述のように、戦時下における解党と権力への迎合による共産党との共闘経験の欠如が大きく影響していたが、それにしても、片山内閣下でただの一度もこうした共闘による事態打開が試みられなかったことは大きな特徴である。

新しい国家構想の欠如　こうした経験の欠如とならんで、片山内閣の失敗をもたらしたもう一つの要因があった、と思われる。それは、大衆を魅了しひっぱるような、社会民主主義的な、新しい国家構想の欠如、ということであった。

先述のように、敗戦直後、社会民主主義者の一部は、社会民主主義政党の再建でなく、自由主義政党の再建を志向したが、これは、敗戦後の国家構想の欠如を端的に物語る事実であった。なるほど社会党は結党時の綱領で「民主主義体制」や「社会主義」をうちだしてはいたが、[26]「社会主義」については、社会党自身があまり信じておらず、「民主主義」についても、ＧＨＱや他党の掲げる内容と異なる独自の内容を持っていなかった。

当時、ヨーロッパでは、社会民主主義政党が、戦時下から、「福祉国家」構想を提示していた。たとえば、イギリスのベヴァリッジプランは、すでに戦時下に、細々とではあるが日本の一部学者の間に知られ、敗戦直後には入っていた。しかも占領権力も、福祉政策に対してはきわめて熱心であった。一九四六年という時点での生活保護法の制定は、こうした占領権力の意欲抜きには実現しなかった。[27]

とすれば、片山内閣が貧困と失業の克服をうたって「福祉国家」構想をうちだせば、大きな波紋をよぶ状況にあった。けれども結果的には、こうした新しい構想はうちだされないまま、片山内閣はつぶれてしまったのである。

以上のように、全体として、この時期の社会民主主義は、戦前―戦時の社会民主主義の限界をひきずっていた。そのため、当時の社会民主主義に有利な条件を生かすことができなかった、と思われる。

三　戦闘的社会民主主義の形成〈一九五〇―六〇年〉

日本の社会民主主義が、こうした前期的性格を払拭して、日本に独特の社会民主主義を形成したのは、一九五〇年代に入ってのことである。そこで、次にこの時代における、戦闘的社会民主主義の形成過程を検討したい。ところで、日本型社会民主主義が形成されてくる時代は、五〇年代前半のことであるが、じつは、この時期は日本型の労働組合運動を考えていく場合でも非常に注目すべき時期である。

この時代に社会民主主義が日本型の形成をみたという場合、そこで念頭に置かれているのは、五一年の社会党の分裂と左派社会党の結成、そしてその飛躍的な伸長の過程である。そこで、さしあたりここでは左派社会党に注目して考えてみたい。

1　五〇年代総評型運動の形成

じつは、この左派社会党の運動はここで「総評型」という、労働組合運動における独特の運動様式のあり方の形成と対応していた。そこで、まず最初に、労働組合運動の独特の展開というものがどうであったのかという点にふれておきたい。

「総評型」とは何か　周知のように、総評が結成されたのは、一九五〇年七月のことである。その後総評は、一九八九年に解散するまで四〇年近くの歴史を持つことになる。しかし、ここで述べる「総評型」運動というのは、そういう総評の推進した労働組合運動一般のことを示しているわけではない。そうではなくて、戦後、労働組合運動の潮流のなかで、総評が主力になりえ、そして、戦後の平和や民主主義運動、もう少し広くいうと、現存社会に必ずしも同調しえないような社会運動のなかで独特の権威と重みを持ちえた時代の総評運動をここでは「総評型」運動と呼んでおこうと思う。その「総評型」運動というものができたのがこの時代ではないかと思われる。

非常に逆説的ないい方になるが、六〇年代以降の総評労働運動の歩みは、いわば、この五〇年代に形成された「総評型」運動が変質・崩壊していく過程として、みることができるともいえよう。

もっとも、そういってしまうと非常におかしいこともある。なぜなら、総評は結成当初は周知のように、産別会議という一九四〇年代後半につくられた階級的かつ横断的な労働組合運動を否定し、いわば、それを組織的になかから食い破り、占領権力の後押しを受けて、すこぶる反共主義的、企業主義的な運動体として登場したというのが通説だからである。それが戦後の民主主義運動のなかで独特の権威をもった、「総評型」運動の出発点だったというのでは随分おかしなことになるからである。

「ニワトリからアヒルへ」の秘密　そういう階級的、横断的な組合運動の否定形として占領権力の後押しを受けて登場した総評が、なぜ「総評型」運動とでもいうべき独自の運動をつくることができたのか、ここに、じつはきわめて注目すべき問題が隠されているのである。

歴史の経過にそくしていうと、総評が結成されてわずか一年後に平和四原則を採択して「ニワトリからアヒルへ」といわれたような急転換がなぜ可能であったのか、このように問題がたてられる。

その問題を考えていく場合に、その当時の企業社会のあり方というものが非常に大きく影響していたと私には思われる。

新しい企業支配の未形成　総評の急転換の背後には、この急転換を可能にした社会的要因があった。それは、ひと言でいうと、この時代にはいまだ、戦後の社会を規定するような、社会的な支配構造が必ずしもできていなかったということである。戦後型の、新しいかたちでの企業支配、労働者に対する企業支配は、この時代にはまだできていなかった。四〇年代の産別の運動に押しまくられた企業は何よりも企業の基本的な再建を否定するような横断的な、階級的な労働組合運動を力でもってねじ伏せることに最大の主眼をおいていた。

その点で、日本経済の再建を何がなんでもやろうとするGHQとの強力かつ緊密な同盟関係が成りたったのである。それがレッド・パージであり、産別民主化同盟の育成であった。そのもくろみはさしあたり五〇年代の初頭に大企業においては成功を収めた。産別の運動はレッド・パージ、そして自らの戦略、戦術上のさまざまな不十分性を背景に五〇年代初頭には大企業においてはつぶされてしまった。総評は、その廃墟のあとに占領軍の後押しを受けて登場したのである。しかし、そのことは即座に日本の大企業の経営側が、その職場の労働者をがっちりと掌握し支配を確立したことを意味したわけではなかった。

企業は、ともかくも企業の再建にとって癌である労働組合の戦闘的な幹部たちを放逐し、組合の指導部を協調主義的な勢力に握らせるところまでは成功した。しかし、それでは、労働者を新しいかたちで直接掌握することができたかというと、それはまだこの時点ではできていなかったのである。

ひとつは、技術的な条件にもよるが、資本の労働現場に対する直接支配ができるのは、技術革新を梃子とした五〇年代後半の、生産性向上運動の時代を待たなければならない。熟練工を媒介とした現場の間接支配が、この時代の一般的な企業支配の形態であった。

それから、もうひとつは、企業が幹部層を企業派にすげかえて直接に掌握しようとしたとき、その労働者は、四〇年代から五年間ぐらいの間、産別の運動の経験を持った労働者であったという点である。(28)

そういう二つの点からいって、この時点では企業は労働者の支配を確立していなかったといえよう。そこで、企業が五〇年代の初頭にやったのは、ひと言でいうと「復古的」、戦前的な企業経営の再建政策、清水慎三にいわせれば「戦前型労使秩序の回復」であった[29]。

つまり、戦前の労使関係において確立していたような、現代からみれば、きわめて権威主義的な経営政策、労使関係政策をこの時代には一義的に追求したのである。こういう戦前的労使関係によって産別をおっぱらったあとの経営を自分たちの支配下にいれようというのが、五〇年代前半期の経営の戦略であった。

これは国家レベル、政治的な支配のレベルでいうと、この時代に、吉田政権が展開した復古的な、戦前の天皇制支配をモデルにした統治体制の復活政策[30]に対応しているといえよう。

しかし、たとえごく短期間とはいえ、産別の運動、民主主義的な労働者階級の組織と、立ち上がりの経験を持った労働者が、そういう復古的経営政策に直面したときに一体何が起こったか。これが「ニワトリからアヒル」への急転換が起こった、企業レベルでの大きな要因であったと思われる[31]。

ひとたび民主主義的な経験を持った労働者が戦前的、復古的な経営政策に直面したときに、反共的、経営的な思惑からつくられた総評の内部が、短期間にくつがえされていくという状況が生まれたのである。

横断的組合運動の展開　こうして、発足期の総評労働組合運動においては、確立期の総評組合運動と違って、――たしかに産別のような階級的、横断的な組合運動とは違うけれども――それなりの横断的な運動が模索され、展開された。これが総評組合運動を「総評型」運動と名づけるさいの第一の特徴である。

つまり、乱暴にいってしまうと、一九五〇年代前半には、いまだ、企業の新しいかたちでの労働者支配が未成熟であったために、企業は、自己の労働者を掌握し企業内に封じこめることができず、そのため労働組合運動は、企業を越えて動きうる余地があったということである。

この時代には、いまだ企業のために二四時間忠誠をつくすという観念はなかったし、企業の復古的な政策に対決するためには労働者も企業の枠を越えて手をつないで一緒に運動しなければならないという意識が広範にあった。だから、産別型の横断組合運動ではないが、「総評型」といえるような新しい横断的な組合運動を成立させる可能性を持ったし、また現に成立させたのである。

平和と民主主義運動への積極的参加　「総評」型運動の第二番目の特徴は、企業横断的な労働組合運動が追求した課題にかかわっている。それは、ひと言でいうと戦前の天皇制的統治への復古政策への反対、平和と民主主義の擁護、独立の達成というような、一般民主主義的な課題であった。

こういう課題が横断的な組合運動の中心的スローガンになりえたのは、先述のような、この時代の企業の経営政策と統治政策の故であった。労働組合としても当該企業が推進する復古的経営政策を、それだけ切り離してとらえることはできなかった。企業の復古政策は、政治において展開している「逆コース」すなわち天皇制支配と軍国主義への復活政策の一環としてとらえられた。そこでは、企業との対決は、日本社会を再び、軍国主義と戦争の時代にひきもどさない闘いとして、意識された。その意味で、「総評型」労働組合運動は特殊に政治的性格を帯び、政治的危機感をエネルギーにして昂揚したのである。

平和と民主主義運動の中心的担い手としての組合　第三番目の特徴は、その結果、総評労働組合勢力が、五〇年代の平和と民主主義運動の中軸を担ったことである。この五〇年代に、平和と民主主義運動の中心に、組織された労働者階級が座るという戦後の平和と民主主義運動の固有の特徴が生みだされたのである。

ここでひと言述べておきたいのは、この時代に総評と左派社会党を中軸とした平和と民主主義運動のなかでつくられた戦後型の平和と民主主義運動のスタイルが、今日においてもなお非常に大きな影響力を日本の社会運動のなかにもたらしているということである。

たとえば、労働組合が基地反対闘争とか、原水禁運動にみられるような平和運動に積極的に参加するというような特徴は明らかにこの時代につくられ、それが日本の民主主義運動の常識として通用している。六〇年代後半から七〇年代にかけて、その常識が、徐々に変質し、くつがえされていく過程が進行するのだが、それはともかくとして私たちが一般に考えている戦後の民主主義運動、平和運動というものの原型は明らかにこの時期に形成されたわけである。

ちなみに、こうした民主主義運動のスタイルは決して戦後の先進資本主義国の一般的なあり方ではない。平和と民主主義運動の主たる担い手はヨーロッパにおいても、アメリカにおいても明らかに組織された労働者階級ではなかった。協調的労働組合運動は、どこでも、軍事同盟や冷戦に必ずしも反対ではなかったから、労働組合の平和や民主主義運動への参加は決して積極的でも敏感でもなかった。これらの国で平和運動の担い手となったのは、私の言葉でいうと、社会の〈周辺〉勢力である女性や青年・学生あるいは知識人たちであった。

戦後の平和と民主主義運動の中心的担い手が総評に結集するような労働組合運動であった、という事実は、私たちにとってごく当たり前のことだが、決してそうではなく、これは、きわめて異例のことだということは力説しておいてよいことと思われる。(32) 現代では、組織された労働者階級は一般にはそういう運動に参加しないほうが常識であって、むしろこういう部隊が参加したことが日本の戦後の民主主義運動の非常に大きな特徴だと思われるのである。

そういう意味でいうと、八〇年代に入り、労働組合運動の右翼的再編が進行するなかで、労働組合が、平和や民主主義運動に活発でなくなり、こうした運動が、〈市民〉によって担われる状況が生まれていることは、いわば日本も〝先進国並み〟になった証拠ともいえる。

福祉を求める運動の担い手としての総評

さらに付け加えておきたいことがある。それは、平和と民主主義運動だけではなく、たとえば、生存権訴訟といわれた「朝日訴訟」が一九五七年に提起されたが、この「朝日訴訟」支援闘争の中軸的な担い手は明らかに総評だったという点である。その後一九六〇年代に入って日本の労働組合運動が、福祉というものに非常に冷たくなるだけに、この点は注目される。六〇年代には、社会党も福祉については強くいわなくなるが、こうした現代日本の社会民主主義の特徴は、五〇年代につくられた「総評型」運動や社会民主主義の特徴とは相当に異なったものであることを知ることが必要であろう。

朝日訴訟についてくわしい経緯を述べる余裕はない[33]。この訴訟が大衆的運動として展開されたのは、何より共産党員であった朝日茂と、長宏ら日患同盟の活動家の努力によるものであるが、それと同時に、そうした人びとの訴えを受けとめるものが、当時の組合運動の側にあったことも見逃すことはできないように思われる。

とくに一九六〇年一〇月の一審判決直後の六一年二月、社会党、共産党、総評、中央社会保障推進協議会、日患同盟、日教組など一四団体と個人が参加して「朝日訴訟中央対策委員会」が結成され、運動の中心になったことは注目される。この委員会のもとで、運動には、日教組、自治労、全逓、全電通、国労、私鉄、合化、動労、鉄鋼など、当時の主要大単産が顔をそろえて参加したのである。こうしたことは、いまでは、とうてい想像できないような事態であり、ここにはこの時代の組合運動の特徴が象徴的にあらわれていたと思われる。

以上に垣間みたように、この時代に「総評型」運動というものがいま述べたような特徴をもって形成された。この時代に形成される左派社会党、すなわち日本型社会民主主義は、そういう「総評型」運動の影響を政治的にも、組織的にも受けてつくられたのである。

2　日本型社会民主主義の形成

左派社会党の結成の契機―平和と独立をめぐって

そこで、日本型社会民主主義の形成に眼をむけよう[34]。

周知のように、一九五一年一〇月に社会党は大分裂を起こした。西欧の社会民主主義とは異なる日本型社会民主主義というとき、その主たる内容をつくったのは、この分裂によってつくられた左派社会党であったと思われる。

そこで以下、この左派社会党と日本型社会民主主義を検討したいが、その検討の第一に注目したいのは、この社会党分裂の契機である。

日本社会党の分裂は、決して社会主義の戦略をめぐって生じたわけではなかった、ということがここでのポイントとなる。分裂は、日本の平和と民主主義に関して、生じたのである。具体的な課題でいえば、講和をめぐって、全面講和を支持するか、片面講和を支持するかということが最大のポイントになり、それにからめて、安保条約の評価、さらには、日本の再軍備の是非が問題となった。総じて、戦後日本の平和をどういうかたちで実現していくか、戦後の国際システムをどのように構想していくかということをめぐる対立が社会党の分裂の契機であった。

これは日本の社会民主主義を考えるうえで非常に重要なことであるように思われる。つまり、戦後日本において社会党の分裂する原因は、いつも、社会主義の戦略をめぐる対立ではなく、平和と民主主義にかかわる争点によってであったということであった。ここには、現代日本においては、「社会党」や「社会主義」への期待のなかで、もっとも大きいのは、平和と民主主義という理念にかかわるものであったということが示されているのである。

もちろん、社会主義運動の歴史において、こういうことは必ずしも珍しいことではない。それどころか多かれ少なかれ、社会主義運動の転換期には、戦争＝平和の問題がかかわってきた、ともいえる。

他でもなく、日本の社会主義政党は、日露戦争に対する反戦運動のなかで形姿を整えたし、第二インターの崩壊と、共産主義運動の分立は、文字通り戦争と平和の問題で生じたことは周知のとおりである。その意味では、日本社会党の分裂も、例外ではない、ともいえよう。現に、すぐ後に述べるように、この分裂を強行した左派の活動家は、ドイツ社会民主党の教訓、ということを強調していた。そこでは明らかに、第一次大戦時のドイツ社会民主党の戦争支持への批判が念頭にあったのである。

けれども、戦後日本においては、社会民主主義にとって、平和の問題はそれ以上の重みをもっていたように思われる。この問題は、たんに当時の社会主義者の試金石であったばかりでなく、運動のほぼすべてであった、といってもよい。たしかに、社会党内の論争はこの問題だけではなかった。階級闘争、平和革命、独裁、これらの問題をめぐった激しい論争が闘わされた。そして後にみるように、分裂したもう一方の右派社会党は福祉国家戦略をうちだす。そこでは、平和の内容がすべてではなかったようにもみえる。

しかし、実際には、これから述べる左派社会党はもちろん、右派社会党も含め、間違えば分裂にいたるような真剣な論争はすべて平和をめぐる問題にかかわって起こったといって間違いなかった。そして、この分裂後の急伸長する左派社会党が国民に訴えたことも、ほぼ平和と民主主義の擁護という一点に絞られていたといってよい。

逆にいうと、社会党内では、日本における社会主義のあり方が、現実的可能性を持つものとして検討され、それをめぐって対抗が形成されるという事態はみられなかった、といえる。よかれ悪しかれ、これは明らかに戦後日本社会民主主義の最大の特徴だと思われるのである。

このように、平和擁護が社会党の最大の理念であったということは、五〇年代くらいまでの、保守支配層が、それを蹂躙する政策をとっていたことと関係がある。保守党が追求した、片面講和―安保条約―再軍備―憲法改悪―そして一連の天皇制的統治の復活政策は、まさしく、日本を再び軍国主義と戦争にひきこむ道と思われた。

ところが、一九六〇年代以降になると、支配層は、こうした一連の政策を放棄し、統治の方向を大きく転換した。そのもとで、ある種の「平和」が現実のものとなった。しかも、日本経済の高度成長のもと、ある種の「豊かさ」も現実のものとなった。それは決して、日本社会の現状が地上の楽園となったことを意味してはいなかったが、日本の社会民主主義の既存の理念が問い直されることとなったのはたしかであった。

思わず先回りしてしまったが、この一九五一年の社会党分裂にはこういう意味が含まれていたように思われるのである。

社会党下部活動家の意識　それはともかく、この社会党分裂にかかわって注目される点がいくつかある。

一つは、社会党が分裂したとき、幹部たちは、右派左派含めて分裂を欲していたわけではなかったということである[35]。幹部が分裂しようと思って分裂したわけではなく、むしろ幹部は分裂を回避するために、再三にわたって妥協を試みたにもかかわらず、社会党は結果的に大分裂を起こしてしまったというのが真相であった。社会党の分裂の要因となったのは、じつは社会党の党員大衆層というか、党員下層の力であった。これは非常に大きな特徴の第一である。

第二番目に注目されるのは、社会党分裂の契機となった、党員下層の意識である。それは何かというと、社会党の下部を構成していた大衆の眼には、片面講和賛成、安保賛成、朝鮮戦争賛成というようなことを主張する当時の右派幹部の姿は戦前の満州事変期における社会民衆党の態度とオーバーラップしてみえた、ということである[36]。

つまり、ここで、片面講和に賛成することは、日本の社会民主主義者が、再び、満州事変から太平洋戦争への過程で犯したような誤りをくり返すことになるのではないかという意識が非常に強くあったということである。逆にいうと、この当時の党員下層には、再び日本の軍国主義をもたらしてはならない、その手先に社会党員がなるようなことは絶対に避けなければならない、という意識が非常に強烈にあったと思われる。

ドイツ社会民主党の教訓　それとの関係で、非常に注目されるのは、当時ドイツ社会民主党の教訓ということが盛んにいわれていたことである[37]。つまり、第一次大戦期にドイツ社会民主党が戦争、軍事予算に賛成し、それが第一次大戦をもたらしていったわけだが、そのドイツ社会民主党の過ちをくり返すなというのが、当時左派社会党を支えた活動家たちの意識のなかにあったと思われる。

たとえば、社会党が分裂した一九五一年一〇月の浅草大会に出席した代議員は、『社会新聞』紙上での印象記において、「歴史の審判」と題し、片面講和条約への賛成が結局、歴史の過ちをくり返すことになると警告したあと、こう述べていた。

「しかしこれは日本だけではなく、ドイツ社会民主党もまた同じ過ちを犯している。すなわちドイツ社会民主党は第一次大戦のはじまった前年たる一九一三年に厖大なる軍事予算に賛成し、大戦を誘発せしめている。さらに一九二九年社会民主党は、連立内閣に参加し……平和憲法たるワイマール憲法をもちながらヒトラーへの道をひらいた。これは社会主義政治がその基盤たる勤労者階級の立場を忘れ、大衆への愛情を失い、特権階級の前にひざまずいたからである」(38)と。

こうした、ドイツ社民党の教訓の強調は、きわめて興味深い。なぜなら、日本の社会民主主義左派が、自己を西欧型社会民主主義と峻別し、自分たちを、社会民主主義と認めなかったのは、こうした、西欧社民党の帝国主義戦争支持の態度への批判を核にしていたからである。

左派社会党の中心的スローガン　社会党分裂において注目される第三番目の特徴は、分裂した左派の掲げたスローガンである。それは、平和憲法の擁護、再軍備の反対、中立というぐあいに、外交、防衛政策にかかわる論点が中心的な内容であった。そこでは日本社会の社会主義的な変革の展望が示されたのではなく、どちらかといえば防衛的な、現在の民主主義と平和憲法の擁護にかぎられていたのである。

たとえば、左派社会党と総評を結合し、その運動を指導した、労働者同志会の「綱領」をみると、左社運動の防衛的性格がよくわかる。「綱領」は冒頭の情勢分析のところで、ファシズムの危機を訴え、自分たちの任務をこう規定している。

「日本をめぐる国際情勢、国内情勢は、対日講和条約の調印を契機に激化の一途をたどっている。われわれは……かかる社会ファシズムを打破するため、左の立場に立って、全労働者の強固なる団結のもと全力をあげて闘いを開始せんとするものである」[39]と。

そして続く任務は以下のように、防衛的である。

「一、われわれは階級的立場に立って全国民とともに反動攻勢と闘う。
一、われわれは平和四原則を堅持し、アジアの諸民族とともに世界の平和のために闘う。
一、われわれは左右の全体主義を排除して民主主義を守る。
一、われわれはあらゆる障害を克服して労働戦線の統一のため努力する」（傍点引用者）云々と。[40]

以上のように、講和―安保条約を機に結党された左派社会党は、日本の現状を、平和と民主主義の危機ととらえ、軍事ブロック反対、再軍備反対、軍国主義の復活阻止という一般民主主義課題をその活動の中心にすえてスタートした。そして、同党は、まさしく、平和と民主主義に対する態度の点で、西欧社会民主主義と自己を区別したのである。この左派社会党こそ、日本型社会民主主義の原型であった。

左派社会党の急伸長　以上のような特徴を持った左派社会党は、その後、倍々ゲームのように議会のなかでも急成長を遂げていった。そして、「総評型」組合運動の形成とともに、いわば、戦後の労働運動、社会運動の中心的な担い手として、総評・左派社会党が座ることになっていくのである。

五〇年代前半期には、日本共産党が分裂し、しかも、その主流が極左冒険主義的な戦術を展開していたということも関係して、左派社会党は、急速に平和と民主主義運動の中心的担い手の観を呈していったのである。

数字でみると、分裂時には、議員数では右派社会党のほうが左派より圧倒的に多い。党員の数では左派社会党のほうが多いのだが、衆議院議員数では右派社会党の三〇名に対し、左派社会党は一六名しかいなかった。それが一九五二年一〇月の選挙では五四名と一気に三八名も増加し、五三年四月の選挙では七二名に、そして合同直前の五五年二月選挙では八九名に前進するという具合に、驚異的といえるような成長を遂げたのである。同じ選挙で右社は、五七→六六→六七名と、こちらも増加はしているのだが、伸びは、左社のほうがはるかに上回り、その結果、五三年四月総選挙の時点で、右と左の議席は逆転してしまったのである。

では、なぜ、この時代に、左派社会党が急成長を遂げたのか、という問題をここで考えてみる必要がある。

左派社会党急伸長の原因　そこで、注目しておかなければいけないのは、左派社会党は組織的に強大な党になってそれを基盤にして票を獲得し、その結果急伸長したということではなかったという点である。

結党当初から、左派社会党は、労働者階級に基礎を置いた政党の建設というスローガンを掲げたが、実際には、労働者階級を中心とした組織政党として体質改善を図ることには成功しなかった。

左派社会党は、組織的には全面的な総評への依存という特徴を持っていた。これは、後の日本社会党の組織体質にも、じつはつながっていくのである。

それればかりでなく、左派社会党は、政策的にも総評指導部と癒着し、それに依存したのである。すなわち、総評指導部のなかにつくられた「労働者同志会」を中心とした、いわゆる「民同左派」といわれる勢力が、左派社会党の重要な政治的な担い手になったのである。(41)

そういう点でいうと、「総評型」運動と、左派社会党の運動は、組織的にも政治的にも融合・依存関係にあった、といえる。

それでは、なぜ、左社＝総評のブロックは急伸長できたのであろうか。その要因は二つあげられる。

一つは、左派社会党が当時掲げた、平和憲法擁護・再軍備反対・中立というスローガンは、当時の民衆のなかにあった反復古、反軍国主義の国民意識と非常に適合的であったということが最大の要因だと思われる。これはよくいわれている。

部厚い職場活動家層の形成　第二に、左派社会党の運動を担う活動家集団が形成されたことがあげられる。すなわち、総評の現場活動家の部分に、左派社会党を支持する強力な活動家集団が形成されたことである。

当時の総評労働組合運動を担った活動家は大きく三つの層に別れていた。[42] 頂点の指導部には、高野実が座り、そして中間部分には今いったような同志会に結集する民同左派の単産の幹部レベルがいて、一番下のところに現場の職場活動家が非常に大量につくられ、蓄積されていった。とくに注目すべきは、この職場活動家の部厚い層が形成されたという点である。[43]

この時代には、いまだ企業が、職場レベルで労働者を掌握しえていなかったという社会的な条件に裏打ちされて、この層が大量に生まれてくる。そして、この職場活動家が、一方で、五〇年代「総評型」運動を築いた職場闘争を担い、他方で、平和と民主主義のために左派社会党を支持し、職場を中心にして、時々の選挙運動の主要な担い手になったのである。

彼らは、労働組合運動においては職場闘争の担い手となると同時に、政治運動の担い手にもなってくる。彼らの一部は社会党員になって社会党青年部を構成したが、そうでない場合でも、左派社会党の提起する運動に参加した。彼らが、基地反対闘争や、悪法反対闘争に、職場の大衆を動員し、また選挙闘争で左派社会党への票を動員した。この層が、いわば左派社会党の集票機構としてフルに動いたのである。

このように、左派社会党の急伸長を支えた票の多くは組織票、それも労働組合運動の票であった。

左派社会党の農村部での進出の原因　もっとも、この時代の左派社会党は、農村でも非常に票を伸ばしている。ところが、農村票は、左派社会党のもう一つの足であった、日農の主体性派という農民組合運動の力によるのかというと、どうもそうではない。日農主体性派はほとんどこの時代には独自の運動能力を喪失しており、しかも農民組合よりはむしろ農協に組織されていく時代だった(44)。

ちなみに日農統一派のほうも、極左冒険主義戦術のもとで、まったく運動力量を喪失していた。

では、一体、なぜ、左派社会党票が農村で増えたのか(45)。この問題を解く鍵は全国の農村にまで影響をもたらしていた総評、官公労の地評にあったと思われる。地方の官公労組織のなかにいた職場活動家層が家へ帰って、左派社会党への動員をやったことが非常に大きい力となっていた。つまり、全逓とか、国労とか、自治労とかを中心にした官公労組織の青年活動家層が農村のなかに入っていって票を集めたのである。こういう点からみると、左派社会党の農村での進出も、この時代の左派社会党の伸長の一般的特徴を示していたと思われる。

この時代の左派社会党の農村での伸長を支えたもう一つの要因がある。それは、戦前から戦時にかけての困難な時期に農民運動で活躍した活動家層が、この時代に左派社会党の各級議員候補になったことである(46)。

敗戦直後の農民運動を指導して農地改革を下から支えた農民組合運動の活動家層というのは戦前戦時期の軍国主義のなかで孤立して闘った共産党や社会党左派の活動家層であり、彼らは、そういう経歴から農村での大きな信頼をえていた。敗戦直後に燃え上がった農民運動自身は急速につぶれてしまったが、この人たちが左派社会党の議員候補者として登場したのである。

この農民運動の候補者たちが農村のなかで訴えたことは、必ずしも農民の経済的な利害の向上ではなかった。彼らが訴えたのは、反軍国主義と、平和と民主主義であり、自分たちの農民運動の経験のなかで最大の敵として闘ってきた、あの天皇制軍国主義の復活反対であった。

こうした訴えが、農村のなかにも広範にあった、二度と日本の軍国主義の復活を許さないという意識——農民の場合、戦前への復古とは、多くの場合小作農への復帰を意味したから、復古的なものへの反対の気分はいっそう強かった——に非常に適合的であったのである。

以上のような要因が相俟って、この時期の左派社会党の農村部での伸長が可能になった。左派社会党は自前の組織的な力によって伸長したわけではなく、また、必ずしも、社会主義的な理念に対する魅力が左派社会党に大量の票をもたらしたわけでもなかった、という点が注目をされるのである。

3　右派社会党——日本における西欧型社会民主主義路線の採用

ここで副次的に、右派社会党についてふれておきたい。右派社会党も減少したわけではなく、この時代には左派社会党ほどではないけれども成長しているという点が非常に大きな特徴である。通例、右派は左派社会党の伸長の影に隠れて忘れられがちだが、じつは、右派もこの時代には伸びていたという点は見逃せない。

西欧型社会民主主義戦略の追求　この右派社会党の場合に非常に特徴的なのは、右派社会党が戦後初めて、いわば、西欧型社民の戦略を日本に導入しようとしたという点である。

これまで述べたように、左派社会党は徹頭徹尾、西欧型社民とは違った性格で運動を展開し、成長していったのであるが、右派社会党のほうは、その左派との対抗上、初めて日本のなかで自覚的に西欧型社民の戦略を追求しようとしたのである。

右派社会党が西欧型社民の戦略を追求しようとした背後には、社会党分裂の直前である一九五一年六月、社会主義国際会議（コミスコ）のフランクフルト大会において西欧の社会民主主義者の結集体として社会主義インターがつくられ、社会主義インターの宣言がだされたという事実があった。この社会主義インターの宣言すなわち「民主社会主義の原理に関する宣言」は明らかに西欧型社民の福祉国家戦略を提示しており[47]、右派社会党は、それにとびついたのである。

この「宣言」は全体を通じて、強く現存の社会主義＝「共産主義」との対決をうちだしていたが、その中心は福祉国家戦略にあった。すなわち、「宣言」は、その「経済民主主義」という柱の第一項目で、次のように、福祉国家路線をうちだしていた。

「一、社会主義は、公共の利益が利潤に優先するような制度によって、資本主義体制を克服する。社会主義政治の直接の経済的目標は、完全雇用、生産拡大、生活と福祉の向上、そして所得と資産のより公正な分配である」と（傍点引用者）。

また、「社会的民主主義と文化の進歩」の柱の第三でも、「社会的権利」の保障として、次のようなものを掲げていた。

「a　働くことの権利。
b　医療及び母体保護を受ける権利。
c　余暇をもつことの権利。
d　老齢、労働不能、失業のために働くことのできない市民が経済的保障を受ける権利。
e　幼少者が福祉保護を受ける権利、青少年が各自の能力に応じて学校教育を受ける権利。
f　人間らしい住居をもつことの権利」と。

続いて、「宣言」は、その目標とする「社会主義的計画」は私的所有を排除するものではないと述べたうえで、国家の資本蓄積への規制的介入、労働者の経営参加などをうちだしていた。こういう点に、社会主義インターの独自性が強調されたのである。

「五、……国家は、私的資本所有者の権力の乱用を防止しなければならない。国家は彼らが計画経済体制の枠内で、生産と福祉の向上に寄与するよう援助することができるし、またそうしなければならない」

「八、全ての市民はその組織を通じ、また個人の発意により生産過程に参加し、そのことによって、官民の官僚主義の発生を防止しなければならない。さらに労働者の民主的な企業経営への参加が保障されなければならない」と。

以上のような内容を持った「フランクフルト宣言」は、その独自色に欠けるところのあった右派にとっては、もってこいであった。しかも、この内容は、日本社会党の再建をめぐって、左右の激突した森戸―稲村論争において、森戸のうちだしていた「社会民主主義」の内容を具体化するものに思われた。[48]

こうして、右派は、分裂を機に、初めて西欧型社会民主主義の路線を鮮明に掲げる党として、登場することとなったのである。

一九五二年一月二一日に開かれた、右派社会党の第九回大会宣言は、再軍備阻止・平和憲法擁護を前面に掲げた左派のそれとはいちじるしく異なる色彩を有したのである。

曰く、「われわれはここに立党の精神に還り、民主社会主義の基本理念を再確認し、国際的には社会主義インターナショナルにつながり、……国内的には民主主義の徹底化により社会福祉国家を実現し、国民に自由と正義を保障しようとするものである」[49]（傍点引用者）というのである。

ちなみに、右派社会党では、分裂後の一時期、民主社会党――後にこの名は一九五九年の分裂の時に採用されることになるわけだが――という党名の採用が検討された[50]。結局、「社会党」という名を捨ててしまうと票が減るということでこの試みは実現せず「日本社会党」という名前が継承されたが、民主社会党という名をとろうというような動きがでたことに象徴される背景には、当時の右派社会党内での民主社会主義の戦略の追求という事態があったことは明らかである。

戦前の体質の継承　しかし、当面、右派社会党の基礎をなしたのは旧来の、すなわち戦前以来の社会民主主義者の派閥であった。右派社会党に結集したのは、戦前の社会民主主義の潮流内の、いわゆる右派としての社会民衆党系と、中間派というふうにいわれた日労系であった[51]。

そして、左派社会党と違い、右派社会党はこの古い戦前来の体質と地盤を払拭することができなかった。

そのため、〝頭〟のほうだけは、なんとか、西欧型社民の福祉国家戦略を採用したものの、実際の運動のなかで、この路線を具体化することはできなかった。戦前的性質が、そうした脱皮を防げたのである。こうした体質は、民社党にも引き継がれ、民社党でも、掲げる綱領・理念と党の地盤の乖離がいっそう拡大するのだが、その点は、後述する。

右派社会党の変貌　しかし、一九五〇年代の平和と民主主義運動の高揚のなかで、この右派社会党内でも、伝統的な派閥とは違う新しい対抗――すなわち新右派と、新左派とでもいうべき対抗の形成がみられる。

新右派と新左派とは旧来の派閥である日労党系と社会民衆党系の分裂ということではなかった。新しい状況への対応のなかで、右派社会党内でも、伝統的派閥が色あせてきたことが注目された。

しかも、注目されたのはその点にかぎらなかった。この新しい対抗は、先の社会党の大分裂の時と同じように、社会民主主義戦略をめぐってではなくまたしても外交・防衛政策をめぐって形成されたことがいっそう注目される点であった[52]。先にも述べたように、日本の社会民主主義がもっとも関心を持った争点が平和をめぐる問題であった、という事実が、この右派社会党においてすらあてはまっていたということはきわめて注目されることであった。

では、新右派と、新左派の外交・防衛政策上の対立というのは一体何かというと、ひと言でいえば再軍備をめぐるものであった。警察予備隊から保安隊、自衛隊へという再軍備の現状を認めて外交・防衛政策を考えるか、それとも憲法に依拠してこれを否定するかという点にあったわけである。

社会党の一九五一年一〇月における分裂時の対立点は、全面講和か片面講和かであり、それに安保条約是か非か、中立是か非かという対立点がみえかくれしていた。左派は、講和・安保両条約に反対し、右派はさしあたり、講和賛成、安保反対の態度をとったのである。ところが今度はその右派のなかで、再軍備・改憲を認めるかどうかという点をめぐって新しい対抗が発生したのである。

この対立は、すでに、右派社会党の結党時から潜在していたが、実際に表面化したのは、一九五三年一月の一一回大会であった。その運動方針案中の「平和安全保障と自衛に関する方針」の部分が問題となったのである[53]。

この原案は、まず、安保条約について「地域的集団安全保障」を認め安保の不平等条項の廃棄、改正をめざすとし、また、再軍備については、自衛権とそれにもとづく自衛力の存在は認めつつ再軍備に反対するという、おそろしく折衷的なものであった。これには、再軍備反対を掲げて躍進する左派社会党の路線の影響とそれへの対抗が微妙に反映していたのである。それに対して、左右の両方から、修正案がでたのである。

このときは両者が修正案を撤回するということで話し合いがついたが、五四年一月の一二回大会では、ふたたびこの対立が顕在化した。

一二回大会での原案は、地域的集団安全保障の必要を認め、また、自衛権の範囲として警察予備隊程度の治安力を認めるというものであった。

さて、新しい右派は、西尾末広、曽禰益、西村栄一らを中心としていた(54)。右派は、中立政策を放棄し、「西側の一員」としての立場をはっきりうちだし、そのための再軍備を容認し、自衛隊も合憲とした。彼らはまた、改憲にも軽々に反対すべきでないとすら主張したのである。のちに、西尾は統一した日本社会党のなかで新党形成にはしるわけだが、その要因となった政策上の大きなポイントは、自衛隊を認めてこれを合憲のものとして承認しようという主張にあったことをみれば、この新右派の主張は一貫していた、と思われる。

それに対して、新左派のほうには、パージが解けて復活した河上丈太郎や浅沼稲次郎、河野密ら旧日本労農党系（いわゆる中間派）が結集した。彼らは、「地域的集団安全保障」にも疑義を呈し、また、固有の自衛権を主張できるのは、日本の完全独立と主権の回復以後であり、現在は、憲法擁護と再軍備反対に集中すべきである、と主張した。

一二回大会は結局、新右派の修正を撤回させ、新左派の修正を否決して原案通りとなったが(55)、新右派が押されていることは明らかであった。

このように見ていくと、左派社会党は全体として、反再軍備、反軍国主義の旗のもとで急伸長していたが、右派のなかでも、新しい左派は反再軍備と改憲反対を掲げるにいたり、結局、自衛隊容認は右派社会党のなかの右派だけということになった、といえよう。

この過程のなかで、日本社会党は、旧来の派閥的な対立を克服して、新しい党に脱皮していったのである。左・右両派社会党は依然として旧い派閥対立を残してはいたが、その大多数が、平和と再軍備反対という新しい理念によって合意ができるような構成になりつつあった。この時点で、党合同の条件は整ったのである。

4 日本社会党の統一——日本型社会民主主義の完成

その結果、両派の合同の話は急速に進展し、一九五五年一〇月に社会党は、自由党と民主党の保守合同に先んじて、左右統一をおこなった。

無原則？的合同

もっとも、この統一には非常に大きな問題が残されていた。つまり、社会主義の戦略とか、政党の性格という綱領上の不一致点は曖昧にされたまま、とにもかくにも合同してしまったからである[56]。

このように、何もかもが曖昧なままで、なぜ統一が可能であったかというと、平和と民主主義、再軍備反対という点ではおおまかな一致点がみられ、かつ、その一致点で党が統一することが国民の要求であるという確信が両派党員の多数にあったからであった。

このときの統一に対する反対は、きわめて少数の極左と極右しかいなかった。極左というのは協会系左派で、「あんな右派と合同したら、社会主義革命なんかできない。労働者階級の組織された革命政党として、日本社会党が生きて行くためには、あんな右派と手を結ぶことはナンセンスである」という主張がなされた[57]。

他方、最右派のほうも、この統一のような無原則の合同には反対していた。西尾のような最右派は、「左派社会党のような容共勢力と合同して、再軍備反対、平和と民主主義とやったら、日本の現実的な社会主義政権はできないんだ」、ということで反対した[58]。

つまり、左・右の両極は、いずれも、相手方の社会主義変革の理念と戦略に異議を唱えて、〝無原則な〟合同に反対したわけである。しかし、こうした反対が極小部分にとどまったということは、左右を問わず当時の社会党の大半にとって、重要と考えられていたのは、安保—憲法—再軍備—軍国主義復活という一般民主主義にかかわる課題であり、社会主義をめぐる課題ではなかったということを逆に示していたのである。

日本型社会民主主義の完成　それはともかく、一九五一年に左右に分裂した社会党は、こうして、四年ぶりに統一を回復した。

外見的には、社会党は旧に復しただけのようにみえたが、じつは、この間に党は大きく変貌したのである。それは、すでにくり返したように、この分裂の過程で、西欧型社会民主主義とは異なる特質を持つ、日本型社会民主主義の理念が形成され急速に浸透したからであった。それはまず分裂後の左社にあらわれ、続いて右社にも浸透した。一九五五年の統一は、日本型社会民主主義の一応の完成の象徴であったと思われる。

その第一の特徴は、民族自決と平和主義の理念が中心にあることであった。これは、社会主義インターが掲げ、西欧社会民主主義が容認していた「集団安全保障」すなわち、軍事ブロックという考えを否定していた。

第二に、そのコロラリーであるが、日本型社会民主主義は、帝国主義の植民地支配の問題、発展途上国の問題に敏感であり、日本が、アジアの一員として国際的に復活していく方向を支持していた。この点も、植民地問題に冷淡であり、アジアその他の新興地域での影響力の小さかった西欧社会民主主義の体質とは非常に異なっていた。

第三に、日本型社会民主主義は、その基盤とする労働運動の領域でも、西欧型の労使協調主義＝福祉国家戦略をとらず、資本との対決をうちだしていた。

第四に、しかしなんといっても、日本型社会民主主義が持った最大の特徴は、一般民主主義的課題に敏感に反応し、大衆運動の力量を持っていたことである(59)。

この統一社会党と総評が、五〇年代後半の日本の反復古主義的な運動、すなわち、警職法反対、勤評反対闘争や、平和運動、すなわち原水爆禁止運動、基地反対闘争の、そして、これら二潮流の運動の合流点としての安保反対闘争にいたる、一九五〇年代後半の日本の民主主義運動、平和運動の主要な担い手になっていったのである。

四　日本型協調組合運動の形成と社会民主主義の停滞〈一九六〇―七九年〉

こうして形成された戦闘的な日本型社会民主主義は、一九六〇年代の中葉から七〇年代にかけて、急激に大きく変貌していった。そのなかで日本型社会民主主義の戦闘性は急速に退潮し、逆にその脆弱な面が徐々に台頭していったのである。このような、日本型社会民主主義の停滞と変質の根拠を明らかにすることが次の問題となる。

1　企業社会の形成と日本型協調組合運動

この時代の社会党の停滞をもたらしたもっとも基底にある要因は、高度成長のなかで、日本社会の新しい社会的な支配構造が形成された、という点にあった。

民間大経営における新しい労働者支配の形成　すなわち、一九五五年以降の高度成長の過程で、民間大企業は、それまで追求していた、戦前的労使関係への復古政策を転換し、新しい労働者支配の構造をつくりあげていった。この、新しい企業の労働者支配の構造とその形成過程については、すでに別稿でくわしく検討したことがあるので[60]、ここでくり返すことはやめる。ただし一、二の点を補足しておきたい。

第一に、この、高度成長期に形成された新しい企業支配の核心は、競争にあった、ということである。

一般に、日本資本主義の高度成長をひっぱった要因として日本における経営や労使関係の特殊な構造――いわゆる「日本的経営」が強調されるとき、その核心として強調されるのは、「集団主義」ということである。この「集団主義」が企業への凝集をつくりだしたとされるのだが、これを成りたたせているのは、終身雇用とか年功制とか、どちらかといえば、競争制限的慣行にある、とみられている。

たしかに、この時期には終身雇用制とか年功制が普遍的であったが、しかし、この時代の労使関係が、労働者の強い企業への求心力をつくりだし、高度成長の基礎となったのは、それらが競争制限的であったから、ではないと思われる。むしろ、逆に、こうした終身雇用制、年功賃金制の枠を維持しつつそのもとに、強烈な競争的制度が導入された点に、企業の強い労働者支配の鍵がひそんでいると思われるのである。

なぜなら、じつは、これら慣行は多くの論者自身認めるごとく何もこの時代につくられたものではない。だからこそこれら「日本的労使関係」の起源として、江戸時代とか、戦前の「経営家族主義」という議論が登場するのである。ところが、今問題となっている、企業の強い労働者支配は、決して、戦前以来のものではなかった。さらに戦後一貫したものでもなかった。こうした支配は、他でもなく、六〇年代に入ってようやく形姿を整え、オイルショック以降に確立をみたものなのである。

一九五〇年代には、企業は労働者支配を確立しえておらず、だから前節でみたような、「総評型」労働運動が形成されえたのである。また、それに対抗して、労働者を掌握しようとした企業側の戦略は、戦前的労使関係の復活であった。そして、それは労働者の強い反発をかい、企業は労働者支配に必ずしも成功していなかったのである。

とすれば、高度成長期における企業の労働者支配は決して、終身雇用制とか年功制一般では説明できないことになる。

一九五五年以降の技術革新の過程で、熟練が不要となるのにつけこんで、企業は職務を明確にして職務給を導入し、若年労働者でも同一の労働をすれば熟練工と同じ賃金が獲得できるようにした。さらに、大企業では、この時代に、企業内に根強く残っていた、身分的格差構造、――すなわち職員、工員の格差を廃止し、職員、工員を問わない、昇格構造の一本化をはかった。鉄鋼をはじめ重化学産業大経営では、職・工の身分を撤廃して社員制度が設けられ、能力に応じた昇進の途が開かれた(「青空のみえる昇進制度」)。とくに、従来、身分的色彩が強かった役付工が簡素化され、たとえば鉄鋼の作業長のような、現場の生産の統括と労務管理を一手に担うポストに代替された。[61] そして、この作業長は、係長への昇進の道が明確化されたのである。これによって従来は職長どまりだった工員の昇進の道が開かれたのである。[62]

こうした制度は、一定の「民主化」の要素を含んでおり、これが、本工労働者の間に、企業への忠誠によって賃金をあげ、昇進しようという意欲を湧かせ、労働者間の激しい競争を生んだのである。高度成長下の企業は、こうした労働者の競争に現実の見返りをもたらしたから、その競争をさらに拡大した。

また、企業は、この過程で企業の福利厚生の拡充をはかった。とくに、大企業は、持ち家制度を普及させ、労働者に低利で住宅資金を貸し付け、労働者が持ち家を取得することを促進した。[63] これによって、労働者は、企業に忠誠を尽くし、定年まで昇進をくり返せば、一定の安定した生活を得る見通しを持つことができたが、他方、ローンによっていっそう企業に緊縛されることになったのである。以上が、高度成長期に形成された企業社会の核心である。

大企業における協調的労働組合運動の形成　こうした企業社会が形成されるにともない、大企業の労働者は、労働組合運動に拠って労働条件を改善し生活を向上させるより、自分の力で、競争のなかで昇進昇給により生活を向上させることのほうを、より現実的な手だてと考えるようになった。こうして、企業社会が形成されるにともない、労働組合への帰属意識は減少していった。

これをふまえて、この時代の労働組合運動は大きく変貌していった。

第一に、大企業において、一九六〇年代に、こうした企業社会の形成を前提に、企業の生産性向上に積極的に協力し、企業支配を支えることにより労働者の生活を向上させ、ひいては自己の存在感の拡大をはかろうという、新しい協調的労働組合運動の力が強くなり、五〇年代に支配的だった、「総評型」組合運動を駆逐していったことである。

こうした協調組合運動の台頭は、まず、五〇年代の「総評型」労働組合運動を支えた、二つの柱のひとつ――もうひとつは公共部門の労働組合である――であった、民間大経営の労働組合の変質、あるいはそれが難しい場合には争議を契機とする分裂攻撃と第二組合の結成というかたちであらわれた。

民間大経営の労働組合の変質は、たとえば、鉄鋼労連の中核組合であった、八幡製鉄所労組の変質にみられた。[64]この変質は、五〇年代中葉の宮田義二を頭とする「盟友会」の組合支配というかたちでおこなわれた。とくに、その画期となったのは、一九五七年秋の鉄鋼労連の賃上げストとその挫折であった。以後、八幡では左派系が凋落し、この動きが、鉄鋼労連の他の単組に波及していくのである。

同じことは、一九六〇年代初頭、電機労連の中核であった松下労組でも生じた。[65]ここでも、組合の左派活動家のパージと、組合役選への会社の介入によって、一九六三年に組合執行部を右派が占め、「仕事別賃金」の導入など競争構造が持ちこまれたのである。

他方、こうした変質の難しいところでは、会社と一体となった第二組合の結成が相ついだ。

すでに、一九五三年の日産争議の過程での日産労組の結成、五〇年代末においておこなわれた三井三池労組に対する首切り攻撃、それへの反対闘争のなかでの第二組合の結成などは、こうした動きの先駆であったが、こうした動きは、六〇年代中葉にいたって激化した。

たとえば、総評民間の戦闘的単産である全金の拠点単組の全金プリンス自工支部（七三五〇人）は、一九六五年五月、日産自動車とプリンス自動車の合併にともない、同盟系の自動車労連傘下の全日産自動車労組（三万人）と会社の一体となった暴力的攻撃を受けて分裂させられ、大半が日産労組に吸収された。[66]また、同じ総評の主力単産であり議長に太田薫をだしていた合化労連の拠点組合であった東洋高圧労組（七五〇〇人）でも会社派が指導権を握り、一九六六年七月合化労連からの脱退を強行した。

さらに、一九六四年には三菱系三社が合併したが、それにともなって、中立労連傘下の単産であった全造船機械（七万八六一四人）の拠点三菱支部長崎造船分会の分裂が強行されて全造船を脱退し、同横浜造船分会の脱退が続き、六六年一一月には、企業連である三菱重工労働組合の連合会が結成された。(67) 同じく石川島播磨重工（一九六三年）や川崎重工（一九六九年）でも企業支配を容認する企業連が相ついでつくられていったのである。

これら大企業労組における協調組合の制覇が、他でもなく一九六〇年代前半に集中していたことが注目される。それは、明らかに、企業社会の形成によって、五〇年代「総評型」組合運動の基礎をなしていた職場が変質させられたこと、そして労働者が企業支配にくみこまれ、競争と企業の業績向上によって自分の生活を改善しようという意識を持つにいたっていたことを反映していた。これら大企業の協調組合こそが、日本の労働組合運動の変貌を推進した主導力となったのである。

民間大単産の変化と同盟・ＪＣの結成　こうした民間大経営の単組の変質は、五〇年代に「総評型」労働組合運動を推進してきた有力単産の変質をまねいた。たとえば、金属共闘の中核であった全金は、有力単組の脱落により、中小単組の結集体となり、また、合化労連や、中立労連傘下の全造船なども同様の傾向をたどることになった。それに対して、鉄鋼労連や中立労連の中核の電機労連などは傘下の組合の変質を受けて、大きく性格を変貌させたのである。(68)

こうした、民間大経営を網羅する有力単産の変貌のうえに、一九六四年にＩＭＦ・ＪＣ（国際金属労連日本協議会）が結成され、また、同盟の結成をみたのである。(69)

とくに、電機、鉄鋼、自動車、造船など、高度成長期の基幹産業の大経営労組を結集してＩＭＦ・ＪＣが発足したことは、企業社会の構造と相俟って、日本に固有の特質を持つ協調組合運動の成立を示すものとして注目されねばならない。

ＪＣは、一九七二年造船重機労連の結成とＪＣ加盟、自動車総連の結成によって、七〇年代末には電機労連（五一万八九〇〇人）、自動車総連（五七万五〇〇〇人）、鉄鋼労連（二三万人）、造船重機労連（一七万人）、全金同盟（三〇万七〇〇〇人）、など金属産業のほぼすべての労働組合を傘下におさめたのである。

日本型協調組合とヨーロッパの協調組合の違い　ところで、ここで、行論にかかわって注目しなければならないのは、この一九六〇年代中葉につくられた、民間大経営の協調組合運動は、西欧の社会民主主義政権の基礎をなした欧米型の協調組合運動とは非常に異なるものであったという点である。(70)

一九五〇年代に形成された「総評型」の横断的な組合運動も、西欧型社会民主主義の基礎をなす労働組合運動とは違って、労使協調的性格を持たず、独特の戦闘性を持つものであったが、その否定形として六〇年代の中葉につくられた日本の協調組合運動も、これまた、西欧型の協調組合運動とはすこぶる異なったものとなったのである。

これが、日本型社会民主主義が、高度成長期に労働者階級が増加していくのに反比例して停滞弱化し、資本蓄積を規制する力を持ちえなくなっていく、大きな要因となったと思われるのである。そこで以下、ややくわしくこの点を検討しよう。

この時代に形成された日本の協調組合は、組合の役割という根本的な考え方においても、組織の面でも、経済的要求実現の仕方においても、そして政治戦略においても、全面的に、西欧で支配的となった協調組合運動と異なっていたのである。

ヨーロッパの協調組合運動の型　そこでまず、協調的労働組合運動の古典的型をなしていると思われる、ヨーロッパの協調組合運動を、やや単純化してみてみたい。

ヨーロッパの社会民主主義政権を支えている協調組合運動は、たしかに、戦略的には資本との協調関係を重視するという特徴を持っているが、これは決して企業主義的な性格を持っているわけではない。

組織的にみると、産別のような階級的な労働組合運動とは異なる意味ではあるが、ヨーロッパの組合運動もきわめて横断的な性格を持った労働組合運動であるといえる。

ヨーロッパの場合に経済的な要求を実現するにはどうするかというと、この協調組合に加入している個々の支部でスト権を確立し、協調組合が全体としてスト権を集約して、企業家の集団と交渉を持って取引をし、そして経済的な要求を実現する。

また、ヨーロッパの協調組合運動の組織的な形態の特徴は、そういう資本との取引を可能にするために、ストライキの統制権をはじめとして非常に中央集権的な性格を持っている。組織的には非民主主義的な性格が非常に強い。協調組合運動の取引の大前提となる組合の力はまさに組合統制権にあるからである。強力な統制権を背景にスト権を確立して、要求をのまないならばストを発動する、というかたちで資本家団体と団体交渉を持って取引をする。それを保証するために、組合規約では中央に権限が集中されることになったから、山猫ストなどというのはもちろん認められないと同時に、逆に、企業と妥協して、ストから脱落することも制限される。いずれの場合にも強力な制裁を加えられる。そこでは中央幹部の持っている権限は非常に大きく、個別の支部や、単組が持っている権限は小さくなる。

また、これら組合は分厚い専従幹部層を持っていて、各企業の組合結成を指導させ、また支部に彼らをオルグとして派遣して、スト権を確立させる。要するに、自分たちの政策を実現させるという点から有能な分厚い専従幹部層を、高い組合費を背景にして抱えこんでいる。こういう組織的な特徴を持っている。

それでは政治戦略はどうかというと、そういう経済戦略と組織に裏付けられて、横断的な労働組合運動は、その強力な専従幹部層を中心にして、社会民主主義政党を自分たちのおカネでもってつくっている。(71) 労働組合が政党をつくったか、それともその逆かの違いはあるが、労働組合の政治要求を実現させるための社会民主主義政党支持という点は、イギリスでも、ドイツでも同じである。社会民主主義政党を自分たちの政治代表として養っているのである。

その意味では、社会民主主義政党はまずは労働者党である。その労働者党は、資金が労働組合運動によって支えられていると同時に、人間すなわち各級議員の候補者も組合の分厚い専従幹部層のなかから送りだされる。つまり、協調組合は、自分たちのおカネと、自分たちの組織でもって労働者党をつくり、自分たちの政治要求を、自分たちの政権をつくることによって実現しようと考えるわけである。

日本型協調組合の根本理念―企業主義　ところが、一九六〇年代の中葉につくられた日本の協調組合運動はこうした欧米の協調組合の典型的タイプとは、組織においても、経済・政治戦略においてもいずれの点からも非常に大きく異なっている。

まず、第一に、その組合の根本理念、すなわち、いかにして組合員の利益を増大させるかという、その考え方という点からみると、日本の協調組合は非常に企業主義的である。

たとえば、日本の協調組合運動が経済的な要求を実現する方式というのは横断的な方針を確立し、それを背景にして、資本家団体と交渉するということではない。

春闘はあたかも外見的にはそのようにみえるが、実際に賃金はそこでは決まらず、企業連の単位で企業幹部と労働組合との交渉によって、実質的な賃上げ率が決まる。したがって、日本の協調組合運動において経済的な要求を実現する最大のポイントは対企業交渉となる。企業と交渉をし、企業の業績向上に応じて、増大したパイの、より多い、またより平等な分配を要求するというのが日本の協調組合運動の基本戦略なのである。

したがって、そこでは、企業の繁栄と労働者の生活向上は一体と観念される。

たとえば、一九五〇年代中葉、戦闘的な全自日産分会からヘゲモニーを奪った日産労組が、不況期に掲げたスローガンは、会社と同様のものであった。

「一、日産車を世界的水準に
一、技術陣の結集から企業防衛へ
一、日産魂で不況を乗り切るんだ」[72]と。

また、こうした日本型協調組合運動は、生産性向上運動にも積極的に協力したのである。欧米の協調組合では、労働者の合理化につながる生産性向上に対しては組合はまことに厳しいチェックをかけるが、日本では、むしろ積極的にそれを容認する。これが日本の高度成長を加速化させる要因のひとつとなったことは明らかである。

たとえば、トヨタ自工労組の組合史は、こういうのである。

「われわれの労働条件の向上をはかるなかから企業の繁栄を願い、生産性向上に全面的に協力し、企業競争に勝ちぬくため、あらゆる努力をし、労使協調、相互信頼を基調として、すべての運動を進めていった」[73]と（傍点引用者）。

「悪い時には我慢しよう」　こうした日本型協調組合の企業主義的特徴は、賃金その他経済要求実現の場合にも貫徹する。そこでは、経済的な好況期には、その企業の業績向上にみあったかたちで賃金は上がるし、不況期には下がってもやむなしということになる。日産労組の合い言葉「悪い時には我慢しよう、良い時は沢山とろう！」というのは、この企業主義を象徴している[74]。

こういう戦略からいくと、横断的な組合交渉では考えられない結果がでてくる。たとえば自動車でいうと、日産の賃上げと、トヨタの賃上げとではしばしば実際には賃上げ率が違ってくる。[75] 表向きは、他労組と横並びでじつは、企業内でこっそり上ずみを認めるということがおこなわれるのである。

横断的な組合運動では考えられないことだが、自分の企業の経済要求の実現の成果を他企業の組合員に内緒にするということすらおこなわれているのである。ここには、組合の団結によって賃上げを実現しようという思想はみられない。

権威の低いナショナルセンター　こういう日本の企業主義的組合の特徴は、組織面にも如実にあらわれている。日本の場合には横断的な組合運動を支えるような分厚い中央幹部層や中央集権的な規約を持っていない。日本の組合規約はナショナルセンターレベルあるいは単産レベルでみると、非常に分権的な規約を持っている。

どこに一番権限が集約しているかというと、工場でもなく、かといって上部の単産でもない。まん中の企業連が一番権限を持っていて、さまざまな行動をおこない、また統制権を持っているのである。

また当然、組合の相対的に有能な幹部層は企業連の幹部に集中しており、単産には「良い」幹部はでていかない。また、日本の大企業協調組合運動の場合は、企業連の幹部を経験した人間は企業の幹部になっていき、単産幹部やナショナルセンター幹部にはならないのである。つまり有能な幹部は、企業の幹部になって昇進していくのである。ここにも日本の組合の企業主義的体質が象徴されている。

単産幹部からナショナルセンター幹部に「出世」していく人間というのは、いわば、企業の昇進ルートに乗れないような部分か、そういう昇進構造が確立していない部門の組合なのである。それはどこかというと、一つは民間中小の単組幹部であり、それから、もう一つは官公労の幹部である。だから、社会党の議員を見ても、民社党の議員を見ても、中小の組合幹部か官公労の幹部出身者が多いのである。

だから日本においては、ナショナルセンターや単産の地位が異常に低いという特徴もここからでてくる。日本の場合にはナショナルセンターでことが決まるということはほとんどない。同盟であろうと、総評であろうと、ナショナルセンターレベルではことが決まらない。あれは飾りだということになる。大事なのは、企業なのである。

2　日本型協調組合と政党支持——社会民主主義停滞の社会的背景

以上のような、日本の協調組合の企業主義的体質が、日本の社会民主主義の停滞にかかわってくると思われる。それは、協調組合の政治戦略の故である。

すなわち、日本の協調組合の政治戦略は西欧のそれと非常に異なっているのである。そういう企業主義的な組合にとっては、企業の業績がアップすれば経済的な要求が実現するわけだから、企業の活動がより自由におこなわれ、企業にとってよりよい条件が、政治において確保されることがめざされることになる。

ところで、これを国政レベルであれ、自治体レベルであれ、もっとも効率的に、体系的におこなえるのは政権党である。そうなると、組合としては、何も自分の組合費を高くして、自分たちのカネでもって労働者党を買ったり、つくったりする必要はなく、時の政権党である自民党によって自由な企業活動の保障・助成をおこなってもらえればいいということになる。

そもそも企業の活動の保障とか、企業への有利な条件の確保とかの要求は、組合だけのものでなく、何より、企業自体の要求である。そうだとすれば、日本では、企業と異なる〈労働〉の利害を実現する独自の政治勢力はいらない、ということになるのである。

日本で企業社会が確立する一九七〇年代前半以降、「企業ぐるみ選挙」ということが問題となったのは、まさしく、この時期に、かかる日本型協調組合運動が成立したことを象徴しているのである。

以上のような日本型の協調組合運動の特徴を背景にすると、日本の社会党や民社党が、一九六〇年代以降、つまり、日本社会において労働者階級が多数を占める状況のなかで逆に停滞し、混迷していったということがよくわかる。

従来、社会党の六〇年代における停滞の背景として、社会党―総評、民社党―同盟という一党支持関係が非常に大きな問題になっていたが、じつはこの一党支持関係は五〇年代の左派社会党と総評との関係では成りたっていたが、この時代には企業社会の成立―日本的協調組合の成立のなかで、徐々に弛緩し崩壊していったのである。

すなわち、五〇年代の社会党の伸長は、主として組織的には、総評に結集する民間大経営の労働組合の力と、国労、全逓、自治労など公共部門の労働組合運動の力によっていた。地方の農村部の票も国労、全逓などを主体とする地評の運動によって社会党に結びついた、と思われる。この構造がそのまま推移したならば、高度成長のもとで、雇用人口が増大するにつれ、社会党はいっそう伸長したであろう。自民党の石田博英の予測[76]――日本の農業従事者と製造業従事者のカーヴと自民、社会党の得票カーヴは一致しており、このまま推移すれば、一九六七年頃に自民党と社会党は逆転するという――は、的中したかもしれなかった。

しかし、事態はそうはならなかった。企業社会の成立は、民間大経営の組合を特殊に企業主義的な協調組合に変え、その結果、社会党は、その支持の二大支柱の一本を失った。雇用人口の増大は、主として民間経営での増大であったから、この部分は、自民党に流れるようになっていった。

一方、公共部門の労働組合運動は、協調主義に容易に巻きこまれなかった。なぜなら、公共部門では、民間大経営の労働者を巻きこんだ競争構造は成立しえないからであった。ともかく、六〇年代後半から七〇年代にかけて、社会党を支持する組織は、国労、日教組、自治労等の官公労組にかぎられるようになったのである。各級議員候補も、もっぱら、こうした官公労組の幹部から充当されるようになった。

これが、いわゆる社会党―総評の一党支持関係の内実であった。

もし、本当に一党支持関係が成りたっていれば、一九六〇―七〇年代において社会党は、第一党にはならないまでも政権交代の能力をもつ議員数を擁したはずである。それがそうではなくて、数十名の政党に没落していく背景には、一党支持関係という点でいえば、自民党と協調組合運動の事実上の連携関係がこの時代に形成されてしまったということがあるのではないかと思われる。

3 日本型協調組合運動と「福祉国家」戦略

以上のような、日本型社会民主主義の停滞と労働組合運動との関係の問題にかかわって、ここで、なぜ日本社会党が「福祉国家」戦略を追求しなかったのか、という問題を考えておきたい。なぜなら、日本の社会民主主義が「福祉国家」理念に冷淡であったというのは、それが西欧社会民主主義に比べ戦闘性を誇っていた時代から逆に西欧社会民主主義にコンプレックスを抱く時代にいたるまで一貫しているからである。これはまことに奇妙な日本の社会民主主義の特徴と思われる。

もっとも、急いでつけ加える必要があるのは、これが日本の社会民主主義の特徴だといっても、民社党は、結党初期から「福祉国家」戦略をうちだしているから、これは例外である。その点は後述するが、しかし、この民社党の場合も「福祉国家」戦略が、必ずしも展開をみなかった、という点では共通する要因を持っていたと思われる。

それはともあれ、ここではしたがって、なぜ社会党は一貫して「福祉国家」戦略をとらなかったのか、という点をみておこう。

福祉国家ギマン論　これには、前半期と後半期に、異なる二つの要因があった、と思われる。

一九六〇年代前半まで、社会党が「福祉国家」に冷淡であったのは、明らかに、西欧型社会民主主義への不信の故であった。マルクス主義的社会主義からすれば、「福祉国家」なるものは、社会主義のインパクトを受けて危機に立つ現代資本主義国家の譲歩の産物であり、同時に「福祉国家」では、労働者・人民への真の福祉は実現できない。「福祉国家」はいわばギマンであった。したがって、こういうものを党のスローガンとして採用できるはずはなかったのである。

けれども、この理由だけでは、その後六〇年代後半以降の社会党の、「福祉国家」さらには福祉政策に対する冷淡さの説明にはならない。というのは、社会党が、前に述べたような「福祉国家」批判の前提となる「戦闘性」を喪失し、また事実上「福祉国家」ギマン論を放棄した後にも、依然社会党はこれに十分とりくむことをしなかったからである。

企業主義的組合運動と「福祉国家」戦略　その後者の要因として、社会党を支える日本の労働組合運動が「福祉国家」政策というものを必ずしも強く社会党に要求しなかったということが考えられるのである[77]。すなわち、一九六〇年代に民間労組を制覇した日本型協調組合運動は「福祉国家」論に冷淡であり、必ずしも強く福祉政策の展開を要求しなかったのである。

ではなぜ、日本型協調組合運動は「福祉国家」を要求しなかったのか。それは、日本型協調組合運動の基盤となっているような大企業労組の労働者は、青年期に一度企業に入社すると、そのまま何事もなければ定年退職までその会社に雇用され続けるのが普通であり、企業もそうした終身雇用慣行を前提に、ＯＪＴをおこない、不況時にもできるだけ解雇をさけて、配転、出向など企業内での処遇を追求する、という労使関係のあり方に規定されていると思われる。そういう慣行のもとでは、大企業の本工労働者には、失業というような問題は、きわめて例外的な、企業の倒産や大合理化とかからむような例外的な事態でしかありえないことに思われる。

つまり、西欧の、横断的な、外部労働市場にもとづく労働者の通例の意識と違って、失業という問題は大企業単産の一労働組合員にとっては、いわば、自分たちの問題とは考えられないわけである。むしろ、失業という言葉を聞いたときに即座に思いつくのは、おそらく働かないで、ふらふらしている、そういう労働者で、彼らは自分たちの仲間であるとは意識されなかった。

これが失業というときにイメージされる労働者像であり、したがって、そういう者のために自分たちの税金とか、自分たちの組合費とかを払って、雇用保障政策を展開させることについてはおそろしく冷淡になった。

それから、もうひとつは本来公的福祉政策として展開される住宅政策とか、さまざまな社会政策も、大企業は、その企業支配を強化するために、内部労働市場を前提にして、企業内の福利政策として労働者の企業への従属と引きかえに提供したということがあげられる。いつでも条件の良いほうへ飛び移るような労働者を相手に企業が住宅政策を展開するわけはないが、日本のように長期雇用に裏づけられた企業内昇進構造が確立している場合には、企業内福利政策は、労働者支配のためにはきわめて有効な手段となったのである。

たとえば、企業は精力的に持ち家政策をおこなった。住宅ローンを組んで、労働者に貸し与え、そのかわり労働者は企業に一生しばられることとなった。企業の保養地も整備され、大企業の本工労働者は享受できるようになった。こうした企業内福利も、労働者の福祉要求を鈍化させたのである。企業内福利政策を代替として、全体としての政治政策としての「福祉国家」政策は前進しなかった。

以上のような理由から、日本型協調組合運動は福祉政策に冷淡になり社会党に対して、福祉政策を求めるプレッシャーを弱くしたのである。

したがって、社会党のなかでは左派の「福祉国家」批判の主張だけがその後も残り、社会党は福祉政策を体系的に展開しないということになった。

ちなみに自民党はどうかというと、自民党も協調組合運動からの支持の条件として、福祉政策を展開することを求められなかったから自民党は、通例の現代国家が福祉に投下する財政を、もっぱら企業が切望する社会資本、つまり生産基盤に投下し、日本はそれだけ「成長国家」としての性格を強く持ったのである。

民社党の福祉国家戦略　こうしてみると、日本のなかで「福祉国家」路線を展開したのは、民社党だけであった。そのくわしい経緯はすぐあとに述べるとして、ここでは、民社党の「福祉国家」戦略と組合の関係だけを述べておこう。

その背景には、民社党の支持ナショナルセンターである同盟が、その内部に、中小の労働組合を擁していたという事実があったことに注目する必要があろう。同盟は、造船重機労連のように一方では、民間大経営の労組をかかえるとともに、旧総同盟系の、中小企業労組を抱えた全繊同盟や全金同盟をも擁していた。

中小企業は経営の脆弱のため、つねに倒産の危機を抱えていたから、中小の労働者層は右であろうが左であろうが、失業の問題をたえず念頭におかざるをえないため、福祉政策を切実に求めていた。それを同盟が反映し、同盟が民社を突き上げるというかたちで、「福祉国家」路線というのは民社党が追求することになったのである。

日本の場合に、「福祉国家」イデオロギーが高度成長期に支配的なイデオロギーにならなかった根拠も以上のような企業社会の構造、それに規定された組合の政策によるものと思われる。

4　民社党結成と「福祉国家」戦略

以上のような、日本型協調組合運動のあり方が、一九六〇―七〇年代における社会民主主義の停滞の最大の根拠であった。

ところでここで注目すべきは、この「停滞」という時、それは社会党のそれだけを意味しているのではない、という点である。一九六〇年に結成された民主社会党（後改名して民社党―以下こう呼ぶ）の伸び悩みも、社会党のそれと同様の背景を持っており、むしろ社会党以上に六〇―七〇年代の社会民主主義の停滞を象徴するものであった、とみられなくもない。そこで、この時代の社会党の推移をみる前に、民社党の展開を検討しておきたい。

民社党はなぜ停滞したのか　民社党は、なぜ停滞しているのか？　という問いは、現代の社会民主主義の動向――たとえば社会党の「新宣言」路線のゆくえなどを占ううえできわめて興味深い。

いうまでもなく、日本社会党の長きにわたる停滞の要因として必ずあげられ、かつ社会党の指導部自身もそう信じているのは、社会党が、高度成長にともなう日本社会の変化についていけず現実主義的政策をうちだしえなかったからだ、というものである。

しかし考えてみると、ちょうど高度成長期の初期に、今、こういう論者たちの強調する「現実主義」の理念――すなわち西欧型社会民主主義の理念をうちだして登場した政党はあったのである。いうまでもなくそれが民社党であった。今の社会党を批判して、その現実主義化、西欧型社会民主主義化を唱導する人は、〝ではなぜ民社党は伸びなかったのか？〟ということにきちんとした解答をだすべきだと思われる。

社会党の「新宣言」は、「二〇年遅れのバート・ゴーデスベルク」といわれる。ドイツ社会民主党のバート・ゴーデスベルク綱領が採択されたのは一九五九年[78]であるが、民社党の結党はその翌年であり、民社党は結党早々、このバート・ゴーデスベルク綱領を参照している。そうであるだけになおさら、この問い――なぜ民社党は停滞したか？――は、重要と思われるのである。この問いを検討することからも、日本社会民主主義の脆弱性、西欧社民との違いを不可避とする企業社会の体質を浮び上がらせるからである。

そこで、検討のはじめに、あらかじめ、民社党停滞の要因と思われるものを指摘しておきたい。

その第一は、民社党の活動の全期をおおう要因であり、社会党の停滞の根拠としてすでに説明したように、日本の企業社会の構造とそれにともない形成された企業主義的協調組合運動の政治志向であった。この点でとくに注目されるのは、普通、民社の支持基盤といわれる同盟と民社の関係である。

同盟は大きくいって二つの潮流から成っている。[79] ひとつは、造船重機労連や日産グループの労働組合の連合体である自動車労連に代表されるような、民間大経営の組合であり、これは、民間大経営の第二組合から成っていた全労会議の系統を引いている。もうひとつは、全繊、全金同盟など中小組合を結集した単産でこちらは総同盟の流れをくんでいる。この後者は、強力な民社の支持基盤と思われるが、前者のほうは必ずしも、民社党だけに一本化せず、相当部分が自民党を志向したと考えられるのである。先述のように民間大経営の組合の志向は、現実に企業の利害が実現されることに置かれたから、弱小で官僚機構とのパイプもなく、政策能力もない民社党よりは、自民党を選択するのは当然であった。

しかし、このメカニズムはすでに説明したのでこれくらいにし、この点にかかわっては、民社党の「福祉国家」戦略――西欧型社会民主主義戦略はなぜ党がもくろんだような支持を労働者から得られなかったのかという、問題として、後に検討したい。

民社党の停滞の要因は、しかし、他にもあった。それは、他でもなく民社党自身が、社会党との違いとして売りこみのポイントにした、「現実主義」とりわけ安保―平和についてのそれが予想に反して、さしたる支持を得られなかったということであった。

民社党が本来の支持をあてこんだ民間大経営の労働者層は、先述のように、民社の掲げる理念のいかんにかかわらず実利の面から自民に流れた。そして、この企業社会にくみこまれない厖大な層――とりわけ六〇年代には、この層が数的には労働者層の主力であった――は、民社党の「現実主義」、とりわけ、安保や憲法についての曖昧さにうさんくささを感じ、支持を与えなかったのである。

こうして、民社は、いわば「右」からも「左」からも、支持を得られなかった、というわけである。以下、第二の要因のほうからみていこう。

現実主義の誤算　民社党の結成に関して、まず第一に注目すべき点は、この分裂・結成の契機も、先述のような戦後日本社会民主主義の分裂の契機と同様に、平和の問題をめぐってであったという点である。

民社党の結成の直接の契機となったのは、一九五九年九月の社会党大会における「西尾除名決議案」の採択であったが、この決議案がだされた理由の最大のものは、安保条約にかかわる西尾の発言であった。西尾は、そこで〝社会党が安保反対・安保改訂反対というだけでは無責任だ、対案をださねばならない〟とくり返し主張していたのである。分裂の背後に、当時岸内閣が進めていた、安保条約の改訂をめぐる対立があったことは明らかであった。

民社党は一九六〇年一月創立大会を開いた。[80]党の議員は衆議院四一名、参院一八名の計五九名であった。党の結成は安保闘争の渦中であったが、マスコミでは一種のブームをつくった。[81]その後、七〇年代末から今日にいたるまで、社会党に対してマスコミがくり返し訴えたような、「現実主義」の党ができたことが、マスコミの関心を呼んだのである。

そこで、民社党は一九六〇年一一月の総選挙で一〇四名の候補をたてた。[82]「現実主義」による自民党との二大政党化を一気にねらったのである。ところが結果は、当選一七名という惨敗であった。その後、民社党はついに結党時の議員数を回復できないまま、現在にいたっているのである。

西尾は、民社党の結党大会における演説で、「政権をとらぬ政党は、ネズミをとらぬネコであり、ナンセンスである。われわれは五年以内に政権を必ず獲得する」と大見得をきった。[83]この言を西尾自身がどれほど信じていたかはわからないが、社会党の路線をいっそう現実主義化することにより、政権に手がとどく躍進が可能だと考えられていたことは間違いない。財界などにも、自民と民社との二大政党という期待もあった。
そういうもくろみが大きく崩れた最大の要因は、先述のような、日本の企業社会―企業主義的協調組合のあり方にあると思われるが、直接には、民社党の平和・安全保障政策面での「現実主義」が、国民の支持を得られなかったのである。

平和・安保政策の「現実主義」　そのため、民社党は一九六〇年選挙の敗北以後、平和・安保政策面で、動揺を続けることとなった。

結党の契機からいっても、民社党は社会党との違いを、防衛政策での現実主義に置いていた。暫定綱領にも自衛のための「最小限の措置」の必要がうたわれたのである。

ところが、六〇年一一月選挙の結果、この点について、党内から、強い異論がだされた。[84]「最小限の措置」というのは憲法第九条とどういう関係にあるのか、またそれを認めることは自衛隊を合憲と認めることにならないか、というのである。民社党に合流した片山哲は、党主流の、集団安保+自衛力保持論に対して、非武装中立論の採用を主張した。

こうした異論は、明らかに、国民の意識が、平和憲法の擁護にあり、安保や自衛隊について依然警戒心が強いなかで、民社党が、あたかも安保・自衛隊を容認するような色彩の方針をうちだすことへの反対であった。

結局一九六二年一月の第四回大会で決定された綱領のなかでは、「国連に普遍的集団安全保障機能が備わり完全な軍縮協定が成立するまで」の間「国を守るための最小限の措置」を保持すること、また安保条約についてはその「不平等」性を改定することがうたわれることとなったが、[85]民社党内でのかかる対立は、先述の右派社会党内での新右派―左派対立同様、平和の問題が、たえず社会民主主義内部の分岐点になることを示していた。

その後、一九六五年一二月の第八回党大会で民社党は、有事駐留、貸与基地の原則的撤廃論をうちだし、[86]翌六六年五月、「安全保障と防衛に関する基本方針」というかたちで、これを含めた安保方針を明らかにした。[87] そこでは、有事駐留への安保改定、安保の段階的解消論とともに、自衛隊の容認（「自主防衛」）・シビリアンコントロール強化がうちだされた。

こうして、民社党の現実主義政策が具体化されていくわけだが、こうした、平和・安保政策面での現実主義が、同党の思ったほどの支持をあげなかったことが、先述のように、民社党の停滞の政策上の要因として無視できないように思われる。

それは、企業社会の成立にもかかわらず——あるいはすでに第二章で検討したように、それ故に、という面もあるのだが——依然として勤労者のなかには、日本型社会民主主義を成りたたせたような、平和に対する要求が根強く存在していることを示していたのである。

「福祉国家」戦略の採用　民社党の結成に関して、いっそう注目されるのは、日本の社会民主主義の潮流のなかでは、民社党だけが、戦後、世界の社会民主主義の主たる戦略であった、「福祉国家」戦略を追求した、という点である。しかもそれが、現実の運動との交互作用のなかで深められるという途をとらず、次第にお題目となりついには立ち消えとなった、という点に、戦後日本社会のなかでの「福祉国家」戦略の運命が象徴されていた。

民社党が結党にさいして、社会党と自己を区別して押しだしたのは、「マルクス主義的社会主義」に対抗する意味あいにおいての「民主社会主義」の理念であった。[88] この理念は、先述のように、一九五一年の社会主義インターの「フランクフルト宣言」で定式化されたものであり、右派社会党が当初採用を試みたものであった。民社党は、あらためて、この理念を自党の中心理念にすえようと試み、党名にも、それを入れたのである。

しかし「民主社会主義」といっても、当初は、「議会主義の堅持」「暴力や階級独裁」の排除、社会主義への「漸進」的移行、というような、消極的な内容でしか語られず、[89] 訴えるインパクトも弱かった。

そこで、民社党の理論的強化のために、一九六〇年一月民主社会主義研究会議が蠟山政道を議長にして発足し、民社党への理論を注入することとなった[90]。同会議が第一回にとり上げたテーマが、「日本における民主社会主義の課題」であったのである。

その会議の冒頭報告[91]で蠟山は、民主社会主義の七つの課題をあげたが、その、「議会制民主主義」、「階級対立の排除」と並ぶ第四に「福祉国家」の実現を掲げた。そして、その「社会福祉国家」の二つの柱として、社会保障制度と完全雇用をあげたのである[92]。こうして、「福祉国家」の実現という課題が、「民主社会主義」の当面の中心的理念として浮び上がってきたのである。

続いて、この理念は、民社党綱領において、民主社会主義へ向けての当面する目標すなわち、「民主社会主義政権」の第一の目標として、同党の中心にすえられた。

「われわれは、まず経済の二重構造の解消・あらゆる格差の是正・完全雇用の達成・社会保障の充実・所得引き上げと均等化などを内容とする勤労者の福祉国家化の実現を期し、さらにすすんで民主社会主義社会の建設に向けあらゆる努力を払う[93]」と。

民社党は、一九六三年一一月選挙で、前回一七名から二三名へと増加し、それまでの連戦連敗に歯止めをかけると、翌年一月の第六回大会で、「福祉国家の実現」を基本目標に掲げ、初めて「福祉国家」戦略を前面に掲げたのである[94]。同大会でのあいさつで、西尾は、冒頭、イギリス労働党、西ドイツ社民党などの前進にふれ、日本でも民主社会主義が前進することを確信すると訴えたあと、第一の課題に、福祉国家の建設を掲げて、こう述べた。

すなわち、西尾は、高度成長のもとで、たしかに日本経済は成長したが、経済、社会、人心は、保守政治のもとでゆがんでいると述べたうえ、その現状打破の方向こそ、福祉国家であると訴えた。

「そのカテこそは、われわれの提唱する福祉国家建設構想である。われわれはこの構想をひっさげて、今後保守と徹底的に対決していく所存である。われわれの福祉国家建設構想は単に物質的な充足をはかることに満足するものではない。人間の能力があらゆる角度から自由に開発される体制を押し進め、物質に支配されない豊かな精神的充足と人間関係を同時に確立、達成せんとするものなのである」と。

つづいて、西尾は、この「福祉国家」を保守に押しつけることの必要を強調した。

「われわれの当面の任務は、保守党が衰退するまでわれわれの福祉国家建設プランをストップさせておくことではない。……保守をしていやが応でも、福祉国家の主体的整備に向かわざるを得ない方向に追い込んでいくことである。それにはまず、『政府のかかげている高度成長政策』をわれわれの唱える『福祉成長政策』に切りかえさせ、現在の大企業予算を国民のための福祉予算へ編成替えすることを求め、また……産業民主主義を前進させる……ことなどに、われわれの努力をたゆみなく集中し続けることが重要である」[95]と。

これを受けて、同年一月の第四六回国会再開時に、民社党は、「所得倍増計画」の「福祉国家計画」への切り替えを要求するにいたった[96]。

お題目と化す「福祉国家」論　ところが、その後、民社党は、この「福祉国家」政策を具体化していくことを怠ってしまった。

たしかに、この政策は、一九七〇年代に入って息を吹きかえし、高度成長の所産としての公害が深刻な社会問題として顕在化し、また自民党自身が「成長から福祉へ」というスローガンをうちだす一九七三年後一時的にかつぎだされるが、七〇年代中葉以降は再び後景に退き、八〇年代に入るやほぼまったく登場しなくなったのである。

なぜ「福祉国家」戦略は人気がなかったか？　このように民社党が党の中心課題として掲げた「福祉国家」構想が同党によっても必ずしも堅持されず、なしくずしに地盤沈下していった原因は、選挙において「福祉国家」論が思ったほど効果をあげなかったことによる。その理由はいろいろ考えられるが、さしあたり注目しておきたいのは次のような点である。

第一は、同党の最大の支持基盤であった同盟が必ずしも強く福祉政策の展開を要求しなかったことである。たしかに、同盟も、一九七三年一月の第九回大会では、福祉への政策転換をうちだしはしたが、全体として強かったわけではない。

先述のように、同盟を構成する中小企業労組は、福祉政策に強い魅力を感じており、これが同党の福祉戦略を支える基盤だったが、同盟を支えるもうひとつの基盤たる大企業労組のほうは、この要求には冷淡であった。そして同盟内の力関係は明らかに後者にかたよっていったのである。

またそれに関連して、民社党候補への支援は、同盟傘下の大企業労組の場合、しばしば「企業ぐるみ」の支持であり、したがって、民社党に対しても、もっぱら企業全体あるいは業界全体の利益の実現が求められたこと、それが福祉要求を事実上下位の順位へ押し下げたことがあげられよう。

第二に、民社党の支持基盤が、同盟系労組と並んで、中小零細経営主、自営業主層に置かれたことも、福祉要求を具体化するのを妨げたと思われる。この層は、経営に対する補助金などには強い要求を持っていたが、増税に帰結しかねない福祉への財政投下には反対であり、この点でも党の政策内での福祉の順位が下がったと考えられるのである。

第三に、総じて、高度成長下の労働者階級上層のなかには、成長による所得上昇要求が強く、「福祉国家」要求はそれほど強く心をとらえなかった、ということがあげられよう。

いずれにせよ、こうして、西欧型社民を模した民社党の「福祉国家」戦略は、十分な展開をみることなく終わったのである。

保守党との連合への傾斜　こうして、現実主義を売り物にした安保政策でも、「福祉国家」戦略でも、めぼしい効果をあげえず低迷を脱しえなかった民社党は、一九七〇年代に入るころから、政治権力に参加するための連合政権戦略に活路をみいだそうとするようになった。

その画期は、一九七〇年二月、社会党に対する、政権交代可能な健全野党への道についての協議の呼びかけであった。[97]つづいて、委員長西村栄一は同年民主的革新政党の大団結、具体的には、社公民連合を呼びかけた。そして一九七〇年八月、社会、公明、民社の三党書記長会談がおこなわれるが、[98]この構想に乗り気だった社会党書記長江田三郎が、委員長選挙で落選したり、七二年一二月選挙で社共が躍進し逆に公民が敗北してしまったことにより、この構想は頓挫してしまう。

しかしそれにもめげず、つづいて一九七三年六月に、民社党は、今度は社公民より幅の広い「革新連合国民政権構想」をうちだした。[99]ここでは、共産党はもちろん社会党でも左派は連合の対象外とされる反面、自民党の一部が連合の対象とされたことが注目される。

こうした民社党の動きは、一九七六年一二月、ロッキード疑獄後の選挙による保革伯仲状況のもとでいっそう活発化した。

そして、一九七八年、党委員長に佐々木良作が就任して以降、民社の連合構想は、「中道プラス保守」連合としていっそう〝純化〟していった。[100]ここでは、もはやいかなる意味でも、「社会主義」という理念は問題とはならなくなった。そればかりか、民社党は、「革新」という言葉も、社共によって使われているということで、使わなくなった。[101]すでに一九六九年一一月、第一二回臨時大会で、民社党は、正式に党名を民主社会党から民社党に変更し、「社会」という文字を消していたが、保守との連合路線は、いわばその具体化であったわけである。

このような、民社の右傾化は、八〇年代における社会党の転換の行末を暗示するものであるが、それはまた後述する。

5 日本型社会民主主義の停滞

さて、それでは、民社党というかたちで右派が離脱した社会党は、一九六〇―七〇年代に、いかなる道を歩んだのであろうか。ここでは、行論にかかわりのある、いくつかの点を検討しておきたい。

構造改革論とバート・ゴーデスベルク綱領　西ドイツの社会民主党が、一九五九年、バート・ゴーデスベルク綱領で、マルクス主義からの訣別を宣して、六〇年代を迎えたのに比べて、日本社会党は、複雑なかたちで、六〇年代を迎えた。社会党の六〇年は、民社党という右派の離脱、安保闘争という、日本型社会民主主義の戦闘性がもっとも顕著にあらわれた運動、そして党内では構造改革論の提起ではじまったからである。

社会党における構造改革論の台頭とその急速な消滅という事態は一体なんであったのか、ということをきちんと評価することは、大変に難しい。

構造改革論の提起を、西ドイツ社民党のバート・ゴーデスベルクと同様のものとみる見方がありうる。構造改革論とは、日本的な色彩をとった、――すなわちマルクス主義的色彩をとった――西欧型社民＝改良主義戦略の提起であった、その挫折によって、社会党の発展と政権獲得への途は断たれ、こうした現実主義戦略は八〇年代の「新宣言」まで待たねばならなくなった、という見方である。

この見方では、構造改革論を寄ってたかってつぶした党内「左派」＝佐々木派や協会派こそ、社会党発展の芽をつんだ悪玉となる。こういう見方の背後には、〝もし日本の社会民主主義が一九六〇年の時点で、西欧型戦略を採用していたら、日本社会はもっと変わっていたに違いない、現状は、あの時点でのつまずきから来ている〟という想いがあることは明らかである。

けれども、この見方には、いくつかの致命的難点がある。ひとつは、構造改革論がそういう日本型バート・ゴーデスベルクだったと仮定して、なぜそれが日本社会党で路線として採択されなかったのか、挫折したのか、ということについての要因をきちんとみていない。構造改革論をつぶしたのはたしかに直接には、佐々木派や協会派の反対であったが、なぜそれが党内多数になったたか、という点である。

ここには、改良主義に対して、なぜ当時の社会党や総評労働運動が、厳しい態度をとったかということについての客観的根拠をみていないという問題がある。

また、第二に、この見方は、社会党が日本型バート・ゴーデスベルクを採用すれば、事態が変わっていたというのだが、じつはその先例として、民社党があった、ということをどうみるのか、という点についての検討をしていないという問題がある。この点についてては、しかしすでに述べたとおりである。

実際に、当時の社会党が構造改革論を、そういうものとして採用したとしても、おそらく、その後の事態は、それら論者がいうように、バラ色のものとなったかはいちじるしく疑問である。

構造改革論の提起

実際には、構造改革論の提起は、さほど単純なものではなかった。社会党において、構造改革論は、出発点においては、むしろ、日本型社会民主主義の左翼的強化をめざして登場したのである。それは、この構造改革論の潮流が、社会党の議員党的体質、また労働組合依存的体質の克服をめざす、党の機構改革運動のなかから登場したことに示されていた。

ここでは、構造改革論の理論それ自体の検討をする余裕はないが、構造改革論の提起が、一方で、左派社会党以来社会党の変革理論が持っていた危機待望論、恐慌革命論的受動性と、他方一見それとまったく相反する社会党の根強い改良主義の双方を克服し、日本社会の変革を具体的に展望しようというもくろみのもとにおこなわれたものであったことは疑いない。[102]

それは、一九六〇年一〇月の社会党第一九回臨時大会で提起された後、党内に大論争を巻きおこし、平和運動や石炭政策転換闘争のような運動の戦術論争にも波及しながら、六二年一一月の第二二回大会あたりを機に急速に退潮したのである。

構造改革論の挫折の直接の要因は、これをめぐる論争が、社会党の派閥抗争に巻きこまれついには派閥抗争の道具と化してしまったことであった。

構造改革論と改良主義の親近性　しかし、より根本的には、構造改革論が、派閥抗争に巻きこまれかねない理論上の問題点を抱えていたということも否定できない。

その問題点の第一は、この理論は、それを主唱した理論家たちの意向とは別に、党内の議員のなかに濃厚にあった、「なんでも反対する社会党」「現実性のない社会党」というマスコミ等からの批判へのあせり、改良主義・現実主義への傾向に適合するところがあった点である。[103] そのため、当初、党内左派の提起した構造改革論は、奇妙なことに右派・議員集団のとびつくところとなった。

この構造改革論の提唱者としてかつぎ上げられた江田三郎の発言、とくに「江田ビジョン」[104]などは、そういう議員の志向と軌を一にするところがあったのである。そしてこの議論の担い手が、党内議員集団に傾くにつれ、左派活動家集団はこの議論から離れていったのである。

もともと構造改革論は、伝統的理論における危機待望論にあきたらない活動家が提起したものであったが、その根幹は、改良闘争の再評価論であった。現代資本主義と国家の変貌により資本主義の改良が可能となる条件が形成された、というのが理論の骨格であった。つまり、現代における国家の性格変化と確立した民主主義制度によって、現存保守政権のもとでも、大衆運動の力によって、独占の規制と政策の転換は可能であり、こうした積み重ねにより社会変革が可能である、というのである。そこから、現存政府に対する積極的な政策提起という方針がでてくるのだが、この点が、「なんでも反対」という党の方針に苛立つ議員の琴線にふれたのである。

このように、構造改革論は、進行しつつある現代資本主義の変化を分析しようという積極的な視点を持ちながら、肝心のその変化については、国家についても民主主義についても支配の契機を欠落させたいちじるしく甘い見方をとった。この弱点が石炭政策転換闘争などで露骨にでたのである。

日本企業社会の特殊な構造分析の欠如　理論上の問題点の第二は、この理論が、現代資本主義と国家の変化に関心を持ちながら、現に進行していた日本資本主義の変貌についての具体的分析と仮説を欠落していた点である。とくに、三池の合理化にあらわれたような日本資本主義の産業構造の転換、日本型企業社会の形成、というような問題への検討はみられなかった。

社会党の活動家たちが直面していた問題は、日本資本主義の高度成長のなかで企業社会に労働者がくみ入れられつつあり、五〇年代平和と民主主義の運動の主力をなし、また他ならぬ社会党の前進を支えた職場闘争の基盤そのものが掘りくずされつつあるという事態にどう対処するかということであった。三池闘争の総括、ということで論ぜられた核心は、戦術論もさることながら、この問題にあったと思われる。

ところが、構造改革論は、この問題について、有効な理論を提供できなかったばかりか、三池のような抵抗闘争ではダメで、政策転換闘争が必要だという類の、およそ職場闘争の崩壊に危機感をもつ活動家の心情とはかけ離れた方向しかだせなかった。

構造改革論批判ののろしが、時の総評議長太田薫の論文[105]と、総評長期政策委員会の批判[106]によってはじめられた、というのは、かかる構造改革論の弱点を象徴していたように思われる。

しかし、構造改革論が挫折したことによって、社会党は、五〇年代日本型社会民主主義の前進を可能にした条件を急速に失わせつつある、日本社会の変貌に対処する努力そのものを放棄することになった。そして、二〇年後社会党が、その変貌に再び眼を向けた時、それへの対処の方向は、今度は文字通りの明らさまな改良主義であった。

社会的支配構造と社会党の路線のズレ　このように、社会党は高度成長の変化にともなう企業社会の成立に対し有効な手を打つことができず、その結果一九六〇年代中葉から停滞に陥った。

けれども、社会党は、即座に、政治対抗に影響を与えられない無力な存在になってしまったわけでも、また、すぐに右寄り路線をとったわけでもなかった。構造改革論が、改良主義的色彩を濃厚にしたとき、それに反発する力が党内にはまだあったし、六〇年代から七〇年代初頭にかけて、社会党はなお、ベトナム反戦など平和と民主主義運動のなかで重要な担い手としてあり続けたし、また安保闘争以来の社共共闘を曲りなりに継続し、そのうえにのって、自治体の革新首長を次々に生んで、七〇年代初頭には革新自治体の時代をつくりだしたことなどは、その証左であった。

そこには、社会的支配構造と、政治的推移についての一定のズレがあったのである。一九七〇年代後半から八〇年代にかけての社会党の低落と「現実主義」化は、そのズレの解消であった。そこで、ここでは、このズレについて、少し検討をしておこう。

社共共闘と反安保・平和運動　社会的支配構造の形成と社会党の路線とのズレをもっとも典型的に示したのは、一九六〇年代から七〇年代前半期にかけて社共共闘が継続したことにみられる。この社共共闘の崩壊が、日本型社会民主主義の戦闘性から脆弱性への転移の画期であった。

さて、六〇年安保闘争を闘った「安保条約改訂阻止国民会議」の運動は、その後、必ずしも順調に展開したわけではなかった。それどころか、その後、原水禁運動の分裂などをはじめ「分裂の季節」といわれる状況のなかで、一九六三年九月以降活動停止状態に入った。それは、六四年の四・一七スト問題でさらにいっそうこじれたのである。けれども、一九六四年の米原子力潜水艦の寄港に反対する運動では、現地佐世保で社会党系と共産党系の共闘が成立した。[107]そして、六五年六月九日、ベトナム侵略に反対して、学者文化人の呼びかけにもとづいて、久方ぶりに社共は「時差集会」という変則的なかたちであれ、共闘を再開したのである。

注目されるのは、この時期、共闘問題は、社会党内の争点となっていたことである。当時社会党執行部を握っていた主流の佐々木派は共闘推進に積極的であったのに対し、江田派や四・一七スト問題を重視していた総評は共闘に消極的であった。当時、ベトナムだけでなく、日韓条約批准強行など、共闘の必要な課題が山積していたため、共闘をめぐる議論は活発化した。社会党中執は、日韓条約の批准国会を前にした一九六五年八月末、先の六月九日に実現した一日共闘の推進方針をうちだすとともに、地方の安保共闘再開方針をうちだしたが、これに対して、総評や江田派は反対し、結局、日韓にかぎって一日共闘をやるということで妥協が成立した。共闘をめぐる、この時点での社会党内の力関係は、課題別一日共闘が限度、という線だったわけである。[108]

この共闘の方向は、一九六六年一月社会党第二七回大会において、佐々木―成田が、江田―勝間田を破って委員長・書記長に再選されることによって一応の確立をみた。

一〇・二一ストから革新都政へ　こうした、一九六〇年代の平和と民主主義運動を代表する闘いが、一九六六年一〇月二一日のストライキであった。[109]これは、ベトナム反戦を掲げ、社会党、共産党が共闘し、総評・中立労連がストライキで立ち上がることにより、この時点での共闘の頂点となったのである。この共闘の背景には、ベトナム侵略戦争のエスカレートにともない、平和に対する危機意識が高まっていたこと、佐藤内閣の「黒い霧」汚職によって国民の政治不信がつのっていたという背景とともに、労働戦線の重大な変化にともなう総評指導部の〝戦闘化〟があったと思われる。

というのは、先述のように、一九六〇年代中葉に、総評内重化学産業大経営の労働組合が次々と分裂攻撃を受け第二組合がつくられ、労働組合の変質が進行していた。それを背景にIMF・JCが結成され、それら組合の結集をはかっていた。総評指導部はこういう状況のもとで、右傾化に反対する闘争を強めざるをえず、共産党との共闘への消極姿勢を変えるにいたったのである。

そのことも関連するが、この一〇・二一ストは、明らかにその後の社会党・総評ブロックの平和と民主主義運動への布陣を予測させる兆候を示していた点が注目される。これが日本型社会民主主義の停滞の最初のあらわれだった。というのは、この一〇・二一反戦ストの主力は、人事院勧告の完全実施を掲げる公務員共闘であり、それに、公労協、民間の私鉄、炭労などが加わるというかたちでおこなわれた。つまりすでに、このストライキでは、一九五〇年代末葉まで総評を支えた、民間の鉄鋼労連や、合化労連などは脱落し、明らかに公共部門優位の配置を示していたのである。このストに、日教組は午後半日休暇闘争をおこない、自治労、都市交・全水道、全農林は一―二時間スト、国労、全逓は拠点スト、炭労は二四時間ストで立ち上がったが、鉄鋼・合化、さらに全電通などはストライキに参加しなかった。

革新自治体の成果　このように、その支持基盤の民間労組が変質し、公共部門のみの片肺飛行となりながら、社会党が共産党との共闘によって、広範な〈周辺〉層の不満を結集して政治的力に転化することに成功した成果が革新自治体の経験であった(110)。

この経験を社共の共闘論の視点からみると、美濃部都政を成立させた「明るい革新都政をつくる会」という共闘方式が注目される。この共闘の成立をめぐる激しい攻防は興味深いが省略せざるをえない。

この共闘は、都政レベルとはいえ、それまでの共闘の限界を大きく突破するものであった。なにより、この共闘は、それまでの保守党政権の反動的政策に対する防衛的な、個別課題についての共闘ではなく、社会の改革のための積極的な共闘であった。しかも、共闘にさいして明確な政策協定が結ばれ、参加団体や個人の対等性が確保されるなど、画期的といってよい内容を含んでいた。この共闘、それにもとづく革新都政は、全国の革新自治体づくりの運動に波及し、一九七〇年代に革新自治体の時代をつくりだすことになる。これは、五〇年代に形成された日本型社会民主主義の六〇―七〇年代における、もっとも大きな成果であった、と思われる。

日本版「福祉国家」戦略　革新自治体は、しかし、日本型社会民主主義の戦闘性の結晶という以上の意味をもっていた。というのは、この革新自治体の統治は、地方自治体のレベルではあれ、日本の左翼が採った、一種の「福祉国家」戦略だったのではないか、という点である。

ヨーロッパの「福祉国家」戦略は、協調的組合―社会民主主義政党を担い手として、高度成長期に展開したが、日本ではそういう担い手が形成されなかったことは先述した。日本で、福祉政策を求めたのは、中小企業の労働者や大企業の臨時工・社外工、さらに都市下層の、〈周辺〉層であった。社共共闘による革新自治体は、こうした大量の〈周辺〉層の力を吸い上げ、この層の福祉要求に応えることにより、政権基盤を強めた。

また、革新自治体は、高度成長下で深刻化した公害、環境破壊に逸早く眼を向けることにより、都市住民の〈周辺〉層を獲得したのである。公害や環境破壊に対しては、企業社会にくみこまれた労働組合はいちじるしく消極的であり、時には妨害的ですらあったから、もし、自治体がこれらの要求をとりあげなければ、公害抑制はいっそう遅延し、また不徹底となったであろう。

こうした革新自治体の福祉・環境政策は、自民党にも影響を与えた。日本のように、社会民主主義が弱く、また労働組合が強く福祉要求を掲げないところで、なお一九七〇年代前半期に福祉政策が一定の前進をみ、七三年には「福祉元年」という標語が自民党政府によりうちだされざるをえなかったのは、もっぱらこの革新自治体の福祉政策の圧力によるものであったといってよい。

その意味で、社共共闘を軸とした革新自治体とは、公共部門の労働者と〈周辺〉諸層の統一戦線であり、いわば日本版「福祉国家」戦略であったといえよう。ヨーロッパの本家の「福祉国家」戦略が、〈基軸〉の要求を力としたそれであるのに対し、日本版のそれは、〈周辺〉を力としていたのである。

六〇年代社会党の戦闘性の根拠　これ以後も、社会党は、沖縄全面返還、七〇年安保など、平和運動に積極的な役割を果たし、それと軌を一にして、社共共闘も維持・展開される。しかし、その経緯をこれ以上追うのはやめて、ここで、社会党が、一九六〇年代以降も、こうした平和と民主主義運動への積極性を保持することができ、また、社共共闘体制を堅持しえた要因を、その組合との関係でまとめておきたい。

六〇年代の社会党の平和と民主主義運動へのかかわりや社共共闘路線は、五〇年代のように、総評全体に支えられていたわけではなく、総評官公労と、民間では、私鉄総連や全金のような中小単産、さらには未組織の〈周辺〉層によって支えられていた。逆にいうと、この全金傘下の民間中小単組、それから官公労、また〈周辺〉層は、この時代にはいまだ、企業社会的な支配構造が未確立の場所であったといえる。したがって、これらの労働組合員には五〇年代の「総評型」運動をかなり継承し、発展させる担い手がいたのである。

とくに、六〇年代末から、七〇年代の社会党を支えた最大の勢力は国労、動労、全逓のような公労協傘下大単産と自治労そして日教組という公務員共闘傘下の大単産であった。こういう組合が、日本社会党の変化を妨げ、また、日本型社会民主主義の一定の力を維持した根源であったのである。

五　日本型社会民主主義の転換〈一九八〇―現在〉――「新宣言」路線の採択の意義

1　八〇年代における転換

以上垣間みてきたように、企業社会の構造の形成にともなって、日本の社会民主主義は停滞を余儀なくされるにいたったが、それでも、一九七〇年代の中葉にいたるまでは、独自の役割を担ってきた。

その背景にあったのが、企業社会にくみこまれていなかった公共部門の労働組合運動と企業社会の被害者たる〈周辺〉諸階層の力であったことはすでに述べた。この力が、企業社会の成長・企業主義的協調組合運動の台頭にもかかわらず、五〇年代に形成された社会党の戦闘性を存続させ、社会的支配構造と社会民主主義のあり方とのズレを生じさせたのである。

転換の全面性　ところが、一九七〇年代後半になると、こうした社会党の戦闘性はいちじるしく稀薄化し、その路線に変化のきざしがあらわれた。党内には、社共共闘＝全野党共闘路線を清算して、中道諸党との連合を主張する勢力が台頭し、五〇年代社会党の路線を象徴するとみられた協会派への攻撃が強まった。そして、八〇年代に入り、こうした動きは、はっきりと社会党の転換としてあらわれたのである。

転換は、まず、社公合意による全野党共闘路線の放棄・共産党との絶縁としてあらわれ、続いて、曲りなりにも社会党の綱領的位置を占めていた「道」の見直しにはじまり「新宣言」にいたる、路線の再検討につながり、同時に従来社会党の看板であった非武装中立その他の政策の見直し、さらには組織論の見直しへと進んだ。この転換は全面的であり、おそらくかなりの期間存続すると思われる。

何から何への転換か？　ところでこの転換とは何から何への転換であろうか？　はっきりしているのは、それが、一九五〇年代に形成され従来社会党の代名詞とされてきた日本型社会民主主義の放棄・清算であるという点である。その「日本型社会民主主義」のなかには、マルクス主義理論の権威の承認、平和と民主主義運動での戦闘性——とくに反安保・自衛隊否認政策、そして資本主義体制の否認・社会民主主義や「福祉国家」路線への低い評価などが含まれている。こういうものを否定しようという点だけははっきりしている。

問題はその先、いかなる路線を積極的に追求しようとしているのか？　という点である。じつはこの点になると、必ずしもはっきりしていないところがある。

その点を示唆するのは、この転換の当事者たちが、異口同音にいうのは、これが、西ドイツ社民党の一九五九年の、バート・ゴーデスベルクの転換にあたる、という点である。

たとえば、時の書記長として、「新宣言」の採択に携わった田辺誠は、こういって、それを認めている。

「『新宣言』が満場一致採択され、ニュー社会党が誕生したとき、マスコミは『西欧型社会民主主義政党への歴史的転換』というタイトルを使って報道した。事実として『新宣言』はそれにふさわしい転換の内容をそなえていると信じる。社会主義インター関係の友党としては、西独社会民主党のバート・ゴーデスベルク綱領……そしてフランス社会党のエピネー宣言……に匹敵するといってもよかろう(11)」と。

二〇年遅れのバート・ゴーデスベルク　ここで田辺のいう「バート・ゴーデスベルク」には、さまざまな含意がこめられている、と思われる。まず、はっきりしているのは、「バート・ゴーデスベルク」というなかには、社会党が従来とっていたマルクス主義的路線を清算し、現実主義路線を追求する、という意味あいがこめられている、という点である。つまり「バート・ゴーデスベルク」とは、何より社会民主主義政党が現実主義化し政権奪取をめざす、そのような路線の追求を意味しているのである。またそのなかには、したがって、政権をとるための保守・中道諸党との連合路線の追求という意味あいも含まれている。

その点で、田辺が、「新宣言」の選択を、「思えば、たいへんなまわり道をしたものだ」[112]と述べていることはきわめて注目される。つまり田辺は、この路線は、もっと早く、一九六〇年の構造改革論の時に、あるいは一九七六年、江田三郎による社公民連合提唱の時に採択されるべきだった、というのである。

同じことは、この転換を労働組合の側から促進した全電通委員長の山岸章もいう。「新宣言」の採択直後、山岸はその意義にふれて、こう語っている。

「(社会党が)これで野党連合路線のリーダーとして君臨できると思ったらおおまちがいだ。われわれの歴史からみれば二〇年、三〇年遅れている、民社党の某首脳にいわせると、四分の一世紀遅れている……と」[113]。

これら当事者たちに共通しているのは、この路線はもっと早く採択されるべきであり、じつは、一九六〇年の時点で採択されるべきだった、という感想である。山岸が、某民社党首脳の言葉を批判ぬきで使っているように、この転換の担い手たちは、ありていにいえば、あの一九六〇年に、社会党が民社党の路線を採っていればよかった、と考えている、といってもそれほど間違いはなかろう。「二〇年遅れ」とは、そういう含意なのである。

このように、社会党のめざす転換が、現実主義への、また保守・中道との連合路線への転換であるということは、はっきりしているのだが、それは、政策的にはいかなる意味を持つか、という点になると、必ずしもはっきりしなくなるのである。この点で、「バート・ゴーデスベルク」とは一体いかなる意味を持つのか、という点である。

いつの時代の西欧型社会民主主義をモデルとするのか？　たとえば、「二〇年遅れのバート・ゴーデスベルク」というのなら、ニュー社会党の転換は、現時点で、一九六〇年代の西ドイツ社民党や日本の民社党のように、「福祉国家」戦略を追求するのであろうか？

しかし、もしそうだとすると、八〇年代の西ドイツ社会民主党が新たに模索しているエコロジカルな成長路線とは大きく喰い違うことになるし、また、今や「福祉国家」路線を放棄して「行革」による福祉の削減を追求している民社党とも異なることになる。

それとも、社会党は、現時点で、保守・中道連合を実施するための現実主義路線ということで、むしろ、新自由主義的政策を採用するのであろうか？　あるいは、八〇年代に西ドイツ社民党が模索しているような路線を追求しようとするのであろうか？

現に、西ドイツ社民党がバート・ゴーデスベルクの「福祉国家」戦略を転換してエコロジカルな成長路線を掲げているのに対し、イギリス労働党やオーストリア社会党はより従来の「福祉国家」路線に固執しているようにみえる。また、それと違って、フランス社会党は「行革」による「福祉国家」的規制の打破を承認しフランス資本主義の再建をめざしている。西欧社民自身が分岐しているのである。

では日本の社会党は？　じつは、社会党の転換においては、この点がはっきりしていないのである。いや、むしろ、この点については、異なる主張が拮抗しあっている、といったほうがよいかもしれない。とにかく、積極的方向の不一致はさておいて、従来の路線を放棄し、保守・中道との連合、そのための現実主義の採用を、というのが八〇年代社会党の転換の中身であった、といえよう。

転換と企業社会　こうした、社会党の転換は、現存の企業社会との関係でいえば、社会党が企業社会を前提にして自己の政策の実現を追求するという立場に徹するということを意味していた。

従来社会党が、西欧社会民主主義と異なる戦闘性を有していたということは、日本社会党が現存の日本社会の枠を全面的に承認しておらず、むしろその変革をも志向していた、ということであった。この点が日本型社会民主主義の特殊性といわれるものであった。

ところで、現存日本社会の枠というとき、それは、先述のとおり——安保によるアメリカへの従属という国際的枠組みと、企業社会という二つの柱から成るものであった。社会党は左派社会党以来一貫して、安保反対、非武装・中立をうちだすことにより、現存日本社会の国際的枠組みに真向から異議を唱えてきたのである。この点こそ、日本の社会民主主義の特殊性の核であった。

それに比べると、現存日本社会を構成するもう一つの柱たる企業社会については社会党は必ずしも明示的な批判を加えてこなかったし、オルタナティヴを提示しえていたわけではなかった。しかし、こちらのほうにしても、社会党を支えたのが公共部門の労働組合運動を主力とする企業社会にくみこまれない人びとであったために、社会党は比較的に批判的見地を維持してきたと思われる。日本企業社会の成長の裏面としての公害・環境破壊への批判、「合理化」反対、原子力発電への反対などの一連の主張が、その政策的表明であった。

一九八〇年代における社会党の転換とは、社会党が、こうした日本社会の二つの柱を承認し、日本社会の構造のなかでオルタナティヴを追求するということを表明するということを意味したのである。とりわけ、それは、社会党の国際・平和路線である安保反対・非同盟中立、非武装という体系の放棄を意味するものであった。なぜなら非同盟・中立・非武装では、現存日本資本主義の国際的位置の全面的否定になってしまうからである。「現実主義」とは、ここではとりわけ、社会党の国際路線の修正を意味したのである。

ところで、企業社会を基軸とする現存日本社会のもっとも明確な批判者は、共産党であった。共産党は、現代日本社会の二つの柱のいずれにも明確に反対し、企業社会の外側に位置していた。社会党が、七〇年代中葉まで社共共闘をおこなっていた、ということは、明らかに社会党が企業社会から半歩足を踏みだしていたからこそ、可能であった。社会党の転換が、社共共闘の清算と、社公民あるいは自民との連合路線への変更を意味したのは、この点からいえば当然であったと思われる。

2　社会党路線転換の背景

こうした社会党の転換は、ひと言でいえば、社会党が基盤としている労働者階級が全面的に企業社会にくみこまれた結果、たんに、先述のズレが消滅したに過ぎない、とも思われる。けれども、くわしくみれば、他でもなく一九七〇年代末葉に社会党の転換が起こった背景にはいくつかの要因が考えられるのである。

オイルショック以降の企業社会の確立　社会党が路線転換に踏み切った直接の要因はいうまでもなく、社会党の停滞・地盤沈下に対する危機感とその打開への試みが活発化したことであった。しかしそれが、この時期に顕在化し転換を促すまでに深刻化したのには、次のようにいくつかの要因があった。

その第一は、オイルショック以降の企業社会の確立により、労働者階級の社会党離れがさらに進行したことである。すでに述べたように、オイルショックによる不況は、民間大経営の企業支配をいっそう強めた。企業依存の労働者は、不況で小さくなったパイにありつくべくより過酷な競争に突入し、また企業主義的協調組合は、企業の存立を第一義の目標として「減量経営」、賃上げ抑制に協力した。

それればかりでなく、不況期には、大経営のもとへの中小企業の下請け化が進行し、それにともなって民間大経営の労使関係が下請けにまで浸透した。これは、従来企業社会にくみこまれていなかった〈周辺〉層の狭隘化、その一部の企業社会へのくみ入れをもたらしたのである。

こうしてこの時期には、企業ぐるみ選挙が、問題化し、労使一体の保守党支持体制ができあがった。さらに、こうした企業の支配は、この時代に労働者ばかりか、その家族をも組織しはじめた。全体として、こうした企業社会の確立が、社会党の支持基盤をいっそう狭めたのである。

公共部門の労働組合運動の力の後退　社会党停滞の第二の、そしていっそう直接的要因は、民間大経営の労働組合の協調化以降も社会党を支えていた総評傘下の官公労の力が、一九七〇年代後半に入って大きく後退したことである。先述のように、企業社会の成立以後も、公共部門の労働運動は、それにくみこまれず、社会党の平和と民主主義路線を支え、また革新自治体を生んだ社共共闘のつなぎ役を果たすなど、六〇―七〇年代前半の社会党の路線を担って活動してきた。

ところが、この公共部門の労働運動も、オイルショック以降の不況克服過程のなかで、民間の組合運動がいっそう企業寄りになって完全な孤立化を余儀なくされるなかで、闘争力を減退させ後退をはじめた。その画期となったのが、一九七五年のスト権ストの敗北であった[114]。これ以後、公共部門の労働運動は、退潮に向かったのである。

さらに、公共部門の労働組合運動に決定的打撃を与えたのは、一九七九年からの支配層の「綱紀粛正」攻勢、とくに国労攻撃、それに続く、第二臨調の「行政改革」、そし国鉄の分割民営化であった[115]。この一連の攻勢で、公共部門の労働組合運動、とくにその主力をなしていた国労・動労は、致命的な打撃を受けたのである。第四章で述べるように、日経連なども、一九八〇年代に入ると、企業社会の確立を背景に、その支配構造への公共部門の組みこみをめざして公共部門の労使関係の再編を強く要求していた。

こうした公共部門の労働組合運動の後退は、まず、総評の決定的転換を促した。従来、この公共部門の労働組合運動の戦闘性によって、総評内部のＪＣ系の右旋回圧力をかろうじてくいとめてきた総評は、公共部門の力の低下によって、急速に右旋回を余儀なくされたのである。

一九七六年、日教組委員長の槇枝元文が議長、国労の富塚三夫が書記長に就任したにもかかわらず、そのもとで、現在の「連合」へと進む労戦「統一」への動きが開始されたということに[116]、公共部門の労働組合運動の後退と、総評内部の企業主義的協調組合潮流の優位が象徴されていた。公共部門の労働組合運動の後退は、続いて、社会党の停滞を加速化し、その転換を促す動因となったのである。

企業主義的協調組合の自民党との連携　社会党の停滞とその危機感を昂進させた第三の要因は、総評内民間単産として、一応形式的には社会党を支えていた、鉄鋼労連をはじめとする企業主義的協調組合運動が、オイルショック以降、自民党との協調を強めていったことである。

ＪＣ傘下の企業主義的協調組合は、不況期にあって、いっそう企業との協力関係を強め、鉄鋼労連の「経済整合性」論にみられるように企業の賃金抑制、「減量経営」に協力姿勢をとった。そして、この時期、一方では、こうした企業主義組合のヘゲモニーによる労働戦線の「統一」の動きを開始するのに並行して、対政党関係では、自民党との連携を強める動きをみせたのである。

こうした動きが台頭したのは、不況下で企業に協力すれば賃上げなどで成果を獲得することは難しいため、そのかわりとして政策・制度要求を掲げざるをえなくなったためであった。協調組合としては、賃上げのかわりに、政策・制度要求で何かを獲得し労組の存在意義を示す必要に迫られたのである。ところで、政策制度要求となれば、手っ取り早いのは、野党でなく、政権党である。こうして、ＪＣと自民党との連携の動きがはじまったのである。

これを象徴したのが、一九七六年における政策推進労組会議の結成であった[117]。政推会議は、社公民との協議もおこないはしたが、主として、野党を飛ばして自民党・財界との協議に力を入れた。その結果一九八〇年以降、政推会議の新年パーティに政府の閣僚や自民党幹部が出席することが恒例化し、同年二月には政推会議が大平正芳首相を夕食に招待するにいたったのである。[118] こうした政推会議の行動を、ＪＣ系のある論者はこう評した。

「政推会議が、政策要求実現のためには、野党に協力要請するだけでは不十分で、政権を現に担当している自民党のフトコロに飛び込む必要があるというのは、労組としては『右脳発想』で極めて現実的である[119]」と。

こうした政推会議の動きは、民社党や社会党に大きな衝撃とあせりを生み、これら両党の転換を促す契機となったのである。

公明・民社の転換　さらに、社会党の停滞感とあせりをかきたてた第四の要因は、企業社会の確立→協調組合運動のいっそうの保守化→民衆の保守化、の動きのなかで、民社党や公明党などの中間諸党が逸早く、転換の動きをみせたことである。

すでに述べたように、民社党はその低迷打破のために、自民党との連携による政権参画を企て、一九七〇年代中葉から、自民党への接触を強めていた。一九七七年二月の佐々木良作の委員長就任はそうした自民との連合戦略の画期となったのである。

佐々木は、先述のように自民党との連合方針をうちだし、七九年度運動方針案では、親自民色をいっそう強めた。すなわち、そこでは、自民党の過半数割れ近し、という前提で、次のように、自民との連携を強調したのである。

「わが党は、これまで建設的な革新政党を中心とした政権づくりを提起してきたが、そこにいたる過程において保守党との間に政権問題を検討する必要がありうることを指摘してきた。とくに社会党が容共体質から抜け切れずに政権問題から脱落し、かつ責任野党勢力がただちに過半数議席を獲得しえない現状では、その可能性を充分予測しておく必要がある」[120]と。

続いて、民社党佐々木委員長誕生直後、公明党が転換をはじめた。すなわち、一九七八年一月の党大会において、同党は、自衛隊の容認など現実主義路線をうちだしたのである。

そうした公明党の転換を受けて、今度は、民社党がいっそう転換した。すなわち、一九八〇年六月同時選挙での自民大勝以後、民社党は自民党との連携方針を強め、同年一〇月の鈴木善幸首相―佐々木会談で、憲法の枠内での防衛力整備につき合意にたっし、一一月衆議院で民社党は防衛二法案に賛成したのである。

こうなると、公明党も負けてはいられなかった。八〇年一二月の党大会で同党は「八〇年代連合政権要綱」を採択したが、そこでは反自民が削除されたのである。

こうした両党の自民党接近の頂点が、一九七九年一月下旬、大平正芳・竹入義勝・佐々木の三党首極秘会談による東京都知事候補選び[121]であり、続いて、八四年一〇月の中曽根再選阻止のための鈴木―矢野絢也―佐々木ラインによる二階堂進の総裁擁立工作であった[122]。公明、民社幹部は自民党の派閥抗争にまで首をつっこむに至ったのである。

こうした、公明、民社の自民党接近が、同じくこの時期に低迷を続けていた社会党のあせりを増幅したことは間違いない。

転換は、以上のような要因の促迫を受けて、始まったのである。

3　社公民路線の採用

社会党の転換が、上記のような社会党の停滞→危機感に端を発しているかぎり、その至上目標は、社会党の低落を阻止し、政権に近づくことであった。

ところで、企業社会が成立し組合の協調化が進行しているという条件のもとでこうした目標を達成しようとすれば、企業社会の枠内での政党連合を考えなければならないことは明らかであった。そしてそれは、自民党との大連合か、社公民連合のいずれかしかなくなる。こうして、転換は、まず社会党の従来の路線、全野党共闘――事実上の社共共闘路線の廃棄と新しい連合路線の採用としてはじまったのである。

社公民路線の台頭　社会党内に、社共共闘の清算と社公民路線の動きが公然と台頭したのは、一九七六年二月に設立発起人会のもたれた「新しい日本を考える会」への、副委員長江田三郎の参加であった。同会は、社会党の江田、公明党の矢野書記長、民社党の佐々木副委員長が発起人となって設立され、社公民連合政権構想をうちあげたのである。[123]

続いて、江田は、一九七七年二月の社会党大会において、「革新・中道連合政権構想」を具体化すべし、と提案した。この提案は、七六年一二月の、いわゆるロッキード選挙で、自民党が二四九という過半数割れを起こしたことをうけてのものであった。しかし、この大会では、逆に協会系から江田批判が相つぎ、ついに同年三月、江田は離党してしまい、この動きは一頓挫を来たしたかにみえた。[124]

しかし、この動きは、江田離党によっては収まらなかった。この動きの背景が先のようなものであってみれば、それは当然であった。一九七七年七月、参院選での社会党の後退を受けて、社会党の停滞は社会党の路線の硬直化にありそれは党内協会派のしわざだとして協会派を攻撃する、「党改革推進グループ準備会」が結成され、[125]以後、協会派攻撃が盛りあがったのである。[126]

こうした協会攻撃によって、戦闘的社会民主主義の担い手を封じこめつつ、社公民路線を推進する動きが進行した。

社公合意へ　すなわち、一九七八年一月、社会党と公明党との間で、国会運営について話し合う国家対策委員会レベルの協議機関がつくられたのである。[127] すでに前年七七年秋には、民社・公明の合同国対会議がつくられていたから、この時点で、国会内では社公民のブリッジ共闘が成立したのである。

続いて、七九年一〇月総選挙で自民党が大敗し二四八議席となった直後の一一月一四日、社公の政権協議委員会が会合を開き、一二月一三日には、社公合意が成立した。これは、その前一一月一三日に、公―民の合意が成立したことをみこしてのものであり、ここに、社公民路線が一応の成立をみたのである。

社・公合意の画期的性格　この社公合意は、一九八〇年代における社会党の転換の第一歩として画期的なものであった。この合意についてはいくつか注目されるところがある。

第一に注目されるのは、社公合意に向けての一連の動きが、総評内の企業主義的協調組合、さらには総評指導部の後押しを受けて推進されたという点である。

すでに七〇年代後半には、鉄鋼労連などは、社会党候補でも協会派は支持しないという方針をだして、[128] 社会党内の社公民派を後押ししていたし、また、七九年末の社公合意への動きは、直接には、七九年総選挙直後の総評事務局長富塚の呼びかけによってはじめられたものであった。[129] この事実は、社会党の転換が、労働組合の協調化と軌を一にし、それに促迫されていることを象徴していた。

第二に注目すべきは、この社公合意は、明らかに社会党の新しい政権戦略の具体化としておこなわれたという点である。

社公合意が模索された時点での、衆参両院の状況は、次のようであった。衆議院では、自民党は大敗して二四八、社会党も一六名減で一〇七名、公明五七、共産三九、民社三五、新自ク四、であった。他方、参議院も、与野党伯仲状況にあった。こうした条件のもと、社会党は、まず直近の一九八〇年六月の参院選をにらみ、ここで公明・民社と組んで与野党逆転を果たし、それではずみをつけて、衆院でも与野党逆転を、ともくろんだのである。これが、敗北をつづけていた社会党の、新しい戦略であった。

当時政審会長の堀昌雄は、こう述べていた。

「この時点（一九七九年一〇月―引用者注）で、社会党はひとつの戦略をたてた。それは――予定された一九八〇年六月施行の第一二回参議院通常選挙において公明、民社両党と協力し、一名区の二六選挙区の地方区で可能な限りの当選者を出すことにより、可能ならば、参議院において保革を逆転させる。そこまで行かなければ完全な伯仲状態に追いこみ、次回一九八三年の参議院選挙で逆転を達成し、その勢いで衆院でも逆転をはかる――というものであった[130]」と。

この戦略にとっては、社公民の協力が鍵を握るが、社会―民社の連合が当面不可能なもとでは、社公・公民というブリッジの要となる公明との協議が不可欠となる。そして、それには当然、従来の社共共闘の絶縁が前提となったのである。

堀は続けていう。

「そのためには、公明党の求める政権協議に応じる必要がある。極めて困難な課題であったが、飛鳥田執行部はこれを乗り切り、共産党を除く社公路線が選択された。このことは一九五五年の社会党統一に次ぐ、政権に現実に到達できるプロセスの構築であ[131]」った（傍点引用者）、と。

みられるとおり、社公合意は、一九八〇年代初頭の社会党の最短コースでの政権到達戦略の要をなしており、当事者によって、一九五五年の社会党統一に匹敵する画期として評価されたものなのである。

結果的には、この最短コース戦略は、予定の八〇年六月参院選が自民党派閥抗争により大平内閣不信任案が可決されるという事態のもと、衆・参同時選挙となることにより、社公民の選挙協力が消え去り、失敗に帰する。(132) しかし、この社公合意路線は、その後も変更されず八〇年代社会党の転換を規定することになるのである。

4 「道」見直しと「新宣言」

以上のように、社会党の転換は、党勢の停滞へのあせりと政権への最短コース戦略に促されて、とるものもとりあえず社公民路線の選択として始まった。それは、さしあたり、社公合意を生んだが、しかし、その「合意」は、一九八〇年六月参院選をめざしたきわめて当座のものであり、その目標がなくなってしまえば、容易に崩壊し反古となりかねない代物であった。

転換の一歩前進　たしかに、社公合意には、「現状においては日本共産党はこの政権協議の対象にしないことで合意した」という一文がはいり、共産党との絶縁はうたわれたが、社会党の掲げる根本的理念はあいかわらず安保反対・非武装という点でも、また社会主義革命という点でも、現存日本社会の構造の枠を大きくはみだしていたし、また、そうした社会党の従来路線の担い手たる左派・協会派は依然力を失っていなかった。

こうして、八〇年六月選挙の完敗の時点で、社会党は、転換をいっそう進めるか、それとも社公合意を破棄して元に戻るかの選択に迫られたのである。

社会党執行部は、転換のほうに決断した。衆参同時選挙の結果は、国民が企業社会とそのもとでの「豊かな社会」を承認している（=保守化）ものと判断されたのである。しかも、公明、民社は、選挙での敗北の後いっそう体制化する方向をとっていた。社会党もかかる大勢には抗しがたいようにみえたのである。

　そこで改革の順序としては逆になったようだが、社会党の根本的性格の見直しがはじまった。それは「道」の見直しというかたちをとったのである。そして、ここにいたり、今まで当面の戦術ということで社公合意を容認していた党内左派が立ち上がった。こうして戦いは第二幕に入ったのである。


「道」見直しから「新宣言」へ　ここでは、一九八〇年代社会党の「道」見直しをめぐる攻防、「新宣言」への過程をくわしく扱う余裕はない。年表風に、ざっと、経過を追っておくにとどめる。その本格的検討は他日を期したい(133)。

　社会党の「道」見直しは、先述した、社公共闘路線のはじまる一九七八年初頭からはじまっていた。その画期をなしたのは、一九七八年三月、社会党第四二回大会で「社会主義理論センター」が発足したことである(134)。

　他方、堀昌雄ら、労働者自主管理研究会議は、大内力を招いて精力的に「道」の検討・批判をおこなっていた。この自主管理研究会議の理論的影響力が、社会主義理論センターにも流れ込んで、「道」見直しが進んだのである(135)。

　すなわち、理論センターは、大内秀明を座長とする学者グループに、「道」の再検討の論点整理を委嘱し、同グループは、一九八〇年九月、「内外情勢と社会党の運動」と題する報告書をセンターに答申した。これをふまえて、センターは、同年一〇月二三日、「八〇年代の内外情勢の展望と日本社会党の路線」(以下「路線」と略称)と題する中間報告を中執に提出したのである(136)。

　この「路線」をめぐって、党内外で活発な論争が起きたが(137)、一九八二年二月の第四六回大会でようやく満場一致、この「路線」が採択された。こうして「道」見直しの第一段階は終わった。この「路線」は、主として「道」の革命論に事実上修正を加え、革新連合政権の樹立をうちだし、その政策の基本を提示したものであった。

　続いて、「道」のめざす、ソ連型社会主義の理念を拒否することをめざして、センターは「新しい社会の創造—われわれのめざす社会主義の構想」を提案し、これまた、一九八二年一二月の第四七回大会で満場一致採択された。

この二つの文書をふまえて、「道」見直しの第三段階が、「道」にかわる「新宣言」の作成であった。これは、一九八四年二月の第四八回大会の続開大会で設置された、「綱領等基本問題検討委員会」のもと、田辺誠を長とする「作業委員会」で起草された。「新宣言」は、一九八五年一二月の社会党第五〇回大会に提案され、修正案を否決した後、翌年一月の続開大会で満場一致で決定をみたのである。[138]

「新宣言」の転換にとっての意義　「道」の見直しと、「新宣言」は、社会党の転換を決定的なものにした。社公合意の時点ではいまだ戦術的色彩をもっていた転換は、「新宣言」で党の根本的性格の変化という戦略的次元に深まったと思われる。

「道」が現実に社会党のなかでどれほど尊重されていたかとなるときわめて疑問ではあったが、「新宣言」は、「道」の提示していた将来社会のシステム、それにいたる社会主義革命を全面的に否定してしまった。かわりに、「新宣言」には、解決すべき諸課題と追求すべき理念が掲げられ、「社会主義」とはそれらの課題を一歩一歩解決することだ、と述べられた。[139]それらの課題や理念がはたしていかなる社会システムで解決できるのか、現存社会からその社会への移行の道すじは、という発想そのものが否認されたのである。

これは、社会党がそれまで一貫して保っていた、西欧型社会民主主義との峻別の姿勢を否定したことを意味している。そういう意味では、「新宣言」は明確に新しい党のあり方を示して、過去の革命志向との妥協を排していた。[140]

同時に、この作成の過程で、党内左派は、後退につぐ後退を余儀なくされ、「新宣言」の修正を拒否されたうえ、満場一致の承認に加わることで、独自の政治力としての力を喪失した。

ちなみに、「新宣言」路線を推進してきた全電通委員長山岸章は、一九八六年の続開大会で、採決をおこない、「新宣言」反対の左派の力が圧倒的に少数であることを明示して、左派を名実ともに粉砕すべきであった、とくやしがった。

「無修正で決まったことは評価できるが、本当はこの際、水と油と妥協するのではなく黒白を決するべきであると、長蛇を逸す、社会党再生の絶好のチャンスをまたもや失ったという気持はやはり強いわけです[14]」と。

けれども、それは山岸の思いすごしであった。実際には、左派はすでにくずれ去っていたのである。

「新宣言」の二つの顔　このように、「新宣言」は、社会党の転換を決定的にしたが、とはいえ、なお多くの矛盾をはらんだものであった。

ひとつは、「新宣言」の追求すべき、社会像が必ずしも鮮明でない、という点である。

一方で、「新宣言」は、ちょうど、高度成長期にヨーロッパ社会民主主義が「福祉国家」戦略で追求したような、〈成長―福祉〉の路線の堅持をうちだしているようにみえる。現存日本社会は、高度な生産力が「企業の利潤の増大のために利用された」ところに問題がある、という指摘などをみると、依然として、〈成長〉は重要な目標であるかにみえる。

「これまでの日本の発展の根拠の一つには、日本と日本国民としての特質があった。国民としての均質性、勤勉と教育にもとづく良質な労働力、新しい環境や条件に適応する能力などがそれである。このような能力の多くは、これまで企業の利潤の増大のために利用されてきたため、かえって国際摩擦や国内の社会問題の原因となってきた。しかし、日本国民の高い能力は、それがつくりあげてきた高度な生産力とともに、日本においてすばらしい社会主義を発展させる根拠となる」と。

また、「新保守主義」との「だんことした対決」をいい、続けて「現代の問題を前向きに解決するなかで克服していく」というところをみると、「福祉国家」路線を堅持しているようにみえる。理論センターに協力して、「道」みなおしから「新宣言」をリードした大内秀明が、「新保守主義」の一時性、西欧「福祉国家」路線の不変を強調している[142]のも、「新宣言」が「福祉国家」路線であることを示唆している。

しかし、他方、「新宣言」は、西欧「福祉国家」の危機以降の西欧社会民主主義の模索をも採り入れようとしているかにみえる。ところが、西欧社民の現在の模索は、「福祉国家」路線が不動の前提としていた〈成長〉がもたらす問題に焦点をあて〈成長〉を自明の価値とする立場への批判を特徴としている。したがってそれは、かの「福祉国家」戦略の自己批判の側面を持っているのである。

たとえば、「新宣言」はいう。

「そしていま、きわめて現代的課題として宇宙船・地球号の運命が問われていることを日本社会党は重視する。核による人類絶滅の危機とならんで、産業社会の発展そのものがもたらした人類の危機があらわれている。資源の乱用による生態系の破壊がそれである。その象徴は南の国々の飢餓である」と。

そして、先にふれた大内秀明は、この社会民主主義の模索の面を強調しているのである。しかし、この二つの社会像は、同一の平面でしかも簡単に結合できるのであろうか。

こうした点をみると、「新宣言」は、あたかも西欧社会民主主義の地層をみるようであり、一体これらの課題を解決する社会とはいかなるものか、という疑問を抱かせるのである。

「新宣言」路線を支える諸力

さらに、じつは、今述べた「新宣言」の二つの顔にも関係するのだが、「新宣言」では、そもそも社会党の転換の直接の契機となる社公民連合の追求にかかわって、未解決の点が含まれていた。

その最大の点は、社会党の党是であり、日本型社会民主主義路線を象徴していた、反安保・非武装・中立路線は、「新宣言」では一体どうなるか、という点であった。「新宣言」では、それは、「基本政策目標」のトップにあげられていた。

「平和、協調をもとにした国際体制と非同盟・中立・非武装の実現」と。これは、しかし、「西側の一員」としての日本社会の構造を前提にした改革を志向する、社会党の新しい路線とどうかかわるのか?という疑問が生じてくるはずであった。非武装・中立の国際路線を志向することは、日本資本主義の現在の国際的あり方を大きく否定することだからである。案の定、「新宣言」以後、公民の側からは、社会党が「非同盟・中立・非武装」を掲げていることへの攻撃が相ついだ。

他方、「新宣言」には、国際関係や戦後日本の展開が一応ふれられているにもかかわらず、平和については、この部分のみで、アメリカの世界支配の事実も、安保という字もついにまったく登場していない。憲法という文字は多数登場するが、第九条も、自衛隊もまったくでてこないのである。結局、こうした矛盾、曖昧さは八六年時点での社会党の内部の諸力の拮抗関係を反映しているように思われる。

こうした曖昧さは、安保・自衛隊のみではない。先述のように、「新宣言」は「産業社会の発展そのものがもたらした人類の危機」を語りながら、原発という文字がまったくでてこない。また、農業の問題も、「生態系の擁護や国民的な食糧政策などの観点をもつ運動へと展開している」というかたちで客観的にだけ登場する。

総じて、これらのことは、「新宣言」にみられる社会党の転換を主導した勢力が追求する戦略、すなわち社会党を現存日本社会の構造を前提にした反対党に変えることにより政権に近づこうという戦略にもとづく政策体系と、現存日本社会では十分実現できない諸利益を実現しようという諸力の政策体系とが、依然混在していることを物語っている。

現代日本社会の構造を認めて、その反対党として政権に近づこうという場合、安保廃棄―非武装では、日本資本主義の国際的枠組みの根本的変更になってしまう。どうしても、安保容認が必要である。また、〈成長〉こそが日本社会の不動の前提であり、原発や農業もその視点から政策選択をせざるをえなくなる。社会党「新宣言」をひっぱった労働組合勢力も、党幹部もほとんどが、この政策体系を志向していることは間違いないところである。

ところが、他方、奇妙なことに、「新宣言」にはこうした現存日本社会の構造に反対する力の反映もみられるのである。この構造がもたらす平和への危機に反対し、またこの構造の中核をなす企業社会から疎外された人びとの利益を守ろうという力である。そこでは、反安保―非武装―反原発―反公害・環境保護―農業自由化反対という一連の政策体系が提起される。この後者は社会党内に政治勢力を形成しているわけではないが、明らかに社会党支持者層のなかにあり、これら要求が、最近のとくに西ドイツなど西欧の社会民主主義の模索の動きにのって、「新宣言」のなかに影を落としているのである。「宇宙船・地球号」にせよ、「市民」「女性」の強調にせよ、そうしたものの一例である。

注目すべきは、こうした路線は、必ずしも党の旧来の左派たる協会派のそれではない、という点である。そしてじつは、土井たか子を委員長とした社会党には、まさしく、「新宣言」のこの二つの力が、相矛盾するかたちで露呈していると思われるのである。しかしその点はまた、後にふれる。

5 「組織」と「政策」の見直しへ

ともかく、こうして「新宣言」を決定した社会党は、いよいよ転換を、その組織さらには、政策へと深めていった。ところが、こうした領域の転換を試みるにつれ、「新宣言」のなかに同居していた、二つの力の分岐が顕在化し、亀裂が深まったのである。

政策見直しの動き　こうした事態を、党の転換の推進者たちはおそらく予想していなかったと思われる。党指導部にとって、敵は協会派であった。「新宣言」の時点で、この力の衰えは誰れの目にもはっきりしたから、あとは、政策の再検討と変更は容易なはずであった。しかも党のこのグループの背後には、一九八七年、「連合」という強力な助っ人が登場したのである。

すでに、「新宣言」の決定直後、山岸は、今後の課題として、野党連合政権準備をあげ、そのための社会党の政策見直しを提起していた。[143] それは、いわずとしれた、安保─自衛隊─エネルギー・原発─対韓国を含めた外交政策であった。山岸ら協調的労働組合勢力は、自らの集票能力を背景にして、この面での社会党の転換を一気にはかろうとしていたのである。[144]

すでに、これら政策の見直しの動きは、「新宣言」の作成と並行して進められていた。とくに、石橋執行部は、一九八三年一二月、自衛隊について、「違憲・合法論」うちだし、[145] 自衛隊容認に一歩踏みだし、また対韓政策についての再検討のきざしもみせた。総じて石橋─田辺体制は、党転換のための最強の体制のはずであった。

ところが一九八六年七月選挙で社会党は大敗し、党は、土井─山口鶴男体制に代わる。しかし山口も、従来の転換路線を継いで、政策見直しに手をつけた。

すなわち、一九八七年八月、山口は「党の基本政策について」と題する見解を発表し、文字通り、これら諸点についての再検討を提起したのである。

ところが、その後社会党の政策の再検討は遅々として進まない。その背景には、社会党を支えるもう一つの力が無視しえないくらい働いていたのである。

党組織改革　その問題をみるうえでも、もうひとつの組織改革のほうをみておこう。

この問題では、党は一九八七年の第五二回大会で、「党改革の推進」を決定し、山口書記長を事務局長とする「党改革推進委員会」のもと、「党改革の基本的視点」をうちだして、改革を進めた。

組織改革は、「新宣言」が「国民の党」を提起したことに対応する組織論をめざしていたが、二つの力点があった[146]。ひとつは、「連合」結成―総評解体にともなう、党と労働組合の関係の再編成であり、もうひとつは、市民運動の社会党へのとりこみである。

しかし、「連合」が社会党に対して要求していたのは、先述のように、もっぱら、政策の再検討と、社公民連合路線の具体化であり、党組織については、協会派の力が衰えた現在となってはさしたる要求はなかった。

他方社会党のほうも、「連合」との関係で気になるのは、選挙時における支持のとりつけであり、そのためにも、政策の見直しを急いでいたのである。だから社会党の日常活動にとっては、「連合」はさしたる期待はできなかった。その点では、「連合」や傘下の大単産と社会党は、一九五〇年代の総評と社会党のような密接な組織的連携を持ちうる可能性はないのである。企業主義的組合は社会党のための集票活動には力になる場合があっても、五〇年代の総評職場活動家のように、社会党の大衆運動にはほぼまったく関係がなかった。

したがって、社会党の側からしても、組合の側からしても、じつは、党組織改革はあまり問題にはならなかったのである。

組織改革のねらい―市民運動のとりこみ　それに反して、組織改革のもうひとつの柱である市民運動のとりこみのほうはそうはいかなかった。女性や環境・反原発、反核などの市民運動は、一九八〇年代の社会党にとっては、活性化の唯一の源と思われた。

じつは、「新宣言」のなかに含まれた、反企業社会的路線は、この市民運動を意識してのものであったのである。しかも、この市民運動の部隊が入ってこないことには、労働組合が先述のようである社会党にとっては党組織の拡大などありえなかった。そこから、組織改革の力点は、もっぱら、この市民運動のとりこみに置かれたのである。

党の組織改革が、分権化、個人の自発性の発揮、ゆるやかな義務の「協力党員」制、女性党員についての特別措置などに向けられた[147]のは、明らかに、改革が、市民運動のエネルギーを党へとりこもうとしていたことを示していた。

「連合」か市民運動か

こうして、社会党の転換が進むにつれ、社会党内には新しい二つの潮流が台頭していることが明らかになった。

従来・社会党の特殊性は、企業社会にくみこまれない点にあった。それを党内で支えたのは、主として、総評、後にはそのうちの官公労であった。社会党が、現存社会の体制を承認してその枠内での反対党として政権をめざすという西欧社民の路線をとらないという路線上の表明が、反安保・非武装政策であり、社共共闘路線であった。だからこそ、党の西欧社民化は、まず共産党との絶縁、党内左派つぶしから始ったのである。こうして今や、社会党は、現存社会の枠内での反対党に純化したかにみえた。

ところが、そこに新たに、市民運動派が台頭したのである。そして、この力が、従来の官公労や協会派に代わって、現存日本社会の構造から疎外された諸利益を代弁し始めているのである。

党内改革推進にとって、これは痛しかゆしである。この力がなければ、社会党は活動家も、各級議員候補の補充にもこと欠くありさまであり、またこの層が何より社会党支持層のかなりの部分を占めていることも明らかである。しかし、この層の要求を実現することは、およそ社会党のこの間の転換とは矛盾せざるをえない。こうして、ニュー社会党は、新たなディレンマに立たされているのである。

六　現代日本社会の変革と社会民主主義の可能性

1　社会党「新宣言」路線の可能性

それでは、現在社会党が採っている新しい戦略は、現代日本社会の企業社会的な構造をはたして変革する展望を持っているのかという問題を最後に考えてみたいと思う。あらかじめ結論をいうと、社会党の追求する新路線はあまり展望のあるものではないといわざるをえない。とくに、三つの点でそれがいえる。

新路線を支える基盤の欠如　まず第一に、社会党の「新宣言」路線――あるいは社・公・民の同盟路線といってもよいと思うが――は、その基盤として期待する労働勢力が必ずしもその思惑どおりに動かない可能性が強いという点で非常に実現可能性の薄いものである。

前述のように、この戦略が依拠している最大の部隊は五五〇万の「連合」であり、「連合」が一九八九年に官公労を統一すれば、その勢力は八〇〇万になる。八〇〇万人を背景にした新戦略というのは一見すると非常に強力にみえるが、じつはそうではない。なぜなら、すでに述べたように「連合」の主力をなす企業主義的協調組合運動は従来から社・公・民を必ずしも支持してこなかった。それが「連合」になったからといって、即座に対応を変えるわけではないからである。

ある計算の仕方によれば、「連合」五五〇万人のうち、ほぼ三五〇万が自民支持、あるいは自民との連合構想支持であり、残りの二〇〇万が社・公・民路線支持だと思われる。これは、社・公・民連合政権路線をとるとみられる単産、たとえば中立労連の電機労連、同盟の全金同盟、海員といったところを足すと、二〇〇万になるという計算である。実際には、これら単産のメンバーが社公民支持で固っているというわけではなく、その執行部・幹部が社公民派だということなので、三五〇万対二〇〇万というよりはもっと自民支持が多くなるかもしれない。

とにかく、ここで注目しなければならないのは、社公民連合派、いわんや社会党の「新宣言」派は「連合」のなかでも少数派だということである。「連合」内の多数派として、協調的労働組合運動の地盤沈下を防ぐための労働戦線統一論を主張してきた人たちは、五五〇万人の票をできるだけ高く自民党に売ろうとしているのである。したがって、少なくとも現時点では、「連合」が社会党あるいは社公民をまとまって支持するという具合にはならない。

今のままでは、「連合」の政治志向は分裂し、社公民派と、民社と自民の連合派などに分かれる可能性が強いのである。第一の問題は以上のような基盤の欠如という問題である。

経済的条件の変化　第二の問題点は、この「新宣言」路線が、前述のように、現代資本主義の「成長」にのっかって展開された「福祉国家」戦略が財政的、経済的に危機に陥っている段階でだされていることにともなう矛盾である。

もしこれが高度成長期であれば、社会・公明・民社の「福祉国家」戦略にもとづく連合は、より容易であったと思われる。ところが、一九八〇年代に入って以降は、いずれの党ももはや従来の「福祉国家」戦略をそのまま掲げることはできなくなり、何がしかの修正を加えている。

社会党の「新宣言」路線も、例外ではなく、「福祉国家」戦略に、ドイツ社会民主党などの最近の傾向であるエコロジー的色彩―反成長的色彩を加味している。同時に、新保守主義に対しては「だんことして対決」することをうたって「福祉国家」戦略継続をうたっていることも前述のとおりである。

ところが、社会党の新路線が連合の対象としている民社党は、「福祉国家」路線の新保守主義的手直し、成長偏倚の路線をうちだしている。「行革」の積極的推進、エネルギー政策としての原発推進などが、その例である。

こうなると、「福祉国家」の修正の中身において、社会・民社両党が連合する場合、一致できる政策の範囲はきわめて狭くならざるをえなくなる。

さらに、ヨーロッパの社会民主主義政党はいずれも政権に参画する過程で、軍事同盟を承認してきた。ところがこの点でも、最近の反核運動の昂揚のなかで、再検討や修正の動きがでている。日本では、社会党の「新宣言」は、日本国憲法の理念を前面にだし、「平和・中立・非核武装」を理念として掲げているが、これは、ある意味では、反核・平和の要求を重視せざるをえなくなった西欧社会民主主義の最近の変貌と軌を一にしているともいえる。

しかし、それに対して、公明・民社両党が、対立することはいうまでもない。

このように、〈成長〉と〈福祉〉が併存でき、「福祉国家」路線で多数の合意が得られた一九六〇—七〇年代と異なり、「福祉国家」の危機の時代に、しかも「福祉国家」路線の修正の方向がまったく相反するなかで、連合を組もうとすると、政策的一致の幅はきわめて狭くならざるをえない。しかもその対立は端的にいえば、〈成長〉か〈福祉〉か、〈成長〉か〈エコロジー〉かという二者択一的なところがあり、したがって、社会党の新路線が、連合を至上のものとすれば、民社党的路線に不断に近寄らざるをえなくなるのである。安保—対韓政策—自衛隊—原発—福祉見直し等々のところで、民社・公明の線に近いところということになると、しかし、今度は、自民党とさほど変わりがないということにならざるをえない。

オルタナティヴとしての魅力の喪失　しかしそうなると、第三の問題がでてくる。それは、新しい連合のうちだす政策は、結局、企業社会の支配下にある労働者の要求に沿うこととなり、オルタナティヴとしては魅力のないものとならざるをえない、という問題である。

オルタナティヴとして魅力がないということの意味は、新しい連合の路線が現存の政権とあまり変わりばえがしなくなり、そうであるとすれば、一方では従来から自民党を支持してきた階層にとってはそれなら自民党のほうがはるかにすぐれているということになり、他方、今の自民党政権に嫌気がさして、その変更を求めている階層にとってはあまりにも自民党の政策との違いが少なく、オルタナティヴとしてはまったく魅力がないということになってしまうということである。その点でも社・公・民路線の展望というのは非常に薄いということにならざるをえないわけである。

したがって、全体としていうと、いまの日本社会党の「新宣言」路線は展望のないものにならざるをえない。

2　戦後日本の社会民主主義の教訓

以上、日本型社会民主主義の歴史的歩みを追って現状まできたわけだが、こういう戦後の社会民主主義者の歩みから日本社会の変革を展望するうえで、どういう教訓をくみとることができるかを最後に検討しておこう。

日本型社会民主主義の戦闘性の再評価　第一にあげられるのは日本の社会党が一九五〇年代から六〇年代の前半に持った日本型社会民主主義の魅力を、あらためて評価する必要があるのではないかということである。

この戦闘性は、たしかに労働組合運動が必ずしも企業社会にくみこまれていなかった時期に形成されえたものであるし、支配層がきわめて露骨な復古政策をとっていた結果でもあり、総じて現代の支配の構造ができあがっていなかった時期のものではあるが、それにもかかわらず、日本社会党が今なお持っている日本社会のなかでの特別の権威と期待は、すべてこの時期の運動から生まれたものといって過言でない。

そういう意味で、日本の社会の現在と将来にとって、「平和」とか、「民主主義」という価値が持っている意味と「社会主義」との関係があらためて問題にされねばならないのではないかと思われる。とりわけ、社共共闘にもとづいてつくられた革新自治体が〈周辺〉諸階層の統一戦線として機能し、資本蓄積に対し規制をおこないえたという経験をあらためてふり返る必要があるように思われる。

土井社会党の矛盾　この社会民主主義の戦闘性の再評価という点に関連して、最近の土井社会党の動きが注目される。土井社会党の最近の動きが、「新宣言」路線を否定したり、その枠をこえているわけではない。土井社会党の路線は「新宣言」の二つの魂のひとつを拡大しているともいえる。それにもかかわらず、土井社会党の動きはきわめて注目されるのである。

その端的な例は消費税である。消費税のときに、社会党の執行部は税制改革に賛成していた。「連合」も全体として消費税を含む税制改革に必ずしも反対ではなかったのである。ところが、党執行部は自民党との協調路線をとろうとしたにもかかわらず、委員長の土井たか子は、それを拒否した。逆に、審議拒否をやり、最終盤では共産党と一緒に牛歩戦術をやった。

このような行動に典型的にみられるように、土井たか子は党内での派閥の基盤を持っていないばかりか、労働組合にもまったく影響力を持っていない。ところが、土井委員長がこうした断固たる態度を貫いたことが、社会党の権威をあげ、一九八九年参院選をはじめとする諸選挙での社会党の躍進を招いたことは、「連合」や社会党右派も含めて認めざるをえないのである。

では、土井たか子は一体何に基盤をおいているのかというと、社会の〈周辺〉階層においているようにみえる。そして、土井委員長のこの間の一連の行動は、明らかに、この〈周辺〉諸階層の自民党政治への不満や怒りを代弁しているのである。これは、土井社会党が、日本型社会民主主義の戦闘性を、部分的に復権させているということを意味しているのである。

日本社会党の集票構造のなかでは少なくない力を持っていた労働者階級以外の階層や、市民的な要求というものに彼女は支えられていた。つまり、党内基盤は非常に弱いにもかかわらず、彼女が委員長として擁立されたのは、日本社会党の集票構造のなかになお一九五〇年代につくられた伝統に基づく平和と民主主義の担い手としての社会党への期待があり、そういう社会党のイメージを代表するものとして、土井たか子が存在していたからだと思われる。土井自身が自分の立っている、そういう〈周辺〉的基盤をよく理解しているから、党執行部の圧倒的な多数が反対しても場合によっては自らの基盤に沿った政策、スタンスをとらざるをえないということがでてくるわけである。

だから、たとえば土井たか子が党執行部に同調して、天皇快癒祈念の記帳にいくというようなことになると、土井自身がその支持者から猛烈な批判をうけ、軌道修正をして、天皇は戦争責任がある、というふうにいわざるをえなくなったのである。

「新宣言」と土井社会党　土井社会党の路線は、先にひと言ふれたように、必ずしも「新宣言」と全面的に衝突しているわけではない。「新宣言」のなかにも、先述のように、一九八〇年代西欧社会民主主義の反〈成長〉的な面、また女性や市民を重視する面が含まれているからである。そして、土井社会党は、市民や女性の重視、反核・平和の強調という点で、西欧の社会民主主義の最近の傾向と、行動様式がよく似ている。

西ドイツ社会民主党が八〇年代に入ってからとった路線は、じつはこういう路線であった。原発の容認を撤回し、NATOに対し疑念をもち、非常に妥協的ではあるが、反核運動に参加していく。また、一時期のイギリス労働党においてみられたように、急進化し、左翼化する場合も生じている。しかも、その担い手として、労働党内左派が強くなっている。

こういう、西欧の社会民主主義諸党の最近の傾向を日本の場合には非常に矮小化したかたちではあるが、土井社会党が反映しているように思われる。しかし、いうまでもなくこれは、「新宣言」路線のめざすものとぴったり一致しているわけではない。「新宣言」路線の本体は、西欧「福祉国家」路線による社公民の連合であり、その点からいえば、土井の行動はしばしば公明・民社とくい違い、それぱかりか、この路線の最大の基盤となっている「連合」とも矛盾するのである。それにもかかわらず、土井を委員長として立てざるをえないところに日本社会党の非常に矛盾的な構造があると思われるのである。土井社会党の路線はいうまでもなく、一九五〇—六〇年代日本型社会民主主義とは、その基盤においても同じではない。にもかかわらず、その戦闘性の復権への期待が、土井社会党の躍進を支えているのも事実であろう。社会党がこれから票を伸ばすとすれば、むしろ、この土井路線を徹底したほうが社会党に対する期待に応えられる。だから、土井を切りたくても切れない。ところが、これでは連合政権はなかなか大変だ、というところに今の矛盾がある、と思われる。

社会主義と福祉国家戦略　教訓の第二は、日本型社会民主主義と社会主義、ということにかかわっている。戦後日本の社会民主主義をふり返って明らかなように、日本社会党はかつて一度たりとも真面目なかたちで社会主義を考えたことがなかったように思われる。左派も考えたことがなかったし、右派はいわんや考えたことがなかった。

逆にいうと、日本社会党は平和と民主主義を掲げて復古政策に対して闘ったが、一九六〇年代から、七〇年代、八〇年代にかけて、日本社会をおおっている高度成長、企業社会の悪、それが犠牲にした人間らしさとか、「豊かさ」の再点検とか、ゆとりとか、労働者の人間らしい生活の追求とかいうブルジョア的な社会がもたらす害悪に対して、本格的に一度たりともその克服を志向したことはなかった。

別の言葉でいえば、社会党は、現存支配の基本的イデオロギーとなっている〈成長〉に代わる理念というのをうちだしえていないといえる。

たしかに日本社会党の綱領であった「道」は明確に「社会主義」をうちだしていた。しかし、あの当時、社会党が元気があったのはこの「道」を掲げたからではないことは明らかである。社会党が平和と民主主義運動の担い手として頑張っていたから元気があり、支持もあったわけである。現在の社会党の「新宣言」路線は日本資本主義の成長体質に代わる根本的なオルタナティヴをだすのではなく、それを放棄し、企業社会の構造を前提にしたところに展望を求めている。

たしかに、「新宣言」自身は、〈成長〉に代わる理念もうちだしており、また、新しい社会主義の理念も模索しているが、その方向ははっきりしないし、「新宣言」路線を追求する人びとは、「社会主義」を展望しているわけではない。けれども、今ほど日本資本主義の成長構造、企業社会がもたらした害悪が社会を覆い、それに代わる理念が必要とされているときはないのではなかろうか。問題を本格的に検討する必要がある。

福祉国家戦略の再検討　戦後日本の社会民主主義の歴史的検討からひきだされる教訓の第三は、日本の社会民主主義がまともに検討したことのなかった「福祉国家」路線がもたらすメリットとデメリットをあらためて検討する必要があるのではないかということである。

西欧型社民の追求した「福祉国家」戦略を今の社会党の戦略の中心にすえ直して考えていこうというのが「新宣言」路線であり、また本章冒頭に引用した高橋彦博の戦略的な展望だと思われる。しかし、はたしてそういう路線は実現の可能性があるのか、その固有の担い手は誰なのか、という問題も含めて、西欧型社民が実際の国家政策のなかで実現してきた福祉国家政策の再検討、それも社会主義の側からの再検討が必要ではないかと思われるのである。

その点に附随してひと言述べておきたい。それは「福祉国家」戦略の担い手は誰か、という問題にかかわっている。つまり、西欧型「福祉国家」路線の担い手を日本において求めるとしたら、現存する資本主義的な生産様式に非常に批判的な勢力、そういう人びとにしか期待できないのではないかという点である。

ヨーロッパで現実に「福祉国家」戦略が実現したとき、その担い手は、必ずしも日本のように、体制批判的な労働者階級である必要はなかったし、現にそうではなかった。むしろ、そういう体制の一角に食い込むような協調的労働組合と社会民主主義勢力によって、「福祉国家」政策は担われ、それがゆえに、ある程度の実現をみたわけである。

ところが、日本の場合には、そういう体制的な労働者階級は「福祉国家」政策ではなくて、「成長国家」政策を担う、したがって、福祉切捨てを容認する勢力なのである。

そうすると、日本において、西欧型「福祉国家」戦略をとろうとする場合に、それを支持して、福祉の充実、国家財政における福祉の増大を要求する勢力は誰かというと、西欧とはまったく違って、現存の体制に批判的な、その矛盾を、むしろ自覚的に克服しようとする勢力なのである。つまり社会主義か、福祉国家かという、現存社会に対するどちらの選択肢を選んでも日本においては担い手という点では変わりがない。いずれの路線をだしたとしても、結局のところは現存のシステムに対して批判的な勢力がそれを担うことにならざるをえないわけである。日本版「福祉国家」としての革新自治体が、社共連合によって担われたということは、日本のかかる特殊性を象徴していたと思われる。

そうであるかぎり、「福祉国家」的な政策が国家政策のなかでかろうじて、実現できる条件はむしろ、そういう批判的な勢力が批判的な主体としての運動を展開することにより、実現される可能性が強いということになる。つまり、ヨーロッパの場合には、その主体がそういう国家的な政権の担い手として、福祉政策を実現するために、当然のことながら、たとえば、軍事同盟路線を容認するということをはじめとして、一連の体制政党としての必要な政策的な限定をおこなった。

ところが日本の場合にはもともとそういう体制に批判的な勢力の運動によってしか「福祉国家」戦略というものが担われないとするならば、むしろ、社会主義的な戦略のなかで福祉政策の実現を果たすほうが現実的ではなかろうか。したがって、その前提としての西側一員論とか、軍事的な同盟政策の容認とか、核政策の容認とか、そういう限定をして、自分の手を縛る必要はない。

手を縛ることによって、批判的な運動主体のエネルギーをそぎ、批判的な運動主体を狭めることはむしろ逆効果になるわけである。そういう点からみると、社会党の「新宣言」路線は非常に矛盾的なものであると思われる。

以上、いろいろな意味で戦後の日本社会党や民社党の歩んで来た道は現在の日本社会の変革をめざす運動にとっては教訓を含んでいるのではないか、と思われるのである。

（1）現代国家の画期として、第一次大戦を重視する考えとして、加藤栄一『ワイマール体制の経済構造』東京大学出版会、一九七三年。また同「現代資本主義の歴史的位置」『経済セミナー』二二七号（一九七四年二月）、三七頁などを参照。

（2）加藤、前掲『ワイマール体制の経済構造』五五頁以下。

（3）高橋彦博『現代政治と社会民主主義』法政大学出版局、一九八五年、「はしがき」iii頁参照。

（4）この点につき、渡辺治「現代日本の国家・法の構造」『法の科学』一七号（一九八九年）を参照。

（5）高橋、前掲『現代政治と社会民主主義』三二二頁。

（6）この点について、さしあたり、聴濤弘「最近の社会民主主義『再評価』論の特徴とレーニンの今日的意義」前衛編集部『世界の社会民主主義政党』新日本出版社、一九八九年、所収、を参照。

（7）この点につき、浅田信幸「イタリア共産党と新協調主義」『前衛』一九八八年一二月二五日号、などを参照。

（8）『赤旗評論特集版』一九八二年一月一八日号、一〇頁。

（9）もっとも、念のためにつけ加えておくと、一九八一年のイタリア共産党の「社会主義をめざす闘争の新しい局面を開くために」の時点では、ロシア革命の道とともに、社会民主主義の道も否定さるべきものととらえられていたことは、本文の引用でもわかる。この決議は次のようにいう。

「社会民主主義諸党の経験を乗りこえなければならないことも明らかである。これは資本主義的権力構造を問題にする力と意思を持たなかったゆえに、労働運動の過去に否定的なもの……があったためだけでなく、西欧における未解決の諸問題がいちじるしく新しいためでもある。社会民主主義がこれまで取った経験や道は、若干の国ぐにでは、社会的市民的分野で重要な成果をもたらしたが、発展と消費のモデルの危機、国家の危機そのもの、広範な大衆に及んでいる疎外の新しい現象によって、今日、挫折しているようにみえる」と、（同前、一三頁）。

イタリア共産党が、社会民主主義を社会主義発展の道のひとつとして位置づけたのは、もっと後のことになる。この点は、浅田、前掲「イタリア共産党と新協調主義」参照。

(10) 高橋、前掲『現代政治と社会民主主義』三〇四頁。

(11) 現代資本主義の成長が、福祉を支え、成長―福祉の併存が成立したことにつき、馬場宏二「経済政策論と現代資本主義論」『社会科学研究』四一巻二号、一九八九年、を参照。

(12) 新自由主義の台頭以降のヨーロッパ社会民主主義の実情につき、さしあたり、真柄栄吉他著『ヨーロッパの政権と労働組合』第一書林、一九八四年。

(13) 西ドイツ社民党の新綱領草案(イルゼー草案)の邦訳は、『現代の理論』一九八六年一二月号、参照。また、この綱領草案についての論争については、住沢博紀「新綱領をめぐる諸論争」『現代の理論』一九八八年八月号、所収の諸論文、永井清彦「〝ブラントの孫たち〟と綱領論争」(同前)、山本佐門「福祉国家の危機と社会民主主義――ドイツ社会民主党の場合」日本政治学会編『転換期の福祉国家と政治学』岩波書店、一九八八年、所収、仲井斌「西独社民党の自己変革」『月刊社会党』一九八九年六月号、などをみよ。

(14) 清水慎三『日本の社会民主主義』岩波新書、一九六一年、六―七頁。

(15) 西欧社会民主主義政党の軍事同盟に対する態度については、緒方靖夫「社会民主主義政党の歴史と現在」の他、坂口明「イギリス労働党――NATO仕掛人の限界」、小原耕一「イタリア社会党覚え書き――NATO軍事同盟と統一戦線問題への対応を中心に」など、前衛編集部編、前掲『世界の社会民主主義政党』所収論文を参照。

(16) 大内秀明『連合新時代の構図』第一書林、一九八九年、七―八頁。

(17) 西尾末広の断固たる共産党との共闘拒否については、同著『西尾末広の政治覚書』毎日新聞社、一九六八年、四九頁以下をみよ。なお、この態度は、右派のみでなく、左派にも共通していた。高橋彦博「片山内閣の成立過程(その2)」同『日本の社会民主主義政党』法政大学出版局、一九七七年、所収、二七二頁。

(18) 西尾、前掲『西尾末広の政治覚書』一一四頁。

(19) 同前、一一七頁。

(20) たとえば、松岡英夫『片山内閣』片山内閣記録刊行会、一九八〇年、も同旨である。

(21) 同前、二三五頁以下に引用。

(22) 同前、二三五頁。
(23) このくわしい経緯については、同前、第一〇章をみよ。
(24) 同前、一八〇頁。
(25) 同前、二九六—三〇〇頁、など。
(26) 綱領については、同前『片山内閣』四二頁に収録。
(27) 大内兵衛編『戦後における社会保障の展開』至誠堂、一九六一年。
(28) 清水慎三は「五〇年代前半の労働運動(高野時代)は何であったか」労働運動史研究会『高野時代の労働運動』労働旬報社、一九七八年で、総評の急転換の理由のひとつに、この大衆の経験と不満をあげ、こういっている。
「わずかの期間であったとはいえ、直後から数年間、労働者は労働組合という場でともかく公然と要求し、公然と闘うことによって、生活要求を満たし、労働条件を守ってきたという自信と経験が、相当範囲にわたってつくり出されていた。……そのころ労働者はかなり生々しい体験を持っていた。そのあるものは既成事実化していた。そこへもってきて、職場での権利にしても、職場での労使関係……を戦前型に締めつける。ドッジ・ライン以降、賃金を中心とした物的な要求のほうもいっこう伸びない、停滞するということに対する不満が、当時一般組合員の間にかなりうっ積していた」と(三二—三頁)。
(29) 同前、三一頁。
(30) とりあえず、渡辺治『日本国憲法「改正」史』日本評論社、一九八七年、二五一—五五頁、本著作集第6巻収録。
(31) 清水、前掲「五〇年代前半の労働運動(高野時代)は何であったか」三二—三頁。
(32) 清水、前掲論文は、高野時代の総評のプラス面の第三に、この時代の総評が、平和と民主主義をめざす知識人と連携を持っていたことを指摘している。
「いわゆる戦後民主主義というか〝平和と民主主義〟型知識人といっていいか、こういうかなりの厚味をもった知識層と労働運動との連帯、共闘関係が高野時代に形成され、その後の運動パターンになりました」(四三頁)と。
(33) 朝日訴訟への総評のかかわりについては、くわしくは、『朝日訴訟運動史』草土文化、一九八二年、参照。また、憲法運動史の視点から、森正『聞き書き・憲法裁判』東研出版、一九八九年、第三章をみよ。
(34) 五〇年代の社会党史については、さしあたり、月刊社会党編集部編『日本社会党の三十年』(1)(2)社会新報社、一九七四年(以下『三十年』と略称)、広瀬健一『左派社会党の実態』大衆社、一九五五年、小山弘健・清水慎三『日本社会党史』芳賀書店、一九六五年、などを参照。
(35) 広瀬、前掲『左派社会党の実態』、三五頁は、次のようにいう。「この古い社会党を引裂いて、自己の意志を実現しようとしたのは、党の一連の幹部ではなく、いはんや左右の派閥意識ではなかった。あきらかに、今の社会党幹部は分裂に対して躊躇した。動揺した。鈴木茂三郎氏を始め大部分の幹部党員は、なんとかして右派との再合同の調整を内心切に希望していた」と。
(36) 同前、二七頁に収録されている、中田吉雄の「歴史の審判」という、五一年浅草大会の印象記は、講和における態度を、満州事変にさいしての社会民衆党の態度、一九三八年国家総動員法に対する社会大衆党の賛成、そして、三輪・麻生らの産業報国会への協力、東方会との合同策動などと比較して、そのくり返しを警告している。
(37) 同前、二七頁。また、清水、前掲『日本の社会民主主義』三九頁にも、その指摘がある。清水は、分裂時のことをこういう。「講和問題が切迫しついに党が分裂するころまで、当時の社会党機関紙『社会新聞』……が、毎号『ドイツ社民党の誤りをくり返すな』とくり返し、第一次大戦勃発当時のドイツ社会民主党の行動を丹念に編集して党員に警告していたことは誠に印象的であったと。
(38) 広瀬、前掲『左派社会党の実態』二九頁より再引。
(39) 同前、一九頁より再引。
(40) 同前。
(41) 労働者同志会については、清水慎三「運動史のなかの総評」『社会政策学会年報一五集　戦後労働運動の展開過程』御茶の水書房、一九六八年、所収、六九頁以下、にくわしい。
(42) 清水、前掲「五〇年代前半の労働運動（高野時代）は何であったか」四七頁。「この時期に戦後型企業別組合を底辺として、労働運動の推進主体として、全国指導部、単産幹部層、それに職場活動家層という三重層が形成されたということです」。
(43) 同前、四七頁。
(44) この点、広瀬、前掲『左派社会党の実態』六五頁以下を参照。
(45) この点は、同前、八四頁によった。
(46) 同前、七二頁。
(47) この「フランクフルト宣言」の邦訳は、『労働者自主管理研究』七号（一九八〇年一一月）六七頁以下に収録されている。

(48) 森戸―稲森論争については、前掲『三十年』(1) 二〇一頁以下。
(49) 「第九回党大会宣言」は、日本社会党結党四十周年記念出版刊行委員会『資料日本社会党四十年史』一九八六年(以下『四十年史』と略称) 二四三頁。
(50) 小山・清水編、前掲『日本社会党史』一三一頁。
(51) 同前、一三四頁他。
(52) 同前、一三六頁以下。また、前掲『三十年』(1) 三六八頁以下。
(53) 同前、『三十年』三六八頁。
(54) 小山・清水編、前掲『日本社会党史』一四一頁。
(55) 同前、一四一頁。
(56) 両社合同については、『三十年』(2) 一二、一三章、小山・清水編、前掲『日本社会党史』一四七頁以下を参照。
(57) 前掲『三十年』(2)、七四頁の注(1)、同、三四頁などを参照。
(58) 同前、三二頁以下、参照。
(59) この点につき、同前、一四、一五章、また、小山・清水編、前掲『日本社会党史』第八章などを参照。
(60) 渡辺治「現代日本社会の権威的構造と国家」藤田勇編『権威的秩序と国家』東京大学出版会、一九八七年、所収、本著作集第10巻収録。
(61) たとえば、日本鋼管の作業長制とその展望について、折井日向『労務管理二十年』東洋経済新報社、一九七三年、第三章、参照。
(62) 折井、前掲『労務管理二十年』は、作業長と、職工身分格差の是正の効果について、次のように述べている。「社員制度の改正によって、作業長から係長への昇進の道を明確化したことの効果も見逃せない。従来は、職長にまで昇進すれば、あとは定年をまつだけということであり、努力の仕甲斐を感じ得ないこととなりかねなかった。社員制度においては、努力する作業長は係長さらに課長へと昇進するというルートが明確に設定され、向上心のある作業長には、自らの将来目標を自分で選びとりその目標達成のために自ら研鑽するという生き方が可能になってきたのである」と(三九頁)。
(63) たとえば、鋼管の持ち家政策は、一九五六年からの第一次五ヵ年計画で本格化している。折井、前掲『労務管理二十年』一二〇頁以下、参照。
(64) 嵯峨一郎「JC―企業主義・国益主義の労働運動」佐藤浩一編『労戦統一』五月社、一九八〇年、所収、一一七頁以下。

(65) 同前、一二二頁以下、また、橋本邦久・中山惟行『松下王国の神話』労働旬報社、一九七八年、参照。

(66) さしあたり、青木慧『日産共栄圏の危機』汐文社、一九八〇年、また、佐竹五三九・小西平三郎・清水慎三「企業合併と労組の組織問題」『労働法律旬報』六四三号（一九六六年四月上旬号）と、同号所収資料を参照。

(67) 佐竹他、前掲「企業合併と労組の組織問題」、参照。

(68) 単産の動向につき、さしあたり、岡崎三郎他著『日本の産業別組合』総合労働研究所、一九七一年。

(69) ＪＣについては、嵯峨、前掲「ＪＣ」、同盟については、大原楨郎「同盟―『労働組合主義』の矛盾」佐藤、前掲『労戦統一』所収の他、労働組合研究所『同盟』三一新書、一九六八年、高橋彦博他座談会「同盟＝労組の光と影」『賃金と社会保障』八三六号（一九八二年二月下旬号）などを参照。

(70) この点については、高木郁朗「日本労働組合運動における『右派』の系譜」清水慎三編著『戦後労働組合運動史論』日本評論社、一九八二年、に示唆を受けた。また、同様の点については、大原、前掲「同盟」一七八―一八〇頁、他にも、いろいろみられる。

(71) 組合と政党の関係につき、シュトゥルムタール／坂井秀夫訳『ヨーロッパ労働運動――統一と多様』福村出版、一九七二年、参照。

(72) 嵯峨、前掲「ＪＣ」一一〇頁より再引。

(73) 同前、一一六頁より再引。

(74) 同前、一一一頁。なお、日産労組の企業主義的体質について、嵯峨一郎『企業と労働組合』田畑書店、一九八四年、も参照。

(75) 嵯峨、前掲『企業と労働組合』九九頁。

(76) 石田博英「保守政党のビジョン」『中央公論』一九六三年一月号。

(77) 高木郁朗「実現しなかった福祉国家」『エコノミスト』一九八一年二月二四日号を参照。

(78) さしあたり、ズザンヌ・ミラー／河野裕康訳『戦後ドイツ社会民主党史』ありえす書房、一九八七年、参照。

(79) 大原、前掲「同盟」一七八頁、参照。

(80) 民社党については、さしあたり、楪本捨三『戦後日本政党史』自由アジア社、一九七九年、の「第五章民社党」（以下『民社党』と略称する）、楪本捨三『民社党二十五周年史』民社党二十五周年史頒布会、一九八四年、いりえまさみち編『実録・民社党　舞台の幕をあける男たち』日本工業新聞社、一九八五年、などを参照。

(81) いりえ、前掲『実録・民社党』三七頁以下。

(82) 前掲『民社党』八七六頁他。
(83) いりえ、前掲『実録・民社党』三五頁。
(84) 以下の事実につき、前掲『民社党』八八〇頁以下、楪本、前掲『民社党二十五周年史』一六〇頁以下、いりえ、前掲『実録・民社党』五四頁、など参照。
(85) 民社党綱領全文は、前掲『民社党』、八八三頁以下に収録。
ちなみに、安全保障関係の部分はこうなっている。

「わが国の価値ある国民的文化の伝統を維持し、外国の侵略から国民協同社会の安全をまもることは、国民の当然のつとめである。国連に普遍的集団安全保障機能が備わり、完全な軍縮協定が成立するまでは、民主陣営の一員としてみずから国を守るため最小限の措置を必要とする。また真に平和な国際関係を維持発展させるためには、国際間にむすばれた条約を誠実に守るとともに、不平等な条約関係を改めなければならない」と(同前、九〇〇頁)。
(86) 前掲『民社党』九三一頁、楪本、前掲『二十五周年史』二二三頁以下。
(87) 前掲『民社党』九三四頁、『二十五周年史』二二二頁。
(88) 民社党は結党大会で、「民主社会主義政党についての見解」を発表している。全文は、前掲『民社党』八七三頁以下に収録。
(89) 前掲注(88)の「民主社会主義政党についての見解」、同前、八七三頁。
(90) 民主社会主義研究会議『日本における民主社会主義の課題・第一回民主社会主義研究会議報告書』論争社、一九六一年、序、参照。
(91) 「日本における民主社会主義の課題」前掲『日本における民主社会主義の課題』所収。
(92) 同前、一五頁。
(93) 前掲『民社党』九〇〇—九〇一頁。
(94) 前掲『民社党』九二三頁、楪本、前掲『二十五周年史』一九一頁以下。
(95) 楪本、前掲『二十五周年史』一九三頁。
(96) 前掲『民社党』九二三頁。
(97) いりえ、前掲『実録・民社党』一一五頁。
(98) 同前、一一八頁。

(99) 前掲『民社党』九九一頁。また、いりえ、前掲『実録・民社党』二〇三頁以下には、ポスト田中内閣に向け、民社党の佐々木良作が三木武夫と、春日一幸（当時委員長）が福田赳夫との間で、自民との連立政権構想を画策していたことが書かれている。

(100) いりえ・前掲『実録・民社党』二四四頁以下。また、国正武重編『一票差の人生―佐々木良作の証言―』（朝日新聞社、一九八九年）をみよ。

(101) 国正編、前掲『一票差の人生』二六六頁以下。

(102) さしあたり、構造改革論の提起者の側からの回顧として、貴島正道『構造改革派　その過去と未来』現代の理論社、一九七九年、がくわしい。

(103) この点につき、小山・清水編、前掲『日本社会党史』二一〇頁、参照。

(104) 同前、二三五頁、貴島、前掲『構造改革派』六三頁以下。

(105) 太田薫「社会党の構革論に対する七つの疑問」『月刊総評』一九六一年一月号、後、前掲『資料四〇年史』所収。

(106) 清水慎三起草「構造改革問題にかんする質疑について」。

(107) 社共共闘についての社会党側からの見方は、月刊社会党編集部編、前掲『三十年』(3)を参照。

(108) 同前、第二一、二二章、参照。

(109) 同前、第二二章、参照。

(110) 同前、第二三章、参照。

(111) 田辺誠『愛と知と力の政治』日本評論社、一九八八年、二九一―二頁。

(112) 同前、二九二頁。

(113) 山岸章「労働組合からみた新宣言」『労働者自主管理研究』一二号（一九八六年一一月）九頁。

(114) スト権ストについて、熊沢誠「スト権スト・一九七五年日本」清水編、前掲『戦後労働組合運動史論』、所収、をみよ。

(115) 国鉄分割民営化と国労の関係につき、たとえぽ、国労ルポ集団『いまJRで何がおこっているか』教育史料出版会、一九八八年、など参照。

(116) 総評槇枝執行部が労戦「統一」に動いた経緯につき、青木慧『ニッポン偽装労連』青木書店、一九八九年、四八頁以下。

(117) 政推会議については、高橋彦博「高度経済成長と日本の労働運動――政推会議の六年間」『歴史学研究』一九八三年度大会特集号「東アジア世界と民衆意識」所収、のち高橋、前掲『現代政治と社会民主主義』に収録。

(118) 芳村庸介『連合司令部』第一書林、一九八七年、六一頁。
(119) 同前、六一―二頁。
(120) 国正編、前掲『一票差の人生』二一七頁。
(121) 同前、二一一頁以下。
(122) 同前、二三九頁以下。
(123) 田辺、前掲『愛と知と力の政治』二一二頁。
(124) 同前、二一二頁以下。
(125) 同前、二一三頁。
(126) 協会攻撃については、青木、前掲『ニッポン偽装労連』二三六頁。
(127) 田辺、前掲『愛と知と力の政治』二一七頁。
(128) 青木、前掲『ニッポン偽装労連』二三二頁。
(129) 同前、二三七頁以下。
(130) 堀昌雄「政権獲得をめざす戦略の基盤」『労働者自主管理研究』七号(一九八〇年一一月)五頁。
(131) 同前、五頁。
(132) 同前、六頁。
(133) 「道」見直しついては、さしあたり、高橋彦博、前掲『現代政治と社会民主主義』の第三部。
(134) 経過につき、同前、二五五頁。
(135) 『労働者自主管理研究』五号「道批判特集号」(一九七九年八月)、参照。
(136) 経緯につき、「第三号議案・社会主義理論センター『中間報告』」『月刊社会党』一九八一年一月臨増、六七頁以下。
(137) さしあたり、清水慎三「社会党『新路線』への疑問」『エコノミスト』一九八〇年一一月一一日号の批判、大内秀明の反論「なぜ社会党の『道』を見直すのか」『エコノミスト』一九八一年三月一七日号が興味深い。なお、川上忠雄編著『岐路にたつ日本社会党』社会評論社、一九八一年、も参照。
(138) 経過について、田辺、前掲『愛と知と力の政治』二八六頁以下。
(139) 周知のように、「新宣言」は、「過程としての社会主義」をうちだしていた。「この人間解放をめざして一歩一歩改革を進め、社会の質的変革を実現していくことが社会主義である。社会主義への道は、現実から出発するたえざる運動、たえざる発展、たえざる社会改革の進展である」と。

こうした「革命」の否定、「過程社会主義」は社会党議員にとっては当然のことと受けとられた。伊藤茂他座談会「なぜ、いま新宣言づくりなのか」『月刊社会党』一九八五年九月号。

(140) 田辺、前掲『愛と知と力の政治』二八八頁は、改革推進派が協会派との妥協を一切排したことを強調している。

(141) 山岸章「労働組合からみた新宣言」『労働者自主管理研究』二二号(一九八六年一一月)九頁。

(142) 大内秀明・前掲『連合新時代の構図』、とくに、Ⅱを参照。

(143) 山岸、前掲「労働組合からみた新宣言」一四頁。

(144) 同前、一六頁で、山岸は全電通、電機労連の社会党支持見直しにふれている。これは明らかに「連合」からの社会党への脅迫である。

(145) 「違憲・合法論」について、小林直樹・石橋政嗣「非武装中立をいかに進めるか」『月刊社会党』一九八四年一月号、をみよ。

(146) この点につき、山口鶴男「『新宣言』と党改革についての提言」『月刊社会党』一九八七年五月号、参照。

(147) 組織改革の具体案について、党改革推進委員会「党改革に関する報告」『月刊社会党』一九八七年一一月号、をみよ。なお、須田春海「画期的な『組織改革』」『現代の理論』二四六号、八八年二月、も参照。

第四章　資本の労働戦略にみられる労働組合の力

はじめに

前章で比較的くわしく検討したように、現代日本の企業社会が、資本蓄積にとってはきわめて合理的である反面、そこで働く労働者にとってはおそろしく非人間的なものとしてたちあらわれている理由のひとつは、労働者階級を主たる支持基盤とし、労働組合ならびにそれを背景としている社会民主主義的政治勢力の力が、他の先進資本主義諸国に比べて、きわめて脆弱であることに求められる。第二次大戦後の現代資本主義諸国においては、労働組合運動と社会民主主義の政治勢力が、政権を握りあるいは政権に参画して、「福祉国家」政策や環境保護政策を展開することにより、多かれ少なかれ、野放図な資本蓄積は規制され、労働者の権利は前進した。それは、資本主義のシステムを変えることはなかったが、それにもかかわらず明らかに、資本主義の形態・労働者の生活には無視しえない刻印を与えたのである。

その結果、こうした社会民主主義の力の脆弱な日本とその力の強いヨーロッパ諸国においては、同じ資本主義国ということでは片付けられない差異が生じたと思われる。

ところで、こうした日本の社会民主主義の脆弱性の最大の根拠は、これまたすでに述べたように、日本の協調的労働組合の企業主義的体質に求められる。この企業主義組合こそが、企業社会を下支えし、同時に、企業社会のうえに乗る自民党保守政治を支えてきたのである。しかし、労働組合のかかる企業主義的体質は、労働組合がもともと持っている、労働者の利害に対する防壁としての役割をミニマムにすることとなった。現代日本社会における、企業の異常に強い権力、また、労働者の独特の困難は、組合の、こうした体質によるところが少なくない。

しかし、そうだとすると、現代日本の企業社会の構造を変革し、少しでも人間らしい社会をつくるうえで、一体、この労働組合はいかなる役割を果たしうるのか、そもそも、労働組合に、その種の役割を期待しうるのか、ということが問われることになる。本章と、次章とは、この点の検討を課題としている。

まず本章では、日本の協調的労働組合運動が、企業社会にいかに協力しその蓄積を助けてきたか、その結果、協調的労働組合がいかなる事態に追いこまれているかを、資本の側から検討したい。ついで、次章では、そのように追いこまれた協調的労働組合運動の起死回生策としての「連合」結成のねらいとその可能性を検討してみたいと思う。


いま、「資本の側から」と書いたが、ここで検討素材としてとりあげるのは、日経連の「労働問題研究委員会報告」である。この報告書は周知のように、七三年のオイルショックによる不況下で大幅賃上げに危機感を持った日経連が、春闘にさいしての経営側のガイドラインを示すべく、一九七四年末から毎年だしはじめ、今日にいたったものである。

そのため、この報告書によって、七〇年代中葉以降の、賃金や時短などの労働条件についての経営側の政策とその推移を知ることができるが、じつは、すぐあとに述べるように協調的労働組合運動の展開そのものに規定されて、この報告書からは、それ以外のことも知ることができる。すなわち、ひとつは、資本の側の官公労・民間を含めた全体の労使関係についての方針であり、もうひとつは、賃金・労働条件面にかぎらない資本の経済・社会政策である。さらに、全体としてこの報告書からは、それらの政策をとおして、資本が労働組合をいかに評価しているか、また、労働組合に何を期待しているかが浮び上がってくる。

もっとも、〈資本〉の戦略なり、思惑を日経連だけで、しかも、先のように特殊な、それだけに明確な目的を持って書かれた報告書で判断することが、正確さを欠くことはいうまでもない。

そもそも日経連は、資本家団体のなかで、労働側の攻勢に対して、経営権を守るという目的のもとにスタートし、存続している組織であるだけに、その労働組合観にしても、資本の長期戦略のもとで、労働組合をどう育成しあるいはそれと協調してやっていくかというような発想は概して稀薄であり、労働組合はなければないほうがよい、というような発想すらしばしば垣間みられる。つまり日経連は、労使紛争の資本の側における現場指揮官という特徴と固有の偏倚を持っているのである。

したがって、この日経連の労働組合観を、総資本の労働組合観であるということはできないし、経済同友会や日本生産性本部——労使一体の組織としてつくられているから狭義の資本家団体とはいえないが——などのそれとは、かなり異なっている。

したがって、日経連の報告書は、そういう限定をつけたうえで評価をする必要があろう。

そこで以上のようなことを念頭におきつつ、以下、この報告書を歴史的に検討することによって協調的労働組合運動が果たした役割を、資本の側から浮き彫りにしてみたい。

一　日経連労働問題研究委員会報告の三つの段階とその特徴

一九八八年版の「労働問題研究委員会報告」は、一九七四年末から始まった日経連のこの種の報告のなかでは画期的な新しい段階に入ったものだと思われる。十数年にわたる日経連のこの種の報告は、大きくいうと、三つの段階に別れると思われる。

第一の段階は、一九七四年一一月の「大幅賃上げの行方研究委員会」の報告から始まって、七九年一二月に「労働問題研究委員会」の報告へと名前を変えるまでの時期である。第二期は、名前を変えてから、八七年の報告までの時期が含まれる。そして、八八年版以降、いまだよくわからないが、どうやら、第三期の、新しい段階に入るのではないかと思われる。

1　賃上げ抑制・「減量経営」が目標——第一段階

第一の段階においては、報告書の目的は非常にはっきりしていた。オイルショック後の不況の克服の鍵として、賃上げをどう抑制するか、企業の「減量経営」を労働組合運動の抵抗を排してどうやって貫徹するか、この二つに、報告の課題は絞られていた、といってよいように思われる。とくに前者の、賃金抑制に焦点を合わせたために、日経連の報告は、毎年春闘前にだされ、そこで賃上げのガイドラインが設定されていたのである。

この第一段階は、そうした意味で、資本蓄積の最大の阻害要因である労働組合運動をどう抑えこむかという非常にはっきりした目的があった。

ところが、こういう日経連報告の目標は、諸外国が、賃金の引き上げを抑制したり、「減量経営」をすることに苦慮している間に、日本だけは逸早く不況を克服するというかたちで、早々と達成されてしまった。とくにガイドラインの設定は、春闘における賃上げをその枠内に抑えるという効果を発揮した。ヨーロッパにおけるように、資本の力で抑えきれないものを政府が介入して抑えるという「所得政策」をやる必要もなく、労使の対抗の一方の当事者が設定したガイドラインの枠のなかに収まってしまったのである。これは「日本型所得政策」といわれたわけだが、実際には、労使対抗の一方の当事者である資本の主張の枠内に抑え込んだのだから、これは「所得政策」というようなものではなく資本の側の圧勝ということだった。

ちなみに、日経連が賃上げ抑制の理論的な裏付けとして、強調したのが、有名な「生産性基準原理」といわれているもので、この段階の報告書では、毎年、これが強調されたのである。

ところが、こういう報告書の当初の目的は、だいたい七九年ごろに決着がついた。なぜなら、七〇年代末には、賃上げはひき続いて一桁台に抑えられるということになったからである。おそらくその段階で、日経連としては、こういう報告をその後も続けるかどうか考えたのではないか。日本の資本主義が不況を逸早く克服して、洪水輸出を始め、七九年の第二次オイルショックも比較的軽く通り過ぎたことで、このような報告をこのままだしていく必要があるかということがあったと思われる。

2 民間大経営の労使関係の普遍化――第二段階

それに対して、おそらく委員会のなかでもその存続をめぐっていろいろな議論があっただろうが、七九年末、つまり八〇春闘を前に、この報告書は、報告書の名前を変えて存続することになった。それが、「労働問題研究委員会報告」への転換である。この第二段階は七九年から八〇年代の後半まで続くことになる。

民間労使の協力関係を評価し拡大する　この第二段階になると、報告は、第一段階での任務をもう少し広げるようになった。ひとつは、第一段階でつくられた民間労使の協力関係を評価し、より強化するという課題が新しくつけ加わった。だから、この第二段階の報告は、必ず序文か結びにおいて、日本経済の良好なパフォーマンスを確認したうえで、その根拠として労使の良好な協力関係を丁重に評価し賛美している。

たとえば、一九八二年版の報告の序文では、「日本の経済が難局を乗り切れた最大の要因は、民間企業が自由経済の原則を踏みはずすことなく、労使の理解と信頼、それに基づく協調の精神の上に行動をしたことであった[1]」というかたちで、労使の理解と信頼、それにもとづく協調をまず全体として評価したうえで、さらに、賃金問題についても、協調的労働組合の対応を、こう絶賛している。曰く、日経連は従来から生産性基準原理を掲げてきたが、「特に最近では民間有力労働組合（これは実際には鉄鋼労連―筆者注）の間から賃金は経済全体との整合性を重視して決定されなければならないとする、いわゆる経済整合性論が提唱されるようになった。これは、われわれの考え方の労働組合への浸透、理解が深まったということであって、これには敬意を表するものである」[2]（傍点引用者）と。

八〇年代前半には毎年こういう言葉がおかれたわけだが、そういう民間の良好な労使関係を評価し、確認し定着させるのが報告書の第一の目的であった。

ところで、民間の良好な労使関係の確認・定着の第一にあげられるのは、賃金の「生産性基準原理」による抑制であった。日経連は、そのため、一方では日経連の提唱するこの考え方が「労働組合幹部の間にも芽生え、われわれの考え方との間に著しいくい違はなくなった」[3]と激励しつつ、他方、「生産性基準原理はまだ追求途上のものである」、「実現されていない」[4]といい続け、その実現を強く主張したのである。

ところが、実際にはこの生産性基準原理すら一九八四、五年には達成されてしまう事態が生じた。あいつぐ春闘連敗のなかで、生産性の枠内に賃金が抑えこまれてしまうことになったのである。つまり、第一段階で形成された賃金抑圧メカニズムが、資本の思い通りに貫徹する状況になったのである。そのため、そのころから報告は、賃金に比べて、労働時間短縮の問題にやや比重を移していくことになった。

ところで、労働時間短縮も賃金と同じように、生産性の向上の枠内で抑えるというのが彼らの主張であった。この時短問題について、「生産性向上の枠内で」という視点がはじめて明確にでるのは八二年版だが、八四年版の報告では、その視点が非常に強くでている。曰く、賃金ばかりでなく、「さらに……労働時間短縮・週休二日制の問題も生産性基準原理に立脚したものでなければならない」[5]といった具合である。こういうかたちで、「賃金は生産性向上の枠内で」という第一段階でつくられた原理を労働時間のほうにも及ぼすということをやりながら、全体として、こうした「良好な」労使関係を維持・強化するというのが、報告の第一の目的であったといえよう。

官公労の労使関係の改革——「行革」　さて、報告の第二の目的は、第一段階で形成された民間労使の関係を他の領域まで拡大することにおかれた。つまり、民間大経営における労使の協調的関係を官公労、中小にまで及ぼすというものである。

民間の大経営のなかでつくられた労使関係、とくに賃金、時短にたいする資本の意思を官公労に及ぼすという点で、報告がもっとも重視して強調したのは、いうまでもなく「行革」であった[6]。「行革」とは、報告のなかでは、なによりも公共部門における労使関係を民間並みにする、民間並みの「減量経営」・効率化を公共部門の労使関係に貫徹させることを目的としたものであると位置づけられたわけである。

ところで、官公労の労使関係を民間並みに、という主張は、日経連報告の第二段階のはじまりをなす七九年末の報告のなかに象徴的に登場した。

この報告は、次のように公共部門を攻撃している。

「きびしい減量経営に堪えてやっと黒字に転換した民間企業従業員の賃金に、『民間準拠』の名のもとに『只乗り』することは、赤字の国家財政をバックにした公共企業体等従業員の賃金決定のあるべき姿ではない[7]」と。

続いて、八一年版の報告は、第六章として「官公部門の労働問題」という章を設け、いっそうはっきりと、日経連の主張をうちだした。

ここで、報告が最初に強調したのは、公務員の賃金と人事管理のいずれもが非常に問題があるということである。

とくに賃金の場合に、人事院では「民間準拠」ということがいわれているが、労働条件とか労働能率の「民間準拠」をかっこに入れておいて、賃金だけを「民間準拠」にするのはけしからんではないか、「民間準拠」というなら、労働条件だって労働能率だって民間企業と横並びにすべきだ、それをしないで賃金だけ「民間準拠」とはけしからんと、非常にはっきりした彼らの立場をうちだしたことが注目すべき点であった。(8)

曰く、「賃金の民間準拠のみが重視されて、その他の労働諸条件や労働能率の民間準拠が不問に付されている点については、民間企業労使から強い疑問(9)」がだされている、と（傍点引用者）。

こういう発想が官公労の労働問題というかたちで、八〇年版以降にでてきたわけである。

これが、一九八二年版になると、第二章の「行政改革問題」というかたちで、非常にはっきりとうちだされた。「公共部門は放置すれば常に自動的に肥大化するものであり、公共部門の比率が大きくなればなるほど経済のバイタリティーは失われ、経済成長率は低下する(10)」、つまり、ここでは公共部門というのは悪だという考え方がでてくる。なぜかというと公共部門は、民間企業と違って競争がない、経営に失敗しても倒産がない、だから必然的に効率などがおろそかにされる、つまり公共部門はそもそも、効率とか競争という原理をシステムのなかに持ちあわせていないダメなシステムだ、という考え方である。(11)

だから、公共部門に〈効率・競争〉を入れたい。民間はスクラップ・アンド・ビルドをくり返すのに、公共部門はビルドのみで、「スクラップのほうは全然考えない(12)」。これでは困るというわけである。

そして行政改革の目的は何かと問うて、それは「先進国病の予防である(13)」と答えている。要するに「先進国病」というのは活力の低下＝競争の低下であり、それを象徴するのが官公労だという考え方で、ここから「官公部門の労使関係を民間化するというのが、行政改革の目的なんだ」という考え方が非常にはっきりとでてくるのである。この考え方は、その後もくり返しでてくるわけである。

さらに、八四年版の報告は、また行革とは別に、第四章として「官公部門の諸問題」という章をおき、再びそういうことを露骨にいっている。

「民間の労使関係は世界に誇るに足るものと言っても過言ではないが、官公部門のそれは遺憾ながら未だしの感を拭い得ない」[14]、だから「行革」が必要なんだということで、ここで、官公部門をはっきりと民営化するということをうちだしていることが注目される。

中小企業の労使関係への介入　それに対して中小企業については八三年版の報告の第四章として、「中小企業の構造改善」という章がたてられたのが初めてである。[15]ここでも同じ考え方がでてくるのである。つまり、そこでは、中小と大企業の労働条件格差を是正するということがいわれ、労働省はそういう指導をやっているけれども、それはけしからん。中小と大企業の生産性格差は非常にあるのだから、生産性格差を縮めてその枠内で賃金格差も縮めるのが本筋である。ところが賃金格差のほうが労働生産性格差より小さいのではないか。それなのに労働条件だけ、大企業並みにしろというのは間違っている、とこういう議論を展開したわけである。

この八三年版以降、中小企業問題は、八四年版では第五章、八五年版では第四章、八六年版では第三章、八七年版も第三章というかたちで必ずふれられているが、格好としては官公労に対するのとまったく同じ論理なのである。

このように「行革」と中小企業問題は、明らかに八〇年代前半の第二段階の報告の中心をしめていた。官公労や中小に民間大企業の労使関係を及ぼそうというわけである。

官公労働組合への注文　この線にそって、官公労や中小の労働組合にも報告は言及するようになる。まず、官公労の場合には、広く労働戦線の右翼的再編にとっても〝ガン〟だから、国鉄、電電公社、それから専売公社の民営化によって、民間並みの労使関係を入れることが目標になる。
それに対して中小の場合には、全金のような総評系もあるが、同盟系の労組も少なくない。イデオロギー的には官公労とは非常に違っているのは周知のとおりである。ところが、日経連の報告はこういう中小企業の協調的労使関係についても非常に攻撃している点が注目すべき点である。というのは、中小の労働組合運動のほとんどは、なるほど、協調主義的労働組合であり、イデオロギー的には右翼的な同盟系の組合が多いのだが、中小の賃金闘争は大企業の協調主義組合のそれと違い、賃上げ要求も全般に高く、なにより、大企業労組のように、企業の成長に依存して賃上げをとることは難しいので横断的に連帯して、ストをかまえて力でとるという姿勢が強い。つまり、大企業労組に比べて、企業主義の色彩が弱く、戦闘力が強いのである。日経連が、次のようにいうのは、同盟系労組の、こうした横断的戦闘力をさしているのである。

曰く、中小企業労組の賃金要求額は概して大企業のそれより高いが、「その理由は、中小企業にあっては、企業内労働組合が主体性を持ちえず、企業外産業別組合幹部の指導が強いこと、こうした企業外幹部は企業経営の実態を知ることなく、もっぱら大企業との間の賃金格差の撤廃のみに運動論の主眼を置くことにあろう」[16]（傍点引用者）と。

中小というのは、もともと官公労に比べて目のうえのタンコブというわけではなかったのだが、民間大経営がこれだけきちっと抑えられると、中小ですら目立つ。これをもう一回賃上げでも抑えようという発想になったのが、八〇年代に入って、日経連が、中小企業労組に言及しはじめた理由であった。中小の賃上げメカニズムが、横断的な組合運動による、企業別でない春闘形式によっているという不満が書かれ、そのうえで中小企業の労働条件、賃金問題も生産性の枠内にという主張がでてきたのである。

以上のような民間大企業労使関係の普遍化、これが第二段階における報告の第二のねらいであった。

日本経済への戦略的提言に踏みこむ　さて、日経連の報告の第二段階における特徴の第三は、一九八二年版の報告あたりから、民間大企業の労使関係を官公労、中小企業に及ぼすというねらいからさらに一歩を進めて、「効率」とか「競争」という視点から日本経済全体を見直し、それに対して戦略的な提言をするという領域に日経連が踏みこんでいったということがあげられる。

これはもはやどうみても日経連報告が当初目標とした、労働問題についての発言、という枠を踏みだしていたが、それはともかくとして、報告は、日本経済一般の効率化というか、労使関係における資本蓄積の貫徹という同じ視点から、日本経済全体に対してもの申しはじめたのである。

ちなみに「労働問題研究委員会報告」というのは、必ずサブタイトルがついている。八二年版のサブタイトルは非常に象徴的で、「先進国病に陥らないために」というものであった。このタイトルは、これ以降の日経連の日本経済全体に対する視点を非常にはっきり表明したスローガンであった。このサブタイトルは八五年版では「活力ある社会をつくるために」となり、八六年版は「生産性基準原理を軸に活力と安定の確保を」という具合に、似たりよったりのものが、くり返しでてくるのだが[17]、これらのスローガンの含意は要するに、日本経済の活力を増進するためには民間労使がつくっていた〈効率〉とか〈競争〉という考え方を日本経済全体に及ぼそうというものであることは明らかである。

〈「高齢化」〉　そういう点から見ると、日本経済には幾多の不満があるということで、そういう視点から、日本経済の抱える問題として、報告がまず最初にとりあげたのは「高齢化」であった。人口の急速な高齢化にともなって、年金財政、社会保障財政がこのまま増大していったらパンクする。それから、労使関係においても、高齢化をこのまま続けていって、賃金がどんどん上がっていったら、企業にとってもたまったものではない。年功制の再検討が必要だ。

しかも、高齢化した労働者を大量にかかえこんでいるときの企業の活力低下をどうするか、処遇をどうするかという問題を考えなければならない。さしあたり、国家に対しては財政問題の根本的な再検討を要請しなければならないというわけで、これが共済組合とか、厚生年金とかの改正要求に結びついてくるのである。高齢化問題は八一年版から八七年版まで毎年必ずふれられるようになった。

〈教育改革〉 もう一つ同じ視点から、報告は日本の教育の現状にも注目している。教育問題は、とくに八二年版の第四章結びに、はじめて「教育問題の意義」として登場した。その後、八四、八五、八六、八七年版の各報告で必ず章を別にしてふれるという力の入れ方をしているのである。「高齢化」が日本にも、「先進国病」をもたらすというのと同じ発想で、〝今まで日本の教育は非常にいいものだと思っていたが、こういう産業構造の転換期にあって、教育に要請される日本の労働力の格好も非常に変わってくる。そうすると、日本の今までの画一型教育というのは、それまでの高度成長期にはよかったかも知れないが、これからは逆に産業再編成には不適合になりムダになるのではないか〟という視点から教育改革が求められたのである。

さらに、教育問題への日経連のアプローチにはもうひとつの視点がある。それは「日本も先進国化して豊かな社会になってくると、ハングリーでない子供たちが出てきて、これが企業の高成長を支える労働力としては非常にふさわしくない。こらえ性もないし、バイタリティーもない」これが今の教育問題の根っこである、つまり教育問題を、「豊かな社会」における活力低下問題としてまずとらえる視点である。(18) こういう発想は八二年版ごろからでてきている。

曰く、「日本の将来をになう児童、若年層の教育問題は非常に深刻になっている。彼ら、いまの子供たちは、生まれ落ちた時からすでに日本は豊かな社会であった。過保護と甘えによって自立心のとぼしい若者たちが多く育ちつつある。これでは日本の将来の労働力としてはあぶない。[19]」

日経連は、ここで、教育問題を、「豊かな社会」化にともなって労働倫理とか労働規律が放っておいたらゆるんでしまうという「先進国病」問題と同種の問題としてみているのである。だから日本の労働者にも早晩あらわれるであろう、「先進国病」を防ぐためにも教育をもう一度締め直してもらわないと困る。日経連は、こういう発想の延長上で、非行問題もとらえているのである。つまり、現代の非行は、昔の貧困による非行ではなくて、「豊かな社会」の甘えと規律のゆるみによる非行であるというわけである。そこから日経連は、企業の将来の労働力が「先進国」同様の規律のゆるみに侵されては困るとして、教育のなかにあらためて「道徳」や「しつけ」を強調するのである。

さらに進んで、日経連はそもそも非行などの教育問題は、教育の「大衆化」、悪「平等」に原因があるといいだす。つまり、日経連の視点でみると、校内暴力とか非行というのは、教育を受けさせる必要もない子どもにも画一的に教育を押しつけるからでるのであって、画一化は子どもたちにとっても不幸だ、なにも九年間義務教育などという非効率なことはやめたほうがいい、というのである。つまり、非行は学校に行きたくない子どもも無理して教育する義務教育から起こるので、義務教育の年限を減らし、教育を安上がりにすれば、非行も減るというのが、日経連の主張なのである。[20] なんとも、勝手ないいぐさだが、ここでも効率という視点が貫徹しているのが注目されるわけである。

日経連の「敵」の変化

この第二段階の特徴として、第四に指摘しておきたいのは、この段階の終わりごろになってだんだん報告の「敵」が変わっていくという点である。日経連報告の第一段階での「敵」が民間の労働組合であることははっきりしていた。ところが、第二段階に入ってくると、だんだん官公労、中小というように対決の対象が第一段階から少しずつ変わり、この段階では本来の「敵」であった民間の労働組合はしだいに影がうすくなってきた。さらに、第二段階が進むにつれ、今度は新しい「敵」があらわれてきたのである。

それは、つまり官公労の労使関係を支えている国、それから中小企業の労使関係に対して規制を加えて大企業との格差是正を追求する労働省の行政、さらに、高齢化社会が到来することが分かっているにもかかわらず社会保障財政を拡大している行政、それから教育問題について規制の大きい、しかも効率化を妨げているような教育をやっている公教育、等々、つまり政府と行政が新しい敵として浮上してきたのである。このような行政のおこなっている規制が資本蓄積の新しい障害物として意識されるようになったわけである。だから、この規制をむしろ効率の視点から、とっ払うあるいは緩和するということが報告の重要な目標になってきた。「行政改革」において、当初の「増税なき財政再建」というスローガンから、「規制緩和」「民活」というスローガンが優勢になった背景にも、これと同じ考え方があったことは、いうまでもない。

この文脈で、「政府の規制を排せ」というスローガンが登場し、労働問題についての〈労使の自主解決〉が強調されるようになった。そして、日経連は時短についての労働省の介入とか、最低賃金についての中小企業関係での労働省の介入とか、雇用機会均等法に対する政府の介入等々について攻撃をしはじめたのである。さらに、日経連は、この主張を労働領域のみならず他の領域にも拡大し、高齢化、福祉、教育部面での政府の規制のあり方に対しても攻撃を開始した。八〇年代中葉には全体としてそういう方向に労働問題研究委員会の対象＝「敵」がシフトしていったのである。その理由は、報告がその任務を、民間労使関係の強化、それの官公労、中小への普遍化にとどまらずに、そういう視点からの日本経済全体の見直しに拡大させたことにともなって、新たな「敵」が登場してきたからである。

労働攻勢から労働省攻勢へ

そうした変化を象徴したのが、八六年と八七年版の報告であった。とくに八六年版では、節の題名にも入ってくるが、第七章結びの一節に「労働攻勢から労働省攻勢へ」というスローガンがでてくる。

ところで、この第二段階の末期、八六、七年あたりから、彼らが公的規制を日本経済の効率性や資本蓄積の追求にとっての最大のネックととらえるようになった直接の契機は、労働時間問題だったように思われる。

労働時間問題というのは、いうまでもなく経済摩擦が激化するなかで、外国から日本の長時間労働が追及され、それを梃子にして労働省が、なんとか「先進国並みの労働時間を」ということで、労基法の改正に動きだしたことである。これに対して、日経連は非常に抵抗した。

その過程で日経連は、今やもう労働組合運動よりは労働省の規制のほうこそ資本蓄積にとって阻害物になっているという認識を固めていったと思われる。さらに中小企業についても、「大企業並みの労働条件を」ということで、格差是正を追求する労働行政がやり玉にあがった。この格差是正行政も中小企業の生産性向上、資本蓄積にとっては非常に阻害的だという発想がでてきて、次第に報告の主たる攻撃対象となったのである。こうして、いまや日経連報告の「敵」は労働組合ではなく、行政となった観すら呈しだした。たとえば、八六年報告の第七章の結びのところではこういっている。

日経連と地方経協はいずれも敗戦直後、日本共産党系の労働組合運動を中心とした非常に過激な労働攻勢に対処する組織としてつくられてきた。そして、基本的にはその任務を達成した。そして最近では労働組合の力も落ちてきて、労働組合の組織率も三〇%を割るにいたった。「したがって労働組合の組織率の低下とともに、経営者団体への加入企業数も減少するであろうということが容易に予想せられた」。ところが、減っていない。地方経協の会員数は八五年が最大になっている。これは何を意味するかというと、「『労働攻勢』にかわって『労働省攻勢』が出てきたからだといってよい」。いまや資本蓄積にとって障害となるのは、労働攻勢から労働省攻勢になっており、日経連は、労働省の厳しい規制に対して闘わなければいけない、[21]というわけである。

「労働省攻勢」ということの中身は、ひと言でいえば規制である。日経連としては圧倒的に資本の力の強い労使の力関係の現状では、労使の自主解決のほうが有利なわけで、問題を労使の自主解決ではなくて法の規制に委ねることには自然消極的とならざるをえない。こういう規制はわが国の経済＝資本の活動の活性化にマイナス効果しかもたらさないというのである。

「経済の活性化は規制緩和（ディレギュレーション）を原点とするという世界の潮流を無視するわけにもいかないのではないか。すべての問題を労使の自主解決ではなくて、法の規制にゆだねるという態度は、わが国経済の活性化にマイナス効果しかもたらさない。そのことを政府当局は十分に認識していただきたい[22]」と。

ここでは明らかに日経連の「敵」が変わりつつあることが示されていた。

時短問題についての、八七年版報告の次の言は、この点を率直に語っている。

曰く、「そもそも労働時間の短縮は、賃上げ同様、生産性向上の成果の配分なのであり、法律の強制によるのでなく、労使の自主交渉に任せるのが筋である[23]」と。

二　八八年労問研報告の新しい特徴

以上のような労働問題研究委員会報告の歴史的展開を前提にして、八八年報告を読むと、明らかに報告は、いま述べたような第二段階から、もう一つ新たな段階に変わってきていることが看てとれる。そこで、あらためて、どういう点が新しく段階を画するのか、項を追って説明したい。

1　研究会の世代交代と拡充

一つは、すでに八五、六年の報告からその必要がくり返しいわれていたことだが、今度の報告の作成過程で、労使関係における世代交代が非常に象徴的に明らかになったことである。日経連の体制がまず変わり、会長が大槻文平氏から鈴木永二氏に、専務理事も松崎芳伸氏から小川泰一氏に代わった。この人事の交替が、八八年報告の変貌を象徴しているように思われる。

次に、おそらくそれにともなってということであろうが、労働問題研究委員会の委員が大きく変わった。この委員は、従来企業を代表する二〇名の委員と六名ないし七名の学者のアドバイザーから成っていたわけだが、八八年報告では委員の数を二七名に拡充した。アドバイザーは六名ということで、前年と変わりないので、全体としては三三名に拡充されたことになる。これは非常に画期的なことである。

増えた委員をみると、世代交代で代わったという人もいる。たとえば、日経連の専務理事として松崎芳伸が入っていたが、小川泰一になったとか、三菱重工の代表の守屋栄治が、同じ三菱重工の代表で飯田庸太郎に代わるといった交代があるが、それを除いてみると、セコムとか味の素、花王、リクルート、ヤマト運輸といった、一見して明らかなように重厚長大の伝統的な産業に加えて、最近急速に成長しているサービス情報産業の代表が大量に、新たに加わってきていることが分かる。[24] 産業構造全体の変貌に合わせて委員そのものも拡充されたのである。

それから、アドバイザーのメンバーも年々少しずつ代わっている。八八年報告でいうと竹内啓が新たに入ってきたことなど注目される。これは人的な面で、従来の日経連報告の色をうすめようという意図にもとづいていると思われる。いわば新しい脱皮を図りつつあるというところがある。

それではこのような大幅な変化を一体どうとらえたらよいか。おそらく八七年から八八年にかけては、ちょうど七八年あたりから七九年にかけてと同じような問題が委員会内にでたと推測される。つまり、日経連が労働問題研究委員会報告を春闘の前にこういうかたちでだすことの意味は、労働運動が一定のパワーを持っていることを前提にしていたが、これがほとんど第二段階の末期にはなくなったと考えてよい。

というのは、第二段階における日経連報告の第一の任務であった民間労使関係の維持・強化という点では、生産性基準原理は達成してしまった。労働時間問題でも、生産性の枠内で、という主張をずっとしていて、これは労働基準法の「改正」評価にもかかわるが、今度の労基法「改正」でも、ほぼ彼らの弾力化規定が、十分でないにしろ入り、実質的にそれほど障害がない格好で抑えこんだ。

それから、第二段階における報告の最大のねらいであった、官公労の労使関係を根本的に民間化するという点では、国鉄の分割民営化でほぼ終了した。中小の労使関係の現状をどう評価するかはなかなか難しいが、円高不況に陥る前は、一応彼らの目的はそれなりに達成している。そうなると、労働問題研究委員会報告という名のもとに追求した、民間労使関係の全産業への普遍化という、第二段階の目標ですらだいたい達成できたと思われる。その証拠が、「労働攻勢から労働省攻勢へ」というスローガンに示されたわけである。つまり、労働問題は、固有のものとしてはもはやなくなったということをこのスローガンは語ってもいるのである。

しかし、民間も官公労も中小も、労使関係については資本の思い通りになるようになったというのであれば、では一体何のために労働問題研究委員会報告をだす必要があるのかという疑問がでてくる。日経連の各年版の情勢と活動の方針というかたちでだすぶんにはいいかもしれないが、そうなると今度は、経団連や同友会ではなく、労働問題対策の専門部隊としての日経連がなぜそういうものをだす必要があるかということになるとあまりはっきりしてこない。また、労働省に対して、あるいは広く一般にいって労使関係にかかわる政府規制に対してもの申すというかたちであれば検討の余地はあるが、本体の労働運動のほうはほとんど解決してしまったのに、対労働省向けだけで存続するのもあまり意味はない。こうしておそらく、八七年末にはこの委員会自体の解散のことも論議されたのではなかろうかと推測されるのである。実際一九八七年で解散してもよかった。ところが、日経連はそうはしなかった。しかも八八年では委員を拡充したのである。ということは明らかに、労働問題研究委員会報告という名前は残すかもしれないが、そのなかに新しい目標を設定していこうということを表明したということではないかと思われるのである。

2　研究会の新しい目標の設定

それでは、その新しい目標とは何か。大きくいうと二つある。

労使協同による産業同盟への志向　まず、本来の「大幅賃上げの行方研究委員会」以降の一貫した報告の任務であった労使関係に対する資本の側の姿勢、戦略を示すという点ではどう変わったか。大きな段階の推移としては、第一に対決から協調への段階、それからそこでつくった協力関係を普遍化する第二段階と進んできたが、第三段階では、今までのように民間の良好な労使関係を維持・強化するという現状維持的な考え方ではなくて、民間の労使が手を結んで政府に対して提言をするという協力・協同の段階をつくろうという方向が示されている。

つまり、今までは労働に対して何を要求するかというのが発想で、それが一応労働と手を組んだ。また、官公労と中小に対して何をいうかということだったが、今度はそうではなくて、経営側と労働側が協力をして政府に対して何をいうか、あるいは、社会に対してどういう主張をするかということをやろうとしているのではないか。労使が協力して社会、政府に対して労使共通の、つまり企業の要求をつきつけようというのである。これはもう労働問題でもなんでもない。

すなわち、産業レベルで一体化した提言をおこなうというものである。つまり、労働は、資本にとって敵から良好なパートナーに変わっていった、言い換えれば資本にとって労働組合は、七〇年代末にマイナスからゼロになったが、今度は、ゼロからプラスへ二つが組んで政府に対してプレッシャーグループとしてたち向かおうという積極的な段階に労働を位置づけ直したといえよう。これが八八年報告の第一のポイントであるように思われる。

ところで、そういう労使の同盟の構築という視点にたつと、ナショナルセンターに対する期待や評価が変わってくる。これも八八年報告の新しい特徴である。従来のように民間の良好な労使関係をつくる、あるいはそれを官公労、あるいは中小に拡大するという場合に、そこでイメージされた労使関係のイメージというのは、いずれももっぱら企業内における労使関係であった。企業内における良好な労使関係が最良なモデルとしてあって、そこではナショナルセンター問題というのは、あまり関心になかった。その証拠に八七年までの報告においては、総評とか同盟というナショナルセンターの名前は全然でてきていないのである。唯一でてくるのは全民労協ができたときで二回ほどでてくるが、リップサーヴィスふうであり、概して日経連はナショナルセンター機能というものをほとんど認めていなかったわけである。

「連合」への大きな期待　ところが、八八年報告では「連合」ができたということもあるが、「連合」について非常に高い評価を加えている。それは「連合」に対するご祝儀だという見方もあるが、どうもそこにとどまらない、もう少し違った意味があるといえよう。

つまり、〈労働〉を、闘う相手として考えるのではなく協力者として考えると、「連合」が大きく育ってくれないと困る。「連合」と「日経連」が組んで、〈産業界同盟〉をつくって、政府に対して要求をプッシュしていくという構造をつくろうという呼びかけなのである。

「連合」について、八八年報告第二部の「労使の取り組むべき課題」では、「連合」の発足というのは、「日本の労働運動史上に一時期を画するものである」[25]といっている。これはリップサーヴィスかとも思われるが、そのあと、「日経連は経営者の組織として、わが国の労使関係の長い発展の歴史の所産とも言うべきこの新しい労働組合組織との間で、論争すべきは論争し協力すべきは協力して、勤労者の真の生活向上に向かって努力をしなければならない」[26]ともいっている。

そして、さらに重要なのは、報告が「加えて、政府の不適切な政策に対しては産業人としての共通の立場から積極的な見直しを督励するという役割をも果たしていかなければならないと考える。今後、日本の経済社会において、この二つの組織（つまり日経連と「連合」―筆者注）の果たすべき役割は数多い」[27]（傍点引用者）といっている点である。これは、なんといっても、いままでになかった新たな視点である。

それでは、日経連は労働との産業同盟で一体何を実現しようとしているのか。その点をもう少し具体的にみてみると、労使の「取り組むべき課題」という総論的な部分の第五項「新時代の労使関係の模索」の①に、「連合への対応」というのがあり、ここで、各種の政策についての論議を「連合」と深めなければいけないとして、以下のようなものを掲げている。

「当面は、再三指摘しているように土地問題、農業問題、税制など勤労者の自主的生活向上に関する問題について共通の認識を持って対処することが急務であり、考え方の一致する問題については協力して世論を形成することが必要である」[28]と。

だいたい、こんなものを労使が協同して、対政府・社会に働きかけていこうというわけである。

したがって八八年報告は、産業の内部で労使が協力しあうという関係を持つだけではなくて、〈産業〉の立場で外に対し一致してプレッシャーグループになっていくにあたっての課題設定をしているというのが第一の特徴である。

3　企業レベルから産業レベルの課題へ

第二番目に、同じことのコロラリーだが、八八年報告は、同じ労使関係といっても産業レベルの共通課題と企業レベルの労使関係を分け、前者に重点を置いているというのが特徴である。いままでは労使関係という言葉で示されるのはもっぱら企業レベルの話だったのだが、それと別個に今後は産業レベルの問題を取り扱おうというのが、八八年報告の立場である。ここに「連合」のようなナショナルセンター問題が固有の問題として登場した根拠があった。

報告では、「連合への対応について」の次に「企業労使のあり方」という項を設けており、そこでは従来いわれているようなことが書かれている。しかし、ここはかなりおざなりで、企業労使の関係についていう必要はほとんどないという気分がありありとうかがえる。関心は産業レベルの一致した課題を提示するほうに移ってしまっているのである。とにかく、こういう産業レベルの労使関係と企業レベルの労使関係を分け、産業レベルの労使関係についてこれからの労働問題研究委員会は発言していこうという姿勢がみえるのである。

4　春闘終息提言の意味

第三番目は、そういう点からみて春闘形式、つまり従来の労使の賃金交渉のあり方はもうやめようといっているのが注目される。もう春闘方式は再検討したらいいではないか、労使が協同して政府に対してもの申すというのであれば、もう春闘というかたちは形態的にもおかしい、むしろ別の形式、たとえば政・産交渉を定期的に設けるとか、政策推進労組会議と日経連が組んでやることのほうが望ましい。賃金問題は、今や労使の問題としては、もうやめたいということになる。だから、最後に春闘をやめろといっているわけである。

以上のような諸点にみられるように、八八年報告は、明らかに第一段階に報告が掲げた主要な課題は完璧になくなったということを自分で宣言しているのである。「連合」のほうは、日経連の労働問題研究委員会報告に対する批判のなかで、生産性基準原理を相変わらずいっているとか、労働時間の問題について賃金とバーターでやれといっているのはけしからんとかいって非難しているが、こういう点に報告の力点が置かれているのではない。もう日経連は、「連合」のそういう声は、ちっとも恐くない。ハナから無視しているのである。

対〈労働〉の部分は報告を読めばわかるように、明らかに比重が下がってしまっているのである。たしかに報告は相も変わらず生産性賃金ということをいっているし、労働時間の問題も生産性の枠内でとくり返しているが、比重がまったく下がって、独立の章立てにもなっていない。こういう問題では、労働側が馬鹿にされきっていることは明らかである。ほんの付け足しというか、いままでの確認にすぎず、春闘をやめなさいとまでぬけぬけと言われるていたらくなのである。

以上の点をみれば、くり返しになるが、日経連報告の原点というか、本来の中核的な任務は完全になくなった。だから、同じ労働問題研究委員会報告と名うっていても、中身はまったく変わったと理解したほうがいい。委員、アドバイザーをふくめてのメンバーの大幅入れ替えは、日経連報告のこうした目的の根本的変化に対応しようというものなのである。

そういう点でこの報告は、労働の側からみると、労働運動の危機の新たな段階への突入の画期といえる。新しい段階への労働問題研究委員会報告の展開が、労働にとって喜ぶべきものであるとはとうていいえないゆえんである。

5 「先進国病」予防のための視点転換

それから、第一段階の報告の三番目の目的であった、効率という視点からの日本経済の見直しという点は、第三段階に入ってどう変わったかというと、この点でも今回の報告はかなり色彩を変えている。

従来は個別資本の蓄積からの視点　第二段階でも、報告は、日本経済の活性化についてさまざまな提言をおこなっていた。高齢化、中小企業、教育、「行革」などがそうだが、しかしこれは先にもふれたように、明らかに日本経済の活力をいかに維持・増大するか、効率化をどう達成していくのか、そして先進国やヨーロッパ諸国が陥っているような経済の不活性化、経済不況の構造化をどう予防するか、という発想にもとづくものであった。

こういう発想は、端的にいうと、個別資本の蓄積の障害をいかに打破するかという視点からでてきているわけで、視点は必然的に国内的であった。国際的な問題がでてきても、八七年報告における円高問題のとらえ方に典型的にみられるように、それは個別資本の蓄積の危機、つまり「外圧」としてのみとらえられていたと思われる。

〝円高不況なのに、日本が今までどおりの名目賃金の高さを維持し、土地の値段が高く、農産物価格が高いままだったらわれわれ企業は外へでていくぞ、本当にそれでいいのか〟という感じで、円高不況の問題でも国際摩擦の問題でも全部個別資本の蓄積にとっての障害として受けとめ、その障害をどう打破するかという視点から国際的な問題もみていた。

これは経済同友会だとか前川リポートとかの視点とはずいぶん違っていたわけである。後者にみられるような国民経済全体のバランスとか日本資本主義の全体の存立の視点というよりは、個別企業の資本蓄積が前面にでていて、それにとって障害となるものはたとえ日本経済の全体の維持にとって不可欠なもの——たとえば労働時間問題についてある程度譲歩することは日米摩擦の解消という経済全体の見地からいえば不可欠かも知れない――であっても、そんなことは知ったことではない、絶対に譲れないというのが日経連の視点であった。

一例をあげると、内需拡大にとって購買力を増大するためには、ある程度賃上げが必要だという説が八五年あたりに政府からすらいわれたことがあった。ところが、報告はこの種の議論を一言のもとに切って捨てた。「とんでもない。そんな内需拡大はまずい、消費刺激のための賃上げ論などはインフレを再然させるだけだ」という具合いである。[29]あるいは、公共投資という問題にも、報告は今まで非常にシビアだった。国家財政に対して負担をもたらすのはごめんだという見地からである。それよりは法人税を下げろ、農産物の市場解放をしろ、土地問題を解決しろという具合であった。

これらの要求は明らかに個別資本の要求である。くり返すが、日本経済全体の位置を考えてというよりは、個別企業の資本蓄積にとって、その効率性を阻害するものに対して批判するというのが、報告の今までの日本経済に対する提言の主要なスタンス、姿勢だったわけである。

総資本的・国際化視点の重視へ　ところが、八八年報告では、この個別資本への執着という点が大きく変わったのである。文章のスタイルも変わり〝スマート〟になった。そもそも報告のサブタイトルが「真の先進国への脱皮をめざして」というふうにつけられたことは、報告の視点の変化を如実に示していた。というのは、ことと日経連報告に関していえば、そこで「先進国」とは、従来ならもっぱら活力を失ない、労働関係の悪化した、悪い手本以外の何ものでもなかったからである。それが「真の」とついているにせよ、プラスイメージで語られたことはともかく画期的であった。

第一部で、「世界に役立つ日本へ」という主張をドンとだしているが、ここで展開されている意見はほとんど前川リポートの視点であった。ここには、個別企業の資本蓄積にとっての阻害要因を除去するという目的から提言するのではなくて、もう少し総資本の視点からものごとを考え、場合によっては、個別企業の資本蓄積にとってはややマイナスになっても、日本経済全体の活性化のためにはある程度提言をしていく、あるいは受容していくという姿勢がはっきり見られたのである。

この点では明らかに、八八年報告は従来の日経連労働問題研究委員会報告の色彩を払拭しつつあることを示していた。個別資本から総資本へ、国内的な視点から日本資本主義の国際的な地位の維持という視点へと変わったという点が、政策課題のスタンスの場合には目につく特徴である。報告のこの傾向は将来どうなるかわからないが、おそらく今後もこういう姿勢が当分続くのではないかと予想される。

少し具体的にみても、たとえば内需拡大論は大きく変わった。従来日経連は、内需拡大論については非常に警戒的で、とくにケインズ主義的な政府の公共投資、建設国債、赤字国債の発行については、財政をさらに硬直化する、しかもそれを法人税率の引き上げ等々のかたちで解消する危険があるということで、非常に警戒的だった。ところが、今回の場合は、従来の線を維持しているように見せながら、しかしかなり従来の線をゆるくして、内需拡大を積極的に推進する方向に軌道修正してきているのが目につく。それは明らかに日本資本主義の国際的なあり方、貢献度を考えて、内需拡大とODAを強調するようになったのだと思われる。その点で非常にスタンスが変わってきた。

また、従来必ず独立の章としてあった「行革」や、「教育」の問題がふれられていないのも顕著な特徴である。むしろ、日本経済の国際的な責任というか、役割との関係で内需拡大が前面にでているのである。

内需拡大論への転換　もちろん、報告のこうした基調の背後には、日本資本主義全体が国際的な役割を自認して、グローバルになったということもあるが、同時に日本の産業全体が輸出一本ではやっていけない、むしろもう一回内需というか、国内市場の再開発に視点を合わせて、資本蓄積の対象をそちらに向け直していこうという志向が強くなっていることも見逃せない。電機とか自動車の場合は依然輸出と海外進出という方向だが、その他の製造業部門では、もう一回内需を見直していくという方向がでてきている。

とくに八七年からの内需拡大の投資が日本経済の好況を呼び起こしたので、そういう点からの内需の見直しがおこなわれている。とりわけ、高度成長型の公共投資の見直し、住宅投資の見直しなど、社会資本整備が、資本蓄積にとっても見直され再評価されているということが、報告の転換の要因としてもうひとつ加わった。これが地方の重視、四全総の支持というかたちで全体に貫かれている。おそらくそういう領域への進出をめざす個別資本の要求の反映もあるのであろう。

たとえば、新日鉄は一九八七年六月の株主総会で定款を変えたが、そのなかで新日鉄が営む事業として、「都市開発事業」、つまり都市を全体としてワンセットでプラントのような格好で建設する事業を、「バイオテクノロジーによる農水産物等の生産・販売」「教育・医療・スポーツ施設等の経営」などとともに新たに入れ、新日鉄の転換の方向を模索している。そういう産業界全体の内需へのシフトを反映して、とくに地方というものが今回の政策提言のなかで強調されているように思われる。

三 〝資本の効率性〟と〝人間らしい生活〟との矛盾

以上みてきたように、全体としていうと、八八年の日経連の労働問題研究委員会報告は、資本蓄積にとって最大の阻害要因であった労働運動をどう抑えこむかということで発足した労働問題研究委員会の歴史のなかでは明らかに新たな段階に入ったことを示していた。それは、日経連本来の「敵」である労働運動の力がたんにミニマムになったばかりでなく、むしろ積極的に産業人として共同的な立場で政府に向かうべきものとして、資本の側に位置づけられるようになったからである。どうゼロにするかという発想から、プラスに評価されるようになってしまったことから起こった変化であると要約できる。

日経連報告が示す未来　これは、日本の将来にとって決して明るいことではない。労働者とか働く人びとにとって、いっそう非人間的な、「効率」とか「活力」とかがより徹底するような方向で新たな段階に入ったということである。人間らしい生活とか人間らしい労働のありかたという点からすると非常に厳しい時代に入るのではないか。

そもそも、資本蓄積にとって阻害要因である労働をミニマムに抑えこんだ体制というのは、資本の効率性にとっては全面的に賛美すべきものであるかも知れない。けれども、労働というのは本来人間がおこなう行為であるが故に資本の効率にとっては阻害的であるさまざまの要素を抱えこまざるをえないものなのである。そうした労働力という商品のもつ特殊性を皆抑えこんでしまうとき、それがもたらす非人間的な矛盾の蓄積は、きわめて深刻なものとならざるをえないように思われる[30]。それは資本主義システムの持っている害悪をもっとも極端にしたものといえる。

たとえば最近の「過労死」などの労災の深刻化などはそのひとつのあらわれにすぎない。日経連は、この種の労災裁判で高額の損害賠償が認められていることに不満をもらしているが、裁判所ですら認めざるをえない過酷な現実が進行しているのである。それは、効率追求の体制からの必然的産物であって、長期的に考えてこういう体制が決していい体制ではないことは明らかだろう。

むしろ、そういう体制が、資本主義世界経済の内部ですら日本を撹乱要因にしているように思われる。ところが、日本資本主義の現在の路線は、この危機の克服を、また同じ方向で、つまり資本蓄積の阻害物をいっそうなくし、さらなる蓄積をおこなうという方向でのりきろうとしている。それによって日本はますます、撹乱要因になろうとしている状況である。

もっとも、八八年報告は、先述のように総資本的立場から提言をおこなうにいたっている結果、経済摩擦を緩和しようという総資本の立場から個別資本の蓄積に対する若干の規制を認めるという部分も垣間みられる。しかし全体としては総資本の蓄積を制限するような格好で世界経済に役割を果たしていくという発想はまったくない。むしろ、内需拡大論も個別資本にとってもうまみがあるぞ、という再評価にともなって、内需拡大をいいだしているふしが強いのである。だから、農産物の自由化などについては、従来以上に冷酷に、はっきり断行を迫っているわけである。そういう点でいえば、八八年報告は、産業レベルの利害から日本全体を改造していくという意味での戦略的な立場を鮮明にしたものといえる。産業レベルからとり残される農業とか自営業主とか労働者などの部分については、取りこめる労働などは取りこんでいるが、全体としては、冷酷に切り捨てるという性格が従来以上にはっきりとでてきてしまっているところがある。

だから、いずれの意味でも私たちの生活との関係でみていくと、この八八年報告は決してより人間らしい経済のあり方を設定した路線とはいい難い。土地問題などによって生じる階層格差などについて、かなり厳しくいっているので、そういうところを評価するむきもあるが、そういう格差は、労使間の格差、あるいは階級的な格差ではないから、いわば安心して述べることができるわけである。

土地持ちの人間とたまたま土地を持たなかった人間との格差、あるいはサラリーマンと自営業主の税負担上の対立、あるいは労働者と農家との対立などは、彼らにとってきわめて都合のよい対立なのである。いまの社会を基本的に規定している階級的な差別、階級的な葛藤というのではなくて、それをそらす、あるいは階級的な対決が抑えこまれているが故に噴出している蔦藤であるから、こういう問題については、彼らはこれからもより積極的に発言していくだろうし、それこそ、報告の掲げる新しい路線なのである。つまり彼らがつくりあげてきた労使の協力関係を前提にして、今後は労使一体となって産業同盟の立場から土地問題にもの申す、農業つぶしにもの申す、税制改革にもの申すというかたちになって、非常に好都合なわけである。

総じて、独占資本の階級支配は非常に完成されたところにたちいたってきていて、社会の表層からは階級が消え去りつつある。報告の土地や税金や農業への饒舌は、かかる支配の「成熟」を示しているに過ぎないと思われる。しかしこの方向では、決して土地や税金や農業問題の解決は望めないのである。

(1)『日経連労働問題研究委員会報告―先進国病に陥らないために―』八二年版、序文。
(2)同前。
(3)『日経連労働問題研究委員会報告―生産性基準原理の徹底と官公部門の効率化を―』八一年版、四二頁。
(4)たとえば、『日経連労働問題研究委員会報告』八三年版は、賃金問題にふれて、欧米では今や「賃金か雇用か」の二者択一が迫られているのに、日本ではいまだ厳しさが足りない、とし生産性基準原理という「その理想は今日までのところ十分には達成せられていない」と（八頁）と述べている。
(5)同前、一二頁。
(6)「行革」についての言及は、八一年版では「第六章官公部門の労働問題」のところで、八二年版では第二章に独立して、八三年版では「第一章世界不況と日本経済の当面する問題」の2)で、八四年版では再び「第四章官公部門の諸問題」のなかで、八五年版では「第一章日本経済の現況」のなかで、八六、八七年版はいずれも第四章に独立で、というかたちで一貫して言及されている。しかし、八一、八四年版でそれが「官公部門の諸問題」としてふれられたところに、「行革」についての日経連のスタンスがよくでている。
(7)七九年末報告、二三頁。
(8)同報告、八一年版、三五頁。
(9)同前、三五頁。
(10)同報告、八二年版、一二頁。
(11)同前、一二―一三頁。
(12)同前、一三頁。

(13) 同前、一四頁。
(14) 同報告、八四年版、一三頁。
(15) 中小企業問題は、八三年版に第四章でとりあげられて以降、八四年版から八七年版まで毎年各五、四、三、三章で、続けてとりあげられている。日経連が八〇年代に入って、官公労と中小企業の労使関係を、民間大経営並みに、とねらったことがよくわかる。
(16) 同報告、八三年版、三二頁。
(17) ちなみに、八一年版以降の、八〇年代における報告のサブタイトルを掲げると次のごとくである。
八一年版―生産性基準原理の徹底と官公部門の効率化を
八二年版―先進国病に陥らないために
八三年版―山積する難問題の解決のために
八四年版―雇用の確保とインフレ防止に労使の広範な協力を
八五年版―活力ある社会をつくるために
八六年版―生産性基準原理を軸に活力と安定の確保を
八七年版―産業の空洞化・雇用問題への対処について
八八年版―真の先進国への脱皮をめざして
という具合いである。このなかで八八年版報告のタイトルの毛色が変わっていることは、後述する。
(18) 同報告、八五年版は、こういう。今日の日本は「豊かな社会」となり、子どもの数も少なくなり、甘やかされて育てられるのが普通となった、「今日までのわが国を支えてきたハングリー精神、厳格な家庭の躾が、豊かな日本、甘やかされて育つ子供から消え失せつつあるといってよい」と(三五頁)。
(19) 同報告、八二年版、三八頁。
(20) たとえば、同報告、八四年版は、校内暴力の増大にふれて、「このような生徒に対しては、むしろ画一的な授業を課するよりは、自己に適した、または自己の好む仕事をするための技能を習得できる道を選ばせる、つまり九年間義務教育制を見直す方が本人の幸福につながると思われるのである(同三四―五頁)と(!?)、述べている。
(21) 同報告、八六年版、四五~四七頁。
(22) 同前、四七頁。

(23) 同報告、八七年版、一七頁。

(24) 八七年から八八年にかけて、委員は二〇名から二七名に増えた。同じ企業、あるいは同じ役職でのメンバー交替と、同じ産業部門のメンバーの継続を除くと、減ったところは、鹿島建設の石川六郎であるが、これがブリヂストンの石橋に代わったと考えると、今までの委員を構成していた製造業部門、電力・金融は原則として代わっていないといえる。それに対して、増えた七名は、飯田亮（セコム）、歌田勝弘（味の素）、江副浩正（リクルート）、小倉昌男（ヤマト運輸）、小長啓一（日本興業銀行）、小山八郎（スミスクライン・ベックマン・ジャパン・リミテッド）、丸田芳郎（花王）という具合いに、情報、サービス、金融関係代表である。つまり委員の純増七名分はすべて、軽薄短小産業で占められたといえよう。

一九八七年　　　　　　　　　　　　　一九八八年

①有吉　新吾（三井鉱山）→ 同
②大槻　文平（三菱鉱業セメント）→ 〃
③亀井　正夫（住友電気工業）→ 〃
④小林　宏治（日本電気）→ 〃
⑤下川　常雄（住友ゴム工業）→ 〃
⑥杉浦　敏介（日本長期信用銀行）→ 〃
⑦鈴木　永二（三菱化成工業）→ 〃
⑧武田　豊（新日本製鐵）→ 〃
⑨田中　文雄（王子製紙）→ 〃
⑩中瀬　秀夫（日清紡績）→ 〃
⑪西野嘉一郎（芝浦製作所）→ 〃
⑫花井　正八（トヨタ自動車）→ 〃
⑬平岩　外四（東京電力）→ 〃
⑭前田　義里（関西電力）→ 〃
⑮松澤　卓二（富士銀行）→ 〃
⑯諸井　虔（秩父セメント）→ 〃

⑰松崎　芳伸（日経連）⇒小川　泰一（日経連）
⑱守屋　栄治（三菱重工）⇒飯田庸太郎（三菱重工業）
⑲石井健一郎（大同特殊鋼）……→永野　健
⑳石川　六郎（鹿島建設）……→石橋幹一郎（ブリジストン）
㉑飯田　亮（セコム）
㉒江副　浩正（リクルート）
㉓歌田　勝弘（味の素）
㉔丸田　芳郎（花王）
㉕小倉　昌男（ヤマト運輸）
㉖小長　啓一（日本興行銀行）
㉗小山　八郎（スミスクライン・ベックマン・ジャパン・リミテッド）

(25) 同報告、八八年版、三〇頁。
(26) 同前、三〇頁。
(27) 同前、三〇頁。
(28) 同前、四二頁。
(29) 同報告、八五年版、一八頁。
(30) この辺の理論的問題については、馬場宏二「過剰効率化社会というとらえ方」『社会科学研究』四〇巻六号、など参照。

第五章　企業社会の再編成と「連合」

一　新「連合」の登場――「連合」は企業社会を変えられるか？

1　「連合」の華やかな登場

一九八七年一一月、五五単産、五三九万人を結集して、新しいナショナルセンターである全日本民間労働組合連合・略称「連合」が結成された。しかしそのとき、労働運動に関心を持つ人びとを除けば、「連合」の発足はさほど大きな注目を集めなかった。のみならずそれは、他ならぬ五三九万人に数えられている労働組合員の間でさえ、十分には知られていなかった。

知られていなかった「連合」　たとえば、「連合」の最大単産を誇る自動車総連（六九万人）が、「連合」結成の一年前、全民労協時代におこなったアンケートでは、「六二年一一月に全民労協は連合体に移行しますが、あなたはどの程度理解していますか」という設問に対して、「よく理解している」はわずか一・八%、「大体は理解している」一五・七%と両方合わせても一七・五%なのに対して、「全く知らない」三二・〇%、「名称は知っているが内容は知らない」二五・五%、「余りよく分らない」が二四・三%で、知らないほうは八一・八%にのぼった。[1] 総連は、この結果があまりみっともないので、公表しなかったのを、『赤旗』にすっぱ抜かれたのである。[2]

また、「連合」が、結成から半年以上たった一九八八年夏におこなった一万三〇〇〇人の青年組合員に対するアン

ケートにおいても、「連合」が発足したことは、男子の三一％、女子のなんと五四％が「知らぬ」と答えていたのである。(3)

発足して半年以上たったのに、労働組合員の四割近くが自分たちの属する上部団体を知らないということは異常なことであるが、じつは、この点に、なぜ労働組合運動が長年の分裂と相剋を乗りこえて「連合」に結集することになったかを知るうえで決定的な鍵があると思われる。

しかし、この問題はまた後にふれるとして、このように、組合員からすら大して意義を認められていなかった「連合」が、一躍国民の前に華々しくうってでる事態が現出した。いうまでもなく、一九八九年七月二三日の参議院議員選挙である。

「連合」候補の圧勝　この参議院選挙は、「リクルート」と「消費税」さらには農業政策などで、国民の怒りをかった自民党が大敗し社会党がそれに反して前回選挙より九八〇万票も票を伸ばして圧勝し与野党逆転を果たした選挙であったが、この選挙で躍進したのは、社会党と「連合」の候補であった。

「連合」はこの参議院で、「連合の会」をつくり自・共だけの争いになりそうな一人区を中心に、一二人の候補を立てたが、なんとそのうち一一人が当選を果たしたのである。この選挙での圧勝で、「連合」という言葉は、一気に全国に知れわたった。

そして、同じ一九八九年一一月二一日、「連合」は、総評傘下の官公労をも隊列に加え、官民合わせた日本労働組合総連合会へと発展したのである。この、新「連合」には、八〇〇万を越す労働者が結集した。

これだけ多数の労働者がひとつのナショナルセンターに結集したことは、日本の労働運動史上始めてのことである。

そして、新「連合」は、結成大会で採択した「連合の進路」のなかで、その「基本目標」のうちに、次のような諸項目を掲げている。

「2　われわれは、賃金引き上げと労働時間の短縮、労働環境の改善など労働諸条件の維持・向上をはかり、人間性を優先したゆとりある生活を実現する。

3　われわれは、『力と政策』を強化し、目的と政策、要求を同じくする政党、団体と協力して、完全雇用、物価安定、総合生活の改善・向上をはかり、活力ある福祉社会を実現する(4)」

八〇〇万人という数は、日本の組織労働者一二二三万人の六五％にすぎず、日本の雇用労働者四五六五万人のなかでは、一七・五％にしかならないが、それでも、この八〇〇万人がこうした「基本目標」実現をめざして真に団結した闘いをしたならば、いまや飽和点にたっしつつある日本の企業社会を変える大きな力になることは間違いない。新「連合」は、そのような可能性を持っているのであろうか？　本稿は、企業社会に対抗すべき勢力の検討の一環として、この新「連合」の可能性を検討しようというものである。

2　「連合」は企業社会を変えられるか？

ところで、「連合」に企業社会を規制したりそれを変革する力を期待する議論には、当の「連合」自身のそれをも含め、ひとつの特徴がある。それは、この種の議論には、〝「連合」は従来「総評」「同盟」「中立労連」等に分裂していたナショナルセンターを統一しえたのだから、従来にはない強力な労働運動を展開して資本に圧力をかけ労働者の要求を獲得しうる〟というような、ストレートな〝統一は力だ〟という議論がほとんどみられない点である。

「連合」の力への期待の薄さ　たとえば、新「連合」の結成により、オイルショック以降低迷を続ける春闘を再建しよう、あるいは、春闘に変化がみられるだろう、という議論はほとんどみられない。

「連合」に批判的な側の意見はいうまでもないが、「連合」結成に、積極的・消極的に好意的な人びとのなかでも、「連合」の持つ労働運動そのものへの可能性という点では意外に低く、むしろ、その先行きが困難であることを強調する論調が目だっている。

たとえば、一貫して、労働戦線の「統一」を支持してきた労働評論家の矢加部勝美は、新「連合」発足を目前にした新刊の冒頭で、こう述べている。

「新連合は政治団体や政党ではなく、あくまで労働団体である。一九九〇年代は政治的には『与野党逆転』の時代に一変し、永久的かと思われてきた自民党の保守単独政権に代って、野党連合政権の可能性が芽生えてきた。しかし、少なくとも労働組合運動をめぐる環境には、まだまだ厳しい要素が山積している。歯に衣を着せずにいえば、新連合は誕生しても、一九九〇年代に真に組合員とその家族の信頼を、つなぎとめられるかどうかは、疑問というほかない。与野党逆転は労使関係にも、それなりに影響はするが、労働側の主体性を固めきれなくては、これも限界を生じよう」(5)(傍点引用者)と。

また、朝日新聞論説委員の藤井昭三も、新「連合」発足を書いた書物の冒頭で、新「連合」結成にふれた後、矢加部と同様、こう、前途多難なことを書いている。

「いま、労働組合に世間の目は厳しい。『自分の待遇改善以外に、なにをしているのか』との批判が組織の外からある。いや、それさえも交渉相手に抑え込まれている、との声が高まっている。加えて、『組合費に見あう活動をしているのか』と組織内部からの視線も冷えつつある。こうした逆風に、労組はどう対処しようとしているのであろうか[6]」と。

政治へのインパクトへの期待　このように、「連合」のもつ労働運動への可能性には悲観的である反面、「連合」への期待は、主として、その政治的可能性に向けられている。

たとえば、先の矢加部は、その点をこういう。

「今の日本に対する国際的評価を象徴するのは、一つが『経済大国・生活小国』、二つ目が『経済大国・政治小国』にほかならないが、この接点に立たされているのが新連合であろう。とりわけ欧州や豪州、ニュージーランドなどの先進諸国で、当たり前のことになっている保革・与野党の政権交代は、ついに東欧圏にまで波及し、そのため複数政党が誕生するという時代になった。それなのに日本だけが取り残されてきたのである。その日本の政権交代と『野党連合』の成否を占う上で、新連合の帰趨いかんは、決め手になると見るべきだろう[7]」（傍点引用者）と。

しかも、このような「連合」のもつ政治的可能性への期待は、必ずしも、一九八九年七月の参議院選挙の結果をみて突如でてきた議論ではないという点に注目する必要がある。むしろ、この政治的性格は、あとでみるように、八〇年代労戦「統一」の担い手たちにとっては、一貫したねらいであったといってもいいくらいである。そして、当事者ばかりでなく、それを好意的に見守る者たちが注目していたのも、主として、「連合」のもつ政治的インパクトであったのである。

たとえば、社会党の「新宣言」路線を推進する学者グループのひとりとして活躍している大内秀明は、「連合」の可能性を、もっぱら、日本における社会民主主義政権の樹立――そのための政党再編成にからめて求めていた。

曰く、「八〇年代の新保守主義による、いわゆる保守回帰の流れが、いまようやく大きな転換の時期を迎えているとすれば、八七年秋の『連合』の旅立ちは、新しい世界史的な意義を担うものとみるべきである。状況的にみれば、『連合』のスタートは、たんに労働戦線の統一にとどまらず、『連合』の受け皿となる『党と政権』を創造することによって、新保守主義の限界をこえた、国際政治の新たな舞台に登場する使命を自らに課さねばならないわけである[8]」（傍点引用者）と。

「世界史的意義」というのはいささかオーバーな気がするが、大内がいいたいのは、日本における「連合」→連合政権が、世界史的な、新保守主義の退潮と社会民主主義の復権の一角を担うという展望であった。

「一九八七年秋の『連合』スタートは、国際的な舞台の転換と符節を合わせたという、まことに運命的な出発というべきであろう。①労働組合主義、②社会民主主義、そして③福祉国家を、二一世紀にむけて、……新たな再出発によって復権させることができるかどうか、その意味では『連合』への期待は決して小さくはない[9]」と（傍点引用者）。

問題は、大内はここでおそらく意図的に日本をヨーロッパと同一視して「復権」という言葉を使っているが、じつは、日本では「社会民主主義」も「福祉国家」もそしてそれに結びつくような「労働組合主義」もかつて一度たりとも支配的潮流となったことはない、という事実であった。すでに第三章で述べたように、日本の社会民主主義は、ヨーロッパの社会民主主義政党があいついで政権を握っていったころ、停滞し後退を続けたのであり、その理由は、他でもなく当時支配的となった日本の協調的労働組合運動の特殊なあり方によるものであった。

だとすれば、今回、かかる協調的労働組合運動のヘゲモニーのもとに「連合」が結成されたからといって、はたしてそれが日本の「社会民主主義」の「復権」――じつは始めての政権掌握の梃子となりうるのかどうかはきわめて疑わしいのだが、大内は、その点にはまったくふれようとしないのである。

野党連合政権への梃子　それはともあれ、ここでは、「連合」はこうした野党連合政権への梃子としてのみ評価されているのである。だから、この文脈でいえば、「『連合』が支持・協力すべき政党――単数ないし複数――……（や）のぞむべき政権の性格を……不明確にしたままますすむとすれば、『連合』がスタートした意義がまったくない、とあえて極言すべきである」[10]（傍点引用者）ということになる。

ところで、「連合」結成を機に大内が望んでいる、あるいは許容している野党連合とは次の三つである。

「①民社・社会の和解――当然に社民連との和解をふくむ――と統一、②民社・社会・社民連に公明も加えた『連合』新党、あるいは③社・公・民・社民連の連合政権[11]」である。このいずれになるかはわからないが、「右のような政党再編の意義を理解しなかったり、隠蔽したまま『連合』が『力と政策』の方針を提起しても、また制度・政策闘争を強調しても、運動としては変わりばえもしないナンセンスなものに終わることは指摘しなければならない[12]」と（傍点引用者）。

「連合」が野党再編に結びつかなければ、いくら「力と政策」とか「制度・政策闘争」といっても「ナンセンス」といいきる大内の主張は極端ではあるが、しかしこの言葉は「連合」についての期待の政治的性格を象徴している。

このように、「連合」が、その本来の任務である労働運動に与える影響についてはほとんど期待されず、ただ野党再編の起爆剤になる点で期待されていることはきわめて注目すべきことである。ここに、一九八〇年代労働戦線「統一」の性格が凝集しているように思われるからである。

「連合」の結成は、日本労働運動史上かつてない力の結集であるはずなのに、どうして労働運動へ与える影響についてはあまり期待されていないのか？　それどころか、どうして「連合」結成にかかわらず組合運動の展望については困難のみが語られるのか？　また、「連合」に期待されている野党連合は、またそのうえに立つ社会民主主義政権はできるのか？　その政権は、日本の企業社会に何がしかの歯止めをかけられるのか？――全体として、「連合」は企業社会の構造に歯止めをかけうるのか。本稿では、以下こうした点に焦点を合わせて、検討していきたい。

二　「連合」はなぜつくられたのか？

その点を解明する手始めとして、まず「連合」はどうしてつくられたのか？　という問題から検討してみたい。

ところで、この「どうして」というなかには二つの側面がある。ひと口に「労働戦線の統一」というが、日本の労働運動史をひもとけばすぐわかるように、労働運動の潮流の統一は歴史上何回となく試みられてきたが、そのたびに挫折をくり返してきた。今回の「統一」運動は、さまざまな思想・信条にもとづく諸潮流の連合ではなく始めから反共産党という特定の信条による結集であったから、厳密には「統一」とはいえないがそれにしても、同じ反共的諸潮流にせよ、「統一」はきわめて困難な課題であったことは間違いない。

そういう過去の経緯に照らして考えると、「連合」はどうしてつくられたのか、というときの「どうして」のなかには、まず第一に、「どうして」、この時期に労働運動の諸潮流の連合が試みられたのか？――試みた担い手の側からいえば、どうしてそんなに消耗な統一をめざしたのか？　という問いがでてくる。つまり、総評と同盟というような多年にわたり分立・抗争してきたナショナルセンターを統一しようという志向は、たんに、〝統一はよいことだ〟というような一般的な理由からはとうていでてこないからである。統一を志向する動きがでたということは、ナショナルセンターの分立のままではやっていけないなんらかの事態が背後にあったと考えるのが自然である。まずこの点が検討されねばならない。

第二に、「どうして」というなかには、こうした統一の試みがどうして成功したのか？ という問いが含まれる。つまり、こうした「統一」の試みが通例はなかなか成功しえないにもかかわらず今回はなぜ成功したのか、という問題である。

以上の、二つの「どうして」を考えるさいに、今回の労戦「統一」はじつは二度目であって、その直前に、一九六七年から始まる第一次の労戦「統一」の試みがあったということが注目される必要があろう。

そこで、ここでは、第一次労戦「統一」運動と比較するかたちで、二つの「どうして」を考えてみたい。もっとも、ここでは、労戦「統一」のくわしい歴史過程を追うことはしない。それらについては、すでにたくさんの書物がでているので、それらを参照してもらいたい(13)。

1 第一次労戦「統一」と今回の比較

第一次労戦「統一」運動は、よく知られているように、一九六七年二月号『月刊労働問題』に掲載された全逓委員長宝樹文彦の論文「労働戦線統一と社会党政権樹立のために」で始まった。

政治志向の中身の違い　この第一次労戦「統一」も宝樹論文の題名が「社会党政権樹立のために」と書かれていたように、いちじるしく政治志向が強かった。その点では、第一次も今回の労戦「統一」も同様にみえる。しかし、この二つの労戦「統一」の政治志向の中身はいちじるしく異なっていたことが注目されねばならない。

そこでまず、第一次労戦「統一」運動のほうからみよう。宝樹提案に象徴されるように、第一次労戦「統一」運動の持った政治志向とは比較的ストレートなもので、四つに分断されている日本のナショナルセンターを統一することによって、そのうえに、西欧型社会民主主義政権を展望しようというものであった。

「西欧・北欧諸国の労働党・社会党政府は、各国の労働戦線が統一された基礎のうえに打ち立てられている。そしてまだ社会党が政権の座についていない国の場合でも、一つの組織に統一された各国の労働組合組織は、政治権力に対して強大なる発言力を有しているのである。この厳然たる事実をみるにつけても、……総評・同盟など既存の団体の組織いじりを云々するのでなく、広範に労働戦線の統一をはからなければならない(14)」と。

ここに、ほぼ第一次労戦「統一」運動の志向が表明されていた、といってよい。

労戦統一→社会・民社合同→社民政権構想　こういうナショナルセンターの統一によって、総評＝社会党、同盟＝民社党、という図式を壊し、社会・民社の合同をはかろうというわけである。「総評・同盟・中立・新産別を打って一丸とした労働戦線の統一の課題を論議する以上、社会党と民社党との結合を期待する声があがってくることも、これまた当然のことである(15)」。

ところで、こうした労働戦線「統一」→社会・民社合同にとって、宝樹が、主たる障害と考え、打撃の対象としたのは、労働運動のなかに根強い影響力をもつ共産党とその統一戦線論と、総評・社会党内にあった社・共連合政権論であった。そのため、宝樹論文の主たるテーマのひとつは、共産党批判であり、労働運動が共産党と手を切るべきだという点に置かれたのである。

共産党は「日本の労働者階級全体が心から念願し熱望している労働戦線の統一達成の努力に対して、つぎつぎといくたの阻害要因を持ちこんだのであり[16]」、この「日本共産党と一線を画すること……なくしては労働戦線の統一は実現しない[17]」というのである。

しかし、この論文のより重要な眼目は、こうした共産党批判ではなく、この共産党との連合を主張する総評内の潮流への批判にあった、と思われる。共産党への口ぎたない批難は、じつは、そういう共産党と、手をくもうという総評・社会党内の潮流への批判のためであったのである。もっといえば、宝樹の標的は、一九七〇年を前に野党連合政権を主張していた岩井章事務局長や、その背後の太田薫らにあったと思われる。宝樹の労戦「統一」論は、総評・社会党内に根強く存在する、この社共提携論を批判し、それに代えて、反共労戦「統一」→社会民主主義政権の路線の確立をはかったものだったのである。

「こんにち、日本で共産党との統一戦線や、連合政権が成立可能であるなどと安易に考えているような労働組合指導者は、ほとんどいないのである。統一行動の発展形態として、共産党をふくめた野党連合政府なり、連立政権の実現を構想して、統一戦線を結成することなどはとうていありえないことである。それゆえにこそ、安保再改訂期である七〇年を目標にして、まったく図式的に野党連合政権の樹立を提起した岩井事務局長の構想は、国鉄労働組合を除いて、総評傘下組合の圧倒的多数が関心を示さなかったのである[18]」と。

台頭するJC系勢力への期待

それでは一体、宝樹は、こうした反共労働戦線「統一」を推進する担い手をどこに求めていたのであろうか。宝樹自身は、官公労の全逓をひきいていたが、彼は、その推進力を、民間に、それも重化学産業大経営の労組を結集して急速に台頭しつつあったIMF・JC傘下の組合に求めたのである。

かくして、共産党批難と対をなすように、ＪＣ再評価論が、この宝樹論文のもうひとつのテーマとなったのである。

「ＩＭＦ・ＪＣは国際自由労連の手先であるとか、日本の労働運動の右傾化を示すものであるというような陳腐な論議は、ＩＭＦ・ＪＣの結成後、わずか二年にしてついえ去った。……総評・同盟・新産別・中立労連傘下の金属関係労組および純中立の金属労組が、一つの組織体に結集したことは、日本の労働運動全体の重要な課題である労働戦線統一の立場からみて、その基盤となる大産業別組織の再編成に向かって、金属労働者が率先して前進した姿として、正しく評価されねばならないのである」[19]と。

実際、当時、宝樹は、この論文で労戦「統一」論を打ち上げる前から、ＪＣの中核の鉄鋼労連の宮田義二や全鉱（全日本金属鉱山連合会）の原口幸隆と連絡をとりあいながら、このＪＣ方式で労働戦線「統一」を推進することをもくろんでいたのである。[20]

それはともかく、以上にみたように、この第一次労戦「統一」にこめられた政治的構想は、反共労戦「統一」↓社会・民社合同↓社会民主主義政権へ、というものであった。そこでは、ヨーロッパ社民の一九六〇年代における前進を念頭において、それと同じ方向がめざされようとしたのである。

屈折した第二次労戦「統一」の政治展望　それに対して、第一次の挫折の直後からはじまる第二次労戦「統一」の政治構想は同じく政治志向が強いとはいえ、はるかに屈折している。

第一次のときには、労働戦線は分裂していたが、労働運動は全体としては決して後退していたわけではなかった。後に再びふれるように、労働組合数も組合員数も増加していたし、その中核をなす製造業部門の組合員数は、金融保険業の伸びに比べれば低かったが、一貫して着実に伸び労働組合員全体の伸びをひっぱっていた。労戦「統一」ができれば、社会民主主義政権を展望することは夢ではなかったのである。

ところが、第二次労戦「統一」の時代は、労働組合運動の力も、さらに社会民主主義的政治勢力の力も、第一次の時代とは大きく変化していた。一九七五年を境に、組合員数は頭打ちになり、労働者の数は増大を続けたから、組織率は、どんどん後退していった。なにより、七五年以来の春闘連敗に示されたように、労働組合運動の闘争力量が落ちていた。

また、第一次のさいに、社会民主主義政権の中核と期待された社会党も一九七六年一二月選挙の一二三を最後に、一〇七（七九年一〇月）、一〇七（八〇年六月）、一一二（八三年一二月）、八五（八六年七月）と低迷を続け、民社党も二九→三六→三二→三九→二六、と停滞した。両者を合わせても、第一次労戦統一が始まった六七年一月選挙における社会党の議席一四一にすら及ばなくなった。もはやこの二党の単純合計で社会民主主義政権を展望することはできなくなっていたのである。

こうして、第二次労戦「統一」も、すぐれて政治主義的展望を持って登場したのであるが、その場合の「政治」とは、第一次とはいちじるしく内容を異にし、労働組合運動の力では獲得できない要求を、労働戦線「統一」→政治的インパクトにより、政治的に実現してもらおうというものであった、思われる。

労働組合の圧力団体化　第二次労戦「統一」の政治構想とは、ひと口でいえば、労働戦線が大同団結し巨大な集票組織となって、政治と取引きすることによって労働者の要求を実現し、労働組合運動の地盤沈下をくいとめようというものであった。そのことは、「連合」が当初から、その最大の眼玉として「政策・制度要求」実現を強調・力説していることに端的にあらわれている。

たとえば、第二次労戦「統一」の画期となった、統一推進会の手になる、一九八一年六月三日付の「民間先行による労働戦線統一の基本構想」には、「統一の必要性と目的」という節が設けられ、五点にわたって、労戦「統一」の必要性が語られていた。その第一は、「政策・制度課題」であったのである。

「第一は、政策制度課題の重要性が高まっていることである。労働組合が労働者の生活全般の向上を実現するには、企業内だけの運動では不十分であり、政府に対する物価対策、不公平税制の是正、雇用の安定などの政策制度闘争が展開されなければならない。しかし、これら政治にかかわるとりくみについては労働側が分裂状態のままでは力を発揮することは不可能である。とくに今日のような国会勢力の状況のもとでは、なおさら労働側の力の結集が急がれなくてはならない[21]」と。

「労働者の生活全般の向上を実現」するのには、「企業内だけの運動では不十分」なことは明らかである。なにも「労働者の生活全般」でなく、個々の権利獲得についても「企業内だけ」では不十分なのだが、それが省かれているところがいかにも「連合」らしいが、それは措く。ところが、「企業内のとりくみ」では不十分というところから、産業別闘争の強化とかいうことをすべてとばして、「政策・制度闘争」に行くところが、この「基本構想」のミソなのである。

しかしもちろん「政策・制度闘争」の重要なことはいうまでもない。ではどうやるか？　ナショナルセンターぐるみの政治ストを含めた強力な対政府闘争が、ここでイメージされているわけではないことは明らかである。そのイメージは、ここでは巧妙にはずされ、ただ「これら政治にかかわるとりくみについては労働側が分裂状態のままでは力を発揮することは不可能」とのみ書かれている。

政府・自民党との連携構想　ここで「基本構想」はこういいたいのである。

つまり、労働組合運動は企業に協力して、日本経済の再建に貢献してきたがそのおかげで賃上げもまったく不十分であり、労働組合の地盤沈下はいちじるしい。大幅賃上げの展望がないということになれば、物価を抑制したり、サラリーマン減税を獲得することにより労働者の不満を解消するしか手がない。それをやるには、政府与党と取引きして実現してもらうことが一番現実的であるが、そのためには、選挙時における組合票とりまとめが一番効果がある。労働側の力を一番高く売るには、労働戦線が統一していることが肝心である——ということである。

しかし、こういいきるには若干の留保がいる。労戦「統一」推進側内部では、こういう政府・与党との取引き、圧力団体化による「政策・制度要求」実現路線のみでなく、もうひとつの政治構想を持つグループが存在しているからである。この点は、後に、再びくわしくふれるが、そのもうひとつの構想とは、労働戦線「統一」→野党再編→野党連合政権樹立、その連合政権による政策・制度要求実現という路線である。「基本構想」が先の文章に続けて、「とくに今日のような国会勢力の状況のもとでは、なおさら労働側の力の結集が急がれなくてはならない」と書いたのは、このへんの含意があるのである。

この「基本構想」が書かれた時点では、一九八〇年同時選挙の圧勝で自民党は二八七議席を占め、新自由クラブ、保守系無所属を合わせれば保守が三〇五議席を占めていた。そのもとで「なおさら」以下の文章は、上記の政策・制度要求実現をめぐる二つの路線——自民党との連携路線と社公民路線——のいずれにもとれる苦心の産物であったと思われる。

この点、すなわち、第二次労戦「統一」の政治構想においては、第一次のように社会民主主義政権樹立ではなく、むしろ第一には、政府与党との連携、それによる政策・制度要求の実現がめざされていたことが、ここでもっとも注目すべき点である。先の文章にこの点が明からさまに書いてあるわけではないが、それ以外に読みようがないことは、労戦「統一」による野党結集については、「統一の必要性と目的」の最後、第五番目にあらためてふれられていることからも明らかであった。

「第五は労働組合のもつ社会的、政治的力量の結集である。……野党の分立の続く現状において、経済と政治をつなぐ民主的勢力としての労働戦線の統一は、極めて意義深いものをもっており、政治の流れを転換するための新たな起爆剤的役割を果す可能性をもっている」(22)と。

もし、「統一」の第一の目的である「政策・制度闘争」が野党結集によることがもくろまれていたとすれば、この第五はいらないはずであった。逆にこの第五があるということは、第一に書かれた政策・制度要求実現のために念頭に置かれた「政治」とはまず第一に政府与党であることを裏づけているといえよう。

上げ潮と地盤沈下　さて、第一次労戦「統一」と第二次を比較して異なる第二の点は、すでに示唆したごとく、双方の基盤となる労働組合運動ならびに社会民主主義勢力の状況がいちじるしく異なっている点である。

ひと言でいえば、第一次の労戦「統一」は、いまだ労働組合運動が上げ潮の時期に起きたものであり――それだからこそ労戦「統一」→社会民主主義政権という構想が可能であった――、それに対して第二次労戦「統一」は、労働組合運動の地盤沈下と危機を背景に進められたものであったといえる。

もっとも、第一次労戦「統一」の時代にもすでに、労働組合運動は停滞を始めていた。組合員数は伸びていたが、組織率は横バイとなっていたし、社会民主主義政党の議席も停滞していた。第一次労戦「統一」は、この停滞を打破して、社会民主主義政権を樹立することをねらって始まったものであった。

けれども、第一次の労戦「統一」の時代には、日本の労働組合運動に対する無力感などはなかった。先の宝樹論文でも、日本の労働組合運動の評価は、いちじるしく楽観的であった。

「日本の労働運動は、いまや一一〇〇万の労働者を組織するにいたった。この組織労働者は、資本主義国内部ではアメリカについで二番目に大きな数であり、その組織と運動、さらにはその活動資金からみて、国際的にもなんら遜色のない労働組合組織である。さらに将来、未組織の労働者を組織して、総数二八〇〇万をこえる賃金労働者の圧倒的多数を統合した暁の日本の労働組合運動の未来については、明るい展望と確信を持ちうるのである」[23]と。

だから、労働運動に問題ありとすれば、ナショナルセンターが分立していることであり、むしろ最大の問題は、社会民主主義政党の分立と内紛にあるというのが当時の「統一」運動の担い手たちの認識であったと思われる。だから、強い労働戦線を「統一」してその力で社会・民社の合同・共産排除をおこなえば、日本でも首尾よく社会民主主義政権ができると考えたのである。こうした労働運動幹部の自信の背景には、春闘において、インフレの影響もあったが、毎年前年アップ率に上積みがおこなわれていたことも大きく影響していた。

ところが、それに対して、第二次労戦「統一」の時代には、様相はガラリと一変していた。一九七五年以降、春闘は日経連の設定したガイドラインの枠内に抑えこまれて「連敗」を続け、組合は、「賃上げより雇用を」といってきたが、産業構造の再編成期にはいってその「雇用」すら守れなくなってきた。それにともなって、「労働組合の空洞化」「地盤沈下」がいわれた。先述のような、労戦「統一」による「制度・政策要求」実現は、こうした労働組合運動の存在感の喪失状況をなんとか挽回しようというねらいのもとにおこなわれているのである。

この点は後にもう一度ふれるので、ここではこれ以上述べないが、第二次「統一」は、第一次とまったく逆に、低下した労働運動の力を、政治によって補完してもらうことをねらってのものであることに注目する必要があろう。だから、第二次労戦「統一」においては、第一次のそれと違って、統一した労働運動の力のうえに社会民主主義政権を！　というような〝創大な〟展望はない。そこには、〝とにかく、「統一」を背景に、労働組合運動では獲得できない政策要求をとり、組合空洞化にひと息つきたい〟、という切羽つまった防衛的ねらいが優先しているのである。

だからこそ、「連合」主流はもっとも手っとり早い、政府与党との交渉を重視するのである。

そこには、先に引用した大内秀明が期待するような「世界史的」展望はない。こういう状況のもとでは、大内が予想した「連合」による政党再編の三つの選択肢——社会・民社合同、「連合」新党、社公民連の連合政権——のいずれにもはいらない、自民と「連合」との連携、自民と野党のいずれかとの連合という選択肢こそが、「連合」のもっともありうる選択肢なのである。

企業社会の成立期と企業社会の確立期　さて、第一次労戦「統一」と第二次のそれの違いの第三は、これら運動が、日本の企業社会の形成の異なる時期に展開されている、という点である。そして、この点が、第一次の「統一」運動が「失敗」に終わり、第二次のそれが、首尾よく「成功」した最大の理由であるように思われる。

第一次の「統一」運動も第二次の「統一」運動も、それを推進した勢力は同一である。

それはひと言でいえば、鉄鋼、電機、金属、自動車というような、ＩＭＦ・ＪＣに結集した民間重化学産業大経営の労働組合の幹部たちであった[24]。鉄鋼労連の宮田義二に代表されるビッグビジネスユニオンの幹部たちは、一九六〇年代後半の第一次「統一」の始めから一貫して、この運動に関与し、第一次の「統一」が破綻を遂げた直後から、政策推進労組会議などにより、第二次の「統一」への動きを始めている。したがって、「連合」を扱った多くの書物は、第一次と第二次の「統一」を宮田らを中心とする一つながりの過程として描いている[25]。

したがって、宮田らＪＣ幹部は、第一次労戦「統一」の失敗の教訓をふまえて、第二次のときには再び失敗をくり返さないようにさまざまな〝くふう〟をしている。だから、そういう戦術的なことが、第二次「統一」の成功をもたらす要因のひとつになったことも否定できない。

けれども、いかに戦術的にたくみにやったとしても、企業社会、そして労働組合運動の状況が、一九七〇年代初頭の状況であったら、おそらく第二次だろうが第三次だろうが、そう簡単に、「統一」が成功したとは思われない。宮田らビッグビジネスユニオンの幹部らの策動を重視する見方は、彼らの一貫した裏のとりくみが徐々に功を奏したという側面を強調するが、こうした見方は、ともすると陰謀史観に陥りかねない。実際には宮田らの策動がうまくいかない時と、見事に功を奏する時の客観的条件の差異が重要であるように思われる。

そういう客観的条件として、もっとも重視すべきである、と思われるのが、第一次と第二次の背後にある企業社会の形成度の違いなのである。第一次の労戦「統一」が始まったとき、日本の独特の企業社会はすでに成立をみていた。[26]企業社会が成立していたことが、労戦「統一」運動を促したとさえいえる。そして、その企業社会を補完する、企業主義的協調組合が、JCというかたちで台頭していた。しかし、この時点での企業社会―企業主義的協調組合運動は、いまだ重大な弱点をいくつか抱えていた。

企業主義的協調組合潮流の限界　まず、一九六〇年代後半には、民間労働組合運動においてすら企業主義的協調組合の潮流は完全に覇権を掌握していたわけではなかった。JC結成の推進者である宮田がひきいる鉄鋼労連ですら、JCに加入を決めたのは、六六年のことであった。それも、JC加盟を大会に提案する決定は、六六年一月の鉄鋼労連中央執行委員会で、わずか一票差で可決というきわどいものであった。[27]造船重機労連が結成されるのは一九七二年、自動車総連の結成も七二年である。

このように、JCの主力を構成する単産は六〇年代の末葉に続々と体制をつくりつつあるときであった。第一次労戦「統一」が、実際にはJCに結集する民間のビッグビジネスユニオニズムによるものであるにもかかわらず、鉄鋼の宮田の提唱でなく総評官公労の全逓宝樹の提唱というかたちではじまったということは、民間労働組合運動内でのJC的潮流の覇権の未確立の故であったと思われる。

また、高度成長期には、中小の労組も活発に活動しており、必ずしもビッグビジネスユニオニズムの傘下に組みこまれていなかった。さらに、国労、日教組、自治労の御三家を筆頭とする総評官公労は、企業主義的協調組合に同調しない一大勢力として、強力な力を持っており、ベトナム侵略反対などの平和運動や、労働基本権奪還闘争を推進していた。

第一次の労戦「統一」が、一九七二年末の総選挙における社会党の議席回復と共産党の躍進、そして、七三春闘における官民一体の四・一七年金ストの成功によって、破綻してしまった、[28]ということは、この時代における企業主義的協調組合運動の限界を象徴するものであったと思われる。

企業主義的協調組合運動の制覇　企業主義的協調組合運動の潮流が労働組合運動の全体を掌握できていなかったのは、民間大経営のヘゲモニーによる企業社会がいまだ確立していなかったことに対応していた。

ところが、オイルショックによる不況の克服の過程で、企業社会は確立をみる。企業の存立の危機を訴えて「減量経営」を強行するなかで、ひとたび企業に依存して自己の生活の向上を追求するにいたっていた労働者たちは企業の枠内に生き残るべくいっそう苛酷な競争を強いられることとなった。労働現場では、この時代に「減量経営」の一環として、ＱＣ運動が定着し、不断の省力化・イノベーションが追求されることとなった。

また、民間大企業はオイルショックによる不況を梃子に中小を下請け化し、また下請け支配を強化した。下請けにも、大企業のＱＣその他の方式が持ちこまれたのである。企業主義的協調組合は、企業の「減量経営」に積極的に協力し、企業の下請け化に追随して下請け組合を傘下に収めることによって、労働組合運動のヘゲモニーを強固にしていったのである。

オイルショック以降の、ＪＣ春闘の確立、そして、鉄鋼労連の「経済整合性論」のもとでの鉄の一発回答の定着、[29]が、企業主義的協調組合運動潮流の確立の画期であると思われる。

民間労働組合運動のなかにあって、中小を抱え、企業主義的潮流に染らない単産として第一次労戦「統一」を破綻に追い込む役割を演じた全金などの内部も、こうした企業社会の確立、大企業の中小支配のもとで変質をはじめたの

である。(30)

他方、こうした企業主義的潮流に拮抗していた、官公労にもこの時期には大きな変化がみられた。一九七五年のスト権ストの敗北は官公労労働組合運動の権威を失墜させ、さらに、七九年以降、「綱紀粛正」攻勢、行政「改革」によって、官公労の力は、一気に減退した。日経連などの資本側が、七〇年代末から、「日本的労使関係」の及ばない公共部門の労使関係に対して攻撃を加えたことも、官公労の後退を加速した。

第一次労戦「統一」のさいに、企業主義的イデオロギーによる「統一」を破綻させた原動力であった官公労御三家の日教組、国労から選出された槇枝元文―富塚三夫の執行部のもとで、総評の屈服――総評の労戦「統一」への合流がはじまった(31)という一見奇妙な事態の背景にはこうした総評内官公労の地盤沈下があったのである。

第一次労戦「統一」と第二次の間には、ほんのわずかしか間がたっていなかったのに、第一次でＪＣ系に対決した勢力が、第二次においてもろくも崩れていき、ものの見事に労戦「統一」に巻きこまれていったのは、こういう理由によるものであった。

2　企業社会の再編成と協調的労働組合の地盤沈下

以上、第一次の労戦「統一」と第二次のそれを比較するなかで、「連合」がどうして結成されるにいたったかを考えてみた。そこで明らかになったことは、たしかに「連合」の結成の裏にはそれを主導した企業主義的協調組合運動の潮流の労働運動全体の制覇があったが、しかしこの結成は、単純にそうした協調組合運動の力の表明ではなく、かえって――一見奇妙なことに――企業主義的協調組合の制覇と並行して進行した労働組合運動全体の地盤沈下に対する防衛的な現状維持策である、という点であった。そこで以下、もう少しこの点に焦点を合わせて、「連合」結成がいかに消極的なものたらざるをえなかったかをあらためて浮き彫りにしたい。

労戦「統一」の理念としての企業主義的体質

すでに第三章で述べたように、一九六〇年代に成立した協調組合は、ヨーロッパのそれと比較していちじるしく企業主義的色彩を有していた。これら組合が掲げた理念は、企業の生産性向上に協力し企業競争に勝ちパイを大きくしてその配分を要求することにより労働者の生活を改善しようというものであった。そこから、日本の労働組合の生産性向上への積極的協力という独特の行動様式が生まれ、日本企業の強い競争力の源のひとつとなったのである。

じつは、第一次、第二次の労戦「統一」運動とは日本の協調組合の持つ企業主義的理念を労働運動全体に及ぼすことをめざしたものであったともいえるのである。

そこで、労戦「統一」を推進したこの企業主義的理念をあらためて、ふり返っておこう。というのは、その後の企業主義的協調組合の「成功」も地盤沈下もいずれも、この理念にかかわっていると思われるからである。

労戦「統一」を主導した鉄鋼労連は、一九六八年の大会でそれまで協調主義に批判的だった三戸国彦にかわり宮田が委員長に就任することにより、協調主義の潮流が完全にヘゲモニーを掌握したが、その翌年、鉄鋼内部の協調主義的潮流によるインフォーマルグループ「鉄鋼連絡会議」は自らの運動の理念を表明した「労働組合主義綱領」を発表した。

これが、その後の労戦「統一」運動を推進する理念となったのである。[32] そのなかで、「合理化」問題はこういわれていた。

「労働組合主義は合理化問題について成果配分の立場で対応します。この立場は企業の繁栄によって労働者の生活向上が可能であり合理化によって企業の繁栄が確保されることを前提に協力の姿勢を基本的にとります。この上に立って、成果については労働者の労働条件の向上に向けられるよう要求し、たたかいます[33]」と（傍点引用者）。

この「綱領」は高度成長のただなかにつくられたから、「企業の繁栄」というのはポジティブな色彩をもっていたが、この考え方は、後にオイルショック以降の不況期に、企業が「減量経営」を遂行しようとするとき、さらに賃上げ抑制をおこなおうとするときに、真価を発揮することになったのである。

さて、この「綱領」には、もう一つ注目すべき点があった。それは、組合が「能力主義」を認めていた点である。

「労働組合主義は機会均等のうえに立って労働者の能力開発と能力に応じた処遇を基本にします。したがって従来の年功型の賃金に対応する仕事別賃金について原則的に賛成します[34]」と。

この考え方も、オイルショック以降の不況期に企業が提起するさまざまの労働者間の競争政策を組合が容認する根拠となっていったのである。

「減量経営」への協力と「経済整合性」論　以上のような理念を掲げる協調組合は、オイルショックにより企業が不況に陥ると、逸早く、その克服に向け、企業に全面協力の姿勢をとった。

まず、狂乱物価の影響もあって、史上最高の三二・九%の賃上げを実現した七四春闘の後、鉄鋼労連の宮田らは、〝このまま大幅ベースアップとインフレの悪循環が続けば日本経済は破綻する〟という認識のもと、賃上げ抑制に動きだした。三二・九%に驚いて、「大幅賃上げの行方検討委員会」をつくり、賃上げ抑圧に動きだした日経連と軌を一にする、組合側からの動きであった。

一九七四年八月、鉄鋼労連の定期大会の冒頭あいさつで、宮田は、「高度成長から安定成長・福祉路線への分岐点にあるとき、七五年以降の賃闘は『経済成長に見合った実質賃金向上をめざした闘争に転換をしなければならない』と述べ、従来の『前年実績プラスアルファ』の要求方式は再検討されねばならない」[35]と発言した。これがその後、悪名を馳せる「経済整合性論」であった。

鉄鋼はこの「経済整合性」論をうちだすだけでなく、実際に賃金を、鉄鋼主導で抑えこむための戦術として、すでに唱えていた〝スクラム・トライ〟方式——すなわち、各産別の「同時同額結着」をめざしてとりくみを強化した[36]。鉄・造船・電機・自動車といった主要四単産が「同時同額結着」をおこなえば、これらをにらんでいる他企業の賃上げもこれにならい、賃上げは、鉄鋼のねらいどおりになるからである。

この方式は、七五春闘では、鉄鋼・造船重機労連の二単産で実現したにとどまったが、七六年にはそれに電機労連・自動車総連が加わったJC四単産集中決戦方式が実現して、できあがったのである。

企業とのタイアップ　そして、協調的労働組合のこうした動きは、企業側の不況克服政策と完全に連携しておこなわれたことが注目される。

七五春闘でJCがうちだした「同時同額結着」方式は、経営側においても、「八社懇」というかたちで具体化されていたのである。八社懇とは一九七五年三月——時期に注目！——日経連の呼びかけで賃上げ抑制のためにおこなわれた金属四業種—鉄鋼、造船、電機、自動車の社長・労務担当役員の春闘対策協議に端を発し、翌七六年以降、この四業種から各々二社がでて賃金調整をおこなう会として設けられたものである[37]。鉄鋼からは新日鉄、日本鋼管、電機が日立、東芝、自動車がトヨタ、日産、造船が三菱重工、石川島播磨である。そしてここでも、構造不況に悩む鉄鋼が業績の伸びている電機や自動車を抑えて、賃金を鉄並みに抑える役割を担っていたのである。ちなみに鉄鋼と自動車、電機は鋼板の供給とユーザーとの関係にあるため、鉄の側は、鋼板値上げをねぎっておいて賃上げはいかがなものかと圧力をかけた[38]。鉄の労使はかくして、経営・労働の各サイドで、賃上げ抑制に協力したのである。

こうして、春闘において、JC主導が定着する過程で、賃上げはもっとも低い線に平準化していった[39]。協調組合は、こういうかたちで、日本企業の不況克服に多大な貢献をしたのである。そして企業の早期の不況克服は、企業に依存する労働者をいっそう企業に依存させることになった。企業主義的協調組合の制覇がこうして可能となったのである。

長く続かなかった協調組合のわが世の春　こうして、日本経済の再建なった一九七〇年代末には、企業の側も、労働の側も、ともに、「日本的労使関係」を賛美した。日経連のほうはすでに前章においてみたので、労働の側の認識をここではみておこう。

たとえば、先にふれた、八一年六月にだされた統一推進会による「民間先行による労働戦線統一の基本構想」は、オイルショック以降の不況克服の理由をこう述べていた。これが、経営側の文書でないことは驚くばかりである。

「わが国の経済は、第一次石油ショックによる深い傷あとも時間をかけて忍耐強く癒し、第二次ショックの荒波をくぐりぬけ、いま再び安定成長の軌道にのり移ろうとしている。それを支えたものは、国民の協力、経済政策などもあろうが、何といってもその最大の原動力は質的に優れ量的に恵まれたわが国の労働力であり、労働組合の対応であったことは、改めて指摘するまでもない[40]」。

労働者の犠牲においての、かかる不況克服について、少なくとも労働組合がこのように胸をはることであるかは、きわめて了解に苦しむ。それはともかく、〝日本経済の良好なパフォーマンス〟を前にした労使の密月時代はしかしそう長くは続かなかった。

産業構造の再編成の嵐　他でもなく、かかる日本経済の力量の反映である円高、NIES諸国の急速な追い上げ、さらにME化の波を受けて、一九八〇年代に入ると、日本の産業構造は大規模な再編成を余儀なくされた。

そして、この産業構造の再編成の嵐は、それまで企業社会を支えてきた本工層——他でもなくこの本工層こそ企業主義的協調組合の中核であった——にまで容赦なく及んできた。

たとえば、高度成長日本と、協調的組合運動をひっぱってきた鉄鋼は、一九八〇年代に入ってこうした産業構造再編の波をもっとも強く受けた。新日鉄は、円高と産業構造の転換に対応すべく、一九八七年六月、定款の変更を決定し、その営む事業のなかに「情報通信」「バイオテクノロジー」「教育・医療・スポーツ施設等の経営」などを新たに加えた。(41)

同時に、この年、新日鉄は、二つの経営計画をうちだした。ひとつは、「製鉄事業中期総合計画」と称する大規模な人員削減・合理化計画である。室蘭、釜石など全国五基の高炉を休止し、一万九〇〇〇人の作業員を削減しようというものである。(42)鉄は、韓国の急追を受けていたが、円高の影響で、賃金は七対一となり、日本が徹底した合理化によって労働生産性を向上したとしても売上高に占める人件費の割合は韓国の四倍となってしまう。大規模人員削減は、これに太刀打ちするための計画であった。

しかしこれだけでは、事態を打開することはできない。割高な人件費をカバーするための製鉄における新しい技術開発が志向されると同時に、将来的に、新日鉄の生産のなかで鉄の占める比重を下げることが計画された。それが新日鉄の産業構造転換計画の第二の柱である。「複合経営推進の中長期ビジョン」と題されるこの計画は、今後一〇年で、新しい成長産業を開発し、売り上げ高における鉄の比重を五〇%以下に落とすことがうちだされた。(43)

ともあれ、こうした大合理化計画のなかで、新日鉄の労働者の四分の一以上が削減対象となったのである。一万九〇〇〇人のうち、定年肩たたきによる自然減は九〇〇〇人とみこまれているから、残り一万人は、出向・一時帰休・配転・新規事業への吸収などのかたちで整理が施行されることとなったのである。(44)

図　民間主要企業の賃上げ状況の推移（賃上げ率、賃上げ額）

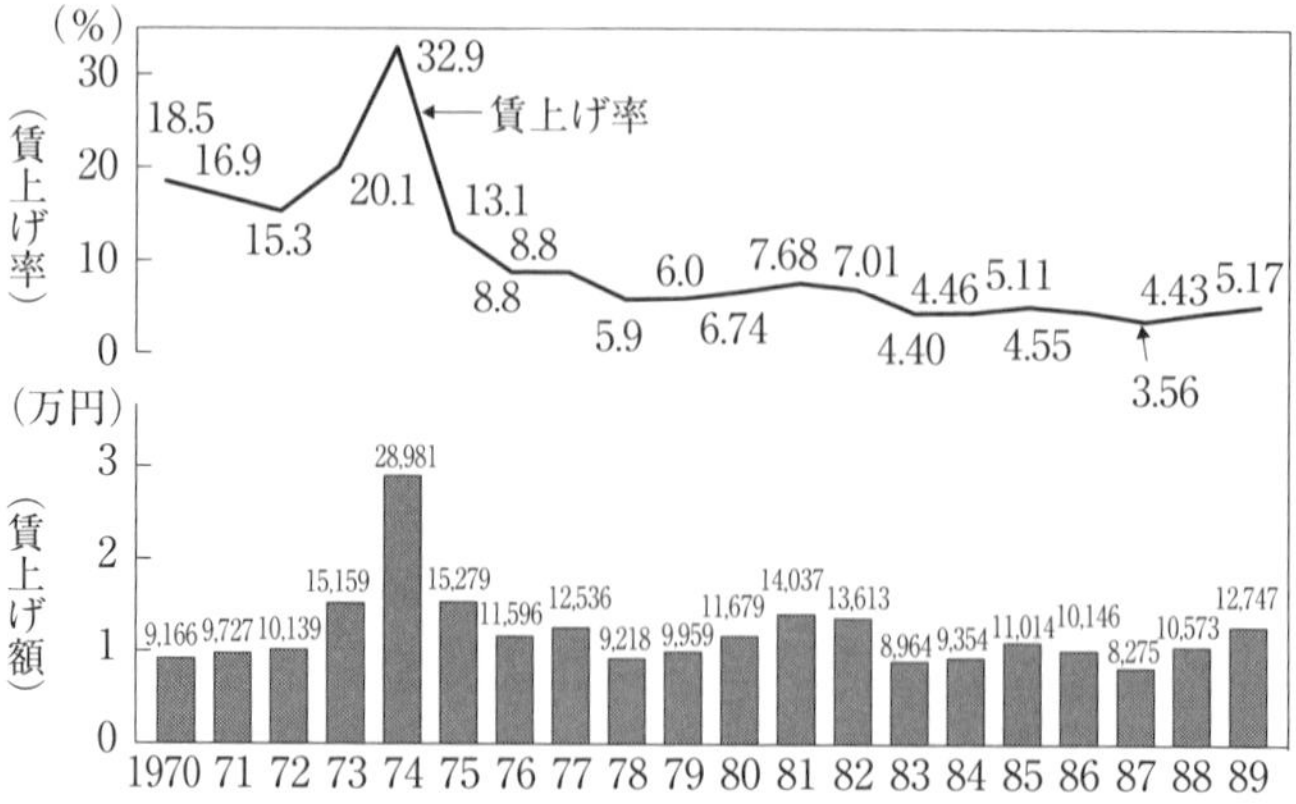

資料出所：労働省労政局調べ。
注：１）79 年までは単純平均による数値であり、80 年以降は加重平均による数値である。
２）85 年以降は NTT、日本たばこを、88 年は JR を含めた数値である。
出典：『平成元年版労働白書』66 頁。

しかもこれは新日鉄だけではない。新日鉄に続き、大手鉄鋼メーカーは次々と削減計画をうちだし、大手五社の人減らしは合わせて四万人を越えたのである。(45)

協調的労働組合の危機　ＪＣ系の中核を担う鉄鋼産業でのこのような大合理化に対して、協調的労働組合は、原則としてそれを認め協力した。なぜなら、まさにこの合理化は企業の存亡を賭けたものであり、そうであるからには、労使一体となって乗りきらねばならないはずであったからである。

また、製鉄不況のなかで、鉄鋼労連はついに、一九八七年春闘で、ベースアップ要求を断念したのである。さすがにこれに対しては代表者会議で中小組合から異論が続出したが、執行部は、これも強引に押しきってしまった。(46)〝とてもベースアップどころではない〟というわけである。しかし、かといって、それでは雇用が守れるか、といえばこれも危ういことは今述べた。こうして、八〇年代に入り、協調的労働組合への不満が大きくなってきたのである。

さて、協調的労働組合運動が地盤沈下をはじめた画期は、一九七五年であろうと思われる。**図**をみればわかるように、この年を機に、協調的労働組合運動への一定の信頼を支えていた春闘の連敗がはじまった。もっとも「連敗」というのは、正確ではないかも知れない。少なくとも春闘を主導したＪＣ主力単産は、春闘の賃上げ率を「日本経済」とのつり合いの範囲内に収めることをねらったのであるから、意図的結果ともいえる。けれども、それが、労働組合の権威を大きく損ねたことは明らかであった。

協調組合運動は、この賃上げ面での後退をカバーするために、「政策・制度要求」を重視しはじめ、インフレ抑制、税制改革などに力を入れはじめた。そして、一九七六年、ＪＣ傘下の組合を中心に政策推進労組会議がつくられたのである。[47]この政推会議は野党とも協議をおこなったが、主として政府・与党との交渉に力を入れるようになった。これが、後の「連合」の活動スタイルの原型をつくるのだが、実際にはこれは、賃上げの地盤沈下を補うような見るべき成果を上げえたわけではなかった。

労働組合の組織率でも、**表１**にみるように一九七五年は明らかに画期となった。この七五年を境に組合組織率は低

表１　労働組合員数および推定組織率の推移

年	労働組合員数（千人）	推定組織率（％）
1962年	8,971	34.7
63	9,357	34.7
64	9,800	35.0
65	10,147	34.8
66	10,404	34.2
67	10,566	34.1
68	10,863	34.4
69	11,249	35.2
70	11,605	35.4
71	11,796	34.8
72	11,889	34.3
73	12,098	33.1
74	12,462	33.9
75	12,590	34.4
76	12,509	33.7
77	12,437	33.2
78	12,383	32.6
79	12,309	31.6
80	12,369	30.8
81	12,471	30.8
82	12,526	30.5
83	12,520	29.7
84	12,464	29.1
85	12,418	28.9
86	12,343	28.2
87	12,272	27.6
88	12,227	26.8

出典：『平成元年版労働白書』66頁。

表2　争議行為をともなう争議件数等の推移

年	争議行為をともなう争議（件）	争議行為参加人数（千人）	労働損失日数（千日）
70年	3,783	2,357	3,915
71	6,082	3,623	6,029
72	4,996	2,657	5,147
73	8,720	4,929	4,604
74	9,581	5,325	9,663
75	7,574	4,614	8,016
76	7,240	3,400	3,254
77	5,533	2,413	1,518
78	4,852	2,083	1,358
79	3,492	1,476	930
80	3,737	1,768	1,001
81	7,034	2,914	554
82	6,779	2,386	538
83	4,814	1,773	507
84	3,855	1,585	354
85	4,230	1,355	264
86	1,439	463	253
87	1,202	361	256
88	1,347	430	163

出典：『昭和63年版労働白書』参117頁、『平成元年版労働白書』付86頁。

下に転じたのである。オイルショック不況を克服するための「減量経営」が、組合に組織されている本工労働者の比率を下げたことが組織率の低下につながった。

続いて、八〇年代に入っての産業構造の転換は、二重三重に組織率低下に拍車をかけた。まず組織率の高い重化学産業大経営の本工層が大合理化によって削減された。それに代わって充当された労働者は、多くが、パートや派遣であったから、これらの層は組合に結集しなかった。また、産業構造転換によって、増加した第三次産業は、中小零細業種が多く、これまたパートや非正規労働者が大量にいて、組合の組織化の遅れた部分であった。こうして、八〇年代に入ると、協調的労働組合運動の組織率は下がる一方となった。

他方、日教組、国労などの公共部門の労働組合も、その各々の理由はあるが、いずれも八〇年代に入って組織率を低下させたのである。

さらに、七五年あたりを画期とする企業主義的協調組合の制覇は、労働組合の争議行為をも減少させた（**表2**）。

「減量経営」による人員整理や出向・配転などがあいついで強行されたにもかかわらず、争議行為は急減していったのである。労働組合が企業のこうした行為を批判しなかったから、企業は首尾よく「減量化」に成功し、「少数精鋭」のもとで再び活動を拡大した。これが、一九七五年を画期とする労働時間の下げ止まり、「過労死」や「単身赴任」などの普及・拡大を生んだのである。

地盤沈下挽回の起死回生策　しかし、こういう状況においこまれたからといって、企業主義的協調組合運動が、資本と対決する姿勢を強めることはありえなかった。それでは、これまで企業社会と協調組合を支えてきた本工労働者の不満や不安の増大にどう対処するか、また、労働組合の組織率低下に示される組合運動の比重の低下にどう対処するか。――こうして、労働戦線の「統一」が、かかる地盤沈下の起死回生策としてにわかに切実な課題として浮び上がったのである。

この窮状を打開するには、政治を動かして、物価や社会福祉、税制、労働時間などで眼にみえる成果をとり、労働組合の存在意義を再確立するしか手がない、というわけである。

総評、同盟をひっくるめて、ＪＣ主導の労戦「統一」になだれこんだ背景には、このように、日本の協調的労働組合運動全体をおおう地盤沈下と「空洞化」があったのである。

三　「連合」の政治戦略

こうして、「連合」は結成された。いままでみてきたように、「連合」は協調的労働組合運動の地盤沈下を、政治によって補完してもらおうという、転倒的なもくろみをもって登場してきたのである。

ところが、それではいかなる政治勢力に依拠して、自分たちの政治要求を実現するか、という肝心の点で、「連合」は一致した構想を持ちえていなかった。むしろ、その点をあいまいにしたまま、とにかく「統一」を、ということで来たのである。もっとも、政治戦略についてまったく一致点がなかったわけではない。共産党や共産党を含めた統一戦線を主張する勢力を排除するという大枠では一致していた。問題は、その先の積極的な方向であった。

1　政治構想をめぐる「連合」内の二潮流

もともと、既存のナショナルセンターと政党との間には、提携関係が存在していた。総評、中立労連、新産別は社会党と、それに対して同盟は民社党と、という関係である。

「連合」主流の自民党との連携派　しかしながら、実際には、第三章で述べたように、こうしたナショナルセンターの壁を越えて結集したJC主力単産の多くは、企業の発展・繁栄を通じて労働者の生活が改善されると考えており、自然にそれにもとづいて、政権党である自民党への支持傾向を強めるにいたっていた。

たとえば、後の一九八〇年代の事態についてであるが、同盟と民社、自民の関係についての次のような言はそれを物語っている。

「いま我々の社会は非常に大きな問題を抱えております。いわゆる前川レポートに始まる産業構造調整の問題であります。ことに……造船や鉄鋼はまさに産業調整の焦点であります。ところがそれに対して、果して民社党が効果的に対処しているか。していないと思います。いま同盟や総評の気のきいた幹部であるならば、民社党……の議員の先生方に問題の所在から説明して情報ギャップを埋めて、尻を叩いて問題解決に走ってもらうよりは、自民党の部会に乗り込んで、或いは大蔵省や通産省に乗り込んで直取引した方がよほど効率的であります。事態はすでにそういう方向へ動いている[48]」と。

とくに、構造不況業種で政府の強力な補助を求める、鉄鋼、造船などでは、労働組合も政府与党との接近を求める傾向が強くなったのである。こうして、たとえば、鉄鋼労連は、八六年の大会で、「政策実現のためには政権党とも連携する」ことを公然とうちだしたのである[49]。

八七年一一月に結成された「連合」の主流は、こうした、政府・与党との連携によって、制度・政策要求を実現しよう、あるいは、保守＝中道連合政権によって組合要求を押しこもうと考えていると思われる。この主流は、社公民が連合することにあまり展望を持っていないし、第一、それより自らの産業領域の要求の実現や税制改革、農産物自由化などは、自民党と話をつけたほうがはるかにてっとり早いと思っているのである。

「連合」内社公民派の潮流　しかし、「連合」内はこうした潮流ばかりではない。「連合」の力を背景に、社公民、社民連を連合させ、あるいは社会・民社・社民連三党を連合させて、新党を結成しあるいは連合政権をつくって、自らの政治要求の実現をはかろうという潮流が存在する。

この潮流の中核は、一九七八年、第二次労戦「統一」の動きがはじまった時点で、山岸章（全電通）、蘽科満治（電機労連）、田淵勲二（全日通）らによってつくられた労働社会問題研究センターと（略称・労働センター）とその雑誌『社会労働評論』によるグループと考えられる[50]。

この労働センターは、労働戦線の「統一」と、社会党改革による野党連合政権の樹立という二つの目的をもって出発した[51]。この勢力の場合、明らかに、労戦「統一」は、それを梃子にした社会党改革→社会民主主義政権への展望と結びついていた。その意味では、この勢力の政治構想は第一次労戦「統一」における宝樹構想に近似しており、いわば、西欧型社会民主主義戦略を志向するものであったと思われる。

八七年一一月に結成をみた「連合」内でのこの潮流をみると、電機労連（六八万）、全金同盟（二九万）、全電通（三〇万）あたりを中核に電力労連（一三万）、ゼンセン（五一万）などが大きくは入り、全体として二〇〇万程度となる。それから逆算して、旧「連合」において、自民との提携あるいは保守・中道連合を展望・志向している勢力は、三五〇万ということになる。


旧ナショナルセンター間の対立とは別個の対抗　ところで、ここで注目すべきは、「連合」内の、こうした自民連携派と社公民連合派の対抗は、旧ナショナルセンターの「同盟」「総評」「中立労連」の対立とは明らかに異なるものであるという点である。

自民との連携を追求する、JC主流→「連合」主流は、「同盟」に属する造船重機労連（一三万）もいるが、同時に「総評」傘下の鉄鋼労連（二〇万）、純中立の自動車総連（七〇万）など、旧ナショナルセンターの垣根を越えているし、また社公民派も、同様なのである。

じつは第二次労戦「統一」を推進したのは、自民との連携であれ社公民連合であれ、とにかく労戦「統一」を梃子に政治を動かして政策・制度要求を実現し労働組合としての地位保全をはからなければならないと考えるこの二つの勢力の連合であったのである。この二つのグループが先頭に立って、旧ナショナルセンターの壁に固執する勢力や社共統一派、全野党共闘派を排除しつつ、「統一」にもちこんだのが「連合」であったといえよう。


「連合」内新二潮流の性格　それでは、旧ナショナルセンターの枠を越えて結集し、第二次労戦「統一」をともに推進し、したがって「連合」内で勢力を二分している、この新しい二潮流はいかなる性格をもっているのであろうか。

第一の自民との連携派は、明らかに、一九六〇年代に台頭した企業主義的協調組合を代表するグループである。彼らは、もともと企業の繁栄を第一に考え、それ故政治戦略においても野党連合などよりてっとり早い政権党との取引を有効と考えている。しかし、まさしく八〇年代は、この企業主義的協調組合が産業構造再編成によってもっとも地盤沈下しているのである。それだけに、彼らは彼らなりに事態に危機感を持っており、政治的補完を期待してもいるのである。

他方、「連合」内社公民派は、「連合」主流に比べ、雑多な色彩をもっている。ゼンセンや全金同盟[52]は、「同盟」の主力単産ではあるが、多数の中小企業を抱え、したがって、労働条件のためにスト権をかまえて闘う。近年の春闘においても、ストをやる数少ない単産なのである[53]。その点では、鉄鋼や自動車とは、明らかに異なる体質をもっている。これらの組合は、比較的多数の専従幹部を抱え、鉄鋼などに比べると企業主義的色彩が弱い。ちなみに、全電通もストライキをかまえる組合である[54]。つまりどちらかといえば、この社公民派は、企業主義的協調組合の中でも古典的協調組合の色彩の強い組合群なのである。

社公民派の頭領・山岸章　ここで、「連合」内社公民派の代表格である全電通の山岸のことにふれておこう。なぜなら、山岸は、第二次労戦「統一」運動のなかで、社公民連合派として一貫して参加し、後に述べるように官民一体の新「連合」の初代会長となったからである。山岸の政治構想をみておくことは今後の新「連合」の方向をみるうえでも必要であろうと思われる。

山岸の労戦「統一」論は、第二次労戦「統一」を推進したＪＣ主流のそれとは異なるが、すぐれて政治的である。もともと、山岸にとっては、野党連合政権をつくるという政治戦略のほうが優先し、その不可欠の手段として労戦「統一」が位置づけられているといってよいほどである。現に山岸からのヒアリングをして書いたと思われる菊池久の言によれば、山岸の戦略は次のようなものであり、労戦は明らかに手段となっている。

「山岸にいわせれば、労働界、政界の再編成はこうなる。いま、社会党は総評四百四十万人のうえにアグラをかいている。民社党も同盟二百十七万人の支持によって、選挙、政治活動を展開している。……だから、総評、同盟の両組織の上に立脚している、社会、公明、民社党とそれに社民連を加えた中道・革新の野党連合政権をつくるには、その基盤——支持労組の統一、つまり社会党—総評、民社党—同盟のタテのつながりをぶった切って、一本化することが先決だ[55]」と。

また、山岸自身も、政治優位を公然と主張してきた。

「労組が政治活動をやめることは労組としての武装解除です。いまの政治がいいというんならいいが、私は自民党一党支配は打破せにゃならん——こう思っている。そのためには、野党は総結集して政権の受け皿を作らないとだめだ。政治革新に取り組まない組合は組合じゃない[56]」と。

こうした戦略にもとづいて、山岸は、一方で労戦「統一」の方向を実現すべく総評内で活動し、他方社会党の「新宣言」路線実現のために社会党にも介入を続けた[57]。

「連合」の政治戦略の不確定　このような山岸のもくろみにとって、一九八七年一一月の「連合」結成は、たしかに大きな前進には違いなかったが、しかし、「連合」の内部に前述のような二つの構想が併存しているため、「連合」が明確な政治方針を持ちえなかったことは、大いに不満であった。

現に、「連合」結成を前にして八六年一一月、全民労協第五回総会で採択された「進路と役割」は、来るべき「連合」の役割のところで、その政治構想をうたっていたが、明らかにそれは、先の二潮流の対立をふまえた折衷的なものであった。

「10、今日の日本の政治は、自民党の長期・単独政権の底流に変化の芽生えは見られるものの、野党の分立状態が続いており、現状を打破する新しい政治勢力の形成にまでは至っていない。このような中で、連合組織の発足は、政治の流れを転換するための新たな起爆剤的役割を果たす可能性を持っている。このような労働組合の役割の重要性を自覚し、さらに影響力を強めていく。

また、目的を達成するため、要求・政策・目的が一致する政党・団体とは、相互の自主性を尊重しながら必要に応じ協力して活動を進める。

なお、政党支持については、当面、加盟組織の判断に委ねる」[58]と。

みられるように、この一文のなかには、多くの含意が込められていた。主調は、山岸らの主張する野党再編の「起爆剤」論であり、山岸らはもっぱらここを引用して自己の権威づけに使ったが、他方その次のパラグラフには、共産党排除を意味する「目的」が一致する政党との協力がうたわれ、他方、自民との連携の可能性も排除されない書き方となっていた。そして最後は、従来の「総評」「同盟」以来の政党支持関係の現状維持も保障されているという具合であった。

「連合」の現状からすれば、この程度しか書けなかったのであろうが、これは、山岸にとってはまことに不満であった。これでは、八七年一一月のせっかくの「連合」結成も、野党各党にはなんのインパクトも与えずに終わる可能性があった。そして実際に、野党再編の動きは起こらなかった。

おそらくこういう山岸の意をくんでであろうか、『社会労働評論』の初代編集長であった森田実は、八八年一月八日付『朝日新聞』の論壇に「三野党は政党連合を急げ」と題する文章を載せ、「連合」結成を機に、社公民三党首会議を早急に開き、「野党再編への道を開く勇気をも」てと訴えた。[59]同時に森田はそこで、政府・与党との接近をはかる「連合」主流にも皮肉を浴びせていた。

「『連合』幹部も、首相や政府与党の幹部とばかり会いたがらないで、第十一項（――「連合」の「基本目標」の第十一項は「われわれは、政権を担いうる新しい政治勢力の形成に協力し、政権交代を可能にする議会制民主主義を実現する」とうたっていた――引用者注）の実現のため野党三党首の間を回り歩いて三党首会談実現のために努力すべきである」(60)と。

しかし、こうした呼びかけに対しても、野党は、なんの動きもみせなかった。そこで、山岸はますます、野党再編のためには、「連合」が統一した政治方針を確立し、五五〇万票の力で、野党の再編を強制しなければだめだ、と主張しはじめたのである。

「連合」の票の力による野党再編論　たとえば、一九八八年二月の社会党大会に向け、山岸は、「連合」が政治方針を持つべきである、と、こう主張した。

「政治問題に関しては全民労協時代においてはある意味でタブー視されていた。それだけに現在はいかにしてそのタブーを破り、扉を開けるかが課題になっている……「連合」が真の意味でナショナルセンターとして機能しうるかどうかということは、……政党との選挙協力を含めた具体的な政治方針の各論について、内部で一定の意思統一ができるかどうかにかかっているのではないかという問題意識を私はもっている」(61)と（傍点引用者）。

しかし、八八年の事態は、山岸の思惑とは異なる方向へ向かった。消費税とリクルートをめぐり、消費税の粉砕を主張する社会党と解散を恐れ妥協を求める公・民との亀裂はいっそう深くなった。そのため、苛立った山岸は、八八年末には、もはや「野党政治戦線の再構策は野党の自助努力によっては不可能ではないか」と述べ、「連合」の力による野党再編を主張したのである。

「結局、スポンサーである労働界がいま正念場を迎えている労働戦線統一を達成し、野党政治戦線についての〝統一メニュー〟を策定して野党に突きつけイエスかノーかの回答を迫る、そしてノーと答える野党は労働界としてはもはや相手にしない——これくらいの性根を据えた対応を労働界がしないかぎり、いまの事態は打開できないのではあるまいか[62]」と。

「連合新党」の結成論　ところが、一九八九年にはいって、リクルート疑惑が次々に広がり、また消費税に対する国民の怒りが増して、竹下登内閣の支持率は急減した。山岸ならずとも今が野党再編の絶好のチャンスであったことは明らかであった。そこで山岸は、現在野党は「自民党政権打倒のための五〇年に一度あるかないかというチャンス[63]」を迎えているという判断のもと、「連合」が野党連合政権樹立のためにいっそう積極的役割を果たすことを提唱した。とくに山岸は、八九年一一月に予定される新「連合」が、現在なお「連合」内にある旧同盟—民社党と総評—社会党ブロックを早急に解消して統一した政治力となり野党再編に向けより踏みこんだ介入をおこなうべし、と強調した。この時点で、山岸は、「連合」の政治構想の不確定に対して、明確に自分の野党連合政権づくりのための「連合」の戦略をうちだすことに踏み切ったと思われる。

それでは、山岸は新「連合」がいかに野党再編に介入すべきであると主張したのか?彼はまず新「連合」の目標を「二大政党的体制の構築」におく。

「自民党に代わって政権を担当しうる共産党を除く野党勢力の実現——すなわち、政権交替可能な二大政党的体制の構築をめざして、労働界全体の統一をなしとげたエネルギーを政治戦線の再編・統一にいかに転化していくかを……考えなければならない」[64]という。

しかし、そういう野党の一大勢力は、放っておいてはできそうもない。そこで、山岸はこういう。新「連合」は強力な選挙協力で野党再編に積極的候補を支持するなどして再編に介入するがそれでも野党再編がむずかしいとなったら、一九九一年あたりをメドに「連合新党」に踏み切るべきだというのである。

「もしも現在の枠組みのもとではこれ以上の政治革新をはかることがむずかしいという判断に達した場合、私は、新連合がイニシアティヴをとって連合新党の結成に踏み切るべきではないかと思う。……その場合中心になるのは現在の社会党、民社党、社民連およびその周辺のシンパサイザー、支持者であり、その最大限結集によって連合新党を結成する。そこでひとつの大きな塊をつくり、野党連合政権の中核を担っていくという位置づけのもとで、その連合新党と公明党がブリッジをつないでお互いに協力・共闘していく」[65]（傍点引用者）と。

そして、こうした一大勢力のもと、保守政治家の一部も「パートナーとして加え」て、九〇年代前半には野党連合政権を樹立しようというのが、山岸の構想であった。

こうした山岸の野党再編論が、八九年七月参院選における「連合」候補の大量擁立を促したと思われる。

社公民派の多数派形成　先に述べたように旧「連合」内では、こうした社公民連合論は多数派ではなかった。しかし、一九八九年の新「連合」に参加する二五〇万の官公労の大半は、社公民連合派であると計算できた。そうすると新「連合」内における自民との連携派と社公民派の勢力比は逆転し四五〇万対三五〇万となる。
山岸が官民統一による新「連合」を推進したのは、こうした「連合」内でのヘゲモニー掌握をねらってのものであったと思われる。

「連合」としては第二代の、新「連合」では初代の会長がなぜ、「連合」主流のＪＣ系単産代表でなく、山岸となったのか、そして新「連合」のナンバー２として会長代理に、これまた社公民派として山岸と一緒にやってきた電機労連の藁科が就任しえたのか、その背景には、おそらく「連合」内のこうした力関係の変化があったといえよう。

新「連合」の基本文書である「連合の進路」でも、その政治構想は、先の「進路と役割」の文章がそのまま踏襲された。したがってその文面上は依然新「連合」の政治構想が野党連合構想とはなっていないし、何より政党支持については「構成組織の判断に委ねる」[66]という点も変わっていない。

しかし、新「連合」会長に山岸が就任したことから、新「連合」は、将来、野党連合の結成に向けて、急速に政治化していくことが予想される。会長就任後の山岸は、「連合は第五の野党づくりをめざす対応はしない」[67]といい、四野党の連合を裏から促進する方針に切りかえたようにみえる。しかし、山岸は、新「連合」のもつ八〇〇万という票の力と、新「連合」のカネの力で強力に野党再編を推進するもくろみを持っている。この後者についていえば、近年山岸は、日本の労働組合の年間集める会費は六〇〇〇億円にたっするのだから、「連合」はせめてその五％は欲しいとくり返している[68]。五％は三〇〇億である。新「連合」の予算二四億を三〇〇億にし、このカネで野党内の連合派に選挙資金を提供しようというのである。

ともあれ、こうして、新「連合」は自らの運動力量の低下を補うための野党連合政権づくりに本格的に乗りだそうとしている。

2 新「連合」と「政治改革」

以上のような「連合」内の二潮流の対抗とその政治戦略にかかわって、最近支配層の主張している「政治改革」――とりわけ選挙制度改革への対応が注目される。そこで、「連合」の政治戦略との関係で、「連合」の「政治改革」への方針を検討しておこう。

「政治改革」論台頭の背景　ところで、その前提として、支配層内でなぜ近年「政治改革」論が台頭しているのか、という点を、みておく必要がある。(補)

近年の財界を中心とした「政治改革」論(69)の直接のきっかけは、「リクルート」汚職にみられる政界の腐敗・汚職である。また、政界への増大する政治献金の負担も財界の「政治改革」論を強くしている原因である。これをなくすには、カネのかかる選挙を変えねばならないし、政党の活動を公費でまかなうようにする必要ある、というわけで、小選挙区制と政党法が、「政治改革」の焦点として浮上しているのである。(70)

しかし、「政治改革」論台頭の背景はじつはもう少し根が深いと思われる。ここでそれを詳細に追うことはできないので結論だけをいうことになるが、一九八〇年代に入っての支配層の「政治改革」論台頭の背景には、六〇―七〇年代に形成された、企業社会中心の安定的支配構造が、八〇年代に入っての企業社会の再編成のなかで動揺しているという問題があると思われる。六〇―七〇年代に形成された企業社会は、労働者を企業支配のもとにくみ入れ、自民党政治はその企業社会のうえに乗って安定した。ところが、この支配構造は八〇年代に入って、国際的にも国内的にも再編を余儀なくされた。

国際的とは、この支配構造の安定を支えていた日本の経済成長を保障するアメリカ帝国主義の地盤沈下という事態であり、日本は従来の体制を維持するためにも、アメリカを中心とした国際的枠組みをより積極的に支えることを求められた。そのために八〇年代に入って、政治の反動的再編成と国家主義的統合が強引に進められたのである。他方、国内的には、日本の成長体制を存続するためにも大規模な産業構造の再編成を余儀なくされたことである。ところが、この再編成は、先述のように、それまで日本の企業社会を支えてきた企業の本工層を大規模に切り捨てることを不可避とした。これは支配体制を維持するために不可欠の再編であったが、しかし、これは、六〇—七〇年代の安定的支配構造の基盤を掘り崩すことになったのである。

このような八〇年代の支配構造の再編成はいずれも、既存の支配の弱体化をもたらさざるをえない。そこで、既存の支配を政治的に補強し、企業社会の脆弱化で動揺した支配構造の安定を確保しなければならない——「政治改革」はそういう目的をもって登場した、と思われる。

小選挙区制と政党法は、当面は自民党一党支配の再建強化を実現し、将来的には、現存の企業社会を守るという枠のなかでの二大政党制をつくるであろう。これが支配階級の構想した「政治改革」のプログラムであった。

野党や「連合」の「政治改革」論

こうした支配階級の側からの「政治改革」論、とりわけ小選挙区制論は、これまで必ず野党や労働運動の大きな反対を呼び起こし、挫折を余儀なくされてきた。

ところが、一九八〇年代の「政治改革」論は、これまでとはずいぶん異なる様相を呈している。今回の場合、野党の側からいつものような強い反発があらわれていないばかりか、野党をとりまくイデオローグの側からも、小選挙区制を含む「政治改革」の主張がでているのである。小選挙区制は、短期的には、社会党も含め、各野党の後退——場合によっては消滅をもたらしかねないのに、一体なぜ今回は、共産党を除くと強い反発がでていないのであろうか。そこに、今回の「政治改革」論の特徴がみられるのである。

野党を支持するイデオローグや「連合」内から、支配層の「政治改革」論に呼応し、それに賛成する声がでているのは、分立している野党を統合して、自民党に並ぶ政党をつくりあるいは連合政権をつくるには、この「政治改革」しかないのではないか、という雰囲気があるからである。〝このままではいつまでたっても野党はひとつになれない、それならいっそのこと小選挙区制をやって、いちかばちかの二大政党制の形成に賭けるしか手はないのではないか〟というのが、野党側からの「政治改革」論なのである。

こうして、「政治改革」を求める議論が、民社党のイデオローグの間から、[71] さらには社会党[72]の、そして「連合」内から[73]登場するにいたった。

これらの議論には相互にいろいろなニュアンスの差がみられるが、共通しているのは、第一に、小選挙区制の導入により短期的には、自民党の圧倒的支配が実現することを予測し、それを容認している点である。そして第二に、その後の可能性に二つの方向があることを予測している点である。ひとつはいうまでもなく小選挙区制――自民圧勝のインパクトのもと、小選挙区で勝利するために野党が連合して二大政党化する道であるが、しかし、論者がこの道だけを予測しているわけではないことが注目される。第二の道は、野党の連合ができず、自民が圧勝をつづけ膨張して二大分裂し、保守二党制が実現する道である。

得本輝人の小選挙区制論　たとえば、「連合」内の最大単産である自動車総連会長の得本輝人の小選挙区制論は、そういう二つの道を予測して唱えられている。

「私が、小選挙区制を提唱した背景には、政権交代可能な政治体制をつくるには二大政党制が望ましいという基本的な発想がある。……小選挙区制の採用は、その二大政党制を日本に実現する制度的なきっかけになるのではないか。その場合、二つの道が考えられる。ひとつは、野党が小異を捨て大同について結集することによって二大政党制が実現する道。もうひとつは、野党が小異を捨てることができずに相変らずの分立状態をつづけた場合、いったんは圧倒的多数をとった自民党が分解し、いわば二つの保守党による二大政党制が実現する道」[74]と。

ともかく、このように、野党がつぶれて「消滅する」可能性を含めて、小選挙区制しか野党再編→二大政党制の道はないという主張が、野党や「連合」からでているのが、今回の「政治改革」論の特徴であり、支配層の安定的支配構造再建のための要請と相俟って、「政治改革」実現の可能性を高めているように思われる。

ところで、「連合」内での小選挙区制論が「連合」主流の自動車総連会長得本によってうちあげられたことは、「連合」の政治戦略、その内部対立との関係できわめて注目される点であった。先述のように、「連合」主流は、自らの政治的要求を実現するには、野党連合より、政権党と提携すべきであるという構想を持っていたからである。

得本は論文のなかで、一応「私は野党が現実的にインパクトをもつ政策のもとに結集して自民党に拮抗する政治勢力になることを願っている」[75]とは述べているが、これは、「連合」内社公民派へのリップサービスのようなものであると思われる。なぜなら、得本自身が予測するように、小選挙区制導入は、野党再編のきっかけになるかも知れないが、自民圧勝になる可能性もあるからである。

ここで重要なのは、得本いや、「連合」主流にとっては、小選挙区制の結果、どちらの道になってもよいとわりきっている点なのである。短期的に自民党が圧勝してもその強力な自民党と従来通りの関係を持てばよいし、ある種の政策実現にはそのほうが便利である。また、社公民が連合できればそれに梃子入れすればよいし、保守二党になれば、そのどちらかに加担して押し上げれば野党連合と効果は同じである。ただ自民党一党支配より二大政党制のほうが、「連合」の持つ票の力を高く売りつけることができ、「連合」の政策実現に有利である、――おそらくこれが得本の計算であろう。

得本はさかんに、「今回私は、社公民連合路線を見限って小選挙区制を提唱したわけではない」[76]と弁明するが、得本提案は、森田実がいうように、明らかに「社公民連合に見切りをつける動き」[77]であったといえよう。

山岸の小選挙区制反対論

得本の小選挙区制論が明らかに、保守二大政党論的方向を持っていたために、この議論に対して当然山岸は反論に立ち上がった。山岸は、得本の議論の直後に、「小選挙区制議論は幼稚である」[78]といい、「いま議論すべき問題ではない」[79]（傍点引用者）と強く非難した。

山岸の反対論はいうまでもなく、野党連合ができていない段階で小選挙区制をやれば野党は消滅するというものであった。「野党が分立状態を止揚できない状態で小選挙区制の問題を論議しはじめたら、自民党恒久政権に手を貸すことになる」[80]と。そしてそれに代わる「政治改革」のプランとして山岸が押しだしたのは、政党法―公営選挙の拡大―そして比例代表制の導入である[81]。もっとも山岸は、西ドイツ型の小選挙区と比例代表併用型も検討に値する[82]といっているが、明らかにこの構想の背後にあるのは、社会党を中心とした野党連合にプラスとなる「政治改革」という発想であろう。そして、この方向が、「連合」の「政治改革」の方針となったのである[83]。

このように「連合」内での、「政治改革」をめぐる対立は、明らかにその根っこに政権構想をめぐる対立を含んでいた。「政治改革」論争は、政治構想をめぐる「連合」内の対抗の当面の焦点だったわけである。

そして、さらにいえば、こうした政権構想の違いは、じつは、労働組合が実現すべき政策・制度要求の相違に行きつくはずであった。「連合」主流の求めるような、産業政策、農産物自由化、税制改革ということであれば、その実現は野党連合政権である必要はなく、かえってそれは企業と一緒になって自民党政権に働きかけたほうが実現できるものである。それに対して、労働時間短縮や社会保障ということになれば、それを自民党政府のもとで実現することはきわめて大きな限界がある。つまり「連合」の政治構想の対立は、じつは、労働組合の地盤沈下阻止のために実現すべき政策についての「連合」内部での対立を反映していたのである。

四　「連合」と企業社会変革の可能性

ともあれ、内部に以上のような対抗をはらみつつ、一九八九年一一月、山岸を会長として官民統一の新「連合」は出発した。それでは、この新「連合」は企業社会に歯止めをかけ、労働者、国民にとって少しでもゆとりある社会に向けて、力を発揮することができるであろうか。本稿の最後に、この問いを検討しておきたい。

1　企業社会の構造を前提にして「ゆとり」ある生活は達成できるのか

新「連合」は、なるほど八〇〇万の労働者を結集した。そして新「連合」の「運動方針（案）」は、「連合」の政策への批判や、最近の情勢を考慮して、網羅的なものとなった。とくにそこでは、「ゆとり」「豊かさ」「公正」などの理念が強調されている。

けれども、結論からいうと、新「連合」が、現存企業社会に規制を加えて、より人間らしい生き方をつくる展望を切り拓けるかという問いに対しては否定的たらざるをえない。

企業社会と「ゆとり」　「新連合」の「運動方針（案）について」はいう。

「九〇年代は、新しい成長・発展が展望される経済を背景に、今日までの経済成長と生活とのギャップを埋め、生活の質を問い直しつつ、総合生活を改善する時代である。

このため、経済先進国にふさわしいゆとり、豊かさ、公正をめざした中期的目標を設定し、積極的に生活闘争を進める。そして『産業優先・外需型』から『生活優先・内需型』への経済改革を推進していく[84]」と。まことにもっともな目標である。そして、「連合」は、この視点から「積極賃上げ」と「労働時間短縮」に力を入れるという。

「賃上げと時短との関係については、わが国の労働時間が国際水準に到達するまでは、それぞれが重要な闘いであるとして、積極的姿勢でのぞむ。

労働時間短縮については『一九九三年度、年間総実労働時間一、八〇〇時間』達成に向け、総力をあげて取り組む。そして年度毎の着実な達成をはかるため、『連合』内に『時短センター』を設置するとともに、構成組織の取り組み強化を促す[85]」と（傍点引用者）。

これまた、けっこうなことである。

しかし一体「連合」は、「今日までの経済成長と生活とのギャップ」はなぜ生まれたと考えているのであろうか？また、なぜ「わが国の労働時間が国際水準」とかけ離れていると考えているのであろうか？

「連合」に結集した民間の協調的労働組合は、企業の成長＝「経済成長」のために、生産性向上＝「ゆとり」の削減に積極的に協力してきたのではなかったろうか。またオイルショック以降の不況克服のために、率先して「減量経営」に協力し、それによって、「労働時間」の「国際水準」との差をつくりだすのに貢献してきたのではなかったか？

その結果たしかに企業と日本経済は成長したが、労働者は「経済先進国にふさわしいゆとり、豊かさ」を次々奪われてしまった。そしてあげくの果て労働組合離れが進行し、それをくいとめるため、いま「連合」がつくられている。しかし、かといって「連合」は、企業社会の構造に手をつけることはできない。なぜなら、〝企業の成長・繁栄あってこその労働者の生活〟だからである。「ゆとり」のために企業社会に規制を加え、企業の成長が止まってしまっては元も子もなくなる、――これではそもそも「連合」傘下組合の基本的理念の自己否定になってしまうからである。

産別・企業連と「連合」　しかも、「連合」は、労働時間短縮の実現のため「構成組織の取り組み強化を促す」といっているが、「連合」指導部が本気でそう思っても、「取り組み強化」が簡単にできるはずはない。

すでに述べたように、「連合」に結集する協調組合は、企業あっての労働者という理念を強固に堅持しているのみならず、その結果自分の企業に不利になるような方針を一切受け入れようとしない。また、人的にも財政的にも企業連に有能な人材とカネを抱えて、産別組織やナショナルセンターにはだししぶるのである。「連合」ができたからといって、傘下単産や単組のかかる体質が変わるわけではない。

「連合の構成組織である産業別労働組合のほとんどすべてが、連合執行部が強力な指導力をもつことを望んでいない……。産業別労働組合には自由意思が強く、ナショナルセンターからの強い干渉を迷惑視する空気がある。産業別組合指導部にとって、本音は、連合執行部が指導力のない調整型であることが望ましいのである」[86]という森田の言は、産別と企業連の同様な関係を加えれば、まったくそのとおりと思われる。

しかし、こういうナショナルセンターと産別、企業連の関係のもとで、企業の業績にモロにひびくような労働時間について統一的な指導は可能であろうか。それは不可能といわざるをえない。

たとえば「連合」の「運動方針（案）」は、賃上げと時短は、「それぞれが重要な闘いであるとして」積極的にとりくむといっているが、鉄鋼労連をはじめとする「連合」主流のＪＣ系単産では、賃金と時短のパッケージ論をとっている。そして、この賃金と時短のパッケージ論は、他でもなく、企業側や、日経連が唱えているものなのである。そして、こういう状態のとき、「連合」には、鉄鋼労連を指導して、〝賃金も時短も〟という方針をとらせる力はないのである。

また、こうした問題は、「連合」の政策要求についても生じる。消費税についていかに「連合」が反対方針をだそうとも、「連合」最大単産の自動車総連の「税制改革」――「ＥＣ型付加価値税」導入論を抑えることができないのは、そのひとつの例にすぎない[87]。

現に、消費税に対する国民の疑惑が増し、「連合」も「今秋結論」を強行するのに反対といわざるをえなくなった時点で、自動車総連の得本は「ただヤミクモに『間接税反対』を叫んで税制改革の芽をすべてつぶすような進め方は絶対にすべきでない[88]」とくり返し「連合」を牽制したのである。

そして重要なのは、こうした単産や企業連のナショナルセンターへの反対の理由は、いずれも当該産業・企業の利益だという点である。ここでも企業社会を前提とした組合から成りたつ「連合」が、企業社会をほんの少しでも規制する行動をとることがいかに制約されざるをえないかがはっきり示されている。

２　企業社会維持のための「政策・制度要求」

しかし、もともと、冒頭に述べたように、「連合」が賃金や労働時間など、労働者の「ゆとり」と「豊かさ」のための強力な運動を展開することを期待する者は少なかった。「連合」は、力によって企業と対決しそれから譲歩をひきだそうという発想とは無縁なのである。それでは「連合」結成の眼目である、「政策・制度要求」実現という点では、「連合」は期待できるであろうか。

「連合」の政策の視点　「連合」の掲げる一連の政策のなかで、明らかに実現可能性のあるものはある。「総合産業政策」「食糧政策」「資源・エネルギー政策」、「行政改革[89]」などがそれであるが、これらは、じつは基本的に企業の側の掲げている要求とさほどかわりがない。企業の発展という点で、労使が共通の政策要求を持っている領域である。したがってこれらの領域の政策は、「連合」独自のものというわけではなく、「連合」はこれらの要求を掲げるさまざまな圧力団体のひとつということになるのである。

これらの政策はいずれも現存の企業社会の維持のための必要性という視点からたてられている。それは〝企業の繁栄によって労働者の生活向上を〟という立場をとる「連合」にとっては当然のことかも知れないが、しかしこうした政策が、それでは一方で「連合」の掲げる「経済先進国にふさわしいゆとり、豊かさ、公正」とか「産業優先」から「生活優先」への経済改革という理念に合うのかといえば、きわめて疑問となろう。

原発政策における「連合」政策の特徴　たとえば、「連合」の「資源・エネルギー政策」のひとつとして重視されている原子力発電についてみてみよう。この部分の政策のタイトルは「原子力発電の開発における安全性の確保」となっている。

しかしそこでは、原子力が経済性、安定供給性等の点でいかにエネルギーとしてすぐれているかがる述べられ、原子力発電のエネルギーとしての利用の是非そのものはまったく問題とされていない。どうも当然の前提とされているようなのである。みてみよう。

「原子力は供給安定性、経済性等において優れた特性をもつエネルギー源であり、すでに、わが国において代替エネルギーとして重要な役割を果している。……経済性についても建設費の上昇を含め、ＬＮＧ火力、石炭火力と比べて長期的には優位とされている。年間発電電力量に占める割合も二八％に達し、今後、着実にその地位を高めていくものとみられる。
従って、今後とも安全の確保に万全を期すために、国民世論も十分理解しながら、原子力発電の安全性の確立を徹底的に追求し、国民一般に広く理解と協力を求めていく[90]」と（傍点引用者）。

ここには「連合」の政策の特徴がきわめて象徴的にあらわれている。原子力発電をわが国のエネルギーとして使用すべきか否か、また現に稼動しているそれをどうするかという国民的論議は、もっぱら原子力発電の安全性という視点からのそれである。ところが「連合」の「政策」では、「供給安定性」「経済性」の視点からの評価のみあって――この「経済性」の評価にも疑問はあるがそれはさておくとしても――そこから原発は「優れたエネルギー」という評価が導きだされている。ここのどこに「産業優先」から「生活優先」への理念があるのであろうか。しかも続いて「国民世論」とか「国民一般」とかがやたらでてきて、「国民一般」に「広く理解を求めていく」というのだが、これも一体この政策は誰の政策なのかが疑わしくなる文章である。どうも「連合」はここでは原発企業の立場で書いているとしか思われない。

おそらく、この政策がかかるかたちになったのは、「連合」の政策全体が日本の企業社会―経済成長の堅持という視点からたてられている結果であるのみならず、「連合」傘下の有力単産である電力総連（二二万）の影響を多分に受けた結果であろうと思われる。

このように「連合」の政策が企業社会と産業の立場からたてられているからこそ、日経連が「政府の不適切な政策に対しては産業人としての共通の立場から積極的な見直しを督励する[91]」（傍点引用者）というような、共同闘争の呼びかけをなしうるのである。

「連合」内二潮流の一致点　この点にかかわって注目すべきは、「連合」の掲げている「総合産業政策」「食糧政策」「行政改革」「エネルギー政策」などは、企業社会維持のための不可欠の政策として「連合」内の自民連携派、社公民派のいずれもが支持している一致点である、という点である。

それに対して、それ以外の政策——たとえば官公労働者の労働基本権回復とか、パート労働者政策とか、女性にかかわる政策・制度要求などは、「連合」主流派はほとんど関心を示しておらず、どちらかといえば「連合」内社公民連合派が重視している領域である。しかしこれらの政策を実際に掲げて運動しているのは、「連合」傘下の組合のなかのごく一部にすぎず、それだけに、「連合」の政策に書かれていても、いわばリップサービス的なものにとどまり、「連合」全体のとりくむ運動に結びついていく可能性は薄い。

こうしてみると、全体として、「連合」が現代日本の企業社会を変革してより人間らしい社会をつくる力として機能する可能性は薄いといわざるをえない。たしかに、「連合」内の二つの政治潮流には、無視することのできない相違があり、そのどちらが「連合」内でヘゲモニーを握るかには大きな関心がもたれるが、それでもなおそのいずれの潮流にあっても、現代日本社会の非人間的な諸困難を生みだしている企業社会の維持を不動の前提としている点では共通している。そういう「連合」が企業社会の被害者や企業社会のなかで困難を抱えている多くの人びとの立場にたったりその苦しみを理解したりすることはありえないといわねばならない。

たしかに新「連合」は産業構造の再編のなかで労働組合の地盤沈下をくいとめるべく、パートや派遣などの未組織労働者の組織化を重点課題として掲げている。しかし、産業構造の再編期にあって企業が自由に使い捨てられる便利さに眼をつけて導入しているパートや派遣労働者の要求を、企業と対決して実現するべく「連合」が運動することは考えられない。再編の波に洗われる企業の本工層の利害すら守りえない組合がどうしてパートや派遣の利害をとり上げられるであろうか。しかもこれらの層の要求は企業主義的協調組合の利害ともしばしば衝突するのである。「連合」

の持つ企業社会変革の可能性はきわめて小さい。

（1）『赤旗』一九八七年一一月二九日付。
（2）同前。
（3）藤井昭三『〈連合〉の誕生』労働旬報社、一九八九年、八七頁。
（4）「連合の進路」（案）労働者教育協会編『労戦統一問題基本資料集第3集』学習の友社、一九八九年（以下『資料集3』と略称）に収録、五頁。
（5）矢加部勝美『新「連合」と労組の改革』日本生産性本部、一九八九年、四―五頁。
（6）藤井、前掲『〈連合〉の誕生』一四頁。
（7）矢加部、前掲『新「連合」と労組の改革』ii頁。
（8）大内秀明『連合新時代の構図』第一書林、一九八九年、二〇七頁。
（9）同前、二一〇頁。
（10）同前、二一八頁。
（11）同前、二一九頁。
（12）同前、二二九頁。
（13）二つの労戦「統一」の過程については、前述した、藤井『〈連合〉の誕生』をはじめ多くの本が扱っている。第一次についてのみでは、佐藤浩一編『労戦統一』五月社、一九八〇年、両方合わせて検討したものでは、芦村庸介『連合指令部』第一書林、一九八七年、青木慧『ニッポン偽装労連』青木書店、一九八九年、小野道浩『これが「連合」だ！　総評がなくなる』笠原書店、一九八七年、主として、今回のみを扱ったものとして、立山学『総評が消える日』ありえす書房、一九八七年、などがある。
　これらのうちで、筆者がもっとも興味深く読んだのは、小野道の『これが「連合」だ！』である。とくに本書が、今回の「連合」結成の担い手が「同盟」ではなく、ビッグビジネスユニオンとりわけ鉄鋼労連であるとしている点は筆者も同感であり、また、この主導の労戦「統一」に、総評指導部が次々屈服しました「左派」もたびたびあった決戦のときにいずれも闘わず後退していく過程、また、「連合」の持つ限界などはとくに興味深い。

(14) 宝樹文彦「労働戦線統一と社会党政権樹立のために」『月刊労働問題』一九六七年二月号、『資料労働戦線統一』労働者教育センター、一九八八年、に収録、五七頁。
(15) 同前、六三頁。
(16) 同前、五九頁。
(17) 同前、六〇頁。
(18) 同前、六二頁。
(19) 同前、五八頁。
(20) 青木、前掲『ニッポン偽装労連』、五四―五頁。ここで、青木のインタビューに答えて、宮田義二は、六五、六年くらいから、宝樹と連絡をとりあっていた、と述べている。
(21) 「労働戦線統一の基本構想」については、労働者教育協会編、前掲『資料集1』に収録、三四頁。
(22) 同前、三五頁。
(23) 前掲『資料労働戦線統一』、五三頁。
(24) 労戦「統一」を、同盟・JC一体となった右翼によるととらえるのでなく、そのなかでも、民間大経営の労働組合を結集するJCの主導によるという視点を強調しているのは、小野道、前掲『これが「連合」だ!』や、JCよりの立場から芦村庸介、前掲『連合指令部』がある。筆者もその立場に賛成である。
(25) 青木、前掲『ニッポン偽装労連』、また小野道、前掲『これが「連合」だ!』、山崎光平・山路寛夫『労働組合は死んだか!?』こう書房、一九八七年などが、宮田の一貫した策動に注目している。
(26) 企業社会の成立と確立について、渡辺治、「現代日本社会の権威的構造と国家」藤田勇編『権威的秩序と国家』東京大学出版会、一九八七年、所収、本著作集第10巻収録、を参照。
(27) 小野道、前掲『これが「連合」だ!』、五二頁。
(28) 同前、七四―七七頁。
(29) 山崎・山路、前掲『労働組合は死んだか!?』、六七頁以下。
(30) 全金の変化について、青木、前掲『ニッポン偽装労連』、一六一頁以下に、全金副委員長だった中里忠仁の証言がある。「全金の中央に(JCからの―引用者)誘いがかかってきたのが、七八年ごろですよ。……全金には、大企業ではありませんけど、中小の鉄鋼も電機も自動車も造船もあるということですから、業種的にはＪＣとつながりが深い単産ですよね。他方同盟の方も金属同盟というのがあって、同じような業種を持っているわけです。しかし同盟の方にあまりアタックしないで、総評・全金の方に焦点をあてて、七八年ごろからいろいろと介入の誘いをかけてきた。それは最初、全金の中央本部というよりは、大手支部ですね。シチズン時計とかゼイニー、横河電機とか山武ハネウェル、東京計器とか、中京地区の豊田自動織機とかね。全金の大手支部と目される、かかわりの深いところを、幹部をとおしてね、ＪＣとの結びつきが急速に強まってきたんです」と。

(31) 青木、前掲『ニッポン偽装労連』第二章を参照。

(32) この「綱領」については、小野道、前掲『これが「連合」だ！』三七頁以下も、重視して、紹介している。

(33) 「労働組合主義綱領」鉄鋼労連編『鉄鋼労連運動史』同、一九八〇年、一八四頁。

(34) 同前、一八四頁。

(35) 同前、三四一頁。

(36) 山崎・山路、前掲『労働組合は死んだか⁉』四六頁。

(37) 八社懇については、同前、三三、七三頁以下。

(38) 同前、七三頁。

(39) 同前、二八頁。

(40) 前掲『資料集1』所収、三四頁。

(41) ＮＨＫ特報部長谷川孝『新日鉄は何をめざすか』福村出版、一九八七年、一〇頁。

(42) 同前、一四頁。

(43) 同前、一四頁。

(44) 同前、二二頁。

(45) 同前、一一八頁。

(46) 山崎・山路、前掲『労働組合は死んだか⁉』、四二頁。

(47) 政策推進労組会議については、多くの書物がふれている。小野道、前掲『これが「連合」だ！』八三頁、芦村、前掲『連合司令部』五八頁以下。

(48) シンポジウム、富田信男、内田健三、堀江湛、三宅久之「第二八回民社研全国会議第三部会・政党政治のあり方を探る」『改革

者』一九八七年九月号所収、の堀江発言、八四頁。
(49) 小野道、前掲『これが「連合」だ!』、一五七頁。
(50) 労働社会問題研究センターについては、初代事務局長であった森田実の「『社会労働評論』への弔辞」、藁科満治「連合の発足、そして労働センターの終幕」、山岸章「統一ナショナルセンター『連合号』の離陸」いずれも『社会労働評論』最終号、一九九〇年一月、を参照。
(51) 山岸、前掲「統一ナショナルセンター『連合号』の離陸」六頁。
(52) 全金同盟について、小野道、前掲『これが「連合」だ!』四〇―四一頁。
(53) ゼンセン同盟のストライキへの態度について、山崎・山路、前掲『労働組合は死んだか⁉』一九七頁以下の、鐘紡労組除名事件をみよ。
(54) 同前、一九〇頁以下。
(55) 菊池久『永田町を畏怖させる労働界の新指導者山岸章』山手書房、一九八五年、二六頁。
(56) 同前、二六頁。
(57) この点、山岸「労働組合からみた新宣言」『労働者自主管理研究』二三号(一九八六年一一月号)をみよ。
(58) 前掲『資料集1』所収、三八頁。
(59) 森田実『経済大国の闕政』日本評論社、一九八九年、五六頁以下に収録。
(60) 同前、五七頁。
(61) 山岸、「野党再生の道筋と労働組合の政治的課題」『社会労働評論』一九八八年三月号、四九頁。
(62) 山岸、「混迷する野党政治戦線に労働界はどう対処すべきか」『社会労働評論』一九八九年一月号、二一頁。
(63) 山岸、「野党は『護憲・クリーン・改良』の国民統合の政権をめざせ」『社会労働評論』一九八九年五月号、一八頁。
(64) 同前、二三頁。
(65) 同前、二三―四頁。
(66) 前掲『資料集3』七―八頁。
(67) 山岸、「統一ナショナルセンター『連合号』の離陸」『社会労働評論』一九九〇年一月号、一二頁。
(68) たとえば、同前、一〇頁。

(69) 社会経済国民会議「議会政治への提言」一九八八年五月、経済同友会「昭和六四年年頭見解・二一世紀に向けての日本の役割と経営者の責務」『経済同友』一九八九年一月号所収、日経連『労働問題研究委員会報告――真の豊かさのために』一九八九年、など。

(70) とりあえず、川村俊夫「居直りと逆行の自民党『政治改革大綱』」『前衛』一九八九年七月号、上田誠吉「竹下『政治改革』とは何か」『文化評論』一九八九年五月号、など参照。

(71) 前掲、シンポジウム「第二八回民社研全国会議・政党政治のあり方を探る」では、三宅久之の小選挙区制論に、富田信男、芳賀綏らも賛同している。

(72) 社会党というわけではないが、森田実は、前掲『経済大国の瞬政』七八頁、二四六頁などで小選挙区制による政治の転換を主張している。

(73) 得本輝人「政権交代可能な政治体制をつくるため幅広い論議を」『社会労働評論』一九八八年一一月号。

(74) 同前、三二頁。

(75) 同前、三二頁。

(76) 同前、三三頁。

(77) 森田、前掲『経済大国の瞬政』七四頁。

(78) 同前、七五頁。

(79) 山岸、前掲「混迷する野党政治戦線に労働界はどう対処すべきか」二七頁。

(80) 同前、二七頁。

(81) 山岸、前掲「野党は『護憲・クリーン・改良』の国民統合の政権をめざせ」二〇頁。

(82) 同前、二〇頁。

(83) 「連合」、「政治改革についての連合の態度（その1）案」一九八九年一〇月一二日、連合第四一回中央執行委員会、前掲『資料集3』所収、三五頁。

(84) 前掲『資料集3』二一頁。

(85) 同前、二一―二二頁。

(86) 森田、前掲『経済大国の瞬政』、一九六頁。

(87) 舘浩道「『連合』の『政策・制度要求と提言』を斬る」『季刊・労働者教育』一九八九年七月号、三二頁。

(88) 得本、前掲、三二頁。

(89) 「昭和63～64年度政策・制度要求と提言（案）」「連合」中央委員会一九八八年五月、『資料集2』九七頁以下に所収。

(90) 同前、一一七頁。

(91) 日経連『労働問題研究委員会報告——真の先進国への脱皮をめざして』八八年版三〇頁。

(補) 「政治改革」については、本稿執筆後、『政治改革と憲法改正』青木書店、一九九五年、のち本著作集第7巻に収録、で検討した。

むすび――企業社会日本の矛盾

前章までで分析した、企業社会を中核とする現代日本は、外見的には、依然えらく威勢よくみえる。今度はついにダメかといわれた円高不況も軽くクリアーして、この機関車はいっそうスピードを上げて疾駆している。他の先進諸国の機関車を次々に抜き去っているこの機関車は、東欧諸国のそれが時々止まったりしているだけにいっそうすばらしくみえる。ところが、この機関車にはじつは重大な欠陥があるのである。この機関車のエンジンたる企業社会はひとたび走りだしたら最後止まることはおろか減速することさえできないのである。だからこの汽車の乗客には、〝もうこんなに速いのだから少しゆっくり景色でもみたい〟などという〝ぜいたくな〟望みはかなわないのである。

こうして、企業社会日本は、依然としてその基盤をなす経済成長をつづけながら、いまやきわめて深刻な矛盾を抱えこむにいたっているように思われる。

一　深刻化する企業社会の困難

第一に、企業社会はその構造の故に、不断にこの社会の成員に対し、個人的・非階級的なかたちをとったさまざまな困難をもたらしている。企業社会の持つ強い競争構造は、この社会のなかでなんとか人なみに暮したいと願う人びとを否応なく不断の競争に巻きこみ、「過労死」や「出社拒否症」、逆に「帰宅拒否症」や「家庭の崩壊」をひき起こしている。また、企業社会の競争は、教育を、そのできるだけ有利なスタートラインにつくための手段と化したため、教育のなかにまで持ちこまれた。こうして日本では過剰な競争の所産として独特の教育荒廃が起こっている。「いじめ」「登校拒否」「校内暴力」は、いつまで続くかわからない競争へのやみくもの反抗の諸形態にすぎない。

企業社会の矛盾がまずはこのような諸個人の困難というかたちでたちあらわれざるをえないのは、企業の蓄積衝動を制約し規制する運動や伝統・慣行の力が弱いからであるが、なかでももっとも重要なのは、日本の労働組合がこういう規制力にならず、逆に企業社会の構造を支えていることではないかということを本書ではややくわしく明らかにした。抽象の世界と違って、現実のブルジョア社会ではどこでも、企業の無制限な蓄積衝動はさまざまな社会運動によって規制されており、まただからこそ社会は成りたっているのだが、現代日本では、この規制力がいちじるしく脆弱であるため資本にとっては天国でもそこに住む人びとにとってはとてつもない負担と困難を背負いこまざるをえない住みづらい社会となっているのである。

しかも、社会の矛盾が、諸個人の困難不幸というかたちであらわれるため、これらの解決は、もっぱら、個人的・私的にはかられざるをえない。これが、現代日本社会においてこれだけ困難がうっ積しながらそれが現存支配への怒りに向かわない大きな理由である。「過労死」にせよ「登校拒否」にせよ「家庭崩壊」にせよ、人びとは医者に教師や弁護士に助けを求めに行く。そして相談を受けた彼らが当面やれることも、それら困難の個人的・私的解決なのである。

たとえば、企業の労働者が「過労死」にならない防衛策として医師や弁護士たちが強調するのは、「男たちのライフスタイルを変えること」である。また「登校拒否」の子どもを抱える親にとっては、社会より何より、その子が自分の足で再びしっかりと立ち上がることだけが願いなのである。たしかに、困難を現に抱えて苦しんでいる人にとっては「社会が変わるまで」などという悠長なことはいっていられない。

けれども、社会的矛盾の産物の個人的・私的解決には限界があることもはっきりしている。第一に、困難の個人的解決が可能な人びとはそう多くはいない。たとえば企業社会の歯車のなかで残業残業をくり返させられている労働者に「ライフスタイルを変えろ」ということがいかに難しいかは、企業社会を知る者にとってみれば常識である。たとえば、夕方五時に帰るというほんのささいな願いを実現するにも、現代日本においては企業社会のなかの少数者になる覚悟が必要なのである。そうであるかぎり、企業の労働者の個人個人に「ライフスタイルを変えろ」ということは不可能を強いることになる。この社会そのものを変えなければ、無理なのである。人びとに、そんなひとりで企業と立ち向かう〝スーパーマン〟になれということはできない。

第二に、社会的矛盾の個人的・私的解決は結局のところ、後追いにすぎない。根元を断たないかぎり、困難は他の諸個人にくり返される。

二　企業社会再編成と維持にともなう矛盾

企業社会日本が抱える矛盾はそれだけではない。第二に、日本社会はこの企業社会の成長体制を維持するための政策によって、いくつかの、しかも深刻な矛盾を抱えこまざるをえなくなっている。

そのひとつは、日本社会の成長体制を支えている国際的枠組みを守るため、支配層は八〇年代に入って、軍事費・ODAの増額、それを捻出するための行・財政改革、天皇制の復権をはじめとする国家主義的統合政策を強行しているが、これは民衆の平和や民主主義の意識と衝突せざるをえないことである。しかしそれにもかかわらず、支配層はこれを追求せざるをえない。

ふたつめは、同じく日本経済の成長体制を維持するため、八〇年代に入り大規模な産業構造の再編成がおこなわれているが、これが日本の支配構造の中核をなした企業社会の基盤を狭め掘りくずしつつあることである。企業の「構造調整」のもとで、いままで企業の中核を占めていた本工層――これこそ企業社会の担い手であった――が「出向」「配転」というかたちで整理されている。これは長期的には、日本企業社会の安定構造を危うくするものであるが、それにもかかわらず成長構造維持のためにはこれまた不可避のものなのである。

三つめは、こうした成長体制と企業社会維持のための諸政策によって、その各々は少数者であるが、企業社会の各種の被害者が堆積しつつあることである。日本資本主義の国際的枠組みの維持にとっては、農産物自由化は不可避であるが、それは、既存の農業政策からの転換をもたらし意欲ある農民層の不満をたかめる。他にも零細業主層、女性、高齢者などなどの企業社会の外の住人たちが、企業社会維持政策のもとでそのツケを回されている。

しかも困難は、これら企業社会の維持にともなう矛盾の解決の方向は協調的労働組合運動や社会民主主義勢力も提示しえていないという点である。彼らにとっても、企業社会は前提されており、企業社会の変革の道は考えられていない。もちろん、自民党政権と社民政権の差は、実際の生活においてはきわめて大きいであろうことは否定できない。しかしながら、企業社会の構造を前提にするかぎり、現在支配層が進めている政策に代わる道を提示することはきわめて困難であるということもまた否定できないのである。

三　オルタナティヴの提示の必要

このように、日本企業社会の矛盾は深刻であるが同時にその矛盾が顕在化することを妨げる構造があることも見逃すことはできない。直接に企業にくみ入れられそのもとで「恩典」を受けている人びとだけでなく、この企業社会のツケを支払わされている人びとをも含めて、〝自分たちのささやかな幸せを手に入れるにはいろいろ不満はあるが結局は今の企業社会と成長体制しかない〟と思っている人は決して少なくない。人びとが企業社会と成長の道にしがみつくのは、ある意味では当然というところもあるのである。

なぜなら、第一に、この道はたしかに日本人がかって経験した、あの天皇制支配のもとでの軍国主義と戦争の道に比べればはるかにましであるからであり、しかも日本人の経験には、戦前と戦後の二つの道しかなかったからである。

また、第二に、日本のように遅れて近代化をはじめしかも侵略戦争の結果全土が焦土から出発せざるをえなかった社会では、ヨーロッパと比べても経済成長による貧困の克服という課題が他の諸課題に比べはるかに比重が大きく、そのため自らを〝働きバチ〟と化してようやく手に入れたわずかな資産についてもそれを保守するという気分がなお強く、それが企業社会―保守政治―成長という、現存支配体制への支持を再生産しているからである。

しかも、こういう日本企業社会を支えその矛盾の顕在化を妨げるところにも、また日本の協調的労働組合運動や社会民主主義の脆弱性がかかわっていることは、すでに検討したとおりである。

いま、必要なことは、社会的諸矛盾と困難をほんの少しでも人間らしく変えるには、ほんの少しでも解決するにはいったいどうしなければならないかを、きちんと示すことであろう。この社会でほんの少しでも「ゆとり」や「人間」らしさを獲得するには、企業社会の構造に立ち向かわざるをえないこと、企業社会を変えざるをえないこと、このことを示すことであろう。本来、企業社会に対するブレーキとなるべき労働組合や社会民主主義の力がちっともそうなっていない状況のもとで、異常なスピードで疾駆する企業社会の構造に立ち向かうということは、まことに気の重い話であるが、それらの芽がないことはない。企業社会の構造に立ち向かい、その変革を試みている、いろいろな運動や力をみいだし、その問題点を分析すること、これが、私の次の課題である。

あとがき

もう二年と少し前になるが、私は『現代日本の支配構造分析』（花伝社）という、いささか長たらしい題名を持った講演集のようなものを出した。本書『「豊かな社会」日本の構造』は、もともとはこの前著『支配構造分析』の続編として、それ以後におこなった講演を集めて出そうとしたものである。実際には当初の思惑とはまったく違ったものができ上がってしまったが、その理由も含めて、この本ができた経緯のようなものを少し書いておきたい。

＊

前著のあとがきのなかで、私は講演についてこう書いた。「学生時代にそういう運動の中で抱いたいろいろの疑問を、自分で解いてみたくなったというのが、私の研究者になろうとした、ほぼ唯一の動機である。私にとって、運動は研究より前にあった。だから、というほどみえを切るわけではないが、なるべく講演はことわらないようにしている。そして講演ではいつも自分の背の丈一杯のところを、時に爪先立ちしながら、示しているつもりである」と。

どうもこれが災いのもととなったようである。『支配構造分析』を出してから以前にまして講演依頼が多くなった。「講演はことわらないようにしている」と書いたのが効いて、格好の穴ふさぎとなったのではないかと推測される。「ちょっと―」と電話口でもごもご言おうものなら即座に「おまえは講演はことわらないはずではなかったのか?」と突っ込まれて閉口した。少しみっともなくもないが、この場を借りて前言を撤回させていただく次第である。壊れた蓄音機のように同じことを何度もくり返すようにはなりたくないし――じつは、もうとうにそうなりかけているのだが――、なにより講演している当人が「過労死」なんてことになってもだれにも同情してもらえないだろうからである。

それはともあれ、『支配構造分析』はもう一つの「災厄」をもたらした。ほかでもない。労働旬報社の編集者が「そんなに講演があるなら続編を出せ」と迫ってきたのである。しかも、もともと『支配構造分析』に収録した講演や報告は『労働法律旬報』や『賃金と社会保障』に載せたものが多かったため、ことわることのまったく苦手な私としてはうなずくより仕方がなくなったのである。

しかし当初考えていた『支配構造分析』の続編はそう簡単ではなかった。というのは、まず第一に、八〇年代の末葉になるにしたがい、頼まれる講演の中身が大きく変わってきたからである。以前のように、たとえば国家秘密法とか、政党法とか、憲法改悪とかいうような個別の課題もさることながら、それよりも、そういうさまざまな反動化や支配構造の再編成はいったいどうして起こっているのか？　とか、そういう反動化にもかかわらずなぜ自民党への支持は相も変わらず強いのか？　とか、こんなに社会の困難がうっ積しているのに労働組合はどうしてこんなにダメなのか？　とか、ひと言でいえば、現代日本社会の構造全体について話すことを求められることが多くなったのである。そしてなによりこういう企業社会を変えるにはいったいどうしたらいいのか？　という問いかけが多くなった。

しかしこれらの問題に答えるとなると、大変である。まず講演時間は長くなる。なにしろ、現代日本の社会構造の全体について話すのだからどんなに乱暴に話してもある程度の時間がなければできない。しかもその社会の変革の展望ということになればなおさらである。いくら時間があっても話し足りない。そういう構造の歴史的形成と矛盾について思う存分書いてみたくなった。しかもそれらの講演を収録するとなると、これまた以前のように、政党法、憲法、「行革」、教育改革、等々という具合にうまくは並ばないのである。どの講演も長いうえに相互に重なり合う部分が多くなってしまうからである。

第二に、私自身の関心も時を追うにしたがって変わっていった。『支配構造分析』をまとめる頃から、こんなにも独特な格好をした日本社会の構造がどうしてできたのか？　とくに、日本の労働組合や社会民主主義はどうしてこんなにも無力なのかについて関心を持つようになった。そして日本社会の特殊な相貌の基礎にあるのは異常に強い企業の労働者支配の構造であり、この特殊な企業社会こそが、日本の労働組合運動の弱さも含めた日本社会の特殊な相貌の秘密を解く鍵であると考えるにいたったのである。こうして、問題を構造的に検討してみたいという要求が強くなった。

＊

以上のような理由から、本書は当初のもくろみとは異なってそのほとんどが書き下ろしとなった。講演は「第二章　現代日本社会における『平和』の構造」の一本だけとなった。この講演は、大学時代以来の友人である佐貫浩氏に頼まれて、一九八七年三月に東京平和教育研究会で話したものである。独特の格好を持った現代日本の「平和」の構造も、じつは企業社会の形成と密接に関連しているのではないかということを話しているのであえて本書に収録した。

「第一章　現代日本社会の構造・その歴史的形成」は、本書全体の総論にあたるものであるが、私の勤務していた東京大学社会科学研究所のおこなっている全体研究企画「現代日本社会・構造と特殊性」の一九八八年二月における研究会での報告を原稿にしたものである。これは『社会科学研究』四〇巻三号（一九八八年九月）に収録された。この全体研究の運営委員会には私も参加させてもらっているが、この運営委員のメンバーと運営委員会の議論にはこの報告のみならず本書をつくるにさいして数え切れないくらいたくさんの示唆を与えられた。とくに馬場宏二氏と坂野潤治氏には教えられるところが多かった。この場を借りてあらためて御礼を申し上げる。

「第三章　現代日本の社会民主主義」「第五章　企業社会の再編成と『連合』」の二つの章は「序章　『豊かな社会』日本の困難」「むすび　企業社会日本の矛盾」とともに書き下ろしである。第三章は、福祉の貧困や長い労働時間という点で、またその経済成長のスピードと持続性という点で、他の先進資本主義諸国ともきわめて異なる日本社会の構造はこの国の労働組合運動と社会民主主義の弱さに原因があるのではないかという視点から、書いたものである。

この章を書いたのは、一九八九年の五月であったが、周知のようにその直後の七月二三日の参議院選挙では社会党が大躍進し、さらに秋になると、東欧の民主革命が始まりそこでも「社会民主主義」が「社会主義」に代わる新しいオルタナティヴとして脚光を浴びた。ここでの検討を手始めにして今後しばらくこのテーマを勉強したい。第五章は、八九年秋に発足した新「連合」ははたして企業社会に風穴をあけることができるのかを検討したものである。

「第四章　資本の労働戦略にみられる労働組合の力」は、一九八八年版の日経連労働問題研究委員会報告について、『賃金と社会保障』一九八八年三月下旬号に載せたインタビューに大幅に加筆したものである。企業社会日本を支える企業主義的労働組合運動を資本の側はどう見ているかを知るために収録した。

以上の検討を通じてあらためて感じることは、「むすび」にも書いたように企業社会の構造はさまざまな矛盾を抱えながらなお依然として強力であるように見えることである。しかし、本文でも再三強調したように私たちの生活をほんの少しだけゆとりあるものにするためにもこの企業社会の構造をそのままにしておくことはできない。東欧革命の展開によって、最近では「社会主義」の理念の魅力はすっかり地に墜ちてしまったようにみえる。しかし現存社会主義の失敗は決して企業社会日本の困難を免罪するわけではない。いわんやこの日本を地上の楽園にするわけではない。私としては、競争と効率のもたらす災厄が極限まできている日本社会の変革の理念として、あらためて「社会主義」にこだわろうと思っている。

＊

私事にわたって恐縮であるが、私は今年一九九〇年の四月に今までいた東京大学社会科学研究所を離れて一橋大学社会学部に移る。私が社研に入ったのは一九七三年のことであった。東大闘争があり、学生運動に精を出していたおかげで授業にはろくすっぽ出ないのに普通の学生の倍近く大学にいて、卒業のあとすぐ社研の助手になり現在まで歩いてきた。だから一七年も社研にいたことになる。私の研究生活のほぼすべては、この社研でつくられたといってもよい。

社会科学研究所は講義を持たないので四六時中研究に専念できる。さらに法律、政治、経済、歴史、労働、などの研究者が一つところにいるので、狭い既存の学問の枠にとらわれずに研究をするにはすばらしい環境がある。そんなめぐまれたところを出て一橋大学に移る気になったもっとも大きな理由は、学生を教えたい、講義を持ちたいということである。私自身が研究者になりたいと考えたのが学生時代に学生運動に参加しているなかにおいてであった。現存の日本社会をもっと人間らしい幸せな社会に変えるにはどうしたらよいのか？　それを探るためには日本社会の構造を知らなければならない――それが私の研究者になった動機であった。その気持ちの強さは今でも変わっていないと自分では思っている。否、今の社会を見るにつけますます強くなっている。けれども、人は年をとるにつれて段々頭が固くなるようである。ほかでもない私自身そう感じる。既存の方法や仮説にこだわりがちになっている。

学生たちのなかに入って議論をし、また批判されることにより現実の日本社会の抱える問題にたえず眼を向け自分の学問の腐敗や停滞を少しでも止めたい――これが最大の理由である。もちろん、そんなことをしなくても現実に則して学問を発展させている人はたくさんいるし、逆に学生のなかに入ったからといって自分が腐敗しない保障はない。だからこれはすぐれて個人的な理由である。

ともあれしかし、長年住み慣れた職場に別れを告げることにはなにがしかの感慨がないわけではない。あらためて社研の皆さんに御礼を申し上げる。

＊

本書をつくるにあたって、労働旬報社の編集部とりわけ木内洋育さんに大変お世話になった。こういう本をつくるといってからでも一年半以上の時間がたってしまった。間に、東大職員組合の委員長をしていた一年があり、また天皇の死去にともなう天皇問題の展開があったりで、問題をあたためながら、なかなかつめて検討する時間がとれず御迷惑をおかけした。本書のような問題関心が多くの人びとの関心を呼ぶかどうかはまったく知るところではないが、少なくとも現代日本社会のこの異常さに腹を立て、もう少し人間らしい社会を、と願っている人びとには是非読んでもらいたいと思う。

一九九〇年三月一五日

渡辺　治

3

現代日本社会と社会民主主義
――「西欧型社会民主主義」への模索とその隘路

［一九九一年執筆］

一　日本社会民主主義の脆弱性

1　社会民主主義の脆弱性についての従来の仮説

現代日本は、経済の持続的かつ高度成長により生産力水準において先進資本主義諸国のトップに躍り出、まぎれもない「経済大国」としての地位を確立し「それにふさわしい責任と貢献」を求められているが、反面、異常に長い労働時間、単身赴任に象徴されるような企業への労働者の緊縛、その所産としての家族の崩壊、教育における過剰な競争などなど、ほかでもなくこうした経済成長を可能とする構造そのものに発出する独特の困難を抱えている。

こうした日本社会の困難が推積する原因のひとつとして、戦後日本の政治が一貫して保守党に担われてきたことをあげることができる。それは裏返していえば、戦後日本では労働者階級の利害の実現をめざす労働者党が敗戦直後のわずかの時期を除いて政権を握ったことがなかったからといってもよい。高橋彦博がいうように、第二次大戦後の先進諸国の政治は「社会民主主義化した社会状況を基盤にして展開され……社会民主主義政党の政権党化がある局面で常態化することになっている[1]」ことからみると、こうした事態は明らかに現代日本社会・政治に特殊な事柄と思われる。

こうした、社会民主主義の脆弱性が、資本蓄積に対する規制政策の十全な展開を妨げ、逆に系統的な成長政策を可能にすることにより、日本資本主義の異常ともいえる成長を加速する構造を形成したのである。

では一体なぜ日本では社会民主主義は脆弱なのであろうか？　労働者党は政権を握れないのであろうか？日本では「社会民主主義」という場合もっぱら社会党がイメージされているので、この問いは、「社会党はなぜ政権を握れなかったのか？」という風にいいかえられるが、これについては、従来ほぼ通説ともいうべき仮説が普及している。それは、社会党が西欧の社会民主主義政党と違って、「マルクス・レーニン主義」に固執し、また「非武装中立」にみられるような非現実主義的ドグマにしがみついてきたからである、というものである。例えば、こうした見解のうち、最もバランスのいいそれを展開している石川真澄は、こういう。社会党の一九五〇年代の躍進の動因は、左派社会党以来の「平和」と「イデオロギー」の重視にあったが、これへの固執が逆に六〇年代以降の同党の停滞をもたらしたのだ、と。やや長いがみてみよう。

「社会党を見る一般の有権者は……社会党が政治のどのような局面を重視しているかということは、長年の間に印象づけられていた。その印象とは……社会党は『平和主義の党』、もう一つは『イデオロギー重視の党』というものであったろう。……五〇年代にあって組織の面での労組の成長と、政策的な面での『平和』と『イデオロギー』

の印象とは、国民の支持を調達していく車の両輪であった[2]」。

ところが六〇年代の高度成長で日本社会の構造が大きく変化し、人々が「ゆたかさを追求」するようになり、また自民党政治も転換したにもかかわらず、社会党ひとりそれへの対応に失敗した。

「こうして社会党は、現状を改良・発展させて『豊かな暮らし』をと願う多くの国民をつかむことができなかったのである。ここに至って、自民党と社会党のどちらが状況への適応力に優れていたかは明らかであった。それでも社会党は五五年体制初期の党勢上昇が忘れられず、当時そのままの方針にこだわり続けた。……六〇年代に社会党が露呈した対応の遅れは、そのまま体質となってこびりつき、この党の停滞、低落を決定的にした。七〇年代以降、社会党をめぐる状況はさまざまな局面を迎え派閥や指導体制の姿かたちはそれなりに変化をみせる。しかし、マルクス・レーニン主義の堅持かそこからの脱却かという左右抗争の型は基本的に不変であり、建前と人事で概して左派が勝つという結末もほとんど変わらなかった[3]」と。

こういう石川の見解に対し、内田健三は、より端的に社会党が「マルクス・レーニン主義、日本共産党へのコンプレックス」から社会民主主義政党に現実化しきれなかったからだという。

「六〇年安保を境にして政治の力関係は大きく変わっていった。西ドイツ社民党はゴーデスベルク綱領で現実路線に変わるんですが、日本社会党はついに変わらない。やはり戦前のコンプレックスを背負い、戦後十五年のイデオロギー政党としての体質をそのまま長くもち続けた[4]」、だからダメになった、と。

そして、社会党が西ドイツ社民党と同様の転換を模索した試みとしてあげられるのが、六〇年代初頭に江田三郎の主張した「構造改革」論である。この「構造改革」論こそ、日本における未完のバートゴーデスベルクだったというのである。内田はいう。

「やはり六二年江田の構革論争は実に惜しかった。……今でも私は本当に惜しかったという気がするんです[5]」と。

こうして、論者は六〇年代初頭の江田の挫折が、日本と西ドイツの、否日本と西欧型社会民主主義の道が大きく離れていく分岐点となったというのである。

周知のように、西ドイツ社民党がゴーデスベルク綱領を採択しマルクス主義との訣別を宣したのは一九五九年であった。この時点では、日本社会党の支持率は西ドイツ社民党のそれを上回っていた。ところがそれから一〇年後の六九年、ドイツ社民党は小連合によって政権につくが、日本社会党は総選挙で大敗北し、議席を二ケタに落としたのである。

「新宣言」の作成に至る、八〇年代の社会党改革は、実は六〇年代初頭にやられるべきだったのであり、「『道』がこの『新宣言』にとって代わられるまでの社会党（は）……二〇年も三〇年も遅れた悲劇の元[6]」であった、と。

こういう評価は、研究者だけでなく、八〇年代の社会党改革の当事者達にも共通している。彼らにしてみれば、「新宣言」こそ、遅ればせながら日本におけるバートゴーデスベルクなのだという意識がある。これによって、社会党の政権党への道が開かれた、というわけである。

党書記長として「新宣言」の作成にあたった現委員長の田辺誠は、自画自讃していう。

「『新宣言』が満場一致採択され、ニュー社会党が誕生したとき、マスコミは『西欧型社会民主主義政党への歴史的転換』というタイトルを使って報道した。事実として『新宣言』はそれにふさわしい歴史的転換の内容をそなえていると信ずる。……西ドイツ社会民主党のバートゴーデスベルク綱領……に匹敵するといってもよかろう[7]」と。

しかし、注目すべきは、田辺は同時にそれが「思えば大変なまわり道をした[8]」ものだとも語っている点である。八〇年代社会党改革の組合側の主人公である「連合」会長の山岸章もその遅れを強調していた。

曰く、「われわれの歴史からみれば二〇年、三〇年遅れている、民社党の某首脳などにいわせれば四分の一世紀遅れている、つまりようやく民社党の綱領を制定した時点にたどりついた[9]」と。

つまるところ、三〇年前に社会党がマルクス・レーニン主義を払拭し社会民主主義への道をはっきり踏みだしてさえいれば、西欧社民党同様、社会党の政権党への道も開けていたはずだというのである。

では、こうした社会党の転換を阻んだのは一体何か？　ここでも多くの論者は共通している。それは社会党内に左右抗争がたえず、しかもそれが常に左派の勝利に帰し党の「現実主義」化を阻んだせいなのだ、と。

例えば、森田実は社会党の歴史をふり返ってこういう。

「四一年もの長い間、保守党がどんなにひどい汚職事件を引き起しても、社会党が政権からまったく遠いところに身を置いてきたのは、ひとえに左派理論家たちの観念的革命論のためであった。社会党の不幸は、水（現実主義者）と油（左翼観念論者）が一つの政党を構成してその無理を通し続けてきたことにある。この単純な教訓をいまも社会党は理解できないでいる」。

ではなぜ党内闘争で左派が勝つのか？　それは左派の方が派閥抗争に強いからだと森田はいう。

「共産主義者は穏健な社会主義者を侮蔑しており、穏健な社会主義者が党内で主導権を取ることを憎み、あらゆる手段を行使して失敗させようとする。……右派リーダーは選挙に強いが、党内の陰気な派閥抗争は得意でない。反対に左派リーダーは選挙には弱いが、党内の陰気な派閥抗争が得意で執ように頑張る。この相反する勢力が合体しているところに社会党の特質があり不幸がある[10]」と。

2　企業社会——企業主義的労働組合と社会民主主義

以上のような、社会党の不振をめぐる一連の仮説は一見圧倒的な説得力を持っているようにみえる。こういう「自明」の真理をなお理解しえない社会党というのは、どうしようもないダメ政党ということになる。

しかし少し考えると、この仮説には実は重大な疑問が湧いてくる。

第一に、論者は社会党の停滞を、あげてその「現実主義」への転換の失敗に求めているが、社会党が「現実主義化」していれば、西欧のように政権の座につけたということは全く証明されていない。それどころか、それをくつがえす事実がある。しかし、すでにこの点はかつて検討したことがあるのでここで結論のみを記しておこう[11]。

実は日本の社会民主主義を論ずる場合たいてい意識的にか無意識にか忘れられているが、日本にも西欧社会民主主義と同様の綱領を掲げて出発した政党があったのである。いうまでもなく、民社党がそれであった。ところが、民社党は一九六〇年の結党以来現在に至るまで、結党時の議席の回復すらできない不振ぶりである。もし論者のいうように社会党が「現実主義」化すれば西欧のようになったはずだというなら、一体この民社党の不振をどう説明したらよいのであろうか？

確かに民社党は創立大会時には衆院四一名、参院一八名で社会党に比べれば少数党であった。しかしそれからわずか一〇年前の社会党分裂の例などをみても明らかなように――この時衆院でみると右派三〇名に対し左派はわずか一六名であったのにその後の左派の躍進によりわずか四年後の合同時には左派八九名、右派六七名と逆転していた――、もし「現実主義」の方針が国民の支持を受けたとすれば、一九六〇―七〇年代において、民社党が社会党を追いこして自民党と拮抗する二大政党の一つになっていたことは十分考えられたであろうからである。

民社党は結党時に西ドイツ社民党のゴーデスベルク綱領を参照しており、西欧社民と同様の「福祉国家」政策を掲げていたし、当時のマスコミも民社党が社会党にかわって自民党と覇を争う二大政党になることを期待し、またそう予測していた。ところが、実際には民社党はそういう予想を全くくつがえして停滞を続けたのである。

先の仮説に対する第二の疑問は、のちにみるように七七年以降社会党は「現実主義」への転換を果たし八六年にはついに「新宣言」を採択するに至るのだが、それにもかかわらず党勢の回復ははかばかしくないという事実をどう考えたらいいのか、という点である。社会党の党勢は党の「現実主義」化の有無とは照応していないのである。八九年七月の参院選で社会党は三〇年ぶりの勝利をおさめたが、これも社会党の「現実主義」が評価されたのではなく、逆に土井たか子ひきいる社会党が現実派の要請を蹴って消費税に断固反対を貫いた結果であることをみれば、一層この疑問は強くなるのである。

以上のような疑問に出発して、筆者は、先の通説に対置して、次のような仮説を呈示した。[12]

(1)「現実主義」化に失敗した社会党のみならず、「現実主義」化した民社党も停滞した点からみれば、両党の停滞は党の「現実主義」とは関係のないところで生じた、と考えざるをえない。それをもたらしたのは、日本の社会的支配の客観的構造にあったと思われる。

(2) 高度成長期に形成された、昇進身分制の打破、独特の査定制、企業内福利厚生などを構成要素とする企業の労働者支配構造の下で、労働者はホワイトカラーのみならずブルーカラーも含めて、企業の繁栄と企業内での昇進競争を通じて自己の生活を改善しようという観念をもつようになり、これが一方で企業の強い競争力の源となった。他方、こうした企業主義的労働者意識は日本の労働組合のあり方やその政治志向にも独特の刻印を押した。

日本の労働組合は、高度成長期に協調的潮流が制覇していったが、その協調組合は、ヨーロッパやアメリカのそれと異なり、強い企業主義的性格をもち、企業の業績向上→パイの拡大を通じて労働者の生活向上を実現しようという志向を強くもっており、生産性向上に積極的に協力する傾向をもった。例えば、企業主義的組合を代表した鉄鋼労連内のインフォーマル組織鉄鋼連絡会議が出した「労働組合主義綱領」は、この考えをこう表明していた。

「労働組合主義の立場は企業の繁栄によって労働者の生活向上が可能であり、合理化によって企業の繁栄が確保されることを前提に協力の姿勢を基本的にとります。この上に立って、成果については労働者の労働条件の向上に向けられるように要求し、たたかいます」[13]と(傍点引用者)。

また、企業主義的組合は、自らの政治要求も、もっぱら企業の繁栄と日本経済の成長を通じて実現するという志向をもったため、企業の支持する自民党と分離・対立して独自に労働者党を育成・強化するという意欲がヨーロッパに比して稀薄となった。企業活動にとって有利な条件の育成ということであれば、社会党や民社党よりは官僚機構と自治体を握る自民党の方が頼りになったし、自前で労働者党を育成するより安上がりでもあった。

また、企業社会にくみ込まれた労働者の意識も、経済成長と企業の成長を通じて自己の生活を改善するという志向から、次第に労働者党から離れ、自民党へ向ったのである。これが、高度成長期に勤労人口内で雇用者が多数を占めるに至ったにもかかわらず、それに応じて労働者党が伸びなかった基本的要因であった。

それを、時期を追ってみると、大まかにいって、一九五〇年代から六五年あたりまでの第一期と、六五年から七〇年代後半に至る第二期、それ以降の第三期に分けて考えることができる。

第一期においては、巷間いわれる社会党・総評ブロックが文字通り機能し、五〇年代総評労働運動の昂揚を支えた二つの柱である民間、官公の両組合が共に平和と民主主義の擁護を掲げ保守党の復古政策に対決するとともに、社会党の支持活動に動いた。これが、左派社会党以来の社会党の躍進の原動力となったのである。

ところが、一九六〇年代に入ると、企業社会の形成に伴い、民間大経営の戦闘的組合が次々解体・変質させられその企業主義化が進行した。その画期が六〇年三池闘争の敗北と、六四年の鉄鋼・造船・電機・自動車の大企業労組を結集したＩＭＦ・ＪＣの成立であった。

六〇年代後半の第二期に入ると、先述のような理由により大企業労組の社会党支持は減少し、社会党の低迷がはじまる。この事実は、**第１表**をみても明らかで

第１表　民間大企業労組の政党支持率（％）

	1964	1968	1978	1982
自民	10.0	9.2	11.7	10.1
新自ク			2.1	1.2
社会	42.1	28.4	28.3	19.2
民社	4.0	5.4	10.3	13.6
社民連			1.0	0.7
公明	1.7	3.1	1.5	2.7
共産	2.3	4.2	2.2	3.0
他	−	0.3	−	−
支持党無	21.7	27.4	42.7	47.8
		保守系	（10.1）	（11.9）
		革新系	（12.7）	（15.3）
無関心	8.0	8.7	−	−
ＤＫ	8.1	−	−	−
ＮＡ	2.1	13.1	2.2	1.7

出典：「労働調査協議会調査」『週刊労働ニュース』総評政策局『1989年総評調査年報』1989年、190頁より。

ある。一九六四年に四二・一％あった社会党支持は、六八年には一気に一四ポイント近く落として二八・四％になるのである。後述する六九年総選挙での社会党の大敗はそれを象徴するものであった。

こうした民間大企業労組の企業主義化は、一部で社会党支持から民社党支持への移動という傾向を生んだが、しかし企業社会が確立するに伴い民社党を通過点にして結局は自民党支持へと向った。**第２表**にみられる鉄鋼労連の労働者の支持政党の推移はそれを示している。これが社会党のみならず民社党の停滞をもたらしたのである。

第２表　鉄鋼労連の政党支持率（％）

年＼政党	社会党	民社党	自民党
1969	23.4	8.8	12.4
78	23.9	17.4	16.6
82	13.2	17.5	13.5
84	10.2	11.2	16.1
88	10.7	9.8	14.5
89	11.5	23.7	15.7

出典：鉄鋼労連『鉄鋼労連調査時報』149号（1989.12）、150号（1990.3）より。

次の言は、八〇年代中葉の企業主義的組合と政党の関係についてのものだが、こうした関係はすでに第二期に存在していたといえよう。

「いま我々の社会は非常に大きな問題を抱えております。いわゆる前川レポートに始まる産業構造調整の焦点であります。ところがそれに対して、果して民社党が効果的に対処しているか。していないと思います。いま同盟や総評の気のきいた幹部であるならば、民社党の議員の先生方に問題の所在から説明して情報ギャップを埋めて、尻を叩いて問題解決に走ってもらうよりは、自民党の部会に乗り込んで、或は大蔵省や通産省に乗り込んで直取引した方がよほど効率的であります。事態はすでにそういう方向へ動いている[14]」と。

ともあれ、こうした企業主義的労働組合の政治志向によって、第二期以降社会党の党勢は低迷していったのだが、それでもこの時代の社会党の大減退を防いでいたのは、総評の官公労の票であった。そのことは第三期についてもいえる。時期は少し遅いが**第３表**はそれを示している。官公労では、八〇年代中葉においてもなお高い社会党支持率を維持しているのである。

ところが第三期になると、企業社会が確立し民間大企業の本工層の保守志向が一層強まるとともに、七五年のスト権ストの敗北を機に社会党を支えていた官公労の地盤沈下がはじまり（**第１図**をみよ）、これが社会党の一層の停滞をもたらしたのである。以上のように、社会・民社党の停滞は、両党の「現実主義」化の有無とは一応無関係に、現代日本社会の企業支配の特殊な構造に規定されて現出したと思われる。

３　社会党はなぜ「現実主義」化できないか？

本稿では、以上の仮説を前提にして、それでは一体社会党はなぜ西欧社会民主主義と異なり「現実主義」化の道を歩まなかったのか、また、八〇年代に入りその社会党はなぜ「現実主義」路線をとるに至ったのかについて、「新宣言」の採択に至る過程に焦点をあてて検討しようと思う。

「日本社会党の停滞は同党が西欧型社会民主主義路線をとらなかったからである」という仮説には先に述べたように多くの問題があるが、しかし日本の社会党が、選挙の敗北の度に「現実主義」

第３表　民間と官公労の社会党支持率の対比（％）

国労	1978年	74.7
	1984	66.1
全逓	78	68.2
	84	57.6
全林野	78	78.3
	82	79.4
自治労	78	38.3
	85	39.5
電機	78	35.6
	85	27.2
鉄鋼	78	23.9
	84	10.2
ゼンセン	70	13.1
	80	14
海員	77	11
	82	7

出典：篠藤光行『日本社会党』労働大学、1989年、39頁。

第1図　官公労主要単産の組織率の低下
（1985年、1966年を100とした比率）

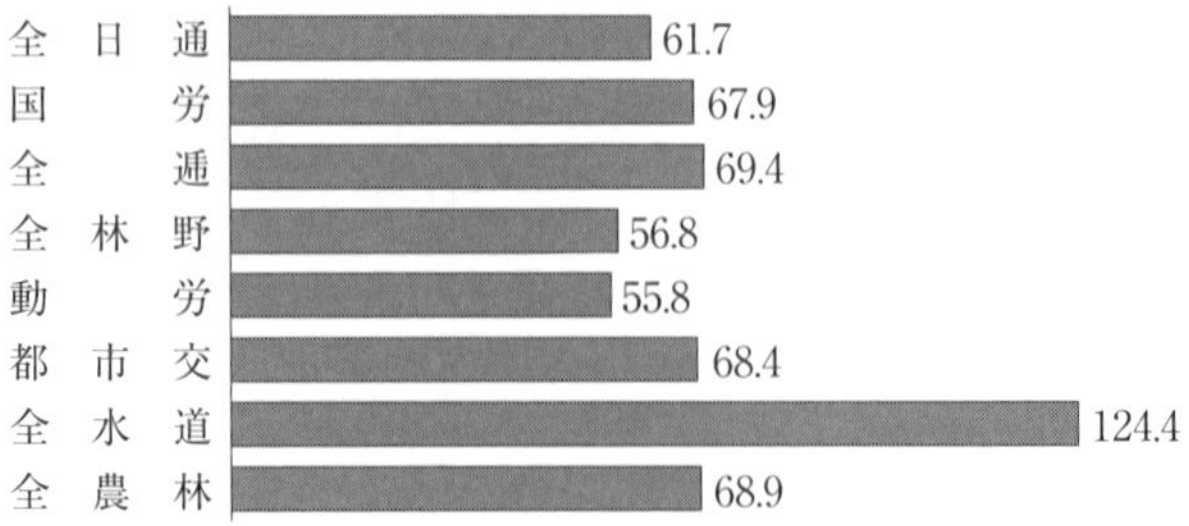

出典：篠藤光行『日本社会党』労働大学、1989年、39頁。

路線をとれという声が起こったにもかかわらずその途を歩まなかったという事実自体は、きわめて注目すべき日本的特徴である。

ところが、社会党が社会の変化に合わせて「現実主義」化しなかったと批判する論者は、では一体なぜ社会党は頑強に「現実主義」化の道を拒んだかについて十分な説明をしていないのである。唯一の説明は、先の森田のそれのような、左派の跳梁説であるが、では、一体なぜ社会党においてはかくも左派＝協会派が蟠踞したのであろうか。

実は、社会党内で度重なる「現実主義」化の動きがつぶれたのも、また逆に八〇年代に入って「現実主義」の路線が大きく前進したのも、党内のあれこれのグループの策動や戦術、総じて社会党の主体にかかわる要因もさることながら、それ以上に、日本の企業社会の構造と労働組合のあり方に、つまるところ現代日本社会の構造そのものに、より多くの根拠をもっていると思われる。

社会党のたどってきた道が、党指導部の主観的イデオロギーよりは、客観的構造に規定されてきたということは、例えば、一九六〇—七〇年代の社会党の「左」傾化が、江田とコンビをくんで佐々木更三派に対抗して登場した構造改革派出身の成田知巳[15]の書記長—委員長時代に進行したこと、逆に、八〇年代の社会党の「現実主義」化の出発点となった八〇年の社公合意は、自他ともに左派と認められた飛鳥田一雄委員長の下で行われたこと、さらに「新宣言」はこれまた七〇年代に協会派の支持をえて江田を蹴落として執行部になった石橋政嗣委員長の下で行われたことをみれば明らかである。

近年も社会党は周知のように、目まぐるしく浮沈をくり返している。八六年の同時選での惨敗以降しばらくは社会党はほとんどみむきもされなかったが、八九年の消費税強行、リクルート疑獄の発覚をふまえて八九年七月の参院選での躍進により、一気に注目を集める存在となった。社会党論は花盛りとなり、その多くは社会党の政権獲得への期待をこめたものであった。ところが、こうした熱気は九〇年衆院選の後急速に退潮し九一年四月の一せい地方選における敗北以後、またしても社会党の再建論が湧き起っている。そして、社会党が沈む度に今なおその処方箋として提示されるのは党の一層の「現実主義」化なのである。

その意味では、一九九一年七月の田辺誠の委員長就任は画期的出来事であった。何しろ彼こそ本稿の主題たる八〇年代の党の「現実主義」化の主役であったからである。また、右派の委員長就任も河上丈太郎につぐ三〇年ぶりのことである。この委員長の下で社会党は「現実主義」化の歩みを加速すると思われるが、それは今度こそ成功するのであろうか、また、それは現代日本社会の抱える困難を解決するに力あるものなのであろうか、――本稿がこうした問いについて考える何かを提供できれば幸いである。

二　七〇年代における社会党の「現実主義」化の破綻

1　社会党「現実主義」化の端緒

一九六〇年代初頭の構造改革論の挫折以後、社会党を「現実主義」化しようという試みは、選挙における停滞の度毎に登場したが、八〇年代改革との関係で注目される「現実主義」化の構想があらわれたのは、七〇年代初頭のことであった。それは再び江田三郎によって、社公民連合構想という形であらわれたのである。

すでに、六〇年代に入って以降、社会党の停滞傾向は顕著であった。衆院だけをみても、六〇年一一月の一四四議席以降、六三年の一四四、六七年一四〇と横ばいを続けた。六七年選挙前には衆院議席が九増えていたことを考えればそれは減少であった。選挙の度に「再建」がいわれ、「党は何回かの再建大会をくり返した。だが再建大会自体が行事化した、という言葉も、もう言い古された言葉になろうとしている」[16]と、当時、社会党構造改革派の党専従書記であった貴島正道は語っていた。

しかしそういう雰囲気の中でも、六九年一二月総選挙での社会党の敗北は〝画期的〟であった。党は実に五一議席減らして一四一から一気に九〇に転落したのである。その衝撃は甚大であった。先の貴島はいう。

「実際、今回の選挙の敗北は、やはりここ数回のジリ貧的敗北とはわけが違う。いわば最高裁の判決がでたようなものだ。私自身、選挙前には考えてみたこともない数字を選挙民につきつけられてうろたえた」[17]と。

この衝撃から、八〇年代党改革につながる改革の第一歩が踏みだされたのである。

2　社会党改革の二潮流

ところで、これまで社会党の「現実主義」化ということを無前提に使ってきたが、実は広義の「現実主義」化といえる社会党の改革にも、二つの流れがあることに注目する必要がある。

ひとつの流れは、社会党が「革命」路線を放棄し現存資本主義体制を承認して体制内の改良をはかる「社会民主主義」政党に転換することを求めようとする流れである。ここではこれを「現実主義」派と呼んでおくが、この潮流は、社会党が基盤としている労働者の利害を重視し現存資本主義の下でその再分配によりそれを実現しようとする。

この担い手は戦前の社会民衆党以来の党内右派の潮流であり、西尾派が脱党して以降江田派や河上派に代表されていたが、六〇年代中葉以降は電機労連など民間大企業の企業主義的組合潮流の中の社会党支持産別がこれを支えるようになった。したがって、この潮流の力は、労働運動における企業主義的潮流の力の増大に比例していたのである。

実は、この点に日本社会党の「現実主義」派の独特の性格が刻印されていた。彼らは、「現実主義」化の方向として「西欧型社会民主主義」をモデルとして掲げたが、日本の協調的労働組合運動がヨーロッパの協調組合と違って著しく企業主義的であり資本蓄積に対する規制力が弱かったのに比例して、それを基盤とする社会党の「現実主義」派の政治構想も著しく成長優位の、自民党政治と似たりよったりのものとならざるをえなかったのである。

これが社会党「現実」派の構想を魅力のないものとしたことは否めなかった。

例えば社会党の「現実主義」的改革派は、後述のように、安保・自衛隊の保持、原発の容認、西側の一員としての外交政策の確立などなどを主張し、その実現をめざした。しかしこれら政策はいずれも現存企業社会の体制を作っている基本的枠組みであり、ほかでもなく自民党政権が一貫して追求したものであった。

しかも彼らはこのような「現実主義」化を行ったうえで、一体現在の企業社会と異なるいかなる社会を作るかについて語るところがないのである。

しばしば彼らは、「人類の危機」をいい、地球環境の保護をいう。しかし、現存の企業社会を認め、その下での成長体制を至上の前提にする時、例えば原発がいかに環境に危険であっても、原発を否定することはできないと思われる。だからこそ彼らは「現実主義」化の不可欠の環として社会党の反原発政策の転換をいうのであろう。けれども、それは、彼らが一方でいう「宇宙船地球号」を維持するという理念とは二者択一的なのである。

かくて彼らの社会像は、ほとんど現存日本社会のそれと同様のものとなってしまうのである。

しかし、社会党の改革を志向したのは、こうした潮流だけではなかった。もう一つ、社会党が高度成長の変化に対応して、労働組合依存の党体質から脱却し、多様化した社会諸階層の要求を広くとり上げる市民の党となるべきであるという潮流があらわれたのである。この潮流は、前者と違い社会党が労働者階級の固有の利害に纏綿するのではなく、広く国民的課題にとりくむべきだと考え、市民運動との連携による社会党の改革を志向したのである。

こうした潮流は、党内では前者に比べてずっと遅く、高度成長期にはじめて登場した。一九七三年二月に結成された「新しい流れの会」は、こうした潮流の台頭を象徴していたといえよう。

こうした二つの流れは、もちろん重なり合うところがあった。従来社会党が長い左右抗争の中で妥協の産物として合意してきた「階級的大衆政党」という自己規定や、「日本における社会主義への道」（以下「道」と呼ぶ）に定式化されたような古典的な「革命」の戦略については、両者とも異なる立場からではあれ、違和感をもっており、その改廃を求めたからである。

しかし、二つの流れは、ポジティヴな構想となると、著しく異なるばかりか、具体的な政策——例えば平和とか環境政策などにおいても大きく対立するところがあった。

七〇年代以降の社会党の「現実主義」化は、この第一の潮流の主導の下、第二の潮流も含めて推進されたところに大きな特徴があり、これが、社会党の改革過程での、改革—反改革の対抗を複雑化させたと思われる。そこで、以下、この二つの潮流を念頭におきつつ、分析していこう。

3　七〇年代改革と八〇年代改革の共通点と差異

さて、七〇年代初頭に、江田によって推進された党改革は、いくつかの点で、八〇年代のそれとの類似点をもっていた。

第一は、それまでの「現実主義」化構想が社会党の拡大による社会党単独政権を求めていたのと異なって、この構想がはじめて、それを社公民の連合政権構想として打ち出した点である。以後党の「現実主義」化を主張する側はその構想を常に社公民連合政権構想として打ち出し、対する反対側は「全野党共闘」、実体的には社共共闘路線を掲げて対決するという構図ができ上がった。八〇年代改革が、社共共闘から社公連合への転換を合図に始まったことをみれば、それが七〇年代改革の延長上にあったことは明らかであった。

第二は、江田のこの構想は、当時進行していた第一次の労働戦線統一構想に並行しそれを背景に提唱されていたという点である。六七年に有名な全逓の宝樹文彦の提唱で始まった第一次労戦統一構想は、ＪＣの成立にみられるような、台頭しつつある企業主義的組合運動の主導の下、総評・同盟の連合により社会・民社党の合同を実現し社会党政権を樹立しようという構想であった[18]。のちの、八〇年代の改革も、第二次労戦統一を背景に進められた点では、この江田の構想と類似していた。

しかし、七〇年代初頭の社公民連合構想は、八〇年代の改革とは全く逆に、いとも簡単に挫折してしまったのである。そこで以下、八〇年代改革との対比を念頭において簡単に経緯をみておこう。

江田が社公民連合構想を打ち出したのは、先述のような、一九六九年選挙での社会党の大敗から党をいかに再建するかという模索の中からであった。

ちょうど同じ頃、七〇年六月の中央委員会において、民社党の西村栄一委員長が、社公民三党の統一による民主的革新政党の結成を提唱し、それにもとづいて社会党の江田書記長に打診してきた[19]。他方、公明党の竹入義勝委員長も大会でのあいさつで「中道革新連合構想」を打ち出し、三党が一応の足並みをそろえた。

こうした動きを受けて、七〇年八月八日には、社公民三党の書記長会談が実現し[20]、以後、公害や日中問題で議会内外の協力を進めるべくしばしば三党書記長が顔を合わせる機会が多くなったのである。

これに並行して、江田は『月刊社会党』に「七〇年代の革新運動」という論文を発表して、「大衆的基盤に立った革新運動の新しい出発のなかから、七〇年代の課題に耐える反自民勢力の団結を実現しなければならない」[21]という形で、抽象的ではあれ、反自民の広範な連合を示唆したのである。

こうした三党のとりくみをへて、七一年参院選では、大分、島根、栃木の三県で正式に社公民協力が実現し、それもあずかって社会党は改選時より五議席増の三九名を当選させた。

しかし、肝心の江田は、七〇年一一月の三四回大会で成田知巳と委員長を争って敗れ、その大会で採択された「新中期路線」には、逆に「全野党共闘」が明記された。[22]社会党内では、社公民の動きは公認されなかったわけである。

そのため、江田は七一年二月、江田派に加え河上派、山本派、中間派の三十数名の議員を結集して「現代革新研究会」を作り、公民両党との共闘を推進する党内での担い手を作った。[23]とくに、先述の参院選での協力をふまえ、江田は「革新連合政権樹立をめざして」という論文を発表し、そこで「社公民三野党共闘を強めるとともに、各野党自らが脱皮して日本の新しい進路と政策課題への解答を示す、革新連合政権樹立のための政権プログラムの提示が緊急に必要だ」と、公式に社公民連合政権構想を呼びかけたのである。[24]

続いて、江田は、七二年三月の第三五回大会に向け、「共産党との連合政権は可能か」という論文で共産党との政権をめざす連合が不可であることを主張し党の社共共闘路線に反対をしたが、大会では社公民連合論はあっさり否決されて全野党共闘が再確認されたうえ、[25]続く七二年の総選挙では共産党三八、社会党一一八と躍進し、公、民が各々二九、一九と大きく後退したため、これを契機に社公民連合の動きは完全に息の根をとめられたのである。同じ総選挙の結果、第一次労戦統一運動の方も挫折したことは、きわめて象徴的であった。

このように、七〇年代初頭の社公民連合の構想はあっけなくつぶれてしまったが、しかし当時の江田の主張や公明、民社の主張はほとんどそっくり八〇年代にくり返され、今度はそれが社会党に受け入れられていくことになるのである。そのことは、社会党の「現実主義」化の成否は、党をとりまく日本社会の状況に左右されていることを象徴的に物語っていた。

例えば、当時社公民連合をもくろんだ政治革新懇話会により企画された社公民三党書記長を招いてのシンポジウムの席上で、民社党の元委員長西尾末弘は、社公民連合の成否は社会党の「現実」化にかかっていると述べたが、八〇年代の社会党改革は、この西尾の言葉を文字通りたどることになるのである。

西尾曰く、「(五〇年代までなら)何でも反対するというところにそれなりの使命があった。けれども政権を担当するということを目標にするというような状態になった場合には、批判や反対だけでなくて、説得力のある政策を打ち出すのでなければならない。それがどうも社会党の中では、まあ名前を言っちゃ悪いけれども、向坂さんのあいうふうな力が相当大きな力を持っていて、最近社会党は重大な岐路に立っている。われわれは今後政権を担当しうる野党づくりということを言っておりますが、それができるかできぬかというキイは社会党が持っているのではないかと思う。社会党全体としてこの際思い切って議会制民主主義に徹底する、マルクス・レーニン主義とは絶縁するということをやってくれるのが一番いいけれども、それができなければ、遺憾ながら社会党が割れてもこれはやっていくということにしなければならぬ[26]」と。

4　七〇年代における「現実主義」化挫折の原因

それでは、社公民連合構想は、一九七〇年代初頭にはなぜ社会党内では一蹴されてしまったのであろうか。

その原因の第一に、社会党の支持基盤をなしていた総評労働運動の動きが、後の八〇年代とは対蹠的であったことが、あげられる。

先述のように、六〇年代後半には、すでに企業社会の形成に伴い民間大経営の労働組合は企業主義的性格を強め、その影響が総評にも及んでいた。六四年のIMF・JC結成により、総評、同盟というナショナルセンターの壁をこえて企業主義的組合が結集して独自の動きを示しはじめそれが総評の指導力の低下を招き、六八年には岩井章事務局長によって「総評の危機」と呼ばれる事態が現出していた[27]。第一次労働戦線統一運動も、こうした民間大経営の企業主義的組合の力の増大を背景にしたものであった。

とはいえ、この時点では、総評の主力をなす官公労――とくに御三家といわれる国労、日教組、自治労は未だ企業主義的影響を受けていなかった。七〇年代初頭に行われた国鉄のマル生運動は国鉄の労資関係にも民間大経営の労資関係をもちこもうとしたものであったが[28]、こうした動きは単発的であったばかりでなく、公共部門においては企業は民間のように昇進・昇給をエサに労働者の競争を組織することができなかったから、失敗に終った。

総評指導部は、こうした公共部門に根をもっていたため、「総評の危機」に際しても、「総評は合理化反対をやめむしろ合理化に協力してその成果配分を求める闘争をやるべきだ」という鉄鋼労連の宮田義二らの企業主義的主張を退け、むしろ逆に未組織労働者の組織化や国民全体の要求をとり上げた闘い、反戦平和の闘いを強めていく方向を採ったのである[29]。

同じ立場から、総評指導部は、企業主義的組合主導の労戦統一にもきわめて消極的であった。彼らは社会党内においても左派を応援しそれと手をくんで労戦統一＝社公民結集を志向する企業主義的潮流＝江田派に対抗したのである。

一九七〇年、総評事務局長は岩井から全電通の大木正吾に代ったが、新旧事務局長の双方が『月刊社会党』に登場して江田らの社公民結集の動きに反対を表明したのは、当時の総評の姿勢を象徴していた。岩井はそこで「党の中ですぐ民社と一緒になろうという人がそんなにいるとは思わんが、いまの力関係の中で考えるべきことは民社と一緒になるなんてことでなしに、いかに社会党を軸にした統一戦線の幅を広げていくかということだ[30]」と述べ、大木も「いま民社党とくっついてどうのという意見を出されても一つも社会党のプラスにはならないし、こんなことはぜひやめていただきたい。民社と社会の一部がくっついて両党の支持率が何パーセントあるからこんど選挙したらプラスアルファがつくなんて期待感はぜひやめてほしい[31]」と語った。

ちなみに、後述するように、八〇年代社会党改革において、山岸率いる全電通はこれと全く対照的に社公民連合の強力な推進派の役を演ずる。全電通のこうした態度の一八〇度の違いは、七〇年代と八〇年代改革の違いを象徴していた。

しかし、それはともあれ総評新旧事務局長のかかる発言が党内議員層に与える圧力は大きなものがあったと思われる。こうした総評指導部の態度が総評や官公労に依存する社会党の対応を規制したのである。

第二に、そのこととも関係するが、七〇年代初頭には、未だ企業社会は完成をみていたわけではなく企業社会に包摂されていない〈周辺〉諸層が大量に存在しており、これが社会党の「現実主義」化を妨げていたことがあげられる。今あげた総評官公労の動きもその一例であったが、それだけでなく、大企業の膨大な臨時工や社外工、中小・零細企業の労働者なども企業社会の外におかれており、彼らは社会党による福祉政策を期待していた。また、企業社会にくみこまれた人々の中でも、高度成長に伴う公害や環境破壊、さらにはインフレに対しては強い不満をもち、成長優先で資本の規制をしない自民党から離れる人々が大量にあらわれていた。

このような〈周辺〉層は七〇年代初頭には自民党政府の経済成長政策に対する強い批判層であった。〈市民〉という言葉が社会運動の有力な力として台頭したのは、こうした〈周辺〉層の存在を背景にしていたと思われる。

こうした力は、六〇年代後半の革新自治体の原動力であり、また、国会において共産党や公明党の躍進をも生んだが、同時に社会党の重要な支持基盤でもあった。社会党はこの層をひきよせるためにはむしろ明確に企業社会の論理に対決する姿勢をとることが求められたのである。

ちなみに、この時代の〈市民〉のあり方は、江田の改革構想にも反映していた。先にふれた「七〇年代の革新運動」と題する江田論文は、実はむしろこうした市民運動に注目しそのとりこみをはかろうというすじをもっており、この視点から社会党の伝統的労働組合依存主義を批判する側面をももっていたのである。その際、江田が最も注目したのが、反公害運動にみられるような「既成の革新運動の枠をこえた新しい型の運動の群生[32]」であった。江田はこれら運動が自主性、その裏側での政党への不信をもっていること、運動自体が新しいリーダーを生んでいること、全体のために個人を犠牲にする思想を拒否していることなど、さまざまの新しい特徴をもっていることに注目し、これら運動と政党の新しい関係を提唱したのである。

しかし、こうした市民運動との連携を強めようとすると、大衆運動に参加しているのは公明でも民社でもなく共産党であったからいきおい社共共闘の方向へ親近性をもたざるをえず、この点で江田の唱えていた社公民構想とは矛盾を来すことになったのである。

また、この市民との提携路線は、江田が社公民連合の推進力として期待を寄せていた企業主義的組合運動とも衝突する面をもっていた。それは、当時の運動の一焦点をなした反公害の課題などで露呈した。

江田は先述のように〈市民〉運動との連携を重視する立場から反公害闘争を強調していたが、労働運動にもこういう「企業の枠を超えた社会的国民的要求[33]」にとりくむことを求めた。しかし、企業主義的組合がそう簡単に「企業の枠」を乗り越えるはずはなく逆に組合は社会党の反原発政策に強い異論を唱えたのである。

例えば、社公民連合をめざす先述の政治革新懇話会のシンポジウムにおいて、電機労連委員長であり第一次労戦統一運動のリーダーの一人でもあった清田晋亮は、原発問題について、こう企業主義の立場を表明していた。

「国民である以上、やはり電力を使わなければいけないわけですから原子力以外の新しい政策を出して、どういう発電があるのかということをやはり示す必要があるのではないか。何かそれにかわる建設的政策を出さないで、原子力は公害があるからだめだということだったら……電力を使うのをやめていただきたい」[34]と。

清田はここで一応エネルギー政策という立場から社会党の反原発にいちゃもんをつける格好をとってはいた。しかし電機労連は原発を作っている有力企業の労組を抱えており、企業連の影響力の強い単産がそれに左右されていたことは否定できなかった。

このように七〇年代初頭には社会党改革の二潮流は江田という一人の人間の中に混在していたが、この二つの流れはこの時代には大きく対立しあっていたのである。

いずれにせよ、以上のような理由が、七〇年代初頭の社会党の「現実主義」化を阻んだのである。これを乱暴にまとめると、六〇年代に社会党が支持基盤としてもっていた総評とくに官公労と市民運動という二本足のうち、第一の方でも第二の方でも社会党の改良主義政党化は否定され、むしろ企業社会を批判し共産党と共闘する路線が支持されたのである。

このことは党員の意識についてもいえた。党を構成する国会・地方議員層は、もちろんとうに「革命」などということを現実的なものとは考えておらず、その点では心情的には江田派的であった。

しかし、第一に、民間大企業労組の企業主義化に伴い議員の依存する基盤が次第に官公労にかたよっていったこと、また、議員の主たる供給源も官公労となっていったことから、議員層は官公労の方針への同調率が高くなっていった。第二に、議員層は当選のためには以前に比し一層市民層の支持をうることが必要となっていた。

こうしたいずれの点からも、議員層は単純に右派支持にはならなかったのである。とくに、地方議員の活動する自治体において、東京都、大阪府、京都府という具合いにいずれも社共の革新統一が成立していたのに対し、社公民が組んだのは、わずかに大阪市長程度であったということも、地方議員層の志向を大きく規定した。江田も提言の中で市民運動の担う「革新自治」に大きな期待を寄せ、社会党が「革新自治による公害解決[35]」の先頭に立つことを訴えたが、これが彼の路線と大きく矛盾することは、先の市民運動との提携と同様であった。

また、党の活動家層の場合には、地域での大衆闘争を担う立場からいっても、地域の運動の統一の要である地評・地区労が社共統一の基盤となっていた点からも、議員層以上に社共共闘派の力が強かった。

しかも、党大会においては、後述するように、一九七七年の規約改正までは、社会党は党の原則として「議員政党」を排するという目標を掲げていた手前、国会議員を自動的に代議員にしていなかったため、党大会の代議員内での議員の比重は小さく、その点でも左派の優位は動かなかった。

こうして、七〇年代初頭の改革は、労戦統一運動もろとも、あっけなく挫折を余儀なくされたのである。

三　協会派退治から社公合意へ

ところが、こうした社会党内の左派優位の力関係は、一九七七年の第四一回大会を機に大きく転換した。それに伴って、二度目の大きな「現実主義」化の動きが台頭し、今度は七〇年代初頭のそれとは違ってとにもかくにも社会党を右転換させることに成功したのである。その端緒は、七〇年代初頭のそれが六九年選挙の大敗であったのと同様、やはり七六年選挙における停滞であった。

1　社会党の転換——第四〇回大会から第四一回大会へ

社会党は、田中角栄内閣から三木武夫内閣にかけての自民党政治の腐敗の露呈とりわけロッキード疑獄の発覚をふまえ、政権交替をめざして、七六年二月成田委員長の講演において「ロッキード疑獄究明」と「民主的選挙の施行」を目的とする「選挙管理内閣」を提唱したが、[36]続いて八月には総選挙後に「革新の連合政府」の樹立を提唱した。[37]この政府は、社会党の従来からの「全野党共闘」路線に沿ったものであり、その証拠に、この提唱を受けて行われた社会党と共産、公明、民社三党との間での書記長会談において成立した合意をみると、共産、公明については政権協議に入ることが合意されているのに対し、[38]民社党との間では当面の国会内での共闘のみの合意に止まっていたのである。[39]つまり、この時点では明らかに連合政権についての対象は共産党に比重がかけられていたわけである。

ところが、七六年一二月選挙は自民党が大きく後退して「保革伯仲」状況が生れたにもかかわらず、肝心の社会党も伸び悩んだ。ここから、またしても党の改革論議が起ったのである。

もっとも、総選挙直後の七七年二月に開かれた第四〇回大会は、——後述するように重要な変化のきざしはあったものの——それまでの「道」—「中期路線」—「新中期路線」を改めて確認するものであった。

もちろん、大会ではこの路線がスンナリ承認されたわけではなく、総評の「社会党強化のための七項目提言」や、江田副委員長の「革新・中道連合政権を求める意見書」などが出され、従来の路線の再検討を求める動きは台頭していた。

江田はその中で「もっとも現実的な政権は、社会党が中心となり、革新的ないしリベラルな諸党派、諸勢力、市民を含む『革新中道連合政権』であり共産党は閣外協力が望ましい」[40]と、明確に、のちに八〇年代の社会党の追求する方向をうちだしていた。けれども、江田意見書は大会においては協会派によって一蹴され、逆に江田が、東海大学総長松前重義を代表として社公民結集をはかる「新しい日本を考える会」に参加していることへの批判が集中したのである。[41]

さらにこの大会での人事においては、協会派の推す候補が完勝し、執行部にも協会派の意見が反映する態勢ができた。協会派は大会代議員の四割を占め、書記長選ではそれに中間派の石橋系を加えて、石橋政嗣が四九五票中二七二票をとり右派の下平正一に五〇票以上の差をつけたのである。[42]江田のブレーンであった貴島はこの大会直後に「社会主義協会が党を制圧した歴史的大会[43]」であったと嘆いたが、江田はこの大会で社会党に絶望し脱党を決意したのである。[44]

ところが、ここから事態は暗転した。それから七七年七月の参院選をへてわずか半年後の同年九月に開かれた第四一回大会では、何と協会派の規制が主たる議題となっており、「社会主義協会は理論集団を逸脱している」との満場一致の確認をもとに協会の改組が強行され、協会派は大きな後退を余儀なくされたのである。

また、そればかりでなく、ほんの半年前にはその「学習」が決定[45]でうたわれていた「道」の再検討すらが決められた。「道[46]」は第Ⅰ部、第Ⅱ部からなる膨大な文書であって、多くの人に読まれているような代物ではなかったが、それでも、そこでは党の任務として「社会主義革命」をうたっており、社会党が西欧型社会民主主義の政党ではない、革命の党であることを象徴するものであった。だから、社会党大会がこの「道」に手をつけることを決定したことは画期的であったといえる。

それでは半年前、社会党に見切りをつけて江田が離党したのは一体何だったのか？　どうして、第四〇回党大会から四一回党大会の間に、かくも大きな転換が起ったのであろうか？

この秘密を解く鍵は、第四〇回党大会に向け出されていた総評の「社会党強化のための七項目提言[47]」であり、江田離党後それを追いかけるように出された総評党員協委員長会議の四項目の申し入れにあった。

七〇年代初頭の社公民構想をつぶしたのが総評・官公労であったとすれば、八〇年代改革の火をつけたのも、またしても総評・労働組合だった。しかも、今度は前回とは全く逆に、社会党の「現実主義」化を推進する力として、総評が登場したのである。

さて、第四〇回党大会に向けて出された総評の「七項目提言」は、一見抽象的であり、協会派規制も、「道」見直しも、いわんや社公民連合のことなど、どこにもふれていなかった。ただそこでは「連合政権樹立に向けて大胆かつ柔軟な対応を」とか、「派閥による弊害」除去がいわれているに過ぎなかった。実は「大胆かつ柔軟な」とは公明・民社との連合を、ということであり、「派閥」とは協会派を意味するものであったが、それは文面だけでは分らなかった。

ところが、江田離党後になると、総評系組合の要求は俄然露骨になった。労組幹部は、社会党支持の力を背景に、協会派規制や「道」見直しを求めるに至ったのである。

こうした圧力の下で党は、四月一一日の第五四回中央委員会において中央執行委員全員で構成する「党改革委員会」を設けて、八項目にわたる改革課題について検討することを決定した。(48)

この八項目の中には、「党の危機の認識についての統一」をはじめ「党の各グループの検討」――実は協会派の検討、「『綱領』と『道』の調整、ならびに『道』の検討」――実は『道』見直し、「政権プログラムの明確化」――実は社公民連合の検討、などが盛りこまれており、この八項目こそ八〇年代の社会党の「現実主義」化の基本的方向を示すものであった。党内右派は以後、事あるごとに、この「八項目」をふりかざすことになるのである。

それはともかく、この中央委員会決定にもとづき、「党改革委員会」は四月一八日以来、順次これら諸点について検討を加えはじめたのであるが、とはいえ、第四〇回大会で選ばれた、左派の強い改革委員会がそう簡単に労組側の要求に屈するはずはなく、この各項目ごとに左右両派が激突したのである。

まず、党が「危機」にあるということについては両派とも認めたものの、その危機がどこから来たかについては両者は真向から対立した。右派が協会による党支配こそ危機の根源であると主張すれば、協会派は、江田にみられるような党の路線への背反こそその根源であると応酬した。

そして、当然この論点は、協会の処置をめぐる論争につながった。右派が協会派の査問・規制を主張したのに対し、左派は協会は党に理論的に大いに貢献したと反撃したのである。「道」についても、これは情勢に立ち遅れているから書き直せと主張する右派に対し、左派は「道」の堅持を主張したのである。

こうした党改革委員会の攻防をみて、総評・組合側は、中央執行委員内の力関係を右派に有利にすべく、さらに圧力をかけた。総評、中立労連、新産別などのナショナルセンター、さらには全電通などの単産が次々に執行部と会談し、改革実施を迫ったのである。

その上で、組合側はこの方向をさらに強めるべく、五月二八日、党委員長の成田と総評議長槙枝元文の間で「社会党改革のあり方について」の確認書[49]をとりかわした。この確認において、現に党改革委員会で論議の最中である諸点について事実上結論となることが決められてしまったのである。

第一にこの確認書には党の性格規定が記されていた。そこでは、社会党は「勤労国民のうえに立脚し、多様なイデオロギーを包含した……協同戦線的な性格をもった党[50]」という文言が入った。「協同戦線党」という、協会派の創立者山川均の文句が突如飛び出したのは、簡単なことで、協会派が党をマルクス・レーニン主義の一枚岩集団にするのはけしからんということを正当化するためであった。

次に確認書は協会についてふれ、「協会は研究集団として……本来の性格、任務の限界をわきまえて活動するなら、社会党にとって価値ある存在といえましょう」とした上、「しかし、マルクス・レーニン主義者でなければ社会党員にあらずといった考え方で社会党の運営を規制しようとするなら大きな誤りを招くことになりましょう」[51]といった。そもそもこういう形で、協会派にふれること自体が、党の「危機」の原因が協会派にあるということを認めたことを前提にしている点からすれば、この点は、以後の党改革委員会の論議を縛るものであったといえよう。

第三に、この確認書は「道」の見直しにもふれていた。まだこの段階では、「情勢の変化に対応させるため[52]」というおとなしい理由づけではあったが、総評が党に「道」見直しを認めさせたことの意義は大きかった。

こうして、組合の強力な介入により協会包囲網が作られたところへ、参院選での社会党の敗北が襲ったのである。組合側は一気に事を決すべく党に攻勢をかけた。全電通が「社会党改革についての提言」を出したの[53]をはじめ、単産がプレッシャーをかけ、総評党員協委員長会議名でも七月二八日「党改革への意思統一[54]」という確認がなされた。

全電通の「提言」も党員協委員長会議の「意思統一」もいずれも協会規制を公然とうたい、とくに全電通のそれは、協会は「党中党」であり協会が自らの綱領にあたる「社会主義協会テーゼ」を放棄しないかぎり「社会党との二重党籍を認めない」として、社会党か協会かの二者択一を迫る強いものであった。

こうした組合の動きを受けて、党内右派は七月三〇日「党改革推進グループ準備会」という名で反協会連合を結成して[55]協会追及に乗り出したのである。

こうした協会包囲網のために、協会派の息のかかった執行部の下でありながら、協会派は後退につぐ後退を強いられた。第一に、党の危機の根源は協会派の策動にあるという、先の第四〇回大会の論議とは全く逆の見解が、改革委員会二四名中の多数の賛成をえて、確認された[56]。その結果、協会に何らかの規制を加えることが承認された。

まず攻防の焦点となったのは、協会の内部資料の提出であった。党改革委員内の右派一三名は協会内部資料の提出を要求し、それを受けてすでに五月には石橋書記長名で協会に対し資料提出が求められ、それをしぶる協会との間に交渉が続けられていたが、参院選後の八月一一日、右派は協会に資料提出を求める党中央執行委員会の決定を提案して強行突破をはかった。改革委員会の紛糾で協会はかろうじて中執決定はまぬかれたものの、結局協会事務局長個人が党員石橋にみせるという格好で資料提出を余儀なくされたのである。[57]右派は勢いに乗って協会員の名簿提出をも要求したが、これは結論がえられぬままうやむやとなった。[58]

続いて協会の性格規定についても議論がなされ、右派、中間派、協会の三派の意見が対立したが、右派一四名は「協会は党外の党であり、党や大衆団体に支配介入している政治集団である」という見解を発表してそれを飲むよう成田に迫った。[59]成田の拒否によりここでも協会はかろうじて〝死刑〟をまぬかれたものの、協会派も含めて改革委員会の満場一致で、「協会は理論集団を逸脱している」ことを認めることを強いられたのである。[60]

さらに協会派に痛かったのは、こういう攻勢の中で、中央のみならず地方の協会員が党機関から排除されたことであった。のちに右派はここで協会を解散に追いこみ息の根をとめられなかったことを悔んだが、それでも協会派は七七年二月の大会からわずか半年の間に壊滅的打撃を加えられたのである。

2 社公民連合への模索

飛鳥田体制の性格

七七年九月二六日から開かれた第四一回大会は党の転換の画期となった。協会を改組して「理論集団」に封じ込めることが大会決定をみ、[61]左派の看板だった「道」の再検討も決まった。左派路線を推進してきた成田の退陣も表明された。しかしこの大会では人事が決まらず、同年一二月の続開大会でようやく、飛鳥田一雄―多賀谷真稔の新体制が発足した。協会代表の高沢寅男など、協会派は執行部からはずされ大きな後退を強いられた。

しかし、新しい委員長に右派をもってくるほど、右派の力は強くなかった。成田は左派の飛鳥田をおし、右派も飛鳥田が派閥に属さないことから、次善の策としてこれを承認したのである。

また、この続開大会では党の「現実主義」化を促進するための重大な規約改正が行われた。それは、党規約第三九条を改正して国会議員・県知事・政令指定都市の市長を自動的に代議員にするという措置がとられたことであった。また、代議員数を増やすことによって、国会議員らの比重を薄めることを防ぐために、代議員数は国会議員等の三倍とすることも決められた。これは、労働組合と並んで党の「現実主義」化の担い手である議員層を大会に送り込み、改革を進めようというもくろみにもとづくものであり、協会派に大打撃が加えられていなければ到底実現しえないものであった。

ともあれ、こうして飛鳥田体制がスタートした。飛鳥田は左派を自認していた。だからこそ、成田は飛鳥田に執心したのであろう[62]。しかし、飛鳥田も社会党の伝統的路線がいいなどとは思っていなかった。飛鳥田としては、ちょうど横浜市長に「落下傘で降下した」といわれて乗り込んだように、その改革をめざして単身社会党に乗り込んだ心持ちであった。

ただ飛鳥田の改革理念は、労組の「現実主義」とは少しズレていたのである。飛鳥田は横浜市政の経験をもとに、社会党内を民主的に活性化すること、そして党を〈市民〉化することを最大の眼目とした。

彼の党改革の最初の目玉が委員長公選であったことは、飛鳥田のそうしたねらいを象徴していた。彼はそれを自分の委員長就任の条件としたのである[63]。また、飛鳥田の提唱したもう一つの目玉である「百万党構想」の方は、――横浜市長時代の「一万人対話集会」を彷彿させるが――党の〈市民〉化をめざしたものであった。

「社会党を質的に改革して、市民の日常生活の中に溶け込んだ党にしようって、そんなつもりで言ったの。……党員っていうと変な目で見られる日本の風土の中でね、いかにして党と市民の間にある垣根を取っぱらうか、そこに党の再生がかかっていると思ったの」[64]と。

委員長就任直後「総対話運動」を提起して全国をまわったり[65]、また市民運動と結びつきを求めて、反原発運動などとの「政治契約」の実験を試みたの[66]も同様の意図にもとづいていた。こうした党改革構想は、江田がもっていた二つの改革構想の一方を受け継いだものといえた。

しかし、こうした飛鳥田構想に対して、組合・右派は当惑した。委員長公選などをやれば、協会派の強い下部党員の意思に委員長人事が繰られることになりかねないし、飛鳥田の推進する市民運動との結びつきにしても、社公民連合へ向けての政策すり合わせには余りうまくなかったからである。

おまけに公明、民社は急速に自民との連携に傾いていた。一九七九年のポスト美濃部の都知事候補選びでは、大平正芳、佐々木良作、竹入義勝の三党首の極秘会談によって鈴木俊一をおすことが決まり[67]、自公民の連合が強く印象づけられた。また大阪では自社公民連合が成立したものの、明らかにこれも自公民が主導であり、社会党右派のあせりをかきたてたのである。

そのため、右派は、飛鳥田をかってに踊らせておきながら、協会から奪った党機関を利用して「現実主義」化の実行へと乗り出したのである。そのさしあたりの目標が社公民連合であった。

総評の圧力

さて、第四一回大会では、右派の田辺誠が国会対策委員長になっていた。そこで、ここから第一歩が踏みだされたのである。田辺の下、七八年一月、早速社会党と公明党が国対レベルで協議を開始した。すでに前年の七七年秋に、公明、民社の間で合同国対会議が設置されていたから、この社公協議によって国会レベルで社公民のブリッジ共闘が

成り立ったのである。(68)

続いて七九年一〇月七日、総選挙で一般消費税を掲げた自民党が大きく後退して二四八議席となり、再び与野党伯仲状況となったのを受けて、社公民の連合構想が一気に推進された。

ところで、この党の連合政策の大転換への最初の動きを起したのも、協会つぶしの時と同様、またしても総評であった。総評は七九年春、書記長の富塚三夫の提案という形で「社会党一党支持の再検討」をうちだし、「連合の時代」における社公民の連携促進を強調するとともに、社会党の「現実主義」化がはかばかしくなければ他党を支持するぞと脅しをかけていたが、この問題をめぐる総評―社会党の協議のために作られた「五人委員会」の席で総評側は社会党に対し強力に公明党との協議を開始することを求めたのである。(69)

飛鳥田は「全野党共闘」論者であったから共産排除を絶対の条件とする公明党との協議には難色を示したが、総評は「一党支持解消」を強力な武器にして社公協議へ踏み切ることを迫った。

総評のかかる動きに呼応して、党内右派を率いる武藤山治政審会長や彼の属する自主管理研究グループ、また、旧佐々木派で先の協会つぶしに〝活躍〟した曽我祐次企画担当中執などが相次いで社公協力に踏み切るよう飛鳥田に圧力をかけたのである。

「困ったよ。ボクは全野党論者だろ。共産排除なんて最初は全然考えてなかったからね。そりゃ彼らのエゴイズムはけしからんと思ってるけど、それでも一つの存在だ。頭から否定できるもんじゃない。ところが右派の攻勢がすごいんだ。急先鋒は武藤君や……曽我君……。武藤君なんか、記者会見を開いちゃあ『社公中軸とは共産党とは別の路線を歩むことを意味する』なんてボクに断わりなしに言っちゃうの(70)」。

おまけに、自民党は一〇月選挙の敗北以後党がまっ二つに割れて「四十日抗争」をくり広げていた。自民はいつ分裂するか分らず、政権獲得の〝千載一遇のチャンス〟到来にみえた。こういう中で、自民党政権崩壊後の受け皿を、という声に抗し切れず、飛鳥田はついに公明党との政権協議に踏み切ったのである。

社会党の譲歩につぐ譲歩

党中執は、一一月八日、公明党との政権協議入りを決定した。[71]協議は双方から八名の委員が出て、一一月一四日から三回にわたり行われた。飛鳥田は、左派の副委員長北山愛郎をこの協議の責任者にすることにより、協議が思わぬ方向にいかぬようコントロールしようとしたが、委員に入った武藤や曽我の腕力の前に北山も「公明をこっちにつないどく」ためにという理屈で、社公合意にひっぱられたのである。[72]

社公協議の最中の七九年一二月六日、公明、民社間で「中道連合政権構想」の合意ができたことも、社会党側のあせりをさそい、党は合意締結に突っ走った。社会党の変身ぶりは公明党も驚くものであった。社公協議で公明側を代表した正木良明政審会長は、民社研のシンポジウムで合意に至る状況をこう語っていた。

「まさかここまで社会党さんは呑むまいと思ったところが……私の隣にいらっしゃる武藤政審会長の考え方が常識的かつ現実的でございまして、まあ、こちらがちょっと驚きに似たような感じでこの合意が出来上がったわけであります。特に路線問題で『現状においては』という文句がついてはおりますが、共産党を政権協議の対象にしない。これを来月の（八〇年二月——引用者）社会党の大会でも運動方針の中に入れるということですから、これはえらいこっちゃなという気持ちです。……これはもっけの幸いみたいなことであります[73]」と（傍点引用者）。

正木のいみじくもいった「もっけの幸い」という言にあるように、飛鳥田の「頑張った」[74]という弁解に反して、協議は社会党側の譲歩に継ぐ譲歩に終始した。

まず社会党は、公明党が絶対譲らない共産党排除を認めた。これで社会党が五〇年代後半から積み重ねてきた社共共闘はあっけなくくずれ去ったのである。

続いて、政策上、大きな対決点となったのは、安保・自衛隊であったが、これも社会党が大幅に譲歩した。安保については、合意は以下のような文言であった。

「日米安保体制の解消をめざし、当面それを可能とする国際環境づくりに努力する。将来、日米安保条約の廃棄にあたっては、日米友好関係をそこなわないよう留意し、日米両国の外交交渉に基づいて（一〇条手続きは留保）行なうこととする」[75]と（傍点引用者）。

ここには、公民合意の「日米安保体制の解消を可能にする国際環境づくりに努力し、日米安保条約は……当面は存続する」という文章のように「存続」という文言は入っていなかったが、安保の「当面」存続は両党協議においては実は確認されていた。正木は、それをこう解説した。

「この努力するということの見通しから言えば、おそらくこの政権では安保は廃棄できないという考え方を、実は記者会見で……社会党側の主宰者である北山副委員長がはっきりとおっしゃっていますから、『存続する』という言葉はありませんが『存続する』と読むべきである」[76]と。

自衛隊についても、合意には「当面、自衛隊はシビリアン・コントロールを強化することとし、将来……その縮小・改組を検討する」[77]とあって、これまた「当面は存続する」とうたう公民合意とは一見異なるようにみえたが、しかしこれも正木が種明かしをするように「何にもないものをコントロールできるわけはありませんから、これは自衛隊が存続するということであるわけです」[78]（傍点引用者）。

さらにこうした解釈が正しいことを念を押すように、武藤は、安保・自衛隊についての社公合意で「当面」「将来」の使いわけが行われていることを強調した。「当面」という部分が、他ならぬ連合政権の期間という含意なのであり、『将来』というのは具体的に何年先かは決めていない」「ずっと先になるかも分らん」ものなのであり、民社党が、社公合意にいちゃもんをつけて、存続がはっきりしていないとか玉虫色だというのは不当ないいがかりだというのである[79]。

こうしてみれば、「社公合意の一ヶ月ほど前に結ばれた公民の政権構想じゃあ、安保は当面存続、自衛隊は保持となっているのを、社公では社会党の線を譲らなかった」[80]という飛鳥田の解説は、少なくも協議当事者の了解ではなかったといえよう。

原発問題での確認事項

社公協議で一番もめたのは、実は原発であった。というのは、飛鳥田のように〈市民〉派的立場から党改革を志向していた者にとっては、市民運動、その中でも最も力のある反原発運動を敵にまわすことなどとうてい考えられず、原発容認には強い難色を示していたからである。そのため、政権協議をひっぱっていた武藤や曽我もこの点では飛鳥田を説得するのは容易なことではなかったのである。

「ボクも議員会館に陣取って交渉の報告を受けてたんだけど、だんだん原発を認めるニュアンスになってきてね。オレ、断固駄目だって言った。原発容認なんかしたら党の政策の大転換だし、地方で反原発闘争やってる党員が承知しないよ。だから絶対譲らなかった[81]」。

しかし、この点も飛鳥田がいうほどスッキリしているわけではない。この合意の末尾に奇妙な「両党確認事項」なるものが入っただけでけりがついたのである。その全文はこうである。

「社会党は、原子力発電の新増設については、当面これを凍結し、連合政権樹立の段階までに安全性の確認を行ない、その可否を決めることとし、その可否を決めた時点で改めて協議したいとの見解を表明した。
公明党はその協議について確認した[82]」と（傍点引用者）。

みられるように、ここでも公明党は何ら譲歩はしていない。ただ、社会党が連合政権樹立の日までに新増設についての態度を決めて公明党と協議しますと決まっただけなのである。武藤の解説によれば、「連合政権ができる前までには、安全性についての結論を出す。それでゴーのサインが出れば、今後の新・増設にゴーがでる[83]」というのである。このように、社会党の従来の路線を事実上大きく変更する内容を含んでいたが、八〇年一月一〇日、とにもかくにも社公合意が結ばれた。執行部の独走によるこの合意は、大会での承認が危ぶまれたが、これが左派の飛鳥田の下で行われたことがかえって幸いし、八〇年二月の第四四回大会では、合意は「いわゆる保革連合に与するもの」でないこと、また党の「基本政策」「非武装中立の党是を堅持する」ことなどの補強意見を加えただけで承認された[84]。

同時選挙による社公協力の破綻

とにかく、「狭き門をくぐ[85]」って、社会党は公明党との連合という「命がけの選択[86]」を行い、それにもとづいて来るべき参院選での選挙協力態勢の検討に入った。参院選で一人区における社公民協力により保革逆転もしくは伯仲を実現しその勢いをかって衆院でも逆転を、というのが党右派の戦略であった。

ところが八〇年五月に入り政局は意外の展開をみた。自民党内の内紛で混乱する政局の下で、飛鳥田は、四月二三日、内閣不信任案提出のつもりを語った。これに対し、七九年一〇月選挙から半年しかたっておらず、しかも自民の分裂状況の下で不信任案がとおる可能性をみた民社党の春日一幸は、不信任案に強く反対し、また、参院選での社公協力を推進した右派も同時選になった場合の社公民協力の破綻をおそれて消極的であったが、五月一六日予定通り社会党から内閣不信任案が提出されると、自民反主流派の欠席の下でこれが可決されてしまったのである。こうして衆参同時選ということになり、せっかくの社公協力はふっとんだ。

「衆参同時の選挙は参議院選挙での共闘よりも各党の衆議院の議席獲得に比重をかける力が作用する。はたして政権構想は遠心的に拡散することになり、国民には野党の混乱として写り、連合政権いまだ熟せずという結果[87]」がでたのである。

同時選では、大平の死去もあって、自民党は二八七議席をえたのに対し社会は一〇七と現状維持、公明、民社、共産は後退して、保革伯仲状況は終わりを告げた。それとともに、公明は社会党から離れ自民との連携により政権に参画しようという方向を強め、民社もその方向を一層強めた。右派のもくろみは水泡に帰したのである。

飛鳥田はそれをみて、社公民連合に消極的態度を鮮明にした。けれども、飛鳥田のこうした態度とかかわりなく、党はこの後も「現実主義」化の方向をつき進むことになる。

3 「命がけの選択」の背景

では一体、なぜ、七七年以降の社会党の転換は可能になったのであろうか？

その理由の第一は、すでに示唆したように、総評労働運動の転換があげられる。総評の転換の背景には、オイルショックによる不況期における企業社会の確立、それに伴う民間大経営の企業主義的組合運動の労働運動制覇という事態があった。不況期に大企業は不況に苦しむ中小零細企業を下請け化しそれに伴って企業支配を傘下企業にも及ぼしていったが、それと並行して企業主義組合の方も傘下の中小の組合を配下に収めていった。その結果、高度成長期にもなお戦闘性を保持していた中小組合やそれをかかえる全金などの産別にも企業主義の支配が拡大したのである。

他方、七〇年代初頭には、企業主義的組合潮流に対立する一大勢力であり総評の戦闘性を支えていた官公労は、七五年のスト権ストの挫折により、大きく力を失墜しかわって公共部門にも企業主義的潮流が力を増していった。

こうした状況下で、総評が一体として組織を維持するには、執行部は民間―公共部門の有力部分を掌握した企業主義の路線に乗る以外になくなったのである。

他方、労働組合運動を制覇した企業主義的潮流の方も決して安泰ではなかった。彼らは不況克服のため企業と協力して「減量経営」を認め、そのため日本企業は逸速く不況を克服することに成功したが、それはかえって組合の存立基盤を脆弱化することになったからである。「減量経営」による企業支配の強化は、企業側にとっての組合の必要性を減少させ、他方組合員にとっては「減量」化に対決しない執行部への不満を蓄積させた。

企業主義的組合運動がかかる状況下で自己の存在価値を示すには、いわゆる「制度・政策要求」によって要求を実現するしかなく、そのためには、政府に対して「制度・政策要求」を飲ませる政治力が必要となった。ここに、労働戦線統一↓票の力を背景とした政治への圧力という構想が浮上したのである。こうして企業主義的組合潮流の主導下で第二次労戦統一運動が起された[88]。

これに対し、第一次労戦統一をつぶした総評も、今回は槙枝—富塚という、総評官公労の「御三家」である日教組・国労出身の執行部の下でありながら、労戦統一運動に参加していくことになったのである。

ちなみに、労戦統一によって政治力を強化しようという場合、そこには二つの構想があった[89]。これは社会党の「現実主義」化・政権構想にも関係があるので、ここでみておこう。第一は、てっとり早く自民党と取引する方向であり、鉄鋼労連などJC系有力単産の多くは早くからこの方向を志向していた。それに対し第二の潮流は、社公民の連合新党をつくって自前の政権をという方向であり、総評指導部や全電通、中立労連の電機労連などはこうした方向を志向していた。総評指導部や全電通はこういう思惑の下で、社会党を社公民の中軸にするべく党改革に介入したのである。彼らは「選別支持」と称して、票の力をちらつかせながら社会党の転換を迫った。先述のように、七〇年代以降、社会党は一層総評・官公労への依存を深めていたから、この脅しは大きな効果を発揮した。

こうした組合の攻勢に対し、党内で最も敏感に対応したのは議員層であった。彼らは総評・官公労が左派支持の時はそれに追随していたが、その転換に応じて逸速く社公民路線への転換を支持した。

ところがそれに対して、社会党の活動家層や地方議員は、異なっていた。彼らはオイルショック以降の不況の中で、「減量経営」や賃金抑制など労働者の状況が悪化しているのを目のあたりにしていたし、それに対し企業主義的組合が反撃をしていないことに苛立ちを強め戦闘化していた。また、公共部門においても七〇年代末から「行政改革」により効率化が進行していたから、官公労の労働者も、指導部の「現実主義」化とは逆に政府に対する批判姿勢を強めていた。オイルショックを梃子とした原発の新増設の中で地域の反原発闘争も深刻化していた。その上地域でこうした課題を共に闘っているのは共産党であったから、党活動家層はいずれの意味からも党の「現実主義」化—社公民路線には反発したのである。

これが七〇年代後半に、党内で協会派が急伸長した理由でもあった。社会党の「現実主義」化を妨げる元兇として協会を批判する論者はいずれも協会勢力拡大の理由を、その「党中党」的活動に求めるが、こうした協会のスタイルは何もこの時期にはじまったものではなく、五〇年代以来であった。その協会が七〇年代後半に元気になった背景には、こういう客観的要因があったのである。

社公合意を論議した第四四回大会において、出された多くの下部党員の次のような声はまさしく、こうした活動家層の雰囲気を反映していたのである。


「多くの代議員から、公明党とわが党との間では、地域大衆運動の分野では共闘の実績が少なく、最近はむしろ対立する場合が多いこと、自治体選挙や自治体の議会闘争でも対抗関係にある場合が多いことなどの指摘があり、……また共産党は、わが党に対し不当な中傷や攻撃を強めているが、大衆闘争の分野では競合しながらも共闘の実績があり、これが今回の政権協議における共産党排除によって大きな影響を受けるのではないか……保守反動派につけこむスキを与えるのではないか[90]」。


しかし、こうした党活動家層の声は、総評・官公労の圧力を受けた執行部層の方針を変えるには至らなかった。党執行部にとっては、何より国会での議席の数こそが自己の存立を左右する最大の基準であり、それに直接影響を与える組合の圧力は決定的であったといえよう。

七〇年代初頭における党の「現実主義」化の挫折からわずか数年後、しかも皮肉にも協会派の力によって成立した左派執行部の下で、協会規制から社公合意に至る「現実主義」的転換がなされた背景には、以上のような企業社会の確立に伴う組合運動の転換があったのである。

四　「新宣言」への道

社公合意は、それを推進した右派には「政権党への脱皮」をめざす「命がけの選択」[91]であったから、飛鳥田や北山らの〝一時的緊急避難〟という弁解にかかわらず、一九八〇年同時選での選挙協力の破綻にもめげず、その後も一層進行した。

1　「道」見直し

右派が社公合意に続いて次に手をつけたのは、社会党の事実上の綱領であった「道」を廃棄し、名実ともに西欧型社会民主主義政党にふさわしい綱領を制定することであった。

七七年の党改革以後、実はこちらの動きの方が社公合意より早くスタートしていた。七七年九月、第四一回大会で「道」の見直しが決まったことを受けて、七八年の第四二回大会において、「道」を作った「社会主義理論委員会」は「社会主義理論センター」に衣がえしたが、このセンターが党内での「道」見直しの中心となったのである。

また、こうした見直しに呼応するように、改革準備グループに結集する堀昌雄や武藤ら右派が中心となり、七七年七月労働者自主管理研究会議が発足したが[92]、このグループが「道」見直しの理論を供給することとなった。自主管理研究会議が依拠したのは、大内力ら宇野派の経済学者であった[93]。彼らは現存社会主義諸国の困難を視野に入れながら、新しい社会主義像を自主管理を中心に構想するとともに、返す刀で向坂理論の影響の強い「道」に対して精力的に批判を加えた[94]。こうして、宇野派の学者と協会派によって「道」をめぐる論争が展開されたが、この宇野派の批判は、協会派のマルクス主義を理論的にたたくことによって、党内で協会派の持っていた理論的威信を減殺するのに大いに効果をあげた。

「路線」の策定

こうした〝空爆〟ののち、八〇年に入って、センターは大内秀明を座長とする学者グループの力を借りて、「道」にかわる新しい現状分析と課題を提示した。それが八〇年九月のいわゆる学者グループの報告書「内外情勢と社会党の運動[95]」であった。理論センターはこれをふまえて、センター中間報告「八〇年代日本の内外情勢の展望と日本社会党の路線[96]」(「路線」)を発表した[97]。

この「路線」は、国際情勢、国内情勢の分析においても従来の社会党の分析枠組みとは異なる興味深い論点を提示していたが、「路線」の重点はそこにはなく、もっぱらその第三章「社会主義への移行と連合政権」にあった。ここで「路線」は主として二つの点で「道」の分析を否定することをめざしていた。

その第一は、ソ連・東欧をモデルにしていた「道」の社会主義像を否定することであった。そこで「路線」は、「社会主義には既成のモデルはない[98]」と宣言し、その上で、複数政党制、民主主義、生産から消費に至る社会のあらゆる部面への参加、社会化と市場の調和、という四点で社会主義を構想したのである。

「路線」がめざしたもうひとつは、「道」のもつ古典的「革命」論を否定することであった。この点では「路線」は「道」のもっていた窮乏革命論、危機待望論的把握を払拭し、むしろ資本主義の「破綻を回避するために革新の側からの積極的手段を講ずることによって、社会主義への条件を形成[99]」すべきであると強調していた。また「道」の「統一戦線」論、労農同盟論にかわって、「路線」は「連合」という構想をうちだし、すでに進んでいた社公民連合構想の理論的正当化をはかったのである。

さて、この「路線」は、社公合意のような政治路線をめぐる問題ではなかったから、「理論集団」に封じ込められた協会派としても本格的な抵抗のかまえをみせた。「路線」は第四五回大会前の八〇年一二月に発表されたが、以後一五〇〇通にのぼる意見書がよせられ批判が相次いだのである[100]。そのため、執行部はこれを中執原案にするに際して、左派・協会派の批判する〝刺激的〟文言をとり払い、文体上手直しを加えて、八二年二月の第四六回大会にかけた。大会ではその手直しの効果もあってか、〝モデルなき社会主義〟などへの批判はなされたものの原案通りの承認を獲得することができたのである。

「社会主義の構想」

さて、「路線」が比較的短期の、社会主義への移行過程に焦点をあてて「道」の見直しを試みたのに対し、より長期の社会主義像において「道」を修正しようと試みたのが、「新しい社会の創造――われわれのめざす社会主義の構想」[101]（「構想」）であった。

「構想」は第一に「道」の古典的革命イメージを否定して、社会主義への道を長期の連続した過程としてとらえる立場を表明した。「われわれは、社会主義への道を絶えざる発展、絶えざる社会改革の進展として考える」[102]と。

第二に、「構想」は、冒頭で現存社会主義に対する批判を行い[103]、「路線」に続けて、ソ連・東欧をモデルとしていた「道」の社会主義像を否定した。

第三に、「構想」は、高齢化、情報化、公害、食糧問題など、体制の如何にかかわらず深刻化している諸問題をとり上げ、「人類の危機[104]」ととらえその解決を課題として掲げた。これは、現存世界の困難をもっぱら資本主義的生産様式のもたらす問題ととらえ「社会主義」にその解決の全てを求めていた従来の発想を否定するものであった。
党執行部は「構想」を「路線」採択の次の大会、一九八二年一二月の第四七回大会におろした。大会では、先のような諸点につき協会派から異論が出され、福岡からは「構想」の採択延期を求める提案が出されたが、執行部は『『構想』の詳細な解説書をつくり討論をさらに深め」ていくことを条件に、「構想」の採択にも成功したのである。[105]
こうした「路線」「構想」の採択により、「道」を葬り去る第一段階は終った。「道」の外堀は埋められた。

2　石橋「ニュー社会党」のつまずき

飛鳥田体制への不満

「構想」が採択されるまでにも七七年の改革開始以来すでに五年をへていたが、それでも「道」見直しが比較的スムーズにきたのは、飛鳥田執行部の下で、理論センターが問題を必ずしもクリアーに提示せず、「路線」も「構想」も「道」の補完であるという形式を踏襲してきたことが大きな原因であった。
例えば、「路線」に対し協会側から大きな批判が起った際、センター事務局長の嶋崎譲は、党内には『道』は基本であって一切変えられないという議論と内外の情勢に合わなくなったから破棄しなければならないという両極端の議論」があるが、センターはそのいずれにも与しないといい「路線」を「道」の八〇年代における「発展」であるという立場を貫いていた。[106]
こうした妥協的態度は、党の「現実主義」化を求める組合側からは対立点をあいまいにするものとして非難を招いたが、それが左派の攻撃を鈍化させたことは否定できなかった。
けれども、これでは、いつまでたっても「道」は廃棄されなかった。おまけに、飛鳥田は八〇年同時選挙以来社公連合に冷淡になっていたため、右派の苛立ちはつのった。この苛立ちが、第四六回大会において飛鳥田が若手の馬場昇を書記長に起用したことに対する猛反発という形で爆発した。[107]右派は次第に飛鳥田をかえなければ改革はまたしても挫折するという危機感を強めたのである。

こうして、八三年六月、参院選での社会党の後退を機に、飛鳥田は辞任に追い込まれたのである。飛鳥田は次期執行部への申し送りとして、連合政権の見直しと市民運動との提携を訴えたが、[108]もちろん、一顧だにされなかった。右派は飛鳥田を切って何とか改革の遅れを取り戻そうと必死だったのだから、社公連合政権構想の見直しなど、とんでもないことであった。

石橋執行部の登場

ポスト飛鳥田として登場した石橋政嗣—田辺誠の体制は、そういう右派にとっては最高のものであった。まず、石橋は勝間田派であったが、先述のように成田—石橋体制の下一貫して協会・左派の支持で役職についており、左派をおさえることができた。しかも石橋は飛鳥田と違い、七七年以降、党勢の躍進のためには党の「現実主義」化が必要との判断をもっており、この改革を遂行できるのは自分しかいないと自信満々であった。

また、書記長の田辺は、右派のホープであったから、この体制の成立によって停滞していた「現実主義」化は再び加速されるチャンスが到来したようにみえた。

他方、左派は左派で、成田と組んで七〇年代社会党をとりしきった石橋には信頼を寄せていた。こうして石橋は「社会党最後の委員長」という評判の下、無投票で委員長に就任したのである。

石橋は右派の熱い期待に応えるように、就任早々「ニュー社会党」というスローガンをうちだした。このスローガンによって、石橋は今までの、つまり「道」に執着する社会党と訣別するという姿勢を示したのである。

「違憲・合法」論

委員長就任後石橋がまず手をつけたのは、社公合意以後見直しが求められながらストップしていた政策の「現実主義」化であった。これは、しかし、ある意味では「道」見直し以上に大変な問題であった。見直しが求められている安保・自衛隊・原発などはいずれも社会党の原点にかかわっていたからである。しかし、石橋は六〇年安保国会で登場して以来、安保・自衛隊問題では第一人者であることを自認していたから、さしあたり見直しをこの得意の分野からはじめたのである。

それがかの有名な自衛隊の「違憲・合法」論であった。石橋が、「違憲・合法」論を口にしたのは、八三年一一月の小林直樹――ほかでもない「違憲・合法」論の提唱者である――との対談[109]の席上であった。

石橋がいつから「違憲・合法」論を使おうと考えていたのかは分らない。しかし石橋が「ニュー社会党」の出発に際して、自衛隊違憲論を保持しながら連合政権の下では自衛隊の存続を容認するという二股をかけた対応を何とか正当化できる理論を探していたことは確かである。社公合意の停滞の政策上の最大のネックは安保・自衛隊と原発であり、しかもその障害は主として党内にあることも明らかであったから、「現実」化を説得できる党内向けの理屈がほしかったのである。

もともと石橋は、社会党が政権をとったからといって、直ちに自衛隊を縮小したり解散したりはしない、政権が社会党単独政権か連合政権か、日ソ関係をはじめとした外交関係が改善されるかどうか、そして自衛隊に対する掌握度などをみて行うと言ってきた[110]。「けしからんといったって存在するものを一挙になくすことはできない、無視してやれるのか[111]」というわけである。だから石橋としては、連合政権協議においては、自衛隊は違憲であるが存在することは認めるといってもかまわないと考えていたと思われる。そこに小林直樹の「違憲・合法」論がでたので、渡りに舟と飛びついたのである。

「そこに小林さんの『違憲・合法』という筋の通ったご主張が出ましたので、俄然、意を強くして、憲法学者からそういう論が提起されているんだからと、私もこれに乗っかろうという気持が出てきたわけです。……いくら憲法違反だといっても、現にあるものはある、これは無視できないじゃないかというところでいままでとどまっていた。それを合法と割り切れという小林さんの本を読んで非常に関心を持ったわけです[112]」（傍点引用者）。

この「違憲・合法」論というのは、法的には一個のナンセンスであった。小林は「自衛隊が作られてきた過程そのものは『合法』的なんです。国会で正式の手続をとり、多数の賛成で法的に設置されてきたものですから合法的な所産として存在するわけです。……世界中たった一つの独自な平和憲法のもとで、世界中たった一つの〝違憲かつ合法〟という異常な例が日本に存在するという事実を一応そのまま認め[113]」る必要があると、この議論の背景を語っていた。しかし、まず第一に、自衛隊が自衛隊法という法律にもとづいて設置されていることは自明のことであり、過去いくたの憲法学者が自衛隊を違憲だといってきたのは、ほかでもなく国会の多数が承認したその自衛隊法が憲法に違反していることをさしてのことであった。そもそも憲法違反とはそういうことをいうのであって、暴力団が武器を集めて武装したことを誰も違憲とはいわない。だから、自衛隊のことをわざわざ「違憲・合法」というのは、自衛隊は暴力団の武装とは違うという程度の意味でしかないのである。われわれが違憲と主張する制度・組織は皆「国会で正式の手続をとり多数の賛成」をえた法律に根拠をもっている。そういう国会が多数で決めた法律でも、憲法の体系に違反している恐れがあるからチェックしようというのが、違憲審査という制度なのである。例えば、戦前悪名を馳せた治安維持法はレッキとした法律であったが、もし日本国憲法の下であのような法律が制定され運用されるとすればそれを憲法学者は違憲として批判するであろう。しかし小林の立論からすれば、それを「違憲・合法」ということになる。

また、第二に、したがって、日本国憲法は「世界中たった一つ」かも知れないが、小林のいうような国会の制定した法律による制度で違憲と疑われるものなど「世界中たった一つの例外」どころか自衛隊以外にも無数といっていいほどある。例えば今違憲が問題となっている不均衡な選挙区の定数などもそのほんの一例である[114]。

このように「違憲・合法」論とはたんにそれだけのものなのだが、小林にせよそれに飛びついた石橋にせよ、では一体なぜ今まで「自衛隊は違憲」といってきたのを変えてわざわざ「違憲・合法」といいかえたのかという点がここでの問題である。それは法的には意味がないが、ある種の政治的効果をねらってのものであることは明らかである。

とくに石橋の場合、この「違憲・合法」論によって、つまり自衛隊を「合法」と呼ぶことによって、「ニュー社会党」の「現実主義」政策を鮮明にアピールできると踏んだのであろう。かねがね民社党が、社会党の自衛隊政策について、たんに「存在するから仕方ない」というだけではダメだと主張していたことを考えれば、このねらいはよく分る。

ところが、ここで、石橋の予想に反する事態が生じた。時あたかも、中曽根康弘内閣がＧＮＰ一％枠突破をはじめ軍事力強化政策を展開していた時だけに、党内の多数が社会党の党是である非武装中立論を降ろすのかと猛反発したのみならず、ジャーナリズムにも「社会党は変質したのか？」という声が多く寄せられたのである[115]。

そこで、あわてた石橋は、八四年二月の第四八回定期大会の続開大会において、そうした不評と批判を入れて早くも軌道修正を余儀なくされた。石橋はそこで「いわゆる違憲合法論という誤解を与えかねない言葉で、自衛隊の現状を認識する態度はとらない[116]」という答弁をしたのち、運動方針も当初の「現実主義」化とは全く逆の「自衛隊の縮小・解体」を強調するものに修正したのである。

「党の非武装中立政策は、①当面の反核・軍縮の闘い、②連合政府のもとでの安保解消による日本の中立宣言、

③自衛隊の縮小・解体による非武装宣言――という三段階をへて達成されます。第一、第二の段階では、違憲の自衛隊が現実には存在する、という矛盾した過程があります。つまり違憲の自衛隊が国会の決定に基づいて法的に存在しています。従って自衛隊の縮小・解消もまた国会の合法的手続によって行います[117]」と。

この「違憲・合法」騒動によって、石橋は安保・防衛政策でもその「現実」化に努力しているという姿勢は公明、民社にアピールできたかも知れないが、現実には石橋は党内外の関心を改めて高めたことにより、防衛政策の修正の手を縛られる結果となったのである。

原発政策の見直し失敗

続いて、石橋は原発政策の見直しに手をつけたが、これはさらに手痛い打撃を受けて後退させられた。

もともと、石橋は原発見直しには慎重であったが、「ニュー社会党」を掲げた石橋の指導力に期待する専従中央執行委員の要請を受けて乗り出したのである[118]。

原発問題は、先述のように、社公連合政権協議の大きなネックであったばかりでなく、社会党の「現実主義」化を推進する単産、とくに原発生産企業の組合を抱える電機労連などが強くその見直しを要求していたものであった[119]。そのため、石橋は「違憲・合法」論に続く「ニュー社会党」の第二弾にこれを選び、八五年一月の第四九回大会に提案した「中期社会経済政策（草案）」においてその見直しを提案したのである。「中期経済政策」は一方で五％成長をうたっていたからそれとの整合性のためにも原発は不可欠であるというのが組合や右派の見直し論の言い分であった。

ところが、この提案は、大会において「違憲・合法」論を上回る反対を呼び起こした。なぜなら、原発は、たんに左派のみならず、それとは一線を画す〈市民〉派にとっても、社会党の原点にかかわる課題と考えられており、見直し推進の右派に対して、この両派の連合が成立したからである。とくに後者の中心である原発対策連絡協議会（以下、原対協）は、社会党がヘゲモニーをもつ市民運動の中では最も強力な部隊であったが、彼らは原発政策見直しが原発反対闘争の現場とかけ離れているとして猛反発した。

その結果、大会においては、この左派＝市民運動連合によって、実に二二県本部による修正案にまで発展したのである。[120]

こうした反乱にあわてた執行部は、書記長の田辺が、一　原発政策見直しが「現地運動に混乱とマイナスを与えたこと」に遺憾の意を表する、二　今後原発政策決定に際しては原対協などと十分意思統一する、三　「安全性を追求」とは稼動中の原発を容認するものではない、という中執見解を発表し、運動方針についても、原案の原発容認的部分を一八〇度変えて「原発を主体とする政府のエネルギー政策の転換を要求し、原発にかわるソフトエネルギー政策を追求し、原発反対の運動を地域住民とともに強化します[121]」という修正文を挿入することを余儀なくされた。

また、「中期社会経済政策」の総論部分も、原案とは全く異なり、計画中のものの凍結、建設中のものの中止はおろか「稼動中の原発についても安全性を追求しこれが確認できない以上、運転を中止させ、再審査、再点検を行う[122]」という強い規制をうち出すことになったのである。こうして、「ニュー社会党」をめざして自信満々のりだした石橋は二連敗を強いられた。

3　組合の不満と圧力

石橋が政策の「現実主義」化にたてつづけに失敗する中で、当初石橋を支持していた労働組合の不満は再び強まってきた。とくに、石橋批判の声は、石橋が原発見直しに失敗した直後から強まった。

例えば、電機労連委員長の藁科満治は、「ニュー社会党」の掛け声が「掛け声だけに終っている」[123]、「二年前ニュー社会党の旗をかかげて石橋丸がスタートしましたが、時間が経つほどに内部の抵抗が激しくなり、舵を変えるのではなく、ハタの色だけ……見掛けだけを変えて中身はそのままという動きが最近目立っている」[124]と痛烈に批判した。

第二次労戦統一を推進しつつその力を背景に社公民連合政権を実現しようとめざす組合勢力は、肝心の社会党の「現実主義」化がさっぱり進まないことに対し、危機感を深めたのである。このままでは「道」の廃棄すら怪しくなる。一度たたいた協会派はその後一九八四年に分裂して一層弱体化したにもかかわらず、またぞろ力を盛り返しはじめていた。

こうして、企業主義組合勢力の社会党への介入が再び始まったのである。その先頭を切ったのは、電機労連であった。藁科率いる電機は、中立労連の中核組合であると同時に労戦統一の中軸でもあったから、電機の動きは重大な影響力をもっていた。その電機労連の一九八五年度の大会で藁科は「社会党一党支持見直し」を打ち上げたのである。藁科は、その理由が社会党の「現実主義」的改革の遅れへの苛立ちにあることを露骨に表明した、「もうがまんできないのである」[125]と。

藁科発言は、直接には、票の力によって社会党右派に強力な梃子入れをし党改革を促進させることをねらってのものであった。しかし、藁科のねらいは実はそこに止まっていなかったのである。社会党の改革がここまで遅れてしまっているという事態の下では、もはや社会党主導で社公民連合ができるのを後押しするだけでは不十分であり、また、そうしても社会党を丸ごと社公民連合にくみこむことは難しい。そうとなれば社会党丸ごと支持をやめて、社、公、民、自民という既存の政党の枠にとらわれることなく、その中の連合派を選別して支持することによって、新しい政治勢力の結集をはかった方がてっとり早い、という意図がそこにはあったのである。

藁科はいう。

「われわれの考え方は、……いわゆる二大政党論である。この場合、現に長期低落傾向にある社会党を大きくして二大政党の一翼に育てあげることは、所詮無理なことである。むしろ新たな政治勢力の結集を想定するという観点で問題を考えた方が……政権への道は早い……。では労働運動としてそのような問題をどのように射程距離に入れていくか。私は労働戦線統一と選挙対策を組合せて戦略的に組み立てることによって……できるのではないかと思っている」[126]と（傍点引用者）。

この藁科発言を、かつて七〇年代初頭の西尾末弘の発言と比べてみれば、それがピタリ同一線上にあることが分ろう。

ともあれ、かかるもくろみの下、労働組合の介入が始まったのである。

4 「新宣言」をめぐる攻防

石橋執行部の決意

さて、石橋が原発見直しに失敗した同じ第四九回大会で、実は党の「現実主義」化にとり重要なもう一つの決定がなされていた。それは「道」見直しの締めくくりとして「新宣言」を作る決定がなされたことであった。すでに「路線」「構想」が選択されていたが、「道」も残っていた。いよいよこの二重権力状態に決着をつけることが決まったのである。

石橋は今度こそ、「新宣言」を決め「道」を葬り去って改革を推し進めることにより自己の地位の安定をはかる決意を固めた。運動方針には、こうした石橋の決意を示すべく、「この『新宣言』の決定に伴い、『綱領』と『道』は党の歴史的文書とします」[127]（傍点引用者）という文句が入っていた。ここから俄然「新宣言」が、右派と左派の決戦場として浮び上がったのである。

今度は、石橋―田辺としても後がなかった。すでに八四年一〇月一七日の六三回中央委員会で「道」を見直すため全中執で構成する「綱領等にかかわる基本問題検討委員会」を設置していたが、第四九回大会をへて八五年二月一四日、同委員会の中に田辺を長とする「新宣言作業小委員会」が設けられ、ここで社会主義理論センターと協力しつつ、宣言案の起草に入ったのである。そして、八五年六月一七日からの党全国書記長会議に、「新宣言」の作業小委員会案（以下「小委員会案」という）が提出された。[128]

作業小委員会案と中執案

小委員会案に盛られた内容は、すでに「路線」「構想」でいわれたことばかりであった。ただ違うのは、案が「道」を歴史的文書にするといっているところであった。乱暴にいえば「新宣言」の最大のねらいはそこにあったといってもよかった。

曰く「これら文書は（「綱領」「道」――引用者）、時代の変化と党自体の前進のなかで歴史的文書となった。いま日本社会党は、これら文書にかわって新宣言をうちたて、今日と明日への目標と路線を国民のまえに明らかにする」[129]と。

これを第一の特徴とすれば、小委員会案は第二に日本社会党を「国民政党」[130]であると宣言し、四八年の森戸・稲村論争以来の左右抗争に決着をつけようとしていた。

第三に、小委員会案は、「構想」に書かれた社会主義とは長期にわたる運動であるという立場を再び確認した。

「人間解放をめざして一歩一歩前進するのが社会主義である」「社会主義は長期にわたる運動と改革の過程をつうじて発展してきたしこれからも発展する」[131]と。

第四に、小委員会案は現存社会主義諸国をモデルとすることを、「共産主義」として拒否した。

「多くは前衛政党による一党独裁と官僚制による支配体制をもっている。これらの国では市民社会を経過しなかったという事実もあって、近代の市民社会がきずいてきた成果も達成していない。……これら共産主義の体質は、日本社会党のめざす社会主義とは異質で、その方向はとらない」[132]と（傍点引用者）。

第五に、小委員会案は、変革の道すじの中心に「連合政権」を置いた。

「今日では政治意識の多様化のなかで、連合政権はふつうのことである。日本社会党は、憲法完全実施をめざすという合意、および改革の政策が一歩でも前進する見透しを前提として、どの党との政権関係にも積極的に対応する」[133]（傍点引用者）。

さて、八五年六月にこの小委員会案が発表され、それが九州、四国、関西……と各ブロックの討論集会にかけられると、一斉に反対意見が湧き起った。協会、左派の派閥や幹部からの意見書も相次いで公表された。

まず、党副書記長として作業小委員会メンバーでありその中でも四人の執筆メンバーの一人でもあった高沢寅男が、作業小委員会に自らが提出したレジュメを公表し、案に反対の態度を表明した。また、八〇年の社公合意の責任者であった北山愛郎も主として党の原点を守るという点から反対を表明し「新宣言」を行動綱領的なものにすべしという、のちに反対派が採用する主張をもりこんだ意見書を出した[134]。他に、協会派の強い平和戦略研究会、新生研究会、また、福岡、埼玉、新潟の各県本部も意見書を提出した[135]。さらに、八月に一斉に開かれたブロック討論集会では、協会や左派の強い九州、四国、北海道などで反対派が圧倒した[136]。

それらは一様にまず執行部が党内の民主的討論をふまえずに事実上綱領を改訂しようとしているとその手続きを非難していたが、内容的には、案の定、小委員会案の「過程社会主義」論、「国民政党」論、現存社会主義を「共産主義」と呼んでいるところまたその評価、さらに連合論の部分で「どの党との政権関係」にも積極的に対応するといって事実上自民党との連携をねらっているという点、などを批判していた。

これに対し、執行部はこうした批判をふまえて、九月六日に中執案を作成した。これは党内の批判に対し、従来の妥協的手法をとり入れて収拾をはかろうというもくろみの下、小委員会案にかなり字句上の修正を加えていた。第一に、中執案では「国民政党」という規定はひっこめられ「勤労国民すべてを代表しあらゆる人々に開かれた国民の党」となっていた。また、第二に「共産主義の体質」という〝刺激〟的言葉もひっこめられて「既存の社会主義」となり「一党独裁」などという文句も柔らかくなっていた。第三に、「過程社会主義」のところも、これでは改良主義となるという批判を考慮して「質的変革」という言葉が挿入された[137]。

こうした小委員会案の手直しもあり、また、議題が「新宣言」の内容そのものの討議ではなく案を一二月の第五〇回党大会にかけることの可否を決めるものであったこともあって、九月一一日の党中央委員会は予想されたほどの激論とはならなかった[138]。中央委員会の場での集約では、反対は協会の強い千葉、新潟、岡山、福岡、大分、熊本、沖縄の七県八人に止まっていた[139]。

この結果をみて、執行部はこれで大会を乗り切れるのではないかと愁眉をひらいたが、こうした執行部の態度、とくに小委員会案にあった「国民政党」という規定がひっこめられた点などをみて、組合勢力は、またしても執行部が協会・左派と妥協するのではないかという警戒の念を強めた。そこで彼らは、「新宣言」を支持しない議員に対しては選挙の支持をとりやめると脅しをかける一方、党執行部に対し、左派に妥協しないよう圧力をかけたのである。

このような圧力を受け、石橋も今度は妥協しない、という態度を鮮明にした。八五年一〇月一一日の総評党員協書記長会議でも、田辺は中執案がギリギリの妥協で「これ以下はありえない[140]」と語って、大会での修正はしない旨を確約した。また、党内右派の政権構想研究会も大会を前に一一月一七日に総会を開いて、武藤山治は「新宣言」を無修正で通すため全力をあげると決意表明を行った[141]。

他方、協会派の方は、中執案の決定以後、「新宣言」阻止に向けて左派連合の形成に動いた。向坂協会左派、大田協会、新生研、平和戦略研の左派四派は、「新宣言」の「連合」の部分で小委員会案にあった「どの党」ともという文言が中執案でも残ったことをとらえ、「新宣言」を保革連合をめざすものとみなし、この点に焦点を絞って大同団結をはかろうとしたのである[142]。

同時に、左派だけでは足りないとみて、彼らは、八五年大会に原発見直し反対で実現したあの二二県修正を再現するために、原対協ら市民運動派に対しても「新宣言」反対で手をくむことを呼びかけたのである[143]。

ところで、「新宣言」を大会で決定するには大きな難関があった。それは、党綱領や党則の改正は大会出席代議員の三分の二の賛成をえなければならないという規約第一〇〇条の存在であった。「新宣言」はそれにあたるので、これを通すには大会代議員の三分の二が必要だったのである。

先述のように、七七年以来国会議員は自動的に代議員となり、これが三分の一を構成しており、ここには労組の圧力がきくので、これは右派には有利なはずであった。ところが、その衆院議員に「新宣言」の諾否についてアンケートを行ったところ、一一二名中「反対」一九「わからない」が一二名もあった。[144] この後に及んで「わからない」は反対であるから、衆院でも三〇名二七％の反対があったのである。国会議員以外の代議員には左派が強いことを予想すると、右派にとってこれは容易ならざる事態であった。

第五〇回党大会

こういう状況の下で、八五年一二月一六日から党第五〇回大会が開かれた。[145] まず運動方針小委員会で戦端が開かれた。一方、反対派の四派連合は大会前に作成していた修正案を二日目の冒頭に公表した。大会は型通り表舞台でやり合いが続く中、裏で妥協の道が採られたのである。

ところが、今回はいつもの大会と様子が異なった。まず右派の方は組合の圧力を受けて、「新宣言」の無修正通過に固執しており、全会一致がえられない場合は採決による強行突破もやむなし、という構えをとっていた。委員長の石橋も強硬であった。

対する反対派は四派の寄り合い所帯ということもあって、いつものように「妥協のためのリーダーシップを取る人がおら[146]」ず、粉砕路線が前面にでていた。大会に出された修正案も、凡そ修正案というようなものではなく、ほとんど別の対案に近いものであった。

こうして、左右の妥協の余地は極めて狭められていたのである。こうした左右対決に加え、従来は妥協のための根回しに動く中間派が、今回は石橋の態度に規制されて動けないことも妥協を遅らせることとなった。

そこで、石橋を支えていた協会右派が調整に乗り出した。協会右派の強い北海道と東北六県が、「新宣言」には不満はあるが何とか満場一致の採択を、ということで動いた。[147] 彼らは保革連合にならない歯止めとして、連合の部分に

「自民党にとって代わる」という文言を入れて賛成にまわるという態度を示し、この線で両派の妥協をはかろうとしたのである。

しかし、左派連合の態度が固く妥協の道がみつからないうちに第二日目午後になって運動方針小委員会では採決が強行され、九三対五三で原案支持派が多数を占めた(148)。こうなると反対派も態度を硬化させたのである。

こうして三日目に入り、採決やむなしの方向が強まった。政構研を率いる武藤も、採決しても三分の二を二—三〇上回るという読みの下(149)、強行突破を主張していた。ところが、ここで再び北海道が、「ここで採決すれば横路知事を抱えている北海道の社会党は大変なことになる(150)」と採決延期を強力に主張し、結局大会では採決を行なわないまま、続開大会へと延期されてしまったのである。反対派の勝利であった。

そこで怒り狂った右派は組合勢力を先頭に続開大会に向け多数派工作に乗り出した。採決にもち込んで決着をつけ、場合によっては分裂してもよいというのが彼らの判断であった。むしろ、分裂した方が、社公民連合から新党結成に進むには好都合であるという思惑もあった。

この意を体して、八六年に入り一月一六日、社会党を支持する総評系の七単産、全電通、全逓、私鉄、都市交、動労、非鉄、炭労の委員長は、「新宣言を執行部原案どおり無条件で採択せよ。もし満場一致が不可能な場合は採決で決せよ(151)」という申し入れを行って、党内右派を鼓舞した。この時点で右派は、大会代議員の三分の二にあたる三三〇を上回る三六〇の賛成を確保したと読んでいた(152)。採決必至、場合によっては分裂か、と思われた。

しかし、ここから事態は再び暗転した。一月二二日の続開大会の前日の二〇—二一日の両日、反対派と執行部の話し合いで、反対派は、五項目からなる大会決議をつけることで「新宣言」承認に転じてしまったのである(153)。無修正採択に向けつっ走っていた山岸章率いる全電通などは、執行部が大会決議を認めたことに対し烈火のごとく怒り、大会ボイコットすらちらつかせたが、あとの祭りであった(154)。

スタートラインとしての「新宣言」

こうして、「新宣言」はともにもかくにも全会一致で大会を通過した。これは、七七年以来の社会党の「現実主義」的改革が一終着点を迎えたことを示していた。左派の象徴であった「道」のお蔵入りを自ら認めたことで、左派の後退は歴然とし右派は党内で大きな正当性を獲得した。田辺や、山岸らが、冒頭に引用したように、一様に「新宣言」を高く評価したのは、その点では当然であった。

けれども、「新宣言」の採択は、なお多くの争点を先延ばしにするものでもあった。

第一に、右派は大会代議員の三分の一近くを占める左派をついに切ることができなかった。組合勢力を率いて「新宣言」採決をめざした山岸はあとあとまで「長蛇を逸す」とくやしがった[155]が、実際にはこういう強硬路線をとったのは、労戦統一→社公民連合・新党結成→二大政党を志向する組合勢力のみで、党内右派の政構研もそこまでは踏み切れていなかった。彼らは議員という立場から、党の分裂によって社会党が野党第一党の地位から陥落するのを恐れたし、また、選挙の時手足となってくれる活動家層が分裂とともに左派に流れることも恐れたのである。

第二に、なるほど「新宣言」は「道」を否定したものの、そこに止まっていた。「新宣言」のどこにも、安保・自衛隊や原発や外交政策などについての見直しを示唆する記述はみあたらなかった。「新宣言」はこれら政策について党の従来の立場も書かなかったかわり、新しい立場にもふれず、結果として著しく抽象的作文に止まったのである。

第三に、そのコロラリーであるが、「新宣言」は採択されても、原発見直し、安保・自衛隊容認、対韓国政策見直しなど、緊急の政策問題については何ひとつ右派のもくろみは実現していなかった。しかしこれらの点で見直しができなければ、公明、民社との政権協議が成立する見通しはなかった。その意味では、「新宣言」は山岸のいうとおり、「政権政党をめがけて脱皮・再生するスタートラインにようやくついた[156]」（傍点引用者）だけであった。

石橋・田辺に、右派や組合勢力は「第二期目」(157)を期待した。「新宣言」採択でみせた石橋の頑張りを再評価したからであった。「新宣言」の通った一九八六年一月二二日夜、社会党支持の企業主義的労働組合の委員長が集まって、この石橋の下で次は政策見直しを進め、労働戦線統一の時点でそれをバネに野党連合をつくり「少なくとも、二、三年ぐらいあとに照準をおいて二大政党的体制をつくる(158)」ことを申し合わせた。

しかし、こうしたもくろみは、またしても大きく狂うことになる。『新宣言』の後、社公民協力の具体化も進まぬうち、ちょうど八〇年と同様自民党政府によって同時選挙が行われ、社会党は再び大敗し、右派がせっかくつかんだ石橋―田辺体制を失うことになったからである。

こうして、田辺を委員長にすえるまでのほんのつなぎとして、右派の飾りとして、土井たか子がおされ、それをコントロールすべく政構研から山口鶴男が書記長に送りこまれた。

ところが、この〝つなぎ〟は右派の予想に反した動きをはじめ、ために「現実主義」的改革はまたしても大幅な遅れを強いられることとなったのである。

土井は、ちょうど飛鳥田同様の市民的改革派であるばかりでなく、田畑忍門下の憲法学者であった。土井が派閥に属さず党務の経験もないことから、右派は土井のこうした側面を全く見くびっていた。ところが土井は、安保・防衛問題については断固として社会党の既存の路線を譲らず、また原発政策の見直しにも消極的であった。おまけに消費税については、党右派や公明・民社が妥協やむなしという態度をとったにもかかわらず断固として反対を貫いた。しかも〝まずい〟ことにこうした土井の断固たる姿勢が人気を博していたため、右派としても土井への不満をつのらせつつなかなかやめさせられなくなっていた。

そんな時に、一九八九年の参院選があったのである。社会党は三十数年ぶりに大勝した。こうして右派は全くのディレンマに陥ったのである。土井の下で社公民連合政権協議に入らねばならない！　これが失敗に終わるのは目にみえていた。

九一年四月の地方選での敗北を機に、右派はようやく土井をひきずり降ろして念願の右派の委員長を実現し、この下で土井社会党下の五年の「遅れ」をとり戻そうとしている。しかし、果してそれは可能であろうか？　また、それがたとえ首尾よくできたとして、右派がいう「西欧型社会民主主義」の道をたどり、日本の異常な企業社会に規制を加えることができるのであろうか？　しかし土井社会党のめっぽう面白い攻防も含めてこうした問いを検討する紙幅はもはやない。くわしくは別稿に譲らざるをえない。

けれども、本稿の検討からみただけでも、社会党の「現実主義」的改革と「西欧型社会民主主義政党」化を推進する勢力自身が深く日本の企業社会にくみ込まれ、その維持の中に自己の存立をゆだねていることからみれば、彼らの思惑が、たとえ成功したにせよ、日本企業社会の異常な構造を規制しあるいはそれに代わるオルタナティヴを提示しうることは、はなはだ疑わしいといわねばなるまい。

（1）高橋彦博『現代政治と社会民主主義』法政大学出版局、一九八五年、三〇四頁。
（2）石川真澄、広瀬道貞『自民党――長期支配の構造』岩波書店、一九八九年、一七頁。
（3）同前、三三一―三四頁。
（4）川崎寛治、内田健三、高木郁郎座談会「日本型社会民主主義の条件」『経済評論増刊90年代と社会民主主義』一九九〇年、三八頁。

(5) 同前、四四頁。
(6) 同前。
(7) 田辺誠『愛と知と力の政治』日本評論社、一九八八年、二九二頁。
(8) 同前。
(9) 山岸章「労働組合からみた新宣言」『労働者自主管理研究』一二号(一九八六年一一月)、九頁。
(10) 森田実『社会党の素顔』時事通信社、一九九〇年、六一頁、五五頁。
(11) 渡辺治『「豊かな社会」日本の構造』労働旬報社、一九九〇年、第三章、本著作集本巻収録、参照。
(12) この点、くわしくは、前掲『「豊かな社会」日本の構造』第三章、ならびに渡辺治「現代日本社会の権威的構造と国家」同『企業支配と国家』青木書店、一九九一年、第二章、本著作集第10巻収録、参照。
(13) 鉄鋼労連編『鉄鋼労連運動史』同刊行会、一九八〇年、一八四頁。
(14) 富田信男他シンポジウム「第二八回民社研全国会議・政党政治のあり方を探る」『改革者』一九八七年九月号、八四頁。
(15) 田村祐造『戦後社会党の担い手たち』日本評論社、一九八四年、四二六頁。
(16) 貴島正道「自分自身に問うてみたこと」『世界』一九七〇年七月号、のち同『構造改革派』現代の理論社、一九七八年、所収、一四七頁。
(17) 同前。
(18) この点、渡辺、前掲『「豊かな社会」日本の構造』三一九頁以下。
(19) 国正武重編『「一票差」の人生——佐々木良作の証言』朝日新聞社、一九八九年、一八七頁。
(20) 同前、一八八頁。
(21) 江田三郎「七〇年代の革新運動」『月刊社会党』一九七〇年一〇月号、一八頁。
(22) 「一九七〇年代の課題と日本社会党の任務・新中期路線」日本社会党四十周年記念出版刊行委員会編『資料日本社会党四十年史』社会党中央本部、一九八六年、所収(以後本書を『資料』と略称する)、九三九頁。
(23) この点、貴島正道「続・江田三郎の履歴書」刊行会編『江田三郎』同刊行会、一九七九年、八三頁。
(24) 同前、八四頁。
(25) 古川政志「運動方針小委員会報告」『月刊社会党』一九七二年三月号、二〇八—二〇九頁。

(26) 政治革新懇話会編『シンポジウム新しい革新政党の構想』自由社、一九七二年、四九頁。
(27) 岩井章『ひとすじの道50年』国際労研、一九八九年、七〇頁、小野道浩他著『総評解散』労働教育センター、一九八九年、六三頁。
(28) 岩井、同前、七五頁以下。
(29) 同前、七〇頁。
(30) 岩井章「統一論議よりまず共同闘争を」『月刊社会党』一九七〇年一〇月号、三二頁。
(31) 大木正吾「生活要求を基礎に政治闘争へ」『月刊社会党』一九七〇年一〇月号、四二頁。
(32) 江田、前掲、一一頁
(33) 同前、一九頁。
(34) 政治革新懇話会編、前掲、二五三頁。
(35) 江田、前掲、一七頁。
(36) 「選挙管理内閣で政局混乱の収拾を」一九七六年二月一〇日(『資料』)二八二頁。
(37) 「社会党主導で暫定政権樹立を」一九七六年八月二〇日(『資料』)二八五頁。
(38) 「社会党・共産党書記(局)長会談での合意事項」一九七六年八月三一日、第五項、「社会党・公明党書記長会談の合意事項」一九七六年八月三一日、第六項(『資料』)一〇八二―一〇八三頁。
(39) 「社会党・民社党書記長会談の合意事項」一九七六年八月三一日(『資料』)一〇八四頁。
(40) 貴島、前掲「続・江田三郎の履歴書」九七頁。
(41) 貴島正道「何が江田離党を作りだしたか」『世界』一九七七年五月号、のち同、前掲『構造改革派』に所収、一二九頁、貴島、前掲「続・江田三郎の履歴書」、九七頁以下。
(42) 森田、前掲、八九頁。
(43) 貴島、前掲「何が江田離党を作りだしたか」、一二四頁。
(44) 貴島、前掲「続・江田三郎の履歴書」、九八頁以下。
(45) 勝間田清一「社会主義理論委員会報告」『月刊社会党・臨増第四〇回定期全国大会決定集』一九七七年二月号、一一六頁。
(46) 「日本における社会主義への道」『資料』六〇九頁以下、七七〇頁以下。

(47)『資料』一〇九六頁以下に収録。以下この文書を「七項目提言」と略記する。
(48)経過について、中央執行委員会「党改革委員会の経過と問題点」『月刊社会党・臨増第四一回定期全国大会特集』一九七七年一一月号、三九頁以下を参照。
(49)「社会党改革のあり方について」『資料』一一〇二頁以下。
(50)同前、一一〇三―一一〇四頁。
(51)同前。
(52)同前。
(53)森田、前掲、九三頁。
(54)『資料』一一一四頁。
(55)田辺、前掲書、二三三頁。
(56)前掲「党改革委員会の経過と問題点」、四一頁。
(57)同前、四二頁。
(58)同前、四三―四四
(59)同前、四三頁。
(60)同前。
(61)中央執行委員会「当面の党改革についての方針」前掲『月刊社会党・臨増第四一回定期全国大会特集』一九七七年一一月号、三六頁。
(62)飛鳥田一雄『飛鳥田一雄回想録』朝日新聞社、一九八七年、二〇四―二〇七頁。
(63)同前、二一三頁。
(64)同前、二一五―二一六頁。
(65)同前、二二四―二二六頁。
(66)同前、二一六頁。
(67)国正、前掲、二一一頁以下。
(68)田辺、前掲、二二七頁。

(69) 飛鳥田、前掲、二四一頁。青木慧『ニッポン偽装労連』青木書店、一九八九年、二三七頁以下。
(70) 飛鳥田、同前、二三一頁。
(71) その経緯につき、北山愛郎「八〇年代の政局と社・公の政権協議」『月刊社会党』一九八〇年四月号、三七頁。
(72) 北山、前掲、三八—三九頁。飛鳥田、前掲、二三一頁。
(73) 民社研編『一九八〇年代への挑戦』民社研、一九八〇年、二四六頁。
(74) 飛鳥田、前掲、二三一頁。
(75) 「日本社会党と公明党の連合政権についての合意」『資料』一二二六頁。
(76) 民社研編、前掲、二四八頁。
(77) 前掲『資料』一二二六頁。
(78) 民社研編、前掲、二四八頁
(79) 同前、三〇五頁。
(80) 飛鳥田、前掲、二三三頁
(81) 同前、二三二頁。
(82) 前掲『資料』一二二六頁。
(83) 民社研編、前掲、二九九頁。
(84) 森中守義「運動方針小委員長報告」『資料』一二二九頁。
(85) 森永栄悦「連合政権とヘゲモニーの問題」『月刊社会党』一九八〇年四月号、六二頁。
(86) 同前、六一頁。
(87) 堀昌雄「政権獲得をめざす戦略の基盤」『労働者自主管理研究』七号（一九八〇年一一月）、六頁。
(88) このくわしい検討は、渡辺、前掲『「豊かな社会」日本の構造』第五章、本著作集本巻収録、をみよ。
(89) 同前。
(90) 前掲「運動方針小委員長報告」『資料』一二二八頁。
(91) 森永、前掲「連合政権とヘゲモニーの問題」六一、六三頁。
(92) 「労働者自主管理研究会議設立趣意書」『労働者自主管理研究』一号（一九七八年一月）、四六頁。

(93) 大内力「社会主義の原点を問う」『労働者自主管理研究』一号、二頁以下。
(94) 彼らの社会主義構想については、大内力「日本における社会主義の構想」『労働者自主管理研究』三号（一九七八年七月）、一三頁以下、なお同『社会主義の探求』労働社会問題研究センター出版局、一九七九年、などをみよ。また、「道」批判については、馬場宏二「『日本における社会主義への道』批評」、大内力「『道』の基本的理念」いずれも『労働者自主管理研究』五号（一九七九年八月）、八頁以下、一〇八頁以下。
(95) 『月刊社会党・臨増第四五回定期全国大会特集』一九八一年一月、七一頁以下に収録。
(96) 『月刊社会党』一九八〇年一二月号、一七三頁以下。
(97) 以上の経緯につき、「社会主義理論センター『中間報告』」前掲『月刊社会党・臨増第四五回定期全国大会特集』六七頁以下を参照。
(98) 同前、一九三頁。
(99) 同前、一九四頁。
(100) 第四六回大会「運動方針小委員会報告」『資料』一二七五頁。
(101) 同前、一三〇六頁以下に収録。
(102) 同前、一三〇七頁。
(103) 同前、一三〇六頁。
(104) 同前、一三〇七頁。
(105) 第四七回大会「運動方針小委員会報告」『資料』一三一五頁以下。
(106) 嶋崎譲「社会主義理論センター中間報告の下部討議のために」『月刊社会党』一九八一年三月、一一頁。
(107) 飛鳥田、前掲、二四四頁以下。
(108) 同前、二四九頁。
(109) 石橋正嗣・小林直樹対談「非武装中立をいかに進めるか」『月刊社会党』一九八四年一月号。
(110) 一番はじめは、「社会党の安全保障政策移行の方式（案）」『資料』八一二頁以下、いわゆる石橋構想である。
(111) 石橋・小林、前掲対談「非武装中立をいかに進めるか」二一七頁。
(112) 同前、二一七頁。

(113) 同前、二八頁。
(114) 違憲・合法論につき、渡辺治『現代日本の支配構造分析』花伝社、一九八八年、第五章参照。
(115) 例えば、『朝日新聞』一九八三年一二月二六日付。
(116) 「運動方針小委員会報告」『月刊社会党・臨増第四八回定期全国大会・続開大会決定集』一九八四年四月、九八頁。
(117) 「一九八四年度運動方針」前掲『月刊社会党・臨増第四八回定期全国大会・続開大会決定案』二七頁。
(118) 「三宅坂地下水脈・続開大会へもつれこんだ経緯と続開大会での『新宣言』の運命」『社会労働評論』九六号（一九八六年二月）、八一頁。
(119) 例えば阿島征夫「社会党の『中期エネルギー政策』への注文」『社会労働評論』九四号（一九八五年一二月号）、二三頁。
(120) 第四九回大会「運動方針小委員会報告」『資料』一三九四頁。
(121) 同前。
(122) 「日本社会党中期社会経済政策・総論」『月刊社会党臨増・第四九回定期全国大会決定集』一九八五年三月、八〇頁。
(123) 森田実インタビュー「蓑科電機労連委員長——社会党支持見直し発言の真意を語る」『社会労働評論』九二号（一九八五年一〇月）、一九頁。
(124) 同前、二六頁。
(125) 同前、一九頁。
(126) 蓑科満治「『新宣言』と労働組合の新しい政治対応」『社会労働評論』九七号（一九八六年三月）、三四頁。
(127) 第四九回大会「運動方針小委員会報告」『資料』一三九六頁。
(128) 以上の経過につき、「『新宣言』作業小委員会草案作成の経過」『月刊社会党』一九八五年八月号、一七一頁以下。
(129) 「日本社会党の新宣言——愛と知と力のパフォーマンス（草案）」『月刊社会党』一九八五年八月号、一六〇頁。
(130) 同前、一六一頁。
(131) 同前。
(132) 同前、一六四頁。
(133) 同前、一六六頁。
(134) 「『新宣言（案）』と三つの対案」『社会主義』二四五号（秋季増刊）、二五頁以下。

(135) 「資料『新宣言』(草案)に対する意見書」『社会主義』二四七号(一九八五年一一月)、五八頁以下。
(136) 「『新宣言』(草案)ブロック討論集会報告」『社会主義』二四七号(一九八五年一一月)、四三頁以下。
(137) 「三宅坂地下水脈・『新宣言』策定に向けて正念場を迎えた社会党」『社会労働評論』九三号(一九八五年一一月)、五二頁。
(138) 同前、および「匿名記者座談会・この秋、社会党、中道政党はどう動く?」『社会労働評論』九三号(一九八五年一一月)、八〇頁。
(139) 前掲、「匿名記者座談会」八〇頁。
(140) 小森正夫「真の『国民政党』をめざせ」『社会労働評論』九四号(一九八五年一二月)、二八頁。
(141) 「匿名記者座談会・臨時国会と社会党大会をめぐって」『社会労働評論』九五号(一九八六年一月)、八三頁。
(142) 「三宅坂地下水脈・十二月党大会で論議の焦点となる『新宣言』反対派の大会直前の動き」『社会労働評論』九五号(一九八六年一月)、七六頁。
(143) 同前。
(144) 前掲「匿名座談会・臨時国会と社会党大会をめぐって」八三頁。
(145) 以下大会の経緯につき、武藤山治他座談会「社会党が二一世紀に向け新たな展望を切り開くために」『社会労働評論』九六号(一九八六年二月)、四五頁以下。
(146) 同前、五六頁。
(147) 同前。
(148) 「運動方針小委員会報告」『月刊社会党・臨増第五〇回定期全国大会報告集』一九八六年三月、一二二頁。
(149) 前掲、武藤他座談会、五八頁。
(150) 同前、五七頁。
(151) 山岸章「『新宣言』決定の意義と全電通の態度」『社会労働評論』九七号(一九八六年三月)、三六頁。
(152) 同前、三八頁。
(153) 同前。
(154) 同前、三九頁。
(155) 山岸章「労働組合からみた新宣言」『労働者自主管理研究』二二号(一九八六年一一月)、一〇頁。

(156) 山岸、前掲、「『新宣言』決定の意義と全電通の態度」三六頁。
(157) 藁科、前掲「『新宣言』と労働組合の新しい政治対応」三一頁。
(158) 山岸、前掲「『新宣言』決定の意義と全電通の態度」四二頁。

4

戦後型左翼の形成・展開と日本政治に対する規制力

［二〇〇四年執筆］

はじめに――課題と仮説

左翼の日本的構造と力の検討

本報告に与えられた課題は、「左翼」が戦後政治に対していかなるインパクトを与えたのか、その日本的特徴を明らかにすることである。

しかし、そもそも、こうした課題の設定自身が成り立つかどうかが一個の問題である。なぜなら、社会党や共産党、労働組合という個別の政党や勢力でなく、「左翼」というブロックがひとまとまりをなして政治に対してインパクトを与えたかがまず問われなければならないだろうからである。

「左翼」という概念を自覚的な諸党派の同盟や連合をさすのであるとすると、戦後日本で、「左翼」と呼べるような諸勢力の連合が形成され、運動した時期は極めて短期間に限られている。しかし戦後日本、あるいは戦後世界でも、広く「左翼」という中に括られる諸政治・社会勢力が、ときに連携しあるいは激しく対立しあいながら全体として一個の合成力となって、政治に対して影響力を行使したことは否定できない。そこで、報告では、現存社会の困難を主として資本主義的生産とその上に立つ政治がもたらすものととらえ、資本主義の規制、変革によって社会の前進をはかろうとする運動や勢力を広く「左翼」と名づけて、それが政治に与えた影響力やその限界を検討したい。

報告者は、こうした意味での「左翼」の力が、第二次世界大戦後に成立した現代国家の形態に大きなインパクトを与えており、こうした「左翼」の規制力の大きさと規制の性格は、現代国家の諸形態を決定する重要な要因のひとつとなっていると考えている。その典型例は福祉国家であるが、しかし、日本の「左翼」運動が福祉国家を成立させることはなかった。とはいえ、「左翼」の力が現代日本国家の形成にも重要な刻印を捺してきたことは否定できない。それでは、戦後日本の左翼は現代日本国家にどのようなインパクトを与え、その形態を規定したのであろうか。それを明らかにするのが本報告の中心的眼目である。

報告者は、一九九〇年に書いた『「豊かな社会」日本の構造[1]』などにおいて、戦後世界においては社会民主主義勢力の力と規制力が現代国家のさまざまなタイプを形成する要因となっているという仮説に基づいて、社会民主主義の脆弱性と特徴づけられるような戦後日本の社会民主主義のもった独特の構造、それがかかる独特の構造をとらざるをえなかった社会的背景、さらに戦後日本の社会民主主義が政治に与えた影響力を検討した。

しかし、改めて言うまでもなく、戦後日本の政治体制に大きな影響力を行使したのは、社会民主主義勢力だけではない。戦前から日本共産党とそれを囲む社会運動の潮流が現存政治やその変革をめざす運動に大きな刻印を押し続けているし、また一九六〇年代以降になると、市民運動の潮流も台頭した。そして、それら社会運動の諸潮流は、各々が個性をもちつつ全体として、時の社会的支配の構造に規定されて戦後日本に独特の相貌をもち、また、相互に対立や緊張をはらみながら、政治・社会に大きな影響を与えてきた。

そこで、与えられた機会を利用して、本報告では、社会民主主義勢力だけでなく、「左翼」が全体としてもった特質、全体としてもった規制力を検討することを試みた。本報告は、その意味で、一九九〇年に『「豊かな社会」日本の構造』で行った検討の続編をなしている。

ちなみに、報告者はこれまで「左翼」という概念で政治・社会を分析したことはない。戦後日本の政治を分析するに際して、報告者がここで使う「左翼」に比較的近い概念とかんがえているのは、すぐあとで、もう一度ふれるが、「革新勢力」という言葉である。以下報告では、「左翼」は「革新勢力」と同義で使っている。

「戦後型左翼」の形成・変貌・終焉――「左翼」運動の時期区分

そこで、冒頭に本報告の仮説の要約を示しておきたい。

第一に、「左翼」という固まりは、戦後日本社会の展開の中で、時々の政治的・社会的支配構造に規定され独特の編成をもって形成され、また逆に戦後日本の政治に強い影響力を行使した。しかもそうした「左翼」ブロックは、戦後の歴史の中で、その編成、そうした編成をとる社会的基盤、その課題、政治に対する影響力の大きさなどの点で、それぞれ異なる三つの時期に区分できるということである。

第一期は、敗戦直後から一九五〇年代一杯までの時期で、戦後特有の編成と特徴をもった「戦後型左翼」の形成期である。

一九六〇年代から八〇年代の第二期は、「戦後型左翼」が変貌を遂げながら、政治に対して依然大きな影響力を行使しえた、「戦後型左翼」の再編、展開期ともいえる時期である。

第三期は、一九九〇年代以降、冷戦の終焉と経済グローバリゼーションの下で、「戦後型左翼」が終焉し、代わって、新たな反グローバリズム的左翼ブロックが形成されつつある時期であると考えられる。

「戦後型左翼」の構造的特徴

第二に、戦後改革期にいっせいに台頭した左翼諸勢力は、一九五〇年代初頭以来の反復古主義との闘争の中で、独特の形態と構造を有する「戦後型左翼」とでも名付けるべき勢力を形成するに至った。そのもっとも中心的な特徴は、戦後型左翼は現存日本社会の社会主義的変革ではなく、保守政治の追求する復古主義に反対し、平和と民主主義システムを守るという一般民主主義的課題を掲げて一個の勢力を形成したことである。社会党、共産党も、いずれもその綱領的な目標には社会主義、共産主義の実現を掲げていながらも、この時期の左翼諸勢力は、社会の社会主義的変革や福祉国家の形成をめざすのではなく、民主主義的課題の実現・擁護をめざして活動したのである。

戦後型左翼の構成は、総評労働組合勢力を基盤に、社会党、共産党、さらに知識人層、学生の連合からなっていた。この構成に関して注目すべき点のひとつは、こうした戦後型左翼の政治的リーダーシップや連携に総評労働組合がとりわけて大きな役割を果たしたことであった。総評がかかる役割を担えたのは、後述するような企業社会統合の未形成の段階で企業横断的な行動への動員力と社会党（以下、日本社会党の離合集散を総称して社会党と略称）への集票力を持っておりそれによって社会党の路線に強い規制力を持ちえたためであり、また運動全体に数の権威を打ち立てたためであった。

戦後型左翼の構成に関する注目すべき特徴の二つ目は、日本共産党（以下、共産党と略称）とその影響下の諸運動団体が、有力な一角を構成したことである。共産党の方針は戦後無視できない変化を行ったが、それにもかかわらず、一貫して運動の課題に独立・平和・民主主義の擁護という民主主義的課題を掲げてきた。その影響下の諸運動も、民主的課題を掲げて各運動領域においてその戦闘的一翼を担ってきた。そのことが、共産党が戦後型左翼の強力な一翼を担った理由であった。

戦後型左翼の構成に関し注目すべき三つ目は、知識人、それも近代主義的知識人が左翼の一角を自覚的に構成し、これまた大きな知的権威と運動の市民層への広がりの媒介役を果たしたことである。

注目すべき四つ目は、学生運動が戦後型左翼の平和、民主主義課題への機敏な対処を行う梃子の一つとなっていたことである。

こうした布陣を背景に、第一期の運動において戦後型左翼の中心には、社会党が座った。社会党は、総評の全面支援を受けて、選挙では安定的に一〇〇〇万以上の得票を確保し、五〇年代中葉には衆参両院のほぼ三分の一を占める力を持った。この一〇〇〇万の主力は労働者であったが、それに加え、農民層、さらに企業のホワイトカラー層を主力とする市民層も加わった。戦後型左翼は、その課題、構成によって、大都市市民層も含め、階層横断的な支持者層を結集しえたのである。

こうした戦後型左翼が形成された背景には、当時には未だ、戦後の強い国民統合の要をなす企業社会統合が形成されておらず労働者が企業内に封鎖されていなかったため、労働組合運動が企業横断的な活動を行える余地があったこと、またそうした企業社会統合の未成熟のために保守政治勢力が、復古主義的統治に走ったことがあげられる。

こうした戦後型左翼は、保守政治勢力が繰り出した復古主義、軍国主義復活政策に抵抗し、その試みを挫折に追い込み、保守政治の転換を促した。反面、戦後型左翼の保守政治に対する経済的な要求とりわけ福祉国家的要求・圧力は、強くなかった。戦後型左翼のこの限界が、一九六〇年の保守政治の転換に際して、保守政権が福祉国家ではなく開発主義型国家路線に転轍した要因のひとつとなった。

企業社会の形成と「戦後型左翼」の変質

第三に、こうして形成された「戦後型左翼」は、一九六〇年代以降の第二期に入ると大きく変貌を余儀なくされた。その最大の要因は、企業社会と開発主義国家という形で戦後に特有の安定的な支配構造が形成されたことである。この時期の戦後型左翼を五〇年代のそれと区別して、「後期戦後型左翼」と呼んでおく。

まず戦後型左翼諸勢力のカナメをなした労働組合勢力が、企業社会の形成によって大きく変貌を余儀なくされた。企業社会の成立にともない、民間重化学工業部門の労働組合が企業主義に変質して戦後型左翼の陣列から脱落し、総評の社会党に対する集票能力を減退させた。

その結果、高度成長期に相次いで社会民主主義政権が誕生し福祉国家政策が採られた西ヨーロッパ諸国とは対照的に、社会党は六〇年代に入り高度成長の下で労働者が増大していくのに反比例して停滞をはじめ、六〇年代末には得票、議席の減退を招いたのである。

また、企業社会の下で高度成長が続き大衆社会化が進むにつれ、戦後型左翼の重要な知的権威を代表した、近代主義的知識人の一部が左翼の陣列から離脱し、固有の左翼知識人や新たな市民運動に加わる知識人がその位置にとって代わった。

企業社会の形成の下で、共産党、社会党の構成も大きく変貌し、その力関係にも変化が現れた。

社会党は、その支持基盤をなしていた民間大企業の労働者層が離れていった結果、六〇年代後半以降、公共部門労働者と都市部市民層の党となった。これが社会党が「現実主義」化しなかった組織構成上の要因であった。

他方、この時期に共産党は、民間大企業においては企業の差別や企業主義的組合の攻撃を受けて少数派に追い込まれたが、公共部門労働組合では影響力を拡大し、さらに民間企業の非正規労働者層、中小企業労働者層、さらに大都市の自営業層など高度成長で困難を抱える〈周辺的〉諸階層に支持を拡大した。

こうした社会党と共産党の支持基盤の違いは、社会的結集力という点でプラスに働いたばかりでなく、戦後型左翼の社会的基盤を拡大した。

また、総評は、民間産業労働組合が指導部から離反し企業主義労働運動を追求したことによって危機を迎えるが、それを打開するために社会党、共産党を中軸とする全野党共闘の追求に力を入れた結果、この時期には、課題別に社共を中軸とした統一戦線が結成された。ベトナム戦争反対や沖縄返還の大衆運動の昂揚、そして革新自治体の相次ぐ結成はこうした統一戦線の成果であった。

他方、第二期になって、市民運動が革新の隊列に加わった。この〈市民〉は汎階層的な構成をもっており、反既成政党という性格を色濃くもっていたが、運動レベルでは、労働運動の動員力の減退にとって替った。また、政治的には、この市民運動層の一部は、社会党や共産党の支持基盤となって社会党の議席維持や共産党の議席増を支えた。

このように「戦後型左翼」は、その構成を大きく変化させたが、一九六〇年代以降も新たな発展を遂げ政治に対して影響力を行使し続けた。とくに、第一期以来の独立と平和の課題は、第二期に入っても精力的に闘われ、ベトナム戦争反対、沖縄返還運動などを経て、保守政治に「小国主義」とでもいうべき独特の安保・外交政策を強要し定着させた。

さらに第一期では強くなかった社会経済的な領域でも、経済成長により拡大したパイの福祉国家的再分配と、成長がもたらす公害や環境破壊に対する規制、高度成長によって衰退を余儀なくされた農業の保護政策など、「福祉国家代替的課題」が闘われ、革新自治体という形で規制力を行使した。とくに、革新自治体を実現し発展させるうえでは、社会党、共産党が力を持っていた公共部門労働運動と、共産党が精力的に追求した、大都市勤労者層に対する福祉や医療運動、さらに新たに台頭した反公害などの市民運動が大きな力となった。

「戦後型左翼」の政治に対する規制力

「戦後型左翼」は、現代日本国家・政治に大きな影響力を行使した。

一九五〇年代の戦後型左翼は、戦後保守勢力が追求しアメリカも容認した日米同盟の一員としての軍事同盟体制と復古主義的統治への志向を挫折させ、憲法的枠組みを尊重する統治への転換を強要した。

また後期戦後型左翼も、企業社会の形成によって編成を変質させながら保守政治への圧力を持続し、保守政治の戦後型転換に規制力を発揮した。まず、安保外交政策においては、対米従属の下でありながら「小国主義」とでもいうべき特殊な政策体系の採用を強制した。また、内政においても、保守勢力の成長優先政策によるさまざまな矛盾、とりわけ、公害や環境破壊、企業社会統合に起因する福祉政策の偏り、成長により衰退を余儀なくされる農業や都市自営業の存続維持などの要求を掲げ、革新自治体によって地方政府レベルで規制力を行使すると同時に、中央政府レベルでも、革新政党の議席の伸張という形で圧力を加え、自民党政権の利益誘導型政治という対応を生み出した。

経済成長優先＋小国主義＋利益誘導型政治を三本柱とする現代日本国家の体制は、西ヨーロッパ諸国で実現した福祉国家とはことなる開発主義的国家とでも規定すべき国家であったが、これも、西ヨーロッパとは異なるが、左翼の運動と圧力に対する日本型の階級妥協の産物であったといえる。戦後型左翼は、西ヨーロッパ型福祉国家を成立させることはできなかったが、こうした形で現代日本国家に影響を与えたのである。

経済グローバル化と「戦後型左翼」の崩壊

第四に、こうした「戦後型左翼」は、一九九〇年代に入って、一方では企業のグローバル展開が進み、他方それまで左翼の多くが将来社会としてモデルにしていたソ連・東欧などの社会主義諸国家が崩壊し中国なども開発主義国家に変質する中で、終焉に向かった。

その第一の要因は、これまで戦後型左翼の要求を受け入れることによって政治の安定を図ってきた保守政治が、経済グローバル化の下で軍事大国化と新自由主義改革という二つの課題を追求するに至り、小国主義や利益誘導型政治という階級妥協体制の解消・改変に乗り出したことである。企業もグローバル競争に勝ち抜くために、今や桎梏となった企業支配を再編し正規労働者のリストラと非正規化を強行した。こうして戦後型左翼を成り立たせてきた妥協が覆される中で、既存左翼の存在基盤が大きく揺らぎ、左翼は新たな課題に向けて再編を余儀なくされた。

この事態は、ヨーロッパで、一九八〇年代以降戦後福祉国家を成立させた階級妥協が終焉し、福祉国家の新自由主義的再編が起こったのと並行しており、その日本版ともいえるものであった。

戦後型左翼の終焉を促した要因は、ほかにもあった。冷戦終焉とグローバル化の下で、小国主義を支えてきた国民の分解が起こったこと、また企業社会統合の解体状況の下で、総評に替わり労働戦線を統合した「連合」が、企業側自身が企業主義統合を放棄しリストラ・非正規化を軸とする新自由主義的企業政策に転換したにもかかわらず、なお依然として企業主義に依存し続け第二期よりさらに政治的規制力を失ったこと、軍事大国化、新自由主義を実行するために強行された「政治改革」によって社会党が解体したことなどが、さしあたり重要である。

それに代わって、現在は、戦後型左翼に代わる新たな性格の左翼ブロック、すなわち反軍事大国・反新自由主義改革の左翼ブロックができるかどうかの過渡期にある。しかし、この部分は、本報告ではふれることができない。他日を期したい。以下、こうした仮説をやや詳しく敷延する。

一 「戦後型左翼」の形成と構造

1 左翼ブロックでとらえることはなぜ有効か?――本報告の視角

まず最初に、戦後の社会運動を「左翼」という形でとらえることは果たしてリアリティがあるのかという問題に触れておきたい。戦後社会運動を、それを構成する各勢力の運動史としてとらえるのでなく、相互の角逐を含みつつ「左翼」ブロックの規制力という形でとらえようとした試みは数は多くない。もっとも参考になるのは、清水慎三が、「戦後革新勢力」という形でこのブロックが政治・社会に与えた役割を歴史的に検討した試み(2)である。本報告ではそうした清水の視点に学びながら、戦後社会運動と政治の関係を左翼というブロックでとらえる本報告の視角をあらかじめ提示しておきたい。

左翼の共通して提示する課題への注目

第一の視角は、特定の歴史的時代の左翼諸勢力は相互に激しく対立しつつも、時代の支配構造に客観的に規定されて、自ら意識しないままに、他の歴史的時代や他国の運動とは異なる共通の課題意識や運動形態を追求していることに着目するという視点である。このように、左翼諸勢力が共通の歴史課題を担うとき、それらの合成の諸力が、政治や社会に対して、大きなインパクトを与えてきたし、これからも与えることが予想される。

歴史上もっとも典型的な事例は、第二次世界大戦後、ヨーロッパの資本主義諸国において、左翼の圧力によりさまざまな形態の福祉国家が形成されたことである。この形成には、通例社会民主主義勢力が採用した福祉国家戦略が注目されるが、それだけでは福祉国家形成の問題は解けない。福祉国家戦略に激しい批判を加えた共産党の勢力、労働組合運動の規制力、それらの構想、総じて、左翼の全体の規制力の大きさと性格が、福祉国家の形成を促し、また各福祉国家の国家形態の差異を生みだしている。

戦後日本では福祉国家は成立しえなかったが、日本でも、左翼の合成力が現代国家形成に規定的な影響力を与えたとみることができる。

左翼の対立・分裂・統一の客観的根拠の探求

本報告が左翼という形で問題をとらえる際の視角の第二は、左翼諸党派がしばしば激しく分裂や対立を繰り返す場合にも、その対立点は、時代の客観的構造に規定されている点を重視したいということである。たとえば、戦後日本では社会党と共産党が分立したばかりでなく、同一党内でも何度かの分裂を経験した。しかし、そうした分裂や対立の原因には共通した争点が見られるのである。また、各党の運動の方針の対立や運動の重点の違いも、それぞれの党の組織構成や支持基盤に規定されていることが少なくない。戦後の左翼運動の特徴を検討する場合には、こうした点にも注意を払う必要がある。

以下に、そうした点に留意して、戦後型左翼の特徴を浮き彫りにしたい。

2 前期「戦後型左翼」の特殊な構造

戦後日本の左翼が現実政治に大きなインパクトを与えることができた大きな要因は、一九五〇年代に、戦後日本に独特の左翼ブロックが形成され、運動を担ったことがあげられる。それを「戦後型左翼」と呼んでおくと、この戦後型左翼の形成が左翼の役割を大きくしたといえる。

先述のように、戦後型左翼は、企業社会の形成される一九六〇年代前半期に大きく再編され、機能も変わると考えられるので、以下、五〇年代のそれを前期戦後型左翼、六〇年代以降を後期戦後型左翼と呼び、節を分けて検討したい。

(1) 平和、独立、民主主義という一般民主主義課題の追求

戦後型左翼の形成の契機でもありその最大の特徴をなすのは、それが他の先進諸国のそれと異なり、平和、独立、

民主主義の擁護といった一般民主主義的課題の実現をめざしたことである。一九五〇年代の前半期、保守政治は、アメリカの要請に応える米軍基地の拡張や再軍備に加え、戦後政治を安定させるために政治の枠組みの復古主義的再編を追求した。戦後型左翼は、保守政治の繰り出す単独講和、安保条約の締結、米軍基地の拡張、再軍備、憲法「改正」、さらには勤務評定や警察官職務執行法改正、そして安保条約の改定といった諸政策に反対し、憲法に規定された平和と民主主義の擁護という防衛的な課題の実現をめざして一個の勢力として構成されたのである。

しかも、そこでは、常に平和と民主主義がセットで掲げられていた点も注目される。平和と民主主義とは相互に独自の価値づけを持つものであったが、戦後日本の左翼運動においては、常にそれは一体のものとして掲げられ、受け入れられた。この二つの課題のセットが自明の理として掲げられた背景には、戦前の天皇制国家が、専制的な統治体制の下で、国民を日中戦争からアジア太平洋戦争に至るまでの侵略戦争に駆り立てたことに対する反省であった。

(2) 左翼の対立の争点は社会主義ではなかった

そのことは一方では、戦後型左翼ブロックにおいて、戦後先進諸国で左翼の共通課題となった資本主義の矛盾の克服や社会主義が共通の政治課題とはならなかったという点で極めて独特であった。また、そのコロラリーであるが、戦後左翼勢力において繰り広げられた対立と分裂に際しても、その対決点となったのは、社会の社会主義的改革の戦略や路線にかかわる意見の相違ではなく、安保条約や再軍備といった、平和や外交政策をめぐる争点であったという点も極めて特徴的であった。

社会党の左右分裂・統一と再分裂の争点　それを象徴するのは、社会党の分裂の契機がいずれも社会主義をめぐってではなく、平和と民主主義をめぐってであったことである。

戦後型左翼の形成の画期をなした一九五一年一〇月における社会党の分裂は、サンフランシスコ講和条約と安保条約の批准に際しての態度の違いをめぐる対立からであった。

　左派社会党は、講和がアメリカを盟主とした反共陣営の諸国としか結ばれないことは、冷戦対決を一層深くするものだと反対し、安保条約による基地貸与にも反対した。それに対して右派社会党は講和に賛成、安保に反対の立場で対抗したのである。

　注目すべきは、それだけではない。分裂当初、左派社会党は、「平和四原則」を踏襲して、単独講和反対、安保条約反対、再軍備反対、中立を掲げたのに対し、右派社会党は社会主義インターの宣言を取り入れて、福祉国家戦略を打ち出して新味を出そうとした[3]。ところが、右派社会党は結党後すぐ、再び内部で路線対立に直面したのである。しかも、対立の争点は、民主社会主義や福祉国家をめぐってでなく、またもや再軍備と憲法の「改正」に対する態度をめぐってであった。右派社会党のうち河上丈太郎や浅沼稲次郎らの新左派は、再軍備に反対し、憲法改正にも反対して、中立反対、再軍備容認、警察予備隊、自衛隊容認の西尾末広、曽禰益らと対立したのである。

　さらに、一九五五年の左右社会党統一に際しても、同じ事態が現出した。両派は、平和と再軍備反対という民主主義的課題で一致することで統一に踏み切れたのである。右派社会党と左派社会党の間では、社会主義の戦略においては大きな違いを残しており、右派社会党の福祉国家戦略に対して、左派社会党は「左社綱領」に表明されたように社会主義革命を打ち出していたが、不思議なことに、この対立は両派再統一の際の障害物とはならなかったのである。

　さらに、一九五九年末における社会党の再分裂と西尾派の脱党、六〇年一月の民主社会党結党に至る争点も、またしても社会主義の戦略をめぐる対決ではなく、安保条約と自衛隊を認めるか否かという争点であった。

　加えて、その民社党内でのその後の対立も、民社党に参加した片山哲が護憲の立場を明確にして西尾末広に対決したように、平和と民主主義をめぐる対立であったのである。

　このように、社会党内の五〇年代の対立は徹頭徹尾平和問題であったことがわかる。

こうした平和と民主主義の課題への焦点化は、当代の国民意識を反映したものであった。分裂後の両派社会党の消長もそれを示していた。左派社会党は、分裂時には衆議院においては一六議席と三〇名の右派社会党の半分の議席しかもたなかったが、その後の三回の総選挙で五四議席→七二議席→八九議席へと躍進し、右派社会党を凌駕した。左派社会党が、もっとも鮮明に、平和と民主主義のスローガンを掲げたところに、躍進の原因があった。

これは当時の国民の社会党や左翼への期待が、社会主義の実現にあったのではなく反復古主義と平和の実現にあったことを示している。

共産党の綱領論争と独立、平和　片や、左翼のもう一方の極をなす、共産党はどうかというと、こちらは少し複雑であった。共産党内の対抗、分裂は常に綱領レベルの全面的対立であったから、一見社会主義そのものが争点となっていたかにみえる。しかし、そこでもよく見ると、もっとも大きな争点は、日本の対米従属の質と革命の性格をめぐるものであり、日本の当面する革命が、アメリカ帝国主義からの民族独立と民主主義革命なのか、それとも反独占の社会主義革命なのかという問題であった。そこで実際に議論されたことは、対米従属の性格を中心とする現状の評価であり、実は対立は、ここでも独立と平和という民主主義的課題が戦略的課題であるか否かをめぐるものであったといってよい。

しかも、数年にわたる綱領論争を経て党内で多数派を占めたのは、当面する革命が民族独立と平和を目指す民主主義革命であると主張するグループであったことも、戦後日本の焦眉の課題が社会主義ではなく独立、平和、民主主義の実現にあるという点で共産党が一致したことを示していたのである。

(3)　「近代の不足」の克服——自由主義に対する批判の欠如

このコロラリーであるが、こうした戦後の左翼がもった現状認識は、「戦後型左翼」の運動や思想にも大きな特徴をもたらした。

それは当代日本の不幸の根源は、資本主義の発達がもたらす矛盾もさることながら、それ以上に、日本社会に残存する前近代性すなわち「近代の不足」にあるという把握にあった。ここに、知識人とりわけ近代主義的知識人が、戦後型左翼の不可欠の一角をなし、また左翼運動内で近代主義知識人が圧倒的とも言える大きな権威を持ちえた思想的な根拠もあったのである。

清水幾太郎、丸山真男、竹内好、久野収、日高六郎らの近代主義的知識人が左翼とともに立ち上がった直接の契機は、あの日本帝国主義による侵略戦争をくい止めることができずその片棒をさえかついだことに対する痛切な反省―丸山のいう「悔恨共同体」に裏付けられたものであったが、実はそれにとどまらない思想的親近性があったと考えられる。

戦後型左翼が、当面する問題を「近代の不足」に見いだしていたということの思想的系譜をたどると、いうまでもなく講座派以来の日本認識にたどり着く。丸山ら近代主義知識人が、さまざまな批判を持ちながら、講座派的枠組みを大枠で承認していたことも(4)、戦後型左翼の現状認識での一致の大きな根拠となった。

もちろん左翼がすべて、「近代の不足」という認識で一致していたわけではない。共産党内では、一九四〇年代末葉には近代主義批判の論陣が張られ、川島武宜批判なども展開された。また、近代主義とされた丸山にしてから、単純な「近代の不足」論ではなく、当然現代国家の問題性が見据えられていた。

にもかかわらず、左翼全体の主たる問題関心は、五〇年代にはほぼ一貫して「近代の過剰」ではなく、「近代の不足」すなわち日本社会の前近代性にもとづく差別・自由の制約、その復活をめざす復古主義的政治の払拭にあったといえる。だから、こうした思想的な立場は決して根拠のないものではなかった。

こうした近代主義的思想は戦後型左翼の運動を支える内発的エネルギーとして大きな力を発揮したが、戦後型左翼の思想上の問題点をも形づくった。それは、戦後型左翼が、当面する思想上・社会上の敵を封建主義と措定したこととの関係で、それを打倒した古典的自由主義に対する過大評価と批判の不足をもたらしたことである。後藤道夫がつとに強調するように[5]、ヨーロッパでは、「自由競争」の名の下で展開した資本主義が生みだす深刻な矛盾に直面して、一九世紀以来の社会的展開の下で、古典的自由主義が変容を余儀なくされ社会的自由主義から福祉国家を容認するリベラリズムを生んでいったが、戦後日本の思想史の中では、こうした自由主義の展開はみられず、むしろ市民革命期の古典的自由主義のもつ革命性が強調されたのである。

こうした日本の現状に対する把握は、ＧＨＱが草案を作成した日本国憲法にもあった。日本国憲法には社会権の規定があったが、憲法の構成は明らかに近代市民国家の建設を重視していた[6]。これは起草者たちが、日本帝国主義の侵略戦争が続けられた背景には、天皇制の専制支配があり、また半封建的地主制下の農村の貧困があったという認識の下で、当面する日本社会の変革の焦点は、自由主義の矛盾でなく、天皇制の専制主義による民主主義と自由主義の未実現にあると判断したことによるものであることが大きい。したがって、起草者らは、福祉国家の推進には不可欠の「大きな政府」が、専制的天皇制を支えてきた絶対主義官僚の温存の拠点となってはならないという警戒心から、福祉国家行政に不可欠の行政権を大きくすることには警戒的であった。戦後型左翼が、その中心的スローガンとして憲法擁護を掲げていたことは、日本国憲法のこうした課題意識への共感にも裏づけられていたといえる。

しかし左翼における古典的自由主義への信望と批判の不足は、後に「戦後型左翼」の六〇年代以降の運動に大きな影響を与え、さらに新自由主義改革に対する批判の弱さを生む思想的根拠ともなっている。

(4)「戦後型左翼」の西欧社会民主主義と福祉国家への低い評価

「戦後型左翼」の第四の特徴として、共産党はいうまでもなく、社会党においても、第二次世界大戦後の西ヨーロッパで大きな勢力となり福祉国家実現の担い手となった西欧型社会民主主義とそれが掲げた福祉国家戦略への低い評価があったということがあげられる。

共産党にとっては、社会民主主義の路線や福祉国家論は、いわば社会主義を妨害し資本主義の延命をもたらす以外の何者でもなかった。天皇制政府による治安維持法を武器にした徹底的弾圧の下で、共産党指導部が壊滅し左派社会民主主義者も一網打尽にされたため、日本においては、ヨーロッパにおいて一九三〇年代に展開し戦後西ヨーロッパ左翼運動の土台となった統一戦線の経験をもつことはできなかった。共産主義者も社会民主主義者も、三〇年代初頭の相互対立の時代から一足飛びに戦後の活動を再開していた。共産主義者は、頭では統一戦線論を習得していたが、実際の経験は欠如していたから、そこでは社会民主主義に対する不信はぬぐいきれなかった。それどころか、戦時下に獄中で抵抗した共産主義者と戦争協力に走った社会民主主義者という対比が広範に共有されたことから、共産党の社会民主主義戦略―福祉国家戦略への不信は社会運動内で一定の共感をえていた。

それに対して、戦後型左翼の形成期の日本の社会民主主義も、西欧型社会民主主義や福祉国家戦略を低く評価した。清水慎三のいうところの「社会民主主義のワクをはみ出した社会民主主義的政治勢力」[7]が形成されたのである。こうした「日本型社会民主主義」の特徴が形成されたのは五〇年代初頭であったが、日本型社会民主主義が西欧型社会民主主義に不信をもったのは、西欧型社会民主主義の路線そのものへの批判というより、社会民主主義勢力が戦争に対して闘えなかったという平和問題での不信からであった。左派社会党が、講和と安保条約に反対するときに強調したのは、「ドイツ社会民主党の教訓を忘れるな」というものであった[8]ことに、それは端的に表れていた。

さらに、日本では、福祉国家戦略を唱えるものが、右派社会党、民社党というふうに、常に、平和運動や反復古主義の闘いに消極的な勢力によって唱えられたことも、福祉国家戦略をいかがわしいものと映じさせた大きな原因となった。

当時、こうした日本型社会民主主義の格好の理論となったのが、労農派マルクス主義であった。労農派マルクス主義は、古典的なマルクス主義の革命論の立場から西欧社会民主主義を批判することによって、共産党にも違和感を持ちまた西欧社会民主主義にもいっそうついていけない左派社会党や総評内の民同左派幹部の心をとらえたのである。

(5)「戦後型左翼」の構成部分

総評　こうした戦後型左翼は、その組織形態でも極めて独特であった。最大の特徴は、戦後型左翼の中心に総評労働組合が座り、社会党と共産党の橋渡しを行ったことであった。清水慎三は、つとに戦後日本の運動の特異性の第一に「国民運動の指導部における労働組合の位置が高いこと[9]」をあげていたが、これは同じことをさしている。総評がこうした役割を果たしえた最大の根拠は、総評が経済的要求とともに、ある場合にはそれに優越して、日本の平和、独立、民主主義の闘いの先頭に立ったことであり、そうした闘いへの総評の動員力であった。

とくに、高野実事務局長主導の、「高野時代」の総評幹部は、サンフランシスコ講和と安保条約への対応をめぐって、社会党が動揺したとき、断固として、その分裂を主張し、分裂以後の左派社会党を全面的に支援した。社会党の党員四万人のうち、総評活動家は三万人を占めた。また総評幹部や単産幹部が、左派社会党、さらには統一後の社会党に入党していたから、社会党の方針に対する総評や有力単産の影響力は極めて強力であった。総評は、こうした社会党への強い影響力を駆使して、五〇年代後半の警職法反対や安保闘争に際しては、社会党と共産党の統一戦線を積極的に推し進めた。また近代主義的知識人も、総評と連繫して、社会党と共産党との統一行動の促進を呼びかけた。

このように総評が強い動員力を有していたのは、未だこの時期には、企業が新たな支配を見いだしえておらず、職場に対する支配は、あいかわらず、職制を通じての間接支配にとどまっていたからでもあった。しかも、企業内の安定を図るために企業経営者は、五〇年代前半期には、復古的労使関係を追求したから組合活動家の反発を招いた[10]。

こうした企業支配の未成熟のため、企業内では、「職場闘争」が盛んであり、職場での討論や活動を通じて中堅活動家が大量に養成されていった。これら活動家層が企業横断的な平和と民主主義運動の担い手を形成したのである。また、この組合活動家層は、選挙の度に農村にも入って選挙活動を行った。こうした活動を通じて、戦後型左翼の活動家層が再生産されていった。

日本型社会民主主義の時代　こうした総評の後押しを受けて、戦後型左翼の政治的一翼を担ったのは、社会党であった。先にふれたように、清水慎三が「社会民主主義のワクをはみ出した社会民主主義」「日本型社会民主主義」と規定した社会党が形成されたのである。

左派社会党から引き継いだ社会党組織の特徴は、第一に、党内左派が、戦前以来の左派、民同左派幹部、党青年部に結集する若手活動家、労農派学者集団の四つの要素[11]からなり、この四層の効果的提携によって左派性が支えられていたことである。

社会党組織の特徴の第二は、今あげた総評との密接な連携であった。左派社会党以来、社会党は、党員数の少ないことを特徴としていたが、そのまわりに大量の組合活動家層を擁して、党員の少なさを補っていた。

また、総評の同志会幹部層と社会党は密接な関係を持ち、総評指導部内では社会党員協議会が持たれ、ここが社会党の政策にも大きな力を発揮した。こうした総評の力に全面的におんぶしながら、社会党は、議席を拡大していった。

五〇年代には文字通り総評―社会党ブロックが形成されたのである。

国民会議型統一戦線　戦後型左翼の組織形態上の特徴は、他にもあった。総評がイニシアティブをとって社会党、共産党が手を組み、警察官職務執行法改正反対、安保条約改定阻止などの課題別に、国民会議という形態の統一戦線が結成されたことも大きな特徴であった。

この統一戦線は、警職法反対闘争では総評が当初労働四団体共闘を重視したため、警職法反対国民会議には共産党と全学連がメンバーから外されたが、安保条約改定阻止国民会議においては両団体ともに正式メンバーとして加盟した統一戦線となった(12)。

こうした課題別の統一戦線こそ、戦後日本の運動が生んだ独特の統一戦線形態であった。この経験が、一九三〇年代以来の社会党、共産党の相互不信の構図を氷解させていき、戦後型左翼の力の増大を作っていくことになったのである。

また戦後型左翼は、独特の分業関係を形づくった。すなわち、議会は、総評の一党支持を受けた社会党が、ほぼ議席の三分の一以上を確保し、大衆運動のカンパニアは、総評、共産党、戦後簇生した医療や社会保障系の民主的運動団体、そして全学連が担うという形で、その後続く分担関係が形成されたのであった。

二　一九六〇年代における「戦後型左翼」の変貌

1　「戦後型左翼」の構成の激変

こうした「戦後型左翼」は、一九六〇年代において企業社会が形成されるにしたがい、労働組合運動の変質を媒介にして大きく変貌した。そこで本節では、こうした後期戦後型左翼の特徴を検討したい。

(1) 戦後型左翼から民間大企業労組の脱落

まずもっとも大きな変貌は、戦後型左翼を構成した勢力に大変動が起こったことであった。先述のように、六〇年代に企業社会が形成され、労働者が企業内に組み込まれるにしたがい、労働組合運動の変質が始まった。

企業主義労働運動の成立　五〇年代中葉以降、大企業は技術革新と並行して、職場の労働者の直接掌握に乗りだすとともに、復古的労使関係ではない新しい戦後型の労働者支配構造を作りあげていった。

くわしいことは別稿に譲るが[13]、その核心はブルーカラーとホワイトカラーの厳しい身分差別を撤廃し、その昇進・昇格を一本化することによってホワイトカラーのみならずブルーカラー労働者をも企業の昇進競争に巻き込む競争構造の形成であった。こうした企業の競争構造は、鉄鋼、電機、自動車など民間重化学産業の大企業から導入が始まり六〇年代には全産業に急速に普及した。

それまで組合の団結により生活改善を展望していた労働者のうち男性正規従業員層は、こうした企業支配に巻き込まれるにしたがい、企業内の昇進競争に勝ち残ることで生活改善の展望を見いだすことになった。それにともなって、労働者の意識も、組合依存から企業依存へと変貌していった。こうした労働者の変貌に呼応して、大企業労組内に、日本に特殊な協調組合運動（以下、企業主義的労働運動と呼ぶ）が形成されていった。企業主義労働運動の制覇の画期が、一九六四年における同盟の結成、民間重化学産業の組合を産業横断的にかつナショナルセンターの壁を越えて結集したＩＭＦ・ＪＣの結成であった。

成立した企業主義労働運動は、一九五〇年代の総評型労働運動とは著しく相貌を異にするものであった。何より総評がもっていた平和と民主主義への強い希求は彼等にはなかった。平和と民主主義は所与のものであり、そのような政治活動にエネルギーをつぎ込むのは、ムダであった。一九六五年にはベトナム戦争に反対して社共の統一行動にもとづく一〇・二一ストライキが闘われたが、民間大企業労組の参加はみられなかった。

同じことだが、企業主義労働運動は五〇年代総評型労働運動がもっていた企業横断的な行動への意欲や産業別統一闘争への努力を放棄し、著しく減退させた。企業主義労働運動は傘下労働者の要求実現を企業内で解決することに腐心したから、総評はもちろん同盟ですらナショナルセンターの行動へは重きを置かなかった。代わりに、企業連にカネと力が集中するようになったのである。

企業主義労働運動と福祉国家戦略　かといって、企業主義労働運動は、西欧型社会民主主義にも共感したわけではなかった。この時期に、福祉国家戦略を掲げていた民社党の低迷はそれを示していた。

それは民間大企業労働者の福祉要求への無関心を反映していた。大企業正社員の場合には、終身雇用慣行の下で、不況期にも失業はなく、企業退職後は、企業の高額退職金と年金によって保障されていた。教育や介護の費用は、年功賃金による賃金増加であて、男性正社員の受け取る「家族賃金」が社会的差別と相俟って女性の専業主婦化をもたらし教育や介護の家族内での「吸収」を可能にした。総じて、西欧福祉国家を求める要求は企業内で「解決」されることとなったのである。

こうした企業主義労働運動の台頭は、総評に甚大な打撃を与えた。総評の危機が叫ばれたが、危機は社会党をも襲った。企業社会に組み込まれた労働者たちは、自己の生活改善と企業の繁栄を同一化した。こうして、民間企業労働者は、社会党支持から一斉に後退した。企業の繁栄の土台となる経済成長を推進しているのは政権党である自民党だからであった。しばらくは支持政党無し層に滞留した彼等は、オイルショック後になると緩い自民党支持層に移行していった。こうして、社会党の支持基盤の一つであった、民間企業労働者は、左翼から脱落したのである。

(2) 社会党の変貌と持続

こうした社会党支持基盤の動揺を受けて、社会党も大きく変貌を余儀なくされた。社会党支持部分からの民間単産労働者の離脱は、まず第一に社会党の得票の増加傾向に歯止めをかけ、社会党議席の低迷を生んだ。そのため、マスコミや民間企業労組幹部の間から、社会党の「現実主義」的改革が叫ばれるようになった。六〇年代には、選挙の度に社会党は、党の強化と抜本改革を言うようになったのである。

また、第二に、それは、社会党の支持基盤にも変容をもたらした。その変容によって、社会党は得票数の減少にもかかわらず、現実主義化の方向に行くのではなく、反対に、「左傾化」したのである。民間重化学産業労働者の抜けた後の社会党の支持基盤には、総評公共部門労働組合労働者と、新たに市民運動家とその支持者層が加わった。この新たに加わった市民活動家層は、総評労働組合活動家とは明らかに肌合いの違う体質を持っていたが、彼等は、平和、環境、反原発など、戦後型左翼の要求に極めて近い要求をもっていたのである。

七〇年代に党に参加した土井たか子は、こうした層を代表していた。こうして七〇年代になると社会党は、公共部門労働者に加えて市民運動の票を集めて存続することになった。これは社会党の減退に歯止めをかけ、また党の体質や路線を市民的に変貌させる梃子となったのである[14]。

しかし、こうした社会党の構成の変化は、一九五〇年代とは異なる意味で福祉国家戦略への無関心を生んだ。公共部門労働組合は、民間大企業と並んで、制度的に年功制と企業内福利の制度が完備しており、福祉要求は強くなかった。また新たに社会党に加わった市民運動層も、福祉国家要求はそれほど強くなかったのである。

(3) 共産党の「周辺」政党への変貌

対する左翼ブロックのもう一つの構成要因たる共産党の運動は、この時期に特殊日本型の構成をとって確立した。それは、西ヨーロッパの共産党とは著しく異なる構成と特徴をもっていた。

一九五〇年代までの共産党は、大企業からはレッドパージ、さらに党の分裂・その一方が採用した軍事冒険主義路線の影響で、大きく後退を余儀なくされたが、それでも官公労を中心にしながら無視しえない勢力を持っていた。また学生運動は共産党の活動家が強い影響力をもっており、学生運動は総評傘下の労働組合専従活動家層の貯水池でもあった。そうした中で共産党は五〇年代後半期には、議会の中では無視しうる議席しか持ちえなかったが、大衆運動の場面では、社会党を上回る活動家層を擁していた。これが五〇年代後半には、戦後型左翼の戦闘力の源となって、警職法反対闘争、安保闘争の動員の主力部隊を構成したのである。

ところが、その共産党も六〇年代に大きく変貌した。企業社会の形成による職場での締めつけの強化、労働組合の企業主義への変質、加えて四・一七スト問題のような戦術の誤りもあって、共産党は民間大企業から後退を余儀なくされた。その結果、労働者の党員は日教組や自治労、国労などの公共部門労働者と中小企業労働者に限られることとなった。

それに代わって、共産党は、平和や反安保、原水爆禁止運動などで学生や中小企業の青年労働者層、知識人層を巻きこみ、また民医連や保険医運動などの医療や民主商工会の運動などを通じて大都市部の自営業者や高齢者など、企業社会統合から排除された「周辺層」に組織を延ばしていったのである。その結果、日本共産党は、労働者層を主たる基盤にした他国の共産党とも著しく組織構成を異にする〈周辺〉政党となったのである。

共産党の変貌は、その運動路線にも少なからぬ影響を与えた。ひとつは、共産党が綱領の路線で明記していた反帝すなわち独立と平和をめざすベトナム侵略反対闘争、沖縄返還闘争と並んで経済成長のもとで停滞し没落する階層の要求や公害、環境破壊、企業社会統合の下で軽視される福祉の問題を精力的に取り上げる闘いに一層力を入れはじめたことである。

清水慎三は、イタリア共産党の構造改革路線が日本に導入され、共産党、社会党内で大きな議論が巻き起こっていたとき、イタリアの「構造改革路線」とは、イタリア社会と経済の特殊な構造に着目し、そうした構造を改革して国民経済を再建するという民族的・国民的綱領を探求する路線であることを強調し、「構造改革」を唱える社会党が、日本経済の二重構造や農業破壊に対する「構造改革」の闘いに取り組むことを期待した[15]が、そうした闘いは社会党によってではなく共産党が取り組むことになった。しかも、その変化は必ずしも戦略的な、「上からの」転換というより党の構成と運動の変化に対応した「下からの」変化であった。

共産党の変化がもたらしたもう一つの点は、こうした変化が共産党をして、革新自治体の結成の際に、統一戦線の中心部隊たらしめたことである。大都市部での革新自治体の取り組みにおいては、階層的には、自治労などの公共部門労働運動と、市民層、女性層・大都市自営業者層などが運動の中心を担ったが、これら階層を組織していたのは共産党であった。これが、後期戦後型左翼内で共産党が比重を高めていく要因ともなったのである。

2 「戦後型左翼」の課題の連続と断絶

こうした企業社会と自民党による開発主義政治の確立や「戦後型左翼」の構成の変化に応じて、戦後型左翼の課題も微妙に変化した。この段階になっても、戦後型左翼の基本的課題は、平和と民主主義に置かれたが、運動の内容面で二つの点で変化を余儀なくされたのである。

(1) 平和運動のバージョンアップ

ひとつは、「戦後型左翼」のトレードマークであった平和運動がバージョンアップしたことである。アメリカのベトナム戦争に呼応して、日本の経済的な加担と米軍基地が米軍の侵略戦争遂行の拠点となる中で、ベトナム反戦運動が闘われたが、それは既存の平和運動にある変化をもたらしたのである。すなわち、ベトナム反戦運動では既存の平和運動がもっていた「悲惨な戦争を繰り返さない」という殴られる痛みに発した運動という性格からベトナム侵略戦争への加担反対、という殴る側の立場に立つことを拒否する運動へと発展する芽が出てきた点である。とくに、ベトナム戦争で登場したべ平連は、当初「ベトナムに平和を」というスローガンを掲げて穏健な運動としてスタートしたが、運動が展開するに従い、加害者性を強調するようになり、学生や市民の共感をえて運動のバージョンアップを促進した。

また一九六〇年代以降の平和運動は、五〇年代のカンパニア型からの変化と多様化を実現した。とりわけ、五〇年代にみられなかった運動形態としては、恵庭事件、長沼裁判などを先頭とする憲法九条違憲裁判の提起であった。裁判闘争という形態は大衆運動という点では難しい問題を生じさせたが、裁判の場での違憲の主張に政府が答弁せざるをえなくなった結果、政府の言質が多数とられ、これが国会での革新政党議員の質問に使われて政府を追いつめ、小国主義形成の大きな梃子となったのである。

(2) 革新自治体運動

もう一つの変化は、この時代に「戦後型左翼」が、自治体レベルで革新自治体をあいついで樹立し、政府レベルでは停滞した福祉要求のいくつかを実現させ、戦後型左翼の権威を高めた点であった。革新自治体を生んだ戦後型左翼の運動上の特徴は以下の点であった。

明るい革新都政をつくる会　ひとつは、前期戦後型左翼が生みだしていた日本型統一戦線である「国民会議」方式の統一戦線の発展形態が、革新自治体運動の担い手となったことである。

警職法反対、安保条約改定反対運動で作られた国民会議方式は、特定の課題に限定した共闘、総評を媒介とした社会党、共産党の組織的共闘、国民会議という緩い指導部方式など、それまでの運動を分裂を克服するための緩やかな共闘であった。こうした緩やかな共闘方式であったが、安保反対闘争の終焉以降は、この共闘会議の再開は実現しなかった。

ところが、美濃部都政を生むことになった「明るい革新都政をつくる会」方式は、明らかに国民会議型共闘の経験を踏まえて作られていた。「明るい会」は、自治体レベルではあるものの、より長期的な目標すなわち革新自治体を支えるという目標に基づいて組織され持続した共闘という点では、課題別であった国民会議方式の限界を大きく乗り越えるものであった。もしこれが成功裏に運営されれば、国政レベルの、政権をめざした共闘が展望できるからである。

しかも、この方式には、六〇年代における左翼構成部分の力関係の変化や運動の経験を反映したくふうがなされた。「明るい会」の構成メンバーには、社会党系と共産党系の諸団体が厳密に対等関係を保って加わったのである。[16]

「明るい会」方式は、文字通り地方自治体を席巻して広がった。その過程で革新自治体の運動にもさまざまなタイプが生まれたが、いずれにせよ、これが戦後型左翼運動の一到達点となった。その点では「明るい会」方式は、この運動の全国的普及の梃子として大きな役割を果たした。

共産党の組織化　ふたつめは、この革新自治体運動に取り組む中で、各政党とくに共産党が、事実上、福祉国家戦略に基づく運動に取り組むことになった点である。革新自治体運動が当初掲げた目標は、福祉国家形成戦略という視点から見ると初歩的な要求にとどまっていた。しかしながら、企業社会と自民党政権の開発主義によって極めて限定された形でしか実現をみていなかった福祉の充実要求は、革新自治体の運動を構成する周辺諸階層の切実な要求となっていたから革新自治体に大量に持ち込まれ、それに対する政策的対応も含めて、急速に前進した。

また、こうした革新自治体運動の経験が中央政治にはね返り、社会党や共産党、さらに公明党などの政策要求に反映され、中央保守政治を動かすこととなった。

共産党も、社会党も、こうした革新自治体で現れた福祉要求を組織して、開発主義政権に代わり福祉国家を樹立するという戦略をたてるという体系的な見直しはしなかったが、それでも、これら福祉要求を財源問題と優先順位も含めて、政策要求として具体化する試みが重視されるようになり、また、民主連合政権構想の中で解決すべき課題として位置づけるようになった。

これらの取り組みは、たとえば共産党では、民主連合政権の構想とリンクして『日本経済への提言』[17]というような政策構想に結実した。こうした経験は、その後革新自治体の再建をめざす自治体労働組合や市民のとりくみに継承されているが、反新自由主義改革の左翼運動の展開には、こうした政策的な経験は受け継がれねばならないとおもわれる。

こうした革新自治体の経験や共産党の運動は、のちにふれるように、「戦後型左翼」の未発の可能性をはらむ動きであった。

三 「戦後型左翼」の政治に対する規制力とその限界

1 平和と反復古主義——小国主義政治

以上のような「戦後型左翼」は、保守政権を倒す力はなかったものの、保守政治に強いインパクトを与え、戦後政治の独特の構造をつくりだした。次に戦後型左翼が政治に与えた影響力を検討しよう。

戦後型左翼運動が政治に与えた最大の影響力は、五〇年代まで保守政権が追求してきた復古主義と軍事大国化をひとまず断念に追い込み、憲法の枠組みを認めた、小国主義的な政治の展開を余儀なくさせたことである。

(1) 小国主義の形成

ここで報告者がいう小国主義[18]とは、戦後型左翼が追求した平和主義とは区別され、戦後保守政権が一九六〇年代以降とった安保・外交路線を指す。

保守政権が五〇年代に追求した安保外交路線は、安保条約の下でアメリカの極東戦略の基地を提供しつつ憲法の改正によって再軍備を復活し、日米同盟を維持しつつより「対等な」軍事同盟に強化するとともに、東南アジア地域に覇権国家として進出をめざすというものであった。

こうした構想を体系的にもっていたのが岸信介内閣であったが、これに対して戦後型左翼の運動が大きな打撃を与えた。安保闘争で岸内閣が総辞職を余儀なくされたとき、保守政治勢力は、このようなあからさまな復古・大国化路線を強行することは保守政治の安定的運営のためにも極めて危険であることを悟らざるをえなくなった。韓国四月革命と安保闘争に直面したアメリカも日本の保守政権の存続に強い危機感を持った。

しかし保守政権にとって幸いなことに、安保闘争の盛り上がりは、政府構想にまでは発展しなかった。戦後型左翼は、安保の闘いを自前の民主政権にまで高める構想と力量を持ちあわせなかったのである。これに乗じて保守政権の必死の転換が行われた。その転換の結果採用されたのが、経済成長政策と小国主義であった。

小国主義政治はしたがって保守政権の延命と安定のための譲歩であった。日本の保守政治は、戦後型左翼運動の昂揚に直面して、西ヨーロッパ諸国と異なり、こうした形で階級妥協を図ったのである。

小国主義の政治は、安保条約による日米軍事同盟を容認し、自衛隊の存続と強化を容認していた。しかし同時に、自衛隊の公式の再軍備を果たすための憲法改正を断念し、それに伴う種々の規制を受け入れた。もっとも大きいのは、防衛費の量的制限、自衛隊の海外派兵の禁止、集団的自衛権行使の禁止、非核三原則や武器輸出三原則さらには防衛費の対ＧＮＰ比一％枠というような量的制限などである。

保守政権は、国会において、たとえば防衛二法の改正などを通すことと引き換えに、こうした小国主義の政策をひとつひとつ時間をかけて約束させられていった。その結果、小国主義の体系は、六〇年から十数年かかって徐々に形成されていったのである。

(2) 小国主義政治を促した左翼の構造

この点は極めて注目されることである。つまり保守政治の妥協は、確かに六〇年に始まったが、その制度は、以後の左翼の運動との攻防の中でつくられたという点である。こうした妥協は、「戦後型左翼」の運動が六〇年代以後も持続し強化したから可能なことであった。

なるほど、歴代首相の中で「少なくとも自分の在任中は憲法改正をしない」とはじめて明言したのは、岸内閣の後を受けた池田勇人首相であったが、その約束が佐藤栄作内閣にも引き継がれ、二〇〇一年小泉純一郎政権で破られるまで継続した背景には戦後型左翼の運動による持続した圧力があった。

また非核三原則や武器輸出三原則の表明は佐藤内閣の一九六七年であり、さらに非核三原則が国会決議になるのは、七二年であった。防衛費の量的制限がＧＮＰ比一パーセント枠として閣議決定されたのは、七六年の三木武夫内閣を待たねばならない。

とくに保守政治への規制力という点で補足しておきたいのは、戦後型左翼の国会での役割であった。一九五〇年代左翼の国会での活動では、もちろん日常的な立法審査は行われていたが、復古主義や人権、市民的自由の制限をめざすような「悪法」の問題点をえぐり出し、院外の大衆運動と結合させて、それを廃案や継続審議に追い込むことがめざされた。六〇年代になっても、革新政党の国会での役割は基本的に変わらなかった。しかし、社会党は停滞したものの、共産党は六〇年代末葉から国会での議席を増大させ、公明党や民社党も、平和と民主主義、生活向上にかかわる個別課題では、社会、共産に同調することが多かったため、国会で「悪法」が通る可能性は減った。しかも、政府と野党の対決法案の場合には、それと引き換えに政府、与党側からのいくつかの譲歩が引き出された。小国主義の体系の整備は、国会外での違憲裁判などの昂揚と相俟って、こうした国会での力関係を有効に利用して行われ、次第に一個の体系となって、現在なお政府の軍事大国化の障害物となっているまでに成長したのである。

しかも、戦後型左翼の平和主義に対する要求には、企業社会に巻き込まれた大企業のホワイトカラー層も含めた広汎な支持があったから、自民党としても、むげに拒否できない構図がつくられたのである。

2　企業社会に対抗する福祉国家型連合政権の構想――「戦後型左翼」の限界

しかし、以上のような「戦後型左翼」の、政治に対する規制力には大きな限界があった。

それは、当時からよく言われていたように、社会党が政権をめざして、西ヨーロッパのドイツ社民党などが行った、「現実主義」への「大胆な」転換ができなかったという類のことではない。すでにふれたように、社会党の「現実主義」＝西欧型社会民主主義化を推進した労働組合の協調主義的潮流は、米欧の協調主義的組合とも異なり企業の繁栄と成長に貢献しそのパイの配分によって労働者の生活を改善しようという企業主義的志向をもっていたため、政治的には企業の成長促進を掲げる自民党政治との連携を求めたから、その構想は、自民党政治に対する規制力とはなりえないものであった。

戦後型左翼の限界とは、それとは逆に、戦後型左翼が、企業社会と高度成長政策による野放図な資本の活動による公害と環境破壊、企業の競争構造から排除された女性労働者、非正規労働者、経済成長政策の下で衰退を余儀なくされた中小零細企業、農業、都市自営業層、そして企業社会に組み込まれない膨大な周辺層に対する脆弱な福祉など、つづめていえば、企業社会と自民党政治に対して、正面から対抗するオルタナティブな政策体系とそれを実現する担い手についての構想を持ちえなかったことであった。そこでは中小企業労働者、農民、都市自営業層など、高度成長の中で衰退しあるいは激しい困難に逢着している諸階層を中心とした国民経済の再建構想が彫琢され提示される必要があったといえる。

その意味では、左翼が求められていたのは、周辺革命の展望、すなわち周辺層の組織化による社会的多数派結集で企業社会を包囲していく社会的左翼の構想であった。

こうした周辺連合は、現に自治体レベルでは革新自治体という形で実現していただけに、左翼が革新自治体の分析を通じて新たな戦略を練り直すことは十分に可能性があったといえよう。その意味では、七〇年代初頭は戦後型左翼が企業社会による成長に対抗する大きなチャンスであった。一九七二年に田中内閣の下で行われた総選挙では、高度成長の弊害に反対し、インフレと公害に反対する市民運動とも連携した社会党が前進し、周辺の組織化を行っていた共産党も三八議席と躍進した。

こうした流れを受けて、左翼の中に、企業社会と自民党政治に対決するオルタナティヴな構想を具体化する試みも現われた。

七二年衆院選をふまえ、成田知巳率いる社会党は、労働戦線統一を背景に社公民連合にカジを切ろうとする党内の現実主義派を抑えて、国民主導の連合政権構想を掲げ、企業社会に対する対抗構想として「国民統一の基本綱領」[19]を発表し、共産党、公明党を含めた反独占・反自民の国民連合政府構想をうち出した。

また、社会党よりも早くから「民主連合政権」構想を掲げていた共産党も、企業社会と自民党政治に替わる独立・平和・福祉のオルタナティヴな構想を「民主連合政府綱領」[20]として決定していた。

しかし、このような可能性は、七三年のオイルショックによる不況克服の過程での企業社会の確立、労働組合運動内における企業主義的組合潮流の覇権の確立と第二次労働戦線統一—社会党の現実主義化を求める動きの台頭、制覇を通じて、実現をみないまま挫折を余儀なくされた。

むしろ、この問題で先手を打ったのは運動の昂揚に危機感を強めた保守支配層の方であった。

革新自治体の躍進、大都市部での周辺層を組織した共産党や公明党の躍進に対して保守勢力が打った手が、補助金散布と公共事業投資による、周辺に対する利益誘導型政治[21]であった。保守の危機に際して、自民党政権は、大都市部の商店を大手スーパーやコンビニの進出から守るための大規模店舗法を制定し、また零細企業層保護のための無担保融資制度を創設した。これらはいずれも大都市部での革新知事に対する対抗と共産党の前進を食い止めるためであった。また農村部でも補助金と公共事業による再組織化が行われた。

こうして、周辺の危機に対する左翼の側の改革構想に先んじて保守勢力は階級妥協により周辺の再組織化に成功したのである。

これは財政の肥大化、衰退産業の人為的温存の故に、九〇年代に入ると新自由主義者の側から容赦ない攻撃と切り捨ての対象となるが、さしあたりは戦後型左翼の周辺組織戦略を封じたのである。

小括　「戦後型左翼」の終焉と新たな左翼ブロックの展望

「戦後型左翼」終焉の要因

以上垣間見てきた「戦後型左翼」は、一九九〇年代初頭に終焉を迎えた。その要因の本格的検討は別に行わねばならないが、乱暴にまとめると以下の点が指摘できる。

第一に、八〇年代末から本格化した経済のグローバル化と冷戦の終焉を契機とした世界自由市場の大拡大による競争の激化の下で競争での生き残りをかけた多国籍企業が、保守政治に対し二つの改革を強要し、それまで保守政治が行ってきた戦後型左翼に対する階級妥協――小国主義と利益誘導型政治の清算を求めたことがあげられる。

二つの改革とは、グローバル市場秩序を守るための軍事分担や秩序の侵犯者に対する戦争への自衛隊の派兵を可能とする軍事大国化と、資本の競争力強化のための新自由主義改革であった。前者は保守政治が続けてきた小国主義の改変を不可避とし、後者は、保守政治が進めてきた利益誘導型政治を財政負担の面からも衰退産業の人為的存続をもたらしているという点からも、二重に非効率であるとしてその廃棄を求めた。

こうして、九〇年代には、六〇年代以来戦後型左翼の圧力の下、保守政治が行ってきた階級妥協の政治に対する本格的な攻撃が始まったのである。

第二に、経済グローバル化と冷戦終焉は戦後型左翼にも大きな衝撃を与えた。まず経済グローバル化による企業社会統合の解体と正社員のスリム化は、企業主義労働運動への企業側の譲歩の余裕と必要性を失わせ、総評を解体して企業主義労働運動の原則に基づくナショナルセンターとして出発した「連合」の存立基盤を容赦なく揺さぶった。こうした危機に対して連合は、その傘下の二つの勢力、すなわち、新自由主義改革によって利益を受けるグローバル企業の正社員労働者とグローバル競争の中で困難を抱える中小企業労働者の間で股割き状態にあり、グローバル経済と新自由主義改革を容認する指導部も、身動きが取れなくなっている。いずれにせよ、総評解体、連合結成を画期として、公共部門労働組合も含めて戦後型左翼の主軸は縮小・解体した。

続いて戦後型左翼のもう一つの主人公である社会党も、社会党潰しをねらった「政治改革」と政権への参画を通じて、反安保、反自衛隊、反原発といった社会党の戦後型左翼としての柱を放棄し、変質した。この社会党の解体こそ、戦後型左翼の組織的終焉のメルクマールであった。総評―社会党の解体によって戦後型左翼を結合させていた接着剤が消失したのである。

第三に、今まで戦後型左翼が暗黙裏にモデルとしてきた社会主義諸国が崩壊したことは、戦後型左翼、とくにその中でも左翼知識人層に大きな動揺をもたらしたことである。

もっとも、日本共産党が、現存社会主義諸国の崩壊の中でヨーロッパ諸国共産党があいついで解党する中で、あまり打撃を受けずに存続しえたことは注目される。これは、同党が自主独立路線を掲げ、ソ連や中国共産党を批判していたこと、さらに、六〇年代以降は周辺諸階層を組織する政党としての性格を明確化していたからであった。

しかし、いずれにせよ、こうした諸理由が重なった結果、九〇年代には、戦後型左翼は終焉を迎え、戦後型左翼が妥協として獲得した小国主義も、周辺部に対する利益誘導型政治も、容赦ない改変と攻撃にさらされている。

戦後型左翼に代わる新しい左翼ブロックが形成されるとすれば、今度は、軍事大国化と新自由主義改革に反対し、平和と国民経済の再建、弱小産業に対する自立と福祉の再建を課題とする、ひと言で言えば、反軍事大国化・反新自由主義の諸勢力の、市民運動をも含めた、連合となるであろう。しかし、この詳細な検討は別の機会に待たねばならない。

(1) 渡辺治『「豊かな社会」日本の構造』労働旬報社、一九九〇年、とくに第三章、第五章、本著作集本巻に収録、など。また渡辺「現代日本社会と社会民主主義」東京大学社会科学研究所編『現代日本社会4　構造』東京大学出版会、一九九〇年所収、本著作集本巻収録。

(2) 清水慎三『戦後革新勢力』青木書店、一九六五年。

(3) 渡辺、前掲『「豊かな社会」日本の構造』一七九頁以下。

(4) 日高六郎「戦後の近代主義」日高編『現代日本思想大系　近代主義』筑摩書房、一九六四年。

(5) 後藤道夫「戦後思想の現在――自由民主主義の国家観との対抗をめぐって」『教育』一九九五年一一月号、同「新福祉国家論序説」渡辺・後藤編『講座現代日本4　日本社会の対抗と構想』大月書店、一九九七年所収。

(6) 渡辺治「日本国憲法運用史序説」樋口陽一編『講座憲法学1　憲法と憲法学』日本評論社、一九九五年所収、本著作集第9巻収録。

(7) 清水慎三『日本の社会民主主義』岩波書店、一九六一年、六頁他。

(8) 渡辺、前掲『「豊かな社会」日本の構造』一七三頁以下。

(9) 清水、前掲『日本の社会民主主義』二〇〇頁。

(10) 清水慎三「五〇年代前半の労働運動は何であったか」労働運動史研究会『高野時代の労働運動』旬報社、一九七八年所収。

(11) 清水、前掲『日本の社会民主主義』五四頁。

(12) 高木郁郎「日本における統一戦線の経験」清水慎三編『統一戦線論』青木書店、一九六八年参照。

(13) 渡辺治『企業支配と国家』青木書店、一九九一年、同、前掲『「豊かな社会」日本の構造』、同「高度成長と企業社会・総論」渡辺編『日本の時代史27　高度成長と企業社会』吉川弘文館、二〇〇四年、本著作集第10巻収録、など参照。

(14) 渡辺、前掲「現代日本社会と社会民主主義」

(15) 清水、前掲『日本の社会民主主義』一七八頁以下。

(16) 高木、前掲「日本における統一戦線の教訓」一二五頁以下。

(17) 日本共産党経済政策委員会編『日本経済への提言』共産党中央出版局、一九七七年。

(18) この点につき渡辺治「小国主義政治の歴史的終焉」後藤道夫『日本の時代史28巻　岐路に立つ日本』吉川弘文館、二〇〇四年所収、本著作集第12巻収録、参照。

(19) 「国民統一の基本綱領」刊行委員会編『資料日本社会党四十年史』一九八五年、所収。

(20) 「民主連合政府綱領についての日本共産党の提案」『前衛臨時増刊　日本共産党第12回党大会特集号』一九七四年、所収。

(21) さしあたり、広瀬道貞『補助金と政権党』朝日新聞社、一九八一年。

5

現代日本における社会民主主義の可能性
——「新しい福祉国家」の戦略

［二〇一二年執筆］

一　新自由主義からの転換の必要性、緊急性

リーマンショック以降、新自由主義の弊害が顕在化する中で、新自由主義の破綻が語られ、新自由主義からの脱却の声と期待に乗って、アメリカではオバマ政権が、日本でも民主党政権が誕生した。

しかし、いかに新自由主義の弊害が顕在化しても、新自由主義に対するオルタナティブな構想を掲げた政権が誕生しなければ、新自由主義の時代が終焉、転換に向かわないことは明らかであった。現に期待を集めたオバマ政権も、民主党政権も、新自由主義の弊害に対する是正の意欲は持ちながら対抗構想を持ちえず、新自由主義への回帰を余儀なくされた。

民主党政権の経験をふり返ってみよう。もともと、新自由主義・構造改革の旗を掲げ自民党と政権を競い合う保守

党として出発した民主党は、二〇〇六年以降、構造改革の矛盾が顕在化し、また改革で地方の疲弊が露わになる中で反構造改革に転じ、〇七年参院選で躍進、続く〇九年夏の総選挙でも〝構造改革を止めてほしい〟という期待を集めて大勝し、政権交代を果たした。鳩山由紀夫政権は、期待に応えるべく、マニフェストの実現に取り組んだ。

しかし、鳩山政権が実施した福祉支出増、消費税引き上げの凍結に対し、「これでは新自由主義改革が停止してしまう」という危機感に駆られた財界と「構造改革による大企業競争力強化をおいて経済成長の道はない」と確信する大手マスコミの「財政破綻」キャンペーンに加えて、普天間移転をめぐり「日米同盟」への危機感を募らせたオバマ政権の圧力も加わって、鳩山政権は退陣を余儀なくされ、代わった菅直人政権は構造改革・日米同盟「深化」に舵を切った。三・一一の大震災の被害の深刻化、復旧・復興の遅れは、構造改革により崩壊に瀕した地方を津波が襲った結果であったにもかかわらず、菅政権はむしろこれを構造改革再起動の梃子としようと図った。

だが、新自由主義に歯止めをかけることを期待されて誕生した民主党政権の、こうした構造改革回帰は支持率低下を招き、「改革」は停滞した。

財界の強まる圧力と低下する政治力の狭間で動揺・崩壊した菅政権に代わった野田佳彦政権は、「社会保障と税の一体改革」、TPPを突破口に構造改革の実行に邁進している。

こうして、民主党政権は、登場から二年半でちょうど一回転した。新自由主義に歯止めをかけたいという民主党政権の実験の惨めな破産は、新自由主義に終止符をうつには、それに代わる明確な対抗構想が不可欠であること、しかもその提起は急を要していることを改めて示した。「橋下主義」現象は、民主党の背信に不信を募らせ、かといって構造改革を推進した自民党への回帰にも逡巡する大衆が、橋下「維新の会」に「第三の道」を求めたことの現われにほかならない。

では、新自由主義に対抗するオルタナティブな構想とは何か。筆者は、それは、社会民主主義の掲げた政治構想すなわち福祉国家構想の、グローバル経済の時代における新バージョン、すなわち、軍事大国化と新自由主義に反対する新たな福祉国家構想にほかならないと考える。

二　二つのデモクラシー、新自由主義

論を進める前提として、リベラル・デモクラシー（以下、自由民主主義）、ソーシャル・デモクラシー（以下、社会民主主義）と、新自由主義の関係をあらかじめ検討しておきたい。

自由民主主義とは？

通説とはやや異なり、筆者は、自由民主主義と社会民主主義は、同一レベルの概念ではなく、社会民主主義は自由民主主義の一類型、それも典型的類型ととらえている。

自由民主主義とは、資本主義の帝国主義段階において、一方では総力戦に国民を動員する必要から、他方、第二次世界大戦後には社会主義圏と対峙する必要から、近代民主主義の狭い枠をとり払い、女性や労働者をはじめ社会の全成員を「国民」として容認し統治を行うことが求められる下で登場した政治体制であると、ひとまず規定できる。それは、男女普通平等選挙権の承認と、それを実質化する政治的・市民的自由、労働基本権保障という二つの柱からなる体制である。自由民主主義は、歴史的には、一九世紀中葉に成立した名望家自由主義体制――有産者男性に選挙権を限り彼らにのみ市民的・政治的自由を保障する体制――の克服として現われた。有産者男性ではなく社会の全成員＝大衆に市民的・政治的・社会的権利を付与して統治を行うことを大衆社会統合と呼ぶならば、自由民主主義とは大

衆社会統合に固有の政治形態といえる。

また、自由民主主義は、第二次世界大戦後にソ連・東欧、中国などで成立した国家主義的社会主義体制や、旧植民地諸国の独立により生まれた途上国の権威主義的民主主義体制と比較される政治体制である。これらの政治体制は、男女の普通選挙権を認めないか、それを認めてもそれを実質化する政治的・市民的自由や労働者権に対する厳しい制限を随伴する点で自由民主主義と対照的である。

社会民主主義とは？

それに対し、社会民主主義とは、自由民主主義体制の下での国民統合の様式にかかわる類型である。大衆の政治参加を前提にした自由民主主義体制の下で安定的に国民統合を行うには、「同意による統治」（グラムシ）が不可欠となった。こうした大衆社会統合にはいくつかのタイプがあるが、その一つが社会民主主義である。自由民主主義体制の下で、国家と労働運動の規制力による雇用・労働市場の統制と、社会保障制度の整備の二本柱により資本の野放図な蓄積を規制しその弊害の是正をはかる政治を行うのが、社会民主主義である。社会民主主義は、産業別労働運動を担い手とし、それを背景とした労働者政党の政権掌握により、政治システムとして確立をみた。この政治は、第二次世界大戦後に確立したフォード主義体制下での内需中心型経済成長を土台に[1]、資本と産別労働組合の労使交渉による高賃金体制、ケインズ主義的財政出動と国内市場拡大の循環を経済的基礎として安定した。社会民主主義が実現した国家をここでは「福祉国家」と呼んでおこう。この社会民主主義と福祉国家は、自由民主主義の体制下でもっとも安定した統合を実現し、その下で、自由民主主義は十全に開花した。

自由民主主義体制下での大衆社会統合の類型としては、社会民主主義のほかに、戦後日本で実現した、企業社会と周辺部への利益誘導による企業社会・「成長促進国家」や、社会民主主義の再編によって生まれた新自由主義がある。

新自由主義とは？

新自由主義は、多国籍企業のグローバルな展開と競争の本格化する一九八〇年代初頭に、福祉国家による大企業に対する負担と規制、高賃金体制がもたらす蓄積の制約が資本の競争力を阻害するとして、その打破をめざす新たな統合様式として登場した。新自由主義は当然、社会民主主義と福祉国家を「主敵」とした。

新自由主義は、企業の蓄積再建をめざして、福祉国家や成長促進国家の有していた所得再分配システムを再編・縮小しようとしたため、大衆社会統合の縮小・不安定化を余儀なくされた。そのため新自由主義は常に、議会や既存政党、労働組合、利益誘導団体の激しい抵抗を受けざるをえず、それを押し切って強行する首相の強いリーダーシップ、官邸主導体制、議会同意のスキップ、労働基本権や政治的自由の制限など、権威的体制への志向を強く持ち、自由民主主義体制の権威化、「強い国家」（ギャンブル）が志向される。その点では新自由主義は、自由民主主義体制とも緊張関係を持ち、その公然たる否認は行わないものの、それに脅威を与えるものである。

三　戦後日本における社会民主主義の特殊性と脆弱性

敗戦後、占領権力の手によって憲法の改正が行われ、そこでは、自由民主主義体制、とりわけその土台をなす国民主権と市民的・政治的自由が憲法上、手厚く保障されるとともに、憲法二五条、二六条、二七条（勤労権）、二八条などの規定を通じて、社会民主主義も可能な憲法的枠組みが作られた。

だが、戦後政治においては、自由民主主義体制は確立したものの社会民主主義の政治構想である福祉国家は実現せず、企業社会・成長促進国家が形成、確立をみた。戦後日本で社会民主主義が未成立に終わり、その構想である「福祉国家」が実現されなかった要因は、以下のような点にある。

日本で社会民主主義政権が未成立であった理由

最大の要因は、西ヨーロッパ福祉国家形成期に、日本では企業社会統合が形成され、それを中核に成長促進国家ができあがったことである。レッドパージや労働争議鎮圧による企業秩序の一応の再建のあと、五〇年代中葉から、企業は終身雇用、年功賃金制度を改作してブルーカラー、ホワイトカラーの差別を取り払い、正規従業員の昇進・昇格の一本化を採用して、企業に忠誠を尽くせば誰もが「平等」に昇進・昇格を繰り返して、労働条件を向上させうる仕組みを導入した。こうした企業社会の下では、労働者たちにとって社会保障要求よりは会社の繁栄こそが重要な関心事となった。

こうした企業社会に労働者が巻き込まれるにつれ、労働運動も大きく変質した。もともと、戦後日本では、急速に組合を組織化するために事業所ごとに組合が結成され、企業別組合が支配的であった。それでも、五〇年代前半期には、企業横断的な平和運動、争議支援や春闘のような産業別賃金闘争が取り組まれたが、六〇年代に入って企業社会が形成されるに伴い、労働運動内では、企業主義労働運動が制覇した。企業主義労働組合は、産業別の行動よりも企業業績の向上を労働者の生活改善の現実的な方途とみなし、積極的に生産性向上に協力するようになった。

企業主義労働運動は、組合の政治行動にも大きな変化をもたらした。企業の繁栄によって労働条件を改善するとなれば、企業の繁栄に役立つような経済成長政策と公共投資を精力的に行う成長促進政治とそれをになう自民党政権こそが望ましく、それまでのように日本社会党を支持育成する必要性は希薄化した。労働運動の企業主義化が進むにつれ、大企業労働者の政党支持行動にも大きな変化が現われ、六〇年代中葉には民間大企業労組の社会党支持が激減し、八〇年代には自民党支持が増加した。こうして、日本では高度成長で労働者が増大するのに反比例するように、社会党支持は停滞、減退したのである。

企業社会と成長促進国家

こうした労働運動の企業主義化により社会民主主義の最大の担い手であった民間大経営の労働組合が離反し、社会党が低迷を余儀なくされる中で、西ヨーロッパとは対照的に日本では自民党一党政権が安定した。

自民党政権は単に消極的に企業社会の上に乗ったばかりでなく、積極的に企業の成長のための社会資本投資を行い、また増大した税収を使って、高度成長により衰退を余儀なくされる「地域」に公共事業を展開し、企業誘致と開発によって自民党支持基盤の維持・存続をはかった。福祉国家に代わり、経済成長促進による統合をめざす「成長促進国家」が確立した。こうして、高度成長期の日本では、非福祉国家型統合による自由民主主義体制の安定化が実現したのである。

しかし、この自由民主主義は、社会民主主義下のそれと異なり、公共部門労働運動の争議行為禁止を核とする労働基本権の制限、さらに企業内での思想の自由の抑圧、専制体制など、市民的政治的自由の制限を内包するものであった。

日本の社会民主主義の特殊性

成長促進国家の成立は、社会民主主義勢力にも無視しえぬ刻印を押した。社会党の支持基盤は、企業社会の形成に伴い大きく変貌し、民間大企業の労働者が脱落し、代わりに公共部門労働者と平和志向の市民派となった。

もともと、戦後、日本社会党内では社会民主主義派と社会主義革命派が拮抗し、六〇年の分裂以降は後者が優位を占める構造があったが、企業社会の形成、企業主義労働運動の制覇に伴い協調的翼が社会党から離れたため、この傾向はさらに強化された。

福祉国家と社会民主主義を支持する勢力が減少し、社会党内では協会派をはじめとする左派のヘゲモニーが確立し、西ヨーロッパ社会民主主義が構想する福祉国家戦略ではなく、社会主義革命戦略が優位を占めるようになったのである。清水慎三のいう「社会民主主義の枠を超えた社会民主主義[2]」が続いた。

左翼全体でも、社会民主主義と福祉国家戦略は極めて不人気であった。第一に、後発の近代化国家であった日本では、社会主義運動の本格的な展開がロシア革命後であったことも大きく影響し、運動内でのマルクス主義、共産党の権威が強かった。

第二に、戦前の天皇制国家の専制と侵略戦争と正面から闘ったのが日本共産党であったことから、戦後、日本共産党と講座派マルクス主義の権威が高まった。それに反して、社会民主主義派、とりわけ福祉国家戦略にもっとも親近性のあった中間派社会民主主義は、アジア・太平洋戦争中の戦争協力のせいもあって運動内での権威を確立できなかった。

第三に、これが一番大きい要因だが、戦後日本の社会運動の最大の関心は、日本が再び侵略戦争に加担しないことであり、対米従属の下で安保条約による米軍駐留と再軍備を強行する保守党政権の政治に強く反対していたが、そうした立場からは、冷戦の片棒をかつぎ軍事化を推進する西欧社会民主主義に対する強い不信があったことである。また、それに関連して、冷戦期においては、共産党や社会党左派からは、福祉国家路線は労働者を社会主義革命からそらすためのまやかしととらえられていたから、左翼運動内においては「福祉国家」という名は、日和見主義の代名詞の観を呈したのである[3]。

さらに、第四に、先の社会党内の事情から、共産党はもちろん社会党内でも、マルクス主義的社会主義の潮流が優位を占めた。社会党内社会民主主義派は、安保闘争の渦中に社会党から分かれて民主社会党（のち民社党）を結成し福祉国家路線を掲げたが、これが福祉国家戦略の不人気に輪をかけた。

その結果、日本の社会民主主義は、福祉国家の実現を果たすことはできなかったが、政治体制に無視しえぬインパクトを与えたことを見逃してはならない。

六〇年安保闘争を頂点として、共産党と社会党の共闘が成立し、この力が二つの面で自由民主主義に日本的刻印を押した。

一つは、日本の自由民主主義体制を、特殊に平和主義的な性格を持つものとしたことである。その梃子となったのは、社会党、共産党の共闘を背景に、保守勢力が推進しようとした憲法改正に反対する運動が強まり、これを阻んだことであった。その結果日本では、安保体制の下、全土に米軍基地が展開し自衛隊が創設され成長したが、その海外派兵はできず、かえって、自民党政治の安定のため、「小国主義」とでもいうべき政治が展開された。社共の共闘にもとづくベトナム戦争反対の運動により、アメリカの強い派兵圧力にもかかわらず日本政府はついに派兵を見送らざるをえず、沖縄返還に伴い、非核三原則、武器輸出三原則、自衛隊の海外派兵禁止が相次いで宣言され、非核三原則に至っては国会決議となった。これは、西ヨーロッパ福祉国家諸国が国内に強い平和運動を抱えながら西側陣営の一員としてＮＡＴＯ体制を容認したのとは対照的なあり方であり、小国主義を採用させたのは、日本の左翼運動と社会民主主義勢力の力であった。

もう一つは、社共の共闘が、自治体版の福祉国家政策の実現をもたらしたことである。すでに、五〇年代初めから京都では蜷川虎三府政が福祉国家型地域政治を展開していたが、六七年の美濃部都政成立により革新自治体が全国に拡延した。明確な福祉国家型の政策協定の下、自治体レベルで、保育所増設、老人医療費無料化などが展開され、国政に福祉給付の増大を迫ったのである。

企業社会の形成に伴い前進が止まった社会党は、八〇年代に入ると減少し始めた。さらに八〇年代に展開された国鉄の分割民営化により、社会党を支えてきた二本柱の一つである公共部門労働運動も大きな後退を余儀なくされた。社会党議席は八六年選挙で激減した。八九年にはリクルート疑獄にたいする自民批判の高まりを受けて、再び議席は増加するが、それは一時的なものに止まり、企業主義労働運動主導の労戦統一による「連合」の誕生は、皮肉にも社会民主主義勢力の終焉の大きな契機となった。

四　新自由主義の世界展開と日本型社会民主主義の解体

新自由主義の台頭

一九七〇年代末葉以降、福祉国家諸国の経済危機、グローバル競争の下での資本蓄積再建への要請強化を受けて、先進諸国で新自由主義の波が台頭した。

新自由主義の資本蓄積再建政策にとっての最大の敵は、強固な労働市場統制と社会保障制度を擁する社会民主主義・福祉国家であったから、新自由主義は福祉国家を標的にその解体・再編に乗り出したのである。イギリス・サッチャリズムがその先頭に立ったことはいうまでもない。

他方、福祉国家推進の原動力となった社会民主主義政党も、グローバル経済と新自由主義の下、自国の大企業の競争力強化、財政支出の削減、社会保障制度の削減を容認し、「ポスト福祉国家」、「第三の道」を掲げて路線転換を図ることとなった。実はそれはそう単純な転換ではなかったが、いずれにせよ、新自由主義のインパクトを受けて福祉国家の変貌が始まった。

日本の新自由主義・その特殊性

日本では、企業社会と成長促進国家の下、先進国間競争では向かうところ敵なしであったため、新自由主義改革は遅れていたが、冷戦が終焉し、市場が急激に拡大を始めた九〇年代初頭から、新自由主義改革の必要性が叫ばれ始めた。バブル不況の克服に手間取ったことが、日本での新自由主義の開始の合図となった。

日本では福祉国家は成立していなかったし、ヨーロッパ新自由主義の最大の敵である産業別労働運動の抵抗もなかったから、新自由主義の展開は異なる相貌をみせた。

日本の新自由主義の特殊性は次の三点であった。

第一は、日本の新自由主義が「敵」としたのは福祉国家・社会民主主義ではなく、企業社会と成長促進国家であったことである。終身雇用・年功賃金・不況でも首を切らない慣行・退職金制度などがいまや競争の桎梏と映じられ、この再編に手がつけられた。

また、同じく、自民党一党政権の安定の基礎となっていた、地域に対する公共事業と利益誘導型政治も、大企業負担軽減のための財政支出削減の大きな対象となった。実は、企業の日本型経営といわれる仕組みも自民党の利益誘導型政治も、日本経済の長期的成長と社会統合の安定にとって不可欠の制度であったが、新自由主義は短期的な利益優先で、こうした仕組みにメスを入れたのである。

第二は、日本では、新自由主義改革が既存の小国主義政治の改変、軍事大国化と並行して行われたことである。

冷戦が終焉し、アメリカを中心として世界自由市場が拡大すると、アメリカは自由市場秩序の警察官として、世界に米軍を展開し日本にも軍事分担を強く求めるようになった。そこで日本は、既存の企業社会のみならず小国主義政治の改変をも迫られたのである。

第三に、その結果、新自由主義改革に先行して、既存の自由民主主義体制を変更することをめざして「政治改革」

が敢行されたことである。小選挙区制導入を柱とする「政治改革」は、政権交代のできる政治を掲げて、マスコミの全面バックアップを受けて遂行されたが、これを遂行した小沢一郎には二つのねらいがあった。一つは、軍事小国主義の打破、新自由主義改革にとって大きな障害物であった社会党の解体である。もう一つは、小選挙区制により、一選挙区で同一政党の候補を一人にすることで、自民党の中央集権体制を確立し、新自由主義改革の遂行を担保することであった。

この政治改革が自民党内の反対で潰れるや、小沢は自民党を飛び出し、社会党など八党派連立政権をつくることで、その実現にこぎ着けた。その結果、小沢の思惑通り社会党は分裂・解体し、社会民主主義勢力を継承した社民党は、小政党に転落したのである。

新自由主義改革の貫徹と矛盾の劇的顕在化

こうして日本の新自由主義改革は、極めて成功裡に行われた。日本の改革は、企業社会の再編にしても、自民党利益誘導型政治の解体にしても、いわば支配階級の自己改革であるため、ヨーロッパ福祉国家諸国のような抵抗を受けなかった。

また、新自由主義最大の障害物となるはずの労働運動は、「連合」系に関する限り企業主義的体質を受けついでいたから、大企業の競争力強化のための改革を受容し、抵抗することはなかった。

しかしそれは、新自由主義の被害がストレートに顕在化することを意味していた。ヨーロッパ福祉国家の新自由主義再編では、企業のリストラは労働勢力の強い抵抗を受け、また、失業、倒産には社会保障制度が発動された。社会保障制度の改変は、しばしば、その受益者の大きな反対運動に阻まれてなかなか進まなかった。その分、被害は緩和されたのである。

ところが日本では企業社会の解体により多くの労働者がリストラされ、雇用の非正規化が進行した。失業して地方に帰っても地方構造改革で雇用は失われていた。最後に頼るべき生活保護などの社会保障はさなきだに脆弱であったうえ、構造改革によりさらに削減された。

こうした矛盾の劇的な顕在化が、反貧困、反構造改革運動の昂揚と相俟って、民主党の転換を促し、その転換した民主党へ期待が集中して、政権交代が起こったのである。しかし問題は、民主党は金輪際、社会民主主義勢力ではなかったことである。

五　新しい福祉国家の構想

こうして誕生した民主党政権の挫折の経験が、新自由主義に対抗する対抗構想の必要性、緊急性を改めて示している。では、新自由主義に対抗する構想は、なぜ新たな福祉国家構想なのか。福祉国家構想には、いくつかの批判や問いが予想される。

福祉国家構想への批判

第一の批判は、なぜ社会主義の戦略ではないのか、というものである。その理由は、新自由主義改革の被害を是正するために必要な措置は、労働市場規制による雇用保障と適切な労働条件の確保、社会保障制度の拡充、これを担保する大企業からの負担増と規制、大企業の過剰蓄積の法人税等の税による吸い上げと財政支出による内需拡大を柱とするが、これら政策は、資本主義的生産関係を維持したまま、大企業規制を行う社会民主主義で実現可能であるからだ。

もっとも、一九七〇年代末からの新自由主義的資本主義の時代には、それ以前の福祉国家型資本主義の時代にみられた、資本に対する国家の規制がこれまた国家の手で広範に緩和され、また企業のグローバル化も進展しているので、福祉国家型規制を行うには、社会の全領域にわたる規制の再強化が不可欠となり、相当大規模な、しかも長期にわたる蓄積規制の時代が続かざるをえない。

しかし、この長期にわたる規制の経験を経て、市場的関係を社会に埋め込む作業がなければ、次の段階に進むことはできない。

予想される第二の批判は、経済グローバリズムが進展し企業活動がグローバル化している時代には、国民国家の権力は制限されており、強い国家による規制を想定する福祉国家構想はアナクロニズムではないかというものである。しかし、この批判は、現代資本主義における国家の役割を過小評価している。新自由主義は決して、巷間いわれるような「市場原理主義」でも、「小さな政府」でもない。多国籍企業も、自国の国家権力の全面的支援なくして、何の活動もできない。新自由主義国家は多国籍企業のための既存規制の撤廃、企業のリストラのための支援、企業蓄積にみあった新たな市場創出をめざす政策という形で全面的に大企業支援措置を執り、また外交関係においても、進出企業が他国で自由な活動ができるような、FTA、EPAの締結、自由市場秩序維持のための軍事分担等、あらゆる形で大企業活動を支援する強い国家である。

たしかにグローバル金融の活動の規制には、一国では有効な対処はできないが、それも含めて、国家のイニシアティブが新自由主義を支えている。新自由主義は福祉国家型資本主義にもまして国家の支援がなければ機能しないし、多国籍企業の競争力とは、自国の国家権力の強さによるところが少なくない。

したがって逆に、大企業規制と福祉国家政策のために国家権力の梃子を使うことは不可欠であり、その点から福祉国家戦略は、福祉国家戦略としての側面を持つ。グローバルな市民運動の連帯行動はそれをいくら積み重ねても、それだけでは新自由主義に終止符をうつことはできない。

また、第三に、このグローバル時代の国民国家限界論の延長線上に、国家が福祉国家戦略に基づいて、大企業に対し規制をかけ負担を課しても、大企業は外国に逃げてしまうから無効だという反論もある。これが、むしろ福祉国家戦略批判の主たる論拠かも知れない。

たとえば神野直彦は、大企業に対する法人税負担増により、大企業は瞬時に海外逃避を行うというが、これは全く論証できない。紙幅の関係でくわしい検討は別稿に委ねるが、日本企業の海外展開の主たる動機は労働コストの安さ、他国市場の占有などで、税負担増の回避のためという理由は下位に止まっている。また、法人税引き下げを行っても、企業はその余剰を設備投資には回さない。外国企業の日本参入の障害となっている要因でも、税負担の大きいことは下位の順位に過ぎない。つまりグローバル企業は法人税負担の如何で企業行動を決定しているわけではないのである。

なぜ、「新しい」福祉国家なのか？

では、なぜ福祉国家戦略に「新しい」とつけるのであろうか。

まず、冷戦期の旧い福祉国家は、アメリカを盟主とする帝国主義連合と社会主義圏の対峙の下で、アメリカ帝国の陣営の一員として存立し、その意味で軍事国家でもあったことである。アメリカは社会主義圏の拡張阻止のために、西ヨーロッパ諸国の軍事力を肩代わりし、その分を福祉支出に回させることで、西ヨーロッパ福祉国家を支えた。新しい福祉国家は、そうしたアメリカ帝国の多国籍企業本位の市場づくりに反対し、平和を展望する。

また、旧い福祉国家では、フォード主義的生産体制の下、大企業もその安定した蓄積確保のために、福祉国家が課する負担と規制を受け入れてきたのだが、ほかでもなくその大企業が蓄積の再建のために、福祉国家を捨てて新自由主義の路線に踏み込んだ。とすれば、新しい福祉国家は、新自由主義によって改変された雇用と社会保障の再建のためにも強い大企業の抵抗を抑えることでしか、福祉国家政策をとることはできないのである。

さらに、新しい福祉国家戦略は、旧い福祉国家と、その担い手を大きく異にする。旧来の福祉国家の最大の担い手であった重化学産業部門の労働組合はいまや、福祉国家戦略の中心的担い手を占めることはない。企業主義労働運動が支配した日本では、いっそうそのことが当てはまる。

新しい福祉国家戦略の第一の担い手となるのは、新自由主義によって困難を抱えている中小地場産業部門の労働者と、新自由主義により生み出された、いまや労働者の四割に及ぶ非正規労働者、さらに新自由主義により企業社会とは異なる差別と過酷な処遇に直面している女性労働者などの連合である。組織論的にいえば、全労連や全労協、非正規労働者を組織している個人加盟ユニオンなどの労働組合であり、また、地域の地場産業、構造改革に反対する結節点となっている地域労連などの地域労働組織である。

担い手の第二の構成部分は政党である。この面では、新しい福祉国家戦略では共産党が社民党とともに加わらねばならない。その意味では六〇年代後半に展開した革新自治体型共闘がバージョンアップされたものとなろう。

担い手の第三の構成部分は、従来、日本の成長促進国家を支えてきた農協や医師会、さらには地場産業、農業などの部門、さらに非効率産業の経営者などである。これら諸階層が福祉国家建設の担い手となる点も、旧い福祉国家との決定的な違いである。

最後に、新自由主義による地域破壊や市町村合併に反対している地域の良心的保守層も新しい福祉国家戦略の担い手となる。これら諸階層は新自由主義の攻勢で大企業が過剰蓄積をする反面、地域が哀退し、そこに、TPP問題や原発再稼働問題が出てくる中で、急速に反新自由主義の志向を強めている。

こうした新しい福祉国家戦略を、改めて、要約しておきたい。

新しい福祉国家戦略は、日本ではいまだ実現したことのない社会民主主義の実現を正面から課題とする。この社会民主主義の担い手は、旧い福祉国家の担い手とは全く異なり、新自由主義によって困難を抱え込まされた労働者―とりわけ女性労働者、非正規労働者、地場産業、農業部門、高齢者、子どもという、反新自由主義の連合である。また、新しい福祉国家戦略は、新自由主義の下で広範な社会層を切り捨てるため権威的再編にさらされている自由民主主義を再生・強化する課題をも受け持つ。その意味では、自由民主主義の再生の課題を引き受けるものである。

新しい福祉国家は、野放図に世界を駆け回り地域を破壊し格差と貧困を蓄積させている多国籍企業のグローバル市場秩序の変革をめざすものであるから、その課題の実現は、一国レベルではとうてい覚束ない。少なくとも、EU連合とアジアの諸国との共同が不可欠であり、そのためには、大きな政治力が必要となろう。新自由主義がもっとも「成功」し、それだけにその困難と社会の破綻が深刻化している日本で、まず新しい福祉国家に踏み出すことの意義は大きい。

(1) 加藤栄一『現代資本主義と福祉国家』ミネルヴァ書房、二〇〇六年。
(2) 清水慎三『日本の社会民主主義』岩波新書、一九六一年。
(3) 鈴木安蔵編『現代福祉国家論批判』法律文化社、一九六七年。

6

二つの国民的経験と新自由主義をめぐる対抗の新段階

――新自由主義政治転換の構想と主体形成に焦点をあてて

［二〇一二年四月執筆］

はじめに

二〇一一年、私たちは、二つの「国民的」経験をした。一つは言うまでもなく、三月一一日の大震災、原発事故であるが、もう一つは、二〇〇九年から始まった民主党政権という経験である。これら二つの経験は、いずれもこの間日本の政治・経済を覆ってきた新自由主義政治の害悪という時代的刻印を押されており、したがって、そこからの教訓はどちらも、新自由主義の政治からの脱却の必要性・緊急性を示している。

また、リーマンショック以降の世界経済の不況、アラブ革命、ＥＵ金融危機、九九％の社会運動などは、新自由主義からの脱却の必要性が世界的にも顕在化していることを示している。

しかし、いかに新自由主義の弊害が顕在化しても、新自由主義に対するオルタナティブな政治体制が誕生しなければ、新自由主義の時代が終焉、転換に向かうことはない。リーマンショック以降新自由主義の破綻が語られ新自由主義からの脱却の声と期待に乗って、アメリカではオバマ政権が、日本でも民主党政権が誕生した。ところが、これら政権も、新自由主義の弊害に対する是正の意欲は持ちながら、結局新自由主義への回帰を余儀なくされた。民主党政権の実験の惨めな破産は、新自由主義サイクルを打ち破り、新自由主義に終止符を打つには、それに代わる明確な対抗構想を持った政権の樹立とそれを担う主体形成が不可欠であることをあらためて示した。

報告では、以上の問題関心に立ち、日本における新自由主義転換の実験として、民主党政権の成立とその変節に焦点をあてて分析する中で、日本において新自由主義政治を転換させる主体がいかに形成されているか、その特質と限界を析出し、新自由主義に代わる対抗構想を展望したい。

一　日本の新自由主義の特質と民主党の形成

1　軍事大国化と新自由主義改革の併行

冷戦終焉後、世界政治経済の激変と経済グローバル化の下に始まった日本の新自由主義は二つの特徴を持っていた。この特徴は、ほかでもない民主党という政党の形成・転換や日本での新自由主義転換の特殊な相貌を生み出す要因となっているので、まずこの点から検討しよう。

第一の特徴は、日本の新自由主義改革が、日本の軍事大国化＝帝国主義化と併行して遂行されたことである。戦後日本は、アメリカ帝国主義への軍事的・政治的従属の下、安保条約で米軍基地を提供し、アメリカの覇権下の自由市場に経済進出をすることで経済発展を遂げた。だが、憲法九条と強い平和運動の力で自衛隊の海外派兵は実現せず、非核三原則、防衛費の一％枠など、「小国主義」が支配し、安定した基地利用を望むアメリカもそれを容認してきた。ところが、冷戦の終焉により拡大した自由市場唯一の警察官となったアメリカは、日本の資本も世界市場での活動により旨味を享受しているのだから「一緒に血を流せ」という軍事分担の圧力をかけてきた。海外進出を本格化した日本の多国籍企業にとっても、自由市場秩序の維持は至上命令であり、この二つの要請が合流して軍事大国化、改憲の動きが台頭したのである。

その結果、日本においては、新自由主義に対する反対運動と軍事大国に反対する運動が、多国籍企業本位の世界と社会づくりに反対するという視点から連携・合流することになったのである。

2　日本の新自由主義改革が再編の対象としたのは、福祉国家ではなかった

日本の新自由主義の第二の特徴は、新自由主義が再編の対象としたのが、同じく、現代国家ではあるものの、ヨーロッパ福祉国家と異なる国民統合の構造を持つ企業主義国家であったという点である。

(1)　福祉国家と企業主義国家

もともと福祉国家とは、強い産業別の労働運動を背景に、労働者政党が政権を掌握することで確立をみた現代国家の一タイプである。それは、労働組合の産業行動で大企業の譲歩をかちとり高賃金体制を確保すると同時に、産業行動では実現できない失業保障、医療、介護、教育などの諸要求を労働組合を基盤とした労働者党政権による福祉の政治で実現することを二つの柱として成り立っていた。

それに対して、第二次大戦後の日本では、大企業が長期雇用、工職格差の一掃によって男性正規労働者を企業への

忠誠競争に巻き込むことで、労働者を企業内に統合した。

もともと企業ごとに組織されていた労働組合も、それに応じて企業主義化し、産業別運動や労働者政党の育成と労働者党政権の樹立という手段より企業の繁栄を通じて労働条件改善を図る方向をとった。企業主義組合は、開発政策などで企業支援を行う自民党政権を支持したから、労働者の増加にもかかわらず労働者政党は伸張せず、自民党政権が存続した。

自民党政権は、増大した税収を福祉ではなく経済成長で衰退を余儀なくされる地方への公共投資に振り向け、地域を自民党支持基盤として維持・培養した。こうして日本では、企業社会と利益誘導政治が統合の柱となったのである。公的社会保障は、企業内福利で「代替」されたため、福祉国家に比べ脆弱なままに放置された。

(2) 企業主義国家の新自由主義化に伴う諸特徴

こうした企業主義国家の新自由主義化は、福祉国家諸国のそれと異なるいくつかの特徴をもたらした。

一つは、日本では、政権を担ってきた自民党が新自由主義改革を遂行することになったため、みずから政権の安定基盤であった地方に対する公共投資の削減に踏み込まざるをえなかったため議員たちの抵抗に遭い、改革が容易に始まらなかったことである。そこで新自由主義改革競争を組織するために改革急進党としての民主党の育成が求められた。これが、民主党が誕生した理由であった。

二つ目は、いざ改革が始まると、福祉国家の新自由主義化と異なり、スムーズに改革が進展したことである。福祉国家の新自由主義化の場合、強い産業別労働運動の抵抗に遭い、また労働者党政権との頻繁な政権交代、福祉国家で確立した社会保障制度の基盤などが改革を遅らせジグザグを余儀なくされた。

ところが、日本では、企業社会の日本型雇用も自民党利益誘導型政治も、企業と自民党政権がみずからつくった制度であるから、その再編は、支配階級の「自己改革」として迅速に遂行された。また、企業主義労働運動も、企業の競争力強化の観点から改革を容認したため、リストラ、非正規化に対する抵抗運動は組織されなかった。

その結果、三つ目に、日本の新自由主義改革はその矛盾の顕在化に独特な特徴を持ったことである。第一は、矛盾の顕在化が劇的な形をとったことである。日本の新自由主義改革が、福祉国家であればもっている社会保障制度の傘が脆弱な下で強行されたためである。第二は、矛盾が地方の衰退という形で現れたことである。地方の地場産業や農業は、自民党政権の開発主義政策によりすでに衰退を余儀なくされていたのを利益誘導型政治によってカバーされていたが、新自由主義による公共投資削減、地方財政支出削減は、地方の衰退を加速化、顕在化させたからである。

こうした新自由主義改革の特徴が、世界的にはきわめて珍しい新自由主義急進党としての民主党を誕生させたのである。

二　民主党はなぜ転換し、なぜ躍進したか――運動の力と新自由主義転換への萌芽

ところが、民主党は、二〇〇七年を境に反新自由主義政策に転換し軍事大国化にも消極的な政策に転じた。この転換が国民の支持を受けて民主党の躍進と政権交代へと結びつくのである。急角度の転換を促したのは、矛盾の爆発の日本的特徴と二つのタイプの運動であった。

1 反新自由主義運動の展開とインパクト・その1——軍事大国化反対運動の影響

日本の新自由主義改革が同時に帝国主義化・軍事大国化をめざしていたことに対応して、日本では、軍事大国化と自衛隊派兵反対運動が先行し、その隊列と重なりあいながら反新自由主義運動も形成されるという特徴が生まれた。そこでまず、平和・護憲運動から見ていきたい。

(1) 九〇年代平和運動の新しい特徴

一九九〇年代の新たな軍事大国化に直面して、平和運動は新しい特徴を帯びた展開を見せた。結論から言うと、この九〇年代平和運動の新しい展開が、二〇〇〇年代に入って九条の会運動に結びつき、反新自由主義運動に受け継がれていった。

九〇年代の平和運動の最大の特徴は、八〇年代から台頭した無党派市民運動が、冷戦終焉、社会党の解体を受けて、政党と一線を画しながら、二つの変化を示し、従来の市民運動の幅を大きく広げたことである。

一つは、無党派市民運動同士が従来の垣根を越えて、連携する動きを見せたことである。市民運動は、小規模な運動体が乱立し、なかなか相互の連携がとれないことを大きな特徴としていたが、この克服をめざす動きが現れたことである。その一つの例が、一九九六年から始まった「市民運動全国交流集会」の動き(**資料1・章末に一括掲載**)であり、ここでは無党派市民運動の四〇団体が結集して交流と連携が始まった。その試みの中から、一九九九年「許すな!憲法改悪・市民連絡会」(1)が結成され、二〇〇の市民団体・労働組合、五〇〇名の個人が参加する運動を展開している。

二つ目の変化は、こうした無党派市民運動が蝶番となって、共産党、社民党、新社会党などの諸政党の連携が追求されるようになったことである。その象徴が、二〇〇一年以来、毎年五月三日の憲法記念日に開かれる「五・三憲法集会実行委員会」による集会である。この集会には市民運動のイニシアティヴで、共産党、社民党、新社会党の代表が顔をそろえた。

(2) 「九条の会」運動の四つの特徴

こうした九〇年代平和運動の蓄積をふまえて、二〇〇四年六月、九人の呼びかけ人により全国に九条の会の呼びかけがなされ、九条の会運動が始まった。(2)

その第一の特徴は、九〇年代以降の自衛隊の海外派兵反対運動の全国展開をふまえ全国で党派をこえて、七五〇〇の組織が結成され(資料2)、ほぼ全国をくまなく組織し、数の力を示したことである。これが、長いところで八年、短いところでも数年の活動を続けることで、世論の変化にも大きな影響を与えた。

第二の特徴は、この運動が九条の改悪反対の一点での共同という点を意識して前面に押し出すことで、安保条約や自衛隊を認めるが、九条の改悪による自衛隊の海外での戦争は許せないという市民層をも結集したことである。たとえば新潟県加茂市では、防衛官僚出身の市長・小池清彦が九条の会の呼びかけに賛同したが、その理由は、「自衛隊のプライドを守る」というものであった。

第三の特徴は、九条の会が、組織論として小学校区単位での結成を呼びかけ、しかも活動を継続する中で、地域に定着し、地域の諸問題を取り組む運動上の拠点となったことである。

九条の会は、地域共同体の解体が進み職場単位の九条の会が多い東京においてすら、**資料3**でみるように、全都九〇八組織の内三四〇が地域組織であり、これは二三区部で三六%、市町村では四四%を占めている。地域九条の会では、地域の宗教者、芸術家などの「名士」を呼びかけ人にそろえ、市町村長などの参加を求めているところも少なくない。

東北地区では、宮城県下の首長などの呼びかけで二〇〇七年に「憲法九条を守る首長の会」が結成され、その下で、秋田県の「憲法九条を守る秋田県市町村長の会」など東北各県で、首長が九条の会を結成・活動している。(3)

こうした地域九条の会による地域の運動の活性化は、地域の市町村合併をはじめとした地方の構造改革に反対する運動、あるいは地域労連とタイアップしての反貧困の運動、TPP反対の運動、地域の原発ゼロの運動などに発展している。

第四の特徴は、九条の会が中高年世代、女性を多く組織している点である。**資料4**は、二〇〇八年に開催された九条の会の宮崎セミナー、松江セミナーでの参加者アンケートを集計したものであるが、これをみると、どちらも、最多参加帯は六〇代であり、それに五〇代が続いている。宮崎の場合(五二・二%)も、松江の場合(六一・六%)も五〇代、六〇代だけで参加者の過半数を超えている。

しかも、女性の比率が高いこともみてとれる。

第五の特徴は、こうした九条の会の全国的広がりに鼓舞されて、平和運動の全国的活性化がもたらされたことである。二〇〇四年の自衛隊のイラク派兵に反対して、全国一二地域、五八〇〇人が原告となって裁判が闘われ、名古屋高裁では派兵違憲判決を勝ち取った、派兵差し止めの違憲訴訟はその一例である。

(3) 九条の会運動の与えたインパクト

こうした平和運動、とりわけ九条の会型の運動は、政治、社会に大きな刻印を押した。

第一は、九条の会運動が世論に大きな影響力を与えたことである。

九条の会の結成数と読売新聞が毎年行っている世論調査における改憲反対派の推移を重ねて見ると（**資料5**）、九条の会の増加とほぼ同一カーブで改憲反対派が増えていることが分かる。そして、九条の会の数が七〇〇〇を越えた二〇〇八年には改憲反対派が改憲賛成を上回る事態が生じた。運動と改憲反対世論とが強い相関関係にあることが分かる。

第二の影響は、九条の会の拡がりによる世論の変化を感じて、政府の明文改憲方針が頓挫したことである。世論調査で改憲賛成派が改憲反対派に逆転されるような事態が起これば、改憲を提起することは危険この上ないからである。

第三の影響は、ほかでもなく、民主党の憲法政策に影響を与えたことである。

もともと、民主党の憲法政策は当初は党内で一致しなかったものの、政権に近づくにつれ改憲に積極的となり、踏み込んだ対応をするようになっていた。**資料6**をみると分かるように、二〇〇一年には「論憲」、二〇〇三年に「論憲から創憲へ」、さらに二〇〇四年の党憲法調査会の「憲法提言中間報告」では、恣意的解釈による「憲法の空洞化」を横行させないという口実の下、九条改憲にも踏み込んだのである。

二〇〇五年は、民主党の改憲姿勢の頂点であった。〇五年の総選挙におけるマニフェストで民主党は改憲発議のため国会での三分の二の合意の達成の必要にまで言及し、そのため、「国会におけるコンセンサスづくりにも、真摯に努力します」と明記した。また同年の「憲法提言」では、九条改憲に踏み込み、九条に「制約された自衛権」を明記し、国連の「集団安全保障」を認める規定を入れることも提案した。

ところが、九条の会が伸張し安倍改憲が挫折する二〇〇七年から、民主党は憲法政策を変え、改憲についての賛否を留保するに至ってしまった。二〇〇七年のマニフェストでは、「民主党は二〇〇五年秋にまとめた『憲法提言』をもとに、今後も国民の皆さんとの自由闊達な憲法論議を行い、国民の多くの皆さんが改正を求め、かつ、国会内の広範かつ円満な合意形成ができる事項があるかどうか、慎重かつ積極的に検討していきます」（傍点引用者）と、改憲から大きく後退したのである。

2　反新自由主義運動の展開とインパクト・その2

(1)　企業主義にからめとられない労働組合の反新自由主義運動

日本の新自由主義改革の大きな特徴は、先述のように、民間大企業の労働運動が新自由主義の抵抗体にならなかったことであるが、その結果、一九九五年から雇用の非正規化が急速度に進行した（**資料7**）。それに対し、全労連傘下の労働組合が中心となりながらナショナルセンターの枠をこえて労働組合による反新自由主義運動が台頭・昂揚した。

その第一が非正規労働者の組織化である。[4] その一つの例は、単産の個人加盟労組による非正規労働者の組織化や、ローカルユニオンによる非正規労働者の組織化の進展である。

全労連による非正規労働者の組織化方針は、二〇〇〇年の一九回大会から始まった。二〇〇二年の二〇回大会でローカルユニオンの組織化を位置づけ、二〇〇四年の二一回大会では、中期計画第一次案を出し、労働者オルグの派遣のための「基金」設置、常設労働相談センターの設置、ローカルユニオンの育成の三方針が出された。

ローカルユニオンは、産業・業種・雇用形態を問わず、個人加盟で地域の労働者を組織し、リストラ、雇い止め、パワハラ、セクハラなどの問題を取り上げて、地域横断的に闘う組織であるが、リーマンショック後の急拡大もあって、二〇一一年六月現在では、四一都道府県、一六五組合、一万一七一七人の組織化に成功している（**資料8**）。

第二が、県労連や地域労連など、労働組合の地方組織による、新自由主義による地域破壊に対抗する社会運動の組織化である。県労連などがＴＰＰや地域主権改革など新自由主義攻撃に反対する地域の運動の蝶番になっている。これは、平和運動分野で九条の会が地域を拠点にした活動を展開しているのに対応している。

第三が、新自由主義による攻勢に対し、ナショナルセンターの壁を越えた連帯の動きが台頭し、連合と全労連、全労協の三ナショナルセンターの共同行動が追求されたことである。とくに、リーマンショック以降の派遣切りの横行に対して、全労連、全労協に加え連合傘下の組合が労働者派遣法抜本改正の共同行動に取り組んだ。[5] これが、連合を通じて民主党の政策転換を促す梃子となった。

⑵ 社会運動における反新自由主義の昂揚

労働運動の昂揚と並行して、社会保障運動、反貧困の運動も新たな展開を見せた。

第一に、反貧困の社会運動と労働運動の連携が模索、形成されたことである。二〇〇八年末に、労働者派遣法抜本改正の取り組みの延長上で企画された「年越し派遣村」[6] はその典型例である。

第二に、新自由主義的立法、制度改悪に対し、憲法を武器にした集団訴訟運動が取り組まれ、社会・政治に問題を提起したことも、この時期の運動の特徴であった。障害者自立支援法に対しては、全国一四地域で違憲訴訟が相次いで提起された。[7] また、生活保護の老齢加算廃止、母子加算廃止に対する違憲訴訟も、全国一〇地域で提起された。

これらの運動は、裁判闘争と並行して、それを圧力にしながら意識的に政治を変える働きかけを追求した。これが、あとでも触れる自立支援法廃止の基本合意、母子加算復活などの形で新自由主義政策に歯止めをかける動きを作り出したのである。

第三に、これら社会運動が、労働組合と共同して、共産党、民主党、社民党の野党共闘を促進し、さらには、議員オルグ、とりわけ民主党議員オルグに力を入れるなど、政治を変える動きを意識的に追求したことである。これが、民主党の中堅議員を変え、党内に福祉実現に力を入れる集団をつくった。

(3) 矛盾の爆発と運動の昂揚による影響——民主党の二段階「革命」

こうした反新自由主義運動は、小泉構造改革による矛盾の劇的顕在化、それに対するマスコミの報道と相俟って、政治に大きな影響を与えた。一つは自公政権の中に漸進派を生んだことであり、もう一つが民主党の転換を促したことである。第一の影響については省略して[8]、第二の、民主党の転換についてみておこう。この転換は二段階で進められた。

2007マニフェスト　第一段階は、二〇〇七年の参院選に向け発表されたいわゆる小沢マニフェスト（**資料9**）でなされた転換である[9]。

このマニフェストには二つの特徴があった。

第一は、民主党が構造改革批判の視点を鮮明にしたことである。福祉支出の拡大、農家戸別所得補償、消費税の引き上げ凍結などに、それがあらわれていた。

第二は、マニフェストが、とくに構造改革による地方の衰退、疲弊に焦点をあてたことである。**資料9**の小沢マニフェストの冒頭にあるフレーズ「人が、くらしが、地域が壊れていく。」は、このマニフェストの視点を象徴していた。

この転換を領導した小沢一郎の戦略は、地方構造改革で疲弊した地方を自民党から引きはがし民主党に獲得するというものであった。その目論見どおり、二〇〇七年の参院選で、民主党は圧勝するが、その主たる要因は、ほかでもなく構造改革の打撃を受けた諸県から成る二九の地方一人区における民主党（国民新党との連合軍）の二三勝六敗という圧勝にあったのである。

2009マニフェスト　しかし、民主党の転換はここに止まらなかった。小沢退陣後の鳩山代表下での二〇〇九年総選挙において、民主党はさらに反新自由主義の方向を鮮明にしたのである[10]（**資料10**）。

いわゆる鳩山マニフェストの特徴は以下の諸点にあった。

第一に、反新自由主義の方針がさらに鮮明化し、とくに、小泉政権期に強行された新自由主義政策で民主党が判断を保留していたものについても明確な反対の方針が打ち出されたことである。

その一つは、障害者福祉政策、障害者自立支援法に対する評価である。**資料11**は、政府の障害者福祉に対する運動の対抗と、その下での民主党の政策の変化を示したものであるが、二〇〇六年四月に施行された障害者自立支援法に対し、民主党は二〇〇七年の参院選時には、サービス利用時の定率負担や食住費自己負担の問題点を指摘しつつも、その廃止には踏みきっていなかった。

ところが、その後二〇〇八年には自立支援法違憲訴訟が全国八地裁に集団提訴がされ、その後も訴訟が相次ぐなどの盛り上がりをみせる中で、二〇〇九年の政策では、自立支援法の廃止、「障がい者福祉法」の制定を主張するに至ったのである。

同様の転換が、労働者派遣法の抜本改正、後期高齢者医療制度の廃止にあらわれた。さらに、政府による生活保護基準の切下げ、老齢加算、母子加算の相次ぐ廃止に対し、**資料12**でみるように、二〇〇九年には、母子加算の復活にふみきったのである。

第二に、安保外交政策についても、米軍再編の見直し、普天間辺野古移転反対、さらに日米地位協定の改定などが打ち出されたことである。軍事大国化にも消極的な方向が鮮明になった。

第三に、鳩山マニフェストの変化をもたらした最大の要因が、先に述べた諸運動の圧力であった点である。民主党がそれまで態度を鮮明にできなかった新自由主義政策に対する方針が鮮明になったのはその結果であった。

ここで注目しなければならないのは、運動の圧力と民主党の政策転換を媒介したのは、党構造の変化であったという点である。(11)運動の昂揚と並行して、党内には、新自由主義を追求する執行部と小沢に率いられる利益誘導型政治派に加えて、主として中堅議員らからなる福祉施策実行派とでも名付けられる集団が形成された。この議員グループは、先に触れた反新自由主義的労働運動や社会保障運動団体などと、地域や国会内での集会を通じて接触し、政策について学習する中で、急速度に反新自由主義的態度を形成していったのである。

3 民主党マニフェストにみる政策転換の類型構造分析――運動と政策変更の四類型

マニフェストに現れた民主党の政策転換を、運動との関連で見ると、四つの類型に分けられる。(12)

(1) 運動による転換強制型

第一類型は、二〇〇七年、二〇〇九年の二段階にわたる変貌を通じて新自由主義政策についての反対の立場が確立した類型である。運動の圧力が直接政策変更をもたらした類型である。

この類型を、**資料11**の障害者自立支援法を例にとってみてみよう。

民主党政策をみると、新自由主義時代には、そもそも障害者福祉政策に対する言及自体がなかった。自立支援法が国会に提出された二〇〇五年にも、自立支援法それ自体についての評価はなかった。

それが、2007政策INDEXで初めて登場したが、まだ自立支援法の応益負担はやめて応能負担にせよという主張に止まり、自立支援法自体の反対には踏み切っていない。障害者福祉を現物給付から現金給付へ変えるという新自由主義政策に対しての積極評価が残っていたからである。

それが抜本的に変わったのが、2009政策INDEXで、ここで、初めて自立支援法廃止、当事者参加による障害者総合福祉法制定という政策が明記されたのである。その背景に、二〇〇八年に始まった自立支援法違憲訴訟の圧力があったことは明らかであった。

より劇的に転換したのは、労働者派遣法政策である。雇用・労働政策では、民主党は、二〇〇七年まで、派遣法についてひと言も触れていない。これは民主党の雇用・労働政策の基本が、労働力流動化にあったからであり、派遣法に賛同していたからと推測されるが、それが2009マニフェストで突然、製造業派遣の廃止、登録型派遣廃止を柱とする労働者派遣法の抜本改正（**資料10**）が打ち出されたのである。その背景に、年越し派遣村に見られる運動の昂揚、連合の転換、運動への民主党議員のコミットなどの影響があったことは明らかであった。

(2) 新自由主義政策体系上のトッピング的転換型

それに対して、第二類型は、民主党の既存の新自由主義的政策体系は動かさないまま、反新自由主義的目玉政策がトッピングのように入った類型である。教育政策がその典型である。

もともと民主党の教育政策は、格差と選別の教育であったが、この本体を変えないまま、二〇〇七年以降に、子どもの貧困、教育条件整備という視点から、子ども手当、高校授業料無償、高等教育の無償などが打ち出されたのである。

これは二〇〇六年以降の新自由主義の矛盾顕在化に民主党が反応した結果であった。

(3) 自民党への接近、反転急進化、再び自民党への接近・回帰型

第三類型は、民主党の政策がその伸張とともに徐々に自民党政権に近づいていたのが反転して曖昧化し、再び現実主義政策に戻る類型である。運動圧力による民主党の揺れがもっとも激しい領域である。

この領域は、第一類型と異なって、民主党は結党以後、政権に近づくにつれ、政策を現実主義化し自民党と接近していった。顕著なのが先述した憲法政策であり、また自衛隊派兵政策(13)である。

ところが、こうした方向は、2007マニフェストで修正され、憲法政策のみならず、日米地位協定、米軍再編についても再検討が打ち出された。これら政策転換の背景には、すでに指摘した九条の会の躍進など平和運動の盛り上がりと、党内の「リベラルの会」などの結集があった。

ところが、これら政策は、民主党政権の新自由主義回帰とともに三度目の転換をし、以前の現実主義化した時代にも踏み越えられなかった一線を越えて、自民党政権の安保外交政策と同様のものとなったのである。

(4) 新自由主義政策継続型

第四類型は、二〇〇七年、二〇〇九年の転換でも新自由主義政策がほぼそのまま継続した類型である。新自由主義民主党の原点が運動の弱さと相俟って継続した領域であり、政策の連続性がもっとも強い。

地域主権改革、官僚主導の意思決定体制の集権化、などがそれである。この領域の政策が継続したことが、民主党が大都市中間層、大企業男性正規労働者の支持を獲得しつづけた要因でもある。

民主党における政策と運動のこうした連関は、民主党が支配的政党として成熟していないところからくる特徴であった。

三　政権交代の政治学——圧勝から変質へ

1　民主党大勝をもたらした二つの力

反新自由主義運動と平和運動の圧力を受けた民主党の転換によって、民主党は二〇〇九年総選挙で大躍進し政権交代を実現させた。

紙数の関係で詳しい分析は省略するが、(14) 大まかにいうと、この大勝は、民主党の急進新自由主義党時代からの支持者と、転換後の反新自由主義政策への支持者という二つの全く相反する力が合流したことから生まれた。

東京をはじめ埼玉、神奈川、千葉、大阪、京都のような大都市部では、すでに民主党の新自由主義全盛の二〇〇三年から民主党の得票が自民を上回っていた。これら地域は、〇五年総選挙で、小泉急進新自由主義に破れたものの、〇七年には再び逆転している。民主党の新自由主義・自由主義政策を支持する分厚い中間層に加え、民主党の政策転換を受けて新自由主義に反発する高齢者などが加わって、民主党の大勝がもたらされた。**資料13**の東京都のグラフがそれを示している。

それに対し、二〇〇九年総選挙における民主党の大勝をもたらしたもう一つの類型がある。それは山形、島取、宮崎といった、従来自民党が得票の四〇％以上を獲得する金城湯池であった地域が自民党政権の新自由主義政策、とりわけ地方構造改革による地方の衰退に怒って反新自由主義への転換によって民主党に移動した類型である。**資料13**に宮崎県をその典型例として掲げた。

2　民主党初期政権の政策

民主党政権の初期の政策は、こうした力関係の下で実施された。

民主党政権の第一期は、部分的に保守政治の枠、すなわち新自由主義と軍事大国推進の枠を踏み破った。政策的に先行したのは、先の第二類型の諸政策、すなわち民主党が二〇〇七年の転換の際に掲げた既存政策とは、必ずしも整合性のないトッピングのような福祉関係支出であった。子ども手当、高校授業料無償化、農家戸別所得補償などがそれである。第三類型の普天間国外移転、日米間で交わされていた密約の公開・調査、イラク特措法案の延長拒否、などがそれに続いた。

難航したのは、運動の圧力で民主党が政策転換を行った第一類型の政策であった。民主党が看板に掲げていた子ども手当や高校授業料無償化などは官僚たちもあきらめていたが、第一類型の諸政策は民主党ももともと進んで掲げていたものではなかったこともあって、政策実行に対する官僚たちや財界の抵抗も強かった。こうした官僚・財界そして運動側が入り交じる攻防の下で、これら政策は当初から後退・変質を余儀なくされたのである。

3　民主党政権の変質と構造改革回帰

こうした民主党政権の保守の枠組みからの逸脱に、財界やオバマ政権は強い危機感を抱き、巻き返しにかかった。財界の反撃のイデオロギーは、「バラマキ政治による財政破綻」論であり、「日米同盟危機論」であった。新自由主義政策による大企業の繁栄以外に日本経済の成長の道はないと信じる大手マスコミもこれに同調して、キャンペーンを張った。

民主党政権の動揺が始まった。鳩山政権は、普天間国外移転を断念したものの、福祉支出、消費税引き上げ凍結などで踏みとどまったが、鳩山に代わった菅直人政権は、ほぼすべての福祉関係支出のこれ以上の拡充を否定したばかりでなく、消費税引き上げ、法人税の引き下げという新自由主義路線に回帰した。**資料14**に掲げた、二〇一〇年参院選に向けてのいわゆる菅マニフェストは、二〇〇七年、〇九年のそれとは大きく異なるものであった。

(1) 安保防衛政策の転換

民主党政権で最初に動揺したのが普天間国外移転をはじめとする安保・外交政策であった(15)。鳩山政権の時に普天間国外移転は断念され、菅政権になって普天間辺野古移転があらためて確認された。それだけでなく、菅政権は、鳩山政権時に延期されていた「新防衛計画の大綱」策定過程において、従来の民主党の安保防衛政策すら放棄し、集団的自衛権の解釈による変更、海外派兵恒久法制定、武器輸出三原則の見直しなど、自民党の安保外交政策を丸呑みしたのである。

(2) 第一類型政策の変質

すでに鳩山政権下で難航していた第一類型の政策は、菅政権下で軒並み後退した(16)。労働者派遣法抜本改正は、財界の巻き返しに遭って、連合が屈服し、製造業派遣については常用雇用の場合は認める、登録型派遣も専門業務であれば認めるという抜け穴を容認し、骨抜き法案が国会にかけられたが、これすら、自民党の呑むところとならず、店ざらしにされたあげく、二〇一二年になって、三党合意により製造業派遣禁止、登録型派遣原則禁止すら削られた法改正案が国会に上程、可決された。

もっとも激しかったのは、障害者自立支援法廃止をめぐる攻防であった。ここでも長妻昭厚労大臣がいち早く自立支援法廃止を宣言し、二〇一〇年一月に基本合意が締結され、自立支援法廃止、新法制定のための協議への当事者参加を含めた合意がなされた。他の領域と異なり、当事者が参加した会議で二〇一一年八月には「骨格提言」の合意にこぎ着けた。

ところがここでも、財務省、厚労省の巻き返しで、民主党政権は障害者団体との合意を踏みにじり、自立支援法の廃止ではなく、その手直しで済ませようと、二〇一二年三月一三日、通常国会に自立支援法の改正案を提出したのである。これは、「基本合意」違反であるのみならず、一四地裁の和解条件をも踏みにじるものであった。

4 新自由主義再起動への梃子となった三・一一

しかし菅政権は新自由主義回帰を宣言したものの、実際には新自由主義政策はまったく進まなかった。二〇一〇年七月の参院選で民主党は大敗し、財界のいち早い支持声明で政権は延命したものの、菅にはもはや新自由主義政策を強行する政治力は残っていなかったからである。

そこに、三・一一の大震災と原発事故が起きたのである。

三・一一の被害の深刻さと復旧・復興の遅れは、新自由主義改革と大企業本位の政治がいかに震災以前から地域を壊していたかを如実に示し、真の復旧・復興のためには、新自由主義政治により破壊される以前の地域の復活が必須であること、さらに原発立地地域では原発に依存しなくとも生きていける地域の再生が不可欠であることを示唆していた(17)。だが、民主党政権は逆に、三・一一を機に新自由主義への再起動のアクセルを踏んだ。

民主党政権は、新自由主義の再起動の焦点として次の三つの領域を選んだ。

新自由主義再起動の焦点の第一は、被災地であった。菅政権は被災地の復旧・復興に名を借りて東北地方を多国籍企業の活動拠点に変えようというとりくみを始めたのである。[18]

第二に、民主党政権が新自由主義復帰の焦点としたのが、「社会保障と税の一体改革」であった。[19]

そして第三が、大企業の蓄積した内部留保の再投下先としての市場の拡大・創設政策であった。ここでめざされたのが、ＴＰＰ参加と、原発輸出促進のための原発再稼働であった。

四　新自由主義転換の構想と主体形成

1　民主党政権の変節、新自由主義サイクルへの逆戻りの原因

反新自由主義の運動に促迫された民主党の転換とその転換民主党への期待によって実現した民主党政権は、発足二年半して、一回転し、新自由主義改革の再起動に向かっている。ではなぜ民主党政権はかくも無残な転向を余儀なくされたのか。この検討を行う中で、反新自由主義運動の課題を析出する。

(1)　政権交代を促した運動の停滞と党内福祉実現派の解体

大きな第一の要因は、運動に関わるものである。

その一つは、政権の新自由主義、日米同盟からの逸脱の危機に対する財界およびアメリカの巻き返しを押し返し、民主党政権を前に進めるだけの力を運動が持ちえなかったことである。運動は政権誕生後、官僚や財界の政策変質へ

の圧力に対抗し、新たな段階に入らなければならなかった。それは、個々の新自由主義制度廃止後、それに代わる福祉国家的な制度の具体案を作成し政権に提示すること、運動側の意思を恒常的に政権に反映させるための制度づくりを提案し、その実現をめざすことであったが、一部を除いて、そこには至らなかった。

その二つ目は、運動と党政策を媒介した党内の福祉実現派の解体である。党内の福祉実現派は政権獲得後、二つの要因から急速に消滅し、民主党は、反新自由主義運動に応える党内の力を喪失したのである。

第一は、政権獲得後、幹事長になって実権を掌握した小沢が、政治主導の名の下に行った党改革である。小沢は、一方で議員や官僚と陳情団体との接触を禁止し、自民党を干上がらせて、民主党の利益誘導網を作り上げようとしたが、同時に、民主党内でも議員に陳情団体や官僚との接触を禁じ、それを小沢が独占する体制を作った。こうした党改革は、ただでさえ地元民との接触の弱い民主党議員には致命的な打撃となった。民主党議員が労働組合、障害者団体、医療団体などとの交流ができなくなったため、議員が運動の圧力を受けて成長する契機がなくなったのである。

その第二は、小沢派と反小沢の新自由主義派との激突の中で、福祉実現派が解体を余儀なくされ、両派に吸収されてしまったことである。

民主党政権の転向をもたらした運動に関わる要因の三つ目は、小選挙区制度と保守二大政党制の定着の下、共産党や社民党など民主党の左に位置する反新自由主義政党の議会での力の増大が図れなかったことである。

二〇〇九年総選挙で、民主党とともに、共産・社民党が伸びていれば、民主党政権のかかる後退に対する歯止めとなったが、両党は二〇〇九年総選挙でも翌二〇一〇年の参院選でも低迷し、民主党政権の新自由主義回帰の歯止め勢力となることができなかった。

(2) 新自由主義に代わる体系的な対抗構想の欠如

民主党政権の変質を促した大きな要因の第二は、民主党政権が、新自由主義に代わる、オルタナティブな国家構想を持ちえず、新自由主義国家構想を維持していた点である。

先に見たように、運動の圧力で、民主党はかなりの領域で政策の点検と転換を余儀なくされたが、いずれも新自由主義の弊害是正のための個別的方策に止まり、その財源、国家意思決定システム、地方自治体と国家のあり方などの点では、新自由主義的路線を堅持していた。これが、財政破綻や日米同盟危機論を振りかざしてのマスコミの攻勢を受け入れざるをえなくなった最大の要因であった。

以上から得られる教訓は二つ。運動のバージョンアップと、新自由主義に代わる体系的な対抗構想の提示である。

2 新自由主義転換の体系的構想の必要性と緊急性——新たな福祉国家構想の提示

まず、新自由主義に代わる体系的な対抗構想とはいかなるものか、その点から検討したい。

第一に指摘しなければならないことは、対抗構想は民主党政権の実験からも明らかなように、部分的な単発の政策ではダメで、新自由主義システム全体を変革する国家レベルの構想でなければならないということである。構想は、雇用、社会保障のあるべき制度、それを支える財源と大企業規制の仕組み、多国籍企業でなく地場産業、農業中心の地域循環型の経済制度、原発抜きのエネルギー政策、民主的な国家・自治体、そして日米軍事同盟に代わる平和保障の制度など、有機的な一体で提示されなければならない。

第二に、その体系的な国家構想は、新たな福祉国家構想である[20]という点である。ではなぜ、新たな福祉国家なのかという点を、いくつかの予想される問いに対し答える形で検討したい。

⑴ 福祉国家戦略と社会主義戦略

福祉国家戦略に対し予想される質問の第一は、なぜ社会主義戦略でなく福祉国家戦略なのかというものであろう。

これまでの検討から明らかなように、新自由主義下の日本社会の困難の中心は、福祉国家が未成立であったことも災いして、①正規従業員のリストラ・非正規化の進行による雇用破壊と、②失業者、高齢者、子どもなどに対する社会保障制度の削減の二点にあるといってよい。労働市場を統制し、労働条件を引き上げ、大企業の野放図な活動に規制をかけ、社会保障制度を整備し、財源は応能負担と大企業からの負担で賄うという、これら課題は、資本主義的生産関係を廃棄せずとも、民主的権力の下で福祉国家を実現することで達成可能であり、新自由主義と日米軍事同盟に反対する諸勢力の連合による福祉国家の樹立が目標となる。新自由主義に反対する広範な諸階層を担い手とする民主主義戦略である。

アメリカ帝国主義によるヘゲモニー下のグローバル経済と新自由主義世界の下で、これを実現するためには、大企業のあらゆる抵抗に抗しうる強大な政治力が必要であり、そのためにも民主的権力の樹立が不可避である。

⑵ 福祉国家か福祉社会か――グローバル経済と国民国家

福祉国家戦略に予想される反論、疑問の第二は、グローバル経済の展開により、各国の国民国家の規制力が低下している中で一国的変革は無理ではないかというものである。多国籍企業に課税しようとしても海外逃避で逃げられるし、規制の強化は、多国籍企業の海外移転により産業の空洞化を増すだけだ、という反論である。そこから福祉国家的構想をあきらめて、大企業の蓄積体制の下で、福祉のやりくりをする「福祉社会」あるいは「第三の道」論が唱導される。

しかし、グローバル経済下でも国民国家の権力はけっして小さくはない。現に、新自由主義政策のために国家は大量の関与を行っており、多国籍企業自身が自国の強大な権力抜きには世界で活動することなどできない。新福祉国家戦略は、こうした大企業支援国家の権力を大企業規制に転換する戦略である。

(3) なぜ新たな福祉国家戦略なのか

第三の疑問は、なぜ「新たな」という修飾語をつけるのか、という問いである。それは、一言で言えば、旧い福祉国家の限界を克服することが不可欠だからである。

第一に、旧い福祉国家は、冷戦期に帝国主義陣営の盟主となったアメリカが、社会主義圏と対峙するために容認した国家であり、アメリカはそれを支えるために、西ヨーロッパ諸国に多額の援助を行うとともに自ら軍事分担を肩代わりした。その意味では、旧い福祉国家は冷戦と帝国主義と不可分の関係にあった。それに対して、新たな福祉国家は、帝国主義とアメリカのグローバルな市場秩序に対抗する構想であり、反帝国主義、平和国家をめざす。

第二に、旧い福祉国家は、フォード主義体制下で、労働者階級に若干の譲歩をしても市場が拡大し、労使関係が安定することで蓄積が確保されるという利益を優先し大企業が容認する体制であったが、新しい福祉国家は、大企業が蓄積再建のために福祉国家を捨てて新自由主義に走った後の段階で追求されることから、大企業との激しい闘争が必要であるということである。

第三に、旧い福祉国家は、産業別の組織された労働運動を背景に作られたが、新たな福祉国家の担い手は、新自由主義の被害を被っている非正規労働者、女性労働者、低処遇正規労働者、高齢者から地場産業、中小企業家も含めた〈周辺〉連合となることである。

(4) 新たな福祉国家戦略の日本的特殊性

新たな福祉国家戦略は、先進資本主義諸国の共通の変革戦略となると考えられるが、日本で、この戦略を打ち出すには、二つの特殊性がある。

その第一は、日本では福祉国家は成立したことがなく、企業社会と利益誘導政治を柱とする企業主義国家であったために、新自由主義の弊害が深刻化している。そのため日本ではヨーロッパ諸国がすでに持っている、失業保障をはじめとした社会保障制度から作らなければならないという特殊性である。

第二は、日本では憲法が、二五条の生存権、二六条の教育を受ける権利、二七条の勤労権に加え九条の平和条項を持っているため、新たな福祉国家構想の目標を憲法の実現という形で打ち出せることである。

3 新自由主義転換の主体形成の萌芽と展望

最後に、こうした新自由主義転換の主体形成の日本的特徴について検討したい。

(1) 労働組合の組織化と主体形成

福祉国家の実現の原動力となった労働運動の脆弱な日本において、新自由主義を転換する担い手形成という課題は大きくて困難である。

新自由主義転換の主体形成の第一の課題は、労働運動の組織化と強化である。日本では企業主義労働運動のナショナルセンターである連合が、総体として反新自由主義の主体となることは難しいが、連合傘下組合は決して一枚岩でなく、新自由主義と闘う組合も存在する。
それら連合傘下組合、全労連・全労協傘下の労働組合、とりわけ全国各地で台頭しているユニオン運動による低処遇正規や非正規労働者の組織化の努力が、基軸をなす。

(2) 反ＴＴＰ、反原発運動に見られる九条の会型運動の普遍化

第二の課題は、労働者と並んで、新自由主義による社会保障の削減に直面している諸階級の反新自由主義国民連合の形成である。この課題の達成に関しては、九条の会が切り拓いたいくつかの教訓を普遍化する必要がある。とくにその中でも、地域の構造改革により営業や生活を脅かされている良心的保守層との連携を図ることは、反新自由主義連合にとって死活的課題である。地域を拠点に新自由主義に代わる秩序を求める運動に注目したい。ＴＰＰ反対、原発ゼロ、病院統廃合反対、公契約条例、非核都市宣言を求める動きなどが、それである。

その典型例がＴＰＰ反対運動に見られる。ここでは、かつては自民党政権の利益誘導政治の基盤であり、政権交代後、民主党にすり寄ってきた農協や医師会が、地域の産業を守るという点で、労働運動と共闘する状況が生まれている。しかもその展開の中で、ＴＰＰ反対は反新自由主義運動に発展している。さらにこの運動は、グローバル化に反対する新保守イデオローグをも結集し広がりをみせている。

三・一一を経て、反新自由主義の運動に大きな力を発揮しているのが、反原発の運動である。三・一一を機に反原発で全国四一四五か所で一一万一五〇〇名が集った。

この第二の課題では、九条の会型の党派を超えた連携の模索が進んでいる。しかも参加層は九条の会を超える。九条の会運動の中核をなしている中高年層に止まらず、雇用・貧困に強い関心を持つ青年層、さらに若い子持ちの母親・父親が反原発運動に参加している。これら反原発に参加している層は、階層的には都市部中間層、新自由主義に

親和的な市民層をも含んでいることが特徴である。この反原発運動参加を通じて、参加者が反新自由主義の連合に参加する可能性を持っている。

⑶ 地域と再建主体

以上のような諸課題での連携を通じての主体形成に関して、とくに新自由主義に対抗する拠点として地域が主体形成の基軸的位置にあることに注目する必要がある。

地域は、二重の意味で新自由主義転換の焦点である。第一は、地域が新自由主義国家の基礎単位と位置づけられている点である。民主党政権は、地域主権改革の名の下、地方自治体に新自由主義改革の責任を丸投げし、地方自治体に福祉の削減の責任を押しつける手法をとっているからである。また、被災地域においても、その復興を新自由主義的地域づくりの先導モデルにしようとしている。

第二に、逆に、新自由主義に対する新たな福祉国家の経済・生活の単位は、地域にならざるをえない点からも地域の重要性がある。生活に不可欠な生産、地場産業や教育・福祉は、地域を単位に、その自治体公共部門を軸に運営されることが望ましい。

現に、たとえば九条の会は小学校区単位で組織され、地域を単位に展開されている。ローカルユニオンや地域労連も、地域を単位にその労働者の要求と組織を重視している。

まとめにかえて

報告者はこの二〇年近くにわたり新自由主義に正面から立ち向かうことを訴えてきた。その間絶えず新自由主義の過小評価や、〝新自由主義は挫折した〟という言説と闘わざるをえなかった。

しかし、同時に、なんでも新自由主義のなせる技という形で新自由主義をブラックボックスにしてはならないという思いもある。

運動が、新自由主義の堅氷を割る営みを歴史研究者は見逃してはならない。本報告が、日本におけるその最初の実験である民主党政権を素材にそれを探ったのも、かかる意図からである。

（1）「許すな！憲法改悪・市民連絡会」は一九九九年の五月三日（憲法記念日）、全国各地の草の根の市民団体や、民主的な団体が多数賛同して発足した。この市民連絡会は憲法改悪とそれにつながる動きに反対し、広範な共同のネットワークづくりをめざしている。二〇一二年現在、北海道から沖縄まで大小約二〇〇の市民団体や労働組合と、個人として五〇〇名をこえる市民が参加している。共同代表は当初奥平康弘（東京大学名誉教授）・暉峻淑子（埼玉大学名誉教授）・高良鉄美（琉球大学法学院院長）の各氏、事務局長内田雅敏（弁護士）、事務局次長高田健（専従事務局）の体制ではじまった。

（2）九条の会についての筆者の検討は、渡辺治『憲法9条と25条・その力と可能性』かもがわ出版、二〇〇九年、本著作集第9巻、収録。

（3）憲法九条を守る首長の会編『憲法九条は自治体の力』かもがわ出版、二〇〇九年。

（4）この項は、寺間誠治氏からの聞き取りを参考にした。

（5）この点、宇都宮健児・湯浅誠編『派遣村』岩波書店、二〇〇九年、とくに棗一郎ほか「座談会　派遣村はいかにして実現されたのか」、参照。

（6）同前。また、年越し派遣村実行委員会『派遣村』毎日新聞社、二〇〇九年、も参照。

（7）藤岡毅「全国の障害者が一斉提訴」『賃金と社会保障』二〇〇九年一月上旬号、参照。

（8）漸進派については、渡辺治「新自由主義と現代日本の貧困」メディア総研『貧困報道』花伝社、二〇〇八年、所集、のち本著作集第14巻、収録。

（9）この詳細については、渡辺治「政権交代と民主党政権の行方」岡田知弘ほか『新自由主義か新福祉国家か――民主党政権下の日本の行方』旬報社、二〇〇九年、所収、のち本著作集第14巻、収録。

(10) ０９マニフェストによる０７マニフェストからのさらなる踏みこみについては、前掲「政権交代と民主党政権の行方」とともに、渡辺「民主党政権論」『賃金と社会保障』二〇一一年三月号、所収、のち、本著作集第14巻、収録、一の2を参照。

(11) この民主党の三つの構成部分については、渡辺、前掲「政権交代と民主党政権の行方」、とくに三―4を参照。

(12) 民主党の政策の類型論については、以前の前掲「政権交代と民主党政権の行方」三―3においても行なっているが、この時には三つのグループに分けていたのを、本稿では変更している。

(13) この憲法政策と安保外交政策の変化について、詳しくは、前掲「政権交代と民主党政権の行方」五を参照。

(14) ○九年総選挙の詳しい分析は、前掲「政権交代と民主党政権の行方」の一、参照。

(15) 菅政権における安保・防衛政策のさらなる転換について、前掲「民主党政権論」五―2、参照。

(16) 菅政権の新自由主義政策への回帰の加速については、前掲「民主党政権論」五―1、参照。

(17) 三・一一の被害の深刻化、復旧・復興の遅れと新自由主義改革の関連について、渡辺治「戦後史のなかで大震災・原発事故と復旧・復興を考える」『歴史評論』二〇一一年一〇月号、のち本著作集第10巻、収録、社会保障基本法研究会・井上英夫ほか編『新たな福祉国家を展望する』旬報社、二〇一一年、とくに第I部、参照。

(18) 社会保障基本法研究会ほか編、前掲『新たな福祉国家を展望する』、渡辺治「三・一一後の情勢と新たな福祉国家の展望」『月刊全労連』二〇一一年一二月号、所収、のち本著作集第14巻、収録を参照。

(19) 渡辺、前掲「三・一一後の情勢と新たな福祉国家の展望」一―3、を参照。

(20) 新自由主義に対抗する新たな福祉国家構想につき、詳しくは、社会保障基本法研究会ほか編、前掲『新たな福祉国家を展望する』を参照。

資料1　許すな！憲法改悪・市民運動全国交流集会の経過

■**一九九五年一〇月**　戦後五〇年、日米安保の再定義などの動きのなかで、憲法改悪に反対する市民運動の全国的な連携のための呼びかけ

●**一九九六年二月二四日〜二五日　第一回「いまこそみんなでSTOP改憲　市民運動全国交流集会」**　東京　四〇団体二〇〇人　常岡せつ子・フェリス女学院大学教授、山川暁夫・大阪経法大学教授、浅井基文・明治学院大学教授、弓削達・フェリス女学院大学学長、岡本三夫さんなど参加。

●一九九七年二月　第二回憲法五〇周年市民運動全国交流集会　大阪

●一九九八年二月　第三回STOP改憲！全国市民交流集会　広島　水島朝穂・早稲田大学教授など

■**一九九九年五月　許すな！憲法改悪・市民連絡会発足**

●一九九九年一二月　第四回許すな！憲法改悪・市民運動全国交流集会　東京　姜尚中・東京大学教授ほか、

●二〇〇一年二月　第五回許すな！憲法改悪・市民運動全国交流集会　大阪

■**二〇〇一年五月　五・三憲法集会実行委員会による日比谷公会堂での憲法集会始まる**

●二〇〇二年二月二三〜二四日　第六回許すな！憲法改悪・市民運動全国交流集会（広島市）

●二〇〇二年　イラク反戦運動「WORLD PEACE NOW」結成

●二〇〇三年一二月六〜七日　第七回許すな！憲法改悪・市民運動全国交流集会　東京

■**二〇〇四年六月　九条の会結成**

●二〇〇五年二月一一〜一二日　第八回許すな！憲法改悪・市民運動全国交流集会　東京

●二〇〇六年三月　第九回許すな！憲法改悪・市民運動全国交流集会　広島　岡本三夫、川崎哲（ピースボート）、パク・チョウンウン・韓国参与連帯、若尾典子・広島県立大学など

●二〇〇七年二月一七〜一八日　第一〇回許すな！憲法改悪・市民運動全国交流集会　大阪　山内敏弘・龍谷大教授など「脅かされる生存権　九条と二五条」九条世界会議へ

●二〇〇八年二月一六〜一七日　第一一回許すな！憲法改悪・市民運動全国交流集会　東京　「九条を世界へ　世界から」湯浅誠・NPO法人もやい事務局長、谷山博史・JVC代表、ジャン・ユンカーマン、朴慶南、アーサー・ビナード

■**二〇〇八年五月　九条世界会議**

●二〇〇九年二月一三〜一五日　第一二回許すな！憲法改悪・市民運動全国交流集会　沖縄　新崎盛暉・沖縄大学名誉教授、高良鉄美・琉球大学教授、チョン・ウクシク韓国平和ネットワーク代表、山口剛史・琉球大学准教授など、

●二〇一〇年二月一三〜一四日　第一三回許すな！憲法改悪・市

民運動全国交流集会　東京「憲法審査会の始動を許さず、平和的生存権の実現を」渡辺治・一橋大学教授、加藤裕・沖縄憲法普及協議会事務局長

●二〇一一年二月五～六日　第一四回許すな！憲法改悪・市民運動全国交流集会　大分「沖縄・日出生台から日本のいまが見える」高良鉄美・琉球大学教授

●二〇一二年二月一八～一九日　第一五回許すな！憲法改悪・市民運動全国交流集会　広島

出典：『私と憲法』一二九号ほかより作成

資料２ 九条の会都道府県別結成数の推移

	2006.6	2007.11	2008.11	2009.6	2011.11
北海道	364	465（+101）	484（+19）	493	496
青森	158	191（+33）	176	176	181
秋田	25	42	46	46	48
岩手	69	80	81	81	82
宮城	75	106	106	109	119
山形	81	90	96	96	96
福島	69	93	103	105	106
東京	369	750（+381）	875	900	909
埼玉	301	369	382	383	386
茨城	42	55	58	59	63
栃木	30	35	37	37	38
群馬	89	92	95	105	106
神奈川	245	302	312	318	305
千葉	237	302	334	337	341
山梨	44	69	70	71	72
長野	225	272	272	330	330
新潟	88	93	93	90	78
石川	69	77	82	82	83
富山	24	36	36	36	36
福井	29	31	31	33	34
静岡	105	140	191	144	144
愛知	283	310	314	312	315
岐阜	64	81	84	90	91
三重	31	45	45	45	47
大阪	505	651	661	669	675
兵庫	163	217	241	243	244
京都	311	375	377	383	387
滋賀	49	63	63	69	67
奈良	51	67	68	64	68
和歌山	61	77	84	84	87
岡山	164	181	193	197	202
広島	44	63	69	82	89
山口	56	75	84	104	108
鳥取	19	26	30	31	30
島根	50	70	71	71	72
香川	30	37	41	42	42
愛媛	37	47	47	47	45
徳島	22	109	120	131	138
高知	48	49	49	49	51
福岡	184	216	220	222	222
佐賀	19	36	40	42	42
長崎	30	32	36	36	36
熊本	60	72	71	70	70
大分	29	30	30	32	32
宮崎	29	34	40	41	55
鹿児島	53	58	58	59	60
沖縄	12	23	28	28	30
その他	17	52	153	153	153
分野	15	15	15	16	16
計	5174	6801（+1627）	7294（+493）	7443（+64）	7528（+21）

出典：憲法会議事務局による調査。

資料3　東京地域区市部における九条の会の結成数（2010年４月17日現在）

地区	地域九条の会	分野別九条の会	職場・学園の会	小計
区部小計	206（36%）	154（27%）	216（37.5%）	576
市町村部小計	134（44%）	86（28%）	84（28%）	304
分野別		28		
東京都全域	340（37%）	268（30%）	300（33%）	908

出典：憲法会議事務局による調査。

資料4　「九条の会」集会参加者構成、年齢、性別

1　九条の会宮崎セミナー2008年、参加者アンケート
＊アンケート回答者113名（女性70、男41名、不明2名）

	20代	30代	40代	50代	60代	70代	80代
男性	4	1	2	9	12	11	2
女性	5	8	9	19	16	13	0
計	9	9	11	28	30	24	2
比率	8.1%	8.1%	9.9%	25.2%	27.0%	21.6%	0.0%

2　九条の会松江セミナー2010年、集会参加者アンケート
＊アンケート回答者103名（女性50名、男性49名、不明4名）

	20代	30代	40代	50代	60代	70代	80代
男性	3	3	2	17	14	8	2
女性	4	2	4	12	18	8	2
計	7	5	6	29	32	16	4
比率	0.1%	0.1%	0.1%	29.3%	32.3%	16.2%	0.0%

出典：「九条の会」事務局所蔵アンケートから集計。

資料5　九条の会の結成数と世論調査(読売新聞)における改憲反対の率の推移

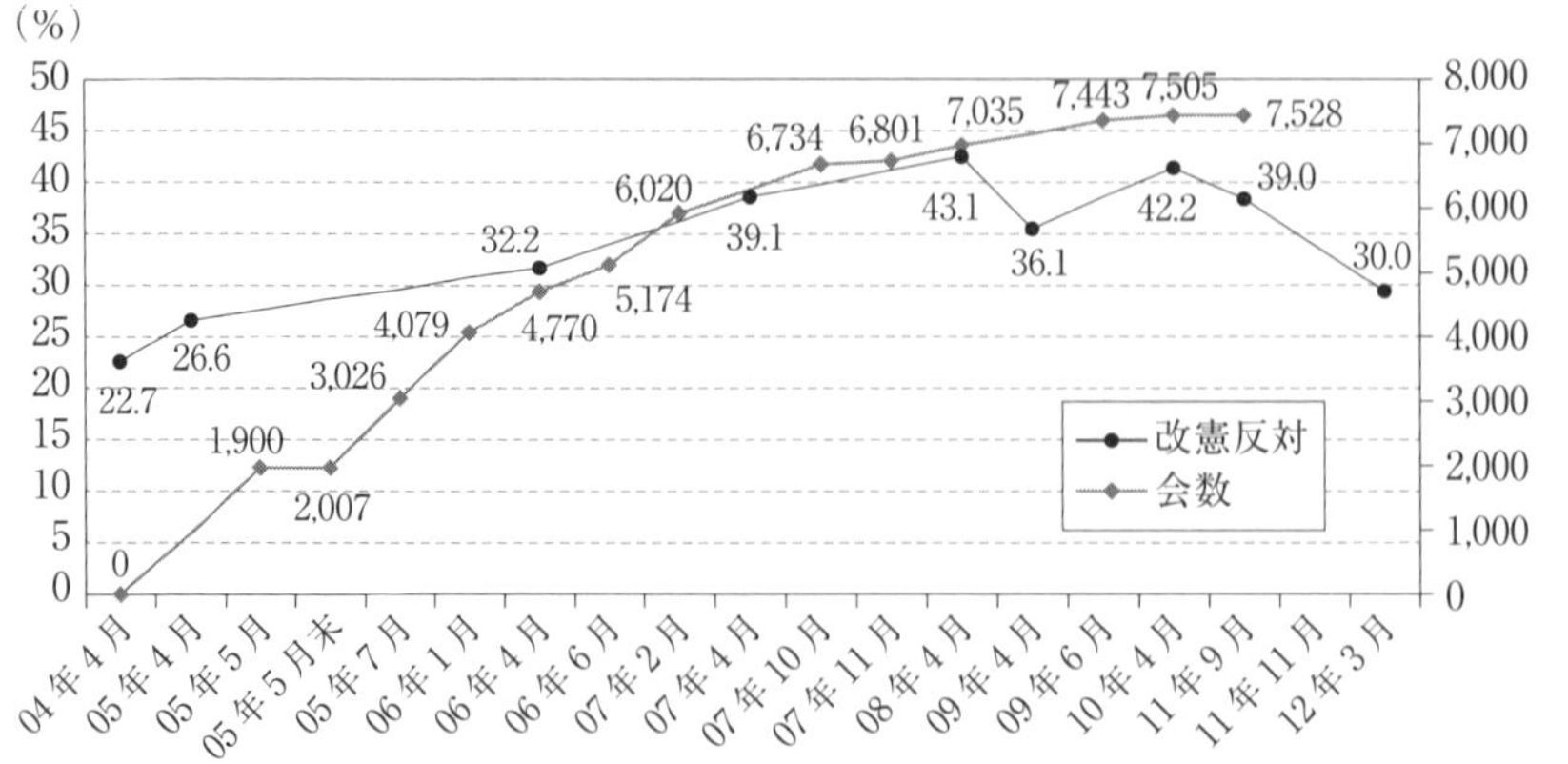

資料6　民主党の憲法政策の変化

・一九九八年三月、基本政策　憲法の項なし

・二〇〇一年党憲法調査会中間報告「論憲」打ち出す

「だが、私たちは、その一方で、憲法の運用において惰性に流され、曖昧さのつきまとう憲法解釈のままに、国際社会の要請や時代の変化に鋭く反応する気概をこの国の人々から喪失させているのではないかとの一抹の懸念も抱いている。他国の紛争はともかく、「日本が平和であればそれでよい」といった偏狭な一国平和主義や、他人のことはともかく、「自分のやりたいことをやっていればいい」といった極端な個人主義を産み落としてきたのではないかと心配している。

そもそも、国のかたちの骨格をなす憲法は、世界の変化にも動じない普遍的な原理をうち立てるとともに、新しい課題にも対応できる優れた対応力・包容力も持っていなければならない。常に歴史を振り返り、新しい課題に挑戦する進取の気風をもって憲法をも議論のテーブルにのせる能動的な姿勢が、いま必要だと考えている。」

・二〇〇三年マニフェストで、「論憲から創憲へ」を打ち出す。

「『国民主権』『基本的人権の尊重』『平和主義』という憲法の三つの基本理念を踏まえつつ、基本的人権の多様化、国際協調の必要性といった時代の要請にも即した憲法論議を積極的にすすめます。憲法を『不磨の大典』とすることなく、またその時々に都合のよい憲法解釈を編み出すのではなく、憲法が国民と国の基本的規範であることをしっかりと踏まえ、国民的な憲法論議を起こし、国民合意のもとで『論憲』から『創憲』へと発展させます。」

・二〇〇四年六月二二日「創憲に向けて、憲法提言中間報告」党憲法調査会（仙谷由人）

「（前略）私たちは、こうした憲法の『空洞化』の最大の要因の一つに、いわゆる九条問題があると受け止めている。『武力の保持』を禁止した憲法にもかかわらず、世界屈指の軍隊としての自衛隊を保有し、その海外派遣を繰り返す姿に、立憲政治の重みは存在しない。

国民の多くは、憲法に対して言わばシニカルになり、この国に立憲政治の実現を期待することも止めてしまうのではないかと懸念する。この現状を変えるとともに、先に示した憲法の基本価値を実現する政治、人間の自立を支える新たな仕組みへと転換させていくことが重要である。

＊

日本における安全保障問題を展望するとき、いま、もっとも危険なことは憲法の『空洞化』である。時々の状況に流されて、政府が行う恣意的な憲法解釈がこの国の安全保障をして、憲法政治の実現を著しく困難なものにさせている。

私たちは、憲法は現実政治に生かされるものでなければならないと考えているので、憲法の条文を固持することに汲々として、その形骸化・空洞化を放置する立場はとらない。憲法を鍛え直し、国家権力の恣意的解釈を許さない、確固たる基本法としての構造を確立することが必要だと考えている。

私たちは、政府の恣意的な憲法解釈を放置することなく、日本の安全保障政策が憲法の下に確たるかたちで位置づけられる、憲法九条問題の解決に向けて、以下の基本的考えを提案したい。

第一は、憲法の中に、国連の集団安全保障活動を明確に位置づけることである。国連安保理もしくは国連総会の決議による正統性を有する集団安全保障活動には、これに関与できることを明確にし、地球規模の脅威と国際人権保障のために、日本が責任をもってその役割を果たすことを鮮明にすることである。

第二は、国連憲章上の『制約された自衛権』について明記することである。ここに言う、『制約』とは、〈一〉緊急やむを得ない場合に限り（つまり他の手段をもっては対処し得ない国家的脅威を受けた場合において）、〈二〉国連の集団安全保障活動が作動するまでの間の活動であり、かつ〈三〉その活動の展開に際してはこれを国連に報告すること、の三点を基本要件とすることを指す。

（略）」

・二〇〇五年八月三〇日、岡田マニフェストでさらに踏み込む

「日本では今、時々の政府の都合によって憲法が恣意的に解釈され運用されるという、いわば『憲法の空洞化』がすすんでいます。このままでは、憲法に対する国民の信頼感はますます損なわれてしまいます。民主党はこの状況を克服し、国家権力の恣意的解釈を許さず、立憲主義を基本に据えた、より確かな憲法の姿を追求していきます。……憲法の姿を決定する権限を最終的に有しているのは、政党でも議会でもなく、国民です。民主党は、自らの『憲法提言』を国民に示すと同時に、その提言を基として、国民との対話を精力的に推し進めていきます。憲法改革のための提案が現実となるためには、まず衆参各院において国会議員の三分の二以上の合意を達成し、その上で国民多数の賛同を得なければなりません。民主党は、国会におけるコンセンサスづくりにも、真摯に努力していきます」

・二〇〇五年一〇月三一日民主党「憲法提言」で先の中間報告をさらに具体化

「（前略）㈡国連憲章上の『制約された自衛権』について明確にする

先の戦争が『自衛権』の名の下で遂行されたという反省の上に立って、日本国憲法に『制約された自衛権』を明確にする。

㈢国連の集団安全保障活動を明確に位置づける

憲法に何らかの形で、国連が主導する集団安全保障活動への参加を位置づけ、曖昧で恣意的な解釈を排除し、明確な規定を設ける。こうした姿勢に基づき、現状において国連集団安全保障活動の一環として展開されている国連多国籍軍の活動や国連平和維持活動（ＰＫＯ）への参加を可能にする。

㈠武力の行使については最大限抑制的であること

新たに明記される『自衛権』についても、戦後日本が培ってきた『専守防衛』の考えに徹し、必要最小限の武力の行使にとどめることが基本でなければいけない。
㈡憲法附属法として『安全保障基本法（仮称）』を定めること」

・民主党政策ＩＮＤＥＸ二〇〇七（〇七年一月一七日）で転換の兆し

「日本国憲法について与党の一部からは『占領下で制定されたもの』『権利ばかりで義務が書かれていない』などとして、これを全面的に改めようとする議論が出ています。しかし、今日この憲法が日本の平和と安全、繁栄と民主主義の土台として深く定着し、多くの国民によって支持されていることは疑いえません。……もちろん憲法といえども、決してすり減ることのない不磨の大典ではありません。……憲法上の課題について国民的議論が活発化することは、国民主権の健全な姿であると考えます。民主党は、現時点では、憲法改正をするかしないかという具体的な決定をしていませんが、上で述べたような観点で憲法のあり方を一から議論し、『憲法提言』として提起しているところです。」

・二〇〇七年七月の民主党の政権公約マニフェストで転換

「『憲法とは公権力の行使を制限するために主権者が定める根本規範である』というのが近代立憲主義における憲法の定義です。決して一時の内閣が、その目指すべき社会像や自らの重視する伝統・価値をうたったり、国民に道徳や義務を課したりするための規範ではありません。民主党は、『国民主権』『基本的人権の尊重』『平和主義』という現行憲法の原理は国民の確信によりしっかりと支えられていると考えており、これらを大切にしながら、真に立憲主義を確立し『憲法は国民とともにある』という観点から、現行憲法に足らざる点があれば補い、改めるべき点があれば改めることを国民の皆さんに責任を持って提案していきます。民主党は二〇〇五年秋にまとめた『憲法提言』をもとに、今後も国民の皆さんとの自由闊達（かったつ）な憲法論議を行い、国民の多くの皆さんが改正を求め、かつ、国会内の広範かつ円満な合意形成ができる事項があるかどうか、慎重かつ積極的に検討していきます。」

資料7（1） 正規・非正規労働者数の推移（「労働力調査」特別調査、詳細結果、各年2月または1－3月平均）（単位：万人）

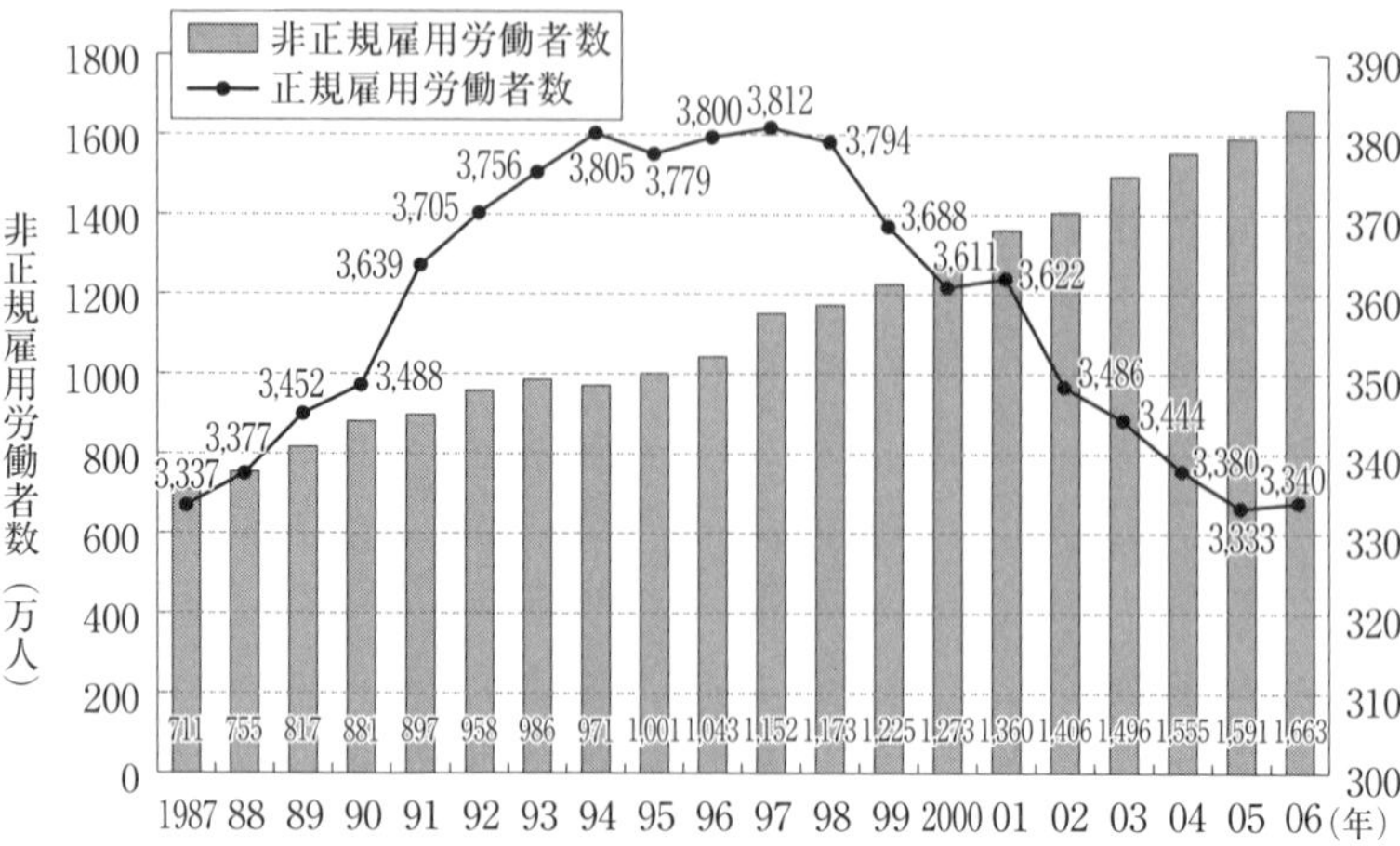

（2） 大企業と小零細企業における正規労働者数の推移（「労働力調査」特別調査、詳細結果、各年2月または1－3月平均）（単位：万人）

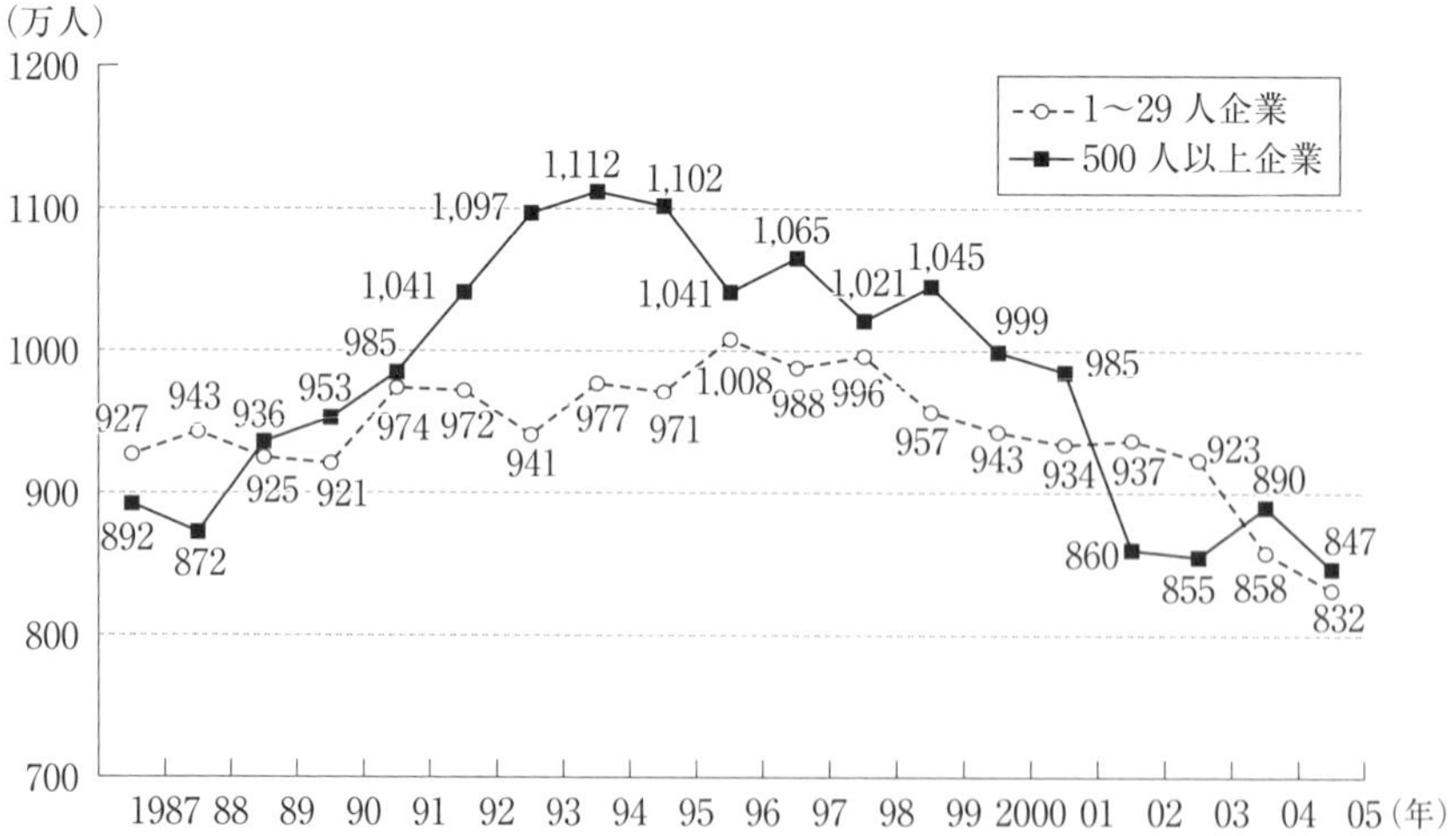

出典：後藤道夫氏（都留文科大学名誉教授）作成。

資料8　ローカルユニオンの増加

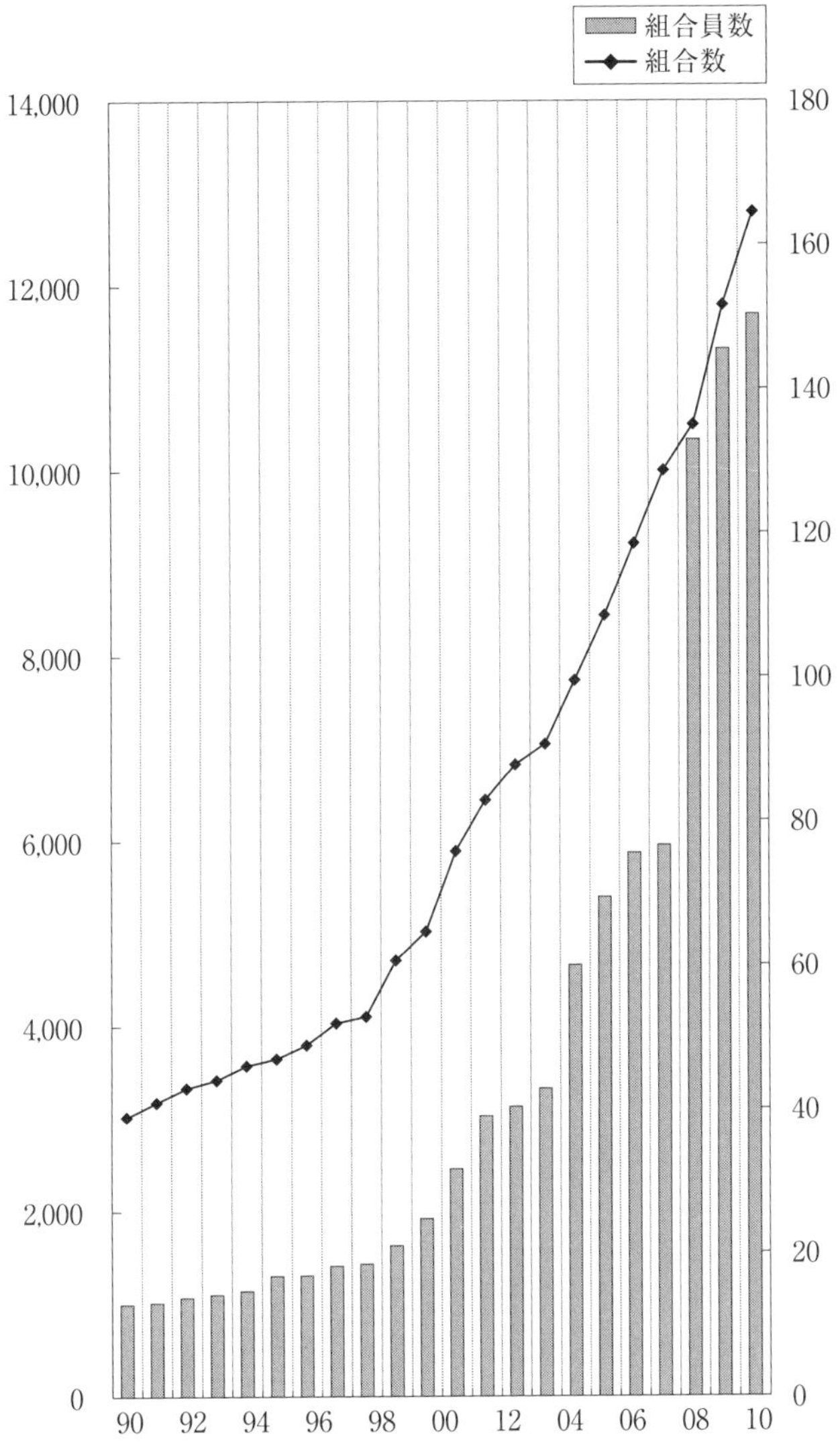

出典：全労連・寺間誠治氏提供。

資料9　２００７年「小沢マニフェスト」（抄）

今こそ、まともな政治を

では今の日本に「政治」はあるか？

自由競争と改革という美名のもと、

国民は一方的に重い負担を強いられ、様々な格差が社会を壊そうとしている。……

国民の生活が第一。

人が、くらしが、地域が壊れていく。

地方と大都市の格差は深刻だ。

日本人の故郷である地方を建て直す。ここからすべてが始まる。

……

1　くらし

10．最低賃金の大幅引き上げ

現行の最低賃金は年に一円から五円しか上がっておらず、地域によってはフルに働いても生活保護水準を下回るなど、ワーキングプア（働いても生活が困窮する状態）を生み出す要因のひとつとなっています。民主党は、まじめに働いた人が生計を立てられるよう、最低賃金の大幅引上げをめざし、「最低賃金法改正案」を提出しました。

主な内容は、①最低賃金の原則を「労働者とその家族を支える生計費」とし、②すべての労働者に適用される「全国最低賃金」を設定（時給八〇〇円を想定）、③全国最低賃金を超える額で各地域の「地域最低賃金」を設定、④中小企業における円滑な実施を図るための財政上・金融上の措置を実施する――ことなどで、三年程度かけて段階的に地域最低賃金を引き上げ、全国平均を時給一〇〇〇円にすることをめざします。

12．月額二万六〇〇〇円の「子ども手当」、出産時にさらに助成金

子育て支援をすすめる一環として、扶養控除や配偶者控除、配偶者特別控除を見直し、行財政改革の断行により、子ども手当（児童手当）を充実させます。子どもが育つための基礎的な費用（被服費、教育費など）を保障すべきとの観点から、中学校卒業までの子どもに、一人あたり月額二万六〇〇〇円を支給します。

14．高校・高等教育の無償化

高等学校は、希望者全入とし、無償化します。すべての人が、生まれた環境に関わりなく、意欲と能力に応じて高等教育（大学・大学院等）を受けられるよう、国際人権規約に基づき、高等教育の無償化を漸進的に導入し、奨学金制度など関連諸制度を抜本的に拡充します。

15．希望者全員が生活費も含めて借りられる奨学金制度の創設

大学、大学院等の学生を対象として、希望者全員が、最低限の生活費を含めて貸与を受けられる奨学金制度（借り入れ限度額を年間三〇〇万円と想定）を創設します。このことにより、親の仕送りがゼロでも、誰もが大学等で学ぶことができ、さらにいったん社会人となっても意欲があれば大学等で学び直すことができます。また、子どもの教育費負担を抱える四〇歳代から五〇歳代の保護者の可処分所得が大幅に増え、消費に回ることから、景気の拡大も期待されます。

2　食と農政

2．全ての販売農家に所得補償し国産農産物を確保

農産物の国内生産の維持・拡大と、世界貿易機関（ＷＴＯ）における貿易自由化協議及び各国との自由貿易協定（ＦＴＡ）締結の促進を両立させます。そのため、国民生活に必要な食料を生産し、なおかつ農村環境を維持しながら農業経営が成り立つよう、「戸別所得補償制度」を創設します。

政府が行おうとしている直接支払制度は、一部の大規模農家などに限定した政策であり、これでは食料の安定供給、自給率向上もおぼつきません。民主党はこれを抜本的に転換し、農業・農村を活性化するため、原則として全ての販売農家に戸別所得補償を実施します。総額は一兆円程度とし、米・麦・大豆・雑穀・菜種・飼料作物などの重点品目を対象にします。その際、農地を集約する者への規模加算、捨てづくりにならないための品質加算、棚田の維持や有機農業の実践など環境保全の取り組みに応じた加算などを実施します。（略）

6　外交・防衛

2．国民不在の在日米軍再編

在日米軍再編は、国民に大きな負担を強いることから、国民の理解と基地負担を抱える地元の理解が必須です。国会や地元自治体、住民からの強い説明要求を無視し、日米政府間合意を優先させた自公政権の手法は、日米同盟の最大の基盤である国民の信頼を損なうものです。

民主党は、在日米軍再編の経費総額、再編交付金の交付に際し自治体の受け入れ表明を条件とすることの問題、在沖米海兵隊のグアム移転経費を日本国民の税金で負担すること等について、問題点を解消するよう求めてきましたが、政府は誠意ある回答を全く示そうとしません。国会の関与なくして、米国の言いなりに資金を提供することにならないよう、徹底的に問題点を追及します。また、納税者の視点とシビリアン・コントロールを果たしていく見地、及び基地負担軽減への配慮から、アジア太平洋地域の安全保障における米軍のあり方や在日米軍基地の位置付けについて検討します。

資料10　民主党政権政策マニフェスト２００９（抄）

21．後期高齢者医療制度を廃止し国民皆保険を守る

【政策目的】

○年齢で差別する制度を廃止して、医療制度に対する国民の信頼を高める。

○医療保険制度の一元的運用を通じて、国民皆保険制度を守る。

【具体策】

○後期高齢者医療制度・関連法は廃止する。廃止に伴う国民健康保険の負担増は国が支援する。

○被用者保険と国民健康保険を段階的に統合し、将来、地域保険として一元的運用を図る。

【所要額】八五〇〇億円程度

39．製造現場への派遣を原則禁止するなど、派遣労働者の雇用の安定を図る

【政策目的】

○雇用にかかわる行き過ぎた規制緩和を適正化し、労働者の生活の安定を図る。

○日本の労働力の質を高め、技術や技能の継承を容易にすることで、将来の国力を維持する。

【具体策】

○原則として製造現場への派遣を禁止する（新たな専門職制度を設ける）。

○専門業務以外の派遣労働者は常用雇用として、派遣労働者の雇用の安定を図る。

○二ヵ月以下の雇用契約については、労働者派遣を禁止する。「日雇い派遣」「スポット派遣」も原則禁止とする。

○派遣労働者と派遣先労働者の均等待遇原則を確立する。

○期間制限を超えて派遣労働者を受け入れている場合などに、派遣労働者が派遣先に直接雇用を通告できる「直接雇用みなし制度」を創設する。

資料11　民主党・障害者福祉、障害者自立支援法政策

(1)　2005年政策INDEX　障がい者福祉政策の改革

現在、急速に顕在化しつつある障がい者のニーズの動向を見極めます。その水準を把握した上で、より高水準で、総合的な障がい者福祉制度を構築します。精神障がい者についても、同じ水準をめざします。（略）

二〇〇六年四月　障害者自立支援法施行、応能負担から応益負担へ、施設入所者の食費等負担

二〇〇七年四月より負担軽減の「特別対策」

(2)　2007年政策INDEX　22．障がい者福祉政策の改革

二〇〇六年四月から「障害者自立支援法」が施行され、サービス利用時の定率負担や食住費の自己負担が導入されましたが、急激に増加した負担に耐えられず、障がい者がサービス利用を中止したり、抑制したりする事態が生じています。施設を退所し一切のサービスも利用せずに自宅で過ごすような状況では、障がい者の自立した生活が失われていると言わざるを得ません。現在の自立支援法のもとで介護保険の年齢拡大に道筋をつけるには無理があります。

民主党は現状を、措置から支援費制度へと転換したことによって障がい者ニーズが顕在化する途上ととらえ、これまで政府が実態を把握してこなかったニーズを見極めなければならないと考えます。当面の間は「障害者自立支援法」に基づく介護給付・訓練

等給付に対する定率負担を凍結し、支援費制度と同様の応能負担とします。

二〇〇八年一〇月三一日、障害者自立支援法違憲訴訟全国八地裁に集団提訴

二〇〇九年三月、障害者自立支援法改正案、七月廃案

二〇〇九年四月、第二次提訴

二〇〇九年一〇月、第三次提訴（全国一四地裁、七一人）

⑶　２００９政策ＩＮＤＥＸ　障害者自立支援法を廃止し、新たに障がい者総合福祉法を制定

わが国の障がい者施策を総合的かつ集中的に改革し、国連障害者権利条約の批准に必要な国内法の整備を行うために、内閣に「障がい者制度改革推進本部」を設置します。推進本部には、障がい当事者、有識者を含む委員会を設け、政策立案段階から障がい当事者が参画するようにします。そして、障がい者施策に関するモニタリング機関の設置、障がい者差別を禁止する法制度の構築、障がい者虐待を防止する法制度の確立、政治・選挙への参加の一層の確保、司法に係る手続における支援の拡充、インクルーシブ（共に生き共に学ぶ）教育への転換、所得の保障、移動の自由の権利保障、障がい者への医療支援の見直し、難病対策の法制化など障がい者が権利主体であることを明確にして、自己決定・自己選択の原則が保障されるよう制度改革を立案します。

障がい者等が当たり前に地域で暮らし、地域の一員として共に生活できる社会を目指します。障害者自立支援法により、利用料の負担増で障がい者の自立した生活が妨げられてしまったことから、福祉施策については、発達障害、高次脳機能障害、難病、内部障害なども対象として制度の谷間をなくすこと、障がい福祉サービスの利用者負担を応能負担とすること、サービス支給決定制度の見直しなどを行い障害者自立支援法に代わる「障がい者総合福祉法（仮称）」を制定します。

また、障がい者福祉予算を拡充し、中小企業を含め障がい者雇用を促進します。精神障害者を中心とした社会的入院患者の社会復帰と地域生活の実現に向けて関連法制度の整備等を進めます。

二〇〇九年九月一九日、長妻厚労大臣、障害者自立支援法廃止宣言

二〇一〇年一月七日、国と原告訴訟団基本合意、自立支援法反省、介護保険との統合前提せず

二〇一〇年一月一二日、障害者制度改革推進会議初会合－当事者参加

二〇一〇年四月二一日、全国一四地裁で和解、取り下げ

資料12　政府の生活保護行政と民主党の生活保護政策の変化

二〇〇三年六月、「骨太二〇〇三」（老齢加算等の見直し）

二〇〇三年八月、厚労省社会保障審議会内「生活保護制度の在り方に関する検討委員会」設置

生活保護基準始めて切り下げ

二〇〇三年一二月、「中間とりまとめ」（老齢加算廃止）

二〇〇四年四月から老齢加算段階廃止始まる

二〇〇四年一二月、「報告」（自立・就労支援の観点からの見直し、母子加算、老齢加算廃止）

二〇〇五年五月、京都地裁皮切りに、全国九地域で老齢加算等廃止違憲訴訟、〇五年中に三地裁で提訴

二〇〇六年四月以降、老齢加算完全廃止、〇六年二地裁で提訴

(1)　2007年政策INDEX　23．生活保護制度

生活保護制度は、わが国の全ての社会保障制度における最後のセーフティネットであり、国は憲法で保障されている健康で文化的な最低限度の生活の水準を確保する責任があります。財政支出削減の一環として、給付抑制ありきで生活保護制度の見直しを行えば、制度の本質が損なわれてしまいます。民主党は生活保護制度の見直しにあたって、他の手当との整合性・公平性の確保、自立・就労支援の拡充、無年金者の発生を防止するための公的年金制度の改革などと合わせ、セーフティネットとしての機能を確保します。

二〇〇七年二月東京ほか、三地裁で提訴

二〇〇七年一二月、〇七年度から母子加算段階的廃止、母子加算廃止違憲訴訟を札幌、釧路両地裁に提訴

二〇〇八年、東京地裁、広島地裁、老齢加算廃止違憲訴訟、相次いで合憲判決

二〇〇九年四月から母子加算完全廃止

(2)　2009年政策INDEX　生活保護制度の充実

生活保護制度は、わが国のすべての社会保障制度における最後のセーフティネットであり、国は憲法で保障されている「健康で文化的な最低限の生活」の水準を確保する責任があります。生活保護給付の生活扶助については、健康で文化的な生活を維持するため、安易な引き下げは行いません。

また、生活保護を受けているひとり親世帯に対して給付されていた母子加算が二〇〇九年四月に廃止されましたが、ひとり親家庭の子どもが安心して暮らせるよう、母子加算を復活させます。生活保護制度の見直しにあたっては、自立支援や就労支援の拡充、無年金者の発生を防止するための公的年金制度改革などと合わせ、セーフティネットとしての機能を確保します。

二〇〇九年六月、福岡地裁、一二月京都地裁判決

二〇〇九年一二月以降、母子加算復活

二〇一〇年四月一日、母子加算復活について国と原告弁護団基本合意、二日取り下げ

二〇一〇年六月一四日、福岡高裁、老齢加算廃止違法判決

資料 13　自民党・民主党の得票率（比例）の推移の 2 類型

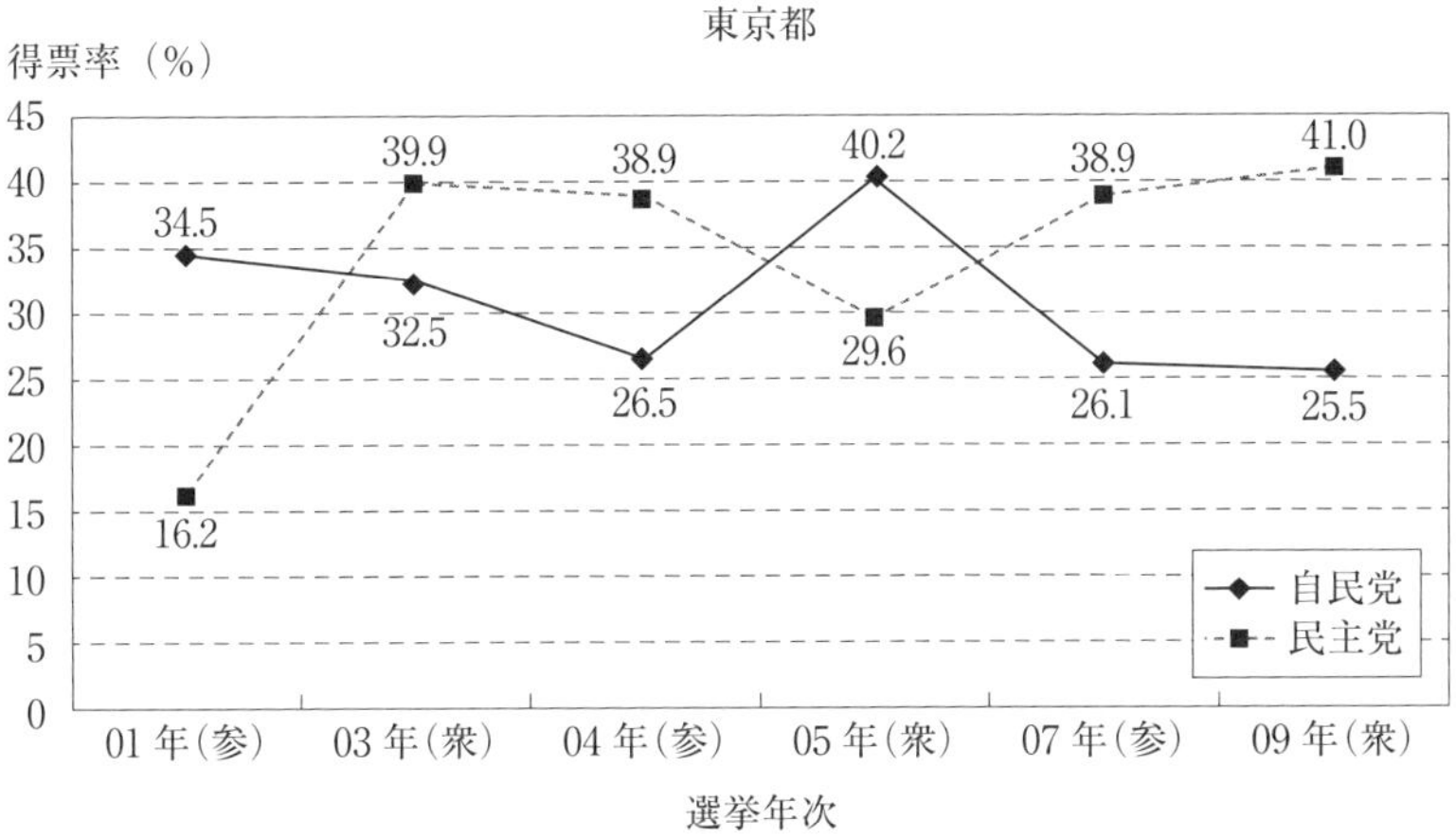

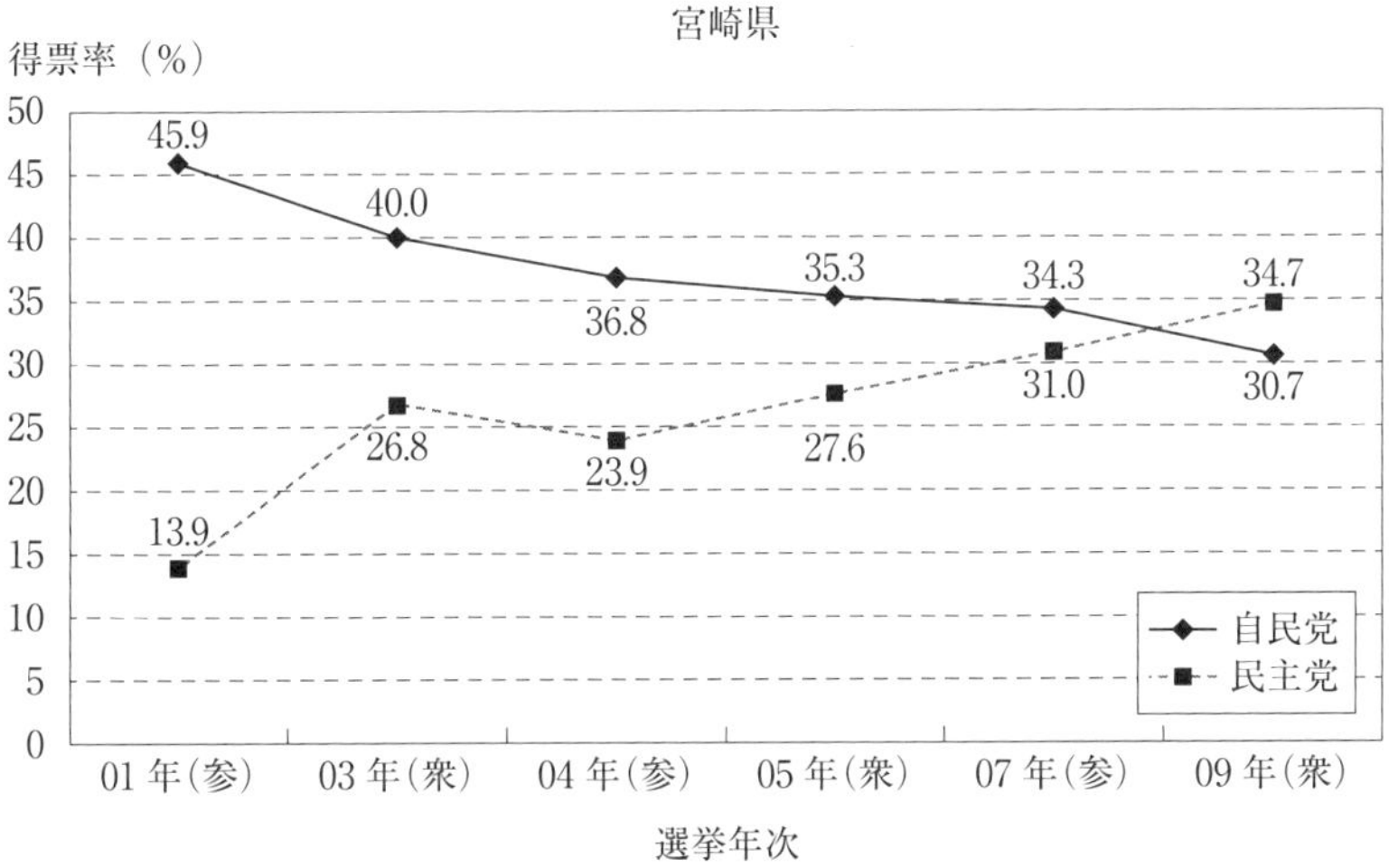

注：いずれのグラフも当時東京自治問題研究所所員（現三重短期大学法経科准教授）川上哲氏に作成してもらった。

資料14　２０１０菅マニフェスト

強い経済

規制改革

幼保一体化に向けた幼稚園、保育所などの施設区分の撤廃、再生可能エネルギーの普及拡大に向けた発電施設などにかかわる規制の見直しなどの規制改革を進めます。（以下略）

法人税率引き下げ

法人税制は簡素化を前提に、国際競争力の維持・強化、対日投資促進の観点から見直しを実施します。あわせて、中小企業向けの法人税率の引き下げ（一八%→一一%）、連帯保証人制度、個人保証の廃止を含めた見直しを進めます。

強い財政

早期に結論を得ることをめざして、消費税を含む税制の抜本改革に関する協議を超党派で開始します。

２　政治改革

参議院の定数を四〇程度削減します。衆議院は比例定数を八〇削減します。

国会議員の歳費を日割りにするとともに、国会の委員長手当などを見直すことで、国会議員の経費を二割削減します。

国会審議を活性化するため、通常国会の会期を大幅に延長、実質的な通年国会を実現するとともに、委員会のあり方を見直します。

３　外交・安全保障

総合安全保障、経済、文化などの分野における関係を強化することで、日米同盟を深化させます。

普天間基地移設問題に関しては、日米合意に基づいて、沖縄の負担軽減に全力を尽くします。

「東アジア共同体」の実現をめざし、中国・韓国をはじめアジア諸国との信頼関係の構築に全力をあげます。

アフガニスタンなどの平和構築に役割を果たすため、ＰＫＯ活動などでの自衛隊および文民の国際貢献活動のあり方について検討するとともに、安保理常任理事国入りをめざします。

海上輸送の安全確保と国際貢献のため、関係国と協力し、自衛隊などの海賊対処活動を継続します。

「核兵器のない世界」を実現するため、核兵器数の削減、核関連条約の早期実現、大量破壊兵器の不拡散に取り組むとともに、北東アジア地域の非核化をめざします。

北朝鮮に対しては、核兵器や弾道ミサイルなどの開発・配備の放棄、主権と人権を侵害する拉致問題の解決に全力を尽くします。

国際情勢を踏まえた防衛大綱・中期防衛計画を本年中に策定し、豪州、韓国、インドなどとの防衛協力を推進します。

中国の国防政策の透明性を求めつつ防衛交流など信頼関係を強化します。

Ⅲ　平和運動、憲法運動の歴史と現在

7

日本国憲法をめぐる攻防の七〇年と現在

［二〇一五年六月執筆］

はじめに

敗戦から七〇年、日本はいま岐路、それも最大の岐路に立っている。安倍政権が強行をもくろんで国会に提出した戦争法案により、戦後日本の進路を規定してきた憲法が改変の危機にさらされているからである。

ふり返ってみれば、ほぼ戦後とともに歩んできた憲法の歴史は、アメリカの改憲圧力、それを受けながら独自の思惑をもった保守支配層による改変の企図と革新政党や労働組合、市民、知識人による擁護の運動の対抗という、改憲をめぐる攻防の歴史であったといってもよい。

時の政権は制定直後のほんのわずかな時期を除いて憲法がめざした構想をまともに実現する努力をなしたことがないばかりか、何度かは本気でその改正に挑戦したし、それがかなわぬ場合でも、その歪曲・縮小を試みてきた。そのため憲法の構想は一度たりとも十全な実現をみないままに当初の構想を縮減・変質させられた。

にもかかわらず、国民の運動により、憲法典自身の改変が阻まれたことで、憲法は「定着」をみた。その攻防戦において、ほぼ常に、国民は、憲法擁護の側に立つことで憲法を選びなおし憲法を作り上げてきたといえる。いま私たちが享受している憲法の現実は、こうした保守政権と国民の側との攻防の中で危ういバランスの下で維持されているものである。

戦争法案の強行をめざす安倍政権は、こうした憲法に対する戦後三度目の挑戦をしている。

本稿では、改めて憲法の七〇年にわたる攻防の歴史をその焦点である九条を中心にたどり、安倍政権による憲法改変の企図の歴史的位置を浮き彫りにするとともに、未完の構想実現の展望を明らかにしたい。

七〇年にわたる歴史をふり返ってもっとも強調したい点は、以下の点である。

憲法九条を例にとっても、たしかに歴代保守政権の手で九条の構想の実現は妨げられ侵害され続けてきたとはいえ、その歴史は、一部の論者が言うように、憲法と現実との乖離の歴史、憲法の空洞化の歴史というような単純なものではなく、保守党政権の下でも国民の運動により憲法理念を念頭に置いた制度と慣行がつくられてきたのであり、その制度・慣行は日本の軍事大国化を絶えず遅らせ、その限りで憲法は頑強に「定着」をみてきたことである。

戦後七〇年たってなお沖縄には多数の米軍基地がフル稼働し、今また辺野古新基地建設がすすめられていることは憲法九条の構想の蹂躙の象徴であり、逆に安倍政権が改めて既存政府解釈の改変に手をつけ自衛隊の海外での武力行使を解禁する法案を提出せざるを得ない事態そのものが、憲法制度・慣行の定着を象徴しているといえる。そして、安倍政権による戦争法案の強行に対し、六割に上る国民が法案反対の意思を表明していることは、七〇年の攻防が今も激しくたたかわれていることを示している。

*

本稿では、戦後七〇年を、改憲をめぐる攻防史ととらえる視点から以下のような時期区分で検討したい。

第一期は、一九四七〜五二年である。憲法史からいえば、この時期は、占領支配下で憲法的諸制度が制定された時代ということができるが、攻防史の視点からいうと、憲法のめざした構想に対する最初の攻勢が始まった時代であり、改憲攻防史の前史と言える。

第二期は、一九五二〜六〇年である。この時期は、アメリカの圧力を受け保守支配層が憲法の改変をめざした憲法第一の危機の時代であり、同時に、その危機に際し、運動が改憲に立ち向かって初めて立ち上がった時期である。

第三期は、一九六〇〜九〇年である。この時代は、憲法擁護の運動により改憲を阻まれた保守政権が、憲法の構想を歪曲しながら憲法の枠組みを踏まえて統治をおこなった時代である。この時期に、現在の憲法現実の輪郭がつくられた。

第四期は、一九九〇〜二〇一二年までである。この時代は、冷戦終焉、アメリカの唯一覇権の下で、自衛隊の海外派兵と米軍軍事行動への加担が求められ、その障害物となった憲法に対する二度目の改変の攻勢が始まった時代である。この時代、ついに自衛隊はインド洋海域、さらにイラクへの派兵をおこなうが、派兵に対する憲法上の制約と反対運動のために、派兵には　さまざまな制約を設けざるを得ず大きな限界をもっていた。そのため、この時期には、再び明文改憲の企てが台頭するが、国民の運動はこれも押し返した。

こうして、二〇一二年の第二次安倍政権以降、攻防史は第五期に入った。私たちは、いま、憲法に対する三度目の攻勢と挑戦の時代のまっただ中にある。

一　憲法に盛り込まれた戦後日本の構想

憲法をめぐる攻防の前提として、憲法に書き込まれた戦後日本の構想がいかに形成されたものであるか、またその構想とはどのようなものなのかを検討しておきたい。この構想の実現がその後断念されるところから、憲法改変の試みが始まるからだ。

1　日本軍国主義復活阻止を目標とした憲法

日本を占領した連合国とくにアメリカは、その最大の目的を日本が再び、アジアへの侵略戦争を始めないこと、日本の軍国主義の復活を許さないことに求めた。多大の犠牲を払って日本を敗北させたアメリカは、アジアにおける自由な市場の確保の最大の保障は、軍国日本を復活させないことだと考えたのである。

二〇世紀前半のアジアは、世界の戦争の策源地であったが、実は、そのすべての原因は日本にあった。二〇世紀に入る間際から一〇年をおかずして勃発した戦争——日清戦争、日露戦争、第一次世界大戦のアジアでの戦闘、山東出兵、「満州事変」、日中全面戦争そしてアジア・太平洋戦争のすべては、日本がアジア大陸とりわけ中国に侵攻して引き起こした戦争であったからである。日本の侵略さえなければアジアの戦争はなかったはずであった。だから日本の侵略と軍国主義さえ抑えることができればアジアの平和は確保できるという連合国、アメリカの考えには十分な根拠があったのである。

日本の軍国主義の復活をさせない体制をつくるには、天皇を中心とした専制的政治体制を定めていた明治憲法の改正が不可避であった。日本国憲法は、こうした連合国の要請、再び日本が軍国主義にならないためにどんな日本をつくるかという切実な要請の産物としてつくられたことを確認しておきたい。

憲法構想の検討でもっとも強調したいのは以下の点である。すぐ後で検討するように、日本国憲法の中には、手厚い人権保障、国民主権、権力分立、司法審査制といった近代立憲主義の諸原理が手厚く書き込まれた。それと同時に、近代立憲主義の中にはなかった戦争放棄の条項や、生存権規定も盛り込まれた。しかしこれら諸規定は、決して抽象的な理想の具体化、新たな理想への挑戦として憲法典に書き込まれたのではなく、ごく切実な現実の要請――日本が再び軍国主義を復活させないという要請に基づいて盛り込まれたという点である。

そのため、憲法の中には日本の軍国主義、特高警察による類い稀な自由の抑圧システム、という現実をどうやって防止するかという、きわめて実践的な規定がちりばめられていた。その典型が九条という、当時ではまことに特異な、異様とも言えるような条文であったし、またすぐ後で述べるような、三一条以下の拷問の禁止をはじめとした、異様に細かい刑事手続き的人権も、表現の自由を定めた二一条の第二項にわざわざ「検閲」禁止の規定が入っていたことも、日本に特有の人権抑圧の復活を許さないための工夫に基づくものだったのである。

だからこそ、保守党政権による改憲の企図に対抗して、国民が軍事大国化や民主主義蹂躙に立ち向かおうと決意した際には、憲法は、その強力な武器たり得たのである。

2　憲法構想に結実した諸力

日本国憲法草案を起草しその制定のイニシアティブを握ったのは、連合国最高司令官マッカーサーとGHQであった。しかし、GHQが憲法草案に盛り込んだものは、GHQがひねり出したものではなく、その多くは当時大量に発表された民間憲法草案をはじめ、戦前以来天皇制国家の変革をめざしてたたかった勢力の構想にほかならなかった。

第一に、GHQスタッフが憲法起草に際しての方針として準拠することを命じられたのは「降伏後における米国初期の対日方針」や「日本の統治体制の改革(1)」などのアメリカ政府による日本改革の基本方針であった。

これら改革方針の基礎となる日本の国家・社会についての認識は、占領をにらんでアメリカでおこなわれていた日本研究の産物であったが、それら研究は戦前期日本社会の科学的研究とりわけ講座派マルクス主義の天皇制国家論や半封建的資本主義分析に依拠しておこなわれていた。つまりアメリカの日本改革構想の基礎となる日本社会の認識は、当時の日本社会研究の最先端のそれであったのである。戦前戦時期には、これら講座派の研究は国内では発禁にあって読むことができないものが多かったが、戦後日本ではいっせいに復刻され、戦後日本社会研究の基礎を築くことになる。アメリカ政府、GHQがこうした日本認識を土台に改革構想を作成した点が注目される。

第二に、GHQが起草にあたって強く参考にした憲法改正構想は政府サイドのものではなく憲法研究会草案や布施辰治案(2)など、これまた戦前の日本社会の専制性、半封建的性格の改革を強く志向したものばかりであった。

GHQスタッフが広く参照したフランス人権宣言以来の諸近代憲法のみならず、当代日本社会・国家に対するもっとも民主的な改革構想が、憲法起草の土台となっていたことは注目されねばならない。すぐ後でみるように、憲法が、軍国主義復活を阻むべく、軍備禁止に止まらず天皇制国家の解体、市民的自由の強い保障、さらに貧困の克服と生存権保障を三つの柱としていたのは、こうした戦前日本の民主主義運動の蓄積が反映されたからであった。

3 憲法の三つの柱

第一の柱——非武装規定

憲法には大きく三つの柱が立てられた。

第一の柱は、非武装の規定である。憲法九条は、戦争放棄を謳うと同時に、日本の度重なる侵略戦争を遂行した巨大な軍隊を禁止することを明記した。

当時、自国の憲法で軍隊を禁止することを規定している国は皆無であった。GHQやアメリカ政府は、日本の軍国主義を抑えるための方策を試行錯誤していた。その中には、占領諸国と日本との間で日本の非武装条約を結ぶという構想もあったが、GHQは憲法の中で戦争放棄と軍隊保持を禁止することにしたのである。

その理由は、かつて第一次世界大戦後のドイツに対する再軍備禁止政策の失敗の教訓から学んだからであった。もし、占領諸国の強制で外から軍隊を禁止されたら、占領の終了と共にその反動で、日本国民が再軍備に賛成するかもしれないことを危惧し、むしろ憲法そのものの中に非武装規定を入れることが望ましいと考えたのである。

ここで、二つのことに、注目しておきたい。一つは、憲法九条は、第一義的には、日本の平和を保障するための規定ではなく、日本からアジアの平和を保障するためにつくられたものだ、という点である。アジアの平和を確保することを通じて日本の平和は保障される、これが、九条の真意であった。

一九九〇年代以後になって、自衛隊の海外派兵を求める改憲派から、その障害物となっている〝九条は「一国平和主義」だ〟という非難が浴びせられるようになるが、九条の規定はそれとは正反対に、アジアの平和を念頭に置いてつくられた規定なのである。

二つ目は、以上の経過からわかるように、憲法九条は、遠い将来を見据えて、高邁な理想、夢を語った規定ではなく、ごく切実な、アジアの平和を実現するための現実的保障としてつくられたものだという点である。(3) 憲法九条があまりに当時の常識を覆すものであったため、憲法草案の起草にあたったＧＨＱの幹部は、これを憲法の理想を表明する前文に入れようとしたのに対し、マッカーサーやホイットニーなど最高幹部は、本文に入れることを指示した。(4) それは、非武装を日本の現実の安全保障の規定として構想していたからにほかならない。

第二の柱——民主主義と市民的自由のセット

第二の柱は、民主主義と市民的自由の保障であった。

別の言葉で言えば、第二の柱は、近代立憲主義の原理の規定であった。近代立憲主義とは、人権の保障を目的としてそのために国家の権力を規制する国民主権と権力分立、違憲立法審査制を柱とする、とひとまず定義づければ、これら諸制度が一体として日本国憲法の中に盛り込まれたのである。

ここで注目しなければならないのは、憲法の中に近代立憲主義の普遍的原理が盛り込まれたのは、決して憲法を近代立憲主義の普遍的原理で構成しようという理論上の要請からではなく、あの侵略と軍国主義をもたらした要因が明治憲法下の日本社会にこの原理が欠如していたことにあるという痛切な認識、つまり日本社会に今、近代立憲主義原理が特別に必要とされているという判断から入れられたという点である。だからこそ、同じ日本社会の改革の必要から、一方では近代立憲主義原理に基づく諸制度が導入されると同時に、他方では近代立憲主義を否定しそれと衝突する戦争放棄や生存権規定が盛り込まれたのである。

憲法起草者は、軍隊の保持禁止だけでは日本軍国主義の復活を阻むには不十分だと考えた。日本の軍国主義と戦争を食い止められなかった最大の原因は、天皇主権の下で、戦争遂行をはじめ国の政治が天皇と一部の寡頭勢力の意思で動かされ、国民が政治の決定から排除されていたところにあると考えたのである。なるほど、明治憲法の下でも、国民の意思を政治に反映させるべく一九二五年の普選法により男子普通選挙権だけは実現した。しかし明治憲法では、議会の権限は弱く、宣戦・講和、軍の統帥、軍隊の編成、外交などに関しては天皇が議会の関与なく決定できる「大権」とされ、とくに軍の統帥に関しては政府にもはからず天皇と軍部の一存で事をすすめることができた——統帥権独立。

そこで、日本国憲法は、一条で「国民主権」を明記すると同時に、天皇から一切の政治的権限を剥奪して、日本の進路を左右する政治の決定を国民の手に委ねた。男女普通選挙権が保障され、議会があえて「国権の最高機関」(四一条)とされたのも、そうした原理を明示するものであった。

しかし、憲法の特徴として一層注目されるのは、市民的自由——いわゆる自由権的人権と呼ばれる人権を手厚く保障したことであった。

日本があのような無謀な戦争を長期にわたって継続し最後まで自らの力で戦争を終わらせることができなかった理由、最後まで国民が天皇の政府に「従順」であった理由は、平和を求める声が系統的に抑圧され国民に選択肢が示されなかった結果だということは、GHQの共通認識となっていた。

GHQが、占領から間もない一〇月四日の覚書「政治的、市民的及び宗教的自由に対する制限除去に関する覚書」[5]で、天皇制国家の治安法体系を網羅的に廃止し、特高警察などの機構の廃止を命じたのは、彼らが占領前から日本の民主主義抑圧のカナメが天皇制の自由抑圧体系にあると認識し、抑圧を支えた法体系を研究していたからであった。

GHQは、日本側に憲法改正作業を委ねていた時期から、独自に憲法改正に向けて準備をしていたが、その過程で日本側の憲法改正草案にも注意を払っていたことは先に指摘した。

そのうちもっとも注目したのが憲法研究会の草案であり、これがGHQ草案の参考とされたことはよく知られている。しかし、この点に関しては、彼らが憲法研究会草案にも強い不満を示していた点が注目される。その一つが、憲法研究会草案では「拷問の禁止」を除いて刑事手続き的人権規定が欠落している点であった。このレポートは、こう述べていた。[6]

「(憲法研究会案には)、権利章典中に通常置かれている広汎な事項が、おとされている。例えば、刑事被告人の権利、及び法執行機関の行う取り調べについての制限に関する条項は、一切省かれている。日本では、個人の権利のもっとも重大な侵害は種々の警察機関、とくに特別高等警察及び憲兵隊の何ら制限されない行動ならびに検察官の行為を通じて行われた。…訴追されることなくして何ヶ月も何年間も監禁されることは、国民にとって異例のことではなく、しかもその間中、被疑者から自白を強要する企てがなされたのである。[7]」と。

そのうえでレポートは刑事手続き的人権の保障の必要性を訴えていた。こうした問題意識が、言論の自由の絶対的保障と並んで、三一条以下の、異常とも言えるほど詳しい刑事手続き的人権規定に結実したことは注目されねばならない。

第三の柱――福祉国家的規定

第三の柱は福祉国家的規定である。天皇制教育と並んで侵略戦争を支えた条件として憲法起草者が重視したのが、日本の貧困であった。とりわけ貧困と低賃金の土壌となった日本の半封建的な農村の寄生地主制が侵略戦争と植民地支配を国民が支持する温床となったとして注目されたのである。

農地改革が占領軍のイニシアティブで実施され、また、財政を圧迫するのではないかというGHQ内部の保守派の危惧を押し切って、憲法に二五条の生存権規定――二五条一項そのものは憲法制定議会で社会党の修正提案で入ったものだが――をはじめ二六条、二七条、二八条などの福祉国家条項が規定されたのはかかる問題意識からであった。(8)

二　占領下の憲法への最初の攻勢――改憲攻防史の第一期

1　冷戦と憲法の桎梏化

憲法制定当初は、アメリカのアジア戦略と憲法の構想とは合致していたから、その具体化が図られ、それと矛盾する諸制度の改廃が強行された。ＧＨＱ管理下の日本政府も憲法制度の具体化に取り組んだ。

ところが、冷戦の激化、とりわけ中国革命の進行は、アメリカの極東戦略の転換を促した。アジアの自由な市場の安定のためには、拡大する中国革命をはじめ社会主義圏の膨張を押さえ、自由陣営の防衛にあたることが至上命題となり、そのために、日本を極東における反共主義の拠点として、経済的再建を図ることが急がれることとなった。

こうして、早々と憲法の構想は占領軍の日本統治にとって桎梏となった。一九四八年、アメリカの極東政策の転換に基づき、軍部内では日本の再軍備、そのために手始めとして憲法の下で警察力増強という形での事実上の再軍備、次に憲法改正、という方針が打ち出され、四九年にはそれが統合参謀本部の正式の決定となった。(9)

２　占領権力による憲法改変の最初の攻勢

まず最初に攻撃の的となったのが、憲法の第二の柱、民主主義、市民的、政治的自由であった。経済再建を強行するには、労働運動の力の規制が不可欠であり、また、昂揚する民主化運動の規制も必要となったからだ。占領下の労働運動で大きな力を発揮していた公共部門労働運動に対する弾圧を意図した政令二〇一号が出され、国家公務員法改正により公務員の労働基本権の制限、政治活動の禁止が導入された。また日本共産党などの活動を規制する目的で、一九四九年には団体等規正令、五〇年には占領目的阻害行為処罰令などが管理法令という形式で制定された。これらは、占領権力の命令を、自動的に国会を通さずに政令とする勅令五四二号に基づく管理法令形式で、迅速に実施に移されたため、憲法体系との大きな矛盾が生ずることとなった。団体等規正令はさっそく発動され、九月には在日朝鮮人連盟が、また全労連が解散を命じられ、五〇年朝鮮戦争勃発後には日本共産党幹部に公職追放が発動された。

さらに、一九四八年の福井県を手始めに、各地で公安条例が制定され、当時政治活動のもっとも簡便な手段として使われていたデモ行進に対する規制が始まった。

続いて、一九五〇年、朝鮮戦争が始まると、憲法の第一の柱、九条に規定された非武装国家の柱も改変された。戦争の勃発直後、占領軍は再軍備を命ずるに至ったからである。しかし、さすがに再軍備が、自らがイニシアティブをとってつくった憲法九条に違反することは明らかであった。そこで、ＧＨＱは、再建軍を警察予備隊と称して違憲という攻撃を避けようとしたが、これが非武装国家の理念と背反することは覆うべくもなかった。

三　憲法第一の危機とそれを阻む運動の対抗——改憲攻防史の第一期

1　憲法改変の第一の危機

憲法改変の本格的な攻勢は、一九五二年の講和を前後して始まった。日本を極東における反共の橋頭堡として固定化させるべく、アメリカは、片面講和、安保条約締結を講和の条件として押しつけ、また急速な再軍備、さらには憲法改悪を要求した。一九五一年におこなわれたダレスと時の首相、吉田茂の講和交渉において、アメリカ側＝ダレスは再三にわたり日本に憲法改正と公然たる再軍備を要求し、それが認められなければ、駐留米軍の日本防衛義務を認めることはできない、と断言していた(10)。

国民の憲法に対する支持の大きさを忖度《そんたく》して、吉田茂政権は、明文改憲には消極的であったが、その分、安保条約、米軍従属下の再軍備には積極的に同調し、憲法の第一の柱の変質が始まった。安保条約によって、占領軍はそのまま「駐留米軍」として居座ったのみならず、冷戦の激化に伴い、米軍基地の拡張が始まった。

また、占領軍撤退後の保守政治の維持に自信が持てなかった吉田政権は、占領中に占領管理法令でつくられた市民的、政治的自由の制限法を国内法に作り替えようとはかった。一九五二年、強い反対運動を押し切って制定が強行された破壊活動防止法がその典型であった。公安条例の法律化はできなかったが、条例の制定が促進され、憲法の第二の柱も大きな攻撃を受けた。

アメリカの圧力に呼応して、改憲に消極的な吉田政権に反対する復古派は、明文改憲を主張しはじめた。改憲派は、アメリカの求めていた九条の改変、「自前の」再軍備に止まらず、憲法でつくられた戦後の構想全体の転覆を謀ったのである。

とりわけ改憲派が目の敵にしたのが、憲法の「あまりにも民主主義的、自由主義的規定」であった。この当時の改憲構想を、岸信介が会長を務めた自由党憲法調査会の憲法改正案で見てみよう。[11]

まず第一の柱、九条関係では、改正案は軍隊保持とそれにともなう軍法会議、非常事態宣言、などの規定を主張していた。軍事大国体制復活への志向は露骨であった。国務大臣の文民規定をはずして「現役軍人を排除」するにとどめたことなどはその一例である。もっとも、「戦争の惨禍なお生々しい国民の感情を考慮して」徴兵制を導入していない点などは、すでにこの時点でも戦後平和意識への配慮がなされていたことを示すものであった。

前文で日本の歴史と伝統の尊重を謳い、天皇を元首とすることを主張している点は五〇年代改憲論共通の志向である。

人権の部分では「公共の福祉」のためならば法律で人権を制限できる規定を入れること、憲法起草者が意図的にくわしく保障した刑事手続的人権条項の一部を削除・簡素化することが求められた。

ほかにも家族制度擁護の規定の新設、農地について家産制度の創設、国家への忠誠義務をはじめとした義務規定の拡充など、復古主義が露骨に表明された。

また、国会が「国政の最高機関」であるという規定の削除、参議院の直接選挙制の改変、地方自治体首長の選挙制の条項の破棄など、憲法第二の柱の改変が露骨に主張されたのである。

2　憲法擁護の最初の運動、その特徴

この憲法の危機に対し、戦後初めての憲法擁護の運動が台頭した。吉田政権の憲法破壊の攻勢に対し、運動が掲げたのは、「全面講和、安保条約・米軍基地反対、中立、再軍備反対」という平和四原則、そして憲法擁護であった。

労働運動と知識人――侵略戦争への「悔恨」

この運動の担い手は、一九四〇年代の運動のそれとも、あとで検討する五〇年代末とも異なる担い手によって始まった。その主力は一九五〇年に反共主義労働運動のセンターと期待されて結成されながら急速に「左転換」した総評であり、それに知識人、講和を機に分裂した左派社会党の三者の連携であった。

知識人たちは、一九四九年「平和問題談話会」をつくり、講和にかけてのちに「平和四原則」としてまとめられる諸原則を掲げた声明を三度にわたって出し、運動をリードした。知識人たちが層として安保反対、再軍備反対、憲法擁護に立ち上がった理由も、また「総評」労働運動内で急速に「平和四原則」が支持を集めたのも、みな同じ理由、すなわち丸山眞男がのちに述べた「悔恨共同体[12]」、あの侵略戦争を止めることができなかったことへの悔恨、反省であった。

「戦後」の原点

この時期に、労働組合運動や知識人たちが、侵略戦争への反省に基づいて、安保条約と再軍備、改憲に反対して立ち上がったことの意義は強調しておかねばならない。

第一に、労働運動が平和と憲法を擁護するために立ち上がるという戦後日本の平和運動の特徴がこの時代に運動を通じてつくられたことである。労働組合が平和の課題で立ち上がるということは決して自明ではない。当時も、平和の課題にとりくむことは労働者の経済的権利を擁護する労働組合の本務ではないという議論はあった。それを押し切ったのは、戦前労働組合が戦争を食い止められなかったことへの反省であり、労働者は「民族の」課題を担わなければならないという自負であった。平和四原則を採択していく過程で日教組の掲げた「教え子をふたたび戦場に送るな」というスローガンが六〇年以上たって今なお運動で語り継がれていく原点がここにあった。

第二に、社会党（当時は左派社会党）や共産党という政党が、社会主義を掲げる前に「平和と民主主義」を掲げて運動の先頭に立つという、戦後日本の革新政党に固有の特徴が生まれたのもこの時期であった。

第三に、こうした運動の思想——再び戦争を許さないという思想が国民の共感を呼び、戦後日本に特有の非戦の国民意識の原型をつくったことである。この非戦の意識こそ、その後保守政権による軍事大国化の道を遅らせ、いまなお安倍政権の戦争法の前に立ち塞がっていることは注目すべきことである。

護憲意識の拡大、護憲派の登場

運動は安保条約や再軍備を止めることはできなかったが、憲法の危機を押し返す重要な変化を生んだ。

一つは、憲法をめぐる世論の急変をつくり出したことである。〝講和で独立したのだから憲法を変えるのは当然だ〟という世論は、〝改憲で再び戦争に巻き込まれることに反対〟という世論に変わっていったのである。

二つ目の変化は、安保条約反対、再軍備反対、護憲を掲げる左派社会党の議会での躍進をもたらし、一九五五年には、衆院で左派・右派社会党の合計が、続いて五六年には参院で統一社会党が改憲発議を阻止する三分の一の議席を確保したことである。

3　改憲への岸政権の挑戦

一九五五年、改憲をめざして自由、民主の両保守政党は合同して自由民主党を結成した。結成された自民党は、「新党の使命」「新党の政綱」において「現行憲法の自主的改正をはか」ることを謳ったのである。[13]

結党に勢いを得て鳩山一郎政権は、改憲発議に必要な三分の二の議席を確保するために小選挙区制を強行しようとはかったが、挫折を余儀なくされ、早期の改憲はひとまず頓挫した。

しかし自民党政権は、改憲をあきらめず二度目の挑戦をおこなった。今度は岸信介の政権が安保条約改定先行の形で改憲をねらったのである。

安保条約を改定し、たんなる基地貸与条約から軍事同盟条約に改定し、それを実現する前提として改憲に踏み切るというのが、岸信介首相の思惑であった。岸政権は、憲法改正に向けて、政府に憲法調査会を設置し改憲草案の策定に踏み出した。戦後最大の改憲の危機が現出したのである。

今度も岸政権は、憲法の第一の柱と共に、第二の柱への攻撃を並行させた。警察官職務執行法の改正が提起されたのはその典型であった。当時、総評内で平和と民主主義運動の有力な一翼を担っていた教職員組合運動を抑圧するために教員への勤務評定も導入が強行された。

4　安保闘争の新たな特徴

岸政権がつくり出した憲法の危機に対しても運動が立ちはだかった。

今度の運動の担い手は、一九五〇年代前半期のそれとは大きく異なった。

第一に、革新政党勢力が運動の中心に躍り出たことである。共産党が五五年には分裂を克服し、極左冒険主義を自己批判して運動の一翼を担うようになったこと、社会党がこれも五五年、統一して国会における三分の一の議席を確保したことである。

とくに注目すべきは、早くから護憲を掲げていた社会党に比べ、憲法に低い評価しか与えていなかった共産党が第七回大会で方針を転換し「憲法の平和的民主的条項の擁護」という改憲反対の態度を明確にしたこと、またこれまで反対していた「中立」方針を掲げるに至ったことである。

こうして、社会党、共産党が「革新勢力」として安保反対、憲法擁護に大きな役割を果たす、その後長く続く憲法をめぐる政治の対抗図ができあがったのである。

第二に、それを踏まえて、総評の努力で、社会党、共産党を含む革新の統一戦線が形成されたことである。

一九五九年三月、「安保条約改定阻止国民会議」が結成され、その後二三回にわたる統一行動を組織し、国民会議が安保反対闘争を領導した。革新の共同によって、それまでデモや集会に参加しなかった広範な「平和」市民が運動に加わった。

第三に、それに止まらず、六〇年五月一九日の岸政権による改正安保条約批准の強行採決を機に、運動内に、反安保、独立を掲げる階級的勢力――労働組合勢力に加えて、議会制民主主義の蹂躙は許さないという市民勢力の大部隊が登場したことである。

これは見方を変えると、「平和」の声に「民主主義」の声が合流したとも言うことができる。こうした合流により、運動の規模は大きくふくれあがり岸政権を追い詰めたのである。

こうした平和の声と民主主義を望む声の合流は、今、安倍政権の戦争法の強行の企図に対しても起こっていることが注目される。

このたたかいによって、安保条約の改定は強行されたものの、憲法改悪の企図は挫折と後退を余儀なくされた。

四　憲法の修正と「定着」――改憲攻防史の第三期

1　自民党政治の大転換――改憲断念

安保闘争を経て、自民党政治は大きな転換を余儀なくされた。第一の転換は、自民党が明文改憲方針を断念したことであった。岸政権のあとを襲った池田勇人政権は、総選挙に際して「自分の任期中には憲法改正をしない」と公約し、その後の歴代政権もそれを踏襲することとなった。安保闘争における国民の立ち上がりを目にした自民党は、もし今後復古的な憲法改正などを提起すれば、〝二度と戦争はいやだ〟と考える国民の反発を受けて、岸政権に止まらず自民党政権自体が危ないと自覚せざるを得なかったのである。

岸政権が始動させた政府の憲法調査会は、安保闘争以後、会長の高柳賢三はじめ会内に明文改憲消極派が台頭し、一九六四年に発表された調査会報告では、統一した明文改憲必要論を打ち出すこともできなかった。[14] こうして憲法第一の危機は回避されたのである。安保闘争の成果であった。

第二の転換は、自民党政治が、復古的政治を断念し、憲法を安保体制の枠内に修正、改竄しつつ憲法を「尊重」した政治をおこなわざるを得なくなったことである。池田政権は、所得倍増政策を主軸とした経済成長促進路線に転じた。これが第三期の憲法状況をつくったのである。

2 自衛隊活動を制約する政府解釈

憲法改悪を断念した政府がもっとも苦慮したのは、憲法九条の下で、安保条約・自衛隊を維持・安定させることであった。

政府解釈の変遷と「自衛力論」

もともと、憲法九条の下で再軍備を開始して以降、その軍隊をいかに合憲なものと強弁するかに、政府は頭を悩ませ続けた。

警察予備隊の時から違憲論の攻撃にさらされた政府の合憲論の最初の理屈は、警察予備隊、保安隊は、その設置目的から「警察」であり軍隊ではないという議論であった。しかし、設置目的から保安隊等を「警察」というのは、当初から無理があり、自衛隊にいたって、自衛隊法第三条が、設置目的を「我が国の平和と独立を守り、国の安全を保つため、直接侵略及び間接侵略に対し我が国を防衛することを主たる任務とし」とするに及んで無理となった。

政府は、そのため、早い段階から警察論と並行して、憲法九条の禁止する「戦力」とは「近代戦争遂行に役立つ程度の装備、編成を備えるものでなければならない」が、保安隊はそうした装備をもたないから戦力にあたらないという、近代戦争遂行能力論を採って合憲とする議論をたてていた。

しかし、この議論も自衛隊になって装備・編成とも充実してくると早晩とれなくなる議論であった。

そこで政府は、一九五四年一二月、鳩山一郎内閣誕生を機に新たな合憲論を展開することとなった。これがいわゆる「自衛力論」という合憲論である。

それは、以下のように自衛隊の合憲を説いた。〝㈠憲法の下でも独立国として固有の自衛権を持つことを認められている。㈡自衛のため必要相当限度の実力部隊を設けることは認められる。㈢自衛隊は、その自衛のための必要相当な範囲の実力（のちに「自衛のための必要最小限の実力」と言い換えられて定着）であり、憲法の禁止する「戦力」にはあたらない〟というものである。五四年一二月二二日になされた大村清一防衛庁長官の答弁がそれであった。

「憲法第九条は、独立国としてわが国が自衛権を持つことを認めている。従つて自衛隊のような自衛のための任務を有し、かつその目的のため必要相当な範囲の実力部隊を設けることは、何ら憲法に違反するものではない。(15)」と。

自衛力論は自衛隊の合憲論として機能

ここでは二つのことに注目しておきたい。一つは、この五四年解釈――自衛隊は自衛のための必要最小限度の実力であって憲法九条が保持を禁じている「戦力」ではないという解釈――は、その後の政府の自衛隊合憲論の基本論理として現在に至るまで、六〇年以上にわたり受けつがれたものであるが、この段階では、自衛隊が合憲であることを正当化する「解釈」であって決して自衛隊の活動の制約を意図したものではなく、もし野党がこの解釈と自衛隊の実態との矛盾を追及しなければ、「自衛のための必要最小限度の実力」という口実の下、自衛隊の肥大化と活動の拡大を次々追認するものとなったであろうことである。この「必要最小限度」に着目し自衛隊の海外派兵などの活動を制約する解釈が生まれてくるのは、安保闘争に見られた国民の反戦意識、それを踏まえた第三期における運動の結果にほかならない点は強調しておかねばならない。

しかし、二つ目の点として、この「自衛力」論は、当時有力であった芦田解釈を採用しなかった点は注目される。

芦田解釈とは、憲法九条一項が禁止する戦争と武力行使は「国際紛争解決のため」のそれであって、自衛の戦争は含まれていない。九条二項は「前項の目的を達するため」とあるから、自衛のための軍隊保持は許されるというもので、芦田均が精力的に唱えたことから芦田解釈と呼ばれていた。

内閣法制局は、この芦田解釈をとらなかったのである。もし芦田解釈をとれば、自衛のためなら戦争だろうが武力行使だろうがすべて認められ、また自衛のためであれば、軍隊も保持できるというのだから、事実上、九条二項は何の法的効果も持たなくなるはずであった。法制局は自衛力論を採ることで、たとえ「自衛のため」であっても九条二項は「戦力」保持を禁止しているとし、我が国の保持できる実力は、「自衛のための必要最小限度の実力」に止まるという「歯止め」をかけていたのである。これが六〇年代以降、自衛隊の活動制約の解釈を可能としたこともみておかねばならない。

法制局が芦田解釈を採用しなかったのは、憲法九条を支持する国民意識を考慮した、法制局官僚の良心の発露であったのかもしれない。

安保条約合憲論

他方、安保条約の合憲性については、自衛隊合憲論のような動揺はみられなかった。政府は、一九五二年以来、憲法が禁止している「戦力の保持」とは「いうまでもなく我が国が保持の主体たることを示す。米国駐留軍は我が国を守るために米国の保持する軍隊であるから、憲法九条の関するところではない[16]」という、驚くべき合憲論を一貫して主張した。

そして、この「解釈」が五九年の最高裁砂川判決にも踏襲されたのである。

自衛隊違憲を主張した運動

しかし、安保闘争に立ち上がった運動は、政府がこうした「解釈」で安保、自衛隊の存続をはかることを許さなかった。一九六〇年以降、安保条約、自衛隊の違憲論が盛り上がった。とりわけ、六〇年代に入りアメリカのベトナム侵略戦争が本格化し、日本が全面的に加担するにつれ、侵略戦争加担に反対する立場からの違憲論が強まったのである。

三つの運動が注目された。第一は、安保闘争で実力を発揮した革新勢力が、六〇年代も上げ潮を維持したことである。安保闘争後、国民会議は開店休業となり、原水爆禁止運動などを機に、分裂が深刻化したが、各政党系列の運動は昂揚した。さらにベトナム侵略戦争反対で一日共闘が成立し、また一九六七年、美濃部亮吉を候補にかついだ東京都知事選では社共の強力な共闘が結成されるなど、共闘も断続的に継続した。

第二は、自衛隊を違憲とする憲法裁判が次々起こされ、政府の解釈に強い圧力を加えたことである。恵庭事件で、政府は当初判決で自衛隊合憲論を獲得することをめざしたが、大量の弁護士・学者が参加した裁判運動の力で、むしろ自衛隊違憲の判決が出ることを怖れざるを得なくなった。長沼裁判では正面から自衛隊違憲の主張がなされ、政府や最高裁事務総局の強い干渉と圧力、司法反動にもかかわらず、七三年の第一審判決では、ついに自衛隊違憲判決が出た。この判決は、自衛隊違憲の運動をさらに励まし、政府の合憲論を追い詰めたのである。

第三は、これを踏まえた国会での野党の追及であった。とくに、国会での社会党、共産党、そして六四年に結党された公明党は各々の立場から、安保、自衛隊の違憲性をしつこく追及した。もっとも大きかったのは、ベトナム侵略戦争への加担、沖縄返還に伴う米軍との共同作戦行動の危険に対する追及と批判であった。

海外派兵禁止、集団的自衛権行使違憲論

こうした運動の圧力を受けて、政府は、自衛隊の活動を制約することで、なんとかその合憲性を担保することを強いられた。そのもっとも重要な制約が、自衛隊の海外派兵の禁止、さらに集団的自衛権行使違憲の解釈であったのである。

まず自衛隊の海外派兵については、すでに一九五四年六月、自衛隊の発足にあたり、それが戦前日本軍のように海外侵略をしないよう参議院において「自衛隊の海外出動をなさざる決議[17]」があげられていた。その段階では「海外」や「海外出動」の意義は必ずしも詰められなかったが、一九八〇年の答弁書で政府は、「海外派兵」を「いわゆる海外派兵とは、一般的にいえば、武力行使の目的を持って武装した部隊を他国領土、領海、領空に派遣すること」と定義したうえ、「このような海外派兵は、一般に自衛のための必要最小限度を超えるものであって、憲法上許されない」と自衛隊の活動に明確な限定を課した[18]。

また集団的自衛権については、政府は、一九七二年の国会提出資料、八一年の答弁書で、その定義を明らかにすると同時に、それが自衛のための必要最小限度の実力行使の範囲を超えるから違憲であるという解釈を確立したのである。

(1)　まず集団的自衛権の定義は、「自国と密接な関係にある外国に対する武力攻撃を、自国が直接攻撃されていないにもかかわらず、実力をもつて阻止する権利」であるとされた。(2)日本はこの集団的自衛権を、国際法上は個別的自衛権と並んで有しているとされた。しかし(3)「憲法第九条の下において許容されている自衛権の行使は、我が国を防衛するため必要最小限度の範囲にとどまるべきものであると解しており、集団的自衛権を行使することは、その範囲を超えるものであつて、憲法上許されない[19]」とされたのである。

これら解釈は一方で個別的自衛権行使、自衛力論に基づく自衛隊の合憲性を確保する側面と同時に、その活動を縛るものとなった[20]。この解釈は、自衛隊の海外派兵が日程にのぼっていなかった一九六〇—七〇年代には自衛隊の合憲性をいうためのやむを得ない譲歩とみなされたが、次の第四期になってアメリカの圧力により政府が自衛隊の海外派兵を実行しようとする段階になると、それを妨げる大きな障害物となるのである。

3　憲法構想の歪曲と「定着」

その結果、この時代には、憲法の当初の構想とは大きく異なるものではあったが、明らかに憲法の力に影響された「憲法」現実が定着することとなったのである。

憲法の第一の柱、九条についてみると、安保条約の改定と自衛隊の存続により、アメリカの極東戦略のカナメとしての日本の地位が安定した。ベトナム戦争は、日本本土と沖縄の米軍基地なくして継続できなかったことは明らかであった。沖縄返還後も沖縄の基地は維持され米軍の活動拠点として強化された。

しかし、第二に、運動の力で、自衛隊の海外への出動いわんや武力行使はできず、ベトナム侵略に対し、韓国の五万人をはじめアジア反共諸国がアメリカの要請に基づいて集団的自衛権を行使してベトナムに派兵したときも日本だけは、それができなかった。

また、運動の圧力を受けて、政府は、それが九条の解釈の結果であることを強く否定したものの、「政策」として非核三原則、武器輸出三原則、さらには防衛費の対GNP比一%枠など、九条の原則を具体化するような諸政策を実行したのである。

憲法の「定着」は九条の柱に止まらなかった。民主主義と市民的自由の柱でも前進がみられた。公安条例については、最高裁の二度にわたる合憲論にもかかわらず、下級審で違憲論が続き、下級審では、デモ行進を民主主義の土台として評価する判決も生まれた。

第三の柱でも、一九五七年の朝日訴訟の提起が事態を大きく変えた。朝日訴訟を総評が支援し、この裁判は、安保闘争の昂揚と並行して、一九六〇年、第一審の浅沼判決を生んだ。第二審、最高裁での敗訴にもかかわらず、この朝日訴訟と第一審判決は、生活保護領域に止まらない、社会保障領域全体の拡充の梃子となったのである。(21)

4　政府の巻き返しと一進一退

もちろん政府は運動に譲歩するばかりではなかった。第三期は二つに分けることができる。前半は、七〇年代初頭までの時期で、この時期には上げ潮だった運動の力で、憲法の柱の拡充が試みられた。しかし、七三年のオイルショックによる不況を境に、政府の巻き返しが始まった。もっとも大きな変化は、この時代に企業社会が確立をみ、企業主義的労働運動が制覇した結果、民間大企業の労働組合は大衆運動から手を引き運動の力量が大きく減退したことである。(22)

また民主主義の昂揚に支えられ積極的な判決を模索しはじめていた裁判を押さえ込むために、司法反動が始まった。青年法律家協会への攻撃と最高裁人事の入れ替えにより、裁判官に対する官僚統制が強化された。

しかし、この時代の憲法への攻撃は、第二期から第三期前半にかけての国民の側からの攻勢への巻き返しに止まり、憲法破壊の攻勢にはならなかった。

一九七八年、ベトナム戦争後、同盟国への肩代わり、とりわけ極東における社会主義圏との対時のための米軍の介入や作戦行動への自衛隊の加担を求めるアメリカの強い要求に基づいて、「日米防衛協力のための指針」(23)いわゆる日米ガイドラインが締結された。ガイドラインは、①「侵略を未然に防止するための態勢」、②「日本に対する武力攻撃に際しての対処行動」、③「日本以外の極東における事態で日本の安全に重要な影響を与える場合の日米間の協力」、の三項目から成っており、アメリカ側は、とくに③の共同行動を推進することを望んだが、日本側はそれには消極的であった。当時政府は、自衛隊は自衛のための必要最小限度の実力であり集団的自衛権行使はしないという線で合憲を正当化するのに四苦八苦していたから極東の紛争に米軍とともに介入するという集団的自衛権行使に抵触しかねない行動には消極的にならざるをえなかったからであった。

その結果、①②の共同研究は進んだが、③の検討は冷戦後の第四期に持ち越されることになったのである。

また、一九八二年、中曽根康弘政権が誕生、「戦後政治の総決算」を掲げて、一九六〇年以降つくられた自民党政治と憲法現実への巻き返しをはかった。日米同盟の強化をめざし、中曽根は、防衛費の大幅増額、防衛費の対GNP比一%枠の撤廃、さらに、イラン・イラク戦争時にアメリカの要請を受けてペルシャ湾への掃海艇派遣の試みなど、広範囲にわたり自衛隊活動に対する制約打破に挑戦した。有事法制の制定、秘密保護法の制定にも挑戦した。

しかし結果的にみると、これらの諸政策は、運動の強い反対や国民意識を顧慮した自民党内の消極論によって、防衛費の対GNP比一%枠の撤廃以外は成功しなかったのである。

五　憲法第二の危機——改憲攻防史の第四期

事態が大きく変わり、なりを潜めていた憲法改変の攻撃が始まり、戦後憲法第二の危機が始まる画期となったのは、一九九〇年の冷戦終焉であった。

1　冷戦終焉と軍事大国化

冷戦の終焉、社会主義圏の崩壊、中国の市場経済への突入は、世界の政治・経済をがらりと変えた。第二次世界大戦でアメリカが求めた、自由に大企業が活躍できる単一の市場世界が現出したのである。いまや、アメリカや日本の巨大企業は、冷戦時の狭い「自由陣営」のみでなく、一三億人の中国はじめ世界を股にかけて活動できるようになり巨大企業には夢のような時代がやってきた。この新たな世界は、日本政府に二つの改革を迫ったのである。

一つは、自衛隊の海外派兵とそれを阻む憲法の改変をめざす改革であった。新たに「市場」に参入した地域は、中国、東欧といい、西南アジア、中東、アフリカといい大企業には魅力ある地域である反面、危険も大きい地域であった。大企業が安心して活動できる秩序維持をはかる世界の警察官が必要となり、アメリカが名乗りを上げたが、アメリカは、一国だけで請け負うことを拒否し、NATO諸国や当時アメリカを経済力で急追していた日本にも「共に血を流せ」と負担の分担を要求したのである。自衛隊の海外派兵、米軍との共同軍事行動の要求である。

しかし日本政府はその要求に応ずることができなかった。自衛隊を合憲とするために余儀なくされた、自衛隊の海外出動を禁止する政府解釈が立ちはだかったからである。そのため政府は、憲法の改変に手をつけることになったのである。

もう一つの改革は、冷戦終焉で拡大した世界で、大企業同士の世界を股にかけた競争が激化したことを機に起こった新自由主義改革であった。大企業同士の競争に打ち勝つために、各国は、競って、大企業の競争力を強化する改革に手をつけた。

2 「解釈改憲」による自衛隊派兵の試みと攻防

憲法に対する攻勢は、アメリカの圧力を受けての自衛隊派兵の企てとして始まった。湾岸戦争に対しアメリカは、自衛隊の派兵を強く要求し、海外展開を本格化した財界も「国際貢献」の大合唱で派兵を主張した。

政府は、海外派兵を強行するのに解釈改憲方式を採用した。安保闘争の悪夢があったこと、アメリカの矢のような催促に明文改憲では間に合わなかったからである。

国連多国籍軍への参加要求と国際貢献イデオロギー

ところで、九〇年代初頭のアメリカは、冷戦後になって国連の旗の下にアメリカの戦争がおこなえる条件ができたことから、当初は国連を使っての武力行使を追求していた。そのためアメリカが日本に求めたのは、国連主導の多国籍軍への参加であった。

そこで政府はまず、国連の集団安全保障措置、多国籍軍などへの参加を確保しようとした。それまでの政府解釈は、いわゆる「国連」軍への参加の場合でも、その目的・任務が武力行使を伴うものであれば、自衛隊の「参加」は認められないという解釈をとっていたから、その変更がめざされたのである。

こうした国連主導の多国籍軍への参加という形をとった自衛隊派兵の動きは、〝冷戦が終わって世界は一つになった、冷戦期と異なり日本も国際貢献を〟というイデオロギーを拡散させる契機となった。国連に対する高い評価も国際貢献論を普及させるのに大いに貢献した。

武力行使との一体化論の深化

内閣法制局は、湾岸危機に際しての自民党による自衛隊を派兵しろ、という強い要求に対して、海外での武力行使は違憲という線を堅持しつつ、そうした多国籍軍等への自衛隊の後方支援活動に道を開く解釈を提供しようとはかった。

そこで、新たにクローズアップされたのが「他国の武力行使との一体化[24]」論であった。まず、多国籍軍の目的任務が武力行使を伴うものであっても、自衛隊自身が武力行使をせず、かつ自衛隊が当該軍の司令官の指揮下に入りその一員として行動する「参加」に至らない「協力」の範囲であれば、許されないわけではないという解釈で、武力行使を含む活動へも「協力」する道が開かれた。次に、自衛隊が武力行使をせず、かつ「他国の武力行使と一体化しないような」ものなら許されるという解釈をうち出したのである。

この時点では、「武力行使との一体化論」は、なんとか自衛隊を海外に出すために内閣法制局が編み出した「解釈」であったが、これが後々、運動と相俟って、自衛隊の活動を縛る大きな枷となるのである。

自衛隊の活動を容認する新たな潮流

こうした政府の解釈改憲の後押しをする新たな動きが台頭した。いままでみられなかったリベラル派の内部からの「現実主義」潮流の台頭であった。新たな現実主義派は、冷戦の終焉、国際貢献の要請を踏まえ、旧来の安保、自衛隊違憲論を転換し、自衛隊を国土防衛と国際貢献にかかわる合憲的組織へとつくりかえることを提唱[25]した。いわゆる「平和基本法論」である。この議論は、冷戦の終焉を機に今こそ憲法九条の「武力によらない平和」の構想を押しすすめようと主張するのではなく、それとは全く逆に、冷戦が終わった今こそ、自衛隊の合・違憲をめぐる「不毛な」対立に終止符をうち、自衛隊を認めて国際貢献に、という主張を展開したのである。

そうした動きとも連携しつつ社会党が安保・自衛隊違憲論を放棄するという事態が起こった。

社会党は、小沢一郎の呼びかけに応えて、「政治改革」＝小選挙区制の導入に賛成し、政権の一角に加わったのち、一九九四年、村山富市を首班とする自民・社会・さきがけの連立政権発足を機に、安保、自衛隊合憲論に転じたのである。その後社会党は分裂し解体した。

社会党の消滅は、第二期、第三期において憲法を擁護しその実現をめざす運動の一角を代表してきた巨大な政治的力の喪失をもたらした。憲法をめぐる攻防の力関係は大きく変化した。

３　自衛隊派兵をめぐる攻防

しかし、憲法の破壊は、政府が望むようには容易にはすすまなかった。湾岸危機、湾岸戦争以降、自衛隊の海外派兵に反対する大きな運動が起こった。この運動の新たな特徴は、既存の労働運動や憲法運動に加えて、新しい、多様な市民運動が参加したことであった。多数の市民運動団体がつくられ、自衛隊の海外派兵に反対する声をあげていった。

こうして、自衛隊の海外派兵という憲法九条への新たな脅威をめぐる攻防の四半世紀が始まったのである。

ＰＫＯ協力法

政府がまずおこなったのは、一九九二年、国連ＰＫＯ協力法による国連ＰＫＯへの自衛隊派遣であった。政府は、自衛隊が武力行使を伴わず、かつ武力行使と一体化しないという二つの条件をクリアするためにＰＫＯ参加五原則を付けて法制定を強行した。

ところが、九三年あたりを境にアメリカの世界戦略が変わった。冷戦終焉を機に「国連」を使って世界の自由市場秩序の維持をおこなおうという方針からの転換であった。国連はアメリカが思ったほどアメリカに追随してくれないことから、アメリカは、「ならず者国家」への攻撃、介入を、有志連合あるいはアメリカの単独派兵によって強行することを辞さない方針に転換したのである。

それに伴って、日本への要請も、直接米軍の作戦行動への加担を求めるものとなったのである。

日本に対する米軍支援の圧力は、九三年以来の北朝鮮核危機に際して起こった。九四年になって北朝鮮攻撃を決意したアメリカは、日本に対して、一一〇〇項目に及ぶ支援要求を出してきたのである。しかし、日本は後方支援であっても「武力行使と一体化した」活動はできないという憲法上の制約にはばまれ、これに応じることはできなかった。アメリカの大きな失望をかったのである。

新ガイドラインの締結

橋本龍太郎政権は、こうしたアメリカの圧力に応えるため、米軍の戦闘作戦行動への支援を実行する手だてを模索しはじめた。橋本政権は、一九九六年「日米安全保障共同宣言」[26]を発表し、日米安保が「アジア・太平洋地域において安定的で繁栄した情勢を維持するための基礎」であると謳って安保条約の適用対象地域の拡大を打ち出し、日米安保の拡大に対応して七八年ガイドラインの改定に合意したのである。

九七年に締結された新ガイドライン[27]は、アメリカが強く望んだ、米軍の活動に対する自衛隊の後方支援を、「日本周辺地域における事態で日本の平和と安全に重要な影響を与える場合」＝「周辺事態」における米軍の作戦行動への支援という形で明記した。同時に新ガイドラインは、米軍の後方支援を、市民の抵抗を受ける危険のある憲法改正や政府解釈の抜本改正でおこなうのではなく、既存の解釈枠組みの中で実行することをめざした。そのことは、ガイドラインの米国側の当事者ジョセフ・ナイの次の言葉に明瞭に表明されていた。

「われわれとしては、（安保）条約改定や日本の憲法改正が必要だとは思いません。法的な枠組みにまで触れると、パンドラの箱を開けることになる不安があるのです。……現在日米安保関係の再構築に向けて両国合同で作業に入っていますが、これもあくまで現行の条約・憲法の範囲内で行っています[28]」（傍点引用者）と。

そうした限定のため、新ガイドラインは、米軍の作戦行動のうちでも「周辺事態」に限って支援するばかりでなく、自衛隊の活動も「後方地域」に限られるとしたのである。しかしとにかく、新ガイドラインによって米軍の軍事行動への後方支援の第一歩が踏み出されたのである。

周辺事態法

この新ガイドラインを実行するために周辺事態法[29]が制定された。アメリカの後方支援要請、市民運動の強い反発、それを受けた議会での追及、内閣法制局の解釈という諸力の合流の結果、周辺事態法は、以下の限定付きで自衛隊の米軍への後方支援をおこなうことを根拠づけたのである。

(1)　米軍の戦闘作戦行動のうち「我が国周辺に」おける「我が国の平和と安全に重要な影響を与える事態」を「周辺事態」と命名し、その場合に限り米軍の作戦行動に協力・支援する。

(2)　集団的自衛権は認められていないから自衛隊は武力行使をおこなわない、後方支援も「武力行使との一体化」を避けるべく、地域的限定をおこなう。すなわち、自衛隊の活動は、我が国領域か「現に戦闘行為が行われておらずかつそこで実施される活動の期間を通じて戦闘行為が行われることがないと認められる我が国周辺の公海及びその上空」――これを法は「後方地域」と名づけた――に限られる。

(3)　後方支援の中味も「武器・弾薬の提供」はしないなど違憲の疑いの出るものは避ける、という限定である。

周辺事態法は、自衛隊の米軍支援を初めて認めるものであったから、共産党や民主党の強い反対にさらされ、橋本政権では制定できず小渕恵三政権においてようやく、制定を見た。しかも国会での野党の追及を受けて、「周辺」という概念が厳しく限定されてしまった。

もともと、日米両政府は、「周辺」を広く機能的概念であって「地理的」概念ではないと主張してきたが、国会での追及で、「地球の裏側まで」行って米軍の戦争に加担するのかという批判を浴び、小渕首相はこの概念を地域的に狭く限定せざるを得なくなった。「日本の周辺地域に限定しており、中東やインド洋、地球の裏側は考えられない」と。

その結果、周辺事態法は、政府にとってきわめて使い勝手の悪い法律となった。二〇〇一年、九・一一テロ事件が発生しアフガンへの自衛隊派兵が求められるとその限界が露呈した。アフガニスタンは我が国「周辺」には入りそうもなかったからである。

自衛隊派兵強行とその限界

そこで小泉純一郎政権は、テロ対策特措法[30]を制定して、自衛隊をインド洋海域に派遣した。

自衛隊の派兵を、(1)テロ対処目的なら世界のどこの紛争にでも、(2)活動の期間を通じて戦闘がおこなわれることがないと認められる地域＝「非戦闘地域」なら「外国の領域」へも派兵できるように拡大したのである。

二〇〇四年、小泉政権は、今度はイラク特措法[31]を制定し、ついにイラク本土に自衛隊を「派遣」した。自衛隊を海外に派兵しないという制約は打ち破られた。

しかし、この派兵は、既存政府解釈を維持したままの、しかも強い反対運動にさらされてのものであったため、大きな限界つきのものであった。

第一、この派兵には、依然として武力行使はしないという限定がついていた。

第二、さらに、「武力行使と一体化しない」という制約の下で、自衛隊の活動は「非戦闘地域」というきわめて限られた地域に限定されていた。しかも活動の中味も武器・弾薬の提供禁止をはじめ大きな限定がついていた。「武力行使との一体化」論が自衛隊の活動を制約する足枷となったのである。

第三、「周辺事態」以外に派兵する場合には、いちいち個別に特措法を制定して国会論議をしたうえでなければ行けなかった。そのため、アメリカの要請に迅速に対処することはできなかった。

この三つの限定を取り払わなければ、いつまでたってもアメリカの要請に全面的に応えることはできなかったのである。

4　明文改憲とその挫折

〝もはや解釈改憲は限界だ、この限界突破には今まで回避してきた明文改憲の実行しかない〟という声が上がった。こうして、皮肉にも自衛隊イラク派兵直後から、自民党内で明文改憲の動きが活発化したのである。

タカ派と改憲の矛盾

ここで、大きな問題が生じた。党内で憲法調査会に結集し改憲問題に取り組もうという議員の多くは、「この憲法は占領軍が日本を弱体化するためにつくった押しつけ憲法だ」とか、「占領期間中につくられた憲法は無効だ」とか、

「日本の戦争は侵略戦争ではなく仕方なくおこなった自存自衛の戦争だ」とかを唱える、タカ派の面々――安倍晋三がこうしたタカ派のサークルの一員であったことは言うまでもない――であったことであり、しかも彼らは九条に止まらず憲法の全面改正を主張していた。こんな主張に基づいて改憲案をつくれば、とうてい国民投票での過半数どころか、発議に必要な国会での三分の二の多数獲得すらできないような代物になるという矛盾であった。かといって、これら面々をはずせば改憲へのパワーは出ない。これは、安倍政権の現在にまで続く大きなディレンマである。

新憲法草案の作成・発表

そのため、改憲案づくりは自民党内で難航を極めたが、とにかく自衛隊が海外で武力行使できるように九条を改変することが急務であり、そのためには民主党も巻き込んで発議できるような改憲案でなければならない、という要請が通って、二〇〇五年自民党始まって以来初の、憲法改正草案、「新憲法草案[32]」が党議決定をみたのである。憲法改正を党是として結党された自民党が条文形式で草案をつくったのは、実は結党五〇年を経てこれが初めて、という点に、戦後の憲法をめぐる攻防の激しさが象徴されていた。

新憲法草案の特徴は、一言で言うと、自衛隊の海外での武力行使を可能にする憲法九条の改正を実現するために、草案が復古的なものとして、公明党や民主党に忌避されないよう、現行憲法の条文をできるだけいじらず、とくに復古派から出ていた前文の文章や天皇元首化、人権条項の中に家族保護や国防の責務を入れることなどを排除したものとなっている点であった。

その点は九条の改正案にも現れていた。公明党や民主党の嫌がる「集団的自衛権」の明記を避け、アメリカからの要請には、「国際社会の平和と安全を確保するために国際的に協調して行われる活動」という形で自衛隊の参加を確保し、くわしいことは国家安全保障基本法などに委ねる方針がとられているのも、そうした配慮のたまものであった。

第一次安倍政権による明文改憲の企図とその挫折

この改憲実行を担ったのが、二〇〇六年九月に誕生した第一次安倍政権であった。安倍は小泉と違い憲法改正を祖父である岸信介以来の宿願と定めた政治家であったから「任期中の憲法改正」というかつて歴代首相がだれ一人掲げたことのなかった公約を掲げて〝颯爽と〟登場した。[33]問題は安倍が、あるいは安倍政権の取り巻きの多くが、先に見た、タカ派の改憲集団であったことである。現に安倍自身、新憲法草案にいたく不満であったが、改憲実行のため自分の感情を抑えて実現に邁進したのである。

案の定、改憲に反対する運動が再び台頭した。今度の運動の一つの軸は、憲法改正に危機感をもって立ち上がった九人のよびかけ人によりスタートした「九条の会」という運動であった。[34]九条の会は、地域と分野別につくられたが、どちらの場合にも地域に根ざして広範な市民を組織した。二〇〇四年につくられた九条の会は、驚くほど広範な市民の熱狂的とも言える支持を得、瞬く間に輪が広がった。二〇〇八年には、会は七〇〇〇を超えた。それとともに、読売新聞の世論調査では、改憲反対派が伸びて、ついにこの年、改憲反対派が賛成派を逆転した。

安倍政権が改憲の突破口にした改憲手続法は強行採決を繰り返して制定されたが、結局安倍政権は倒壊に追い込まれ、改憲企図は挫折を余儀なくされた。

その後、安倍を継いだ各政権は、改憲を口にできなくなったばかりか、九〇年代以来すすめられてきた日米同盟強化、自衛隊海外派兵の動きも停滞を余儀なくされたのである。憲法第二の危機も潰《つい》えたかにみえた。

六　安倍政権の歴史的位置と私たちの課題

以上の憲法をめぐる七〇年に及ぶ攻防史の中において第二次安倍政権をみれば、その歴史的位置をとらえることができよう。アメリカや保守支配層にとってみれば、安倍政権は実に戦後七〇年にわたる宿願を今度こそ実現してくれそうな、最大の切り札である。安倍個人の思いでみれば、祖父岸信介と自らが挑戦して一敗地にまみれた憲法改正のリベンジ、三度目の挑戦である。

安倍政権のめざす戦争法案と改憲の詳細はここでは論じない。

しかし強調したいのは、安倍がいま掲げている戦争法案は、決して安倍個人の思いつきではなく、いわば支配階級の二重の宿願であることである。一つは、一九五〇年代初頭以来の保守政権の宿願、もう一つは九〇年代初頭以来四半世紀にわたる宿願である。

行論から言えば、戦争法案の第一のねらいは、第三期につくられた自衛隊の海外での武力行使に対する制約、集団的自衛権行使違憲論の制約を打破することである。第二の、アメリカにとってはより切実な、旨みのあるねらいは、九〇年代初頭に反対運動と政府の要請の間をとってつくられた「武力行使との一体化論」の制約をはずし、自衛隊を「後方支援」名目であれば地域的限定なく戦場にでも送り込めるようにする、また後方支援活動の内容の制限もはずすことである。

いずれも、運動との攻防でつくられた憲法による限界の打破がねらいである。これを万一通すようなことがあれば、九条の規範的意味は大きく後退し、解釈改憲が実行される。

これを通すか通さないか文字通り正念場である。

それだけに、これを阻むことは容易ならぬことではあるが、私たちは憲法の危機の度に、新たな陣列を組んでなんとか押し返してきた歴史に確信を持つことが必要である。

九条を擁護する幾たびかのたたかいで、安保条約を締結・改正され全土の米軍基地を許し自衛隊をつくらせたが、その自衛隊を海外に派兵することは阻止してきた。九〇年代以降、ついに自衛隊の海外への派兵は許したが、依然として海外での戦闘行為はさせていない。

その結果、戦争や内戦を知らない国民が八割を超える国を私たちはつくってきた。こんな国は、アジアの中ではほかにはない。民主主義と自由を蹂躙する戦争を防いできた結果、民主主義も自由も激しいやりとりを通じて、維持されてきた。

しかし、憲法の現実は、戦後日本の出発に際して憲法がめざした構想からはほど遠い。第一の危機に際してつくられた安保条約の下で日本全土には米軍基地が展開した。沖縄返還後も依然沖縄は、アメリカの世界戦略の基地として機能し続けており、いま、また辺野古に新基地が建設されようとしている。日本はかろうじて自衛隊を海外に派兵しなかったとはいえ、戦後のアジアは戦争の策源地であり続け、九条をもつ日本はそうした戦争を止めることになんの力も発揮しなかった。日本国憲法をつくる原点となった日本の植民地支配と侵略戦争を国民的に総括し謝罪し反省する国民的営みは全く不十分である。

ところが、いま安倍政権はそんな憲法を根本的に破壊しようとしているのである。

われわれの課題は明らかである。安倍政権の企図を阻むために全力をあげること。このたたかい自体は、現状を維持する「保守的」たたかいであるが、あの安保闘争の結果が示すように、このたたかいからしか、憲法の構想を現実のものとするたたかいは始まらない。

(1) いずれも塩田庄兵衛ほか編『日本戦後資料集』新日本出版社、一九九五年、所収。
(2) いずれも貴族院事務局調査部編『憲法改正に関する諸論輯録』一九四六年、所収。
(3) この点、渡辺治『日本国憲法「改正」史』一九八七年、日本評論社、八九頁以下、本著作集第6巻収録。
(4) 田中英夫『憲法制定過程覚え書』有斐閣、一九七九年、一〇三頁以下。
(5) 塩田編、前掲、所収。
(6) ラウエル「幕僚長に対する覚書」高柳賢三編『日本国憲法制定の過程1』有斐閣、一九七三年、所収。
(7) 同前、二九頁。
(8) この点はくわしく検討する必要がある。とりあえず渡辺『憲法9条と25条―その力と可能性』かもがわ出版、二〇〇九年、本著作集第9巻収録、参照。
(9) ロイヤル陸軍長官「日本の限定的再軍備」一九四八年五月一八日。この点、不破哲三『憲法対決の全体像』新日本出版社、二〇〇七年、一一〇頁以下にくわしい。
(10) 渡辺、前掲『日本国憲法「改正」史』一〇五頁以下。
(11) 自由党憲法調査会「日本国憲法改正案要綱ならびに説明書」渡辺治編著『憲法改正問題資料集（上）』旬報社、二〇一五年、四四頁以下。
(12) 丸山眞男「近代日本の知識人」、同『後衛の位置から』未来社、一九八二年、一一四頁。
(13) 渡辺、前掲『日本国憲法「改正」史』二八四頁以下。
(14) くわしくは、渡辺、前掲『日本国憲法「改正」史』第四章、参照。
(15) 渡辺編著、前掲『憲法改正問題資料集（上）』五七頁。
(16)「憲法九条の『戦力』に関する吉田茂内閣の統一見解」一九五二年一一月二五日、渡辺編著、前掲『憲法改正問題資料集（上）』一二頁以下。
(17) 阪田雅裕編著『政府の憲法解釈』有斐閣、二〇一四年、四一頁に収録。
(18) 同前、四二頁に収録。
(19) 渡辺編著、前掲『憲法改正問題資料集（上）』二二五頁以下、阪田、前掲、四八頁以下。
(20) くわしくは、浦田一郎『自衛力論の論理と歴史』日本評論社、とくに第一部、第2章、第3章参照。

(21) 筆者の見解は、渡辺、前掲『憲法9条と25条―その力と可能性』、同「朝日訴訟事件」石村修ほか編著『時代を刻んだ憲法判例』尚学社、二〇一二年、所収、本著作集第9巻収録。
(22) くわしくは、渡辺『企業支配と国家』一九九一年、青木書店、一部は、本著作集第10巻、収録、同『「豊かな社会」日本の構造』一九九〇年、旬報社、本著作集本巻、収録を参照。
(23) 渡辺編著、前掲『憲法改正問題資料集（上）』三一五頁以下に収録。
(24) くわしくは、浦田、前掲、一五〇頁以下、阪田編著、前掲『政府の憲法解釈』、一〇四頁以下、参照。
(25) 小関彰一ほか「平和基本法をつくろう」『世界』一九九三年四月号、所収。
(26) 渡辺編著、前掲『憲法改正問題資料集（上）』四四五頁以下に収録。
(27) 同前、四六九頁以下。
(28) ジョセフ・ナイ『Forsight』一九九五年四月号、四〇頁。
(29) 渡辺編著、前掲『憲法改正問題資料集（上）』四八二頁以下に収録。
(30) 同前、五七二頁以下。
(31) 同前、六八八頁以下。
(32) 同前（下）、三三七頁以下に所収。なお、自民党内の草案作成過程については、渡辺「序　戦後憲法史・改憲史の概観」渡辺編著、前掲『憲法改正問題資料集（上）』所収、参照。
(33) くわしくは、渡辺治『安倍政権論』旬報社、二〇〇七年、本著作集第14巻収録を参照。
(34) くわしくは、渡辺、前掲『憲法9条と25条―その力と可能性』を参照。

8

「戦後」日本の岐路で何をなすべきか

［二〇一五年四月執筆］

一　岐路に立つ「戦後」

生き残った「戦後」

敗戦後の改革でつくられた「戦後」日本の体制は、保守政治によって繰り返しその改変と脱却の企てに直面してきた。戦後構想された日本のあり方が、アメリカと保守政治がめざす冷戦期の日本のあり方に真っ向から抵触したからである。

こうした企ては、冷戦終焉後も収まるどころか一層激しくなった。「戦後」を脱却しようという、より一層大規模な試みが保守政治の側から提起された。第一次政権発足に際し安倍首相が掲げた「戦後レジームからの脱却」はその露骨な表明であった。

しかし、保守政権による、度重なる「戦後」からの脱却の企てにもかかわらず、それに反対する運動によって、「戦後」は当初の構想を大幅に歪曲されながらしぶとく生き残ってきた。

「戦後」とは何か

アメリカが占領に際して「戦後」日本に込めた目標は、日本がアジアで再び侵略と植民地支配に向かうことを阻むことであった。二〇世紀前半のアジアは世界の戦争の策源地の一つであったが、アジアにおいてほぼ一〇年をおかずして繰り返された戦争は例外なく日本がアジア大陸で始めた戦争であった。一九四五年、勝利を手にしたアメリカがめざしたのは、アジア・太平洋地域の自由な通商秩序であり、その阻害者となる日本の軍国主義の復活阻止であった。

第一次世界大戦後のドイツ軍国主義復活の苦い教訓を踏まえ、占領終了後もその体制が維持されるよう、復活阻止の包括的構想は憲法典の中に埋め込まれた。九条は、日本が再びアジアの侵略戦争を開始しないためのもっとも厳格な措置を謳うことで、アジアひいては世界の平和を実現しようという現実的構想であった。それだけではない。日本の侵略を防ぐことができなかったのは、戦争に反対する国民の声を抑圧した天皇制の専制支配にあるとされたから、憲法には国民主権が明記され、民主主義とそれを支える市民的自由が執拗なほどに保障された。

さらに、軍部の中国大陸侵略に国民が一定の支持を与えた背景には貧困と狭隘な国内市場があったという認識の下、貧困の克服のための措置は軍国日本の復活阻止のためにも不可欠の保障とされた。

日本国憲法は、こうして、九条、国民主権と市民的自由、二五条の生存権というセットで「戦後」の体制を表明したものであった。

だが、この「戦後」構想は、当初から日本の保守政治家にとって好ましくないものであったのみならず、冷戦激化により、当のアメリカにとっても早々と桎梏と化したのである。かくして、「戦後」の改変の企てが始まった。

「戦後」の廃棄をめぐる攻防

「戦後」を改変し壊そうという企ては、これまで三度あった。一度目は、安保条約と再軍備をめざした講和期である。第二の岐路は、安保条約を軍事同盟条約に改定し改憲をめざした一九六〇年。そして三度目の岐路が、九〇年代冷戦終焉に端を発する自衛隊の海外派兵の企てである。いずれの場合も、憲法とりわけ九条の改変が主要な課題であった。

このいずれの岐路にあっても、「戦後」を擁護する世論と強い運動が起こり、大きく後退・改変を余儀なくされながらも、「戦後」は廃絶を免れた。「戦後」という言葉が、七〇年も通用してきてしまったことはこの擁護勢力の頑張りの結果であり、今度こそ、「戦後」を葬り去りたいという衝動が噴出するのも、この綱引きに決着がついていないからである。

安倍晋三が政権に返り咲いてめざすものこそ、「戦後」の清算であり、私たちはいま、間違いなく、四度目の、そして最大の岐路に立っている。

二　「戦後」脱却の切り札としての安倍政権

安倍政権はたんなる時代遅れの復古派政権ではない

安倍政治に対する批判者の側では、その根源を安倍個人の時代錯誤で特異な思想のせいにする議論が圧倒的である。安倍が特異な思想の持ち主であることは明らかであるが、しかし、安倍の政治を安倍個人の思いつきとみることは誤りである。

安倍政権は、保守支配層の宿願とりわけ一九九〇年代初頭の三度目の岐路で達成できなかった四半世紀に及ぶ宿願の完成者として登場してきた面を過小評価してはならない。

安倍政権が強行した特定秘密保護法、集団的自衛権行使容認をはじめとする政府解釈の変更、そして今実現に向けアクセルを踏んだ戦争立法は、アメリカが九〇年代初頭以来くり返し要求し、海外進出を本格化させたグローバル企業が長らく求めてきた政治課題の遂行にほかならない。集団的自衛権や特定秘密保護法は安倍の思いつきではないし、安倍はその言い出しっぺでもない。

また、タカ派内閣というイメージの陰に隠れて見逃されているが、安倍政権は九〇年代初頭以来軍事大国化とともに求められてきた新自由主義改革――小泉純一郎政権で凶暴に推進されたものの、その帰結である貧困、格差の顕在化、反対の声の強まり、民主党政権の登場で七年間にわたり停滞を余儀なくされた新自由主義改革――の再起動、新段階への突入も推しすすめている。安倍政権は、アメリカや保守支配層待望の政権にほかならない。

復古的性格の「過大」評価が生まれるのはなぜか

にもかかわらず安倍政権が歴代保守政権と異なる特異な内閣と思われ、その復古的性質が過大評価――それは安倍政権の政治の過小評価につながってしまうのだが――されるのは、ほかでもなく安倍の靖国参拝強行に象徴的にみられる歴史の修正・改竄への執念にある。

安倍がこの二つの顔を堅持しているのは、彼の中でこの二つが、ある目標の下に統一されているからにほかならない。その目標とは、本格的に日本をアジアの大国として復活させたいという野望である。

もちろん安倍がめざす大国は、あの戦前の大日本帝国ではない。冷戦後のグローバル経済の下で、世界規模で「活躍」するグローバル企業が安定して活動できる世界秩序づくりの一翼を担うグローバル競争大国である。安倍大国化の重要な柱に、グローバル企業の市場づくりのため自国の地域経済に壊滅的打撃を与えるＴＰＰが座っていること、軍事大国化の主たる目標が中国のような自国単独の軍事力強化でなく、アメリカの戦争に加担する集団的自衛権行使容認に焦点が絞られていることは、それを示している。

安倍はなぜ歴史の修正・改竄に挑戦せざるを得ないのか

問題は、そうしたグローバル競争大国をめざす安倍が、そのための国民統合のイデオロギーとして歴史の修正・改竄、戦前の歴史の再評価を必須と思い定めていることである。

その理由はさまざまある。そもそも安倍に限らず自民党政権は、決して過去の植民地支配と侵略戦争に正面から向き合い反省してきたわけではない。戦争責任を追及すれば天皇制の支配にまで批判のメスは及ばねばならないが、そこには手を触れることはできなかったからだ。

だが、主に周辺諸国への配慮から、曲がりなりにも「村山談話」に象徴される歴史認識を容認してきた歴代政権と安倍政権が異なることも明らかである。安倍がタカ派サークルの出身であり、この支援を政治基盤としてのし上がったことも背景にあるであろう。

しかし、安倍が歴史の修正・改竄に執念を燃やす最大の要因は、戦後ドイツとは異なり、「戦後」を肯定する延長線上では、安倍の軍事大国は正当化できないという点にある。

戦後ドイツはナチス独裁を激しく追及しその罪を清算することで正統性を得た。戦後西ドイツのいち早い再軍備もナチスドイツの跳梁《ちょうりょう》を許した戦前の二の舞はしないという理屈の下におこなわれたし、冷戦終焉後のＮＡＴＯ域外へのドイツ軍参加も、「戦後」西ドイツの延長線上に正当化された。

それに対して、戦後日本の保守政権は、戦前の支配体制を否定してその正統性を得ることはできなかった。その代わり戦後日本は、軍事力保持を否定し軍事大国となることをくり返し否定することで近隣諸国に受容されてきた。だから、安倍政権が軍事大国をめざすには、こうした日本の「戦後」をトータルに否定しなければならないし、そのためには軍事大国であった戦前日本を肯定せざるを得なくなったのである。

しかも、「戦後」を超克するには、国民意識の中に強固に根付いてしまった「戦後」を否定するというやっかいな仕事をやり遂げねばならないが、その力業には大規模な大衆運動が不可欠である。

ところが、保守政治はこうした大衆運動がめっぽう苦手だ。この苦手な運動の担い手は、戦前の歴史を正当化し、戦後をトータルに否定するタカ派集団以外にはいないのである。安倍は自らの「事業」遂行のためにも、この力を切ることはできない。安倍にとって、「日本会議」も、「新しい憲法をつくる国民会議」も、九条の会の向こうを張って一〇〇〇万人署名を提起する「美しい日本の憲法をつくる国民の会」も、たんなるお友達以上のものなのである。

こうした安倍の歴史改竄への固執に、アメリカや財界の安倍評価の動揺もあった。しかし今や彼らは、一抹の懐疑の念を胸に秘めつつ安倍政権を全面支持し、安倍を使って一気に宿願達成に走ろうとしている。安倍のような、自らも「戦後」を否定する野蛮な情熱の持ち主でなければ、歴代政権が軒並み失敗した「戦後」否定の荒業はできないことを思い知ったからである。

安倍政権こそ、保守勢力にとって、何度も挑んで失敗した「戦後」体制打破の最大の切り札なのである。

三　「戦後」を維持してきた原動力

では、「戦後」否定の企図はなぜ貫徹を阻まれ、「戦後」はなぜかくも長く続いたのか？　「戦後」を超克しようとする企図をくじいた運動の担い手は誰だったのか？　その運動の広がりはどうして生まれたのか？　こうした問いに答えるべく歴史をふり返ってみよう。

1　第一の岐路

「戦後」にとっての第一の岐路となったのは、講和前後である。アメリカは、講和とともに安保条約の締結を強要し、講和ののちも日本を自由陣営に縛りつけ、かつ極東における反共の最前線として米軍基地を温存すること、日本の再軍備を加速することをめざした。朝鮮戦争が続いていたことは、こうしたアメリカの要求をせっぱつまったものとした。

それを受け、吉田茂政権が講和時に掲げた政治の構想は、片面・早期講和と安保条約による米軍駐留の存続、再軍備のセットであった。吉田自身は国民の憲法支持の気分に配慮して明文改憲には消極的であったが、この構想は憲法九条の「武力によらない平和」の構想を真っ向から否定するものであったから、支配層内から改憲論が台頭することは不可避であった。

ところが、このセットに敢然と反対する運動が起こった。支配層の「戦後」否定の構想に、全面講和、米軍駐留反対、中立堅持、再軍備反対のセットで立ち向かうことを提起したのは、平和問題談話会に結集した知識人であり、それを「平和四原則」として運動の旗にしたのは、総評労働運動であった。

この全面講和運動は、その後再軍備反対、米軍基地拡張反対の運動へ、そして改憲阻止の運動へと急速に拡大し、護憲勢力を選挙の度毎に増やし、ついに五五、五六年には衆、参両院で改憲発議を阻止する三分の一の議席を獲得させて、改憲に歯止めをかけたのである。

この運動の特徴をやや乱暴に摘出してみよう。

第一に、この運動の担い手は、結成されたばかりの総評に結集する労働組合運動と、知識人、それに左派社会党の三つの勢力の連合であった。とくに総評に結集する労働運動が安保反対、再軍備反対、のちの基地反対闘争の主力となった。

注目すべきは、総評の運動の原動力となったのは、あの悲惨な戦争を食い止められなかったことへの反省にあったことだ。すでに、〝労働者の生活改善をめざす労働組合がなぜ平和の問題などに取り組むのか〟、という声があったにもかかわらず高野実率いる総評が「民族の叫び」への共感を掲げ、平和運動の先頭に立ったのは、あの戦争を繰り返してはならないという強い思いがあったからであった。労働組合が平和運動の先頭に立つという戦後日本の常識は、実はこの時代につくられたのである。

第二の特徴は、「戦後」を守るたたかいに知識人が層として参加したことである。これまた驚くべきことであった。知識人の結集体となったのは、一九四九年につくられた平和問題談話会であったが、この運動では、二重の意味で、知識人の横断結集が実現した。一つは、安倍能成ら戦前期リベラルと丸山眞男ら戦後に活動をはじめた若手知識人の連合である。もう一つは、文学、社会科学から自然科学も含めた知識人の横断結集であった。

こうした知識人の層としての参加を促したのも、戦争への自らの責任を問う意識、丸山眞男の言う「悔恨共同体」であったことはよく知られている。

戦後第一の岐路で、日本は早くも「戦後」の枠組みを根本から変容させる安保条約と再軍備の枠組みを許した。しかし、これに抗するたたかいは、対抗する担い手を育て、「戦後」の公然たる否定＝改憲をひとまず阻んだのである。

2　第二の岐路

「戦後」を改変しようという第二の岐路は、五〇年代後半、岸信介政権のもとでやってきた。岸の思惑は、日本のアジアの大国としての復活であった。

岸政権は、大国化の前提として、また極東における米国の代理人となるためにも憲法改正をめざしたが、社会党の伸張により衆参両院で護憲勢力が三分の一を上回る議席を獲得したため、改憲発議は当面は望めなかった。そのため岸政権は、基地貸与条約であった安保条約を、より「対等な」軍事同盟条約に改定することをねらった。それを突破口に改憲を実行し、完全な軍事同盟体制の構築を図ったのである。

だが、安保条約改定には空前の規模の反対運動が起こった。岸政権は改定安保条約の批准を強行したが総辞職を余儀なくされ、自ら改憲に乗り出す夢を絶たれた。それどころか、安保反対のたたかいは自民党政治家を震撼させた。復古的な政治をすれば、岸政権の命だけではすまず自民党政権そのものが危機に瀕するという怖れから、自民党政治の大転換が起こったのである。

安保反対闘争の注目すべき特徴は三つあった。

一つは、社会党、総評と、分裂と極左冒険主義を清算して戦線復帰した共産党との共闘が成立したことが、運動昂揚の原動力となったことである。一九五九年三月二八日、安保条約改定阻止国民会議が結成され、以後二三次にわたる統一行動がなされ、安保闘争をリードした。お互いを敵呼ばわりしていた共産党、社会党の共闘には、総評が両党を同じテーブルにつける調整役として努力したことが大きかった。この共闘が、一党だけなら参加を躊躇した広範な無党派の労働者や市民層の参加を促した。講和時の第一の岐路とは比べものにならない、大衆運動の昂揚の要因の第一は、明確な共闘の成立にあった。

二つ目は、第一の岐路と異なり、革新政党が運動のイニシアティブを握ったことが運動拡大の大きな梃子となったことである。とくに、社会党は当時一六〇近い議席を持っていたが、これが国会で、安保条約の危険な実態を次々暴露し、それをマスコミが報道するという形で、国会でのたたかいが大きな力を発揮した。国会でのたたかいと院外の大衆運動とのキャッチボールが成立し、逆に大衆運動が国会での議員の闘争を激励した。これも大衆的昂揚の梃子となったのである。

三つ目の特徴は、革新勢力の共闘による「平和」の声の立ち上がりに加え、一九六〇年五月一九日の衆院強行採決以降、岸の民主主義蹂躙に怒った「民主主義」の声の合流によって、安保闘争は、革新の枠をこえて国民的共同の闘いに転化したことである。

安保闘争は、その後も、六〇年代から七〇年代一杯、平和運動の昂揚を持続させる梃子となった。たしかに改訂条約で安保は軍事同盟条約に変更されたが、運動は、安保条約の軍事同盟的機能の発動を押さえたばかりでなく、以後の自民党政治の「小国主義」的政治への転換を促した。運動が「戦後」に豊かな内容を盛り込んだのである。改憲を阻まれた政府は、自衛隊は九条で禁止された「戦力」ではなく「自衛のための必要最小限度の実力」であるという解釈で、九条の下での自衛隊の維持・存続をはからざるをえなくなった。

しかし、安保闘争に立ち上がった運動側はこうした解釈を認めず、自衛隊違憲論が盛り上がった。とくに、国会での社会党、共産党、さらに新興野党の公明党による、政府解釈と自衛隊の実態の矛盾をつく攻撃にあって、政府は自衛隊の活動を制約する解釈を採用することでその合憲性を擁護することを余儀なくされたのである。

現在、安倍政権が突破しようとしている、自衛隊の海外派兵や集団的自衛権行使を制約する政府解釈は、この攻防の中で表明されたものであった。とくに大きな制約となった解釈は、次の二つであった。一つは、自衛隊は自衛のための必要最小限度の実力だから海外派兵はしない。自国が攻撃されたら実力で反撃する個別的自衛権は認められるが、他国に対する武力攻撃に武力で加担する集団的自衛権の行使は禁止されているという解釈である。もう一つは、自衛隊は海外で武力行使が許されないのみならず、たとえ武力行使でない後方支援でも他国の「武力行使と一体化した活動」は禁止されている、という解釈である。後者は、自衛隊が後方支援であっても戦地に行くことを禁止するものであった。

「戦後」擁護のたたかいは、自衛隊が海外で武力行使しない原則を自民党政権に強要したのである。皮肉なことに、そうした、強いられた「小国主義」が自民党政権の安定の一要因ともなった。

３　第三の岐路

冷戦終焉で世界の状況は大きく変わり、世界は、グローバルな企業が活動できる「自由な」市場秩序で覆われたかにみえた。今や一極覇権を確立したアメリカは、自由な市場秩序の維持拡大のための世界の警察官となり、秩序に歯向かう「ならず者国家」、さらにはグローバル経済で地域や共同体を破壊された反動として拡大した「テロ」の掃討に乗りだした。

アメリカは、新しい戦争に、ＮＡＴＯや日本が参加することを求めた。「ただ乗りは許さない」、これがスローガンであった。冷戦末期から急速に海外進出を強めた日本企業も、アメリカの要求に呼応して「国際貢献」を保守政権に求めた。

しかし、アメリカや財界の要請に応えるには、憲法九条とそれを支える政府解釈を変えなければならない。こうして、一九六〇年以後の三〇年間、正面からの挑戦を受けなかった「戦後」超克の第三の岐路がやってきた。

自民党政権は過去の失敗の「教訓」から、改憲の新たな手法をとった。「戦後」否定の正面突破、明文改憲は国民の戦争忌避意識を逆なでして成功しない、憲法改変は当面九条の文言をいじらずにおこなうという解釈改憲方式先行論を採ったことだ。

解釈改憲優先で自衛隊を、インド洋海域、ついでイラクに派兵したのが小泉政権であった。しかし、政府解釈の制約下での自衛隊派兵には「武力行使できない」という大きな限界があり、改めて明文改憲による突破論が台頭した。二〇〇五年には自民党結党以来、初めて改憲草案「自民党新憲法草案」が作成・発表され、〇六年には「任期中の憲法改正」を公約にして第一次安倍政権が誕生した。

ところが案の定、自民党が危惧していたとおりの事態、反対の声が立ち上がった。九条の会である。七五〇〇にのぼる九条の会の広がりにより、安倍政権の明文改憲の動きは挫折を余儀なくされたばかりか、それまで推進してきた自衛隊の海外派兵の動きも停滞を余儀なくされた。

第三の岐路で、自衛隊を派兵させながらなお「戦後」を存続させた運動の新たな特徴は三つあった。

一つは、運動の担い手の主力を占めてきた労働勢力、革新政党勢力の組織力に減退が起こったことである。まず、政党では、「政治改革」の名の下で採用された小選挙区制の結果、社会党が解体した。共産党、社民党という明確な護憲勢力は、国会の三分の一をはるかに下回る勢力しか持ちえなくなった。労働運動も総評が解散し、主力の民間単産、公共部門労働組合を引き継いだ連合は、もはや改憲反対のイニシアティブをとらなかった。

第二の特徴は、それに代わって市民運動の力量が大きく増大したことである。冷戦終焉以後、自衛隊の海外派兵に危機感を持って新しい市民運動がつくられ、しかも市民運動は、それまでの市民運動に特徴的であった反政党的スタイルを転換して、政党を含めた共同に積極的となった。総評に代わって政党間共同の調整役を果たそうという動きが現れた。二〇〇一年から五月三日に開かれてきた「5・3憲法集会実行委員会」の取り組みは、共同を求めるこうした新しい市民運動の方向を象徴していた。

第三の特徴は、政党や労働組合の状況、市民運動の増加を基礎に、新たな憲法の共同運動が生まれたことである。九条の会が結成され活動をはじめたことである。九条の会は、今までにはみられない、緩やかな、ネットワーク型の組織で地域に広がり根付いていった。改憲を阻む運動の広大な貯水池が生まれた。

四 「戦後」日本の岐路に立って――改憲阻止の国民的共同組織を

1 安倍政権の改憲戦略

安倍政権の政治は、今度こそ「戦後」を葬り去ろうという決意に燃えている。そのため、安倍政権は二つの方針を掲げている。第一の方針は、三度にわたる「戦後」打破の苦い失敗の経験を踏まえ、九条改変を解釈改憲の手法で突破すると定めたことだ。安倍政権は、二〇一四年七月一日、集団的自衛権行使容認を核とする既存政府解釈改変の閣議決定を強行した。しかし、閣議決定だけでは事態はすすまない。それを法案化し、国会の承認を受けなければ自衛隊は海外で米軍との共同作戦、アメリカの戦争への支援をおこなうことはできない。安倍政権は、その戦争立法をこの五月中旬に通常国会に提出しようとしている。

これが通れば、九条の規範的意味は大きく削減される。文字通り解釈改憲が実現する。

しかし、第二に、安倍政権は解釈改憲と並行して明文改憲を実行するという決意を固めている。戦争しないことを前提にした日本国憲法をそのままにしては「戦後」の超克は完成しないことを自覚しているからだ。しかも、明文改憲への国民の警戒をすり抜けるべく、明文改憲を段階的にすすめようとしている。第一段階では公明党、民主党の合意をとることを念頭に、新しい人権と緊急事態条項の改憲案を提示して国民投票を乗り切り、第二段として本命の九条改憲に及ぶという戦略である。

かくして、私たちは、戦後日本の第四の、そして最大の岐路に立っている。奇しくも戦後七〇年、多くのメディアでは、「戦後七〇年企画」が華やかであるが、残念なことに、今、戦争立法をめぐって「戦後」の改廃をめぐる正念場が来ているという認識は共有されていない。

「戦後」超克の企てを阻むには、あらゆる改憲を阻むことを目標とした国民的共同の組織をつくる以外にない。

2　安倍政権の矛盾と新たな可能性

安倍政権は容易ならぬ政権であり、今や、アメリカも財界も、少なからぬ躊躇を含みつつ安倍の「戦後」清算を全面支持するに至っている。けれども、安倍政権の政治基盤は決して強くない。何よりその政治の方向性の故に大きな矛盾と弱点を抱えていることをみなければならない。

安倍政権、三つの矛盾と弱点

安倍政権の第一の、最大の矛盾は、安倍の政治が、自民党政権が、「戦後」擁護の国民の世論と運動に強制され、六〇年代以降続けてきた戦後外交の原則を覆そうとしていることである。

自民党政権は、安保条約による米軍駐留を容認し米軍の手先となる自衛隊の拡大に腐心してきたが、にもかかわらずその自衛隊は海外に派兵しない、また戦前期に植民地支配や侵略の対象となったアジア諸国とは仲良くするという原則を堅持してきた。安倍政権が清算しようとしているのは、ほかでもなくこの原則である。

野中広務、河野洋平、古賀誠、さらには山崎拓に至る自民党のもと領袖が相次いで危惧を表明しているのは、自らもその維持にかかわってきた、この原則が覆されようとしているからであるが、彼らの発言の背後には分厚い保守層大衆の懸念があることを見逃してはならない。

第二の矛盾は、安倍政権による新自由主義改革の再起動――TPP、原発の再稼働強行、医療保険制度改悪など――の直撃を受けている「地域」の離反である。いっせい地方選挙で自民党は、こうした矛盾を糊塗するべく「地方創生」を前面に出して乗り切ったが、安倍政権の政治がすすむにつれ、地域での疲弊はすすまざるを得ず、その抵抗は起こらざるを得ない。

第三の矛盾は、安倍が固執する歴史の修正・改竄――さしあたりは、戦後七〇年談話、慰安婦問題に対し、アジア諸国の国民、広範な日本の国民に加え、欧米諸国の不安や反発を掻き立てざるを得ないことだ。安倍自身もそうした懸念は感じながら、改憲＝「戦後」打破には、歴史改竄派の力を借りなければすすまない。

国民的共同の条件、新たな可能性

「戦後」の岐路にあって、国民的共同の組織ができたのは、第一の岐路に際しての、安保闘争の経験しかない。

ところが、安倍改憲を阻む国民的共同の組織をつくるためには、六〇年安保闘争と比べると、不利な条件が目に付く。安保闘争をリードした総評労働運動は、二五年前に再編され、労働戦線全体が「戦後」擁護のたたかいに参加できる体制にはないこと、社会党の解体後国会での護憲・反安保の勢力は大きな後退を余儀なくされ今やこの旗は、共産党、社民党に止まっていること、この間の中国の軍事大国化、覇権主義の動きや北朝鮮の相次ぐ挑発的な行動などを機に、国民の中には、安保や日米同盟を頼りにする意識が、軍事大国にはなりたくないという意識と併存しつつ増大していること、などである。

しかし、安保闘争の時にはなかった共同の新たな可能性と運動の経験を私たちは持っている。

第一は、安倍政権の政治に対し少なくない保守層が懸念を表明していることである。保守層は、自ら立ちあがる可能性は低いが、共同の組織がつくられれば「戦後」擁護の隊列に参加するであろう。

第二は、安倍政権の戦争立法だけでなく、新自由主義改革の強行に対して地域が反旗を翻しつつあることだ。九条の会の七五〇〇は、こうした地域を根城にしてつくられ存続している。

第三は、九〇年代以降の市民運動の力量の増大である。市民運動は、過去のいずれの岐路にもみられなかった広がりをもっており、共同を促す有力な潮流となっている。

第四は、女性たちの運動参加が飛躍的に高まったことだ。安保闘争は、男性正規従業員が主力となった運動であったが、現在の様相はこれと大きく異なっている。

第五は、中高年が参加して、運動が全世代的に広がっていることである。

第六、六〇年安保の時にはみられなかったアジアとりわけ韓国の市民運動との連帯がすすんでいることだ。

3　改憲を阻む国民的共同の課題

安倍政権の企てを阻むには、新たな条件を生かして国民的共同のたたかいを組織することが緊急の課題である。

すでに第二次安倍政権の企てに危機感をもって、かつてない共同の試みが試行錯誤されている。「解釈で憲法9条を壊すな！実行委員会」と「戦争をさせない1000人委員会」「憲法を守り・いかす共同センター」の三者が、「戦争させない・9条壊すな！総がかり行動実行委員会」として共同の組織を立ち上げた。この「総がかり行動実行委員会」が、さらに大きな輪をつくって、五月三日の集会に取り組んだ。こうした「総がかり」の共同を強め、明確な改憲阻止の共同組織をつくることが急務である。

国民会議方式は古い、ネットワーク型の連携こそ、という声があるが、改憲立法や改憲発議を阻むには、九条の会型の広範な取り組みとともに、国会の内外を連動して機敏で集中的な運動をおこなう強い組織が不可欠である。これとイメージの近い共同の経験として、二〇一二年と二〇一四年の東京都知事選における共同があげられる。市民運動のイニシアティブで革新政党や労働組合が組織的に結集し、保守的な層とも連携して集中的に運動をつくり出した最新の経験である。

安倍政治に反対する三つの立場の共同

これまで七〇年間「戦後」を守ってきた運動の経験を踏まえた、改憲阻止の国民的共同の組織づくりに際して注目すべき点をあげておこう。

第一に、安倍の政治に反対するさまざまな立場、思想の人々をその違いを自覚しつつ結集する必要があることだ。安倍政権の政治に反対している人々には、三つの立場がある。ひとつ目は、安保条約に反対し、米軍に追随し戦争能力を強めている自衛隊にも反対し、基地撤去、「武力によらない平和」を求める立場、九条の思想から反対する人々である。二つ目は、安保条約、自衛隊は必要であるが、自衛隊がアメリカの戦争に加担して海外に行くこと、戦争する国づくりには反対する人々である。三つ目の立場は、集団的自衛権解釈変更のような国の方向を転換する大問題を国民的議論抜きに進めることは立憲主義に反するという立場から反対する人々である。

大きくはこうした三つの立場の人が、国民的共同の組織に結集すべきである。自民党支持者層を含めた地域の広範な良心的保守層の安倍改憲に対する危惧は、このうち二つ目、三つ目の立場からのそれだが、この二つ目、三つ目の立場に立つ人々の共同への参加が、国民的共同成否の鍵を握る。

とくに強調したいのは、こうした大きな共同をつくり育てていくには、狭いセクト主義を克服する努力が必要だが、同時に共同のために、ということで過度にお互いの議論を抑制することは決して運動を強めることにはならないということである。

辺野古新基地建設反対のたたかいとの共同

第二に、安倍改憲を阻む共同のたたかいは、辺野古の新基地建設強行に反対するたたかいをその課題の一つとして取り組むべきだという点である。

辺野古新基地反対にも二つの立場がある。一つは、安保条約による米軍基地、普天間基地は日本の平和を脅かすものでありその撤去を求める立場からの反対であり、二つ目は、安保条約に基づく米軍基地は必要であるがあまりにも過重な沖縄への負担は許さない、という立場からの反対である。安倍改憲を阻む国民的共同は、辺野古新基地建設反対という一致点でたたかわなければならないが、普天間基地撤去を含めた基地問題の解決のためには、日米安保批判のたたかいを独自に強めていくことが不可欠である。

政党の責任と共同の組織への参加

第三に、国民的共同のメンバーとして、改憲に反対する政党が加わるべきだということである。戦争立法阻止をはじめ改憲を阻むたたかいの大きな舞台は国会である。その意味では院外での運動と同時に、国会の舞台の双方で政党の果たす役割と責任は重い。国会での機敏な暴露や反対がなければ、戦争立法、改憲を阻むことはできない。院内で戦争立法に反対する共同の成立が急がれねばならない。

この点に関しとくに強調しておきたいことは民主党の態度決定である。民主党は、戦争立法、そして改憲について、それが戦後の日本のあり方を根本的に転換させるものだという点を認識したうえで、はっきりと戦争立法反対の態度を打ち出すべきである。民主党の存亡が問われている。

知識人の責務

第四に、改憲を阻む国民的共同の運動の中で、それぞれの運動体や個人が、安倍政治の構想する日本に対する対抗構想をつくり議論していくことが不可欠であるという点である。こうした対案の探求については、政党はもちろん、知識人の責務が大きい。

かつて、戦後第一の岐路にあって、平和問題談話会は、東京、関西に「文科」「法政」「経済」「自然科学」の各部会を設置して、共同研究を続け安保と再軍備に代わる対案を探求した。その構想は、安保と再軍備に代わる政治・外交の構想に止まらず、対米依存と軍需に代わる自立した経済の構想、さらには文化の構想に及んだ。

そうした東北アジアと日本の平和構想の探求と並行して、植民地支配と侵略戦争を繰り返した日本の歴史の国民的総括が不可欠である。こうした国民的議論は全く不十分であり、これが安倍政権の歴史の修正・改竄の動きを助長している。こうした国民的総括の呼びかけも知識人の責務である。

＊

憲法の中に埋め込まれた「戦後」は、発足早々、安保や再軍備によって根本的改変をこうむり、いまだ一度も実現をみぬまま、存立を脅かされ続けてきた。

「戦後」は未完である。しかし、過去何度かにわたる「戦後」超克の企図に対するたたかいを通じて、日本国民は憲法を選びなおし、また、海外で戦争しない「戦後」をつくってきた。

安倍政権の「戦後」清算の企図に立ち向かい「戦後」を築き直すたたかいを通じて、未完の「戦後」実現への第一歩を踏み出すこと、これが、現在の私たちの責務である。

9

戦争法案反対運動の到達点と「戦争する国」づくり阻止の展望

［二〇一五年一〇月執筆］

はじめに

安倍政権が不退転の決意で出してきた戦争法案に対して、安保闘争以来というべき反対運動が盛り上がった。九月一九日法案の採決は強行されたが、この運動は安倍政権を追い詰めその政治に打撃を与えたばかりでなく、多くの教訓と確信を与えた。本稿では、戦争法案反対運動が切り拓いた新たな地平と課題を改めて検証し、安倍政権が強行しようとしている「戦争する国」づくり阻止のたたかいの展望を明らかにしたい。

一　戦争法案反対運動を改めてふり返る

安倍政権は、戦争法案を、満を持して国会に提出した。すでに四月二八日のアメリカ上下両院合同会議演説で安倍は、戦争法案の「この夏まで」の通過を公言していた。ところが、安倍首相の思惑は大きく狂うことになった。戦争法案反対運動の昂揚が安倍の目算を狂わしたのである。

まず、戦争法案反対運動の推移を改めてふり返っておこう。法案をめぐる攻防は、五月一五日の国会提出以来、五つの時期に分けられる。しかし、法案反対運動には安倍政権発足以来の長い準備期があるので、そこから検討を始めたい。

1　戦争法案反対運動準備期――二〇一四年五月～一五年五月

安倍政権は、第二次政権発足直後から、第一次政権時の二〇〇七年に設置しながら開店休業にあった「安全保障の法的基盤の再構築に関する懇談会」（安保法制懇）を再開し、「解釈変更」という形で集団的自衛権行使容認を獲得する決意を固めていた。

安倍政権は一方で安保法制懇を動かしながら政府解釈の変更をすすめるべく、二〇一三年夏、内閣法制局長官を更迭して小松一郎をすえ、他方集団的自衛権行使容認に反対する公明党との協議をすすめ、与党としての落としどころを探った(1)。いわゆる「集団的自衛権の限定行使論」である。

一四年五月一五日、安保法制懇の報告を受け取った直後、安倍首相は記者会見を開き、集団的自衛権の限定行使の方針を打ち出し、公明党との協議を踏まえて七月一日、集団的自衛権の限定容認を核として既存の政府解釈を根本的に改変する閣議決定をおこなったのである。そして、政府は、この閣議決定を具体化する法案づくりに入った。

それに対して、この時期には戦争法案反対運動につながるいくつかの取り組みが始まった。三つの流れが注目される。

第一の流れは、市民運動や法律家団体などが安倍政権成立、安保法制懇の再開直後から、いち早く集団的自衛権行使容認の動きに対し批判と反対の取り組みを強めたことである。たとえば、九条の会は、一三年一〇月七日に記者会見を開き、会の発足時以来出していなかったアピール「集団的自衛権行使による『戦争する国』づくりに反対する国民の声を」を発表し、安倍政権が集団的自衛権行使を解釈改憲の手法でやろうとしていることに警鐘を鳴らした。同年一一月一六日の「第五回全国交流討論集会」では、柳澤協二を呼んでシンポジウムを開き、安保法制懇の報告批判の学習会も開いた。こうした戦争法案につながる動きをいち早く取り上げ批判する活動が続けられた。

第二の流れは、戦争法に反対するための共同をつくるさまざまな試みが実を結び、ついに一四年一二月一五日に、「戦争をさせない１０００人委員会」「解釈で憲法９条を壊すな！実行委員会」「憲法を守り・いかす共同センター」の三実行委員会が共同して「戦争させない・９条壊すな総がかり行動実行委員会」（以下、「総がかり」と略称）が結成されたことである。

第三の流れは、安倍政権が明文改憲のために九六条の先行改正論を出し改憲手続自体を改変しようとしたこと、集団的自衛権の行使容認という政府の確立した解釈を閣議決定で改変したことに対し、「戦争する国」づくりを許さないという平和の声と重なり合いながら、立憲主義を守れという声が湧き起こったことだ。

この三つの流れが、戦争法案反対運動に合流したのである。

2　第一期――二〇一五年五月一五日～六月四日　運動の担い手の登場

第一期は、戦争法案が国会に提出された五月一五日から、六月四日までの時期である。この時期は、今度の戦争法案反対運動で主要な役割を果たし運動の昂揚をつくり出した新たな組織が戦争法案反対の運動に登場した時期だ。この時期のたたかいが、第二期以降の運動の飛躍的発展を生んだのである。

登場した新たな組織の第一は、「総がかり」であった。総がかりが中心となり、さらに輪を広げて、五月三日に横浜臨港パークで三万人が集い憲法集会がもたれた。この集会では、民主党、共産党、社民党の代表がそろってあいさつするという、かつてない事態が現出した。これは総がかりの共同の力を象徴する出来事であった。

総がかりが戦争法案反対で最初の集会をもったのが、五月一二日であった。総がかりは続いて、毎週木曜の国会前、定例行動を呼びかけた。

新たな組織の二つ目は、ＳＥＡＬＤｓであった。ＳＥＡＬＤｓは、六月五日から、毎週金曜日の定例行動を開始した。

こういうかたちで、戦争法案反対運動を盛り上げた二つの組織が行動を開始したのである。

3　第二期――六月四日～七月一六日　反対運動の急速な広がり

運動は、六月四日の憲法審査会での参考人三人の違憲発言を機に、第二期に入った。この発言で、法案は違憲だという声が広がり、それまで必ずしも積極的でなかったマスコミがいっせいに法案の違憲性を追及し、反対運動を報道しはじめた。第一期の運動の幅が一気に広がった。

集会への参加が激増した。総がかりの五月一二日の集会は二八〇〇名であったのに対し、六月一四日の集会には二万五千人、六月二四日には三万人が集まった。わずか一ヵ月で一〇倍の市民が集まったのである。

こうした運動の広がりにより国会の特別委員会でも野党の追及が厳しくなり質疑はしばしば中断、審議は安倍の当初もくろみを大きく遅らせた。運動の昂揚で安倍政権は、二つの誤算を生じたのである。

一つ目の誤算は、安倍政権が当初想定した八月上旬までの会期延長という予定を変更し、九五日の大幅会期延長を余儀なくされたことである。法案に対する「予想外の」厳しい追及が続く中、八月上旬までに衆参両院で法案採決を強行するなどとうてい無理であることが判明したからだ。しかも、衆院に比べ政府・自民党の議員に対する掌握力が相対的に弱い参院で万一採決できない状況になっても、六〇日ルールで法案を可決できるようにするには会期を当初予定より大幅に引き延ばさざるを得なかったのである。

実は安倍首相にとって八月上旬という期限は絶対に動かせないものであった。なぜなら、もし八月上旬で国会を閉じられないと、たいへんな事態が起こることがわかっていたからだ。まず、首相がめざす大国化のために戦争法と並んで固執してきた、原発再稼働の一番手、川内原発一号機の再稼働が八月一〇日前後に予定されていた。国会が開いていればその審議、野党の追及は不可避だ。

さらに、これまた戦争法案と並んで首相が大国化のカナメと位置づけていた辺野古新基地建設でも、八月に大きな爆弾が予想されていた。翁長雄志知事が、八月中旬には前知事の許可した辺野古埋め立て許可の取り消しをやるという情報が入っていたことだ。

さらに頭の痛いことに、安倍首相自身が、戦後七〇年に向け、村山談話を否定する安倍談話を予定していた。これらは戦争法と並んで安倍大国化のためには不可欠な施策であるにもかかわらず、いずれも国会が開いていれば野党の厳しい追及を受けること必定の課題であり、下手をすればそれぞれ大幅な支持率低下は避けられないものばかりであった。しかし安倍首相は、戦争法案を通すには、これら爆弾の危険を承知のうえで、あえて会期延長に踏み切らざるを得なかったのである。

二つ目の誤算は、これだけ会期延長してもなお、六〇日ルールの発動を可能にするためには、衆院で強行採決を強いられたことである。安倍首相は、特定秘密保護法の強行採決で支持率を大きく下げた「苦い」経験を持っていたから強行採決は何としても避けたかった。にもかかわらず衆院で二度の強行採決を余儀なくされたのである。運動に追い詰められた安倍政権の二つの誤算は、第三期以降さらに政府を追い詰めていった。

4 第三期――七月一六日〜七月二七日 反対運動第一の昂揚期

第三期は、七月一五日の衆院特別委員会、同一六日の本会議強行採決に続く一〇日間である。この第三期は、戦争法案反対運動の第一の昂揚期となった。国会前を万を超える市民が取り囲んだ。安倍政権の支持率は下がり、どの世論調査でも支持と不支持がついに逆転、毎日新聞世論調査では三五％まで下がり不支持は五一％に上った。戦争法案反対は六二％、法案の説明不十分と答える人は八二％に上った(2)。

このまま支持率が下がれば戦争法案の通過は危ないという焦りと苛立ちで、政府・与党内から暴言、失言が相次いだ。こうした危機の状況下で審議は参議院に移ったのである。

5　第四期――七月二七日～八月三〇日　参院審議、安倍政権の反攻と運動側の再編成期

参院審議の始まった七月二七日から八月三〇日までの第四期は、安倍政権側の巻き返し、運動側の地域での掘り起こし――攻防の幕間の時期である。

まず安倍政権側の巻き返しが始まった。安倍政権は、突然、八月一〇日から九月九日までの一カ月間、強行していた辺野古埋め立て工事の中断と県側との協議を打ち出した。言うまでもなく、国会審議中の戦争法案通過の障害となる、翁長知事による埋め立て許可取り消し決定を出させないためであった。中断と協議期間中は翁長知事も許可取り消しを出さないことをねらってだが、工事中断は安倍政権にとっては大きな後退であった。協議で政府側は全く譲歩する気がないから、再開後は沖縄の怒りを増して一層鋭い対決になることは必定だからである。にもかかわらず戦争法案と絡むことだけは避けたい政府は、中断を決断した。政府与党の参院での強行採決の当初予定は、九月一一日であったから、強行採決までの引き延ばしは見え見えであった。

続いて、安倍政権は、七〇年談話でも重大な後退をおこなった。当初のもくろみは、村山談話の完全否定であった。村山談話の謳う「侵略」「植民地支配」そして謝罪、これを否定した安倍談話を出せば、以後、教科書における歴史記述は安倍談話の線で統制できるようになる。すでに安倍政権下での教科書検定基準の見直しで、教科書記述は、「閣議決定その他の方法により示された政府の統一的な見解……が存在する場合には、それらに基づいた記述(3)」をすることが義務づけられていたからだ。

ところが、安倍首相のこうしたもくろみは、一三年一二月の靖国神社参拝に対してアメリカが「失望」声明を出すことで、まず後退を余儀なくされた。安倍首相はその後、村山談話を「全体として引き継ぐ」と答弁せざるを得なく

なったのである。しかし首相はあきらめていなかった。八月が近づいても、侵略、植民地支配、お詫びの文言は入れずに通すつもりである旨を繰り返した。

それが変更を余儀なくされたのは戦争法案反対運動の昂揚による支持率低下であった。もし談話で、これらの文言を入れなければ、中国、韓国のみならず日本国民からも強い批判を浴びかねない。国会での追及も避けられない。おまけにオバマ政権の批判すら招きかねない。戦争法案通過が危ない。こうして安倍首相は泣く泣く、これらの文言を入れた(4)。

こうした巻き返しで何とか支持率減を食い止めたが、政府は参院審議で新たな火種を抱えた。八月一一日、日本共産党の小池晃議員が暴露した統合幕僚監部資料、さらに同党仁比聡平議員が暴露した河野克俊統幕長の米軍幹部との会談記録は、安倍政権が国会での審議を無視して法律の具体化、執行をすすめていた重大な立憲主義違反をおこなっていることを暴露しただけでなく、戦争法案が日米ガイドラインの実行、アメリカの戦争に全面的に加担することをめざしたものであることを明らかにした。

他方、運動側は、八月三〇日「国会前10万人、全国100万人大行動」を呼びかけて、その成功のための準備に入っていた。地域での運動の広がりをめざしたさまざまな取り組みが各地でおこなわれ、掘り起こしがすすんだ。終盤決戦に向け、対峙は急速に緊迫していった。

6 第五期――八月三〇日～九月一九日　反対運動第二の昂揚と戦争法強行

八・三〇大行動以来、九月一九日の強行採決までは、第五期、運動第二の昂揚期であり、安倍政権による戦争法強行の時期である。

八・三〇大行動は、国会前を一二万の市民が包囲し、安保闘争以来の昂揚を実現した。全国では一〇〇〇カ所以上で取り組みがおこなわれた。

政府・与党は、国会での野党の追及により強行採決予定を次々あとにずらすことを余儀なくされ、また採決を督促する与党、衆院国会対策委員会と参院側の対立も生まれた。にもかかわらず安倍政権は、九月一九日参院本会議で採決を強行したのである。

第五期は、法案反対運動の第二の昂揚期をつくった。山場では連日万を超える市民が国会前を包囲した。九月一四日四万五千、一六日三万五千、一八日四万という具合であった。参院では民主党、共産党に加え、新たに特別委員会に入った社民党、生活の党、それに維新の党も加えて野党五党の共闘が成立し政府を追い詰めたのである。

二　戦争法案反対運動昂揚の原動力――二つの共同と新たな力

ではこうした法案反対運動の昂揚をもたらした動因は何であったろうか。今後の運動の土台となるものなので、やや詳しく検討しておきたい。

筆者は、二つの大きな要因があったと考えている。一つは、二つの共同ができたことであり、第二は、その共同に鼓舞されて、いままで九条の会や市民運動に参加したり関心を持った人々が根こそぎ結集し、さらに今まで運動に参加しなかった新たな階層や新たな部分が新たな組織で運動に参加したことだ。

ちなみにここでいう組織とはある共通の目標をもった、人々のつながりである。戦争法案反対運動に登場した新たな組織は、既存のそれとは相当に異なる形態をもっていた。今回の反対運動を安保闘争と比較して、組織による動員から市民の自発性による立ち上がりが強調されるが、より正確に言えば、運動が市民個人の自発性を発揮する組織と共同の場をつくることに成功したと言うべきである。

1　運動の昂揚をつくった二つの共同・その1――総がかりの共同

六〇年安保闘争における未曾有の立ち上がりは、二つの要因からなっていた。一つは、長年激しく対立しあってきた社会党系と共産党系の運動が、安保条約改定阻止の一点で共闘したことである。その蝶番《ちょうつがい》に労働組合のナショナルセンターである総評がなった。これが当時の広範な無党派労働者や市民の参加を可能にした。

もう一つは、安保条約に反対し憲法を擁護しようという「平和」の声に加え、安保改定を強行採決で押し通した岸内閣のファッショ的やり方は許さないという「民主主義」の声が大合流したことである。後者は、六〇年五月一九日岸内閣による警官隊を導入しての強行採決以後に現れた(5)。

戦争法案反対運動も、この二つの共同に対応する共同を作り上げたことが昂揚の第一の要因である。

総がかりという「ついに発見された」共同の形態

法案反対運動の昂揚をもたらした第一の共同は、戦争法案に反対という長期の目標で一致する諸勢力が長年の確執を乗りこえて共同したことにある。

共同と統一を求める道のりは、安保闘争以来、実に長かった。安保共闘は、直後から分裂の兆しを見せ、原水爆禁止運動をめぐる対立で、組織的にも対立し合うことになった。ベトナム反戦で一日共闘を実現したりしたが、第一の苦難の時代が始まった。

しかし六七年都知事選では、美濃部亮吉候補の下、社会党、共産党が、安保共闘以上に明確な対等、平等の組織参加と政策協定を結んで共闘した。七〇年代前半期には、安保廃棄という目標で、社会党、共産党、さらには公明党も含めた連立政権構想が議論された。

しかし、企業社会が定着した八〇年代初頭には社公連合政権合意が生まれ、そこでは共産党外しが明記され、統一への動きは頓挫した。八〇年代末の総評解散、連合結成により、今までしばしば統一に力を尽くしてきた労働運動自体が分裂した。

九〇年代アメリカの圧力の下、自衛隊の海外派兵と改憲の動きが台頭すると、自衛隊派兵に反対する市民運動が台頭し、新たな共同を模索する動きが出た。市民運動が蝶番となって、革新の統一を実現する動きが、五・三憲法集会などで続けられた。また、憲法九条の改悪に反対するという一点で個人が連帯する、九条の会という新たな組織が生まれたことも、共同への新たな試みであった。にもかかわらず、運動団体が長期の目標で共同する企ては実現しなかった。

総がかりは、九〇年以来四半世紀にわたる、もっと言えば、安保闘争以来半世紀以上にわたる統一への模索、努力の結果を踏まえ、戦争法反対、憲法擁護の一点で共同を実現しようという苦闘の産物であった。

かつてない共同の形態

政党が前面に出ると共同は難しく、また労働団体も確執が強い現状で、三つの実行委員会の共同という新たな共同の形が編み出されたのである。「戦争をさせない1000人委員会」のよびかけ人には連合「平和フォーラム」の共同代表である福山真劫が入っていた。「解釈で憲法壊すな!実行委員会」には首都圏一〇〇を超える市民団体が入っていた。そして、改組された「憲法共同センター」には全労連、共産党が正式加盟していた。この三実行委員会の共同という形で、二〇一四年一二月一五日、「戦争させない・9条壊すな！総がかり行動実行委員会」が誕生したのである。

総がかりは、こうして対立してきた運動団体間の共同を実現することによって、九〇年代以降市民運動や九条の会に参加してきた、全国津々浦々の市民の根こそぎの参加をうながしたのである。

総がかりに加え広範な知識人、文化人をよびかけ人にしておこなわれた、一五年五月三日の横浜臨港パークでの集会は、総がかりのもっていた団体間共同と市民個人の自発的参加がもたらした最初の結果であった。そこには、さまざまな団体とともに市民が押しかけ、壇上では、今までみられたことのない光景、民主党、共産党、社民党代表が党を代表してあいさつし決意表明する事態が生まれたのである。

共同実現の要因──総がかりへ流れ込んだ二つの流れ

どうしてこんな共同ができたのであろうか。安倍政権が不退転の決意で強行しようとしている戦争法案への危機感があったことは言うまでもないが、筆者は、二つの流れが合流したからだと考える。

一つは、小泉政権下で強行された新自由主義改革による非正規雇用労働者の激増、貧困と格差の増大に対抗して連合系と全労連系、全労協系労組が取り組んだ共同の流れである。二〇〇八年一二月四日、連合系労組と全労連系、全労協系労組が共同し、派遣切りに反対し労働者派遣法の抜本改正をめざす大集会がもたれた。この共同の経験を通じて、年末には反貧困の社会運動「反貧困ネットワーク」とも連携して、「年越し派遣村」が実現した(6)。この流れは民主党政権の下で一時途絶えるが、三・一一の大震災と原発事故を機に、再び市民運動とも連携して共同の試みが復活した。

もう一つの流れは、改憲と自衛隊の海外派兵に反対する市民運動による共同の追求である。市民運動自身が連携することを求めて、一九九九年に憲法改悪に反対して全国各地の市民運動が結集して「許すな！憲法改悪・市民連絡会」がつくられたが、これが当初二〇〇〇の市民団体や労働組合を結集し、さまざまな共同の蝶番になる取り組みをはじめた。また、市民個人の参加するネットワーク型の新たな組織、九条の会が二〇〇四年に結成され、急速に地域、分野に広がったことも共同の流れを強めた。市民個人の参加を基礎にした組織は、その後、三・一一の原発事故を機にした反原発の運動でも大きな広がりをみせた。

総がかりにはこうした共同の努力の二つの流れが合流したのである。

共同実現の三つの効果

総がかりの共同は、直接には三つの効果を生んだ。

第一は、総がかりの共同を基礎に、民主党、共産党、社民党、さらに生活の党を含めた政党間の共同、院内外での共同が生まれたことである。先ほど触れたように、民主党の結党以来共産党との持続的課題での共闘は成立したことはなかったばかりか、共産党と社民党の共同も長期の目標では実現しないという状況が打開された。

これは安倍政権を追い詰める大きな力となった。今まで、国会内でも共闘ができなかったのが、質問や国会戦術でも共同ができ、安倍政権を追い詰め、しばしば委員会を中断に追い込んだ。

何より総がかりの集会で、民主、共産、社民、さらに生活や維新の党の代表が並んであいさつする状況が「普通」になったことは市民を励まし、その参加の大きな梃子となった。

第二に、総がかりの共同は、さしあたり中央レベルの共同であったが、これが地域での多様な形での共同を生んだことである。いくつかの地域では中央の総がかりの共同に励まされ、弁護士のよびかけで、民主、共産、社民党の共同が実現した。

また、今まで共同に努力してきた分野、なかなか共同のできなかった分野での共同をも広げ、促進した。宗教分野では、キリスト教系、仏教系、さらに新興宗教を含めて各宗派の独自性を尊重しあいながら宗教者全国集会がもたれた。今までも共同を進めてきた法律家六団体の共同「六団体連絡会」が、専門家集団として政党間の共同の蝶番となり、またマスコミ関係者との懇談を通じて戦争法案の性格を解説した。

第三に、こうした共同がすすむ中で、共闘の文化とでも名づけるものが育った。今まで、自衛隊の海外派兵に反対する市民運動も党派や団体別におこなわれたため、互いに独自の「文化」と壁が厳然としてあった。互いに関心も強くなかった。共同の成立は、こうした運動内に、ぎくしゃくしあいながら新しい文化を生んだ。

2　政治的立場、政策、思想の違い乗りこえる「平和」と「民主主義」の共同

二つ目の共同は、法案反対の一点で、「平和主義」の勢力と「立憲主義・民主主義」の勢力の共同が実現したことである。もちろん、この二つの力は互いに重なり合う部分を多くもっていたが、平和の声に民主主義の声が合流しなければ、これだけ広い結集はなかった。

安保・自衛隊反対と安保・自衛隊は賛成だが、という勢力の共同

まず注目しなければならないのは、「平和」の立場からの戦争法反対勢力の中でも共同が実現したことである。九〇年代以降の自衛隊の海外派兵に反対して立ち上がってきた政党、労働組合、市民運動の主力がもっていた思想は、安保条約に基づく米軍駐留、自衛隊は憲法九条の「武力によらない平和」の思想を蹂躙するもので認められない、日本の平和は、安保をなくし自衛隊を縮小解散する方向で、つまり「武力によらない平和」という形で実現する、と

いうものであった。九条の会のよびかけ人の多くも憲法学者の奥平康弘はじめ、こうした安保、自衛隊違憲の思想に立った人々であった。この立場の勢力を反対運動の第一潮流と呼ぶ。

しかし今度の戦争法案反対運動に立ち上がった人々の中には、こうした立場と異なり、安保や自衛隊は日本の安全には必要ではないかと考え、しかし、その自衛隊が、海外での戦争に加担することは許されないという立場から反対する勢力があったことが重要である。

この後者の勢力は、憲法論的には、安保・自衛隊合憲論であるから、いわば政府が、一九五四年以来、違憲を唱える社会党や共産党などの野党の声に押されてつくり上げてきた解釈――自衛隊は自衛のための必要最小限度の実力だから合憲である、自衛隊は必要最小限度の実力であるから個別的自衛権の発動は許されるが集団的自衛権の発動は許されない、としてきた解釈と同様の立場をとっている。この立場の人を第二潮流と呼んでおこう。

この潮流には、先にふれた柳澤協二や、孫崎享などが入る。六月四日の憲法審査会で、与党自民党・公明党推薦で参考人となった長谷部恭男、民主党推薦の参考人小林節らの、集団的自衛権行使を容認する戦争法案＝違憲論は、この第二潮流の憲法論によるものであった。

今度の法案反対運動において戦争法案反対の論陣の広がりは、第一潮流と第二潮流が、安保や自衛隊に関する意見の違いは置いて、自衛隊の海外での戦争は許さない、という一点で合流した点にあったのである。

平和の声と民主主義、立憲主義擁護の声の合流

こうした「平和」の声の二つの流れの合流に加え、安倍政権がこうした憲法の解釈の大転換を一内閣の閣議決定でおこなったこと、さらに憲法九六条で定められた改正手続をとらず、立法の形で国会の多数でそれを強行しようとしたことに強い危機感と危惧をもって立ち上がった人々が合流した。彼らは、自衛隊が集団的自衛権行使を許されない

という解釈は、確立した政府の憲法解釈であって、これをひっくり返すような大転換を一内閣の閣議でおこなうことはできない、また国会の多数で立法化したところで、違憲の法律は無効である、もし解釈を変更し集団的自衛権行使を容認させたいなら憲法九六条に基づく憲法改正手続でおこなえ、という立場に立つ。これを法案反対の第三潮流と呼んでおこう。政府解釈をつくってきた内閣法制局長官経験者や元最高裁長官らの戦争法案反対は、こうした立場からのものであった。

第二潮流と第三潮流のメンバーは重なる部分が多く、また第二潮流の人々が今回声を上げたのは立憲主義への危機感であった。

先に書いた六月四日の憲法審査会での長谷部ら三人の憲法学者の発言も、第二潮流であると同時に、安倍政権による立憲主義の侵犯に対する強い危機感に裏打ちされた第三潮流の立場に立ったものでもあったことは注目しなければならない。

3　批判的国民の根こそぎ決起と新たな階層、新たな組織の台頭

反対運動の未曾有の昂揚をつくった第二の要因は、国民的共同の動きに鼓舞されて、この間続けられてきたさまざまな運動——とくに労働組合や市民組織による自衛隊の海外派兵に反対する運動、九条の会の運動、そして反原発の運動——に共鳴したり一度でも参加した人々が根こそぎ立ち上がったこと、さらに今まで立ち上がらなかった新たな階層が新たな組織をつくって運動に立ち上がったことである。

大都市だけでなく、地域の立ち上がり

第一は、この十数年の取り組みを反映して、中央だけでなく全国の地域で広範な立ち上がりがみられたことである。六〇年安保闘争では、中央の「安保条約改定阻止国民会議」の結成後、全国各地に二〇〇〇の共闘組織がつくられた。しかし安保闘争の主力は何といっても首都圏、大都市部に集中した。

地域は、当時農村に対する補助金と公共事業を求めて自民党の金城湯池であった。安保闘争の昂揚から半年後におこなわれた六〇年一一月の総選挙では、自民党は三〇〇議席をとって圧勝したのである。

それに比して、戦争法案反対運動では地域の立ち上がりが注目された。八月三〇日の「国会前10万人、全国100万人大行動」には、全国で一〇〇〇カ所以上の取り組みがおこなわれた。9条の会運動のような地域におけるこれまでの市民運動の積み重ねに、総がかりや政党間の共同が実現して、地域の人々の根こそぎの立ち上がりが生まれたのである。

こうした地域の立ち上がりをもたらした原因は大きく言って二つある。

一つは、安保闘争時に比べ、地域は、新自由主義改革によって疲弊し困難を抱え、自公政権に対する怒りを蓄積していたことである。

小泉政権下で強行された「三位一体改革」や「平成の大合併」と称する市町村合併により地域に対する財政支出は大幅に削減され、地場産業の崩壊で地域の衰退に拍車がかけられた。その後の民主党政権でも「地域主権戦略」の名の下にこの流れは加速された。安倍政権になってから「アベノミクス」第二の矢で地方に公共事業費がばらまかれたが、今や「地方再生」の名の下、本格的な地方切り捨てが始まっている。おまけに、TPP、原発再稼働で、地域は大都市圏以上に安倍政権の新自由主義政治に対する反発を抱えている。

沖縄の辺野古新基地建設でも、原発再稼働でも、政府は地域の声を無視して中央の政策を強行している。戦争法案

に対し、地方が立ち上がった背景には、こうした怒りと、新自由主義改革に対する反対の運動があったからだ。

地域の立ち上がりを支えた第二の要因は、九〇年代以降の全国の地域で積み重ねられた共同の運動の蓄積である。ここでは9条の会[7]に注目してその点をみておきたい。

全国七五〇〇の会は、地域の名を冠した会だけでなく職場、分野の会も含めて、ほとんどが地域に根をはった活動で定着している。9条の会は長いところでは一〇年以上にわたり活動を続けているが、この取り組みが地域における反対の声の掘り起こし戦争法案反対運動への参加の貯水池となったのである。

とくに注目すべきは、九条の会が、戦争法案反対運動では地域での取り組みを重視したことである。安倍政権発足以来、九条の会は安倍政権の解釈改憲の動きに警鐘を鳴らし、集団的自衛権行使容認反対、さらに戦争法反対の行動を訴えてきた。九条の会は発足時以来出したことのなかったアピールを三回にわたり発表し、また全国の会に向けても、一三年五月以来四回にわたり事務局からの行動を提案した[8]。

とりわけ、戦争法案の国会提出を目前にした一五年五月一日、会は「事務局からの訴えと提案」を出して「全国津々浦々」での行動を呼びかけた。「七〇〇〇以上のすべての9条の会が立ち上がり、文字通り全国、津々浦々、自分たちの地域、分野で共同の行動を実現することを追求することです。」

その上で、そこでは以下の七つの行動の提案をおこなった。①五月から八月までの山場月間を設定し、その期間には全国の会が必ず何らかの行動に取り組む。②地域のすべての住民を対象に宣伝、学習する。③安保法案の廃案を求める署名に取り組む。④地域・分野でできるだけ幅広い人たちと共同声明を出す。⑤地元選出の国会議員オルグ、地方議会で法案撤回を求める意見書を採択させる。⑥地域で開かれる集会には9条の会としてもできるだけ多数参加する。⑦会同士の交流をする。一言で言うと「地域に根ざして」、「共同を広げて」をめざす取り組みの提案である。

こうした提案を受けて、地域では全戸をめざした宣伝がさまざまな形でおこなわれた。一三年五月には宮城で大判のチラシ三〇万枚がまかれ、広島でもジャンボチラシが四〇万枚、県下に配られた。

9条の会のイニシアティブで、地域の諸団体の共同組織がつくられた。たとえば練馬区では、「練馬九条の会」のイニシアティブで「安倍暴走ストップ練馬連絡会」が民主党、共産党、生活者ネットらが参加してつくられた。

また、地域の市民運動のイニシアティブで、地方議会で意見書や決議をあげる取り組みがいろいろな地域でおこなわれた。

こうした地域でのたたかいが、地方議会での大量の意見書を生んだ。毎日新聞によると、二〇一三年三月以降、集団的自衛権、戦争法に関連して四〇五議会が意見書を出したが、そのうち反対、慎重は三九三議会にのぼり、賛成・不明は一二に止まるという(9)。中央紙は、戦争法について真っ二つであるが、地方紙はそのほとんどが戦争法には反対、慎重である。

保守的な人々の立ち上がり

第二は、これまでの市民や労働組合また9条の会の運動が、今回の戦争法案の提出を機に、地域で今まで自民党支持層であった保守層の立ち上がりをうながしたことである。これまでも、TPPについては、地元の農協や自民党議員と共闘したり、原発再稼働阻止でも地域保守層への働きかけがおこなわれた。地域の9条の会でも、よびかけ人には、憲法を擁護するという一致点で地元の名士が名を連ねた。筆者も国民的共同、良心的保守との共同を訴えてきたが、今回の戦争法案反対運動で、地域の保守層は確実に動きはじめたのである。

中央では、自民党や公明党議員の分裂は起こらなかった。安保闘争時の自民党と比べても、党内での造反は少なかった。この最大の原因は小選挙区制にある。自民党国会議員は、党の公認をとれなければ立候補すら覚束ない。安倍政権の掲げる戦争法案に反対の声が、もっぱら古賀誠、山崎拓などの引退組からのみ発せられ、現役国会議員層は全く押さえ込まれたのは、こうした制度的要因が強い。

それに比して、自民党、保守系無所属の地方議員の動きははるかに活発であった。毎日新聞が意見書を出した地方議会に出したアンケートでは、三〇九議会から回答を得たが、そのうち戦争法に反対の意見書は一六九、慎重が一三六であり、賛成はわずか四に止まった。注目すべきはその先だ。これら反対、慎重の意見書を出した三〇五議会のうち、実に一一四議会で自公など与党議員が賛成にまわっていることである。[10] 中央の統制を蹴っての動きであった。

さらに広島県庄原市では、市選出の県会議員の呼びかけで、市議二〇人のうち一九人が集まって広く市民にも呼びかけ「ストップ・ザ安保法制庄原市民の会」をつくるなどの動きも出た。

学生――SEALDsの立ち上がり

第三は、九〇年代以来大きな立ち上がりをみせなかった学生、若者層がSEALDsという組織で立ち上がったことである。

安保闘争では、学生運動は労働組合と並んで運動の大きな一翼を担っていた。しかし、九〇年代以降になると、学生たちが層として運動に参加することは少なくなった。全国各地の9条の会へ講演に行くと決まって出された質問は学生や若者はどこへ行ったのかという問いであった。

もちろんさまざまな取り組みがあった。二〇〇四年の自衛隊イラク派兵反対闘争では、学生たちが組織をつくって立ち上がった。また9条の会では、学生たちが「PEACE NIGHT 9」をつくって多くの学生を結集した。さらに三・一一の原発事故のあとには、反原発の運動が大きく盛り上がった。秘密保護法反対の運動でも学生たちが立ち上がった。

戦争法案反対運動ではそうしたさまざまな取り組みを経るなかから、SEALDsという形の新たな組織、SNS

で学生個人が参加する組織で立ち上がったのである。こうした学生の立ち上がりは、戦争法案反対運動の中で生まれ、広範な市民に大きな勇気と励ましを与えた。

女性の立ち上がり

六〇年安保闘争は、女子学生や母親大会、婦人民主クラブなど女性市民運動の参加を除けば、女性たちの参加は多くはなかった。労働運動でも男性正規従業員が主力であった。ところが企業社会に男性労働者がからめ取られた八〇年代以降、状況は変わりはじめ、とくに九〇年代以降の市民運動では女性の参加者が増加していった。二〇〇四年に発足した各地の9条の会では、参加者のほぼ六割が女性であったことはそれを象徴している。

戦争法案反対運動では、女性たちは参加者の多くを占めたのみならず、女性という立場での新たな組織を立ち上げて立ち上がった。まず、共同の実現に呼応して、既存の女性運動団体、「女性九条の会」などの女性たちが、文字通り根こそぎ立ち上がった。さらに、六月二〇日の「国会ヒューマンチェーン　女の平和」やレッドアクション、ママの会のような新たな組織も生まれ、急速に根を広げた。

こうした女性たちの独自の声や根こそぎの立ち上がりは、戦争法をめぐる世論に顕著な刻印を押した。毎日新聞の七月一九日の調査では、戦争法案賛成は全体では二七%であったが、男性の三九%に対し、女性の賛成は一九%と、二〇ポイントもの大差がついた。安倍政権支持についても、全体では三五%だが、男性が四三%なのに対し、女性は三〇%に止まった。(11)

弁護士会、日弁連、学者らの広範な立ち上がり

第五に、弁護士会や学者などの知識人層が層として、運動に参加したことも大きな特徴であった。

戦後日本で知識人が層として立ち上がった経験は、一九五二年のサンフランシスコ講和条約の締結時、吉田茂内閣の推進する片面講和、安保条約による米軍駐留、再軍備に対し、「全面講和、米軍駐留反対、再軍備反対、中立」を掲げて立ち上がったときである。平和問題談話会に結集して、自由主義的知識人までを包含する広範な知識人が世代と思想を超えて立ち上がった。

安保闘争の際にも、多くの知識人が立ち上がったが、知識人が、層として立ち上がったのは、安保闘争以来である。「学者の会」は一万四千名の署名を集め、全国一四二大学で有志の会が立ち上がった。

自由法曹団などに結集する弁護士たちは、従来から自衛隊派兵反対運動の大きな一翼を担ってきた。進歩的弁護士運動は、戦後日本の民主主義運動の特徴の一つともいえる。これら弁護士団体が党派を超えて、法律家六団体連絡会をつくり、共同の専門家集団として運動を支えた。六団体連絡会は、法律専門家集団の立場から政党やマスコミに戦争法案の危険性や法的問題点を指摘し影響を与えた。

さらに、今回の反対運動では、そうした進歩的な弁護士集団に止まらず、地域の単位弁護士会、日弁連が積極的に法案反対運動に参加したことが注目された。とくに地域の単位弁護士会は、地域における民主党、共産党を含めた共同のよびかけ人になって共同のイニシアティブをとっている。

こうした学者や弁護士たちの組織ぐるみでの立ち上がりの要因として、戦争法案が違憲性をもっていることが明らかであることに加え、今回の安倍政権の政治が立憲主義、民主主義を蹂躙していることへの危機感があると考えられる。

三　戦争法案反対運動の成果と課題

1　戦争法案反対運動の到達点――何を切り拓いたか、三つの打撃、三つの確信

戦争法案は、こうした安保以来の運動の反対にもかかわらず強行されてしまった。しかし、法案反対運動は、決して無に帰したわけではない。反対運動は、安倍政権の戦争法施行、大国政治に大きな打撃を与え、運動に大きな確信を与えた。

三つの打撃

戦争法案反対運動は安倍政権に三つの打撃を与えた。

第一は、反対運動、とりわけ議会内での政党の共同に基づく質疑での追及は、答弁を通じて戦争法案の危険な狙いを系統的に暴露しただけでなく、法案を通過させるために政権にさまざまな不利な発言を強い、戦争法発動を阻止する運動に大きな武器を提供させたことである。

第二に、反対運動は安倍政権がアメリカの戦争への加担体制づくりとして戦争法と並んで強行している辺野古新基地建設強行に少なからぬ困難をもたらしたことだ。

第三は、戦争法案反対運動が「戦争する国」づくりへの不安を広範な国民の中に浸透させた結果、安倍政権が大国化の完成のために実現をめざす明文改憲がきわめて困難になる状況を作り出したことである。

もともと安倍政権は、九条に手をつける改憲が自衛隊を「普通の国」の軍隊として自由に戦争に加担させるもっともストレートな手段であることを知りながら、それに対する国民の反発を十分自覚して、解釈改憲路線を選択した。しかし、明文改憲を実現しなければ自衛隊の軍隊化は完成しない。解釈改憲である限り絶えず大きな制約を免れないからだ。そこで、安倍政権は明文改憲をもねらった。迂回的改憲によってである。

第二次安倍政権が明文改憲で最初にめざしたのは、憲法九六条を改正して、衆参両院の過半数の賛成で改憲を発議できるようにする改憲論であったが、これは立憲主義擁護の声に阻まれ、あっけなく放棄された。そのため、安倍政権が次に模索したのが、二段階改憲論とでも言うべきもので、最初に国会で三分の二の多数を獲得できそうな、新しい人権などの改正を実現し、国民を改憲に慣らしたうえで、九条の本丸改憲に手をつけるというやり方である。この場合、安倍首相自身は、九条改憲を自らおこなうことができないため、改憲を最初に実行した首相としての「名声」に止まるがいずれにしても、こうした方法を使わない限り、改憲はできないと踏んでいた。そのため、安倍自民党は、民主党などに働きかけて憲法審査会での審議の加速化をはかってきたのである。

安倍のもくろみは、集団的自衛権など緊急のものはひとまず解釈＝立法改憲でけりを付け、二〇一六年の参院選後に自民党の勝利、維新の党などの改憲政党の躍進を勝ち取り衆議院に続き参議院においても三分の二以上の改憲派議席を確保して改憲の発議をねらうものであった。改憲で「自衛権」を明記することにより、再び戦争法等を改悪して集団的自衛権の全面容認を勝ち取ろうというものであった。

ところが、戦争法案反対運動はこの目算を大きく狂わせた。維新の党をまるごと改憲派として抱え込むことが難しくなったばかりか、少なくとも第一段階の改憲の時には味方に付けておきたい民主党まで、戦争法阻止で「敵側」に追いやってしまったからである。

おまけに、憲法審査会で三人の学者の違憲発言を引き出してしまったために、その後自民党は憲法審査会の開催にも躊躇せざるを得なくなった。参院選では、参院での三分の二の改憲多数派形成どころか、勝利すら危うくなってきたのである。

もちろん明文改憲は安倍の宿願であるから、今後運動が少しでも下火になるようなら、安倍首相はただちに明文改憲の実行に舵を切ることは間違いないが、現時点では、少なくとも一六年参院選までは改憲を背後に隠さざるをえなくなっている。

三つの確信

反対運動は、運動側に三つの成果、確信を与えた。

第一の成果は、総がかりによる共同の組織と、政党間共闘の経験である。また、全国の地域で、総がかりや政党間の共同をにらみ、多様な共闘の組織がつくられた。これこそが、戦争法案反対運動のもっとも大きな宝である。

第二の成果は、総がかりに参加している各実行委員会の運動団体や9条の会が改めて自分たちの運動に確信を持ったことに加え、戦争法案反対運動で立ち上がったＳＥＡＬＤｓやママの会、学者の会など新たな階層の運動が定着したことである。

第三の成果は、運動を通じて、安倍政権の「戦争する国」づくりをストップさせるには、政治を変えることが不可欠であることが大衆的な確信となったことである。運動は、衆参両院、とりわけ衆院では与党の圧倒的多数の議席の下でたたかわれ、一時的に安倍政権を危機に追い詰めた。しかし、これだけの声にもかかわらず法案が強行されたことは、法律を廃止するには戦争法に反対する議会勢力を多数にすることをおいてないことを自覚させた。

共産党が法案の強行された九月一九日に、戦争法廃止のための「国民連合政府」構想を打ち出したことは、こうした政治を変える必要性をいち早く方針として提案したものであった。

2　戦争法案反対運動が提起した課題と運動の問題点

運動は大きな成果をもたらしたものの、法案の阻止には至らなかった。法案反対運動は安倍政権を追い込み支持率を三〇%代前半まで落としたが、支持率を二〇%台まで落とせず政権を退陣に追い込むまでには至らなかった。法案反対運動は法の廃止のための多数派をつくり政治を転換させるためにはまだ大きな課題があることを示したのである。法案反対運動は今後に向け、さしあたり三つの課題を提起した。

戦争法反対の人々にもっと広く声をあげさせること

第一の課題は、戦争法の危険性を改めて訴え、戦争法に不安を抱いているさらに広範な人々に声をあげてもらうという課題である。

戦争法案反対運動はたしかに安保以来の昂揚をみせた。八月三〇日の国会前一二万人、全国一〇〇〇ヵ所所行動がその最大値であった。しかし、強行採決後の新聞、たとえば読売新聞の世論調査[12]で見ても、「安全保障関連法」の成立を評価しない人は五八%、政府の説明が不十分と答えた人は八二%に上る。ということは、運動に立ち上がり声をあげた人は、そのほんの一部にとどまるのである。

ちなみに、産経・FNNの世論調査[13]によると、戦争法案反対集会に参加した経験がある人は三・四%、今後参加したい人は一八・三%であった。その意味では、今回の運動は戦争法廃止に向けては第一歩を踏み出したに止まる点をみておかねばならない。

戦争法廃止運動と辺野古新基地建設阻止運動の有機的連携

第二の課題は、戦争法廃止のたたかいと沖縄辺野古新基地建設阻止のたたかいを有機的に連携し、新基地建設を阻止する運動を全国民的な広がりをもつものにすることである。

法案反対運動の昂揚は部分的に辺野古と連携し辺野古新基地建設を遅らせた。戦争法案反対運動が八月一一日からの辺野古埋め立て工事の一カ月中断を余儀なくさせたことがそれである。

しかし、戦争法案反対運動と辺野古新基地建設阻止のたたかいが有機的に結びつきたたかいを盛り上げるまでには行かなかった。本来、戦争法も辺野古基地建設もアメリカが世界的規模でおこなう戦争体制づくり、アメリカの戦争の肩代わりという点では一体の課題である。現に総がかりは結成当初から戦争法案反対と辺野古新基地建設阻止を一体の課題として掲げてきたし、また戦争法案反対とは別に辺野古新基地建設反対でも集会をもった。

しかし、戦争法案反対で一致した政党でも辺野古新基地建設反対では一致を見ていない。民主党は、二〇〇八年以来普天間基地の国外移転、最低でも県外移転を掲げていたにもかかわらず、鳩山由紀夫政権の末期には、辺野古への移転を容認し、後の菅直人政権、野田佳彦政権もその方針を踏襲したこともあって、新基地建設阻止では一致できない。維新の党も同様である。

運動の役割が決定的に重要である。オール沖縄と連帯して本土でどれだけ広いたたかいをつくれるかが大きな課題である。

新自由主義改革、原発再稼働、社会保障解体攻撃反対運動との合流

戦争法廃止の運動の課題の三番目は、戦争法廃止のたたかいを新自由主義改革反対の運動と結合して安倍を追い詰めるという課題である。

「戦争する国」づくりと新自由主義改革は安倍政権のめざす大国化の二つの柱である。現に今国会でも、政府は一方で戦争法の強行をはかりながら、同時に労働者派遣法の改悪、国民皆保険体制を解体に追いこむ医療制度改革などを強行した。また、大企業の大もうけの市場である原発輸出を念頭に置いて原発再稼働を強行し、地域の地場産業に壊滅的打撃を与えることをいとわずＴＰＰ締結を推進した。

しかし、戦争法案反対運動と労働者派遣法改悪など新自由主義改革に反対する運動が呼応し合って安倍政権を追い詰めるまでには行かなかった。同じく、戦争法反対と原発再稼働反対の運動との連携もこれからの課題だ。

この二つの課題で安倍政権を追い詰めることは、この課題を自らの問題としている労働組合運動の責務でもある。

四　安倍政権の今後と「戦争する国」づくり阻止の展望

1　いかに早く安倍政権を倒すかで、「戦争する国」づくりは阻める

安倍政権退陣と政治の転換

戦争法の廃止、辺野古新基地阻止、明文改憲の断念により戦後の転換を阻むには一刻も早い安倍政権の打倒が不可欠である。いかに早く安倍政権を退陣に追い込むかで、「戦争する国」づくりは阻むことができる。

安倍政権を倒すことができれば、谷垣禎一であれ石破茂であれ、次の内閣は、辺野古の強行を続けることは難しい、まただれがなろうと明文改憲の動きは頓挫するであろう。

さらに安倍政権の退陣が、新たな連合政権成立に結実すれば、戦争法の廃止、普天間基地をはじめとする基地問題

解決への一歩を踏み出すことができる。

国民連合政府構想の提起の画期性と論点

先に一言触れたように、安倍政権が戦争法の採決を強行した九月一九日、共産党は戦争法廃止、立憲主義擁護の一点で団体個人が共同する「国民連合政府」の樹立を提唱した。これはいくつかの点で注目される。

第一に、この提起は、戦争法案反対運動のただ中から登場した、という点で、この間の運動の到達点を反映した提起であるという点だ。総がかりの共同からさまざまな戦術面にいたる政党間共闘の産物である。この間の政党間の共闘の中でつくられた信頼、先の言葉で言えば「共闘の文化」を踏まえて打ち出されたため、他党や団体が正面から受け止める状況がつくられている。

第二に、この提起の時期は二つの意味で適切であったと思われる。

一つは、戦争法強行直後間髪を入れず出したため、その後の政治状況の方向付けに大きな影響を与えることができた点だ。戦争法制定を待って、維新の党がリーダーシップをとって、維新―民主を中心として生活、社民をも巻き込む野党再編、新党づくりの動きがスタートするはずであった。戦争法案反対運動の時には力を発揮できなかった民主党内の政界再編派も成立を待っていた。ところが共産党が、民主、共産、社民、生活に維新も加えての国民連合政府構想を打ち出したため、今後の政治をめぐる二つの道が、国民の前に提示された。

二つ目は、この提起は、広範な運動参加者の期待に応え、戦争法廃止へ向けての政治的展望を与えたことである。戦争法の強行を踏まえて、その廃止へ向けさまざまな運動が模索されているが、その実現のためには政治を変えねばならないという方針を打ち出したことは、運動の方向を考えるうえで大きな意義があった。

国民連合政府の性格

この提起で注目すべき第三点は、この政権の過渡的性格、あるいは救国政権的性格である。この政権構想は、第一に戦争法案反対運動の共同的性格を受けて、安保条約や地位協定の廃止・見直しにはふれていない。第二に、それだけでなく、戦争法と同じく国民的課題になっている辺野古新基地建設阻止も、原発再稼働反対も、提案には入っていない。

これは、戦争法案反対運動が安保条約や自衛隊の活動を認めている勢力と安保や自衛隊に反対している勢力が戦争法廃止の一点で共闘するものであったことを受けており、また戦争法案反対運動の中でつくられた政党間の共同では、未だ辺野古や原発、憲法では大きな意見の違いを残していることを踏まえた連合政府構想だからである。戦争法の如何が日本の進路を左右するという課題の緊急性と運動の到達水準を踏まえ、大異を残して大同につくという性格を持っているのである。

かといって、戦争法廃止という政治課題は巨大なものであり、その点で一致する確固たる連合政権なくしてはとうてい実現できない課題であることも見逃せない。戦争法廃止と一言で言うが、戦争法は安保体制をアメリカの戦争に全面的に加担するための軍事的制度的大改変をおこなうものである。同時に、戦争法は二〇一五年ガイドラインの実行をはかるものである。それだけに、戦争法廃止は、日米同盟強化の動きに大きな打撃を与えるものであり、当然アメリカ政府の強い干渉、介入を不可避とする。

政権を握った政党連合は、アメリカ政府に対しては、一五年ガイドラインは実行できなくなったことを通告すればすむ。しかし、すでにその時点では、一五年ガイドラインに基づき、戦争法成立を踏まえて、日米間では「同盟調整メカニズム」＝日米共同司令部が設置され可動しはじめており、さらに、「共同計画策定メカニズム」を通じて共同計画も策定されている。政府はその廃棄・見直しの協議をおこなわねばならない。また戦争法実施のために自衛隊の装備も編成も大きく改変されているからその再改革に着手しなければならない。アメリカとの協議一つとっても、フィリピンのアキノ政権下での米軍基地撤去交渉や近くは鳩山政権下での普天間基地移転をめぐる協議で明らかなように、アメリカは強い圧力と恫喝をかけてくることは必定であり、それを跳ね返す国民の強い支持と合意、それに戦争法をあくまで元に戻すという連合政府の強い決意がなければとうてい実行できない。

第四に注目すべき点は、共産党の提起する国民連合政府、それをめざす選挙協力、そもそも戦争法に反対した諸政治勢力の間での戦争法廃止の合意を実現するには、それを支持する大きな運動が不可欠であるという点だ。

戦争法反対の総がかり、ＳＥＡＬＤｓなど国会の外での大きな運動が政党間での共同をつくり強化したことからわかるように、今後戦争法廃止で政治勢力が共同をつくるには、戦争法案反対運動をさらに上回る大きな運動がなければできるものではない。

２　参院選へ向けての安倍政権の反撃と狙い

運動は安倍首相を退陣に追い込むことはできなかったが、安倍政権は、戦争法案の強行で大きな痛手を被った。しかし、安倍首相は総裁選無投票当選で三年の任期を得て、一〇月七日には第三次改造内閣を発足させ、反撃に出ようとしている。安倍政権は生き延びた。

アメリカの威を借りた大国への野望

安倍政権が、アメリカが強く要求し続けながら歴代政権ができなかった戦争法の強行に全精力を注ぎ込んだ理由は、安倍首相が、歴代首相があえて目標としなかった野望、すなわち戦後日本を中国やロシアと対峙できる大国にしたいという野望の持ち主である点にあった。このような野望をもつが故に、安倍政権は、アメリカの戦争に積極的に加担し自由に軍隊を動かせる戦争法を自らの課題として「率先」実行しようという意欲を持ったのである。

安倍大国化政治の第一の柱

そうした安倍政権の大国化志向から、安倍政権は三本の柱に基づく政治を追求してきた。

第一の柱は言うまでもなく、アメリカの戦争・軍事介入に全面的に加担する戦争する国づくりであり、この中心に戦争法案が座っていたことは言うまでもない。

大国になるためには、アメリカを盟主とする大国連合がおこなう自由な市場秩序維持のための戦争、介入――シリアの内戦、ＩＳの跳梁の抑止、さらにはウクライナへのロシアの侵攻への対処、南シナ海での中国の動きへの牽制などなど――に日本が加わることで、大国としての存在を認めてもらうことが不可欠であった。そのためには、アメリカの要請に応え、自衛隊を海外での戦争や武力行使あるいは後方支援に自由に使えるよう、それを妨げている憲法上の制約の打破をはじめとする諸施策を遂行しなければならなかったからだ。

同時に、その延長線上で、安倍政権は、辺野古新基地建設を、大国化の柱と位置づけて強行しようとした。

第二の柱――後期新自由主義改革

第二の柱は、大国化の土台と位置づけられる「強い経済」づくり、つまり新自由主義改革である。

この強い経済づくりのために安倍政権がめざしたのは、まず、小泉政権期までの新自由主義の強行によって貧困や格差など矛盾が顕在化し中断を余儀なくされていた新自由主義改革の再稼働であった。安倍政権は「アベノミクス」を掲げ、一方では湯水のような公共事業の撒布で、構造改革で痛んだ地方に、一時的に財政をばらまいて支持の再建を図ると同時に、アベノミクス第三の矢で新自由主義改革の再起動に本格的に取り組んだ。

今度の通常国会は戦争法に焦点があてられたが、同時に、労働者派遣法大改悪や国民皆保険体制を壊そうという医療制度改革法も提出され制定が強行されていたことはそれを象徴している。

この第二の柱の注目すべき特徴は、安倍政権が、たんに新自由主義改革を再稼働させるだけでなく、それをさらに新たな段階に引き上げようとしている点である。この新たな段階の新自由主義は、第一段階の新自由主義と対比して、「後期新自由主義」と呼んでおくが、安倍政権は、こうした後期新自由主義政策を本格的に遂行しようとしている。

第一段階の新自由主義は、日本では、小泉政権期に強行された。そこでは、大企業の競争力を阻害していた負担や障害物、とくに法人税負担やさまざまな規制——自民党の利益誘導型政治のなかでつくられた中小企業や地方の地場産業に対するさまざまな保護や大企業の活動に対する制約——を撤廃するという点に重点が置かれた。

それに対し新自由主義の第二段階、後期新自由主義の特徴の第一は、大企業の競争力強化をめざし大企業の負担軽減、規制緩和を、改めて抜本的に仕掛けようとしていることだ。労働者派遣法の改悪や労働基準法改悪にみられるように、「労働力の流動化」を徹底しようというのがその例である。

第二の特徴——これが後期新自由主義の最大の特徴であるが——は、安倍政権の政策が負担軽減のみならず、国家の支援により大企業の競争力強化に不可欠の先端科学技術の開発をおこなったり、国家が大企業の市場を創出したり、大企業の競争力強化を直接支援する施策を展開していることである。グローバル企業に不可欠の先端科学研究に大量の予算を投じ、大学をより効果的に産業に役立てようとしてすすめられている大学改革などはその典型である。

また国家が直接乗りだして、すでに利潤をため込んでいるグローバル企業の新たなもうけ先——市場の拡大、創出に力を入れていることも大きな特徴である。大企業の「自由な」世界市場づくりのために地域経済や地場産業の淘汰をいとわないＴＰＰへの執念はその象徴である。

また、安倍政権が原発の輸出に力を入れているのも、原発がグローバル企業にとって旨みの大きい市場だからである。安倍首相は政権発足以来、「地球儀俯瞰外交」を掲げて、精力的に、アジア、中東をはじめ世界各国を歴訪した。今までの首相の外国訪問の最多記録は小泉首相の四六ヵ国であったが、安倍首相はそれを上回り、一五年一一月には、訪問国は六〇ヵ国を超えた。安倍首相は、その歴訪に一〇〇人以上の財界人を引き連れ、インフラ、とりわけ原発の売り込みに精を出している。そこでは、「世界一安全な原発」というふれこみで日本の原発の安全性を強調しその理由に「フクシマのノウハウ」をあげている。こうした原発売り込みの最大の弱点は、「世界一安全な原発」が国内では一機も稼働していないことである。

安倍政権が原発再稼働に異常な執念を燃やし、この八月、戦争法案の審議中であるにもかかわらず川内原発1号機の再稼働に踏み切ったのは、それが戦争法と並ぶ安倍政治の柱だからだ。

第三の柱——国民意識の改造

そして第三の柱が、大国を支える国民意識の醸成である。戦後七〇年における各種の世論調査をみても、日本の国民の多くが、戦後日本が再び戦争をしない国として、平和国家として成り立ってきたことを支持し、憲法九条に対する支持も大きい。そういう国民意識の下では軍事大国化を支える国民などつくれない。

安倍首相が、総裁選立候補前から、村山談話、河野官房長官談話に代わる新談話を出すことに執念を燃やし、七〇年談話では何としても「侵略」「植民地支配」、お詫びを抜きにすることにこだわったのは、大国化支持の国民意識形成への執念からであった。

安倍大国化政治三本柱の手直しと強行

戦争法案反対運動の昂揚は、しかし、安倍の大国化政治の三本柱の実行に大きな痛手を与えた。そこで政権は、この三本柱を手直しして再度強行しようとしている。

第一の柱で安倍がねらうのは、ガイドラインと戦争法の実行である。だが、反対運動によって国民の戦争法に対する批判の声は収まっていないので、戦争法の本命である、アメリカの戦争・軍事介入への後方支援を口実とした参加、派兵は、アメリカの要請がいかに強くともできない。

そこで安倍政権がねらうのは、第一に、戦争法成立とともに具体化することをめざしていた日米の共同作戦体制づくり——具体的には日米の「同盟調整メカニズム」の設置、日米共同計画の策定である。一一月三日、中谷元防衛相とカーター国防長官の会談で、「同盟調整メカニズム」の常設化が合意された。外務、国務省幹部が協議する「同盟調整グループ」、統合幕僚監部と太平洋軍司令部、在日米軍司令部代表が担う「共同運用調整所」、さらに三軍毎の「各自衛隊及び米軍各軍間の調整所」の三つのレベルの組織の設置が決まったのである。

また、これと並行して、自衛隊の装備・編成の米軍との共同作戦用への強化も、一六年度防衛予算の中で具体化することがねらわれている。

こうした動きは、戦争法がめざすアメリカの戦争への世界各地での加担、平時における日米共同監視行動を実行する体制づくりにほかならない。

第二に、戦争法の実行を国民の反撃の弱そうな部分から実行することがねらわれている。

ひとつは、南シナ海を含めた共同訓練、共同監視活動である。中国の南シナ海での人工島建設に対抗して米軍のイージス艦が南シナ海を航行したが、一一月三日、中谷防衛相は、このアメリカの行動に支持を表明し、共同訓練をおこなうことも明言した。中国の行動を恰好の口実にして、戦争法のねらいの一つである平時におけるアジア・太平洋地域での日米の共同監視行動・軍事行動とそのための米軍防護の武器使用の解禁がめざされているのである。また、ＰＫＯ、南スーダンＰＫＯで「駆け付け警護」それに伴う「任務遂行型」武器使用の追加という形で、戦争法を発動することもねらわれている。

そして第三にねらうのが、辺野古基地建設強行である。翁長知事の埋め立て許可取り消しによって政府は大きな困難に直面したが、安倍は不退転の決意で強行しようとしている。しかし辺野古新基地建設は、戦争法での国民の反発を消したい安倍政権の大きな弱点である。戦争法に次いで、辺野古でも住民の意思を踏みにじって基地建設を強行すれば、参院選において安倍政権が怖れている国民の反発と懸念に再び火を付けかねないからだ。

明文改憲への執念

安倍首相は大国化のための戦争する国づくりの完成、すなわち憲法の改正にも異常な執念を燃やしている。戦争法案反対運動の昂揚で、今はそれどころではないと判断しているものの、参院選の結果次第では、明文改憲に向けて挑戦することをあきらめてはいない。

重点としての新自由主義改革

しかし、第一の柱を完成させるためにも、安倍政権が当面集中して攻勢をかけてくるのは、大国化の第二の柱――新自由主義改革の強行である。

安倍政権は改造後、新「三本の矢」を発表した。この新三本の矢は、第二次安倍政権発足時の三本の矢に比べると、明らかに拙速で十分な準備もなく出されたことが明らかである。

そこに見られるように、新三本の矢の第一のねらいは、戦争法強行に対する国民の怒りをそらすことであることは明らかだ。しかしそれだけではない。もう一つは、新自由主義改革の本格再稼働への決意表明の意味もある。第一の柱が一段落したと見て、第二の柱に本格的に取り組むことで財界の支持も再度強化しようという意図である。

安倍首相が、内閣改造直後の一〇月一一日、「平成二八年度与党税制改正大綱」で、法人税を平成二九年度までに二〇％台に引き下げると発表したことは、こうした新自由主義改革への回帰の決意表明であった。

それに加えて、安倍政権が重点に置いたのがＴＰＰである。ＴＰＰ、原発輸出、そして大学改革によるグローバル企業に役立つ先端科学技術開発など、大企業を直接支援し、その市場づくりが安倍政権の新自由主義改革の重点となる。

３　戦争法廃止、新たな政治へ向けての運動の課題

最後に、戦争法廃止、戦争する国づくり阻止のための運動の課題と責務に触れておこう。三つの課題がある。

戦争法廃止、辺野古新基地建設阻止の大衆運動

第一の課題は、戦争法廃止、辺野古新基地建設阻止に向けて、より広い層を結集した大衆運動を起こしていくという課題である。

たしかに、戦争法反対の運動は安保以来の大きな運動となり、安倍政権を震憾させた。しかし先に述べたように、戦争法案反対の国民は六割近くにのぼるが、立ち上がったのはほんの一握りにすぎない、第一歩が踏み出されたにすぎないことを肝に銘じる必要がある。

戦争法廃止のための共同づくりのためには、戦争法廃止をめざす労働運動や市民運動が大衆運動によって、政党を

励まし支えねばならない。新自由主義の是正を掲げて登場した民主党政権、とりわけ普天間基地の国外、県外移転を掲げて苦闘した鳩山政権の挫折から学ぶ教訓は、国民が観客になってはならないということであった。

総がかりは、戦争法廃止のための二〇〇〇万署名を提起しているが、これは、六割の沈黙を声にする大きな手だてであると同時に、参院選に向けて政党が政界再編、新党構想に血道を上げることに対し政党の責任を改めて自覚させるもっとも大きな圧力となる。

また、とくに重視すべきは、辺野古新基地阻止のたたかいを本土のたたかいにすることである。辺野古新基地建設阻止は「オール沖縄」のたたかいになった。これを「オールジャパン」のたたかいにすることは生やさしいことではない。

運動がつくった共同を守り発展させる

第二の課題は、総がかりの共同を瞳のように大切に守り、共同を強化する課題だ。同時に、戦争法案反対運動の中でつくられた、地域における共同を恒常化し、強化するために労働組合や市民運動がイニシアティブをとることである。

総がかりは中央レベルの共同である。地域でも総がかりができているところもあるが、その地域の性格と課題に応じて、地域別に多様な共同がつくられている。さしあたり戦争法案反対でつくられた共同を戦争法廃止、憲法擁護、辺野古新基地建設阻止などの課題を掲げた恒常的共闘組織に発展させることが焦眉の課題である。

戦争する国づくり阻止と新自由主義改革反対の運動を両翼で

第三の課題は、戦争する国づくりを阻むたたかいと、安倍政権が力を入れる新自由主義改革課題——労働基準法改悪、ＴＰＰ、社会保障解体、原発再稼働などの阻止のたたかいを両翼ですすめるということだ。この課題を取り組む上では、労働組合運動のイニシアティヴがとりわけて重要である。

（1）朝日新聞政治部取材班『安倍内閣の裏の顔』講談社、二〇一五年。
（2）毎日新聞二〇一四年七月一九日付。
（3）文科省告示「義務教育諸学校教科用図書検定基準」「高等学校教科用図書検定基準」二〇一四年一月一七日改正。
（4）赤坂太郎「無念の安倍談話、結着の舞台裏」『文藝春秋』二〇一五年一〇月号。
（5）渡辺治「安保闘争の戦後保守政治への刻印」『歴史評論』七二三号、二〇一〇年七月所収。
（6）宇都宮健児、湯浅誠編『派遣村』岩波書店、二〇〇九年。
（7）全国に七五〇〇以上結成された各9条の会をここでは「9条の会」と表記し、九人の呼びかけ人による会を「九条の会」と表記した。
（8）以下の九条の会の行動については、九条の会事務局ニュース「九条の会」各号による。
（9）毎日新聞二〇一四年七月一五日付
（10）毎日新聞二〇一四年七月一五日付。
（11）毎日新聞二〇一四年七月一九日付。
（12）読売新聞二〇一四年九月二一日付。
（13）産経新聞二〇一四年九月一五日付。

Ⅳ 日米安保と自衛隊に代わる平和の対抗構想

10

安倍政権による戦争法強行と対抗構想

［二〇一六年八月末執筆］

一　戦争法、参院選が示した日本の岐路

戦争法が示した、戦後日本の二つの岐路

戦後七〇年目の二〇一五年、日本は奇しくも戦後最大の岐路に立たされた。いうまでもなく安倍政権が強行した安保関連法制（以下、戦争法）によってである。戦後日本は、ほとんどが保守党政権のもとでありながら憲法の改変を許さなかった結果、ただの一度も海外で戦争や武力行使をせず、その結果でもあるが一度も戦争に巻き込まれずに七〇年を歩んできた。一〇年に一度戦争を繰り返した戦前期日本とくらべればもちろん、戦後のアジア諸国とくらべても特異な国をつくってきたといえる。安倍政権の戦争法は、こうした戦後日本の「国是」ともいえるあり方を大きく転換し、アメリカの戦争にあらゆるかたちで加担する体制をめざすものであった。戦争法に対し多くの市民が反対と

懸念を表明し未曾有の運動が盛り上がったのは、こうした戦後のあり方の変更に対する危惧の念にもとづいていたからであった。

しかし、ここで、あらためて注意を喚起しておかねばならないのは、戦後日本の七〇年は、憲法が息づく平和な国づくりであったかといえば、決してそうではなかったということである。それどころか、戦後の日本は、憲法をもちながら、安保条約を締結して日本の全土に米軍基地を容認し、また自衛隊という歴とした軍隊を保持してきた。冷戦期に米軍基地はアメリカの極東戦略の拠点としてフル稼働し、ベトナム戦争遂行の拠点となった。その象徴が、米軍の直接支配下におかれ、返還後も多数の米軍基地を抱えてアメリカの戦争の根拠地とされつづけてきた沖縄である。

アメリカは、日本を極東戦略の基地として使用しつづけたばかりでなく、冷戦後は、アメリカの行なう戦争に人的な加担をも求めて自衛隊派兵の強い圧力をかけてきた。日本側もこうしたアメリカの要請に応えるかたちで、自衛隊のイラク派兵に応じるだけでなく、その要請に全面的に応えるべく憲法の改変の企ても繰り返してきた。しかしにもかかわらず、たび重なる改憲の試みが阻止されることで、自衛隊が海外で武力行使をすることは阻まれてきた。

安倍政権は、戦争法によってこの制約を打破し、基地提供のみならず自衛隊の派兵をもつうじて全面的にアメリカの戦争に加担することで日米軍事同盟体制の完成をめざした。その意味では、戦争法は、戦後七〇年にわたる安保体制と日米軍事同盟の帰結、到達点を示す画期でもあったのである。

日本の平和と安全をめぐる三つの選択肢

この戦争法をめぐる攻防は、日本の平和と安全をいかに確保するかをめぐり複数の選択肢の存在を浮き彫りにした。

第一の選択肢は、これまで戦後日本の平和と安全は、安保条約により米軍が日本に駐留し自衛隊と協力してにらみをきかせることで確保されてきたが、アメリカの力が落ちてきた一方、世界の安全に対する環境も悪化しているなか、憲法の制約を打破して自衛隊がより積極的に米軍を支援することで日米同盟を強化し日本の安全を確保しようという選択肢である。いうまでもなく安倍政権がめざすのはこの選択肢である。

これに対する第二の選択肢は、戦争法廃止にとどまらずその根源となる安保条約の廃棄を求めるものだ。日本の平和は、安保条約や自衛隊のおかげで守られてきたわけではない。それは日本をアメリカの戦争に加担させ戦争の基地とすることでアジアと日本の平和を脅かしてきた。日本がかろうじて直接戦争にコミットしないですんだのは、憲法の力で自衛隊の海外派兵を阻んできたからにほかならない。今後の日本の平和と安全は、安保条約をなくし憲法のめざす「武力によらない平和」を実現することで保障するという選択肢である。

しかし、第三の、有力な選択肢があることも戦争法をめぐる攻防は示していたことが注目される。それは、戦後日本の平和はとくに冷戦期までは安保条約と自衛隊の力で守られてきたが、冷戦後は、第一の選択肢が求める日米同盟強化では日本の平和を保持することはできない。むしろ安保と自衛隊を維持しつつ自衛隊に課してきた制約を維持することで、平和を保持することが望ましいというものである。

安保条約と自衛隊を認めるという点では、第一と第三の選択肢は重なるが、戦争法により自衛隊を海外で武力行使する軍隊にはさせない、改憲には反対で憲法を堅持する、という点では第二と第三の選択肢は一致する。

戦争法に対する大きな反対運動、「戦争させない・9条壊すな!総がかり行動実行委員会」(以下「総がかり」)というかたちでの戦争法反対の共同は、第二の選択肢を支持する人々と、第三の選択肢を支持する人々が合流した結果、できあがったものであった。この戦争法反対運動は、戦争法が強行採決されて以降、戦争法廃止・立憲主義を取り戻すという一致点での共同に発展した。二〇一五年一〇月二〇日、「総がかり」は、戦争法廃止の二〇〇〇万人署名を提起し、さらに、「総がかり」、学者の会、SEALDsが集まって「安保法制の廃止と立憲主義の回復を求める市民連合」(略称、市民連合)が結成され、選挙に向けての共同を求めて声をあげた。この圧力を受けて、一六年二月一九日、当時の五野党が集まって、参院選での協力を合意したのである。選挙での政党間の共同は戦後はじめてのことであった。

参院選は何を示したか――戦争する国づくりへの懸念と中国、北朝鮮への不安

こうして、二〇一六年の参院選は、第一の選択肢を掲げる自民、公明連合と、第二、第三の選択肢を掲げる四野党の共同が、激突した。

結果は、与党が改選過半数を超え、衆院に続いて、参院でも改憲勢力が三分の二を占める事態となった。議席だけをとってみれば、国民の多数は、第一の選択肢を選んだかにみえる。

しかし、選挙の結果は、もう一つの事態の出現をも示した。戦後七〇年ではじめて、四野党が選挙で協力し、三二の一人区で野党統一候補が擁立され、戦争法賛成派と反対派が激突した。ここでは、与党の二一勝に対し野党統一候補が一一選挙区で勝利したのである。統一候補の勝利した選挙区では、野党各党支持者のみならず無党派層、おおか維新の支持者、さらに公明党支持者の一定層もが野党統一候補に投票した。三二の一人区ではほとんどの選挙区で、野党四党の合計比例得票率を上回って統一候補への投票がなされた。参院選一人区の結果は、選挙前の世論調査にも表れていたように[1]、海外で武力行使することには反対という声が根強いことを議席のうえでも示したのである。選挙時の出口調査でも[2]、改憲には反対の声が多数にのぼり、明文改憲に対する懸念の強さもあらためて確認された。

つまり参院選の結果は、一方では日米同盟の強化を唱える自民党への支持の強さを示すと同時に、戦争法や改憲への根強い不安と懸念の強さをも示しているのである。これは国民の平和に対する気持ちの揺れを象徴しているようにみえる。

一方で、日本国民は、戦争法により海外で戦争する国になること、それをめざす安倍政治に強い危惧をもち、また

憲法への強い親近感をもちながら、他方、中国や北朝鮮の行動にも恐れや不安を感じている。そのため、安保条約や自衛隊を支持する声は増大し、安倍政権の戦争法に理解を示す人も少なくない。

戦争法に反対し海外で戦争する国になることに反対するとともに、ではそれに代わる平和保障のあり方とは、という問いに答えることが、いまほど切実に迫られていることはない。本書の課題は、こうした問いを正面から検討することである。以下、本書の序章をなす本稿では、本書の前提をなす現状認識と問題の所在、対抗構想の概要について、大雑把な見取り図を描いておきたい。[補]

二　戦後世界と戦争──冷戦期の戦争と冷戦後の戦争

冷戦期の戦争とはどんな戦争か

第二次世界大戦が終わったとき、世界は今度こそ平和が到来するという希望をもったが、現実には、米ソ冷戦時代の幕開けとともに戦争が絶えることはなかった。

安倍政権はじめ支配層のみならず、その政策に批判的なリベラル層も含めて、冷戦時代は米ソ対決のもとで核戦争の勃発と侵略を避けるには安保条約、日米同盟は不可避だったという主張が強いが、冷戦期の戦争はそのような単純なものではなかった。

ドイツや日本の敗北、イギリス、フランスの衰退とは対照的に、いまや圧倒的な生産力と軍事力を背景に自由世界の盟主となったアメリカ帝国主義の世界戦略は、大きくいって二つあった。[3] 第一は、排他的な勢力圏の拡大を求めたドイツや日本帝国主義の崩壊により大拡大した世界の自由市場の新たな主敵となったソ連を盟主とする「社会主義」

圏の拡大を阻止し、自由市場圏を守ることであった。ソ連や東欧圏、中国は、いまや、アメリカが一貫して求めてきた資本が自由に活動する世界への巨大な挑戦者として立ち現れたからである。アメリカにとっての冷戦の目的はここにおかれた。とくにアメリカが警戒したのが帝国主義の支配下にあった旧植民地諸国が民族解放運動の過程で「社会主義」圏にくわわることであった。それを防ぐために、アメリカは旧帝国主義宗主国に代わって容赦なく介入し戦争に訴えたのである。

もう一つは、イギリス、フランスなどの帝国主義諸国が、旧来の植民地支配や勢力圏に固執することをやめさせ、植民地・勢力圏の排他的なブロックを壊し、資本の自由に活動できる市場圏をさらに拡大することであった。戦争によって巨大な生産力を獲得したアメリカの資本は、「自由な」市場さえ確保されれば、競争で他国の資本を駆逐し市場を制覇することができたからである。「冷戦」もこうした自由な市場への敵対物の打破という点では同じ目的によるものであった。おまけに、旧帝国が植民地にしがみつけばつくほど、植民地独立運動が、「社会主義」になびくことは避けられなかった。アメリカは必要とあらば、イギリスやフランスの紛争にも介入し植民地を放棄するよう圧力をかけたのである。

冷戦期のアメリカ主導の戦争や介入は、こうしたアメリカ帝国主義の利害にもとづいて行なわれた。アメリカは「社会主義」圏の周辺諸国、旧植民地諸国と軍事同盟網を張りめぐらせ、植民地解放運動や内戦が自由主義圏を蚕食するとみなした場合には、軍事同盟網を動員して介入し戦争に踏み切った。朝鮮戦争への介入、フランス帝国主義のあとを継いでのベトナムへの軍事介入と戦争はその典型例であり、独立した中東諸国やアフリカの旧植民地諸国に対しても、それらの政府が自由陣営から離脱の動きをみせると容赦なく介入し、転覆をはかった。とくにベトナムは、万一その「社会主義」化を容認するようなことがあれば、東南アジア全体の自由市場圏が瓦解し、この市場を失った日本の「中立化」をすら誘発しかねないとして、アメリカの軍事介入の重点となった。

他方、ソ連も、冷戦の一方の旗頭として、「社会主義」圏という名のもと、勢力圏の拡大をはかった。第二次世界大戦後ソ連は、軍事占領した東ヨーロッパ諸国を次々に衛星国化し軍事同盟を締結してその版図を拡大した。とくに、ソ連が「死活的」とみなした東欧圏を維持するためには、東欧諸国のソ連の覇権からの自立の動きや民主化運動にも容赦なく介入し軍事力でそうした動きを潰した。北朝鮮の南進によってはじまった朝鮮戦争への介入・支援は、「社会主義」圏の拡大・維持をはかるとともに、ヨーロッパにおける米ソ戦争の危機を回避しアメリカの眼をアジアに向けさせる「第二戦線」構築の意味もあった[4]。

一九五六年のポーランドやハンガリーへの介入や六八年のチェコへの侵攻は、「死活的」圏域防衛の軍事行動であった。ソ連もアメリカ主導のNATOに対抗して、自らの衛星国とワルシャワ条約という軍事同盟条約を結んだが、チェコ侵略は、社会主義に対する「脅威」を口実に条約第四条の「共同防衛」を発動して行なわれた。七九年のアフガニスタン侵略も、アフガニスタンとの間で結ばれた友好・善隣・協力条約を口実にした、傀儡《かいらい》政権づくりのために行なったものであった。

ソ連の核保有によって、核戦争が壊滅的破壊を生むのではという恐れから、米ソ両国では、正面からの米ソ戦争を回避しながら二つの勢力双方の利害の実現のためには、戦争と武力行使を繰り返したのである。

このように、冷戦期の戦争は、アメリカ帝国主義とソ連覇権主義が、双方の勢力圏の維持や拡大をめざして、自己の「勢力圏」内で勃発した民族解放運動、内戦、動揺、勢力圏からの離脱を食い止めるため、戦争と武力行使に踏み切ったものであった。しかもそのほとんどで、米ソ両大国が、その勢力圏諸国と取り結んだ軍事同盟条約が介入や侵略の口実となったのである。

ある朝突然、社会主義国が自由主義国に侵略するなどという戦争は一つもなかった。むしろ日本が戦争に巻き込まれるとすれば、あとでもう一度振り返るように、アメリカとの軍事同盟条約にもとづいて、アメリカの戦争——朝鮮戦争やベトナム戦争――に参加を強いられ巻き込まれる危険であった。

冷戦後の戦争はなぜ頻発したのか？

冷戦は「社会主義」圏のソ連・東欧の崩壊というかたちで終焉し、世界には今度こそ平和が訪れると思われたが、実際には、冷戦期以上に紛争と戦争が続発した。冷戦後は、冷戦期と異なる新たな戦争が勃発したことに注目する必要がある。

ソ連・東欧圏の崩壊、中国の市場経済への参入により、資本が自由に活動できる市場世界は大きく拡大し、一個の「世界」を形成した。アメリカが長年にわたり追求した冷戦の目的――単一の自由な市場世界の形成――はついに達成されたかにみえた。フランシス・フクヤマが、新たな時代の到来を「歴史の終わり」と称したのは、かかるアメリカの自己意識であった。多国籍企業が世界を自由に活動する「グローバル経済」の時代、多国籍企業にとっては夢のような時代が到来したのである。[5]

世界規模に拡大した自由世界の唯一の覇権者となったアメリカ帝国主義の行動は、三つのねらいをもっていた。[6]一つは、拡大した自由市場秩序の維持と陶冶である。この課題はアメリカ帝国がリーダーシップをとるが、多国籍企業を抱える諸大国の共同の課題であるから、その実行はイギリス、ドイツなどの大国や日本のみならず、中国も含む帝国主義・覇権主義国同盟というかたちで実行されてきたし実行されている。

これには、また二つの活動が含まれていた。第一は、こうした自由な市場秩序に歯向かう「ならず者国家」を場合によっては軍事力で転覆させる「世界の警察官」としての活動である。冷戦期の軍事援助で力をつけたイラクのフセイン政権によるクウェート侵略に対し、国連決議で多国籍軍が組織されイラク攻撃がなされたことは冷戦期にはなかった大国の共同の利害の存在・共同行動の可能性を象徴していた。第二は、新たに自由市場に組み込まれた旧「社会主義」圏や途上国で自由通商秩序を形成・強化するという活動であった。ＩＭＦ、世界銀行、Ｇ７さらにはＷＴＯなどによる自由市場の調整、ルールづくり、普及が行なわれた。中国のＷＴＯ加盟はこうした自由通商秩序の拡大の象徴であった。

二つ目のねらいは、こうしたグローバル企業総体の擁護者としてふるまうだけでなく、自国のグローバル企業の権益の擁護者となることである。

そして、三つ目のねらいは、こうしたグローバル経済によって影響を受ける自国国民経済の利益を擁護するという課題である。ただし、この最後のねらいは、グローバル経済秩序維持とグローバル企業の利益擁護のために、場合によっては容赦なく犠牲にされた。ＴＰＰをめぐる各国の激しい利害対立の背景には、アメリカ主導の自由通商秩序の新たなルールをいかにつくるかという対立、自国の多国籍企業の利益を貫徹するためにいかに有利なルールをつくるかという対立にくわえ、このルールにより被害を受ける自国国民経済の擁護をはかるための攻防が複合している。

冷戦後の戦争の主なものは、こうしたアメリカ帝国主義の三つのねらいのうち前二者の利害の実現をめざして遂行されたものであった。湾岸戦争、アフガニスタンのタリバン政権攻撃、イラク戦争はじめ、アメリカはつねに、第一の「自由通商秩序」維持拡大という共同利害の実現とそれに歯向かう「ならず者」国家の討伐を掲げて戦争と介入を繰り返したが、それは同時に、石油の安定的確保など個々のアメリカ多国籍企業の利害の実現の意図もあったのである。

冷戦後の戦争の三つの時期区分

そうしたアメリカ主導の戦争、それを背景としたグローバル経済は、世界を大きく変貌させ、新たな矛盾を生み出し、大国は、この矛盾への対応を余儀なくされた。

冷戦期にはなかった新たな戦争がはじまった。こうして、冷戦後の四半世紀は、戦争の性格の変化という視点から大きく三つの時期に区分してみることができる。

第一期：自由市場秩序形成の戦争　第一期は、一九九〇年から二〇〇一年までの一〇年、アメリカの一極覇権のもとで自由市場秩序の形成、陶冶、それに歯向かう「ならず者国家」掃討の戦争が起こされた時代である。国連を巻き込んでその正当性を確保しつつ遂行された湾岸戦争は、この時期の戦争の典型であった。こうした地ならしのもと、アメリカをはじめとしたグローバル大国の多国籍企業は拡大した世界に進出し、生産力をさらに巨大化した。一九九〇年から二〇〇〇年までのアメリカの名目GDPは、五兆八三〇二億ドルから九兆九六三一億ドルへと一・七倍に増加した(7)。

この時代には、ユーゴスラビアなど旧「社会主義」圏の崩壊が引き起こした新たな国民国家の形成や再編にともなう内戦も起こった。

これら戦争は、いずれもアメリカにとっては、新たな自由市場世界の形成と地ならしのための一時的な外科手術と痛みにすぎないととらえられた。

第二期：「反動」に対する制裁戦争　二〇〇一年から〇八年に至る第二期は、第一期におけるアメリカの戦争・介入やグローバル経済の浸透による地域の破壊に対する反発として、イスラム原理主義勢力の拡大やテロが顕在化し、アメリカはじめ大国がそれに対応する新たな戦争や介入を余儀なくされた時期である。

第一期におけるアメリカの自由な市場秩序の拡大をめざす戦争・介入、多国籍企業によるグローバル経済によって、新たに市場に巻き込まれた諸国や地域では、伝統的な支配体制、経済、文化が破壊され、変貌を余儀なくされた。国家が破壊された結果、さまざまな地域的対立が顕在化し、しばしばその対立は内戦化した。その矛盾が、テロというかたちで顕在化した。世界の大国がそれへの対処のための戦争や介入に追い回されたのがこの時期である。

第二期が、二〇〇一の年9・11を機にはじまったことは、第二期の性格を象徴していた。アメリカは、「対テロ戦争」を呼号して、テロ勢力の一掃をはかるべく、テロの温床とみなしたアフガニスタン、イラクへの侵攻を繰り返した。拡大した市場世界を舞台に、アメリカをはじめとする多国籍企業は、旺盛な蓄積を続けたが、アメリカ帝国主義は、対テロ戦争の泥沼に巻き込まれ、疲弊し国内の矛盾も激化した。

第三期：アメリカの疲弊、テロの拡散　二〇〇八年、オバマ政権の登場にはじまる第三期は、アメリカの戦争の結果、ＩＳなどの台頭もあってテロが氾濫・拡散し、アメリカの矛盾が深刻化した時期である。

この時期の特徴の第一は、アメリカの財政赤字や国民の厭戦・不満の増大により、同盟国への肩代わり政策が強まったことである。オバマ大統領は、アメリカが世界の警察官になることを拒否する発言を行なったが、これはアメリカが世界の覇権国をやめることにはならなかった。その覇権を維持しながらアメリの負担を軽減するための戦争・介入の重点化と同盟国への肩代わり政策が前地に出たのである。

第二に、シリア内戦、ＩＳの横行など、アメリカの戦争により破壊された地域の紛争の激化が収拾不能なかたちで露顕した。それに対する大国の共同軍事行動が組まれたことも注目される。

第三に、アメリカの覇権の相対的な低下に反比例して、グローバル経済で力をつけた中国が覇権主義国家として世界政治に登場し、また、大国としての復権をねらうロシアの国際政治内での比重が増大したことである。

中国は脅威か？――中国経済の発展と大国化

安倍政権の戦争法―日米同盟強化論の大きな理由の一つは、中国脅威論である。

「中国の脅威」は、冷戦後の第二期に入って、とくに強調されはじめた。冷戦後のグローバル経済のもとで中国は急激な経済成長をとげ、それをふまえて、とくに習近平政権になって以降、覇権主義的な戦略を鮮明に打ち出すようになってきたからである。

大国化を支えた中国の経済システムは、一言で特徴づければ開発独裁型国家資本主義とでも規定できるものであるが、それは二つの柱によって発展してきた。第一の柱は、国営企業に対する保護育成、大規模公共事業を中心とする財政出動を柱とした、手厚い党・国家の介入、国家的支援による開発型成長政策である(8)。アメリカや日本などのグローバル企業主導経済と異なって、中国では党・国家主導で巨大国有企業が育成された。二〇〇〇年代に入って、党・政府は国有企業の私有化を進めたが、同時に、軍需産業、電力、石油化学、航空など戦略部門では党の支配下にある国有企業への投資を強化した。二〇〇八年のリーマンショック後の四兆元にのぼる巨額投資のほとんども国有企業や不動産部門に投下された。こうした党・国家による戦略部門の国有企業への系統的投資と保護が中国経済の成長を推進したのである。

第二の柱は、こうした巨大企業、大量の民間企業、さらに大規模に導入された外資系企業による、農村から流出した大量の低廉な労働力＝「農民工」を資源としグローバル経済の流れに乗った輸出主導型経済の発展である。そうした体制をつくるために、共産党主導によって国内の地場産業や農業に対する新自由主義的規制緩和措置が強行された。ハーヴェイが中国を新自由主義に数えているのは(9)、中国のこの側面に着目したものである。

いずれの柱も、中国共産党とその指導下の中央、地方の政府による強力な介入が威力を発揮した。

こうした二つの柱で中国はグローバル経済の波に乗り、急速な経済発展をとげ、それを武器に、覇権主義国家戦略をとるに至った。中国は一九九一年以降七年連続で九％以上の成長をとげ、二〇〇二年からふたたび一〇年連続の九％以上の成長を記録し、ＧＤＰを著増させ、二〇〇七年にはドイツを、一〇年には日本を抜き去って一六年のＩＭＦ予想では、中国のＧＤＰ比率は一六・一％に及び、五・五％を占める日本の三倍に達した。アメリカと合わせれば世界の四割を占める状況が現出した。

覇権主義国家化

この経済成長に乗り、それを上回るペースで国防費が増額した。公表国防費は、一九八九年以来、二〇一五年度まで、一〇年を除いて二けた増を続け、その結果、〇四年から一〇年で国防費は四倍に跳ね上がり、いまやアメリカに次いで第二位となり、世界の国防費に占める比重も、三五・六％のアメリカに次いで、一二・八％を占めるに至った(10)。しかも中国人民解放軍は、近年エネルギー資源開発、海外資源の獲得をめざして、海空軍の強化、外征軍化を強めている。

こうした土台のうえに、二〇一二年に主席に就任した習近平は、「中華民族の偉大な復興を実現する」「中国の夢」という大国主義・覇権主義戦略を打ち出したのである(11)。

中国覇権主義の二つの側面

中国の覇権主義は、二つの性格の複合体として成り立っている。第一の側面は、中国の経済発展が、自由市場世界とグローバル経済秩序の拡大に乗って行なわれているため、アメリカとともに、自由市場秩序の維持と安定を死活的利益としていることだ。その面では、中国は、アメリカと共通の利害を有し、アメリカをはじめとしたグローバル競争大国としての面をもっている。

第二の側面は、共産党の大国主義戦略にもとづく覇権主義である。これは、多国籍企業の利害の実現をめざす現代帝国主義とは異なり、すぐれて政治優位の覇権主義である。覇権主義のこの側面は、いわば列強帝国主義時代の帝国主義国のように、自国の領土や勢力圏を拡大し、政治的・軍事的力によって原燃料の確保や市場を優越的に確保しようという志向を強くもっている。たとえば中国は、アフリカの独裁政権にもＯＤＡを撒布して、原燃料の安定的確保や軍事拠点の設定に力を入れている。

アメリカの場合には、他国に自由通商秩序を強制することで自国のグローバル企業の利益を実現するが、中国の場合には、むしろ国家の介入と特権の付与によって自国資本の蓄積をはからざるをえず、その分排他性をおびざるをえないのである。

二面的な米中関係

強調したい点は、こうした中国と、アメリカを盟主とする帝国主義勢力の関係は、冷戦時代の米ソ関係とは異なる性格をもっていることだ。

市場圏としては相互に分離していた冷戦期の米ソ対立と異なって、冷戦後は、アメリカ、中国も、拡大した自由な市場の維持と陶冶・安定や、それに歯向かう「テロ勢力」の鎮圧については共通の利益をもっている。その点では共同の行動を不可欠としている。アメリカが対ロシアと異なり、中国との共通の関係づくりに固執するのも、中口両国のグローバル経済秩序内での比重の差によっている。また、アメリカ支配層内で唱えられた「G2」論や「ステークホルダー（responsible stakeholder）」論[12]、二〇一三年六月の訪米以来、習近平が唱えた「新しいタイプの大国関係」の提言[13]も、こうした共通利害を基礎に登場している。

しかし他面、中国の優越的勢力圏を構築しようという志向については、アメリカは、あくまで「自由な市場秩序」の擁護者としてそれを抑止しなければならない。南シナ海における中国の人工島建設、軍事施設建設にみられる「力による現状変更」に対するアメリカの軍事的示威行動はその典型である。

オバマ政権下で対中国政策が揺れ、次第に前者から後者に比重がかかっているのは、中国覇権主義のこうした二面性に対応したアメリカの二面政策の重点の移動にほかならない。

こうした中国とアメリカの二面的関係——とくに世界の自由通商秩序維持についての共同利益——をふまえれば、

米中戦争物の氾濫にもかかわらす米中の正面からの軍事的衝突の可能性は、冷戦期の米ソ以上に少ない。中国が日本を攻撃するとか米中戦争に日本が巻き込まれる可能性も少ない。

中国とアメリカが軍事衝突に至る危険があるとすれば――いずれもその可能性は高くはないが、台湾と北朝鮮問題である。台湾については中国が自国の国内問題ととらえているため、中国が武力や威圧によって台湾の「解放」・統合を強行しようとした場合にアメリカは自由な秩序維持をかざして軍事介入する可能性がある。逆に、北朝鮮については、アメリカが武力によって北朝鮮の体制崩壊を強行しようとする場合に中国と衝突する可能性である。

これらの問題は、いずれも冷戦期以来の懸案であるが、冷戦期の文脈とはまったく異なる問題に変わっている点に注目しなければならない。たとえば北朝鮮は、アメリカにとっては、冷戦期のような、「社会主義」圏との対峙の最前線という位置づけはなくなり、もっぱら、グローバル秩序の安定を阻害する「ならず者国家」問題の一つとなっている。だからこそ、冷戦期にはありえなかった六カ国協議という中国との協調の枠組みもできているのである。

結論からいえば、中国の覇権主義大国化は明らかであるが、それは、「中国脅威」論のいうような、中国のやみくもな侵略や、米中の戦争の危機を生み出すものではない。強調しなければならないのは、中国の覇権主義的行動を規制していくには、アメリカや安倍政権が行なっているような軍事的対峙では成功しない。中国のそうした行動に懸念をもちながら経済的関係などから声を出せない国も含め、多国間で紛争解決における軍事行動の禁止と紛争解決機構をルール化しなければならない。そのうえで覇権主義、帝国主義を生い立たせているグロール資本の活動の国際的規制を行なわねばならない。

現代の戦争の危機とグローバル経済

現代の戦争や武力行使を生んでいる要因の第一は、アメリカをはじめとするグロール企業の野放図な進出、さらにアメリカや大国がそうした「自由な市場」秩序維持・拡大のために引き起こした戦争が生み出した国家の分裂・解体や地域の分裂、貧困や格差の増大である。そうしたグローバル経済や戦争は、それに反発するテロや紛争を生み、これに対して大国が、さらに「秩序」回復のため共同で介入する武力行使や戦争を起こすという悪循環が生まれている。ISによる戦争と国家の分裂、シリア内戦、さらには、ISに対するアメリカなどによる空爆がそれである。

第二は、台頭した覇権主義大国が、自国の勢力圏の拡大・維持のために行なう武力行使や紛争である。大国の復権をめざすロシアのウクライナ戦争、南シナ海での中国と他国との軍事衝突などがそれである。

こうした現代の戦争、とりわけ第一の戦争や紛争の背景には、いずれもグローバル経済による地域や国家の大規模な変容、貧困・格差の増大による不満の鬱積がある。したがって、その解決には、第一段階として、国家秩序の再建のための警察的・軍事的活動は不可避である。しかし、それは対症療法にすぎない。第二段階として、根本的にはグローバル企業の野放図な展開に対する規制、地域の地場産業の再建、貧困と格差の解消が不可欠である。また、グローバル経済を促進するWTOをはじめとした多国籍企業優位の国際ルールの見直し、各国の国民経済の保護と再建のための規制などが行なわれなければならない。

安倍政権は、第一の戦争に日本も武力行使を含めて参加することで大国としての仲間入りを果たし、また第二の紛争に対しては、中国脅威論を煽りつつ日米同盟強化によって軍事的対決で中国の覇権主義の拡大を押さえ込もうという志向をもっている。この二つを同時に達成しようとするのが戦争法である。しかし、そのいずれも上記の紛争や戦争の解決の展望をもたらすものではない。

日本がなすべきは、以下のことである。第一の戦争に対しては、第一段階では非軍事の支援活動を強め、第二段階の措置には積極的イニシアティブを発揮する。第二の戦争を引き起こしかねない紛争、たとえば尖閣諸島をめぐる紛争に対しては、領土紛争にさいしての武力不行使の確約をはじめとする、二国間の協議、多国間ルールの形成のイニシアティブをここでも積極的にとることである。

三　安保体制は日本の平和と安全を確保したのか？

冷戦時代、安保と米軍基地は日本の平和を守ったか？

自民党政権は、冷戦期から今日に至るまで日本が平和であったのは憲法のおかげなどではなく安保条約による米軍のプレゼンスのおかげである、と繰り返し主張してきた。戦争法もその前提に立って日米同盟を強化し、実効性のあるものとすることにより中国等の脅威から日本の安全を確保する、ということが制定の表向きの理由となっている。また、先にふれたように、安倍政権の戦争法に反対する「リベラル」派の論者のなかでも、冷戦時には安保条約は有効であったと主張する者が少なくない。

しかし、この言説は、詳しい検討は本書、別稿[14]に委ねるが、大きな誤りである。

冷戦時の戦争の危険で第一にあげられたのはソ連等の侵略であるが、ソ連や中国は、自国の勢力圏とみなした国家や地域の「反乱」に対する介入・侵攻は行なったが、「自由主義」陣営の国に対する侵攻はなかったし、当時の日本の防衛担当者もその可能性は低いと認識していた。

そもそも、アメリカが、安保条約を締結して日本全土に基地を維持し、さらに沖縄の直接占領下で基地を拡張し返還後にも基地の維持を求めた理由は、決して日本の安全の保持ではなかった。アメリカが日本への米軍の駐留にこだわった理由は、アメリカの極東戦略、すなわちアジア地域における「社会主義」陣営の拡大を抑止し、あわよくばそれを転覆させる拠点として活用することにあった。朝鮮戦争は占領下にある日本の基地がなければ戦えなかったし、ベトナム戦争も日本と沖縄の基地を拠点に遂行された。その後も、一九八二年、当時の首相中曽根康弘が明言したように、日本はアメリカの極東戦略における「不沈空母」でありつづけたのである。

冷戦時代に日本が戦争に加担したり巻き込まれたりする現実的危険は、安保条約を梃子にアメリカの戦争に自衛隊が組み込まれるかたちしかなかった。現に、アメリカのベトナム侵略戦争には、日本と同様にアメリカとの二国間軍事同盟条約を結んでいたアジアの諸国、韓国やフィリピンは、アメリカとの集団的自衛権を根拠に派兵を強いられたのである。日本が安保条約にもとづいて侵略戦争の補給基地となったにもかかわらず、かろうじて直接軍事的加担を免れたのは、憲法九条とそのもとでの政府解釈——これは自衛隊の違憲を唱える運動の圧力によるものであった——によって自衛隊の海外派兵ができなかったためであった。つまり憲法の存在によって、アメリカと日本政府の意図にもかかわらず、安保条約が「本来の」軍事同盟条約として機能することを制約されたことが、日本が冷戦時に戦争に巻き込まれずにすんだ理由であった。

冷戦後の日本はなぜ戦争に加担しなかったか？

冷戦の終焉後、米ソの対決の時代が終わったから戦争の時代は終わったという言説が流行したが、これは冷戦終焉の意味を理解しない誤りであった。先にみたように、戦争の時代は終わったどころか逆に、冷戦後唯一の覇権国となったアメリカは、世界の警察官としてイラクやアフガニスタンなどへの軍事介入を繰り返し、日本に対しても直接戦争に加担せよとの圧力を強めた。むしろ、冷戦後になって自衛隊の海外出動への圧力と危険が増したのである。こうした圧力に対して、保守政権は日米安保のグローバル化に応じ、九七年ガイドライン—周辺事態法で、米軍の作戦行動を補完する自衛隊の後方支援への第一歩を踏み出した。さらに、9・11のあとアメリカのアフガニスタン侵攻にともなう圧力に応えて、小泉政権は自衛隊のインド洋海域への派遣、続いてイラク戦争に呼応して自衛隊のイラクへの派遣に踏みきったのである。

しかし、こうした日米同盟強化は九条による政府解釈が生きていたため、依然大きな制約を余儀なくされた。自衛隊の派遣は武力行使をともなわない「人道復興支援」に限られ、また「武力行使と一体化した活動」は相変わらず制約されたままであったため、イラクのサマーワやバクダッドは、「戦闘地域」ではないと強弁されざるをえなかったのである。この制約を取り払って米軍と一体化した自衛隊の海外での行動の解禁をはかったのが、戦争法であった。戦争法は決して安倍個人の跳ね上がりではなかったのである。

四　安倍政権の安保構想で日本の平和は確保できるか?

戦争法は日本の平和を確保するのか?

安倍政権が戦争法を制定する理由としてあげているのは二つである。一つは日米同盟強化による抑止力の強化であり、もう一つは「積極的平和主義」による国際貢献で、世界の平和を促進するというものだ。

このねらいは、現代世界に対するアメリカの世界戦略の二つの性格——一つは自由な市場秩序に歯向かう「ならず者国家」やテロリスト勢力に対しては大国の共同軍事行動であたり、他方中国などの覇権的行動に対してはそれを抑止する軍事的体制を強めるという戦略——に呼応し積極的に加担することで、日本の安全と世界の平和を確保しようというものである。アメリカの戦略に積極的に加担し協力することで中国の脅威に対し日米同盟の抑止力で対抗し、同時に、対テロ戦争などに積極的に協力することで、日本の大国としての威信をあげることもできる。これが安倍政権の思惑である。

しかし、こうした路線で日本の安全は確保できるのか？　結論をいえば、それはない。

ＩＳが猛威をふるっている現在、秩序回復のための警察的な行動は不可避であるかもしれない。しかし、それに後方支援の名目であれ、日本が大国の一員として加担することは、中東諸国で日本が果たすべき役割に疑念をもたせ、それら諸国の日本に対する信頼を損なう危険性がある。それればかりか、日本のアジアでの平和構築のイニシアティブに対してもアジア諸国の懸念を増大させることになる。おまけに、後方支援の名目であれ、自衛隊を戦場に送ることで、自衛隊は「殺し殺される関係」に入ることになる。海外での武力行使を前提しない憲法のもとではこうした事態で必ず生ずる自衛隊員の「抗命」「敵前逃亡」に対処して軍の規律を維持する軍法も軍法会議も、またテロリストの報復に対処するための非常事態規定もない。戦争法の発動は、九条にとどまらず憲法全体の体系と矛盾し衝突する。ここから、あらためて、九条明文改憲への衝動が生まれている[15]。

しかし、改憲は日本の平和のみならずアジアの平和のために日本が貢献できる憲法という武器と、武力によらずに事にあたってきた日本への信頼を捨て去ることになる。

また、中国の軍事大国化に対しては、日米同盟の「抑止力」の強化で対処できるのか？　尖閣をめぐる紛争は、南シナ海をめぐる紛争で明らかなように、軍事的行動の強化では解決できない。日米同盟の強化をしても紛争解決には結びつかないし、むしろ対決のエスカレートは、中国の軍事力強化の口実となる。

日本は、領海侵犯に対しては、警察行動で毅然として対処しつつ、領土をめぐる紛争についての「力による現状変更」の否定、紛争の解決に武力を用いないこと、こうしたルールを多国間で締結することを急ぎ、そのイニシアティブをとることが重要である。そして、日米安保によらないアジアの平和と日本の安全保障の構想の実現にとりくむことである。

五　安保と日米同盟強化に代わる選択肢は？

戦争法に代わる二つの道

では、安倍政権のめざす日米安保と戦争法に代わる対案、選択肢はいかなるものか？

本書の第Ⅱ部、第Ⅲ部[16]はその検討にあてられている。

選択肢を考えるうえでとくに重視したのは、冒頭にふれたように、安保廃棄派と安保維持を前提とする「リベラル」派の二つの構想があることである。

これら二つの構想は、いずれもアメリカの戦争への日本のこれ以上の加担には反対であるが、安保条約と日米同盟を認めるか否か、そのもとで自衛隊を将来にわたっても維持するかどうかについては大きな違いがある。

本書は、安保条約の廃棄と段階的な活動の縮小による自衛隊の解消こそ、アジアと日本の平和を確保する、しかも日本が平和のイニシアティブをとる唯一の選択肢であると主張する。

安保条約と米軍基地は、冷戦時も冷戦後も、日本の平和にもいわんやアジアの平和にも役に立ってこなかった。それどころか、安保と米軍基地はアメリカの戦争政策の不可欠の道具として機能しつづけてきた。安保条約は沖縄における米軍基地の居座り、首都圏に基地が居座るという「非常識」を戦後七〇年たった現在も続けさせる根拠である。

したがって、私たちは、アメリカの戦争加担の道を根本的に拒否し日本が平和のイニシアティブをとるには、戦争法の廃止のみならず安保の廃棄が不可欠だと考えている。こうした安保廃棄と自衛隊の解消による平和の選択肢は、平和運動や憲法研究者によって探究されてきた。私たちはこの試みを受け継ぎたい。

それに対して、「リベラル」派の構想は、安保による米軍のプレゼンスと自衛隊は日本の安全には不可欠であり、この廃棄は論外だという。しかし、安倍政権の戦争法、集団的自衛権行使容認による日米同盟強化の路線は、冷戦が終わり核戦争が非現実的となりグローバル経済の進展で米中経済関係も緊密化した現代には間違った路線であり、日米同盟の肥大化を抑え一九六〇年の改訂時の安保条約に戻すとともに、その活動を「個別的自衛権」に限定した専守防衛の自衛隊によって日本の安全を守ろうという構想である。

本書では、戦争法に代わる、この二つの選択肢を比較・検討することをつうじて、あるべき選択肢を探っていきたい。

安保のない日本こそ選択肢

本書の結論だけをいえば、こうである。まず、「リベラル」派の構想について。じつは「リベラル」派の思いは存外、安保廃棄派と重なる。沖縄辺野古新基地建設阻止、普天間基地撤去、首都圏の米軍基地への批判、自衛隊を集団的自衛権行使などはしない「専守防衛」の軍隊にする、などの点である。

しかし、「リベラル」派のこうした構想を実現するにも安保条約をそのままにしてはできない。たとえば、沖縄の基地一つとっても、辺野古新基地建設を止めるだけならまだしも普天間撤去になれば地位協定の改定は不可欠となる。しかし日米地位協定において米軍基地建設が何ら限定されておらず、また米軍に大きな特権が与えられているのは、安保条約の六条が根拠となっているからである。だから、アメリカ政府を協定改定について真摯にテーブルにつかせるには、そもそも安保条約による米軍基地の設置そのものを問うことなくしては難しい

また自衛隊を「専守防衛」にしてアメリカの戦争への加担を止めさせるといっても、アメリカの戦争への一層緊密な加担がアメリカ自身の強い圧力によるものであることをみれば、日米同盟そのものを問うことなくして、アメリカ

が容認するはずがない。また、「専守防衛」の自衛隊といっても、安保条約により日本を拠点とした米軍の核戦略体制とセットでの自衛隊は、中国など他国からみれば、とても「専守防衛」とはいえないのではないか。専守防衛への改革の第一歩は、ガイドラインをはじめとした、日米の軍事的従属同盟関係を断ち切る改革からはじめねばならない。

安保のない日本という選択肢の柱

安保のない日本という私たちの選択肢の柱は、以下の諸点である。

(1) 戦争法を廃止し一五年ガイドラインを日米間で再検討・破棄し、特定秘密保護法、国家安全保障会議(NSC)は廃止する。辺野古新基地建設を中止し、日米地位協定の改定により普天間基地を撤去する。

(2) 国民の合意を得て、安保条約を廃棄し、沖縄をはじめとするすべての米軍基地を撤去する。

(3) アジアにおける非核・平和保障協定の締結、世界的レベルの核軍縮、通常軍備軍縮を推進する。

(4) 安保条約廃棄を前提として、自衛隊については(3)の条件の構築を進め、国民の合意を得つつ二段階に分けて改革する。第一段階は、安保条約廃棄と並行して日米軍事関係を破棄し、自衛隊の米軍への装備・訓練、行動の従属関係を断ち切り、名実ともに「専守防衛」の軍隊に改革する。

第二段階は、平和保障・軍縮についての国際的保障の前進と相俟って、自衛隊を、災害復旧活動と非武装の国際支援活動部隊に改組する。

(5) 軍事的保障だけでは、現代の戦争の根源を絶ちきることはできない。大国化への衝動の基礎にある多国籍企業中心の経済構造を改革し、新自由主義改革を停止し福祉国家型経済に移行する経済改革が不可欠である。

(6) 平和のためには、国際的な市場の規制も行なわねばならない。多くの地域の経済を改変し農業や地場産業を破壊してきた多国籍企業の活動を規制し、各国国民経済を再建する改革を進める。グローバル企業の「自由な」活動を保障し促進する、WTO、TPPの再検討と改革のイニシアティブをとる。WTOその他の国際ルールを見直し、グローバル企業の規制、各国地場産業の保護を認め、各国の国民経済の存立を確保するゆるやかな地域経済圏に変えていく。

「安保のない日本」をめざす担い手の形成と過渡的政権

以上のうち⑵以降の改革は、ただちに着手することはできない。何よりも安保条約と自衛隊については国民の多数が容認・支持しているので、こうした安保や自衛隊の改革に対する国民の合意を獲得することが不可欠である。

しかし、安保のない日本へと進む国民的基盤は戦後七〇年をへるなかで分厚い岩盤として存在している。世論調査で示されているように、戦争法がめざす海外で戦争する国に対する懸念と反対は、国民の五割に達する。九条の改憲に反対する人々はさらに分厚く存在している。

しかも、そうした分厚い岩盤のうえに、今度の戦争法反対運動は、安保のない日本をつくっていく担い手が形成されつつあることを示した。[17] 総がかり行動実行委員会という、安保闘争以来五五年ぶりの共同が結成され、二〇一五年八月三〇日には、国会前に一二万人、全国一〇〇〇カ所以上で一〇〇万人以上の市民が立ち上がった。安保や自衛隊を認めるという人々も含め、立ち上がった多くの市民たちが共通に掲げているのは憲法九条である。この力は、新たにつくられた市民連合のイニシアティブで安保のない日本を展望する担い手となる可能性をもっている。しかもこの戦争法反対運動は強行採決のあとも発展し、戦争法廃止の野党共同を生み出した。この政党間共同は、戦争法廃止の政府をつくる合意には至っていないが、安保闘争のさいにもできなかった選挙に向けての共同を実現して参院選を闘ったのである。

安保のない日本への第一歩は、こうした共同からはじまる。なぜならこの共同によってこそ、日米同盟強化の道に、まずストップをかけられるからである。

こうした共同が、当面する一致点で政府を形成できれば、それは、日本とアジアの平和を構築する画期的な政権となる。この政府は、まず当面する戦争法の廃止を実行する。同時に一五年ガイドラインをはじめとする日米軍事同盟の見直しを行なう。辺野古新基地建設を凍結したうえで、辺野古新基地建設阻止、普天間基地をはじめとする沖縄等の基地の縮小・廃止のための地位協定見直しに着手する。

この政権は、六カ国協議の拡充など中国を含めた多国間協議により、領土紛争での武力行使禁止をはじめとした協定締結を進める。またこの政府は、あらためて、日韓、日中の歴史問題について日本の責任を明確にし、個人補償を含めた解決にとりくむ。

こうした政府の経験を積み重ねるなかで、安保のない日本への道が国民的に議論されねばならない。

六　憲法と日本の平和

日本国憲法という存在

戦後日本の平和構想を考えるさいの大きな特徴は、「武力によらない平和」の構想を打ち出した憲法の存在である。その結果、戦後日本の平和と安全保障の構想をめぐる彼我の攻防は、つねに、憲法の改正をめぐる攻防と重なって行なわれてきた。憲法とそれを擁護してきた国民の経験は、安保のない日本へと踏み出すうえで最も大きな力である。

講和後保守政権は何度も改憲を試みたが、つねに国民は「ノー」という意思表示を行なって、その試みを挫折に追い込んだ。こうして国民は、憲法を何度も選び直したのである。また、憲法研究者は、憲法前文と九条の平和主義的解釈を豊かにしてきた[18]。

こうした力によって五〇年代の改憲の試みが挫折に追い込まれて以降、保守政権は、憲法九条のもとで、安保と自衛隊の維持・存続をはからねばならなくなった。そのため、政府は、自衛隊は「自衛のための必要最小限度の実力」で、憲法が保持を禁止している「戦力」ではないという「自衛力」論を採用した。政府が、〝憲法九条は自衛のための戦争も自衛のための戦力の保持も禁止していない〟として、「自衛のため」といえば制限なく軍隊を保持できるとする芦田解釈をとらなかったことは、一個の見識であった。その結果、六〇年代以降の自衛隊違憲論の攻勢のもとで、自衛隊は、通例の軍隊＝「戦力」には許される行動も厳しく制約されることとなった。自衛隊の海外派兵の禁止、集団的自衛権行使の禁止がその一つであり、もう一つの制約が、たとえ「武力行使」をしなくとも「他国の武力行使と一体化するような行動」、具体的には自衛隊の戦場への派遣や戦闘行動と一体化した「後方支援」の禁止であった。こうして、憲法論が日本の安全保障政策に無視できない方向づけを与えたのである。

九〇年代、冷戦後のアメリカの圧力に応えて自衛隊を海外に出動させようとしたさいに立ちはだかったのがこうした制約であり、政府は、この制約のため、自衛隊の海外出動にさまざまな歯止めをかけざるをえなくなった[19]。

戦争法から明文改憲へ

自衛隊の海外出動の大きな歯止めとなる制約の打破、アメリカの戦争への全面加担の体制をねらったのが、戦争法であった。戦争法は、九条についての政府解釈を改変し、自衛隊の海外での行動の縛りを解禁し、アメリカの戦争が、日本の存立を脅かすと政府が判断したときには集団的自衛権行使もできるとしたが、それにもかかわらす、なお憲法上の障害が立ちはだかっていることを、安倍政権は自覚せざるをえなくなったのである。

本書別稿[20]でみるように、戦争法を強行したあとの二〇一六年通常国会で、安倍首相が明文改憲を打ち出したのは、そうした憲法の壁をあらためて自覚せざるをえなかったからである。

戦争法反対側からの改憲論は日本の平和を実現するか？

注目されるのは、こうした安倍政権側の明文改憲論とは別に、戦争法に反対し自衛隊のアメリカの戦争への加担に反対する側から、改憲論が提起されたことである。論者は、「リベラル」派同様、安保と自衛隊を容認しながら、日米同盟の強化、集団的自衛権容認は、日本の平和の方向ではないとして反対する。彼らは、しかし、戦争法のような解釈改憲の進行により、憲法九条の「戦力」不保持の原則と自衛隊の実態があまりにもかけ離れ、もはや憲法に対する権威がなくなってしまった、このうえは、自衛隊を正々堂々と認めたうえで、自衛隊の活動に対する制約を憲法に明記すべきだという。

こうした改憲論＝新九条論についての批判は、本書別稿[21]で行なうが、結論を述べておくと、新九条論は、そのねらいには共感できるところはあるにしても、彼らのいう「改正」によって、憲法九条の核心である、「武力によらない平和」という構想は根本的に改変されてしまうという点である。

九条の核心とは憲法前文とも相俟って、日本の平和を武力によらないで実現する、そのために、「陸海空軍その他の戦力はこれを保持しない」という軍隊放棄の規範にある。この点で、九条は、いま、あらためて世界の平和の方向として注目されているのである。

論者たちは、こうした規範は理想ではあるが、現実には自衛隊の存続と活動の拡大によって規範と現実は乖離し、憲法の威《い》信は失われてしまったというのだが、この規範が生きていて国民のなかに定着しているからこそ、戦争法反対運動は未曾有の高揚を示したのではなかったか。国民が怒ったのは、自衛隊が政府も禁止されているといってきた「集団的自衛権行使容認」にまで踏み切ったことに対してであった。

憲法九条のいう「戦力」をもたないという点については、国民はとうの昔に自衛隊容認というかたちでそれを否定しているではないかという反論が返ってくるかもしれないが、それは間違いだ。

なぜなら、政府の解釈も、九条の「戦力」をもたないという原則を維持しており、自衛隊は憲法の禁止する「戦力」ではないという点は、現在でも一貫しているからである。だからこそ、自衛隊は「普通の国」の軍隊が当然にもっている、海外派兵や集団的自衛権行使をはじめとする権利を禁じられてきたのである。戦争法はたしかに憲法九条の解釈を改変し憲法に大穴をあけた。しかし、たとえ百歩譲って戦争法が発動されたとしても、九条は死んでいない。日本は九条のもとでなお、「普通の国」同様の戦争ができるわけではない。戦争法が発動されても、たとえば、自衛隊は、アメリカ、イギリス、フランス、ロシアの軍がシリアで行なっている空爆にくわわって爆撃することはできない。たとえ、いま国連決議がでて多国籍軍が組織されても参加はできない。

九条は、日本の軍事大国化をいまなお阻んでおり、だからこそ、安倍政権は、戦争法を強行したあと、あらためて明文改憲に踏み込まなければならなかったのである。憲法は死んでいない。だからこそ安倍政権が九条改憲に乗り出しているのである。そのとき、新九条論は、九条は死んだとして九条改憲の合唱に加わろうとしている。新九条論の最大の欠陥は、憲法の力に対する不信である。

憲法の理念と平和構想

憲法典に非武装平和主義が規定されているから、私たちは、その方向を追求するわけではない。もし、私たちのめざすべきアジアと日本の平和の構想が憲法の理念と異なるものであるなら、私たちは憲法の改正を提起すべきであろう。

しかし、憲法の理念は、戦後の日本の平和のあり方を規定しさまざまな蹂躙、無視にもかかわらずその規範が堅持されたことで、海外で戦争しない国を続けることができた。それのみならず、憲法の理念は、今後のアジアと日本の平和を形成するうえで、なお堅持し実現すべき方向を打ち出している。だからこそ、私たちは、憲法の改変に反対するだけでなく、その実現をめざすべきだと考える。

なぜ、第二次世界大戦直後に制定された憲法がかかる方向を打ち出しえたかといえば、第二次世界大戦の惨禍に対する痛苦の思いと、その惨禍の主導者の一人であった日本の国策に対する痛切な反省があったからである。この反省の大きさこそが、世界のどの国でもなく、ほかならぬこの国の憲法のなかに九条を埋め込む力になったということができる。

こうした意味では、本書は、断固として護憲派の立場に立っている。

（補）ここで、本書というのは、「解題にかえて」でも書いたように、渡辺治・福祉国家構想研究会編の『日米安保と戦争法に代わる選択肢』大月書店、二〇一六年、のことである。本稿は、この本の「序章」として書かれたものである。本稿では、第二次世界大戦以降の推移を概観し、冷戦期の戦争、冷戦後の戦争の要因と性格を検討したうえで、戦後日本の「戦争しない国」は決して安保体制と自衛隊によってつくられたものでないことを明らかにしたうえで、安保条約と自衛隊に代わる日本とアジアの平和の対抗構想の輪郭を大まかに明らかにしており、本著作集の第11、12論文と一体のものであるため、本著作集に収録した。しかし、本稿は、本書の序章であるから、収録論文の解説も行なっているため、その部分は収録にあたり割愛し、本文中、本書収録の参照を求めている点は、注でその旨を記した。

（1）共同通信世論調査、『東京新聞』二〇一六年三月二八日付では、安保関連法を「評価する」と答えたもの三九％に対し「評価しない」は四九・九％であった。『読売新聞』四月四日付も、「評価する」三八％、「評価しない」四九％。

（2）共同通信社が実施した出口調査では「安倍首相の下での憲法改正」について反対が五〇％に達し賛成は三九・八％にとどまった。

（3）渡辺治「アメリカ帝国の自由市場形成戦略と現代の戦争」渡辺治・後藤道夫編『講座戦争と現代1「新しい戦争」の時代と日本』大月書店、二〇〇三年、著作集第12巻、収録、後藤道夫「現代帝国主義の社会構造と市場秩序」渡辺・後藤編、前掲『講座戦争と現代1「新しい戦争」の時代と日本』参照。
(4)不破哲三『スターリン秘史　第6巻』新日本出版社、二〇一五年。
(5)フランシス・フクヤマ『歴史の終わり』渡部昇一訳、三笠書房、一九九二年。
(6)現代帝国主義の三つの原動力につき、後藤、前掲「現代帝国主義の社会構造と市場秩序」二四一頁以下。
(7)合衆国商務省センサス局編『現代アメリカデータ総覧』四一七頁。
(8)この点につき、毛利和子『中国政治――習近平時代を読み解く』山川出版社、二〇一六年、加藤弘之ほか『21世紀の中国　経済編』朝日新聞出版、二〇一二年、参照。
(9)デヴィッド・ハーヴェイ『新自由主義――その歴史的展開と現在』渡辺治監訳、二〇〇七年、一六九頁以下。
(10)SIPRI Yearbook 2015.
(11)毛利、前掲『中国政治』、中澤克二『習近平の権力闘争』日本経済新聞社、二〇一五年、参照。
(12)とりあえず、渡部恒雄「オバマ政権の対中政策の歴史的意味」久保文明ほか編著『アジア回帰するアメリカ』NTT出版、二〇一三年ほか。
(13)中澤、前掲『習近平の権力闘争』一七六頁以下。
(14)本書第1章、和田進「安保体制と改憲をめぐる攻防史」、第2章、小澤隆一「戦争法がもたらす軍事大国化の新段階」を参照。
(15)本書第3章、三宅裕一郎「安倍政権はなぜ明文改憲に固執するのか」参照。
(16)本書第Ⅱ部は、以下の三本の論稿からなる。第4章、渡辺治「安保のない日本をめざす運動の構想と経験」、第5章、清水雅彦「憲法研究者の平和構想の展開と変貌」、第6章、梶原渉「『リベラル』派との共同のために」である。第Ⅲ部は、第7章、渡辺治「安保と戦争法に代わる選択肢」である。このうち、第4章、第7章の筆者の論文は、本著作集本巻に収録。
(17)渡辺治『現代史の中の安倍政権――憲法・戦争法をめぐる攻防』かもがわ出版、二〇一六年、第五章、本著作集本巻収録。
(18)前掲、本書第5章、清水「憲法研究者の平和構想の展開と変貌」。
(19)前掲、本書第3章、三宅「安倍政権はなぜ明文改憲に固執するのか」。
(20)同前、三宅「安倍政権はなぜ明文改憲に固執するのか」。
(21)本書、補論、渡辺治「日本の平和のためには憲法改正が必要なのか?」、のち、本著作集第8巻、収録。

11

安保のない日本をめざす運動と構想の歴史

［二〇一六年執筆］

一　平和運動と対抗構想の経験から学ぶ

平和運動と対抗構想の経験

戦争法廃止をめざす共同の試みが進んでいるが、この共同が国民的多数派を形成するためには、安倍政権が追求している戦争法と改憲の道に代わり、憲法を生かす平和保障の選択肢を提示することが切実に求められている。

安保・自衛隊体制に代わる憲法の理念にもとづく平和・安全保障の道、すなわち「武力によらない平和」の構想は、一九五〇年代初め、アメリカの圧力を受けて時の保守政権が憲法を改変し安保条約と再軍備を強行しようとした時代から、それに対抗する運動内部で繰り返し探求されてきた。

そこで、本稿では、政権側の安保・自衛隊による憲法蹂躙の動きに反対する平和運動の側で、憲法的平和の代案がいかに模索されてきたかを歴史的に検討し、その特質、受け継ぐべき点とその限界、課題を析出したい。

とくに本稿で注目したのは、運動が保守政権に対抗する主体すなわち統一と共同をつくれたときに安保に代わる選択肢の形成も具体化し、またそれを実現する政府の構想も具体化したという点である。そこで本稿では、主体、担い手の形成―対抗構想の具体化―政府構想という連関に注目して歴史を振り返ってみたい（なお、紙数の都合で注は最小限にとどめざるをえなかった）。

対抗構想の展開の時期区分と指標

安保条約と自衛隊に代わる対抗構想は、つねに平和運動のなかで探求されてきた。そのため、対抗構想の特徴も、その担い手も、その時々の平和運動の特徴や課題に対応して変化、発展してきた。そこでここでは、一九五〇年代以降の平和運動の歴史を四つに分けて、その各時期にどんな対抗構想が生まれたかを探ってみたい。ただし第四期の運動と構想は、改めて検討する必要があるため、ここではごく大雑把にふれるにとどめたい。

第一期は、戦後講和を前後して、日本の安全を、片面講和＋安保条約による米軍駐留継続＋アメリカに従属した再軍備という路線で確保しようという保守支配層側の動きに対し、本格的な平和運動が始まった一九五〇年代初頭～五〇年代後半である。この時期に、安保と再軍備によらず憲法の非武装平和主義の理念により日本の平和を実現しようという、現在に至るまで運動を引っぱってきた構想が登場したことが注目される。

しかし運動の担い手は、社会党の分裂、共産党の分裂と極左冒険主義により政党のイニシアティブが不十分ななか知識人と労働組合総評が中心となっていたこともあって、政府構想は具体化されなかった。

第二期は六〇年安保闘争期である。この時期は、岸信介内閣による安保改定―改憲の動きに対抗する安保闘争の盛り上がった時期であるが、この時期の最大の特徴は安保闘争のなかで安保体制を打破する運動の担い手の共闘が「安保条約改定阻止国民会議」——総評、社会党、共産党の共闘というかたちで成立したことである。この共闘の経験と実績を踏えて安保破棄の政府構想もこの時期にはじめて提唱された。

第三期は、保守支配層が国民の運動の高揚を恐れて改憲を封印した六〇年代から八〇年代いっぱいである。この時期には、運動の圧力で自衛隊の活動を制約する政府解釈がつくられるとともに、革新勢力の側では社会党、共産党さらには公明党も含む統一戦線が追求され、各党による安保—自衛隊に代わる対抗構想が具体化をみると同時に、それを実現する連合政権構想も具体化され提言されたことが注目される。

第四期は、冷戦の終焉後アメリカの圧力のもと自衛隊の海外派兵とそれを妨げる憲法の改変が追求されたのに対し、平和運動が自衛隊の海外派兵を阻止しようと立ちはだかった九〇年代初頭以降の時代である。

この時期には、安保・自衛隊を容認する現実主義の構想が有力に台頭するとともに、グローバル経済下の軍事大国化に立ち向かう新たな対抗構想と共同の試みが台頭し現在につながっていることが注目される。

二 一九五〇年代平和運動と対抗構想

1 運動と対抗構想の担い手の特質

一九五〇年代初頭から五〇年代いっぱいの第一期は、戦後日本の進路をめぐる二つの道の対決の大まかな構図が姿を現した時期であった。

吉田茂内閣は、アメリカの圧力に屈していわゆる西側諸国とだけの片面講和を結び、安保条約による米軍駐留の継続、再軍備というかたちで、戦後日本の路線を固めた。この路線と矛盾する憲法の改変にも手をつけた。こうした支配層の路線に対抗し、全面講和、非武装憲法擁護と中立の日本という構想を掲げる平和運動が台頭したのがこの時代である。保守支配層が、憲法の旗を投げ捨てた、この時代に憲法の旗を革新側がはじめて自覚的に掲げたのである。

この時期に形成され普及した平和の構想、すなわち安保と米軍基地に頼らず、再軍備に反対し、いかなる軍事ブロックにも入らないで平和を維持するという構想こそ、若干の変容をみつつ現在まで革新派国民のなかに定着している平和構想の原型をなすものであった。こうした構想が形成されたことが、この時期の最も大きな特徴であった。

しかも注目されるのは、こうした全面講和＋反安保＋反再軍備＋中立の構想を掲げて立ち上がった運動は、のちに運動を領導する革新政党ではなく、主として総評労働運動、オール知識人とでもいうべき知識人層（それに左派社会党）によって担われたことである。ではいったい総評や知識人はなぜ立ち上がったのであろうか、ここに戦後日本の平和運動と構想を特徴づける秘密が隠されている。

戦争への反省

労働組合や、知識人たちがいち早く安保条約による米軍の駐留や再軍備、改憲に反対して立ち上がった背景には、戦争への強い反省と悔恨があった。

総評をみてみよう。じつは、総評は、一九五〇年夏、日本の労働運動の反共的結集と穏健化を期待され占領軍肝いりで結成された労働組合のナショナルセンターであった。ところが、総評は、アメリカが講和を機に日本を極東における反共の砦にする方向を具体化するにしたがい、アメリカや財界の期待を裏切って急速に急進化し、平和運動の先頭に立つことになったのである(1)。

こうした急転換を遂行した原動力となったのは、事務局長高野実を中心とした指導部に共有されていた「アメリカに追随して日本がふたたび戦争に巻き込まれるかもしれない」という強い危機感にくわえ、労働組合が日本帝国主義による侵略戦争を食い止めるのに何の力にもなれなかった戦前の失敗を繰り返してはならないという強い決意であった。この決意は、労働組合に結集する労働者たちの共通の思いでもあった。だからこそ、総評の運動方針は、「平和運動などは労働組合の本務ではない、余技だ」という非難を押し切って組合員の多数の支持を獲得したのである。

総評平和運動の中核を担った日教組が掲げた「教え子をふたたび戦場に送るな」というスローガンは、当時のこうした心情を象徴していた。このスローガンには反戦のみならずアジア・太平洋戦争に子どもたちを駆り立てた教師たちの反省と悔悟の念が込められていたのである。

平和問題談話会と知識人

同じ思いは、この時代の運動のもう一つの担い手となった知識人たちにも共有されるものであった。この時代に知識人たちは、平和問題談話会[2]に結集して、安保や再軍備に立ち向かった。

談話会は、ユネスコに呼応する声明づくりに集まった知識人によって声明「戦争と平和に関する日本の科学者の声明」(第一声明)が発せられた直後の一九四九年一月に結成されたが、政府が、西側との片面講和、講和後も米軍の駐留を認める方向をとることが危惧されるなか、五〇年一月「講和問題についての平和問題談話会声明」(第二声明)を発表し、続いて五〇年一二月には「三たび平和について」(第三声明)を発表した。

このうち、第二声明で、談話会は、全面講和を主張し全面講和によってこそ経済的自立をはかることができること、講和後の安全保障は中立と国連加入によって行なうべきで外国の軍事基地によるべきでないと主張した。そして第三声明で、談話会は、あらためて憲法の平和主義を強調し、再軍備反対を主張した。

これら声明をつうじて打ち出された、全面講和、安保・米軍駐留反対、中立、再軍備反対は、総評により「平和四原則」として定式化され、当時の運動の共通スローガンとなったのである。

この談話会に広範な知識人が参加した共通の動機も、知識人の戦争責任の自覚にあったことが注目される。談話会には、座長を務めた安倍能成はじめ驚くほど広い範囲の知識人が参加したが、そこに共通したのは、戦争を食い止められなかったことに対する、あるいは戦争に協力した知識人の生き方に対する強い反省と悔恨の意識であった。

東西知識人が集合して第一回の声明を作成する場で、羽仁五郎の発言を機に、原案になかった以下の一文を入れることになったのは、こうした知識人の思いを象徴していた。

「翻って、我々、日本の科学者が自ら省みて最も遺憾に堪えないのは、……我が国が侵略戦争を開始した際にあたって、僅かに微弱な抵抗を試みたに留まり、積極的にこれを防止する勇気と努力とを欠いていた点である」[3]（傍点引用者）。

これが、都合三度出される談話会声明が大衆的共感を獲得した大きな要因でもあった。

談話会は、三重の意味で、いわばオール知識人の連合体をつくった。その後、いくたの知識人の連合組織がつくられることになるが、いまに至るまでこれだけ幅の広い知識人の横断結集は実現されたことはない。

談話会の横断性の第一は、安倍能成、津田左右吉、鈴木大拙、天野貞祐、和辻哲郎といった戦前以来の自由主義的知識人や講座派、労農派知識人と丸山眞男ら中堅・若手の自由・民主主義的知識人の連合という世代的横断性であった。第二は、安倍能成、津田左右吉らから彼らと激しく論争を繰り広げていた共産党支持の知識人までを包合した政治的、思想的横断性であった。第三に、談話会は、文化から自然科学者に至る学問的横断組織であったことである。これが、会は、東京、近畿それぞれで、文科部会、法政部会、経済部会、自然科学部会を組織して活動をはじめた。

談話会のつくった、安保条約と再軍備に対する対抗構想を、狭い意味での安保・平和に限定せず、広く経済自立、文化的自立の構想を含むものにした要因となった。

戦後平和運動の担い手・日本型社会民主主義の形成

この時代の運動の担い手となった左派社会党の結党も、侵略戦争への強い反省の産物であった。戦後日本の社会民主主義が、ヨーロッパのそれと異なって、平和をその中心的課題に掲げ、社会党の度重なる分裂もつねに社会主義の路線ではなく平和をめぐる対立から生じたという日本的特徴(4)も、社会民主主義運動の原点に「平和」の問題が座っていたことに起因したのである。じつは社会党の分裂の結果できた左派社会党こそ、そうした戦後日本の社会民主主義の原型をなしたのである。

社会党は戦前期の社会民主主義者の総結集体として発足して以来たびたび左右対立を繰り返してきたが、一九五一年一月の社会党第七回党大会で、講和三原則に再軍備反対をくわえて平和四原則を採択するあたりから、ふたたび対立が激化し、講和条約の調印にさいし社会党が態度決定を迫られた五一年一〇月二三日からの第八回臨時党大会で対立は頂点に達した。

右派は、冷戦対立のもとで安保、再軍備も止むなしという本音をもちつつ大会では多数派を形成するために「講和賛成・安保反対」という方針を打ち出したのに対し、左派は、講和・安保の両条約反対を打ち出して対立し、ついにこの大会で左右両派は分裂した。こうして、左派社会党は正面から平和四原則を掲げる政党として発足したのである。この左派社会党の心情を支えたのは、第一次世界大戦前ドイツ社民党が戦争財政に賛成して帝国主義戦争支持に回った教訓、さらに加えて、第二次世界大戦前のドイツで、ファシズムの台頭を許したワイマール共和国における社会民主党と労働組合運動の教訓であった。

改憲を阻む力

安保と再軍備、そして憲法改悪に反対する五〇年代平和運動は、安保条約も再軍備の進行も止めることはできなかった。しかし、この運動が掲げた反安保、反再軍備の主張は、二度と戦争を繰り返したくないという国民の思いに応えることで、保守勢力がめざしていた改憲を阻むことに成功したのである。

平和四原則の闘いが盛り上がるにつれ、それまで、賛成が多数を占めていた改憲に対する世論は急速に変化し、改憲反対が多数を占めるようになった。それを背景に、その後の選挙では、護憲を掲げる社会党とくに左派社会党の躍進を生み、ついに、一九五五年、五六年には衆参両院で社会党は改憲発議を阻止する三分の一の議席確保に成功した。「戦後民主主義」の最初の勝利であった。

左派社会党は、安保、再軍備反対の旗を鮮明に掲げて闘い、総評は選挙において左派社会党を全面支持し、その当選に奮闘した。一九五一年の分裂時一八議席で右派に遠く及ばなかった左派社会党は、翌五二年一〇月の総選挙では五四名に躍進し、五三年四月選挙では右派の六六名を追い越して七二名に躍進し、五五年の両派合同のさいには右派を圧倒する議席を獲得した。その後、社会党は党内右派の圧力で何度も党方針変更の危機に直面しながら、一九九四年村山富市政権誕生を機に、安保、自衛隊違憲を取り下げるまで四〇年以上にわたり安保反対、自衛隊違憲、非武装中立の立場をつらぬいたのである。これが、共産党の存在と相俟って日本の平和国民の分厚い層を支えつづけたのである。

以上のような総評、知識人、左派社会党の活動こそ、この時期に、政府の路線に対峙する対抗構想が形成され、急速に国民のなかに浸透・普及した組織的基盤であった。

2 平和問題談話会を中心とした対抗構想の特質

では、この時代に形成された対抗構想はいかなる特質をもっていたか、私たちの対抗構想にとって、どのような学ぶべき教訓をもっているかを、談話会の声明を素材に検討しよう。

声明は、西側陣営に与するのは対立の一方に加担するだけでなく対立を煽り拡大するものである、いわんや安保条約により米軍駐留を認めること、非武装憲法を否定して再軍備を開始することは、日本の安全を確保するどころか日本を戦争に巻き込むことになる、日本の安全は、中立不可侵と国連加入＝国連の集団安全保障により確保すべきであり、こうした構想こそ非武装憲法の平和精神に則した道であると主張した。この構想が、その後長く革新陣営と革新派国民が保持する平和構想の原型をなしたのである。

冷戦対立のなかでの小国日本の役割＝「積極的中立主義」

談話会の対抗構想の特徴の第一は、当時の情勢を冷戦による二つのブロックの対立ととらえ、そのもとで対立を緩和し平和を維持するための日本の役割を明らかにすることをめざしていた点である。

談話会は、こう主張した。冷戦下の二つのブロックが核兵器を擁した対決であることから、両陣営の戦争はただちに核戦争を引き起こさざるをえず、もはや、戦争は政治の解決手段として意味をなさなくなった。日本は、二つのブロックのいずれにも属さず当時勢力を伸ばしつつあった「第三勢力」と手を組んで「二つの世界の対立」の緩和に努力する「積極的中立主義」を採用すべきである、というものである。

こうした談話会の冷戦―中立論は、冷戦を、アメリカ帝国主義を盟主とする帝国主義ブロックと社会主義を中心とした平和勢力の対立とみる共産党や左派社会党の冷戦論とはその見方を異にしていたが、二つのブロックのいずれにも立たずその対立の緩和に貢献するという主張は、その後の平和運動に引き継がれ、中立論は、第二期以降、革新勢力の共通の目標として定着することになる。

日本国憲法への評価

談話会声明にみられる対抗構想の第二の特徴は、構想をつらぬく柱に日本国憲法をすえたことであった。

第二声明は、談話会の議論の前提となる「公理」として「われわれの憲法に示されている平和的精神に則って世界平和に寄与するという神聖なる義務」を掲げていた。また、第三声明「三たび平和について」の鵜飼信成が書いた第三章は、日本国憲法を正面からとりあげ、憲法九条はあらゆる戦争を否定しておりそのもとでは日本の再武装は不可能であると論じ、九条の平和とは中立不可侵と国連であると主張した。

こうした日本国憲法の非武装平和主義の理念を擁護し、それを戦後日本の平和構想の中心にすべきだという主張は、談話会だけではなく多くの論者の主張でもあった。たとえば労農派マルクス主義者の重鎮・山川均の「非武装憲法の擁護」[5]は、冷戦下での安保、再軍備の口実として持ち出されていた「真空」論を批判しつつ、日本の安全保障を、非武装憲法を堅持しつつ国連集団安全保障にゆだねること、国連加入にさいしても日本は非軍事的協力と中立を主張せざるをえないと指摘していた。それでも侵略の危険は免れないが、そのときには、非服従、非協力、サボタージュ、ゼネストといった非武装抵抗で侵略者に対処するしかないと主張したのである。

憲法を平和構想の中心にすえる、いまに至る運動のあり方は、この時代につくられたのである。

中立と経済自立のリンク

談話会の対抗構想の注目すべき第三の特徴は、この構想がたんに日本の平和と安全の維持にとどまらず、日本経済の自立の構想をも含み、経済自立のためにも全面講和と中立が必要であると論じたことである。また、その延長線上に、その対抗構想がたんに安保と平和にとどまらず、経済、政治体制、さらには文化、科学技術政策を含めたトータルな日本の改革構想であった点も私たちに学ぶべき多くの教訓を与えている。

談話会の第二声明は、日本の経済的自立のためにも全面講和が不可欠であると論じた。

「日本の経済的自立は、日本がアジア諸国、とくに中国との間に広範、緊密、自由なる貿易関係を持つことを最も重要な条件とし、言うまでもなく、この条件は全面講和の確立を通じてのみ満たされるであろう」(6)と。

この時点では、対抗構想は、片面講和で中国と講和ができないと中国市場に入れないという比較的単純な主張であった。しかし、談話会のこうした、安保と経済的自立を連結して考えようという視角は、その後、より具体化する。談話会の経済部会はその後も検討を続け、一九五四年一〇月号『世界』に、経済部会とフェビアン研究所の合同の報告「日本経済自立のために」を発表し、産業構造の転換も含めた経済自立の構想を打ち出した。しかも、この報告に続いて、平和問題談話会法政部会が「日本の政治的独立のために」を発表し、さらに五五年六月には、平和問題談話会文科部会が「今日の文化の問題」を発表した。

じつは、その後現在に至るまで、知識人グループがトータルな対抗構想を出したことはない。しかし現代日本においては、平和を実現・維持するためには、グローバル企業の横暴や地域の産業破壊に歯止めをかけ新自由主義改革に反対し農業や地場産業の発展を促進する福祉国家型政策とセットで対抗構想を練り上げなければならないと考えると、この時代の対抗構想から学ぶべき点は多い。

3　第一期の限界と課題

しかし第一期においては、その後の運動の中核の一角をなすことになる革新政党は、十分に担い手としての役割を果たせないでいた。

占領期に民主運動で大きな役割を果たしていた共産党は、この時期、コミンフォルムの批判、介入を機に分裂し、その一方をなした所感派は、極左冒険主義路線を追求し孤立した。共産党が第六回全国協議会により統一を回復するのは、五五年を待たねばならなかった。

また社会党も先述のように分裂した。社会党が統一を回復するのも五五年を待たねばならなかった。こうした革新政党の分裂状況下で、統一戦線を具体化する条件はなかった。そのため、この時期の運動は、安保と再軍備のない日本を実現する政府構想を具体化することができなかったのである。

三　一九六〇年安保闘争期と対抗構想

第一期の運動と対抗構想の特徴は、一九六〇年を前後して大きく変貌した。第二期には、自民党岸信介内閣が、日本を対米従属のもとでアジアの大国として復活させようという野望を抱き、安保条約の改定に続いて改憲をめざしたのに対し、運動側では、社会党、共産党が運動の主軸に座り、これら革新政党が、総評の仲立ちで安保改定反対の課題で統一戦線を結成し、運動が高揚した。さらに、この安保闘争を闘うなかで、各政党は、安保破棄を軸とする対抗構想を共有し安保破棄の政権構想を提示したのである。第二期は、統一—対抗構想—政権構想という連関が運動内ではじめて意識されたという点で、平和運動と対抗構想の歴史のなかでもとりわけ注目すべき時期である。

1　担い手の移動——総評＋社会党＋共産党という隊列

この時代における対抗構想の担い手である運動の特徴から検討しよう。この時代には、保守支配層の安保改定、改憲の企てに対する運動側の隊列に大きな変化が現れた。

革新政党の比重の増大

その第一の特徴は、共産党の運動隊列への復帰、社会党の統一などをふまえ、運動内での革新政党の比重が増大し、政党のリーダーシップが増したことである。

まず、五〇年代前半期には分裂と極左冒険主義によって国民からの信頼を失い大きな力を発揮できなかった共産党が、五〇年代中葉以降、それを克服して革新の運動と対抗構想の有力な担い手の一つとなった。

注目されたのは、共産党が統一の回復とともに、既存の政策の点検と修正を開始し、日本国憲法の評価、安保破棄後の中立の評価を劇的に変更したことであった。すなわち、共産党は、第七回党大会でそれまでの日本国憲法に対する消極的評価を転換し、「憲法の平和的民主的条項の擁護」という方針を打ち出し、憲法改悪に反対する運動のとりくみを強めたのである。

他方、第一期の政党の中心であった左派社会党は、一九五五年に右派社会党と合併して日本社会党となり、国会に三分の一以上の議席を確保する一大勢力となった。同党の躍進は、安保と再軍備に反対し憲法を擁護する勢力が議会内で確固たる地位を占めて発言力を確保することで、対抗構想の具体化にも大きな力をもつに至った。

総評は、太田薫―岩井章体制に代わっていたが、社会党と共産党の共闘のイニシアティブをとるとともに、安保反対闘争への労働者の大量動員を行なった。

こうして第二期の対抗構想の担い手は、第一期とはがらりと変わって、社会党、共産党が中心となり、両党が対抗構想を政策というかたちで打ち出すことになったのである。

安保共闘――対抗構想実現の政治力

運動側の変化の第二は、この時期に、安保と再軍備に反対し、憲法擁護の点で、社会党、共産党、総評を中心とした共闘が成立し、反対運動高揚の原動力となったばかりか、安保に代わる対抗構想を具体化するうえでも梃子となったことである。なぜなら、安保に代わる対抗構想といっても、政治勢力の共同と政権構想がなければそれを実現する展望は開けないからである。

一九五九年三月、それまでの共闘の経験をふまえて、総評の強いイニシアティブで、安保条約改定阻止の一点で「安保条約改定阻止国民会議」が結成され、戦後はじめて、国の進路をめぐる課題で社会党と共産党を含めた共闘が成立した。中立労連などの反対を顧慮して、共産党は幹事団体には入れなかったが、オブザーバーとして幹事団体会議に常時出席し、事実上安保闘争の全期間をつうじて、社会党、共産党、総評の共闘が機能したのである。

すぐあとでみるように、この国民会議の運動の高揚をふまえて、社会党、共産党のそれぞれが、安保体制打破の政府構想を提唱することで、対抗構想を実現する政治体制についての展望がはじめて開かれたのである。

2 中立構想の共通化・具体化

担い手の拡大にともなって、対抗構想の内容にも変化が現れた。ここでは二つの点に注目したい。一つは、安保破棄後の日本の安全を考えるうえで中立構想が対抗勢力内で共通の構想になったことである。

共産党の中立論支持への転換

中立化構想が有力化した一つの現れは、日本共産党が、五〇年代末葉にそれまでの中立批判の態度を変えて、中立構想支持に転じたことであった。安保条約の改定を前にして日米軍事同盟の強化を警戒したソ連、中国が相次いで日本の中立化を支持する声明を出したことを直接の契機にして、共産党は一九五八年一二月に幹部会声明で「対米従属から自主的中立政策」への転換を呼びかけ、翌年一月の第四回中央委員会総会決議[7]で中立方針を打ち出した。

決議は、「今日本が安保条約を破棄して対米従属から抜け出したあと、対米関係をどうするか、日本の安全をどうして守るかという日本人民の間に広く存在する不安と疑問に答える」必要があるとして、中立化構想を提起した。決議は、中立化を「いかなる軍事同盟からも離脱し、いかなる軍事同盟にも参加しない政策」「世界各国と平等と友好の関係を樹立する政策」と定義したうえで、中立を安保破棄、米軍撤退後の日本の安全保障のカナメにおいたのである。共産党が安保条約を破棄して西側同盟から離脱してもソ連を中心とした軍事同盟には入らないという態度を鮮明にしたことで、社共共闘の障害物の一つが取り除かれたのである。

社会党の中立論の深化

すでに中立構想を打ち出していた社会党も、六〇年安保改定を前後して、安保破棄、中立にもとづく外交政策を具体化した。

まず、最も注目されたのは、安保闘争後には、社会党の中立の定義が、両陣営からの中立という第三勢力論的な色彩を弱め、軍事ブロックからの離脱を軸にしたものに変わった点である。一九六〇年七月の中央執行委員会の文書[8]では、「われわれの中立とは、いずれの軍事ブロックにも加わらない非加盟主義を基礎とするものであり、……積極的にすべての国との平和友好関係を樹立する平和外交政策を基調とする」と定義され、共産党の中立論と共通する点が多くなったのである。

安保改定後に打ち出された「日本社会党外交方針[9]」では、「積極中立の外交」の原則として、以下の四点が掲げられた。①すべての国との友好関係の樹立、②東西いずれのブロックにも加わらない——安保条約の廃止、中ソの対日軍事同盟関係の解消、③自主的国連活動の展開、④すべての国との間の貿易関係の拡大である。

具体的には、外交交渉により安保条約など一切の軍事的取り決めを廃止して、米軍基地撤去を実現し、また沖縄・小笠原の返還を掲げ、自衛隊についても「強化阻止から縮小・平和建設隊への改組」を謳い、日中国交回復、対ソ平和条約締結、アジア・アフリカ諸国との協調、さらに、核兵器の禁止、アジア・太平洋地域の非核武装地帯設置などを提唱した。

とくに、共産党との比較では、東西両陣営の軍事同盟とブロックの解消をいっている点、日本の安全をすべての軍事ブロックの解消とともに国連の強化による「普遍的安全保障」に委ねることを主張している点が注目される。

こうして、社会党と共産党は安保破棄と中立という将来構想において基本的な一致をみることとなった。

中立構想の具体化

中立構想を具体化する試みは、市民的知識人のなかからも起こった。安保闘争の盛り上がる一年前の『世界』一九五九年八月号に掲載された坂本義和の「中立日本の防衛構想」は、こうした産物の一つであった。坂本は、核対決の深刻化から「錯誤による破滅」の危機が迫っていることを強調し、こうした核戦争の危機の時代には、軍事同盟の論理は核戦争の危機に巻き込まれる危険を増すだけだとして中立を主張したが、この考え方は、談話会の中立論を引き継ぐものであった。しかし、坂本は、そこからさらに一歩を進めた。

すなわち坂本は、中立の国際的保障にもかかわらず国民のなかになお日本の安全に対する不安が存在していることを指摘し、それを解消するために中立の国際的保障の追求と同時に中立諸国からなる国連警察軍の日本駐留と縮小した自衛隊の国連警察軍への吸収を提案したのである。坂本の構想は冷戦のただなかでは実現性のない議論であったが、九〇年代の冷戦後には現実主義者の構想に受け継がれる構想であった。

他方、平和問題談話会の中堅に若手の政治学者らをくわえた二〇名の知識人によって、「政府の安保改定構想を批判する」という見解が、『世界』一九五九年一〇月号に出されたが、ここでは、核の手づまり状況から冷戦の論理の後退が起こっているという情勢の根本的変化に注目して中立構想の現実性が増大したことが強調された。この提言は、「安保体制に代るもの」として、軍事同盟からの離脱による中立、国連の集団安全保障の強化、緊張緩和を促進する日中国交回復やアジア非核武装運動などの外交政策の推進の三つを提言した。提言は、先の社会党の外交方針とも共通し、六〇年安保時の革新側の最大公約数であったといえる。

３　連合政府構想の登場

この時代の平和構想の第二の、そして最大の特徴は、運動の担い手の強化、拡大と社会党、共産党の運動内での比重の増加により、第一期には念頭におかれなかった政府構想が打ち出されたことである。安保に代わる構想といってもそれを実現する政府構想ぬきには現実性は乏しいが、安保反対闘争の共闘をへて革新政党が連合政府構想を具体化するに至ったことは大きな前進であった。

社会党の「護憲・民主・中立の政府」

一九六〇年五月一九日の岸内閣による改定安保条約の衆院強行採決後の運動の土壇場、七月五日の第二二回中央委員会で、社会党は、社会党単独政権に至る過渡的政府として、「憲法を守る民主主義と中立の政府」を提唱した。それは社会党と、保守を除くあるいは保守の一部をも含めた連立政権として構想されたが、連立政権の焦点となる共産党との共闘に関しては、一方で「安保阻止の過程で安保推進勢力に対する、共産党をも含めた国民連合的なものが生まれたことは事実であり、今後もそれは党の指導の下に大衆闘争の中でますます強めていかねばならない」としながら、綱領、政治指導の誤りなどを理由に「次の総選挙後の連立政権の対象とはなり得ない」とした(10)。「政権をこうした統一行動の発展、統一戦線への接近のうえに築くという方針を当時の社会党は持っていなかった(11)」のである。

安保反対の民主連合政府

他方、共産党は、条約の強行採決後の山場に、「国会解散・民主的選挙管理内閣」を、次いで「民主連合政府」の構想を打ち出した。

一九六〇年五月末に共産党が「民主的選挙管理内閣」を提唱したのは、「岸の暴挙に反対し、岸の退陣と国会解散に賛成するすべての反岸勢力の結集」[12]をめざしたもので、共産党、社会党のみならず安保改定には賛成の自民党反主流派の結集をも組み込んだ提起であった。

しかし共産党は、六月二九日から開かれた第一一回中央委員会総会で安保闘争後の新たな局面での政府スローガンとして、安保反対の運動に国民の過半数を結集しうるという展望のもと、「安保条約反対の民主連合政府」を提唱した。

共産党は、社会党が「憲法を守る民主主義と中立の政府」を、総評が「新安保を承認しない民主的政府、憲法を守る中立政権」の樹立を掲げており「これらはともに、安保条約に反対し、平和、独立、民主、中立をめざそうとする人民の要求に沿いうる前進的な方向で」[13]あるとの判断から、社共の共闘を軸とした連合政権構想を打ち出したのである。安保闘争の評価においても、共産党は、社会党、共産党、総評の共闘に対して、社会党よりもはるかに高い評価を与えていた。それが「安保条約反対の民主連合政府」構想に結晶したのである。

4　第二期の限界と課題

しかし、政府構想は共産党の選挙管理内閣構想を除けばいずれも、安保闘争が終焉してから打ち出されたものばかりであった。これが安保闘争の高揚を政治転換の方向に発展させる点での立ち後れをまねいた。

また、この時点での政府構想はいずれも抽象的であり、社会党の政権構想では共産党が排除されていた。

こうした政府構想が具体化・前進するには共闘の前進が不可欠であったが、共闘は、安保条約の批准強行後中断したまま、その後今回の戦争法反対で実現するまで、五五年にわたりできることはなかった。

四　一九六〇―八〇年代――対抗構想の具体化、変容

1　自民党政治の転換と運動の担い手の変貌

第三期は、一九六〇年代から九〇年に至る三〇年間である。安保闘争の衝撃を受けて、自民党政治は大きく転換し、改憲と復古的政治への回帰政策を断念し「所得倍増政策」を掲げて経済成長促進政治に邁進し、安保・外交政策では、改定安保条約にもとづいて、活発化する米軍の行動を支援・保証するとともに、九条のもとでの自衛隊の存続をはかるためその活動を制約する政府解釈を具体化し「小国主義」の政治を展開するに至った。

他方、運動側では、共闘の試みが繰り返されるなか、とくにこの期の前半期七〇年代までは安保のない日本の対抗構想が最も具体化をみた時期であった。

自民党政治の変貌――平和運動と構想の影響

自民党政権は、安保闘争に衝撃を受け大きな転換を余儀なくされた。改憲と復古的政治を断念しただけでなく、安保政策も大きく転換した。憲法による制約を前提とした安保と自衛隊政策が具体化されたのである。

安保条約の改定は米軍基地貸与条約から日米軍事同盟への強化をねらって行なわれたものであったが、日本政府は新安保の軍事同盟的側面の具体化は当面凍結し、アメリカ側もそれを了承した。アメリカは、ベトナム侵略戦争を遂

行するため、日本の基地機能をフルに使いたいこともあって、日本を米軍の極東戦略の安定した拠点にすることに腐心し、それを阻害する反安保の闘いを誘発しかねない、日米安保条約の軍事同盟的機能を具体化する動きを封印したからである。安保闘争の高揚はアメリカにとっても大きな衝撃であった。同じ要因から、自衛隊の米軍との共同作戦活動の強化にも歯止めがかけられた。

自衛隊が海外で武力行使はしない、という政府解釈が確立し、九条の理念を具体化する、非核三原則、武器輸出三原則など、軍事大国化の方向を抑制する政策がとられたのである。

革新政党の運動強化、共同の条件と平和構想の具体化

自民党政治の「小国主義」への転換は、平和運動の側にも攻勢的な影響を与えた。第二期の高揚をもたらした統一戦線は中断したままであったし原水爆禁止運動などで分裂の動きが強まったが、にもかかわらず第二期を支えた社会党、共産党、総評、さらに知識人による運動は、上げ潮を続けた。

第一に、社会党、共産党だけでなく公明党も含めて、安保条約破棄、自衛隊の縮小・解散、憲法擁護の大まかな一致点がみられ、安保のない日本についての広範な合意の基礎がつくられた。

第二に、共同の面でも、社会党は八〇年代初頭までは「全野党共闘」を唱えていたし、共産党も安保反対の連合政権構想を公明党も含めて呼びかけていた。その結果、この時代は現在とくらべても、革新側の平和構想が最も活発に論じられ、具体化された時代となったのである。

2　平和構想の具体化と前進

この時期には、安保に代わる平和構想にも大きな変化と前進が現れた。三つの点が注目される。一つは、知識人の対抗構想が具体化したこと、二つ目は、社会党が「非武装中立」構想を具体化したこと、三つ目は、共産党が「中立・自衛」論を展開したことである。

安保闘争後の知識人の平和構想の前進

この時期の平和構想の特徴の第一は、知識人たちの平和構想が具体化されたことである。

中立論の具体化、前進　知識人たちの平和構想で注目された第一の点は、安保と自衛隊に代わる非武装中立構想が具体化されたことであった。ここでは、その典型例として、談話会に参加し、安保闘争期にも活発な言論活動を続けた日高六郎の議論[14]に注目して検討しよう。

日高が「中立」概念に注目したのは、これが、社会党と共産党を共闘させる政策的鍵をなすと考えたからである。日高の中立論の特徴は、それを戦時における戦争回避の消極的な政策としてではなく、「平和と独立を確保しようとする国民の要求に根ざした恒常的対外政策」と位置づけ、これを安保に代わる日本の外交政策の柱にすえようとしたことである。

その拡大された中立政策のなかには、具体的には、軍事ブロックへの非加入、軍事基地の撤去、諸民族の完全独立、すべての国との交流などの平和政策が含まれたが、こうした中立政策はあとでみるように、社会党、共産党の政策にも共通したものであった。

この点に絡んで日高の議論の注目すべき点がいくつかあった。まず、一つ目、日高が、日本の場合には、中立は、安保条約ですでに締結された「侵略的軍事ブロックからの離脱」という政治的意義をもつという点を指摘したことだ。

注目すべき二つ目は、日高が、日本における中立の実現の諸段階を探求し、日本での中立の実行には「自主独立の中立主義政権」の樹立が不可欠だと指摘し、中立の不可欠の前提として、政府問題を提起したことである。これは中立政策実現の核心をつく提起であった。

注目すべき三つ目は、日高が、日本での安保条約破棄と中立実現には、国連の中立非同盟諸国の活動による軍事ブロック破棄、軍事基地撤廃の声の普遍的広がりなど国際的レベルでの運動の高揚がなくしては難しいとし、中立実現の国際的条件を指摘したことである。

日高が、中立実現の条件としてあげた政府問題と国際的条件という二つは、これから日本で私たちが「安保のない日本」をつくるさいにも必須の重要な二条件であると思われる。

「安保のない日本」の経済

知識人たちの平和構想で注目される第二点は、安保条約の破棄後の経済の問題がいっそう具体化されたことである。

それを具体化したのは都留重人であった。都留は、談話会第三声明の第四章を執筆し、また先にふれたフェビアン研究所との合同報告でも「序論」を執筆していたが、安保闘争を前に、中立と経済の関係の具体化を探求し、安保体制解消のもとでの自立した経済構想を打ち出していた(15)。

都留提言の注目すべき点の第一は、安保解消が日本経済にいかなる影響を及ぼすかを検討し、全体として安保解消は日本経済にプラスにはたらくと指摘したことである。安保解消により日米経済は一時的に停滞に陥るが、軍事費負担は軽減し、中国承認による日中貿易拡大、ＡＡ諸国との貿易は拡大すると指摘した。

そのうえで、注目すべき点の第二は、都留が軍需という有効需要に頼らない経済の構築を展望し、福祉国家型の経済の建設を提起したことである。

すなわち、安保解消、自衛隊縮小――国土建設隊的なものへの改変、中国承認とともに、経済では、当面、独占価格の統制・金融管理、二重構造打破をめざし、より長期的には、完全雇用政策、税制による所得再分配、社会保障制度の総合統一強化、国土建設、社会資本投資への国家資金投入により「国の経済の運営を真の意味において民主的なコントロールのもとにおきつつ働くもの全体の福祉の増進をはかる」構想が提示された。都留提言には、現代日本で安保廃棄後の経済を福祉国家型に改変することを展望するさいにも大きな示唆を提供しているといえる。

社会党の非武装中立構想の具体化と影響

社会党の平和構想の具体化　第三期の平和構想で注目すべき二つ目は、社会党の「非武装中立」構想の定式化・具体化であった。

社会党は、安保破棄を明確化した五〇年代末から平和構想の具体化にとりくんだ。一九五九年には、安保体制打破と積極中立外交を打ち出したが、この段階では、自衛隊の処遇は「自衛隊の強化・阻止から縮小・平和建設隊への改組」にとどまり、いまだ非武装中立という定式化はなされていなかった。しかし、その後社会党は、安保破棄、自衛隊違憲論の主張を明確にするにしたがい、また共産党との論争などをつうじて「非武装中立論」というかたちでその構想を具体化していったのである。

安保条約の破棄とともに、自衛隊解消のプロセスを本格的に検討したのは、一九六六年五月に党外交防衛政策委員会に提出された石橋政嗣の案、いわゆる石橋構想[16]であった。石橋構想は、自衛隊の本体をまず国民警察隊に改組し、そのうえで、政権の安定度などの四条件を勘案しながら装備を漸減し非武装にする。それとともに一部を平和国土建設隊、平和共栄隊に改編する。安保については、日中国交回復、平和不可侵条約、日ソ平和友好条約の締結をふまえて安保条約の解消をはかることを打ち出した。
この構想は、六六年八月の中央執行委員会で採用され、六九年の第三九回臨時党大会で出された「非武装・平和中立への道」[17]（以下「政策」）で完成をみた。

憲法を前面に　この完成した社会党の非武装中立論の特徴は、四つにまとめられる。

第一の特徴は、社会党の非武装中立論はその根拠を日本国憲法に求めていたことである。これは、当時の共産党の中立論と比較しての大きな特徴であった。「政策」は冒頭で日本国憲法の平和主義の理念を繰り返したうえで、こう語った。

「日本国憲法の精神は国際的な優越性を持つものであり、われわれはこの憲法制定以来党の基本方針として非武装の絶対平和主義を完全に貫徹する方針を堅持してきたが、その正しさと重要性は現在でも少しも変わっていないことを改めて確認する」と。

また「政策」は、非武装中立の日本における条件の第一にも、「平和憲法の存在」をあげていた。また、中立の正当化に「核時代」という国際状況の変化が掲げられていることも同様であった。これらの理論はいずれも第一期の平和問題談話会の論旨を受け継いでいたということができる。

第二の特徴は、この段階で、安保破棄が明確化しただけでなく、安保破棄後の平和友好外交と、中立の国際的保障措置が具体化された点である。前者では、日台条約破棄と日中国交回復、日ソ平和条約、日韓条約破棄と統一朝鮮との国交回復などが掲げられ、後者では、米、ソ、中、朝による「個別的集団的平和保障体制」の締結、「アジア太平洋非核武装地帯の設置」、「アジア中立地帯の拡大」の三本が謳われた。

第三の特徴として、「政策」は、「非武装中立の国内的措置」として、自衛隊解体のプロセスを具体化し、国家機構の民主的・平和的改革を提案したことである。「政策」では、憲法の理念を具体化する「平和基本法」の制定、国防会議、防衛庁などの機構の廃止とともに、平和教育の拡充、警察制度の民主化と都道府県自治体警察への改組、国土開発省と平和国土建設隊の設置などが謳われていた。こうした行政機構や政策の見直しは、私たちが対抗構想を考えていくさいにも重視すべき点である。

自衛隊廃止の条件と廃止過程　自衛隊廃止の過程の具体化は、「政策」が最も力の入れたところであった。「政策」は、石橋構想が打ち出した自衛隊解体の四条件を提示した。社会党政権の安定度、自衛隊掌握の度合い、国民意識、平和・中立外交の進展度がそれである。

廃止計画の立案作業に自衛隊員代表を入れることも提案された。とくに、自衛隊員の転職と生活保障を念頭において、自衛隊の解散とともに、三つの新たな組織の立ち上げが提案された。

一つは「国民警察隊」である。これは広域警察を分担する。また海上保安庁の拡充も謳われた。

二つ目は、「平和国土建設隊」で、これは国土開発に携わるとともに、大規模災害にさいして、その救援出動、復旧作業に従事するとされた。

三つ目は、「平和共栄隊」で、開発途上国の要請に応じた国土開発を任務とするものである。

連合政権構想の貧弱　社会党非武装中立論の第四の特徴は、非武装中立の政策の具体性に比して、それを実現する担い手、とりわけ政府構想への言及が著しく弱かった点である。

この「政策」でも、安保条約を破棄し平和外交を展開する政府としては「護憲・民主・中立」政府が指摘されていたが、自衛隊の解体に至る非武装中立の国内的措置の担い手としては唐突に「社会党政権」が出てくるという具合であった。

社会党が政権構想を具体化するのは、一九七〇年代に入り高度成長の矛盾が爆発し、自民党政権への反発が高まった時期以降、共闘ができれば本気で政権交代が望める展望が出たときであった。

一九七二年、田中角栄内閣の列島改造論が物価高をもたらすなかで行なわれた七二年衆院選での社会党の久方ぶりの前進、共産党の躍進をふまえて、成田知巳社会党委員長は、「国民主導の連合政権構想」を打ち出し、七三年二月の第三六回大会では「国民連合政府の樹立」が決定した。これを受けて、党社会主義理論委員会は「国民統一綱領」を発表し、第三七回大会がこれを採択した[18]。そこでは、社会党を中心としながら、共産党や公明党を含めた反独占・反自民の国民戦線を基礎に「国民連合政府」をつくり、そのもとで、大資本中心の成長政策の転換をはじめとした六項目の基本政策の実現をはかることが打ち出されたのである。

共産党の中立・自衛論の具体化

中立・自衛論の形成と確立

共産党は、一九五八年に中立論を打ち出し、六〇年には安保条約反対の民主連合政府論を提唱したが、平和構想の具体化は、六〇年代後半に行なわれた。この時期、一方ではベトナム侵略戦争を戦うアメリカが日本の基地を戦争拠点としてフル活用し多くの問題を引き起こすとともに、他方、沖縄返還運動が盛り上がり七〇年に安保条約の固定期限が切れ、十条により安保条約を廃棄できる時期でもあった。こうした安保廃棄派に有利な情勢に直面して、共産党は安保廃棄後の外交政策、安全保障政策を具体化したのである。

一九六八年一月、共産党は「日米軍事同盟の打破、沖縄の祖国復帰の実現——独立・平和・中立の日本をめざして」と題する安全保障政策を発表して、のち中立・自衛論といわれる政策をはじめて打ち出した。続いて、六八年五月には「民主連合政府の対外政策」、「日本の中立化と安全保障についての日本共産党の構想」を、翌六月には、「安保廃棄後の対外経済政策とその展望」を発表し、さらに七三年、第一二回党大会で、「民主連合政府綱領[19]」を採択して、その構想は一応の完成をみたのである。

中立・自衛論の構造　共産党の平和構想の特徴の第一は、なんといっても中立・自衛論といわれた構想にあった。構想はまず、安保条約の廃棄、米軍基地撤去、沖縄、小笠原返還により、中立の日本を実現する。続いて、対米従属の軍隊であり憲法九条にも違反する自衛隊を解散する。中立日本の安全保障は、1「政府の平和政策の積極的推進」、2「独立・中立を擁護する国民の決意と政治的団結の強化」、3「中立日本の国際的保障」により行なうという方向を明示した。しかし、この構想はそこにとどまらず、独立後の日本ではあらためて憲法を再検討し自衛措置を執るという方針を打ち出したのである。

「将来の問題としては、内外情勢の推移によっては、日本が自国の独立と主権を守るために、軍事的な意味でも、一定の自衛措置を執ることを余儀なくされるような状況も生まれることを考慮する必要がある。……しかし、この問題は、将来、日本国民自身が、新しい内外情勢に応じ、憲法上の扱いもふくめて、国民の総意に基づいて決定すべき問題である[20]」と。

この「中立・自衛」論には注目すべき点がいくつかあった。一つは、共産党は、安保廃棄と自衛隊の解散については、徹底した態度をとることを強調していた点である。同党は、安保条約の第十条にもとづく廃棄通告による解消を打ち出し、社会党などの「外交交渉による廃棄」論を批判した。また違憲である自衛隊の解散を主張し、自衛隊の「国民警察隊」への改組などをへる社会党や、公明党の政策を批判した。この点では、憲法九条の忠実な実行を強く主張していたのである。

第二は、そうした中立日本の安全保障を憲法九条のもとで維持するために、共産党が三つの措置を提起していたことである。[21]平和政策、国民の政治的団結、そして中立の国際的保障である。この点は、私たちが平和の構想を考えるうえで、現在でも重視すべき指摘であった。

第三は、この構想は、すぐあとに述べる民主連合政府構想と密接にリンクしていたことである。共産党は、民主連合政府の進展に応じて、安保・自衛隊政策を段階的に区別して提示した。[22]第一段階の民主連合政府段階では、安保条約は廃棄するが、自衛隊については日米共同作戦体制づくり、軍国主義復活強化を阻むことにとどめる。続いて、民主連合政府が前進した第二段階で、政策的一致を得て自衛隊の解散に着手する。そして第三段階、中立日本のもとで、憲法の見直し、自衛の措置の国民的検討に入る、という設定である。

このように段階を踏んだのは、その緊急度とともに、政党間、国民の間での合意の調達をふまえた考慮からであったと推測される。

第四は、その延長線上であるが、共産党は、民主連合政府段階でいったん自衛隊を完全に解散したあとに、中立日本のもとで「将来」国民の総意にもとづいて改憲提起を行なう理由を、こう述べていたことである。一つは、憲法の改正は「社会全体の歴史的発展に則して提起されてくる問題であって[23]」九条の問題だけで手をつけるべきでないという理由である。第二は、民主連合政府段階の任務は、日米軍事同盟を解消して、日本をアメリカの従属下から独立させることであり、この「歴史的段階を通過することなしには、……真に独立・中立の日本にふさわしい、新しい自衛の措置を執りうる次の段階に前進できる国民的な条件をつくり出すことができないのです[24]」と。ここでは、共産党は、対米従属の自衛隊は改組できるようなものではなくこれを解散させ、あらためて人民の武装部隊を創設する以外にないと判断していたと考えられる。

この構想は、二つの大きな難点をもっていたと思われる。第一に、これは日本の独立と平和について真摯に検討した結果であることは否定できないが、にもかかわらず将来の日本の平和と安全を「自衛措置」で確保する、という点で、「武力による平和」の構想であったという点である。これは、日本とアジアの平和を「武力によらない平和」として実現することをめざした憲法九条の理念と異なるばかりか、共産党がめざす将来の社会構想からも矛盾するものであった。

第二に、この構想は、自らがめざした民主連合政府段階での「武力によらない平和」の実現を過小評価していたことである。なぜなら、民主連合政府が安保を廃棄し自衛隊を解散するには、それを可能とする国際的、国内的条件の形成が不可欠となる。政権がこれを実現するには、長い時間と民主的な議論、行きつ戻りつの文字どおりの歴史的、国民的大事業となる。民主連合政府がそれを可能にする国際的、国内的条件を作り出しながら、なぜあえてその後ふたたび軍備を創設するようなことが必要なのであろうか(25)。

連合政権構想の重視　共産党の平和構想の特徴の第二は、社会党のそれとくらべて、安保構想と連合政権構想が強く結合して提起されていたことである。当時、共産党、社会党のみならず公明党も安保廃棄に接近していたことから、共産党は革新三目標にもとづく革新統一戦線とそれを基礎にした民主連合政府構想を打ち出した(26)。

こうした連合政権構想と安保構想の関係について注目されるのは、共産党は、自党の構想と公明党も含めた民主連合政府構想を区別して政策を立てていたことである。次のような点である。

①共産党は、安保廃棄については十条による廃棄通告論であった。外交交渉は、そのうえで行なうべきであり、もしアメリカの同意を求めて、ということであれば、事実上安保廃棄はできないという理由からであった。その点は堅持したが、しかし、連合政権構想では、安保廃棄通告も「国会の承認を得て」と明記した。このような重大な日本の進路変更をただちに行なうのではなく、国会の同意を得てとしたのである。

②自衛隊解散についても民主連合政府綱領では、社会党、公明党を考慮して、まず自衛隊の縮減と基地縮小、隊員の再教育を行ない、第二段階として「政策的一致」を条件として自衛隊の解散に踏み込むと明記した。

③第三に、将来国家における憲法と自衛措置については、民主連合政府の政策では入れなかったことである。

沖縄返還の重視　共産党の平和構想の特徴の第三点は、一貫して沖縄の全面返還―米軍基地撤去を構想に位置づけていた点である。じつは一九六〇年の安保共闘の共同目標には、沖縄全面返還は入っていなかった。共産党は、六〇年代前半に安保共闘の再開を要求するなかで、沖縄返還を共闘の共通課題に入れるように要求した(27)。沖縄こそ、日本の対米従属と安保体制の根幹だという認識からであった。

3　なぜ共闘はできなかったのか

以上のように、一九六〇―七〇年代には、安保条約を廃棄し自衛隊を縮小・解散し憲法九条の実現をめざす構想が最も具体化し、またその実現をめざす政権構想も具体化が進んだ時期であった。

しかし、結局この時代には、共闘も、それを土台とした連合政権も実現しなかった。逆に、八〇年代に入ると、社会党は、公明党との間で連合政権合意を結び共産党排除を明記すると同時に社会党の安保外交政策のカナメであった安保廃棄も自衛隊解散もあいまいにし、共闘条件は失われた。ここではその要因を指摘しておきたい。

第一に、先にみたように、社会党、共産党、公明党の間では、安保廃棄と自衛隊縮小・解散では共同の条件が生まれながら――この合意は、現在の戦争法廃止の野党共闘の合意にくらべると驚くほど高いハードルであった――安保廃棄後の将来日本の構想をめぐって、大きな相違が顕在化したことである。共産党は当面する連合政権段階では全面的な合意ができるとし実際に連合政府の主張と党の主張とを区別したが、憲法も含め、将来構想の違いは公明党などが共闘を拒否する大きな口実となった。

第二に、共闘の主役である社会党、共産党の間で、この時期に原水爆禁止をめざす政策で重大な対立が起きたり、教育・自治体労働運動をめぐる対立など運動上の深刻な対立が共闘の成立を妨げたことだ。

第三に、七〇年代前半までの野党と運動の力は上げ潮であり、持続的共闘を組まなくとも政府の反動的政策を押し返す力をもっていたことである。この点も安倍内閣が登場し共闘をせねば憲法と立憲主義が破壊されかねない、という切迫した状況にある現在との違いがある。

そして第四は、――そしてこれがもっとも基底的な要因であったが――八〇年代には、すぐあとでみるように、労働組合運動の変質をはじめ共闘の成立を困難とするような社会構造がつくられたことである。

六〇年代になると高度成長の波に乗って企業社会が成立し、民間労働組合運動内では、企業の生産性向上に協力し企業の成長とともに労働者の生活改善をはかる企業主義的労働運動が制覇した。民間重化学産業の組合は軒並み企業主義的潮流に席巻され、平和運動から後退していった。これは総評や社会党の変貌を余儀なくさせた。企業主義労働運動は、企業統合に反対する共産党を敵視し、また、社会党内では右派潮流が台頭し、社会党を右から引っぱるようになったのである。こうした社会的支配構造の確立に伴って、八〇年代に入ると、対抗構想や共闘を求める運動は急速に退潮したのである。

4　一九八〇年代の運動の変貌と対抗構想

現実主義の台頭と担い手の変貌

一九七〇年代前半期は、共産党、社会党、さらに公明党が、安保廃棄、自衛隊の縮小・解散で一致し、革新の連合政権の実現可能性が最も濃化した時期であった。それだけに平和構想の具体化やすりあわせが最も進んだ時期でもあった。しかし、八〇年代に入るとこうした平和運動の担い手の状況は激変した。

一つは、オイルショック後の不況克服過程で企業社会が確立をみたことにより運動内から民間労働組合が脱落し、労働運動の停滞が起こったことである。企業社会化は、労働者を企業内に封じ込めた。

二つ目は、企業主義労働運動の圧力により、社会党の変質がはじまったことである。[28] 直接の動きは、社会党が、それまで掲げていた「全野党共闘」論を取り下げ、共産党の排除を含めて公明党との政権合意を取り結ぶに至ったことである。これは、安保廃棄と自衛隊縮小・解散を軸とする平和構想の担い手の分裂、縮小をまねくこととなった。

すでに「現実主義」化して安保廃棄、自衛隊解散の旗を降ろし容認に踏み切っていた公明党との合意により、社会党は、まず連合政権構想のレベルで、重大な後退をするに至った。①社公合意は、「安保廃棄は日米合意の上で」として、事実上安保廃棄の旗を降ろしたことである。②また、自衛隊に関してもシビリアンコントロールを強め、縮小・改組を検討するということで、縮小・改組も「検討」レベルに下がったことである。

続いて社会党は、党の安保政策の再検討に入った。一九八四年、社会党内で「違憲・合法」論が展開されたのは、こうした平和構想の変質を象徴していた。[29] この動きは、九〇年代に入り、社会党を濁流のように押し流し、その変質、解体をもたらす先駆であったということができる。

知識人の平和構想の具体化と限界

六〇年代以降の対抗構想の主力は、政党であったが、この間知識人たちの運動や構想にも変化があった。

とくに、この時期の平和運動で注目されるのは、憲法学者、法曹の動きの活発化であった。六〇年代には恵庭、長沼裁判をはじめ、自衛隊違憲裁判が闘われ、弁護士たちや憲法学者が裁判にもかかわり、九条解釈論や平和的生存権論を精力的に展開した。一九六五年には、憲法研究者たちが公法学会とは別に憲法研究者の学会・全国憲法研究会をつくり理論的な検討を精力的に行なうようになった。憲法学者は憲法問題研究会の活動も受け継いだ。五〇年代の談話会に代わって憲法学者や弁護士たちが担い手として大きな比重を占めるようになったのである。

こうした試みの一つが一九八七年の深瀬忠一ら二〇名による共同研究『平和憲法の創造的展開』[30]であり、その中心となったのが共同研究にもとづいて深瀬が執筆した「総合的平和保障基本法試案」であった。しかし、この詳しい検討は別稿[31]に譲り、ここでは、こうした憲法学者の対抗構想も八〇年代後半期の、共闘による政権実現の可能性が遠のいた時代につくられた特徴と限界をもっていたという点だけを指摘しておきたい。

五　一九九〇年代、冷戦終焉と経済グローバル化のもとでの大国化と対抗構想の変質

1　冷戦終焉と自衛隊海外派兵の動きの台頭

冷戦終焉と世界の警察官アメリカ

一九九〇年代に入り、冷戦の終焉は世界の政治経済の状況を激変させた。冷戦の終焉、ソ連・東欧の崩壊さらに中国の市場経済の採用、インドをはじめとした第三世界の市場経済への参入によって、資本の「自由な」市場は拡大し、冷戦期からアメリカが望んでいた「世界」が実現した。アメリカや日本の多国籍企業は、拡大した市場に進出しグローバル経済と競争の時代がやってきた。アメリカの一極覇権が確立し、アメリカは「自由」世界の憲兵として、自由市場秩序の維持・拡大にあたることとなった[32]。

こうした「世界」の激変は、日本の安保・外交政策にも大きな影響を与えた。世界の憲兵となったアメリカは、自由市場秩序の維持・拡大の負担の分担を日本に強く求めてきた。冷戦期の日本の経済成長によって、日本企業がアメ

リカを脅かすようになったこともアメリカの圧力に拍車をかけた。アメリカの軍事力により拡大・維持された自由市場に日本企業が参入し、アメリカ企業を駆逐する事態に直面して、アメリカは「ともに血を流せ」という強い圧力をかけたのである。

海外展開を本格化させていた日本のグローバル企業もそれに呼応して、自衛隊の海外派兵を柱とする「国際貢献」を政府に迫った。その直接の契機は、一九九〇年のイラクによるクウェート侵攻、湾岸戦争であった。イラクへの自衛隊派兵、「ただ乗りは許さない」の大合唱が起こったのである。

自民党政権の政策転換――自衛隊派兵と改憲

こうした事態は、自民党政権が六〇年代以来とってきた安保・外交政策の転換を迫るものであった。アメリカの圧力に応ずるためには、憲法のもとで自衛隊の海外派兵、集団的自衛権行使を否定することで自衛隊の合憲を主張してきた既存の路線の修正を迫られたからだ。

自民党政権内で、こうしたアメリカの圧力に呼応して従来の「小国主義」を一掃し、自衛隊の海外派兵、対米追随の軍事大国をめざす動きが台頭した。小沢一郎[33]は、自民党幹事長として湾岸戦争への自衛隊の派兵を追求し、自民党内に調査会をつくって、路線の転換をはかったのである。

自民党政権は、自衛隊の海外派兵の手始めにPKO協力法の制定を強行、さらに一九九七年には日米防衛協力の指針（ガイドライン）、九九年には周辺事態法を制定し、二〇〇一年の9・11事件を契機とするアメリカのアフガニスタン戦争、イラク戦争に呼応して、ついに自衛隊の海外派兵を強行した。さらに、民主党政権をへた第二次安倍政権では、自衛隊の海外での武力行使を阻んでいた政府の憲法解釈を変更し戦争法が強行採決されるに至ったのである。

また、これに並行して、しばらくなりを潜めていた改憲の動きもふたたび台頭した。あらためて、自衛隊の海外での武力行使や後方支援を縛っている憲法の打破がめざされたのである。

2　平和運動の担い手の大変貌

こうした自民党政治の大きな転換の動きを受けて、平和運動の担い手の側にも大きな変化が現れた。大きく六つの変化が注目される。現実主義派の台頭、社会党の解体・社民党の誕生、民主党の結成、共産党の変化、市民運動の台頭、そして、第二期とは異なる新たな共同の模索である。以下、順次検討していこう。

現実主義派、「リベラル」派の台頭

第一の変化は、冷戦の終焉にともなって、平和問題談話会以来、安保体制に反対し九条にもとづく平和を追求していた知識人層に分岐と解体が起こり、その一部に「現実主義派」とでもいうべき潮流が台頭したことである。この潮流は、小沢一郎らが推進した「国際貢献」論とは一線を画しつつ、既存の自衛隊違憲、安保廃棄、憲法擁護の立場では安保・憲法についての国民間の分裂を修復することはできず、国際化した世界での平和構築に積極的に参加することもできないとして、現実主義的対応を説くグループであった。これは、「平和基本法」にみられるように、安保廃棄と自衛隊違憲論を主張してきた知識人の一部に典型的に現れた。

また、これとは逆に、従来安保と自衛隊を容認してきた勢力内から、自衛隊のインド洋海域、イラク派兵の前後から自衛隊の海外派兵に危機感をもちそれに反対する「リベラル」派が台頭した。

社会党の安保・自衛隊政策の転換、社会党の解体、社民党

第二の変化は、戦後の憲法と平和運動をリードしてきた社会党の安保・自衛隊容認への転向と解体である。すでに、八〇年代後半から社会党の現実主義への転換の動きが台頭していたが、冷戦終焉、政治改革は一気に社会党の転換を促進した。

政権交代のえさを小沢一郎からぶら下げられた社会党は、まず、一九九三年、非自民の連立政権に参画することで転換を加速し、続いて自民党との連立による村山政権の誕生を機に、安保・自衛隊容認に踏み切った。現実主義派の言説がこうした社会党の安保・自衛隊容認の背中を押したのである。

しかし、この転換は安保体制に代わる日本を求めて社会党を支持してきた革新派国民の大量離反をまねき、社会党は解体に向かった。九六年、社会党は党名変更し社会民主党が成立したが、その一部は民主党へ参加し、平和運動の陣列の縮小が起こった。社民党は、結党後、村山政権下での安保・自衛隊容認を受け継ぎつつ徐々に変貌し、憲法改悪反対・護憲を筆頭に、安保条約の友好平和条約への転換、自衛隊の縮小を打ち出すに至った。二〇〇六年の「社民党宣言」は次のようにいう。

「自衛隊の改編・縮小、日米安全保障条約の平和友好条約への転換、在日米軍基地の整理・縮小・撤去を進めます。国連の集団安全保障活動であっても、自衛隊がこれに参加して海外で武力行使することを認めず、憲法九条に基づき、国際貢献については非軍事・文民・民生を基本に積極的な役割を果たします[34]」。

民主党の台頭、ジグザグ

第三の変化は、民主党の結成である。一九九六年、社会党の一部も糾合して第三極として登場した民主党は、一九

九八年保守政治勢力も糾合して、自民党に代わり政権を担当する保守政党に脱皮した。

民主党は、政権交代可能な保守政党をめざしたため、安保・外交政策でも社会党との違いを明確にした。安保条約、自衛隊の容認を打ち出し、ＰＫＯには積極参加、有事法制の必要を主張した。しかし、自民党との違いも出すべく「憲法の平和主義に乗っ取った防衛政策」を掲げ、集団的自衛権の解釈による容認は認めない、非核三原則、武器輸出三原則など戦後の防衛政策の諸原則の尊重を掲げ、国連中心主義、国連平和維持活動への積極参加を打ち出した。

二〇〇〇年代に入り、民主党は政権に近づくにつれ、その現実主義化を推し進め、二〇〇五年の、いわゆる岡田マニフェストでは「日米同盟」の容認まで踏み込んだ。ところが、小沢民主党のもとでは、逆に急進化し、日米対等という主張のもと、地位協定見直し、イラク派兵の早期撤退、インド洋海域への自衛隊派遣打ち切りを主張、さらに普天間基地の県外、国外移転を掲げるに至った。[35]その頂点となった鳩山由紀夫政権は、普天間基地の県外、国外移転を追求したが、それに挫折すると、続く菅直人、野田佳彦両政権ではふたたび現実主義化し、野田政権下で策定された「党綱領」では、日米同盟＋専守防衛を明記したのである。

「私たちは、外交の基軸である日米同盟を深化させ、隣人であるアジアや太平洋地域との共生を実現し、専守防衛原則のもと自衛力を着実に整備して国民の生命・財産、領土・領海を守る。国際連合をはじめとした多国間協調の枠組みを基調に国際社会の平和と繁栄に貢献し、開かれた国益と広範な人間の安全保障を確保する」。

こうした民主党の政策は、「リベラル」派の姿勢に共通するものであった。

共産党の平和構想の転換、徹底

第四の変化は、共産党の平和構想の変化である。

冷戦後には政府の自衛隊海外派兵の動きに危機感をもって、先にみたような現実主義の潮流の登場とは、まったく逆の動きが台頭した。とくに注目されるのは、共産党の平和構想に転換、徹底が起こったことである。それは三つのかたちで現れた。

一つは、憲法九条のもつ意義をいっそう強調するようになったことである。自衛隊の海外派兵による動きに強く反対し、共産党は九条の「国際的にも先駆的意義」を指摘し、新たな世界のなかでの安全保障構想として九条の非武装平和主義こそ先駆的意義をもつものであると力説するようになったのである。

二つ目に、その延長線上で、将来の日本においては憲法の見直しとともに自衛の措置を検討するという従来の中立・自衛構想を事実上転換し、九条の堅持による「武力によらない平和」路線を掲げるに至ったことである。

そして三つ目には、憲法内での天皇条項の存在などを理由に、「改憲阻止、憲法の民主的平和的条項の完全実施」としていた方針を改憲阻止に徹底したことである。

こうした徹底にともない、共産党の変革構想のなかでの日本国憲法の比重は飛躍的に高まった。先にふれた、九条の先駆的意義の言及は、こうした憲法評価の転換を象徴するものであった。

同時に、共産党は自民党政権の軍事大国化に反対するだけでなく、多国籍企業の求めに応じて政権が追求した新自由主義改革にも強い反対運動を展開するようになったのである。

共産党のこうした転換の背景には次の二つの要因をみてとることができる。第一は、共産党内には、不破哲三の憲法論[36]にみられるように、五〇年代末頃から憲法の価値を日本の変革の綱領としても高く評価する主張があったが、それが軍事大国化の台頭を機にいっそう強力な流れとなったことである。第二は、共産党の支持基盤が、アメリカの要請に応えることを自己の利益とした大企業や企業主義化した労働組合ではなく、少数派労働運動や非正規労働者、中小・地場産業や自営業者にあるため、グローバル化のもとでの新自由主義改革や軍事大国化に批判的な立場を堅持しえただけでなく、いっそう急進化したことである。

軍事大国化に反対する市民運動の台頭

平和運動内の変化の第五点は、冷戦終焉後の「国際貢献」「一国平和主義」批判の大合唱のなかで、自衛隊の海外派兵反対に焦点をあてた新たな市民運動が台頭、発展したことである。

新たな市民運動は、その理論構成や運動の文化という点で既存の市民運動とは異なる特徴をおびるようになった。

第一に、市民運動は冷戦後における国連の旗のもとでの自衛隊の海外派兵の動きに対処せざるをえなくなったため、国連についての幻想を払拭し、その批判的な検討、実際の役割を評価する動きが進んだことである。

第二に、冷戦後アジア諸国、韓国や中国で台頭した、日本の戦争責任を追及する動きに呼応して、市民運動内で日本の戦争責任を現代の視点からとらえ直そうという動きが活発化したことである。自衛隊派兵の動きは直接にはアメリカの圧力によるとはいえ、その背景にはグローバル化した日本企業の要求と、日本の軍事大国化への志向があった。冷戦後アジア諸国の運動の昂揚の背景には、一方では冷戦期に抑圧されていた運動が解禁されたことにともなう要求の噴出という側面と同時に、日本の軍事大国化への警戒心があった。市民運動は、こうしたアジア諸国の動きに呼応しながら、日本自身の立場から戦争責任、慰安婦問題をとらえ直そうとしたのである。

第三に、市民運動は、それが従来もっていた、反政党主義、反組織主義的傾向を払拭し、二つのレベルで、積極的に運動内の連携を模索したことである。一つは市民運動相互の連携であり、もう一つは、政党間の共同を促進し、その媒介のイニシアティブを積極的にとろうという動きであった。

前者では、既存市民運動の連携を求めて一九九九年に結成された「憲法改悪許すな！市民連絡会」の動きがある。[37]また、後者では、二〇〇一年からはじまり続いてきた五・三憲法集会実行委員会におけるとりくみがあった。これらの動きが、次に述べる現代の共同への模索を生んだのである。

新たな共同の試み

平和運動の変化の第六は、第二期に追求された総評、社会党、共産党の共闘とは異なる新たな共同の模索が繰り返されたことである。その試みが、戦争法の登場に対抗して、「戦争させない・9条壊すな！総がかり行動実行委員会」として開花したことはいうまでもないが、そこに至る流れが九〇年代以降連綿と続けられてきたことには注目しなければならない。新たな共同の試みの特徴は、以下の三点にまとめられる。

第一は、第二期の共闘の成立にイニシアティブを発揮した総評に代わり、市民運動が、政党間や労働組合の共同の蝶番としての役割を果たすようになったことである。「総がかり」の結成も、労働組合間の統一を求める努力と同時に市民運動の強力なイニシアティブによるものであった点を見逃すことはできない。

第二は、新たな共同は、第二期の共闘を代表する「安保条約改定阻止国民会議」と異なり、ゆるいネットワーク型の組織形態をとり、そのなかでの諸個人の役割が大きいことである。

第三は、第二期、第三期のそれが安保廃棄、自衛隊の縮小・解散を一致点としたのとは異なり、安保条約、自衛隊の合・違憲の違いを棚上げし、日米同盟の強化と自衛隊の海外での武力行使に反対するという点での合意にもとづいた共同である点である。

３　「現実主義」の対抗構想とその変容

「平和基本法」構想の輪郭

この時代の現実主義の台頭を象徴したのが、一九九三年に発表された「平和基本法[38]」の構想であった。

この議論は、既存の安保・自衛隊違憲論と安保・自衛隊合憲論の「不毛な対立」を乗り越えて、合意可能な選択肢を提出するという〝意欲的な〟試みであった。冷戦の終焉を機に従来の安保・自衛隊論の見直しが現れたことは、不思議ではない。憲法九条が掲げた「武力によらない平和」の理念など、「理想論」にすぎないと一笑に付してきた「冷戦」が終焉したからだ。ところが、その見直しは、九条の平和構想の具体化という方向ではなく、逆に安保・自衛隊を合憲的な存在として容認する方向を打ち出したのである。

平和基本法構想の骨格は以下のようなものであった。

まず、いう。冷戦の終焉により「世界戦争の時代」が終わり、世界は「経済の時代」に入った。冷戦時の軍事ブロックは意味を失い、軍事同盟、集団的自衛権も意味を失った。世界で東西対決の終焉を迎えたいま、国内政治における対決と論争に終止符を打つことが必要であり、その中心は、憲法と自衛隊・安保をめぐる対決の終焉である。この対決のもとで、政府の解釈改憲により進行した憲法と安保・自衛隊の矛盾、乖離をこのままにしておくわけにはいかない。この矛盾と乖離を憲法の精神に則して回復しなければならない。

ここからの自然な帰結は、安保条約の廃棄と自衛隊解散による憲法と安保の矛盾の解消のはずであったが、しかし基本法論は逆の議論を展開した。基本法論は、違憲か合憲かの解釈論の不毛な対決に終止符を打つ「創憲の道」を提唱したのである。理由は、自衛隊違憲論、安保廃棄では、保守と革新の対決は解決されずコンセンサスは得られないからだ。そのために平和基本法を制定し、そこで合憲的な「最小限防御力」まで現在の自衛隊を縮小し、冷戦終焉によりいまや対ソ前線基地としての意義を喪失した安保条約を「脱軍事化し地域安全保障機構に吸収させ」ることで、日本と地域の安全を、国連の集団安全保障と地域の集団安全保障のなかで実現する方向をめざす、というものである(39)。

平和基本法構想に現れた革新の側からの「現実主義」論の特質

平和基本法は、安保・自衛隊に批判的な革新勢力の側から現れた「現実主義」の構想として注目される。

「現実主義」の系譜　もともと、「現実主義」とは、一九六〇年代以降、保守的知識人が、安保・自衛隊違憲論が国民の間に浸透していることに危機感をもち、安保・自衛隊についての広い国民的合意をつくることをめざして展開した議論であった。それは、安保や自衛隊が憲法九条に違反している疑いがあることを念頭におき、憲法の「柔軟な」解釈による安保・自衛隊の合憲を主張し、またもっぱらその現実的効用を押し出すことで安保・自衛隊についての合意を獲得しようとはかったのである。そのさい「現実主義」が押し出したのは、日米安保の効用論、とくに安保によって日本は過大な軍備負担を免れ、その分を経済成長にまわすことが可能となったという経済的効用論であった。

それに対し、九〇年代に現れた平和基本法は、国民の三分の一近くにのぼる、安保・自衛隊批判派に対して安保と自衛隊の現実を認めさせることで安全保障をめぐる分裂を克服し、広く国民的合意をつくることをねらってのものであった。基本法論も、安保・自衛隊の違憲論の克服と容認をめざしたが、それには、本来の「現実主義」が使った日米安保の効用論では通用しないため、きわめて作為的な立論を繰り出したのである。

基本法論の機能　基本法論は、自衛隊は違憲状態にあるといいながら自衛隊廃止論をとらない理由を、国民の分裂の修復に求め、現に存在する違憲状態の自衛隊を基本法により「国土警備隊」へ改称するだけで合憲と認めたうえで、合憲的な「最小限防御力」に縮小することを提案した。また安保条約についても、冷戦下での安保の効用を全面的に否定しつつ、同時に安保廃棄論をも否定し「安保の脱軍事化」と称する事実上の存続を主張したのである。

基本法論が、安保廃棄をとらない理由として掲げた主張は、その従属的軍事同盟としての危険性を隠蔽するために、苦し紛れの説得力のないものであった。一つは、安保条約には二条に経済発展条項があるから軍事同盟条約一辺倒ではないという理由であり、もう一つは、安保条約がアジア諸国の日本の軍事大国復活への警戒を和らげる効果を果たしているということであった。

前者についていえば、だからこそ、安保廃棄論が唱えてきたように、安保条約を廃棄して日米通商友好条約を結ぶことが必要であり、また二条があることが五条、六条の安保の危険性を解消する理由とはなりえない。二番目に至っては、安保条約を廃棄して米軍基地を撤去することこそ、日本がアジアで明確に平和国家として生きていく最も明瞭な宣言になるのであって、安保廃棄が日本の軍事大国化を懸念させることにはなりようがない。

このように、基本法論は、たてまえとしては安保・自衛隊についての国民的コンセンサスをつくり、その害悪を少しでも縮小することをねらったものであった。だが、たとえば基本法論が「安保の脱軍事化」の施策として掲げているガイドライン体制からの脱却、安保―地位協定にもとづく特別法の廃止、国連軍地位協定の破棄、沖縄、厚木などの米軍基地返還など、どれ一つとっても、基本法論のいうようなアメリカとの協議によって実現できるはずがないことは明らかであった。これらを一つでも実現するには、安保条約の廃棄を通告し、そのうえでアメリカとの交渉に入る以外に手だてはない。

しかも、自衛隊の「最小限防御力」への改組、「安保の脱軍事化」という線で国民の合意をつくろうという現実主義の思惑は、まったくはずれた。自民党政権は、端的に安保・自衛隊合憲論であるうえに九〇年以降はその自衛隊の海外派兵をはじめとする軍事的強化に邁進していたからこんな議論に耳を傾けるはずはなく、他方、安保・自衛隊違憲論者は納得しなかったから、この議論は大きな影響力をもちえなかったのである。

ただ政権参画のために既存の安保・自衛隊違憲論からの転換の口実を探していた社会党幹部の転向を促進したことが基本法論の唯一の成果といえば成果であった。

基本法論は、一九五〇年代初頭に平和問題談話会が行なった声明と同様、一部知識人の手による対抗構想であったが、その国民的影響力は対照的であった。

新たな現実主義＝「リベラル」派の台頭

ところが、二〇〇〇年代に入り自衛隊のインド洋派遣、イラク派遣が続くと、こうした事態に危機感と危惧を抱いて、保守主義の陣営内から、新たな現実主義の潮流が台頭した。それは、さまざまなバリエーションはあるものの、一九六〇年代に定着した安保・自衛隊体制については日本の安全を支えたという理由から評価しながら、九〇年代以降のアメリカに追随した自衛隊の海外派兵の動向を批判するものであった。安保・自衛隊の定着を前提にしつつ、自衛隊の海外派兵は、その体制からの逸脱であり日本の安全を揺るがすととらえたのである。この新たな現実主義「リベラル」派については、またその対抗構想の検討は、別稿[40]で行っているのでここでは省略する。

こうした「リベラル」派は、安保条約の軍事同盟化と自衛隊の海外派兵に反対する運動と合流し、保守政権による自衛隊の派兵と日米軍事同盟強化の動きを阻む力となった。とくに、この潮流は、冷戦後の日米軍事同盟強化、それを阻む憲法の改変を掲げて安倍政権が登場し、既存の政府解釈変更の閣議決定、さらに戦争法案を提出するに至って、政権と全面対決することになった。この点では、平和基本法論の「現実主義」とは逆のベクトルを示すものであった。

4　冷戦後の新たな対抗構想の特質

冷戦後には、安保廃棄派、自衛隊違憲派の潮流のなかからも新たな対抗構想が生まれた。この新たな潮流は、第二期の議論を踏襲しながら新たにそれまでの議論になかった、あるいは弱かった論点を主張するようになった。この新たな対抗構想については別稿(41)に委ねることにして、ここではその特徴を簡単に指摘するにとどめるが、それは以下のような諸点にある。

第一は、アメリカ主導の現代の戦争や紛争、テロが、冷戦後の多国籍企業の世界的展開を保障する戦争であることに着目し、現代の戦争をなくし抑えるには、日米同盟の強化、自衛隊の海外での武力行使に反対するだけでなく、世界の戦争とテロの根源となっている多国籍企業の規制、新自由主義改革に対する反対をともに実現しなければならないと主張していることである。

第二に、この構想は、安保体制と日米同盟強化の焦点として、沖縄基地とりわけ普天間基地撤去、辺野古新基地反対を重視していることである。

さらに、第三に、この構想は、日本帝国主義の植民地支配と侵略戦争によりもたらされた被害の責任と補償を明確にすることを重視している点である。

そして第四は、現代の戦争とテロに対してアジアと日本の平和を実現する理念として、あらためて憲法の理念を重視、再評価している点である。

六　学ぶべき諸点と課題

戦後の平和運動とそのなかで構想された日本の平和についての対抗構想の推移を駆け足でみてきた。その検討をつうじて得た本稿の結論は、以下の諸点である。

第一に、五〇年代初頭以来その担い手を変えつつ繰り広げられた運動こそが、日本の軍事化に歯止めをかけてきただけでなく安保と自衛隊に代わる対抗構想を生み発展させてきた原動力であったことである。

第二は、運動の主体の間での共同が成立しあるいは共同の追求が行なわれている時代に、対抗構想は具体化、発展をみたことである。とくに、共同が実現し運動が前進するときに、安保廃棄あるいは戦争法廃止の連合政権構想が生まれたことはそれを示している。

第三に、戦後日本の平和構想では、とくに日本国憲法九条の理念がつねにその中心に位置づけられ、また九条の実現をめぐってさまざまな構想の分岐が現れたこと、総じて、憲法が、戦後日本の平和構想の原点でありかつ争点でありつづけたという点である。

（1）以下の点につき、赤堀正成『戦後民主主義と労働運動』御茶の水書房、二〇一四年、参照。

（2）談話会については、緑川亨・安江良介「平和問題談話会とその後」、ほか『世界』一九八五年七月臨時増刊号所収の諸文献を参照。

（3）「戦争と平和に関する日本の科学者の声明」一九四九年三月、前掲『世界』一九八五年七月臨時増刊号。

（4）渡辺治『「豊かな社会」日本の構造』旬報社、一九九〇年、第三章、本著作集本巻収録。清水慎三『日本の社会民主主義』岩波新書、一九六一年。
（5）『世界』一九五一年一〇月号。
（6）談話会「講和問題についての平和問題談話会声明」前掲『世界』一九八五年七月臨時増刊号、一〇九頁。
（7）日本共産党宣伝教育部『日本共産党決議決定集四・五』一九六一年、一〇四頁以下。
（8）党中央執行委員会「政治方針の解説」日本社会党四十年史記念出版刊行委員会『資料日本社会党四十年史』一九九四年、四五八頁以下。
（9）「日本社会党外交方針」石堂清倫・大橋周治・上田耕一郎・不破哲三『中立日本の構造』合同出版社、一九六〇年、二〇〇頁以下。
（10）党中央執行委員会、前掲「政治方針の解説」四五六頁以下。
（11）月刊社会党編集部『日本社会党の三十年（2）』一九七五年、三六四頁。
（12）第一一回日本共産党中央委員会総会幹部会報告「安保闘争の成果に立ってさらに前進しよう」日本共産党宣伝教育部『日本共産党決議決定集六』一九六一年、九四頁。
（13）第一一回日本共産党中央委員会総会「愛国と正義の旗の下に団結し前進しよう」日本共産党宣伝教育部、前掲『日本共産党決議決定集六』一一六頁。
（14）日高六郎「非武装中立」『思想』一九六一年九月号、一二頁以下。引用はここから。
（15）都留重人「安保体制に代るもの」『世界』一九五九年一一月号、一二頁以下。
（16）石橋政嗣「社会党の安全保障政策移行の方式（案）」日本社会党結党四十周年記念刊行委員会編『資料日本社会党四十年史』一九八五年、八一二頁以下。
（17）前掲、刊行委員会編『資料日本社会党四十年史』八九一頁以下。
（18）「国民統一の基本綱領」同前、九九八頁以下。
（19）「民主連合政府綱領についての日本共産党の提案」『前衛臨時増刊日本共産党第12回党大会特集号』一九七四年一月、二二二頁以下。
（20）「日本の中立化と安全保障についての日本共産党の構想」『赤旗』一九六八年六月一一日付、のち毎日新聞社編『日本共産党政権

下の安全保障――国会方式70年への質問戦』毎日新聞社、一九六九年、二三九頁以下。

(21) 同前、二四一頁。

(22) 前掲「民主連合政府についての日本共産党の提案」二二四頁以下。

(23) 「『民主連合政府綱領についての日本共産党の提案』について」前掲、『前衛臨時増刊日本共産党第12回党大会特集号』一七八頁。

(24) 同前、一七九頁。

(25) 共産党の中立・自衛論を含む憲法九条論の批判的検討については、和田進「戦後諸政党と憲法・憲法学――日本共産党の憲法論の展開」樋口陽一編『講座憲法学別巻』日本評論社、一九九五年、が有益である。

(26) 前掲「民主連合政府綱領についての日本共産党の提案」参照。

(27) 日本共産党中央委員会『日本共産党の七十年(上)』一九九四年、三〇七頁。

(28) 渡辺、前掲『「豊かな社会」日本の構造』第三章。

(29) 渡辺治「現代日本社会と社会民主主義」東京大学社会科学研究所編『現代日本社会5　構造』東京大学出版会、一九九一年、本著作集本巻収録。

(30) 和田英夫ほか編『平和憲法の創造的展開』学陽書房、一九八七年。

(31) 清水雅彦「憲法研究者の平和構想の展開と変貌」渡辺治・福祉国家構想研究会編の『日米安保と戦争法に代わる選択肢』大月書店、二〇一六年、収録、参照。

(32) 渡辺治「総論アメリカ帝国の自由市場形成戦略と現代の戦争」同編『講座現代の戦争1「新しい戦争」の時代と日本』大月書店、二〇〇三年、本著作集第12巻収録、参照。

(33) 渡辺治『政治改革と憲法改正』青木書店、一九九四年、本著作集第7巻収録、をみよ。

(34) 「社会民主党宣言」二〇〇六年二月、第一〇回党大会で採択。

(35) 民主党の変貌につき、渡辺治「政権交代と民主党政権の行方」岡田知弘ほか『新自由主義か新福祉国家か――民主党政権下の日本の行方』旬報社、二〇〇九年、所収、本著作集第14巻、収録。

(36) 不破哲三「日本の憲法と革命」『現代の理論』五号、一九五九年五月、「安保条約改定と憲法擁護運動」『思想』一九五九年六月号、など。

(37) 市民運動の新たな動きについて、渡辺治「二つの国民的経験と新自由主義をめぐる対抗の新段階」『歴史学研究』二〇一二年一〇月増刊号、所収、本著作集本巻、収録。

(38) 古関彰一ほか「平和基本法をつくろう」『世界』一九九三年四月号。

(39) 古関彰一ほか「アジア・太平洋地域安保を構想する」『世界』一九九四年一二月号。

(40) 渡辺「安保と戦争法に代わる日本の選択肢」渡辺・新福祉国家構想研究会編、前掲『日米安保と戦争法に代わる選択肢』所収、本著作集本巻に収録。

(41) 同前。

12 日米安保と戦争法に代わる日本の選択肢

［二〇一六年執筆］

一　戦争法案反対運動からみえてきたもの

戦争法が提起した日本の安全保障をめぐる二つの道

安倍政権による戦争法案の提出と強行は、日本の安保・外交政策のあり方をめぐる大きな議論を呼び起こし、日本の安全保障をめぐる二つの方向・路線の対立をあらためて浮き彫りにした。

第一の方向は、戦争法案を推進した安倍政権を先頭に、現与党が主張・推進する路線である。これは、戦後、とりわけ冷戦後に強化された日米同盟を深化させ、米軍のグローバルな戦争・介入に、より積極的に加担し日米共同作戦体制を具体化することで抑止力を高め、強大化する中国の軍事的脅威や朝鮮の挑発に対抗して日本の安全を確保するという路線である。この路線は、日本がアメリカを盟主とする世界秩序の維持に積極的に加担することで、日本の安全を維持し、同時に日本の大国としての存在を確立しようという安倍晋三首相の意欲にも裏づけられて一気に推進されたものであった。

それに対して、戦争法による日米同盟の深化、自衛隊の戦争加担の方向は決してアジアの平和を促進し日本の安全を確保しない、と主張する路線が立ち向かった。むしろ日本の平和と安全は、日本が、海外での武力行使やアメリカの戦争と一体となった加担をしないことで保持され、そうした立場を堅持することでアジアの平和構築に対しても発言力をもてるという立場である。

戦争法反対の二潮流

この戦争法に反対する第二の方向の内部には、序章(補)でも指摘したように、安保条約にもとづく米軍基地の存在や自衛隊の存在に対して異なる見解をもち日本の平和と安全保障のあり方についても異なる構想をもった二つの潮流が存在していたことが注目される。その二潮流が、安保や自衛隊についての意見の相違を乗り越えて、自衛隊が海外で戦争することには反対という一点で共同し合流することで戦争法反対の大きな流れができたのである。

戦争法反対の第一の潮流とは、政府が推進してきた日米安保体制そのものに真っ向から反対し、憲法九条の「武力によらない平和」の方向を支持し、安保条約を廃棄して米軍基地を撤去し、自衛隊を縮小・解散して、九条の理念により日本の平和を実現することをめざす潮流（＝安保廃棄派）である。この潮流は、戦争法の制定を、日米安保体制がもっている本質の徹底であるという側面と、にもかかわらず国民の運動によって政府解釈というかたちで自衛隊の活動に課されていた制約をはずし自衛隊を海外での武力行使に踏み込ませる転換である、という側面の両方からその危険性をとらえている。

それに対して、第二の潮流は、安保条約と自衛隊による安全保障のあり方を基本的に容認しながら、その安保と自衛隊は、あくまで憲法九条にかかわる政府解釈により合憲と認められる制約の範囲内にとどまるべきであり、集団的自衛権行使、後方支援拡大によるアメリカの戦争への加担—日米同盟深化の方向は日本の安全に寄与しないという視点から戦争法に反対する立場である。この潮流（＝ここではこの潮流を「リベラル」派と呼ぶ）は集団的自衛権や戦争法は日米安保体制からの転換、逸脱であるととらえる。

戦後の平和運動も九〇年代以降の自衛隊の海外派兵に反対する運動も、主として第一の潮流にある市民運動や労働組合運動によって担われてきたが、二〇〇〇年以降の自衛隊のインド洋海域への派兵、そしてイラク派兵と続く海外派兵の本格化に対して、第二の潮流の人々の参加が増大し、戦争法反対運動では、第二の潮流に立つ論者たちの旺盛な言説の登場とともにこの潮流の人々が本格的に合流して大きな流れとなったのである。

憲法改悪反対運動における二つの潮流

じつは、戦争法反対運動でできたこうした合流の構図は、すでに、改憲に反対する9条の会の運動などで先駆的に形成されていた。一九九〇年代に至るまで改憲反対運動を担ってきた社会党、共産党などの革新政党、労働組合、知識人、市民運動は、すべてが、安保条約や自衛隊を違憲とみなして反対してきた人々であった。これが改憲反対運動においても第一潮流であった。

それに対し、九〇年代に入り、自衛隊の合・違憲でなく自衛隊の海外派兵の是非が争点となり、また社会党が村山富市政権の成立を機に、安保・自衛隊合憲論に転じたことも相俟って、二〇〇〇年代の改憲反対運動、その典型としての9条の会の運動では、第一潮流の勢力にくわえて、安保条約も自衛隊も合憲だがその海外派兵を容認させるような改憲は許さないという第二潮流がくわわった。9条の会に代表される改憲反対運動は、こうした第一潮流と第二潮流の合流によって大きな流れを形成したのである。

この点を、自らは自衛隊違憲論に立って九条の会の呼びかけ人でもあった故奥平康弘は、二〇〇七年にこう語っていた。

「九条の会で地方の行脚をしてみたら、自衛隊は合憲だと思うが、海外派遣はできないと考える人が少なからず存在することに気づいたわけです。こういう人たちは、集団的自衛権行使を認める憲法改正に反対であるとして、自分も九条の会に入りますというわけですね。……それを言い換えれば先制攻撃を行わない等々の歯止めをかけることが憲法なのだということで、その点で断固として守らなければならないというわけですから、憲法改正反対という一点において、ぼくは共同戦線を組めると思います。……憲法解釈の分かれ目である自衛隊の存在をどう考えるかということについては、ある程度矛を納めて、今のところは憲法改正の反対に専念しようと。九条の会はこういう考え方ですよ[1]」。

辺野古新基地反対運動をめぐる二つの潮流

また、同じく沖縄において盛り上がった辺野古新基地建設反対運動においても、類似する構図があることが注目される。すなわち、辺野古新基地建設に反対する陣営にも、大きくいって二つの潮流[2]があり、その二潮流が合流して「オール沖縄」の反対陣営を形成しているのだ。

一つは、安保条約による米軍の駐留と基地そのものに反対し、米軍撤退と基地の撤去を求める立場から辺野古新基地反対、普天間基地撤去を求める潮流、新崎盛暉の言を借りれば「基地反対派」である。この潮流は、辺野古、普天間だけでなく沖縄のすべての基地の撤去を求め、また沖縄だけでなく本土の米軍基地にも反対している。この潮流は、日本の平和、沖縄基地問題の解決には安保条約の廃棄が必要と考えている[3]。

それに対して、第二の潮流は、安保・日米同盟には賛成であり米軍基地も必要だが、それが沖縄に集中していることは許せない、沖縄にこれ以上新基地建設は許さないという、沖縄「差別反対派」の立場である。いうまでもなく、翁長雄志知事は、この第二潮流の旗手である。[4] それにくわえて、第二潮流のなかには、安保条約と米軍基地の存在は日本の安全には必要としながら、海兵隊の沖縄常駐はもはや必要なく辺野古新基地建設はアメリカの戦略からいっても軍事的合理性がなく、いらないという立場からの反対論者も含まれている。元官房副長官補として歴代政権の安保政策に携わりながら、集団的自衛権行使、戦争法に反対している柳澤協二[5]などがこの立場である。

日本とアジアの平和構築をめぐる二つの潮流の違い

戦争法案反対、辺野古新基地建設反対運動では、こうした第一の潮流と第二の潮流の相違は棚上げし、戦争法案阻止、辺野古新基地建設阻止で大同団結することで大きな盛り上がりが起こった。

しかし、では、戦争法を廃止し、辺野古新基地を阻んでどんな日本を展望するのか、あるいは安倍政権の追求する戦争法と辺野古新基地建設の道に代えていかにして日本の平和を実現するのかという構想の点では、この二つの潮流の間には相当大きな隔たりがあると推測される。ここで、あえて「推測される」と書いたのは、じつは、この二つの潮流の平和構想については、その各々の潮流の内部でも、また、二つの潮流相互の間でも、詰めた議論や検討が必ずしもなされていないからだ。

このうち、第一の潮流の構想は、別稿[6]で振り返ったように、知識人や社会党、共産党が五〇年代以降さまざまなかたちで議論してきたし、この構想に対する批判もかなりにのぼっている。

ところが、第二の潮流の構想に関しては、その内容は論者によってもかなりの違いがあり、そもそも正面から検討されたことは少ない。当面する戦争法反対に力を集中せざるをえないこと、安保廃棄派も「リベラル」派との違いを論ずることで共同に亀裂が入るのを避けたいという理由があったと思われる。

たとえば、戦争法に反対する「リベラル」派の論者のなかでは、自衛隊を「専守防衛」の範囲にとどめろ、という主張が主流を占めている。しかし、その「専守防衛」の自衛隊というのはいったいいかなる自衛隊なのか、戦争法成立直前の自衛隊なのか、あるいは過去には一度も実現したことがなく改革によってつくられるべき新たな自衛隊なのかは必ずしも明確でない。

じつは「専守防衛」は政府が掲げてきた政策であり、政府は現在でも否定していない。戦争法の通過を予定した二〇一五年度の「防衛白書」も、二〇一四年七月一日の閣議決定と戦争法案を前提にして「専守防衛」は維持されている、と明言している。この白書の見解をとらないとしても、では、イラク派兵、インド洋海域への派兵を行なった自衛隊――それを根拠づけたイラク特措法やテロ対策特措法にもとづく自衛隊活動は、専守防衛の自衛隊だったのかそうでないのか、という疑問が出てくる。第二潮流の論者のなかでも、こうした点については、大きな違いがあると推測される。

「リベラル」派の論者の構想では、安保条約についても同様の幅がある。「リベラル」派の論者は、戦争法を推進する「日米同盟の強化、深化」は、六〇年に改定された現行安保条約を大きく逸脱している点から反対するという点で一致しているようにみえる。しかし、現行安保条約からの「逸脱」はすでに九七年ガイドライン、周辺事態法以来一貫して推進されてきた。となれば、いつの時点の安保条約の運用に戻るのか、という問いが出てくる。

たしかに、今回の戦争法は、集団的自衛権を容認している点では、六〇年安保条約の構造の変更であることは間違いないが、戦争法さえ廃止すれば、周辺事態法や有事法制はそのままで六〇年安保条約の枠に戻るのか、という疑問が湧くのである。

本稿の課題

戦争法の廃止、辺野古新基地建設反対の点で一致するこうした二潮流の平和構想を検討し、政府が推進する戦争法―日米同盟強化の方向での安全保障構想に代わる、アジアと日本の平和保障を探求することは、戦争法廃止を進めるうえでも欠かすことのできない作業である。しかも、この作業は、戦争法の発動が予想される事態のもとで緊急性を増している。

多くの国民が戦争法に反対したのは、自衛隊がアメリカの戦争に加担し海外で戦争する国になることに対する危惧と懸念であった。安倍政権の立憲主義を蹂躙するやり方がそれに拍車をかけた。しかし、安倍政権のやり方に強く反対する人が七五％にのぼりそのやり方をよしとする人は一五％程度にとどまるのに対し、戦争法に賛成する人々はどの世論調査でも三〇％にのぼった。安倍政権による立憲主義を蹂躙したやり方には反対だが、戦争法そのものには賛成という層がいることが注目される。

さらに強行採決以後の動向をみると、依然戦争法反対が多いが賛成も徐々に増加しているのである。その要因を推測させる数字がある。たとえば、『読売新聞』の世論調査[7]で、中国による南シナ海での人工島建設に対するアメリカのイージス艦派遣の是非を問う質問に対し、賛成が八一％にのぼり反対はわずか一〇％にとどまった。同じ時期のNHKの世論調査[8]では、米軍の行動に対して日本政府が支持表明をしたことへの是非を問うていたが、「適切だ」が六一％に対し「適切でない」は八％にとどまったのである。さらに、一一月の共同通信の世論調査では、南シナ海への自衛隊の派遣に対して「賛成」が五二・七％に達し、「反対」の三九・九％を上回ったのである[9]。

こうした世論調査にみられるのは、多くの国民は、日本が海外で戦争する国になることには反対しているが、同時に、中国の脅威や朝鮮のミサイル開発さらにはテロの危険性などに対して、どうすれば日本の安全は確保できるのかという点についての不安と関心を強くもっていることである。そうした「脅威」に対しては日米同盟によるアメリカの力が必要なのでは、という点から、安倍政権の企図に強い危惧を抱きつつ戦争法や安倍政権への支持の増加が生まれている。

政府の推進する戦争法と日米同盟強化に代わる選択肢を示すことは、この点からも戦争法反対論の緊急の責務である。そこで、本稿では、安倍政権の推進する戦争法と日米同盟強化の方向に対抗し、それに代わる平和の構想を、安保廃棄派の立場から「リベラル」派の構想との対話をつうじて明らかにしたい。

こうした作業を行なうことは、決して、戦争法廃止へ向けての第一潮流と第二潮流の共同を妨げるものではない。むしろ、こうした検討は、戦争法に反対し辺野古新基地建設に反対する運動の共同を前進させ強化するうえでも不可欠の作業ではないかと思われる。

二　「リベラル」派は安保条約や日米同盟、自衛隊をどうしようとしているか

まず、戦争法案反対の陣営内での第二潮流＝「リベラル」派の安保・平和構想から検討しよう。

九〇年代までの対抗は、安保・自衛隊派　対　安保・自衛隊反対派の対抗がつらぬかれていたため、安保・自衛隊を容認しながらその拡大に反対するという第二潮流は層としては存在しなかった。八〇年代後半に小林直樹らにより提唱された自衛隊の違憲・合法論にしても、九〇年代初頭に提案された「平和基本法」論にしても、いずれも自衛隊の違憲性は明示していたから、いまの「リベラル」派との違いは明らかであった。

「リベラル」派が本格的に台頭したのは、二〇〇〇年代に入って、自衛隊の海外派兵が現実のものとなって以降のことであった。その画期となったのは、9・11テロ事件を機とするブッシュ政権の圧力をもろに受けた小泉純一郎政

権による自衛隊のインド洋海域への派兵、さらにイラク派兵であった。

こうした戦後日本の安保・防衛政策を大きく転換する事態を危惧し、従来、安保・自衛隊を容認し実際にその政策遂行にかかわってきた人々も含めて、戦後防衛政策の転換に反対する第二潮流が台頭したのである。

これら潮流について、ここでは、その特徴を行論に必要なかぎりで摘示しておきたい。とりあげたいのは、孫崎享、柳澤協二、寺島実郎の三氏である。「リベラル」派のなかでもここでとりあげる三氏はいずれも、自民党政権とりわけ安倍政権の安保防衛政策を批判しつつ、それに対抗する構想を、積極的に模索・発表してきたからである。そのうち孫崎は、とくに、戦後の安保政策を対米従属の所産として一貫して批判的に検討してきた。柳澤は、防衛官僚の出身ということも手伝って、いまの自衛隊の海外での武力行使に反対し自衛隊改革論を検討している。そして寺島は、経済を含めた日本の改革構想の全体のなかで、日米同盟強化に対抗する安保政策のあり方を提案しているという特徴をもっている。そこで、以下ではこの三人の改革構想に焦点をあてて検討したい。

1　孫崎享――安保と対米従属を強く批判

孫崎の議論は、「リベラル」派の論者のなかでは戦後日本のおかれた対米従属的地位を最も鋭く追及し、それを前提に対抗構想を組み立てていることが特徴である。

まず孫崎は、戦後日本の安全保障政策が、アメリカへの従属下でその戦略を補完するべく進められたと主張する。講和にさいしてアメリカは、米軍基地の自由な使用の確保をめざし、かつ日本が大国として復活しふたたびアメリカの脅威とならないよう日本には攻撃能力をもたせなかった(10)。米軍基地もアメリカの世界戦略の拠点づくりという意図とともに日本の無力化の意図もあった。自衛隊も「米国の意思で創設され(11)」た。

日本全土に米軍基地を張りめぐらせたアメリカは、しかし、日本が侵略されたからといって日本を助けるために動くわけではない。また、アメリカの核の傘といっても、その国益にかなわなければ核攻撃に対してアメリカが核で反撃することはない。こうした安保体制のもとで、日本は米軍に基地を許している。「自分の国の上空を他国軍に支配されている国など世界にはない」[12]従属国となっている。

しかも、冷戦終焉以降、日米同盟は極東から世界へと大きく変質[13]している。いまやアメリカの世界戦略に日本が全面的に動員される状況が生まれている。六〇年の安保条約からの逸脱が起こっている。アメリカが求めている集団的自衛権行使も、「自衛隊を米国の戦争に利用させる仕組み」[14]にほかならず、日本の国益に反するものだ。

さらに、近年、中国の大国化でアジアの情勢は激変した[15]。アメリカはアジア・太平洋地域のパートナーを日本から中国へ変えた。もはやアメリカは日本を守るために中国と軍事的に対決することはない[16]。日本も中国と軍事的に対決する力はない。それにもかかわらず日本が相変わらず「日米同盟の強化」を繰り返しているのは、環境の厳しさを認識できていない誤りだ。

そこで孫崎の対案は以下のようなものとなる。

第一、アメリカは日本を守ってくれないことを前提にアメリカと距離をとる独自の戦略を立てることが必要だ。日米安保は、一九六〇年の時点、極東中心の運営に戻す[17]。

第二に、日本が繁栄し、安全が守られてきた経済重視路線を再評価しなければならない。また、アメリカと距離をおくためにNATOと協調することが重要だ。EU、ASEAN[18]から外交関係の原則を学び、紛争の平和的解決、経済的共同体などの経験を参考にすべきである。東アジア共同体のような構想も望ましい[19]。

第三に、中国との関係では経済が抑止力になっているので個別に複合的相互依存関係を積み上げること[20]が必要である。尖閣領土問題については、棚上げ論でいく。

第四に、辺野古新基地建設をはじめとした基地問題については、「海兵隊は沖縄にはもちろん日本の各地にもいなくていい[21]」という。孫崎は、鳩山政権では普天間基地の県外移転を進言している。

2 寺島実郎――日米安保体制の「再設計」

寺島実郎は、戦後日本のトータルな改革の重要な柱として内需拡大を中心とする経済成長の再建とならんで日米安保体制の「再設計」を提案している点で注目される。

寺島は、戦後日本は、「安全保障の問題を全て米国に任せて、自分は平和愛好者だというキレイゴトを生きてきた[22]」と断ずる。しかし、その日米同盟は、冷戦期には機能したが、冷戦終焉後は事情が変わったので日米同盟の枠組みは変えていかねばならないと主張する。情勢の激変にもかかわらず相変わらず中国の脅威論を唱えて日米同盟の「深化」を主張したり米軍基地はアジアの公共財だなどというのは、「ばかげた議論」「浅はかな話し」と一蹴する。

だが、そうかといって、「日米同盟を否定するのではなく」、同盟を「進化」させねばならないと寺島はいう。具体的には「常識に帰れ」、ということで寺島は以下のような主張を行なう。そもそも「一つの独立国に外国の軍隊が駐留していることは……不自然なこと[23]」であり見直すべきだ。「どこまでお互いに協力し合えるかを議論し、あくまで安定状況を見ながら……基地なき安保[24]」を構想すべきだという。「基地の段階的縮小と日米地位協定の改定[25]」である。

3 柳澤協二――自衛隊の「専守防衛」への改組

三人目に注目されるのは柳澤協二である。柳澤の場合は、防衛官僚であったことからも、自衛隊の改革に重点をおいた構想が注目されるので、その自衛隊の改組構想に焦点をあててみておきたい。

柳澤の場合も、冷戦時には軍事対立は不可避であり日米同盟による抑止力は不可欠であったが、冷戦後「冷戦構造が根底から変化[26]」し日米同盟そのものの存在意義が問われるに至った、という。とくに、冷戦後のグローバル経済のもとで米中の経済関係も緊密化し、冷戦時の米ソ関係とはまったく異なり「米中は戦争しない[27]」状況が生まれた。さらにグローバル経済が普遍化し相互依存が強まり「戦争という手段が合理性を欠くようになってきている[28]」結果、日米同盟や抑止力という考え方を根本的に見直す時代になった。いまや「抑止や同盟を意図して減らせる時代」になったというのである。

アメリカの要求も、その世界戦略の発信基地である「在日米軍基地を守ってくれ[29]」ということにとどまり、集団的自衛権で自衛隊に米軍を守ってほしいという要求はない。政府は、戦争法でアメリカの戦争に加担しようとしているが、自衛隊は現在程度の「防衛力によって、アメリカの能力の足りない部分を補完できるだろうか。ましてや、他国を守っている余裕があるんだろうか[30]」といわざるをえない。

こうした冷戦後の情勢の変化のもとでは、日米同盟の解消というような「極端な考え方は別にして[31]」も、同盟は「相対化」していく必要がある。同盟を相対化しても日米間に「多少の摩擦を生み出す可能性はあ」るが、「アメリカがアジアのルールメーカーであろうとする限り、日本を見捨てることは、アメリカの国益からしても[32]」できない。

こうした情勢の変化をふまえた今後の日本の防衛力のあり方について、柳澤は、端的に冷戦時の「報復的抑止力」から「勝手なことをさせないぞ」という「拒否的抑止力」を有する軍隊、言い換えれば「専守防衛[33]」の軍隊への転換を提言する。

戦争という手段が非合理的になったいまでは、相手の破壊を前提とした抑止力は必要ない。「意図しない衝突」が武力紛争に発展する可能性があるから「侵略を阻止するための防衛の必要性がなくなること」はないが、それは「相手国を壊滅させるためのものとは根本的に異なり、相手国の武力攻撃を阻止しうるだけの力であって、言葉の本来の意味での『専守防衛』のための力[34]」で十分である。この拒否的抑止力とでもいうべき力を「しずかに[35]」もてばよい。地域諸国に対する支援も「情報分野とか能力構築で……ちゃんとやればいい」というのである。

三　安保条約と米軍をそのままに日本の平和は実現するのか?

以上、検討した「リベラル」派の議論には共感できるところが多数ある。とくにこれら論者がいずれも〝安倍政権の進める集団的自衛権行使容認をはじめとする日米同盟強化の方向は、決して日本とアジアの平和をもたらすものではない〟という視点から反対の論陣をはっている点では、安保廃棄派と共同できることはいうまでもない。

しかし、これら論者の議論にはいくつか今後の日本の平和を展望していくうえで疑問がある。

そのうち最も大きい違和感は、彼らの議論が、認識としては対米従属の問題性や米軍基地の問題、米軍の意図などについて的確に指摘しているにもかかわらず、安保条約の廃棄や自衛隊の縮小・解散、とくに安保条約、日米同盟の解消という展望という点になると、あたかも自明な事柄であるかのように、これを頭から否定している点である。

この点は彼らの言説に少なからぬ矛盾を生んでいるように思えるので、以下、その点を検討しよう。

1　アメリカの日本に対する一貫した志向の過小評価

戦争法は安保マフィアの妄想か？

第一の疑問は、これら論者の構想の背後にある情勢認識、アメリカの戦略についてである。それは、彼らが、冷戦後のアメリカの世界戦略とりわけオバマ政権の世界戦略と日本への圧力――すなわちアメリカの戦争に全面的に加担しアメリカの肩代わりを求め、そのために日本に対して集団的自衛権行使をはじめとした既存の政府解釈の改変を求める圧力――を過小評価し、集団的自衛権や日米同盟強化の動きを、アメリカのごく一部の勢力の要求にもかかわらず日本政府がアメリカの意思と誤解した結果ととらえていることである。

さらに、その延長線上で、戦争法制定を強行した安倍政権の動きを、アメリカの意思とは関係のない安倍の個人的思い込みからでた政策にすぎない、ととらえる見方である。たとえば孫崎は、安倍政権がアーミテージなど「ジャパンハンドラー」の意思をオバマ政権の意図だと読み誤っている結果、アメリカとの関係が悪化しているという。寺島も、アーミテージら「安保マフィア」のいうことは決してアメリカ政府の意思ではないのに日本の政府、外務省はそれをアメリカの意思と誤解しているという。

たしかに、アメリカの支配層内にもさまざまな考え方が存在していることはいうまでもない。また米中関係が、冷戦期の米ソ関係とは著しく異なることも、事実である。しかし、そのことは、冷戦後、アメリカが政権の交代による変化にもかかわらず、日本に対しては一貫して、アメリカの市場秩序維持のための戦争への加担を強く求めてきたことを否定するものではない。

一九九五年の東アジア戦略報告、九六年日米安保共同宣言におけるグローバルな協力の確認、九七年ガイドラインによる「周辺事態」での米軍の作戦行動への後方支援の要請、二〇〇一年の9・11事件以後の自衛隊へのアフガニスタン、イラクへの派兵圧力、〇五年の日米同盟再編によるアメリカのグローバルな軍事行動への加担の要請、一五年ガイドラインと戦争法によるアメリカの戦争に対する全面的加担体制。こうしたアメリカの要求は、その支配層の一部ではなく、クリントン―ブッシュ―オバマ政権と続くアメリカ政府の一貫した要求を現している。安倍の集団的自衛権行使容認の閣議決定、戦争法もこうしたアメリカの意図にそったものであることは、一五年ガイドラインと戦争法の符合をみても明らかである。

冷戦後アメリカの世界戦略と日本の比重

こうした「リベラル」派のアメリカ対日政策の過小評価は、じつはそれにとどまらず、アメリカの世界戦略全体をつらぬく攻撃性の過小評価と結びついている。

「リベラル」派の情勢論でとくに注目すべきは、冷戦終結による根本的な情勢転換論である。冷戦後は、経済のグローバル化による米中経済の緊密化の結果、米中戦争はなくなったとか、米中の共同管理体制が進んだとかいうきわめて単純な見方がそれである。アメリカと中国の全面戦争を避ける志向が双方の大国間にあることはたしかだが、それは論者たちがいうような冷戦後の経済のグローバル化の単純な帰結ではないし、その結果、戦争のない世界がもたらされたことも、まったく意味しない。

そもそも、「リベラル」派がいうのとは異なり、米ソ冷戦時代とて、アメリカは、ソ連との直接の戦争を避けつつ自由陣営維持のためベトナムその他への侵略戦争や介入を繰り返したし、冷戦後も中国との直接の戦争を避けつつ、自由な市場の維持・拡大、確保を求めてイラクやアフガニスタンはじめ戦争と介入を繰り返している。

柳澤の言とは異なり、冷戦後のグローバル経済と相互依存のもとで自動的に戦争が政治の手段でなくなるなどということは起こっていない。グローバル経済秩序維持のためにいかに戦争が政治の手段として多用されているかは、むしろ冷戦後のほうが戦争が増えていること、アメリカの戦争はまったく減っていないことをみても明らかである。

冷戦後のアメリカの世界戦略の特徴という点でいえば、アメリカは、冷戦後の拡大した自由市場秩序の維持と管理、テロや独裁政権による市場の撹乱を防ぐために、同じく自由市場の維持に利益を見出す中国とも一面では提携しつつ、他方で中国が自国勢力圏の覇権的な囲い込みを行なうことに対しては、場合によれば武力によってでもそれを阻止するという二面戦略をとるに至った。

対する中国の世界戦略も二面性をもっている。改革解放政策以後、より明確には鄧小平体制確立以来、中国は、独特の覇権大国をめざして、一方では、冷戦後の拡大した自由市場への中国資本の進出を確保すべく自由な市場秩序維持のためにテロ掃討などでアメリカや日本と共同しつつ、他方、石油や資源の確保に不可欠とみなされる戦略的な領域では、経済「援助」と軍事的・政治的な圧力を駆使して、優越的な覇権の確立を追求してきた。アメリカの二面戦略は、こうした中国の二面性に対応したものでもある。

このような二面性をもったアメリカの世界戦略が、冷戦後の対日政策を一貫して規定してきたことに注目しなければならない。冷戦後、アメリカは世界市場秩序の維持と管理のためにも、また中国等の覇権的行動を抑止するうえでも、二重の意味で、日本とりわけ沖縄基地の維持に腐心してきたし、市場秩序維持の戦争にも覇権的行動抑止のための作戦行動にも、自衛隊を動員しようとしてきた。

こうしてみれば、冷戦後の米中緊密化のもとで、あるいは中国の弾道ミサイル網の整備の結果、アメリカの世界戦略が変わり海兵隊の沖縄駐留はいらなくなったとか沖縄基地もいらなくなる可能性があるなどというような「リベラル」派の言説は、グローバル化が米中の覇権争いを新たな段階に引き上げていることをみない非現実的な見方にほかならない。

この議論の最大の問題点は、戦争法を廃止したり沖縄基地の撤去をめざすにはアメリカの世界戦略を批判し、それとの正面切った厳しい闘いが不可避であるという、運動の重要性をあいまいにする点にある。

もし「リベラル」派のいうことが正しければ、アメリカは黙っていても早晩日本から撤退することになるが、事態は明らかにそれとは逆の方向に進んでいる。

2　安保条約のもとで、日米同盟の相対化、非軍事化は可能か？

以上のような情勢認識をふまえて、「リベラル」派が共通して主張する処方箋は、言葉は論者によりさまざまであるが、「日米同盟の相対化」あるいは「日米同盟の見直し」論である。第二の疑問として、彼らは不思議なことに、あれだけ日米同盟の抑止力論を批判しながら、日米同盟の根幹にある安保条約の見直しあるいは廃棄については口をつぐむ。そして、なぜか、抑止力論の本体である日米同盟の存続を強調するのである。

日米同盟・安保条約の自明視

孫崎の場合、占領期以来アメリカは自己の戦略のために安保条約を締結し自衛隊もつくってきた、しかも、自己の国益のためにのみ米軍を配置しているから日本が侵略されたときにも日本の防衛に立ち上がるとは限らない、いわんや中国が大国化した現在ではアメリカは日本を守るために中国と戦争することなどありえないと断言する。また本国に他国の軍事基地があることなどは異常だとも繰り返し指摘する。となれば安保条約の見直し・廃棄は不可欠のはずだが、その点にはなぜかふれない。

寺島も、「日米同盟を大事に[36]」「反米、反安保、反基地はダメ[37]」だと繰り返す。寺島の反安保論に対する憎しみ、罵倒は半端ではない。寺島は、翁長沖縄県知事と同席したシンポジウムにおいて、翁長を持ち上げるつもりであろう、「翁長知事は保守の人です。かつての『反米』『反安保』『反基地』という革新の三題噺みたいな話しをしているひとではありません」[38]（傍点引用者）というのである。革新が嫌いなのはいいが、説明抜きでこういう罵倒を繰り返すのはきわめて無責任である。

柳澤の場合は、核武装とこみでしか日米同盟の解消を想定しておらず「そういう極端な考え方は別にして[39]」とそれを一蹴している。注目すべきは、柳澤にとっては核武装とセットのそれしか日米同盟の解消という選択肢はないことである。

ここで問題なのは、寺島や柳澤は、なぜ「反米、反安保、反基地」はダメなのか、その理由についてはまったく語らないことである。日米同盟の問題性については指摘しながら、日米同盟の存在自体は疑わず自明の前提視されているのはなぜであろうか。おそらく彼らのなかでは、「異常」とはいいながら、その異常——安保や米軍基地——をぬきにした安全保障を想定できないほどにその異常が常識と化しているのであろう。

安保条約の六〇年段階への「引き戻し」論

もっとも、安保条約にまったくふれないわけではない。孫崎は、先にも紹介したように、グローバル化した日米同盟を六〇年安保条約の地点に戻せと提言する。たしかに、六〇年安保条約は六条で米軍基地を拠点にした米軍の活動を「極東における国際の平和及び安全の維持」のために限定して、世界レベルの活動を容認していないし、五条でも日本の施政権下にあるいずれか一方への攻撃に対する共同行動を義務づけているにすぎないから、日本に集団的自衛権行使を義務づけてもいない。九〇年代以後の一連の日米同盟強化は条約改定ぬきの改定にほかならず、安保条約からの「逸脱」であることは明らかである。

しかし、この点については二つの点を指摘しなければならない。一つは、六〇年安保条約は、日本全土にわたる自由な米軍基地の設置を容認し、「極東における国際の平和及び安全の維持」を名目とすれば米軍の自由な基地使用を保障するという点で、不平等な日米関係の根幹をなしていることである。

したがって、たとえ日米同盟を六〇年安保条約時に戻したところで沖縄基地をはじめとして日本全土に展開する米軍基地の状態も、またアメリカの世界戦略にしたがった米軍の活動も制限することはできない。

また条約六条は米軍の「極東における国際の平和及び安全の維持」のための活動を認めているが、これは米軍の行動が「極東」に限られることを意味したものではなかった。条約の改定交渉時に「極東」の範囲をめぐる国会の追及を受け日本政府は、条約六条は米軍の活動区域を「地理的に限定したものではない」が、米軍の軍事活動は「極東の平和と安全の維持」という目的に限られる結果その行動も「おおむね当然極東の地域に」限られるという公式見解を発表した。ところが交渉においてアメリカ側は、これを認めることを拒んだのである(40)。アメリカは当初から、自己の行動は「極東」に限られることを認めてこなかったのである。

二つ目は、六〇年安保条約から冷戦後におけるその改変・強化を推進してきたのはいうまでもなくアメリカであり、それに追随した日本政府であったことだ。その到達点が一五年ガイドラインであり、戦争法である。安保条約からの「逸脱」は決してアメリカの一部や安倍の思いつきではなくアメリカとそれに追随した日本政府の一貫した意思にもとづく方針であった。

だから、日米同盟を六〇年安保の時点に戻す、すなわち、自衛隊の海外での米軍支援をすべてやめ米軍の活動をいまより狭く限定させるには、日本政府のみならずアメリカ政府との厳しい対決をへなければならない。アメリカはその世界戦略の根幹にかかわる修正に応じる気はさらさらなく、協議に入ること自体否定することは容易に想像できる。つまり六〇年安保に戻すということ自体、国民的運動がなければできない。いったい孫崎はどういう力によってそれを実行するつもりなのだろうか。

「日米同盟の相対化」とは何か

「リベラル」派の日米同盟見直し論の最大の問題点は、安保条約に手をつけない「日米同盟の相対化」とは何かがまったくわからないことである。孫崎にいわせれば、それは安保条約を六〇年段階に引き戻せということかもしれないが、前述のとおり、それには大きな問題がある。

「相対化」の中味を語っているのは寺島である。寺島は、日米地位協定の見直しと基地の段階的縮小、「基地なき安保」を提言している。この提言は、決して新しいものではなく、一九六〇年代に、社共の安保廃棄構想に対抗して、民社党が出した「駐留なき安保」がすでに提案していたし、鳩山由紀夫も「駐留なき安保」構想を提唱していた。のちにもう一度検討するが、個々の米軍基地の撤去は地位協定では二五条の定める合同委員会によるとなっているが、合同委員会には実質的権限はない。いわんや米軍基地全部の撤去を行なうには日米地位協定の抜本改定が不可欠であることは寺島のいうとおりである。

しかし、寺島のいう「基地なき安保」つまり米軍基地全体の廃止のような米軍の地位の抜本的変更を、協定改定だけで、安保条約の見直しなくしてできるであろうか。それが無理なことは明らかである。なぜなら、安保条約六条は日本の全土で、制限なく米軍の基地使用を認めているからである。

寺島は「基地なき安保」を実現するために、日米戦略対話を開始し、「数十年かけて」というが、たとえ何十年かけようが、安保条約の見直しぬきに基地なき安保などできるはずはないのである。

柳澤に至っては、「日米同盟の相対化」の中味は一切提言されていない。柳澤の言説から推測すると、同盟の相対化とは次の二つである。一つは、アメリカの対テロ戦争に後方支援などのかたちででも加担しないことである。もう一つは、中国、ロシア、朝鮮など体制の異なる国々とも共存するということである。なるほど、この二つだけなら、安保に手をふれずに実行に着手することはできるが、前者は戦争法の廃止のみではなく周辺事態法の廃止をも必要とするから、安保体制の根幹に手をつけざるをえなくなり、柳澤のいうような「多少の摩擦」にとどまるかははなはだ疑問である。しかし、この点の検討は後述する。

3 安保条約をそのままに、沖縄基地の削減・撤去は可能か？

「リベラル」派の構想に対する第三の疑問は、第二の疑問の延長線上にあるが、安保条約や日米地位協定をそのままにして、沖縄における米軍基地問題の抜本解決、いやそれどころか普天間基地の撤去ですらできるのか、という疑問である。

そもそも、「リベラル」派の論者は沖縄基地の問題に関してさまざまな発言を行なっており、いずれも辺野古新基地建設に反対を表明しているが、それについて具体的解決策を提示しているとはいいがたい。

たとえば孫崎は、沖縄問題に再三ふれており「沖縄独立論」などにも共感を示しつつ、こういう。「私は、海兵隊は沖縄にはもちろん、本土の各地にもいなくていい(41)」と。また「日本政府が海兵隊の行き先を考えなければならない問題ではありません(42)」とも語っている。きわめて正論である。だが、孫崎のいう海兵隊の撤退を実現するには、沖縄の基地の大半の廃止が必要になる。先にもいったように、少なくとも日米地位協定の抜本改定が不可欠となることは明らかである。なぜそれを提起しないのであろうか。

そうした地位協定抜本改定、普天間基地撤去が難しいと考えたからであろうか、孫崎は、民主党政権時代、鳩山の諮問に応えて、普天間基地の「県外移転」を主張している。これは二つの意味で疑問がある。

一つは、県外移転論は、アメリカ側の「代替施設」論を前提にしているが、これは、孫崎のいう威勢のよい「日本政府が海兵隊の行き先を考えなければならない問題ではありません」という言説と真っ向から矛盾していることだ。二つ目は、県外移転ということは本土のどこかに移転することになるが、それを孫崎は容認するのかという点である。

寺島も、柳澤も同じく、辺野古新基地建設には反対を表明しているが、いったいどうやってそれを実現するかについては明言しない。寺島は、辺野古問題の解決のためには、「日米の戦略対話」によって沖縄の基地が「東アジアの抑止力」に必要か否かを議論せよというのである。そうすれば、辺野古はいらないという結論になるといいたいらしい。「日米の戦略対話を提起することです。一九九三年にドイツが行なったのと同じように、テーブルの上に日本における全ての米軍基地を載せて、ほんとうに東アジアの抑止力にとって大事なものは引き受け、それほど必要性のないものや、優先度の低いものはしっかり見直し、次のステップを構築することです(43)」と。しかし、まずドイツでの協議は決して抑止力にとって必要かどうかを検討したものではない。

そもそも、「抑止力」の存在を認めたうえでアメリカと日本が軍事戦略上、膝を割って話せば結果がどうなるかは眼にみえている。なぜなら安保条約にもとづいて全国に展開している米軍基地はまさしく「抑止力にとって大事なものは引き受け」るか否かの判断だけで決めた結果、いままでその存続を容認されてきたからだ。

ちなみに、寺島とともにシンポジウムに出席した翁長は、寺島とはまったく異なり、辺野古の問題を徹底して沖縄住民の見地からのみ提起していた。ひとたび「抑止力」論、戦略論を持ち出せば、辺野古新基地建設すらやめさせることはできないことを承知していたからだ。

柳澤に至っては、中国の軍事力強化の結果、沖縄は中国の弾道ミサイルの射程距離となり、アメリカの戦略にとって不要のものと化したと繰り返し、アメリカにとっては沖縄からの撤退こそ「軍事的合理性がある」(?!)という。

だから、と柳澤は続ける。基地反対の市民運動ばかりやっていないで「そのこと自体（辺野古への移転――引用者）がアメリカの国益とあっていないではないかというところで[44]」アメリカにわからせてあげねばならないというのである。もし柳澤のいうとおりなら、そんなことをいままで提起しなかった日本政府は、自民党政権も民主党政権もバカだったということになる。それどころか、柳澤の論理を使えば、海兵隊どころか日本にある米軍基地全体が中国の弾道ミサイルの射程距離内になるから米軍基地全てが「軍事的合理性」のないものとなり撤退こそ合理的となるはずだが、それは先の寺島のいう「基地なき安保」論となる。これをアメリカは軍事的合理性の見地から呑むということになるが、こうした言説は、あまりにも実態とかけ離れているのではなかろうか。

いずれにしても、普天間基地撤去問題で「リベラル」派からは、歴代の沖縄知事が繰り返し提起した地位協定の見直しすらまともに提案されないのはきわめて興味深い。

あとで述べるように、少なくとも普天間基地の撤去をはじめとする沖縄基地の廃棄を求めるには、日米安保条約六条の改廃を前提にして地位協定の廃止、少なくとも二条の改定が不可欠である。

4　安保条約を前提にして、自衛隊を「専守防衛」に引き戻すことはできるのか？

第四の疑問は、柳澤のいう、自衛隊の「専守防衛」への改組論に対する疑問である。

柳澤は、先に述べたように、改革すべき自衛隊像を、「報復的な抑止力」は不必要であるとして「拒否力」あるいは「専守防衛のための力」にすると提言する。しかし、この提言には二重三重に疑問が湧く。

専守防衛論の原型「基盤的防衛力」論——安保と自衛隊のセット論

第一に、この「専守防衛」論は、自衛隊が相手国に脅威を与えない、勝手なことをさせない、相手国の武力攻撃を阻止しうる力にとどまるという議論であるが、これは、アメリカの強大な「報復的抑止力」を前提し、それとセットになっているのではないかという疑念である。柳澤はその点を故意にあいまいにしているようだが、安保体制を容認しているかぎり、アメリカの抑止力を前提にしているといわざるをえない。

そもそも、「専守防衛」論あるいは「拒否的抑止力」論は、一九七〇年代に入りそれまで拡大を続けてきた防衛費の伸びを制限する議論として、当時防衛次官であった久保卓也らによって唱えられ一九七六年の「防衛計画の大綱」で規定された「基盤的防衛力」論にその原型を求めることができる(45)。

「基盤的防衛力」論は、国際的にはベトナム侵略戦争の破綻、中ソ対立、米中和解でデタント状況が生まれたことを背景に、国内的には高度成長期に第一次防から第四次防に至る防衛力整備計画で自衛隊装備が肥大化し違憲論に反論できなくなる状況に対処するために立てられたものであった。

「基盤的防衛力」論の第一の特徴は、安保体制により抑止力、攻撃力の役割を担う米軍の日本への駐留と展開を前提とし、それとセットにすることで自前の防衛力の「限定」をはかるという構想であったことである。

そのため、第二に、この構想は、敵に対する矛としての役割を米軍が果たし、盾としての役割を自衛隊が果たすという役割分担を前提したものであった。この構想の立役者の久保卓也はいう。

「日米安保体制のメリットは、……一面では、日本への侵略を企図する国は、日米安保体制が健在であれば、米国との本格的な対決を避けるような侵略態様を選ぶだろう。長期間かつ大規模な戦争になれば必然的に米国を招き入れることになる。したがって、日米安保体制があることによって、侵略の規模や質を制約しえ、その結果これに対応すべき我が防衛力も、量・質の面で限定されてよいことになる」[46]「他面、安保体制の存在によって、我が国は専守防衛に専念し、……戦略的攻撃力や機動的攻撃力……を米国に期待することができる」[47]と。

そこで、基盤的防衛力構想とは、安保体制の抑止力が機能していることを前提に、起こりうる侵略は「奇襲的小規模侵略[48]」であるとの想定のもと、そうした侵略に対処しうる防衛力を装備するというものであった。したがって、基盤的防衛力構想で想定される防衛力は、小規模侵略に対し米軍の来援が来るまでもちこたえる能力、「相手国をして容易に侵略を許さないような」力、「拒否能力[49]」といわれるものである。柳澤の「専守防衛」論「拒否的抑止力」論がこの「基盤的防衛力」論を下敷きにしていることは明らかだ。

しかし、もし「専守防衛」論が安保体制の抑止力を前提にしたものだとすれば、日本がいくら自衛隊の専守防衛を叫んでも、「敵」からみれば、ちっとも「専守防衛」とはみなされない。自衛隊はつねに米軍と一体の軍とみなされてきたし、現在もそうである。逆に、もし柳澤の「専守防衛」論が安保体制の抑止力を前提にしないのであれば、安保条約の意義はなくなるはずである。

安保をそのままに「専守防衛」といえるのか？

第二に、自衛隊を真に敵の脅威とならない「専守防衛」の軍隊に変えるには、日米同盟を解消してはじめて可能となると思われるが、柳澤は、あれほど「抑止力」はいらないといいながら、なお日米同盟を前提にしている点である。自衛隊を名実ともに、「拒否力」「専守防衛」にするには、まず安保条約を廃棄して、全土からの米軍の撤退を実現し、そのうえで米軍との一体的運用を前提にその補完をめざして進められてきた自衛隊の装備、編成の抜本改革をはからねばならないはずである。これまたアメリカとの大きな摩擦とやりとりをへて、自衛隊の自己改造はできるはずであるが、柳澤は、そうしたことをまったく想定していないようだ。

ちなみに、柳澤は、日米同盟の見直しの選択肢として三つをあげている。一つは、自前の核武装による日米同盟解消、第二は日米同盟の負担軽減、第三は日米同盟強化の道である。(50)

先にも指摘したように、柳澤はこれらとは違う選択肢、日米同盟解消、自衛隊解散の選択肢はおろか、日米同盟解消と「専守防衛」の組み合わせという選択肢さえ提示していないのである。

鳩山政権の苦闘と挫折の教訓は何か？

こうしてみると、ここでとりあげた、孫崎や寺島、柳澤らの対抗構想を少しでも実現するには、安保と日米地位協定に手をつけずにはできないのではないか、というのが筆者の疑問である。

じつは、安保条約や日米同盟の存在自体は容認しながら沖縄基地問題の解決をはかろうとして、最大限の努力をしたのが鳩山由紀夫政権であった。政権奪取前の民主党のマニフェストには、日米地位協定の抜本改定さらには、普天間基地の国外移転、最低でも県外移転が謳われ、鳩山政権は、実際に普天間基地の国外、県外移転を追求した。鳩山が真摯に追求したことは明らかだ。

しかし、鳩山政権は日米同盟の堅持を前提にしていたし、オバマ政権は、鳩山政権の甘い期待とは裏腹に断固として普天間の辺野古移転を曲げなかった。鳩山政権は屈服を余儀なくされた。こうした鳩山政権の苦闘と挫折こそ、安保や地位協定に手をつけずには、基地問題のほんの少しの解決もできないことの何よりの証拠ではなかろうか。

四　安保のない日本の構想

以下では、今後の日本とアジアの平和を実現するうえでの議論の素材として、私たちの平和・安保構想の輪郭を提示したい。まず第四節〜六節では、私たちのめざす日本の平和構想の目標を提示する。どんな平和をめざすのかがはっきりしなければ、選択肢にはならないからだ。第四節では安保廃棄、第五節では自衛隊の解散という目標を提示する。そのうえで、第六節では、平和を実現するうえでも不可欠の経済改革・新たな福祉国家の構想を平和構想とセットで提示する。第七節では、目標に至る接近の道を検討する。

1　安保条約・日米同盟は、日本とアジアの平和の確保に役立たない

先に検討した論者は、共通して、いまや日米同盟の強化は日本の平和と安全保障に役に立たないと主張しながら、日米同盟、安保条約自体の存在は自明のこととして認めている。しかし、はたして日米同盟、あるいは米軍の日本での駐留なくして日本の安全は守れないのであろうか?

多くの論者が証明の必要もないほど自明のことと認めている背景には、敗戦時における米軍の単独占領以来の、戦後日本の特異な、根深い対米従属の経験があると思われる。戦後日本は占領による強制的な米軍駐留と安保条約によるその状態の固定化を認めたまま七〇年にわたって米軍駐留を容認してきた。対米従属の歴史はきわめて長く、日本政府が、その安全保障をアメリカぬきに構想したことは戦後一度もなかったのである。

しかし、安保条約とそれにもとづく米軍の駐留は、戦後日本の安全には効果がなかったどころか、日本はそのおかげで、朝鮮戦争、ベトナム戦争をはじめ、アメリカの極東さらには世界的レベルでの戦争と介入の拠点になることで、世界の軍事的対立と戦争に加担させられた。とくに、沖縄の全面占領期に「銃剣とブルドーザー」で拡張され、返還後も安保条約を根拠に存続する膨大な米軍基地は、それなくしてはアメリカの戦争が遂行できなかったといえるほど、その世界戦略に大きな役割を果したのである。

冷戦期の「戦争しない国」は何によって守られたか

まず冷戦期の安保体制からみてみよう。安保肯定派は、戦後日本の繁栄は、安保条約があってこそであり、憲法九条などは何の役にも立たなかったと主張するが、これは誤りだ。むしろ、憲法とそれを擁護する国民の声、運動の力で安保条約がアメリカの求めたような十全の軍事同盟条約＝攻守同盟条約になれなかったことが、戦後日本の平和が維持された大きな要因である。

そもそも、冷戦期にあって、日本の平和を脅かしていたのは、日米同盟派や「リベラル」派がいうように、米ソの全面戦争、ソ連や中国が日本に侵攻する危険性であっただろうか。米ソの核戦争の危険性はたしかに存在したが、米ソ両大国は、お互いの直接対決を避けながら自国の利益を擁護することで暗黙の合意を行なっていた。アメリカもソ連も冷戦期に戦争を繰り返したが、それら戦争は、米ソ両国が各々自由陣営、「社会主義」陣営の維持・拡大をめざし、主として自己の勢力圏下にある従属国に対して侵攻するものであった。アメリカは、自陣営内の「自由な」市場が、革命や民族独立運動によって覆される危険が生じた場合に、容赦なく介入した。朝鮮への介入、ベトナム侵攻はいずれもそうした戦争であった。

他方、ソ連も、東ヨーロッパを中心とする自己の地理的勢力圏が侵される危険がある、あるいは逆に拡大できると判断したときには、国際的非難などものともせず介入した。朝鮮戦争での朝鮮への加担[51]、ハンガリー事件での軍事介入、一九六九年のチェコ侵攻などはその例である。七九年のソ連のアフガニスタン侵攻も、七八年の革命を機に新たに自国の勢力圏に組み込むことをもくろんでいたアフガニスタンがその勢力圏から離反するのを「防止」するための軍事介入であった[52]。

注目すべきは、アメリカ、ソ連による戦争や軍事介入の多くが、軍事同盟条約を口実に行なわれていることであった。

したがって、冷戦期に日本が、ある日突然、ソ連や中国の核攻撃に遭う危険性は、安保条約があろうがなかろうがなかった。むしろ、日本が戦争に巻き込まれるとすれば、それは、一つはアメリカの戦争に加担して侵攻先の軍やそれを支援しているソ連等との戦闘に巻き込まれる場合か――韓国、台湾などがアメリカのベトナム侵略戦争に集団的自衛権で加担したのはその事例である――、アメリカが起こした戦争の基地となることで報復により日本の米軍基地が攻撃される場合であった。いずれも、安保条約により生ずる戦争の危険性であり、日本がそうした戦争に巻き込まれなかったのは、他国の類似の条約と異なり、日米安保条約が憲法のおかげで「片務的」でありアメリカの戦争への条約上の加担義務がなかったからであり、また憲法を擁護する国民の声を受けて時の政府がアメリカの要請を断ったからだ。安保条約があるから平和が守られたのではなく、安保条約が十全の発動ができなかったから平和が守られたのである。

アメリカは冷戦期、ＮＡＴＯ、ＣＥＮＴＯなど多国間軍事同盟とともに二国間軍事同盟条約網を精力的に締結した結果、安保条約類似の二国間条約は、日本以外に韓国でもフィリピンでも存在したが、日本以外の国々では、ベトナム戦争のように、集団的自衛権を理由にアメリカの戦争に加担し戦争に巻き込まれた経験をもつ。戦後アジアでは、アメリカの戦争に基地提供や経済的協力を含め加担をしたにもかかわらず、日本だけが直接軍を派兵して戦争に参加することを免れたのである。

寺島や柳澤は冷戦期には、安保条約、日米同盟は対ソ抑止力として有効であったと論ずるが、筆者はきわめて疑問である。いったいどこが有効であったのか、証明はされていない。孫崎は、冷戦期も含めて、安保と米軍駐留は徹頭徹尾アメリカの世界戦略のためであって、核の傘も含めて、日本の安全には効果はなかったと論じているが、こちらのほうが説得的である。

冷戦後の安保条約・日米同盟

では、冷戦後の安保・日米同盟はどうであろうか。この点では、孫崎のみならず、寺島、柳澤も、〝冷戦後は、経済のグローバル化のもとで米中の戦争の可能性はなくなり、抑止力の必要はなくなり、日米同盟の相対化が可能だ〟と論ずる。「リベラル」派のいうように、経済のグローバル化がただちに米中の戦争の可能性をなくしたり米中二極支配になったりする単純な事態をもたらさないことは先に指摘した。

しかし、もし論者のいうように、冷戦後は抑止力の必要性がなくなったというのであれば、柳澤らの日米同盟存続論は、彼ら自身の主張からいっても矛盾するものとなる。

近年、安倍政権は、中国の軍事大国化、朝鮮のミサイル開発などの動きをとらえその脅威に対抗するためには日米同盟の「深化」が必要だと主張しており、それに同意する世論も強い。しかし、中国の「脅威」については別稿[53]で指摘したとおりである。

たしかに、冷戦後においても新たな戦争や軍事的対決の危険性はあるし、中国の大国主義・覇権主義も否定できない。問題は、こうした世界の対決激化、アメリカの覇権主義的行動、中国の軍事大国化・覇権の追求を、日米同盟強化で抑えることはできるのかという点である。安倍政権の追求する日米同盟の強化、アメリカの戦争・介入への加担による抑止力強化の動きは、むしろ、中国の軍事大国化に口実を与え、軍事対立を激化する方向に進むしかなくなる。中国の軍事拡大を抑制するために日本がとるべき方法は、日米同盟の強化ではなく、平和国家としての旗幟を鮮明にしたうえで、アメリカ、中国、ロシアを含めて、紛争の武力によらない解決、軍備の縮小の機構を北東アジアレベルで確立することであり、そのイニシアティブをとる以外にない。

2 安保条約の廃棄によるアジアと日本の平和保障への前進

そこで、ここでは、まず日本がめざすべき平和構想の基本骨格を明らかにしておこう。

安保と基地のない日本

第一は、安保条約の廃棄と米軍基地の撤去である。安保条約の廃棄は、一九六〇年の改定安保条約十条にもとづく、適法的な行為である。

「第十条（前略）もっとも、この条約が十年間効力を存続した後は、いずれの締約国も、他方の締約国に対しこの条約を終了させる意思を通告することができ、その場合には、この条約は、そのような通告が行なわれた後一年で終了する」。

これによって地位協定も付属の特別法もなくなり、沖縄の米軍基地の撤去は可能となる。沖縄の自主的平和的地域建設が可能となる。また横田、厚木、横須賀基地をはじめ本土の基地――寺島、孫崎が口をそろえていう、独立国にはあるまじき米軍基地はなくなる。

さらに、安保条約を廃棄することは、自衛隊が米軍の補完部隊である現状を改革する梃子となる。あとで検討するように、自衛隊の改革の第一段階は、自衛隊が、柳澤のいう「専守防衛力」になることだが、それは、安保廃棄により自衛隊と米軍との一体化した状態を抜本的に改革することからはじまるからだ。

北東アジア非核、平和保障機構の形成

安保条約を廃棄し、米軍基地を撤去することは、日本が、名実ともに、憲法九条の掲げる「武力によらない平和」を実現する大きな一歩になる。安保と米軍基地を容認しながら、アジア諸国に日本が平和国家であることを訴えても、完全な信頼は得られない。安保廃棄は、日本が中国の軍事主義に対して対抗軸となる最も強いメッセージであり、自主的平和外交を展開する大きな力となる。

しかし、安保を廃棄し、米軍基地を撤去して、中国や朝鮮の「脅威」は大丈夫なのか、という疑問が生じる。近年の中国は、急速に軍事大国化し東シナ海、南シナ海でも自国領土を力で主張して紛争の多国間解決に積極的ではないからだ。したがって、安保廃棄、米軍の撤退は、中国の軍事大国化の抑制や朝鮮の核開発の停止、北東アジアの平和保障の制度構築と同時に実現しなければならない。この構築の過程は、あとで検討するように、戦争法廃止の連合政権の段階から精力的に進められねばならない。これぬきには安保条約の廃棄についての国民の合意を得ることはできないからだ。

まず確立しなければならないのは、アメリカ、ロシアを含めた北東アジアの非核と紛争の非軍事的解決を約束する条約の締結とそれを実行に移す平和保障機構の創設である。

この条約・機構においては以下のことが確認されねばならない。

第一は、紛争の非軍事的解決の原則の確認である。領土にかかわる、またその他の紛争についての北東アジアレベルの紛争解決機構の設置も必要である。

第二は、核の先制不使用原則の承認と、朝鮮半島、日本に対する核不使用保障である。

第三は、加盟国間での核運搬設備を含む核装備の削減と査察体制の整備の合意である。

この第二、第三に関する合意を実現する作業は、この対象に、アメリカ、ロシア、中国という核三大国が含まれているため、世界的レベルの核削減にも大きな影響を与えるが、同時に、「核兵器禁止条約」の締結など世界レベルの核兵器廃絶の動きと連動して行なわれねば実現できない。とくに、第二次大戦後その世界戦略の中心に核威嚇政策をすえてきたアメリカや、急速に覇権主義化を強めつつある中国、さらに核を含めた軍事力に国策を依存しつつあるロシアにこれを受諾させるには強力な国際的な運動と力が不可欠である。

第四は、通常軍備の軍縮である。核装備のみでなく、通常軍備の軍縮についても日本がイニシアティブをとらねばならないし、さしあたり、自衛隊の装備は、憲法上の制約のため、他国とくらべると相対的に防衛的な性格に限定されているため、軍縮のイニシアティブをとる資格をもっている。同時に、日本にとっては、こうした軍縮を進めることが安保と自衛隊のない日本を実現・強化する不可欠の前提となる。

五　自衛隊をどうするか？

自衛隊については、安保条約の廃棄、アジア、世界レベルでの平和保障機構の創設、強化と相俟って、縮小・解散がはかられるべきである。

ところで、この自衛隊の改革については、平和基本法作成の主たるメンバーであった前田哲男が長年にわたり研究、発言してきた。[54] 前田は基本的に安保条約、自衛隊存続論といえるので、筆者とは立場は異なるが、その改革論は筆者の第一段階改革の部分では参考になる。それから、憲法学者の水島朝穂は、早くから、違憲の自衛隊の「平和憲法的解編」を主張し具体化してきた。[55] 水島のいう「解編」とは「憲法の平和主義にもとづく、『自衛隊の解散と、非軍事組織の新たな編成』」を意味する。この立場は、基本的に本稿と同様であり、これも参考にした。

1 自衛隊の縮小・解散の二つの段階

自衛隊の縮小・解散は、安保条約の廃棄を前提に、国民の合意を得つつ行なうことになる。その過程は、北東アジアの平和保障との関連で、二つの段階で行なわれねばならない。

第一段階は、安保条約を廃棄したのち自衛隊の最も大きな欠陥である対米従属性を断ち切り、政府が自衛隊の合憲の条件として掲げた「自衛のための必要最小限度の実力」、あるいは「リベラル」派のいう「専守防衛的」自衛隊を実現する過程である。この段階では依然として自衛隊の違憲性は残るが、この改革により、国民の多くが危惧する自衛隊の海外派兵、アメリカの戦争への加担の危険性をさしあたり防ぐことが可能となる。

続く第二段階において、北東アジアと世界レベルの軍縮、平和保障機構の形成と並行しつつ、国民の合意を得て、自衛隊を解散し、「憲法適合的でかつ有益な非軍事組織に転換する」[56]。

いずれにせよ、自衛隊の縮小・解散の過程は、安保条約廃棄のそれよりさらに長期の事業となるであろう。水島がいうような「違憲でない状態に転換するための長い過程[57]」が不可避である。

2　自衛隊の縮小・解散の第一段階——自衛隊の対米従属性打破、真の「専守防衛力」へ

第一段階の改革は、自衛隊を真に、柳澤をはじめ「リベラル」派のいう「専守防衛力」、政府の解釈による自衛隊の合憲の条件でいえば「自衛のための必要最小限度の実力」の水準にすることである。改革の主要点は以下のとおりである。

自衛隊の対米従属性、米軍の補完部隊としての性格の打破　自衛隊を、文字どおりの「専守防衛」に引き戻す最大のポイントは、米軍を撤退させることを前提に、米軍への自衛隊の従属を断ち、米軍との兵器・作戦の緊密な連携や相互運用を切り離すことである。

米軍基地の撤去だけでなく、基地の共同使用さらには九〇年代以来精力的に進められた日米共同作戦体制の破棄が必要である。戦争法と一五年ガイドラインの廃止は、自衛隊の編成の自主化の第一歩となる。

真に「専守防衛」にするための自衛隊の装備、編成の改変　対米従属性の切断の過程と並行して、真の専守防衛軍に転換する改革がとられねばならない。

日米共同作戦体制づくりをめざして、自衛隊の改変の指針となってきた「国家安全保障戦略」「防衛計画の大綱」を破棄し、「平和構築戦略」「平和計画の大綱」を策定し、平和のためのイニシアティブ、専守防衛原則を打ち出す。自衛隊の海外任務を本務と位置づけた自衛隊法の再改正をはじめ関係法令を、自衛隊の「専守防衛」的性格に適合するように改正する。ミサイル防衛をはじめとしたアメリカの補完となるような装備の廃棄、正面装備の削減、自衛隊の組織・編成の改革を行なう。

北海道の基地をはじめとして、自衛隊基地、駐屯施設の縮小、廃止を行なう。

災害派遣をはじめ、憲法の平和主義から評価される活動、装備の充実　反面、自衛隊の諸活動のうち、国民の評価の対象となり、また憲法の平和主義の見地から評価される活動については、軍事的性格を取り除きつつ充実する。それに必要な非軍事的装備の充実をはかる。

3　自衛隊縮小・解散の第二段階

続く第二段階は、自衛隊を解散し、諸機能のうち平和主義に合致したものは諸官庁、民間に分散する段階である。第一段階から第二段階への移行はかなり長い過程と経験を積む必要がある。その詳細をいまから具体的に検討することはあまり現実的でもない。第二段階に入るにはいくつかの条件を成熟させることが不可欠である。その条件のうち、以下のものが重要であろう。

(a)　北東アジアレベルの軍縮、平和保障機構の成熟のみならず、アジアレベル、世界レベルでの軍縮と平和保障の前進。この条件の構築に日本が主導的役割を果たすことが不可欠である。

(b)　軍隊の廃止、九条の実現についての国民の確固たる支持が表明されることである。

(c)　(b)の条件ともなるが、新たな福祉国家型の政治が前進し、国内的には、新自由主義改革を停止し、社会保障と地域の産業の再建が進んでいること、それと並行して、グローバル企業の活動に対する多国間の共同の規制が進展し、世界、アジアでの格差が縮小し、世界の覇権的対立が解消、軍事的抗争に発展しかねないテロや紛争が減少していることである。

こうした条件を整備したうえで、自衛隊を解散する。大まかな輪郭のみ提示しておきたい。

①自衛隊の本隊として残った国土防衛的機能は、国境警備の警察的活動として海上保安庁と統合して国土交通省に

移管する。

②災害復旧的業務は、軍事的性格をぬきにして他の諸組織と統合し国際災害救援隊[58]、国内緊急災害救援隊として再編成する。

いずれにせよ、こうした二段階の過程は、安保条約の廃棄とならんで、国民の強い合意と現実の国際的平和構築の推進と並行して行なわねばならないので、きわめて長期にわたる過程となるであろう。

六　多国籍企業の規制による経済構造の改革と市場規制

1　平和国家と福祉国家の連結

平和国家と多国籍企業経済の規制、改革の必要性

別稿[59]でも指摘したように、冷戦後の新しい戦争と紛争の泥沼化の大きな根源となっているのは、①多国籍企業の野放図な展開、②それを保障するため、グローバル競争大国が主導して多国籍企業の活動の自由を強制するルールづくり（WTOなど）、自由市場秩序の維持・拡大のための戦争や軍事力行使、③それにより地域や国家の統合を破壊された諸勢力の反発、武力行使、④さらには、こうした地域や国家の破壊を容認してきた地域の独裁政権に対する民衆の蜂起、⑤それに対する大国のさらなる介入、大国同士の対立、などにある[60]。

そうであるかぎり、世界の戦争と軍事的対峙の事態を克服するには狭義の平和保障の施策だけでは不可能である。それは日本が平和国家への道を歩むうえでも不可欠の条件、前提となる。

第一、日本が平和国家への道に踏み出すには、日本の対米従属下の軍事大国化、日米同盟強化を求めているアメリカに対決するだけでなく、それを支持している財界、日本の多国籍企業の活動に対しても、進出先の国や地域に「自由に」進出しその地域や国家の地場産業や経済、環境などを破壊するのを規制する措置をとらねばならない。多国籍企業の活動を規制することなくして、日米軍事同盟強化と日本の軍事大国化を求める衝動はなくならないからだ。

第二、しかも、こうした多国籍企業の活動は、進出先の国民経済を変質させ、従属的な構造に変えてしまう。世界の平和が基本的には、各国のバランスのとれた国民経済の再建により実現の基礎を得るという点からも、多国籍企業の規制は不可欠である。こうした各国国民経済の再建なくして、テロや紛争を根絶することはできないからだ。

第三、そのうえで、平和国家の形成のためには、多国籍企業本位の政治を転換し、新自由主義改革を停止し福祉国家型の経済構造を作り上げねばならない。日本経済の多国籍企業化が、日本の国民経済や社会にも深刻な打撃を与えているからである。大企業の相次ぐ海外進出によるいわゆる「空洞化」により、国内の中小企業は大きな打撃を受けているばかりでなく、多国籍企業は、その自由な活動のためにも、また、自らの競争力強化のためにも、新自由主義改革による農業や都市自営業に対する保護の切り捨て、弱小産業や中小企業の淘汰などを迫ってきた。TPPはその最新の試みである。

こうした新自由主義改革に対抗して弱小産業や弱者が安心して暮らせる国民経済の再建が緊急課題となっており、この経済改革の課題は、安保のない日本をつくるための平和構想の不可分の一環をなしている。

中東諸国におけるテロの拡大、ISの横行、ヨーロッパ諸国でのテロ、アメリカの戦争の長期化にともなう矛盾の顕在化、さらにイギリスのEU離脱の国民投票などは、こうした改革の緊急性を示している。

平和国家と新たな福祉国家

以上の理由から、平和国家は、新たな福祉国家と不可分であり、新たな福祉国家の重要な環である[61]。旧い福祉国家は、列強帝国主義の時代、第二次世界大戦後の現代帝国主義の時代に戦争や冷戦と不可分で形成され展開した。その点では旧い福祉国家は「戦争国家」でもあった。しかし、世界を股にかけて活動する現代の多国籍企業は、一方で企業の活動を安定させるために戦争を支持すると同時に、企業の負担を増大させ、競争力を弱める福祉国家の政治に激しい攻撃をくわえ新自由主義改革を求めるようになった。したがって、そうした多国籍企業本位の政治の転換をめざす新たな福祉国家は、同時に平和国家をめざさねばならない。

戦後日本の平和構想のなかでも、必ずしも十分とはいえないが、つねに平和構想と経済構想の連関が意識され、平和を実現するための経済構造の改革が検討されてきた。

先駆的試みとしての都留重人の経済構造改革論

すでに、平和問題談話会のなかに平和構想と経済構造の改革を結合する視点はあったが、しかしこの段階では、全面講和と中立により経済の自立を達成する、具体的には日中貿易を実現する、という比較的単純な構想であった。この視点を発展させて、平和構想のなかに、日本の軍事化を生い立たせている経済構造の改革の必要性を主張したのは、都留重人であった[62]。都留は、安保を廃棄することにともなう直接の経済的影響の検討にとどまらず、より根本的な経済構造の改革、すなわち軍事支出を求める現代の資本主義経済の構造そのものの改革の必要性を主張した。都留は現代経済の構造を変えないと安保体制の最終的な克服はできないと主張したのである。

都留が「軍事化なくして経済繁栄を続けうるような日本経済のしくみ」として提起したのは、独占価格の国民的監視機関の設置、金融機関に対する管理による利子率の低下、経済の二重構造の打破、国民福祉を優先する経済政策など、一言でいえば、独占体の規制による「福祉国家」型経済への転換であった。現代の大国化が多国籍企業の要請にもとづいて生じている現状では、こうした都留の視点を大幅に拡充・発展させ、経済構造の転換を行なうことが、日本の平和構想には不可欠の措置となる。

2 新たな福祉国家による新自由主義改革の停止と多国籍企業規制

新自由主義改革の停止と福祉国家の建設

多国籍企業の規制による経済構造の改革の骨格は、次の諸点である。

第一は、現在推進されている新自由主義改革、「規制緩和」を根本的に再検討し、多国籍企業の要望する国際分業の見地から切り捨てられる農業や地場産業など弱小産業の保護と育成をはかることである。また同じく新自由主義改革で改変された雇用、医療をはじめとした社会保障制度、教育制度などについては拡充する。そのために財政も抜本的に福祉国家型に転換しなければならない[63]。

これらの改革によって、他国を侵害しない相対的に自立した国民経済を再建しなければならない。

こうした国民経済再建と新福祉国家をめざす運動の焦点の一つは、基地経済の克服をめざして構想を具体化している沖縄である。沖縄は軍事大国化を阻止する運動でも、また新たな国民経済を形成する運動でも、二重の意味で焦点となると思われる。

多国籍企業の活動規制と自由市場ルールの見直し

第二は、多国籍企業の進出先の活動に対して環境や労働条件、他国の国民経済への影響などの見地から規制を行なうことである。この規制は、全世界的に展開している多国籍企業の規制であることから、一国だけで行なうのは、効果の点でも多大の困難をともなう。そこで、こうした改革は少なくとも先進諸国、とりわけＥＵ諸国との連携により同時に行なわなければならない。そのため、新自由主義的改革と多国籍企業に対する「社会運動の高度な国際連帯」と「福祉国家連合[64]」の結成が不可欠となる。

七　安保廃棄へ至る道

以上に輪郭を示した平和国家への第一歩であり決定的に重要な事業は、安保条約の廃棄・日米安保体制の打破である。

安保条約の廃棄、米軍基地の撤去は、戦後日本がほぼ全期間そのもとにあったアメリカへの従属を断ち切るというだけでなく、アメリカの世界戦略、アジア・太平洋地域における前進展開戦略にとって致命的ともいえる大きな痛手となるから、アメリカの強い反発と干渉を受けることは必定である。アメリカの介入、干渉に対して、強い決意で安保条約を廃棄する道をとる国民的団結がなければ、この実現は覚束ない。いずれにしても長い道のりを要する国民的大事業である。

そこで本節では、ここで示したアジアと日本の平和を実現する道筋、それへの接近の道筋を検討したい。

安保のない日本づくりの第一歩は、保守政権のもとで進められ安倍政権によって強行された日米同盟強化、アメリカの戦争への加担、憲法破壊の策動を阻む闘いからはじまる。

1　戦争法廃止の連合政権

国民的事業となる戦争法廃止

総がかり行動実行委員会という共同を中心とした戦争法反対の運動は安保闘争以来の高揚をもたらし、安倍政権に大きな打撃を与えると同時に、運動に大きな確信を与えた。戦争法反対運動はその闘いのなかから、安倍による、戦争法の強行採決後、戦争法を廃止するため総がかりのイニシアティブで「市民連合」という共同の組織を生み出し、この「市民連合」の努力で、民進、共産、社民、生活四党の選挙共闘にまで発展した。

戦争法反対から廃止への共同の発展の直接のきっかけは、二〇一五年九月一九日戦争法の強行採決の当日に、共産党から提起された戦争法廃止の国民連合政府構想であった。この連合政府構想自体は一致をみなかったが、戦争法反対の共同は、戦争法廃止、立憲主義を取り戻すという点での共同に発展をみたのである。

戦争法を廃止して日米同盟と自衛隊を以前の状態に戻すだけでも、廃止で一致した勢力による連合政権の樹立は必要不可欠である。同時に、この政府ができれば、それは日本を平和の方向に転轍する大きな梃子となるであろう。

連合政権の必要性——戦争法廃止自体が大事業

たしかに、戦争法を廃止するには、理論上は、連合政権ができなくとも可能である。戦争法の廃止を主張する政党政派が、衆参両院の選挙で勝利して多数を獲得すれば、戦争法廃止の連合政府でなくとも、たとえば民進党政権のもとでもできる。廃止法を可決すればすむからである。

しかし、戦争法の廃止とは、冷戦後の九〇年代にアメリカ主導で進められてきた日米同盟強化の流れを止め逆転させる、かつてない事業である。

平和運動、憲法運動によって、九〇年代以降に保守政権が進めてきた日米同盟強化―自衛隊の戦争加担の体制づくりを大きく遅らせることはできたが、周辺事態法にせよ、テロ対策特措法、イラク特措法にせよ、運動がその制定を阻めたことはなく、その結果、着実に自衛隊の海外派遣体制は進行しつづけてきた。集団的自衛権行使の限定容認を柱とする戦争法は、こうした自衛隊の海外での活動に対する制約の最終的打破を求めて登場したものであるだけに、戦争法を廃止することができれば、この動きにはじめてストップをかけることができるからである。

戦争法は、冷戦後、アメリカの戦争への自衛隊の全面的加担体制づくりの一応の完成をめざすものであった。その体制は、一五年ガイドラインというかたちで日米により合意されたものである。すでに、戦争法の制定をふまえて、日米間では、この一五年ガイドラインにそった日米軍事同盟体制の再編が進行している。

戦争法廃止は、国会で戦争法関連の二つの法律を廃止すればできるが、これは一五年ガイドラインの事実上の破棄に等しい事態をまねくことになる。そのため、戦争法廃止と同時に政府は、日米協議を行ない、アメリカ側に方針の転換を通知し、いままで進行した共同作戦体制の見直しを提起しなければならない。これは、日米同盟の事実上の再検討の開始にほかならない。

それだけに、戦争法廃止勢力が国会で多数を占める「危険」が現実化するならば、アメリカはあらゆるかたちでこうした政治勢力の多数化を阻み、またそれら勢力の切り崩しを行なうことは必定である。また、アメリカと協力して一五年ガイドラインの実行に踏み出している自公政府、外務省、防衛省も全力をあげてその阻止に動くであろう。

そうした策動を防いで戦争法の廃止に踏み切るには、戦争法廃止を掲げるすべての政党が連合して政権を握り、とくに、外務省、防衛省を掌握して、その抵抗を押し切って実行することが不可欠である。政府に共同で参画することで、アメリカとの機敏なやりとりも可能となる。戦争法廃止に大きな抵抗がある場合には、あらためて信を国民に問うことも必要となるかもしれない。いずれにせよ強力な政権でなければ、内外の抵抗を押し切ってこれを実行することは不可能である。

連合政権を実現するうえでの課題

しかし、戦争法廃止の共同から戦争法廃止をめざす連合政権の樹立へと進むには、大きな課題がある。

まず、戦争法を廃止してどんなかたちで日本の安全を守るかについては、まだ共同の勢力内では一致をみていないため、この点での合意をつくることが不可欠である。

戦争法廃止の共同の内部には、戦争法の廃止から安保廃棄に進むことを主張する共産党から日米同盟は維持するがその強化は認めないという立場に立ってその廃止を求める民進党まで、大きな幅がある。後者は、戦争法は廃止するが、戦争法が推し進めた施策のうち国連ＰＫＯにおける自衛隊の協力業務の拡大、そのための武器使用の拡大や周辺事態法の拡充による在外邦人の待避にさいしての米軍支援、米軍への後方支援業務の拡大、さらには尖閣諸島の紛争への自衛隊の出動を迅速化する改革などは充実させると主張している。現に二〇一六年通常国会には、戦争法関連二法の廃止法案とともに、民進党は、領域警備法案、周辺事態法等改正案、国連ＰＫＯ協力法改正案を提出している。

したがって、共同の勢力内では、戦争法にたどり着いた、これまでの日米同盟の攻撃的強化の一連の動き——すなわち、自衛隊の海外派兵、武力行使の体制を推し進めてきた周辺事態法、有事法制などの再検討に踏み込む合意はない。また辺野古新基地建設に対しては、新基地建設の中止、普天間基地撤去では一致しているが、それをいかにして実現するかについては合意をみていない。戦争法廃止、沖縄基地問題解決に関しては、以上のような点での政策的合意が不可欠となる。

こうした合意をつくることは容易ではないが、条件はある。戦争法廃止の合意が成立した背後には、自衛隊が海外でアメリカの戦争に加担して戦争することはさせない、辺野古に基地はつくらせない、普天間をはじめ沖縄の基地は何とかしたいという切実な要望に応えようという共通の意欲があるからだ。

そうした条件をふまえて、連合政権づくりの合意は、以下の諸点を軸に、行なうべきではないか。

①自衛隊の海外での戦争加担、武力行使はしない。後方支援の名目でも周辺事態法による現状を拡大しない。国連PKOは現状維持、海外での貢献は非軍事分野で行なう。この原則にもとづき、自衛隊と安保の運用の現状を広く点検する。

②安倍政権による憲法改正に反対する。憲法九条の改正、それと一体となって戦争する国づくりに不可欠の緊急権規定条項の創設には反対する。

③紛争を武力で解決しない、武力によらない紛争解決ルールづくりのイニシアティブを発揮する、紛争の軍事化に資するような自衛隊の軍事能力、権限拡大はしない。

④沖縄については、辺野古新基地建設は撤回、普天間基地は撤去、それに必要な日米地位協定の見直しをめざす。6・19県民大会で掲げられた海兵隊の撤退、沖縄基地の廃止に向けて、地位協定をはじめとする法制の見直しを開始する。

⑤共同の場では、共産党は、周辺事態法や有事法制の見直し、さらに安保条約の廃棄・再検討、自衛隊の縮小・解散は求めない。他方、民進党は、領域警備法制定、周辺事態法やPKO協力法の改正は求めない。また辺野古については、基地建設阻止に同意する。

戦争法廃止の連合政権の課題　戦争法廃止の連合政権は、現在の「市民連合」や野党共闘の政策などを前提にすると、戦争法の廃止、辺野古新基地建設反対を一致点とした過渡的な政権となる。

海外で戦争する体制の転換　連合政権の第一の課題は、戦争法の廃止と、戦争法制定にともなって進んでいる日米共同作戦体制をもとに戻すことである。

これはすでに指摘したように、廃止と並行して、すでに進められている日米共同司令部づくりの見直し、さらに戦争法の実行のための自衛隊の編成、装備の変更をもとに戻すことを不可避とする。そのためには、日本側の措置だけをとっても、自衛隊の海外侵攻軍化を推進することを決定した二〇一三年防衛計画の大綱の見直しが不可避である。

それと同時に、新政権は、戦争法を生み出すもととなった一五年ガイドラインの見直し協議をアメリカ側に対して求めなければならない。新政権が戦争法を廃止すれば、当然日米協議は不可避となる。

そのうえで、新政権は、先の合意にもとづき、日米同盟と自衛隊のあり方につき、以下の諸点で広範な見直しと点検を行なう必要がある。
①「思いやり予算」の縮小・廃止が検討されねばならない。
②また、安倍政権によって戦争する国づくりの一環として強行された特定秘密保護法は廃止を検討する。海外での戦争・武力行使を前提にした国家安全保障会議（ＮＳＣ）―国家安全保障局も、廃止を含めた見直しをすべきである。
③九〇年代以降、自衛隊の海外での活動を行なうためにつくられた周辺事態法、有事法制の廃止を含めた見直しを行なう。

辺野古と沖縄基地解決へ向けて――日米地位協定の改定　連合政権の第二の課題は、辺野古新基地建設の中止と普天間問題解決である。辺野古については、連合政権は、辺野古新基地建設工事の中断を行ない、沖縄県側との協議のもとで事態の根本的決着のための作業にただちに入らねばならない。

まず辺野古新基地については、普天間基地の辺野古移転という合意の見直しを求めて日米協議を要求しなければならない。鳩山政権の試みからいえば、アメリカ政府が容易に応じないことは明らかだ。

基地の廃止については、日米地位協定二五条にもとづく日米合同委員会があるが、とうていここでは決着がつかないので、より高次の政府レベルの交渉が不可避である。沖縄県民の多くは、普天間基地の存続にも強く反対しているから、辺野古と普天間は一体で解決をはからねばならない。

これは、沖縄の地域的な、一つの基地の移転という問題ではなく、安保条約にもとづいて沖縄に居座る米軍基地そのものの存立を問うという意味で日米同盟の根幹にかかわる問題である。

翁長知事が繰り返し強調するように、沖縄の基地は、住民の意思に逆らって米軍が「銃剣とブルドーザー」で建設を強行し、それを沖縄返還時に安保条約下の基地として追認したものである。したがって、沖縄の基地撤去は沖縄県ではなく日本政府が解決する責任をもっている。

しかし、辺野古にくわえて普天間の撤去となれば、日米安保体制の根幹を揺るがす問題となるので、アメリカ政府は容易に協議に応ずることはない。

ところで、沖縄返還時に、沖縄の基地を包括的に安保体制のもとに組み込めたのは、安保条約六条が日本の安全のみならず「極東における国際の平和及び安全の維持」のためなら地域を問わず基地の設置と米軍の活動を保障したこと、それを受けて、地位協定二条が、これまた地域を指定せず、基地設定を容認したことによっている。これらの条項による米軍の包括的な基地設定権を前提とするかぎり、アメリカ政府は、自国の戦略上の理由を盾にとれば、日本側からの基地の廃止要求を一蹴することができるのである。

ではどうするのか。戦争法廃止の連合政権は、先にみたとおり安保条約の扱いについての合意を前提にしておらず、その多数は安保条約と日米同盟に賛成する立場であろうから、安保体制の存在そのものを問うことはできない。しかし、ドイツにおけるＮＡＴＯ地位協定の補足協定の経験などをふまえれば、地位協定の根本的見直しは提起できるし、またそこに踏み込まねば辺野古―普天間基地の解決はできない。

すでに、一九九五年の米軍人による少女暴行事件などを直接の契機にして、当時の大田昌秀沖縄県知事から村山富市首相に提出された「地位協定の見直しに関する要請」では、米軍基地見直しのための地位協定二条の改正が謳われていた。また、続いて、稲嶺恵一知事時代の沖縄も、「日米地位協定の見直しに関する要望」を政府や駐日アメリカ大使らに提出した。さらに、民主党も、二〇〇九年のマニフェストで、「日米地位協定の改定を提起し、米軍再編や在日米軍基地のあり方についても見直しの方向で臨む」という方針を打ち出していた。地位協定問題にふれてこなかった翁長知事も、一六年の米軍属による女性殺害事件を受けて地位協定の抜本改定に言及した。

そこで、これらのうち、大田知事時代の「要請」が基地の廃止を含む抜本的な地位協定の改正論であるので、これを参考に、連合政権段階においてなすべき地位協定改定を検討しよう。

安保条約と地位協定における全土基地方式　あらためて確認しておこう。いわゆる全土基地方式を定めている安保条約六条とそれを受けた地位協定二条とは、以下のようなものである。

「日米安保条約」

「第六条　日本国の安全に寄与し、並びに極東における国際の平和及び安全の維持に寄与するため、アメリカ合衆国は、その陸軍、空軍及び海軍が日本国において施設及び区域を使用することを許される。」

「日米地位協定」

「第二条（施設・区域の提供と返還）

1(a)合衆国は、相互協力及び安全保障条約第六条の規定に基づき、日本国内の施設及び区域の使用を許される。個々の施設及び区域に関する協定は、第二十五条に定める合同委員会を通じて両政府が締結しなければならない。『施設及び区域』には、当該施設及び区域の運営に必要な現存の設備、備品及び定着物を含む。

(b)合衆国が日本国とアメリカ合衆国との間の安全保障条約第三条に基く行政協定の終了の時に使用している施設及び区域は、両政府が(a)の規定に従って合意した施設及び区域とみなす。」

続いて、第二項はこう規定して両政府の協議による返還を可能としているかにみえる。

「2　日本国政府及び合衆国政府は、いずれか一方の要請があるときは、前記の取極を再検討しなければならず、また、前記の施設及び区域を日本国に返還すべきこと又は新たに施設及び区域を提供することを合意することができる。」

しかし、先に指摘したように、個々の基地の使用の基準は、「極東における国際の平和及び安全の維持」という包括的なものであるから、アメリカ側が応ずる可能性はきわめて低い。

地位協定二条の改定による基地返還要求の明記　そこで、一九九五年に沖縄県が提出した「要請」は、以下のような改正案を提起している。

「地位協定第二条を見直し、日本国政府は、施設・区域の所在する都道府県や市町村から意見を聴取し、施設・区域の存在が、当該自治体の振興開発等に悪影響を及ぼしているばあいは、米国政府に対し、その返還を要請し、米国政府は、その要請に応じなければならない旨を明記する[65]」というものである。

この「要請」は、日本政府が地方自治体の意見聴取をふまえ、基地が「振興開発等に悪影響を及ぼす」と認定した場合、返還を求め、米国政府はそれに応ずる義務があるとするものである。

普天間基地をはじめとした沖縄や本土基地の見直しを行なう基準として、この「振興開発等」はやや狭い。それに対し二〇〇〇年の稲嶺知事時代の要望[66]は、県からの要望に対して日米両政府が「検討」し「意向の尊重」を行なうにとどまるもので、九五年要請よりは弱いが、反面、見直しの基準については、「住民生活の安全確保及び福祉の向上のため」と、より広く設定されていた。

それをふまえ、連合政権の地位協定改定案では、基地の存在が「当該自治体の住民生活の安全確保あるいは生活に重大な悪影響を及ぼしている場合」という基準のもとで、日本政府が基地返還請求できるようにすべきである。

また、連合政権は、基地返還のほかにも最低限、以下の諸点で協定改定を提起し実現すべきである。

一つは、協定第三条を改定して、地域住民に大きな影響をもたらす騒音や環境保護については国内法にしたがうこと、またそれに関連して関係自治体の基地内への立ち入りを認めることである。

二つ目は、協定一七条の刑事手続き規定の改正である。とくに、九五年の少女暴行事件で問題となった、被疑者の拘禁をいかなる場合でも、日本側ができるよう明記すること。

三つ目は、米軍人軍属等による犯罪被害の補償について日米両政府が責任を負うことである。

四つ目は、協定二五条の日米合同委員会の手続きにおいて、関係自治体の意向聴取さらに合意事項の公表義務なども不可欠である。

また連合政権は、地位協定一七条の刑事裁判権、一八条の民事賠償権、また米軍による「民間の港湾・空港の利用権」、四条における返還時の原状回復義務免除、などの見直しも早急にはじめなければならない。こうした改定、とりわけ、協定二条の改定にアメリカ政府が応じるには、日米両国政府の間で日米同盟と米軍の存在についての再検討が不可欠であり、安保条約を認めるもとでも米軍の日本全土への制限なき展開についての歯止めと改善の合意が確保されねばならない。

本来、こうした見直しは、冷戦後に日米間で包括的に行なわれるべきであった。とくに村山政権下の九五年、沖縄で少女暴行事件が起こったときがこうした地位協定の包括的な見直しの機会であったと思われる。だが、村山政権は何も動かず、次の橋本政権では逆に安保条約、日米同盟の拡大が合意され、地位協定改定には踏み込まず普天間返還も米軍の機能を損なわないかぎりで行なうとされた。

連合政権は、地位協定の見直しにより、安保条約のもとでも普天間基地撤去をはじめとした基地問題解決へ前進しなければならない。

憲法堅持と九条外交

連合政権がとりくむべき第三の課題は、憲法擁護の原則を打ち出し、日本外交の原則として、諸外国にあらためて憲法九条の堅持とこれを日本外交の方針とすることを宣言することである。

戦争法廃止の共同においては、「安倍改憲に反対」という合意はあるが、憲法改正そのものへの反対という合意はない。しかし、安倍改憲の中心が憲法九条の改変、自衛軍の設置と自衛権の明記にあることは明らかであるかぎり、九条の改変には反対するという点での合意は可能ではないか。

それをふまえ、連合政権は、むしろ九条にもとづく外交の第一歩を踏み出すことが求められる。現在の北東アジアの現状、すなわち中国が軍事大国化を強め、朝鮮が核実験を繰り返している現状では、日米同盟を解消し、安保条約を廃棄して、米軍基地を撤去するという道は、たとえ、望ましい理想と認められても、とうてい現実的対案として国民の合意を得ることはできない。安保条約の廃棄の成否は、この外交により北東アジアの平和を現実的に構築できるか否かにかかっているといってもよい。

侵略戦争の責任と謝罪　連合政権の外交の第一は、歴史問題にはっきりと決着をつけることである。まず、歴代政府があいまいにしてきた日本による植民地支配と侵略戦争を含め、日本の行動について、国民的議論を起こし、あらためてアジア諸国に対する謝罪と被害者に対する個人賠償の検討を開始しなければならない。

北東アジアにおける軍事的緊張の緩和と非核・平和保障機構づくり　連合政権の外交の第二としてとりくむべき課題は、北東アジアの緊張緩和と平和保障の制度づくりである。そのために、日本は、憲法九条が謳う「武力によらない平和」の理念を自国の外交原則とすることを宣言し、それにもとづく既存の外交政策の根本的転換を行なう。

1　まず日本は、北東アジアに対し、あらためて非核三原則を宣明し、とりわけアメリカに対して第三原則の実行の確約を求める。武器輸出を禁止した武器輸出三原則を復活させ、国連安保理の常任理事国五ヵ国をはじめ、武器輸出大国にこの実行を働きかける。

2　朝鮮に対しては、従来政府がとってきた朝鮮に対する威嚇政策を再検討し、拉致問題の解決と日朝平壌宣言の履行をあらためて宣言する。

3　中国に対しては、歴史問題での原則と九条の原則を宣言したうえで、中国の覇権主義を是正し緊張緩和を促進する措置を強力に推進する。すぐあとで述べるように六ヵ国協議を再開しその機構の強化を推進するとともに、中国政府のとっている南シナ海、東シナ海における覇権主義的態度を改めるよう、紛争の非軍事的解決、領土紛争の北東アジアレベルの機構による解決方式を二国間協議で推進する。

4　朝鮮の核問題の解決をめざしてつくられた六ヵ国協議を再開、拡充し、これを北東アジアの非核と紛争解決の機構に拡大・強化することを提案すべきである。いままで日本は、六ヵ国協議において、唯一の被爆国であり、また九条をもっているにもかかわらず積極的なイニシアティブはまったく発揮してこなかった。連合政権は、この六ヵ国協議の再開、強化のイニシアティブを発揮しなければならない。朝鮮の核開発の抑止の問題をより包括的な北東アジアの非核構想のなかで検討解決することを提案する。北東アジアで、朝鮮半島と日本を非核武装地域として、六ヵ国が合意することで朝鮮に核開発放棄を認めさせる。

5　先に指摘した、北東アジアにおける、核の先制不使用協定、核軍備の削減、査察の協定締結のイニシアティブを連合政権段階からはじめなければならない。また「核兵器禁止条約」の締結など国連が主導する核兵器の禁止・廃絶に関するとりくみと連携することが不可欠である。

6　さらに進めて、紛争の軍事的解決の禁止を協定すべきである。このさいには、ＡＳＥＡＮでつくられた「行動規範」に学びながら、ＡＳＥＡＮに先んじて、より実効性のある北東アジア版の「行動規範」の策定を日本がイニシアティブをとって行なうことが求められる。

国連外交　連合政権がとりくむべき外交の第三は、国連を舞台にした平和・軍縮外交の展開である。先にあげた核廃絶も、国連のレベルでの核大国に対する要求、圧力がなければ実効的にはならない。

また、政府は、ＡＳＥＡＮとの連携にも積極的なイニシアティブを発揮し、アジア・太平洋地域の領土・領海問題の多国間での解決の仕組みづくりにとりくむことが求められる。

また、ＷＴＯなどでも、連合政権は、各国の農業や地場産業を保護し各国が国民経済を再建する余裕をもてるような改革のイニシアティブをとる。

2　安保廃棄への国民的合意づくりと安保廃棄の連合政権

戦争法廃止の連合政権のもとでの政治を経験するなかで、日本とアジアの実効性のある平和構築を前進させ、そのさらなる強化のために、安保条約廃棄、安保体制の打破に向かわねばならない。戦争法廃止の政権を、その経験と合意をふまえて安保廃棄をめざす連合政権に発展させねばならない。

安保廃棄の国民的合意

安保条約をめぐる国民意識　そのためには、戦争法廃止の政権の経験を積むなかで安保条約廃棄の国民的合意を獲得する必要がある。

現代日本においては、安保条約が日本の安全保障に役に立っていると考える国民は、八割を超えている。六〇年安保条約改定をめぐる攻防の直後の一九六三年には、安保条約が日本に役立っていると考える人は三七・三％、役立っていないと答えた人は、一六・一％であった[67]。その後七〇年代に入ると、安保が役に立っていると答える人は六〇％台にのぼり、冷戦終焉後になると、一時、その回答はやや減少したが、その後連続的に上がり、二〇〇〇年代に入ってからは役に立つと答えた人が七〇％台となり、一二年からは八〇％代に入り、一五年一月には八二・九％と過去最高にのぼっている。

また日本の安全を、安保条約と自衛隊の組み合わせで守ると答える人は、二〇一五年調査では、八四・六％にのぼり、それに対して、安保を廃棄して自衛隊だけで守る自主防衛論は六・六％、安保廃棄、自衛隊の縮小廃止で守ると答えた人はなんと二・六％[68]にとどまった。

一九六九年には、安保＋自衛隊で守るという回答は四〇・九％、自主防衛は一二・九％に対し、安保廃棄も九・六％であった。安保廃棄の構想が最も増えたのは、七二年調査で、一五・五％にのぼった。ところが、一九七五年から安保＋自衛隊でという回答は五割台に、七八年からは六割台に、さらに二〇〇〇年からは七割台に、一二年からは八割台にのぼり、いまや、日本の安全は、安保条約と自衛隊で、と考える人が圧倒的多数になっている。

こうした安保条約に対する支持の増加は、近年の日本をめぐる安保環境が「厳しく」なり、「日本が戦争に巻き込まれる危険性」が高くなったという認識が広範な国民に普及した結果でもある。二〇一五年調査[69]では、日本が戦争に巻き込まれる危険があると答えた人は七五・五％にのぼっており、かなりの部分は、その要因を中国の軍事大国化を中心とする「国際情勢の緊張、対立の増大」に求めている。これに対して、日本が戦争に巻き込まれる危険はないと答えた人は一九・八％と、二割を割っている。

しかし、ここで注目されるのは、危険がない理由を問う質問に対し「安保条約があるから」と答える人は、最も多く四七・九％を占めるのに対し、「戦争放棄の憲法があるから」と答える人も四三・一％と拮抗していることである。もともと冷戦期においては、日本が戦争に巻き込まれる心配はないと答えた人のなかで、安保があるからと答えた人は、憲法があるからと答えた人を下回っていた。たとえば、一九八八年には、安保があるからと答えた人は二九％だったのに対し、憲法があるからと答えた人は四〇・三％にのぼっていた。この比率は、九七年にひっくり返るが、現在なお、安保とならんで憲法が日本の戦争巻き込まれを防いでいると答える人がいることは注目される。

同時に、日本が戦争に巻き込まれない理由として自衛隊があるからと答えた人は、安保、憲法とくらべて一貫してきわめてわずかであることも注目される。

安保廃棄への合意形成　こうした安保条約に対する意識をみると、国民の多くは、安保条約による米軍の存在と憲法のもとでの自衛隊の海外での戦争の禁止によって日本の平和が守られてきたと考えていると推測できる。そして、安保に対する期待と依存の高まりは、日本をめぐる「脅威」の増大に比例していると考えられる。

実際には、安保条約による米軍のプレゼンスが日本の平和を支えたわけではなく、むしろ安保条約と米軍の存在はつねに、とりわけ冷戦終焉後には、アメリカの戦争への加担圧力を強めたにもかかわらず、安保条約への期待感が高いことは注目される。

こうした国民意識を変えるには、先に検討したように、戦争法廃止の連合政権が、その外交により、アジアにおける平和保障の体制を構築することにより、国民が、武力によらない平和保障の有効性について確信を強める以外にない。

戦後自民党政権のもとでは、政府は、アジアと世界の平和のために独自のイニシアティブを発揮したことは一度もなかった。それが、国民のなかでの安保依存意識を維持した大きな要因となったと思われる。

アジアレベルの平和秩序の推進と自衛隊の縮小・解散

安保条約廃棄による基地撤去とアジアレベルの平和保障体制の強化を実現するなかではじめて、日本は自衛隊の縮小・解散の方向の合意を獲得し、名実ともに憲法による平和保障の体制に進むことができる。

現代日本の国民意識においては、自衛隊を容認する意識はきわめて強い。自衛隊に対してよい印象をもっている人は、二〇一五年調査では、九二・二%にのぼるのである。[70]こうした自衛隊に対する好印象は、一九六〇年代から、いくつかの時点の例外――安保廃棄の運動が強まった七二年にはよい印象は五八%、冷戦終焉後の九一年には六七・五%――を除けば、ほぼ一貫して漸増しつづけてきた。

しかし、この中味については、二つの点を指摘しておく必要がある。

一つは、自衛隊に対する好感は、自衛隊の増強や軍事大国を求める意識ではなかったことである。総理府(内閣府)は一貫して自衛隊の増強の可否を質問してきたが、冷戦時からほぼ一貫して、自衛隊については、「今の程度」が四割から六割を占めてきた。それに対して、増強論と縮小論は、時々で変化してきたが、冷戦終焉の九一年には、増強論は七・七%だったのに対し縮小論は二〇%にのぼったのである。その後、ジグザグはありながら、近年にかけて、増強論が増加し、縮小論が減少している。その結果、二〇一五年には、増強二九・九%に達し、逆に縮小論は四・六%と、冷戦終焉以降最低を記録している。近年の増強論は明らかに、中国に対する脅威論と並行しているのである。

二つ目に指摘しておきたいのは、国民の自衛隊に対する親近感や支持は、自衛隊の災害派遣における活躍によるものが大きいという点である。自衛隊の存在する目的を問う質問に対し、なんと八一・九%が災害派遣と答え、「国の安全の確保」の七四・三%を上回っていること、この傾向は冷戦時以来一貫していることがこれを如実に示している。

しかも、今後自衛隊に力を入れてもらいたい領域については、災害派遣が七二・三%と、国の安全の六九・九%を上回っていることである。また自衛隊の災害派遣活動に対しては、じつに九八%が積極、消極の支持を与えていることも自衛隊に対する国民の期待の所在を示している。

こうした国民意識は、安保条約を廃棄して、アジアと日本の平和の体制が革新される段階では、自衛隊を、災害派遣と非武装の国際的な支援活動に専念する組織へと国民的合意を得つつ改組することを展望できる。

八　戦争法廃止から安保のない日本へ

以上、検討したことからの結論は、現在のような軍事的対決の激化する時代において、アジアと日本の平和を実現するには、憲法の「武力によらない平和」の理念を実現する道をおいてないということである。

しかも憲法を実現する道は決して日本一国だけでは開けない。憲法の構想を世界的秩序として具体化する努力によってのみそれが可能であるということである。

この道はきわめて理想主義的にみえるが、決してそうではない。日本国民は一貫して憲法改正に「NO」をいいつづけることによって、九条を核とする憲法の理念をわがものとしてきた。九条の非戦の思想は、不十分ながら海外での武力行使をしないという原則として維持されてきた。安倍政権は、戦争法によって、この原則を覆そうとしているが、それに反対する戦争法反対運動が未曾有の高揚をもたらし、戦争法廃止の連合の展望を示している。この戦争法廃止の連合こそ、安保のない日本を追求するうえで唯一の道である。

私たちは、戦争法反対運動が切り拓いた、この展望を手がかりに、安保のない日本への道を切り開いていかねばならない。

（補）本稿は、「解題にかえて」、また本著作集本巻第10論文の（補）でも書いたように、渡辺治・福祉国家構想研究会編の『日米安保と戦争法に代わる選択肢』大月書店、二〇一六年、の第7章として書かれたものである。ここでいう「序章」とは、本書『選択肢』の巻頭に書かれた「序章　安倍政権による戦争法強行と対抗構想」という論稿をさしている。この「序章」は、若干の修正を加えて、本著作集本巻、第10論文として収録されているので参照いただきたい。

（1）奥平康弘『憲法を生きる』日本評論社、二〇〇七年、一八四頁。
（2）二つの潮流について、新崎盛暉「戦後日本における沖縄の位置」孫崎享ほか編『終わらない〈占領〉1　対米自立と日米安保見直しを提言する！』法律文化社、二〇一三年、五〇頁。
（3）さしあたり、新崎盛暉『日本にとって沖縄とは何か』岩波新書、二〇一六年。
（4）翁長雄志『戦う民意』角川書店、二〇一六年。
（5）柳澤協二・伊波洋一『対論　普天間基地はなくせる――日米安保の賛成・反対を超えて』かもがわブックレット、二〇一二年。
（6）渡辺「安保のない日本をめざす運動と構想の経験」渡辺・福祉国家構想研究会編『日米安保と戦争法に代わる選択肢』大月書店、二〇一六年所収、のち本著作集本巻に第11論文として改題の上収録。
（7）読売新聞二〇一五年一一月一〇日付。
（8）NHK、二〇一五年一一月九日放送。
（9）京都新聞二〇一五年一一月三〇日付。
（10）孫崎享『日米同盟の正体――迷走する安全保障』講談社新書、二〇〇九年、二二一頁。
（11）孫崎享「日米関係の実相」孫崎ほか編、前掲『終わらない〈占領〉』一五頁。
（12）孫崎／マーチン・ファクラー『崖っぷち国家日本の決断』日本文芸社、二〇一五年、一〇〇頁。
（13）孫崎、前掲『日米同盟の正体』三頁以下。
（14）孫崎、前掲「日米関係の実相」一一頁。
（15）孫崎享『不愉快な現実――中国の大国化、米国の戦略転換』講談社新書、二〇一二年、四～五頁。
（16）同前、第九章。
（17）孫崎、前掲『日米同盟の正体』二五〇頁。

(18) 孫崎、前掲『不愉快な現実』二三九、二四七頁。
(19) 同前、二六三頁、
(20) 同前、二六四頁。
(21) 孫崎／ファクラー、前掲『崖っぷち国家日本の決断』二一三頁。
(22) 寺島実郎『われら戦後世代の「坂の上の雲」——ある団塊人の思考の軌跡』ＰＨＰ新書、二〇〇七年、一五一頁。
(23) 寺島実郎・柳澤協二「日米同盟を相対化する道筋」柳澤編『脱・同盟時代——総理官邸でイラクの自衛隊を統括した男の自省と対話』かもがわ出版、二〇一一年、二三頁。
(24) 同前、三六頁。
(25) 同前、二七頁。
(26) 柳澤協二「現代に生きる専守防衛」自衛隊を活かす会編著『新・自衛隊論』集英社新書、二〇一五年、二七頁。
(27) 同前、二四頁。
(28) 同前、三四頁。
(29) 同前、二六頁。
(30) 同前、三一頁。
(31) 同前、二八頁。
(32) 同前、三二九頁。
(33) 同前、三三一〜三三三頁。
(34) 同前、三三二頁。
(35) 同前、三三三頁。
(36) 寺島・柳澤、前掲「日米同盟を相対化する道筋」一四頁。
(37) 同前、二六頁。
(38) 寺島実郎「日米同盟を見直し、日米戦略対話を」朝日新聞取材班ほか編『沖縄と本土——いま、立ち止まって考える辺野古移設・日米安保・民主主義』朝日新聞出版、二〇一五年、三五頁。
(39) 柳澤、前掲「現代に生きる専守防衛」二八頁。

(40) 波多野澄雄『歴史としての安保条約——機密外交記録が明かす「密約」の虚実』岩波書店、二〇一〇年、一五二頁以下。
(41) 孫崎、前掲『崖っぷち国家日本の決断』二一三頁。
(42) 同前、一二七頁。
(43) 寺島、前掲「日米同盟を見直し、日米戦略対話を」三七頁。
(44) 柳澤・伊波、前掲『対論　普天間基地はなくせる』二七頁。
(45) この点詳しくは、渡辺治『日本国憲法「改正」史』日本評論社、一九八七年、五〇六頁以下、本著作集第6巻収録、参照。
(46) 久保卓也「日米安保条約を見直す」『国防』一九七二年六月号、二二頁。
(47) 同前、二一頁。
(48) 久保卓也「防衛白書あとがき——私見」『国防』一九七六年八月号、二五頁。
(49) 同前、二五頁。
(50) 柳澤、前掲「現代に生きる専守防衛」二八～二九頁。
(51) 不破哲三『スターリン秘史——巨悪の成立と展開6　戦後の世界で』新日本出版社、二〇一六年。
(52) 不破哲三『スターリンと大国主義』新日本新書、一九八二年、金成浩「冷戦期ソ連外交における安全保障観と国境」『ロシア史研究』二〇一五年。
(53) 渡辺治「安倍政権による戦争法強行と対抗構想」渡辺・福祉国家構想研究会編『日米安保と戦争法に代わる選択肢』大月書店、二〇一六年、所収、本著作集本巻に収録。
(54) 前田哲男「合憲的自衛力への三条件」『世界』一九九一年八月号ほか。
(55) 水島朝穂「自衛隊の平和憲法的解編構想」深瀬忠一ほか編『恒久世界平和のために——日本国憲法からの提言』勁草書房、一九九八年、同「平和政策への視座転換」深瀬忠一ほか編著『平和憲法の確保と新生』北海道大学出版会、二〇〇八年など。
(56) 水島、前掲「自衛隊の平和憲法的解編構想」六〇二頁。
(57) 水島、前掲「平和政策への視座転換」二八七頁。
(58) 水島、前掲「自衛隊の平和憲法的解編構想」では、「国際災害救援隊」構想が自衛隊廃止後の主要組織として提言されている。同、六〇二頁以下、参照。
(59) 渡辺、前掲「安倍政権による戦争法強行と対抗構想」。

(60) この点についての文献は多岐にのぼるため列記しないが、さしあたり以下。総論的には、渡辺治「アメリカ帝国の自由市場形成と現代の戦争」(本著作集第12巻収録)、浅井基文「アメリカの覇権主義とグローバル戦略の展開」、以上いずれも、渡辺治・後藤道夫編『講座戦争と現代1「新しい戦争」の時代と日本』大月書店、二〇〇三年、参照。最新のものでは、長沢栄治・栗田禎子編『中東と日本の指針――「安保法制」がもたらすもの』大月書店、二〇一六年。

(61) この点、後藤道夫「新福祉国家論序説」渡辺・後藤道夫編『講座現代日本4 日本社会の対抗と構想』大月書店、一九九七年、二宮厚美「新福祉国家建設と平和構想」渡辺治・和田進編『講座戦争と現代5 平和秩序形成の課題』大月書店、二〇〇四年、参照。

(62) 都留重人「安保体制に代るもの」『世界』一九五九年一一月号。

(63) 福祉国家構想研究会の以下を参照。医療・社会保障の福祉国家型への転換については、二宮厚美・福祉国家構想研究会編『誰でも安心できる医療保障へ――皆保険50年目の岐路』大月書店、二〇一一年、福祉国家と基本法研究会・井上英夫・後藤道夫・渡辺治編『新たな福祉国家を展望する――社会保障基本法・社会保障憲章の提言』旬報社、二〇一一年。教育については、世取山洋介・福祉国家構想研究会編『公教育の無償性を実現する――教育財政法の再構築』大月書店、二〇一二年。雇用については、後藤道夫・布川日佐史・福祉国家構想研究会編『失業・半失業者が暮らせる制度の構築――雇用崩壊からの脱却』大月書店、二〇一三年。財政の転換については、二宮厚美・福祉国家構想研究会編『福祉国家型財政への転換――危機を打開する真の道筋』大月書店、二〇一三年。

(64) 後藤、前掲「新福祉国家論序説」四七一頁。

(65) 「地位協定見直し要望書」一九九五年一一月四日、本間浩『在日米軍地位協定』日本評論社、一九九六年、三九三頁以下。

(66) 「日米地位協定の見直しに関する要望」「要請事項の内容及び説明(日米地位協定)」二〇〇〇年八月二九・三〇日。

(67) 総理府「防衛問題に関する世論調査」一九六三年六月。

(68) 総理府大臣官房政府広報室「自衛隊・防衛問題に関する世論調査」二〇一五年一月。

(69) 同前。

(70) 同前。

解題にかえて・論文執筆の経緯

1　第Ⅰ部「戦後社会運動の歴史的位置」収録論稿について

第Ⅰ部に収録したのは「階級の論理と市民の論理」一本である。この論文は、歴史学研究会の編による『講座世界史』の最終巻『講座世界史12　わたくし達の時代』（東京大学出版会、一九九六年七月）の一本として、依頼されて書いたものである。歴史学研究会の編による、『講座日本歴史』には二度依頼されて執筆している――その経緯については著作集第10巻の「解題にかえて」でふれた――が、世界史講座は、自分には縁のないものと思っていたので、依頼を受けた時は、かなり考えた。

当時は、冷戦が終焉しソ連・東欧の「社会主義」体制が崩壊し、中国も市場経済に移行するなかで、社会運動のなかで半ば自明視されていた世界史の流れ―資本主義世界から社会主義へ、という社会構成体の移行の展望に少なくとも再検討を迫る現象――本論文で使用した用語を使えば「階級の論理から市民の論理への逆転」現象――が起こり、旧社会主義圏をも巻き込んだ自由市場の大拡大、資本のグローバルな展開と多国籍企業間の激しい競争が展開され、すでに一九八〇年代から始まっていた、資本主義世界での新自由主義改革の動きが一気に拡大し世界を席巻した。先進資本主義諸国の社会主義運動、市民運動も大きな変貌を遂げつつあった。こうした世界の大規模な変動のもと、日本の政治、経済も、対抗する社会運動も大きく揺れ動いていた。この世界史の変動をどう捉え、対抗する社会運動の新たな課題は何かを歴史の中で改めて考えたいと思っていたので、歴研からの依頼を引き受けた。

本論文では、第一次世界大戦以降の社会主義運動の流れを概観したうえで、戦後日本の社会運動がもった特徴を戦後支配構造との関連で概観しているため、運動を検討する本巻の冒頭においた。極めて荒削りで不満も多いが、筆者には、思い出深い論文である。

2 第Ⅱ部「企業社会と新自由主義に対抗する運動」収録論稿について

第Ⅱ部には、一九六〇年代に成立し七〇年代に確立をみた現代日本社会の支配構造、企業社会に対抗する社会運動と、九〇年代以降の日本の支配構造となった新自由主義に対抗する運動を検討した論稿を収録した。

(1) 第2論稿『「豊かな社会」日本の構造』について

第2論稿には、労働旬報社から、一九九〇年に刊行された『「豊かな社会」日本の構造』を収録した。

本書は、当初、企業社会とそれに対抗する運動について書いたものを集めた論文集にするつもりであったが、戦後日本の平和と民主主義運動の中心を担う部隊であり、企業社会の成立・確立の中で大きな変質を余儀なくされた日本社会党と総評労働組合運動についての検討を新たに書き下ろした――第三章、第五章がそれである――ため、ほとんどが書き下ろしとなった。

本書は筆者の著書のなかでも最も思い出に残る本の一つである。企業社会とそれに対抗する運動や変革の展望を明らかにするには、社会党や総評の運動を検証しなければならなくなったが、解説でも書いたように、筆者はそれまで運動について正面から検討したことはなかったので、改めて運動史の検討をやり直さねばならず、大変であった。

木内さんが探してくれた、神田の古い旅館などに缶詰になって執筆したが、古本屋街の真ん中にあるその旅館の部屋の向かいはしもたやで、筆者が原稿を書いていると、その目と鼻の先の物干し場に女性が出てきて洗濯物を干していたのを覚えている。

いよいよ、本が出来上がる段になって、本書のタイトルを何にするかで木内さんと頭を捻った。筆者は、端的に『企業社会日本の構造』としたかったが、木内さんは、それでは売れない、当時、流行っていた「豊かな社会論」に乗って『豊かな社会日本の構造』にしようと言い、筆者も渋々（?）飲むことになった。せめてもの「抵抗」で「豊かな社会」にかぎ括弧をつけた。

このタイトルも効果があったのか、当時、「過労死」や「単身赴任」など企業社会の矛盾が顕在化し、企業社会の克服をめざす運動が模索されていたこともあり、本書は、多くの読者をうることができ、筆者は、その「解説」を兼ねて、全国で講演した。

本書に対し、総評、社会党と並んで戦後日本の社会運動で大きな役割を果たしてきた日本共産党の分析はしないのかと、色々な人から言われたのも記憶に残っている。

(2) 第3論文「現代日本社会と社会民主主義――『西欧型社会民主主義』への模索とその隘路」について

本論文は、筆者が一九九〇年まで勤務していた、東京大学社会科学研究所の全体研究「現代日本社会」の取り組みの一環で書いたものである。本論文の執筆は、筆者が一橋大学に移ってからであったが、全体研究の刊行物『現代日本社会5　構造』（東京大学出版会、一九九一年一一月）に収録された。

冒頭、「解説」でも書いたように、本論文は、『豊かな社会』で検討した社会民主主義論の延長線上で、そこでは解明不十分であった、日本社会党はなぜ、西欧社会民主主義に倣って現実主義化すべきだという声にもかかわらず現実主義路線をとらなかったのか、七〇年代後半以降、なぜ現実主義化の流れが支配的となったのか、という問いに焦点を合わせて検討した。

(3) 第4論文「戦後型左翼の形成・展開と日本政治に対する規制力」について

本論稿は、二〇〇四年一〇月二日に行なわれた、二〇〇四年度の日本政治学会総会の共通論題での報告用に作成した原稿である。二〇〇四年度政治学会の共通論題Iのテーマは「日本の左翼——過去・現在・未来」というもので、新藤宗幸千葉大学教授の司会のもと、報告者は、山口二郎、進藤兵、そして筆者であった。この時の政治学会は、札幌で行なわれた。

筆者は、「左翼」という括りでものを検討したことはなかったのだが、報告を頼まれた際、それまで検討してきた総評・社会党の運動に加え、日本共産党の運動が社会党・総評の方針と時に激しく対立しながら、戦後日本が直面した、独立、平和と民主主義の課題を戦略的課題とみなして闘い、戦後政治に大きな刻印を押したことに注目し、両者を「左翼」として共に考えてみようと思い、報告を引き受けた。報告用原稿は、当日会場で領布されたが、本著作集で初めて収録された。

本論文は、社会党や共産党と労働運動を一括して、戦後社会運動史を、戦後の社会的支配構造との関連で検討しようという試みとしては、初めての試みであったが、その仮説の実証は十分ではなく、不満の多いものである。また、戦後社会運動を考察するには、五〇年代後半期から台頭し六〇年代以降に展開する市民運動を加えて考察しなければならない。本論文でも、その点には言及しているが、弱い。改めて戦後社会運動史をこうした視角で検討してみたい。

⑷　**第5論文「現代日本における社会民主主義の可能性——『新しい福祉国家』の戦略」について**

本論文は、雑誌『未来』で連載された「リベラル・デモクラシーとソーシャル・デモクラシー」の一〇回目として、『未来』二〇一二年六月号に掲載された小文である。本論文は、本連載を企画した田中浩一橋大学名誉教授の依頼で書いたものである。

字数が限られているので、詰めに詰めて書いたこともあり、恐ろしくわかりにくい文章となっているが、日本の社会民主主義の歴史を要約したうえで、新自由主義下の社会民主主義の課題として、新自由主義を終焉させる新たな福祉国家戦略を提示したものであるため、ここに収録した。

⑸　**第6論文「二つの国民的経験と新自由主義をめぐる対抗の新段階——新自由主義政治転換の構想と主体形成に焦点をあてて」について**

本論稿は、二〇一二年五月二六、二七日の両日に行なわれた歴史学研究会の二〇一二年度大会での全体会報告を活字にしたものである。『歴史学研究』二〇一二年一〇月、増刊号に掲載された。

字数が限られているため、『歴史学研究』への掲載に際しては、報告で使用した資料は一切載せなかったが、本著作集への収録にあたり、全体会で配布し報告で使用したほとんどの資料を掲載した。

本大会は、新自由主義の所産、矛盾の結果と見られるさまざまな運動が、世界各地で起こり、日本でも新自由主義の矛盾の爆発と反新自由主義運動を背に受けて政権交代が起こり、民主党政権が誕生したが、アメリカ、財界の反撃により、新自由主義への回帰が顕在化した、二〇一二年五月に行なわれた。

大会の統一テーマは、「変革の扉を開くために——新自由主義への対抗構想と運動主体の形成」であった。全体会の報告は二本。一本目は長沢栄治による「アラブ革命の構想力――グローバル化と社会運動」であり、もう一本が筆者の「二つの国民的経験と新自由主義をめぐる対抗の新段階――新自由主義政治転換の構想と主体形成に焦点をあて て」と題するものであった。この大会は、東京外国語大学で行なわれた。

この時の歴研委員長は、池享氏であった。池さんは、同じ歴史学研究会の事務局ということで安田浩さんと付き合いがあり、それとの関係で、池さん、安田浩、幸子夫妻と一緒にスキーに行ったりしていた。その後、筆者が一橋大学に移ったが、池さんは経済学部の教員であり、それからは二〇年ほど、学内行政、職員組合の活動や研究会などで色々おつきあいがあった。

この報告は、自分なりに相当力を入れて行なった。特に、「解説」でも書いたように、民主党政権を生んだ力として、反新自由主義運動を正面から検討したのはこれだけなので、ここに収録した。

3　第Ⅲ部「平和運動、憲法運動の歴史と現在」収録論文について

第Ⅲ部に収録した論文は、いずれも、復活安倍政権が、憲法九条により自衛隊に課せられた制約の打破をめざして集団的自衛権行使を容認する政府解釈の改変と、それを法制化した戦争法を提出した時期に、それに対する反対の立場から書いた論稿であり、いずれも筆者の論文集『現代史の中の安倍政権――憲法・戦争法をめぐる攻防』(かもがわ出版、二〇一六年一月)に収録されたものである。そこで、本書のあとがきの一部を引用しておきたい。

あとがき(抄)

本書は、第二次安倍政権が集団的自衛権行使容認の閣議決定を強行した直後から戦争法を強行した直後までに筆者

が書いた論文のうち五本を選び加筆した論文集である。論文集であるため、重複箇所の削除と加筆をおこなったが、依然重複が多いことをお許しいただきたい。（中略）

筆者の安倍首相とのつき合いは長い。すでに、第一次安倍政権の時に危機感を持って『安倍政権論』旬報社、二〇〇七年八月、を出版した。ところが、本の刊行後わずか一カ月で安倍政権は退陣し、改憲の危険はひとまず去った。二〇一四年一二月、安倍首相が復活を果たして以降、筆者は、九〇年代以降の保守支配層の宿願の達成をめざす容易ならぬ政権であると感じ、すでに三冊の本、論文で安倍政権の政治を検討した。『安倍政権と日本政治の新段階』旬報社、二〇一三年五月刊、『安倍政権の改憲・構造改革新戦略』旬報社 、二〇一三年一〇月刊、そして、第二次安倍政権の輪郭が定まった二〇一四年の秋に、岡田知弘、後藤道夫、二宮厚美と共著で刊行した『〈大国〉への執念――安倍政権と日本の危機』大月書店、二〇一四年一〇月刊である。復活安倍政権については、これが四冊目、第一次安倍政権も加えれば、五冊目である。すでに『大国への執念』で、安倍首相の二つの顔、大国への野望、安倍大国政治の三つの柱、安倍官邸を支える三勢力など、筆者の安倍政権論の輪郭を示したので、本書はその応用編にあたる。

こうして、いつの間にか安倍晋三は筆者がもっともたくさん言及した政治家になってしまった。それは、安倍が、筆者の私淑する歴史家、服部之総が言うような「傾倒することのできる人物」だからではない。もちろん歴史家たる服部が「傾倒することのできる」とは通例の意味合いとは大いに異なる。「だれにも好き嫌いはあるものだが、明治大正の歴史をひもどいて、傾倒することのできる人物――わたしのばあいは、歴史家であるから、好きも嫌いも傾倒も直接的・感性的なものではなく、全力をあげて書いてみたいという衝動のうえのことではあるが――といえば、大久保利通・星亨・原敬の三人くらいのものである」と（『明治の政治家たち』岩波新書、上巻、まえがき）。筆者は、安倍晋三を、この服部が言うような意味合いでの「傾倒する人物」とはかけ離れたところで、いわば、いやいや、検討してきた。にもかかわらず、安倍晋三は、たんなる右翼の政治家として見過ごすことのできない容易ならぬことを強行しつつある。安倍の懐抱する偏狭なイデオロギーとそのイデオロギーに裏打ちされた大国への野望が、支配層が求めて止まなかったにもかかわらず歴代政治家が逡巡して達成できなかった二つの事業——軍事大国化と新自由主義改革を二つながらに強行する野蛮な情熱を生みだしている点に、安倍晋三、安倍政権の容易ならぬ重大性の原因があるのではないか。

本書も、戦争法案反対の運動で走り回りながら書いたものであった。戦争法案が国会に出た五月以降この一一月まで講演だけでも七〇回を超えた。本書はその一回一回の講演で少しずつ修正継ぎ足して検討した結果できあがった、その意味では講演の産物である。

本書も、いちいちお名前を挙げないが、九条の会事務局のメンバーをはじめ多くの人々との共同の経験や議論がなければできなかった。

そんな忙しくせわしない中、本書をまとめることができたのは、かもがわ出版の会長三井隆典さんのまことにしつこい要請があったからだ。電話に出ないようにしていたが、あまりの攻勢に根負けしたためである。このしつこい依頼がなければ間違いなくこの本は生まれなかつたので、三井さんには感謝している。

第二幕を迎えるにあたり、できるだけ多くの読者に読んでもらいたいと思う。

二〇一五年一一月　憲法五三条の規定を無視して、安倍政権が臨時国会を逃げ回っているさなかに

渡辺　治

(1)　第7論文「日本国憲法をめぐる攻防の七〇年と現在」について

第7論文「日本国憲法をめぐる攻防の七〇年と現在」は、日本民主法律家協会（以下、日民協と略称）の機関誌『法と民主主義』の創刊五〇〇号記念号「憲法の危機に抗し続けて」に寄せて書かれ、同五〇〇・五〇一合併号（二

〇一五年七・八・九月号）に掲載されたものであり、先にふれたように、『現代史の中の安倍政権』に、収録された。

筆者の日民協とのつながりは長い。一九七五年、東京大学社会科学研究所の助手時代に、当時、日民協の理事をやられていた利谷信義先生の勧めで、日民協の事務局に入ったことが日民協との出会いであった。当時、事務局長は雪入益見弁護士であった。月に一度ほど編集会議を兼ねて集まり、『法と民主主義』の編集を議論した。この事務局時代の一九八一年に、筆者は、初めて『法と民主主義』に原稿を書いた。「最近の防衛論に見る支配的イデオロギーの特質」という、八〇年代に入って防衛論が俄かに盛り上がり、清水幾太郎らの核武装論も出るなかでその背景を論じたものである。その後、かなりの本数を『法と民主主義』に書いた記憶がある。

再び日民協と関わったのは、二〇〇〇年代初めのことであった。新自由主義改革が進むなか、司法制度にも、新自由主義改革の攻勢がかけられた。司法改革である。筆者は、司法改革が明らかに、新自由主義制度に不可欠の司法づくりをめざした「改革」であると考え、それを批判する論文も書いたが、この司法改革をめぐっては、民主的司法運動内でも意見が分かれていた。日民協は、司法制度改革反対の立場に立って活動を進めていた。そんな日民協の二〇〇一年の定時総会は、「検証・司法制度改革審議会最終意見書」と題するシンポジウムを開催し、司法改革の検討を行なったが、このシンポジウムで筆者は講演を頼まれ「『司法改革』の本質と背景」と題して、相当突っ込んだ司法改革批判を行なった（『法と民主主義』三六〇号〈二〇〇一年七月、所収〉）。

日民協とのつながりが決定的に深くなったのは、二〇一〇年に、当時、日民協の事務局長をやられていた南典男弁護士――それまでお目にかかったことはなかった――と海部幸造弁護士がこられて、日民協の理事長に、という話を持ってきてからであった。断るのが下手な筆者は、その勧めに従って、日民協理事長に就任した。二〇一一年七月のことであった。その翌年暮れには、民主党政権が倒れて、安倍晋三政権が誕生し、憲法をめぐる動きは俄かにきな臭くなってきた。

本論文は、そんな安倍政権が集団的自衛権行使容認の解釈変更を強行し、次いで戦争法案を国会に出した最中の二〇一五年七月、『法と民主主義』の創刊五〇〇号記念号に、執筆したものである。すでに、その前年の二〇一四年七月に、筆者は理事長のバトンを、森英樹さんに渡していた。この五〇〇号記念には、第1部に、筆者、憲法運動を長年先頭で闘ってこられた新井章弁護士と、森英樹さんが執筆していた。その森さんも今は亡い。

日民協の理事長時代の三年の間、多くの方にお世話になった。まず挙げねばならないのは、事務局の実務を担っていた林敦子さんである。彼女は、『法と民主主義』の編集で欠かせなかっただけでなく、日民協の生き字引みたいで、筆者も、ずい分とお世話になった。林さんも、今は事務局を引退して地元地域で活躍されている。

筆者を事務局に引き込んだ、当時の事務局長の南さんには以後、公私ともにお世話になった。南さんの事務局長時代、事務局次長を務め、南さんの後事務局長になった米倉洋子弁護士にもお世話になった。特に米倉さんは、日民協の重要な活動の柱である「司法制度委員会」、司法制度研究集会を担当された。南さん、米倉さんとはいつも日民協の活動をめぐって議論して進めることができた。

(2) 第8論文「戦後日本の岐路で何をなすべきか」について

第8論文「戦後日本の岐路で何をなすべきか」は、戦争法が国会に提出される直前、『世界』編集部の求めに応じて、二〇一五年六月号に掲載された。のちに、これも『現代史の中の安倍政権』に収録された。

これは、安倍政権がその前年行なった政府解釈の改変を実定法に法制化しようとして、戦争法案を国会に提出する直前に、その批判と重大性、闘いの必要を訴えた、筆者としては、かなり力を入れた論文であった。その時は、論文にあるように、戦争法案を通すか否かは、戦後日本の四番目の、しかし最大の岐路になると考えて論文を書いた。残念ながら大きな反対運動にもかかわらず、戦争法は強行採決されたが、その後の安倍改憲を葬ることによって、戦争体制づくりは遅らせることができた。ところが、安倍の後を襲った岸田政権のもとで、安保三文書が閣議決定という形で政府の政策となり、文字通り、現在、戦後最大の岐路がやってきている。

(3) 第9論文「戦争法案反対運動の到達点と「戦争する国」づくり阻止の展望」について

第9論文「戦争法案反対運動の到達点と『戦争する国』づくり阻止の展望」は、全労連機関誌の『月刊全労連』二〇一五年一二月号に掲載された。これも、のちに『現代史の中の安倍政権』に収録された。これは、「解説」で書いたように、戦争法反対運動の経過と到達点を書いた論稿である。戦争法反対運動についてては、本論文の前に、「戦争法案反対運動が切り拓いた地平」という題で、『現代思想』二〇一五年臨時増刊号「安保法案を問う」の一本でも書いていたが、本論文の方がさらに多くの紙数を得たので、こちらを収録した。

4 第Ⅳ部「日米安保と自衛隊に代わる平和の対抗構想」収録論稿について

第Ⅳ部に収録した三本の論文は、いずれも渡辺治・福祉国家構想研究会編の『新福祉国家構想5 日米安保と戦争法に代わる選択肢——憲法を実現する平和の構想』(二〇一六年、大月書店刊、以下『選択肢』と略称)に掲載されたものである。

本のタイトル通り、本書は、安保条約と自衛隊に代わる選択肢を正面から検討した共同作業の産物であり、本書に執筆した論文も、筆者が、この共同研究の産物として執筆したものである。

『選択肢』をつくった共同研究とは、すでに本著作集第13巻の「解題にかえて」で言及した福祉国家構想研究会の、一つの部会としてつくった「安保・平和部会」のことである。本部会は、民主党政権期につくったが、その直後に、第二次安倍政権が誕生したため、以後は復活安倍政権の軍事大国化構想に対抗する対抗構想を探求することとなった。この部会には、最終的には、和田進（当時神戸大学）、小澤隆一（当時東京慈恵医科大学）、三宅裕一郎（当時三重短期大学、現在日本福祉大学）、清水雅彦（日本体育大学）、梶原渉（当時日本原水爆禁止日本協議会事務局、現在一橋大学大学院）、中祖寅一（しんぶん赤旗記者）などが参加し、大月書店編集部の角田三佳さんも毎回出席されていた。筆者は、この研究会のなかで、冷戦後の新たな世界情勢の展開、そのなかでの日本とアジアの平和構想、安保と自衛隊のない日本の平和構想を改めて勉強し確信をもった。

研究会は、二〇一一年から始まり、かなりの回数を重ねて個別テーマで研究会を重ね、二〇一三年には、新福祉国家構想シリーズの一冊として刊行する目論見のもと、本の構想がたてられた。刊行は、当初、二〇一五年春と見込まれたが、安倍政権の集団的自衛権行使容認の動き、さらに二〇一五年に入って戦争法案の上程、日米新ガイドラインの締結の動きが起こったことなどがあり、戦争法の行方を見定めて、二〇一六年一〇月刊行となった。内容的には、当初から重視していた辺野古新基地建設に直面する沖縄をぜひいれたいと考えていたが、断念を余儀なくされ、また新福祉国家戦略に関係して、反多国籍企業の国際経済秩序構想なども断念した。

本の構成は以下のようになった。

序章　安倍政権による戦争法強行と対抗構想（渡辺）
第1章　安保体制と改憲をめぐる攻防の歴史——戦争法に至る道（和田）
第2章　戦争法がもたらす軍事大国化の新段階（小沢）
第3章　安倍政権はなぜ明文改憲に固執するのか（三宅）
補論　日本の平和のためには憲法改正が必要なのか?——新九条論批判（渡辺）
第4章　安保のない日本を目指す運動と構想の経験（渡辺）

第5章　憲法研究者の平和構想の展開と変貌（清水）
第6章　「リベラル」派との共同のために——その外交。安保構想の批判的検討（梶原）
第7章　安保と戦争法に代わる日本の選択肢——安保、自衛隊、憲法の今後をめぐる対話（渡辺）

(1)　第10論文「安倍政権による戦争法強行と対抗構想」について

第10論文「安倍政権による戦争法強行と対抗構想」は、『選択肢』の序章として書かれたものであるが、本書に収録された、第10論文、第11論文の考察の前提となる、第二次世界大戦後の冷戦期、冷戦後の戦争とアメリカの戦略の推移などを概観しているため、第10、11論文と一体のものであり、ここに収録した。ただし、序章であるため、本書の中身を紹介した部分などは、割愛した。

(2)　第11論文「安保のない日本をめざす運動と構想の歴史」について

第11論文「安保のない日本をめざす運動と構想の歴史」は、今書いたように、『選択肢』の第4章として書き下ろしたものである。「安保のない日本をめざす運動と構想の歴史」と改題して収録した。本論文は、戦後日本で安保と自衛隊のない日本を構想した政党、運動の経験を歴史的に検討したものであり、次の第12論文と対をなす論文である。

(3)　第12論文「日米安保と戦争法に代わる日本の選択肢——安保条約、自衛隊、憲法の今後をめぐる対話」について

第12論文「日米安保と戦争法に代わる日本の選択肢—安保条約、自衛隊、憲法の今後をめぐる対話」も、先に述べたように、『選択肢』第7章に掲載された論文である。

これは、安保条約と自衛隊に代わる平和の構想を、安倍政権が強行した、集団的自衛権の容認、戦争法には強く反対しながらなお日本の安全保障のためには、日米安保と自衛隊を容認しようという論者たち、孫崎享、柳澤協二、寺島実郎氏らの議論の批判的検討を通じて明らかにした論文である。

著作目録（＊著作集に収録、▽一部収録）

I　単　著

＊『日本国憲法「改正」史』日本評論社、一九八七年（第6巻）
＊『憲法はどう生きてきたか』岩波書店、一九八七年（第9巻）
▽『現代日本の支配構造分析』花伝社、一九八八年（第3、15巻）
＊『戦後政治史の中の天皇制』青木書店、一九九〇年（第4巻）
＊『「豊かな社会」日本の構造』労働旬報社、一九九〇年（第16巻）
『安保・天皇・小選挙区制』東京憲法会議、一九九一年
▽『企業支配と国家』青木書店、一九九一年（第10、15巻）
『政治改革から改憲へ』東京憲法会議・自由法曹団東京支部編、一九九三年
『今日の改憲論の背景とねらい』海外派兵と治安法に反対する市民連絡会、一九九三年
『九〇年代改憲を読む』労働旬報社、一九九四年
＊『政治改革と憲法改正』青木書店、一九九四年（第7巻）
『現代日本の政治を読む』かもがわブックレット、一九九五年
＊『講座現代日本1　現代日本の帝国主義化』大月書店、一九九六年（第11巻）
『日本の大国化は何をめざすか』岩波ブックレット、一九九七年
▽『日本とはどういう国か、どこへ向かっていくのか』教育史料出版会、一九九八年（第13巻）
▽『企業社会・日本はどこへ行くのか』教育史料出版会、一九九九年（第3、13巻）
＊『構造改革で日本は幸せになるのか』萌文社、二〇〇一年（第13巻）
▽『日本の大国化とネオナショナリズムの形成』桜井書店、二〇〇一年（第4、5、15巻）
『憲法改正は何をめざすか』岩波ブックレット、二〇〇一年
『憲法「改正」―軍事大国化・構造改革から改憲へ』旬報社、二〇〇五年
＊『増補・憲法「改正」―軍事大国化・構造改革から改憲へ』旬報社、二〇〇五年（第8巻）
▽『構造改革政治の時代―小泉政権論』花伝社、二〇〇五年（第13、15巻）
＊『安倍政権論―新自由主義から新保守主義へ』旬報社、二〇〇七年（第14巻）
＊『憲法9条と25条・その力と可能性』かもがわ出版、二〇〇九年（第9巻）
『渡辺治の政治学入門』新日本出版社、二〇一二年
『3・11後、いのちを大切にする日本をめざして』健生会、二〇一二年
『安倍政権と日本政治の新段階』旬報社、二〇一三年
『安倍政権の改憲・構造改革の新段階』旬報社、二〇一三年

▽『現代史の中の安倍政権』かもがわ出版、二〇一六年（**第16巻**）
＊『戦後史のなかの安倍改憲』新日本出版社、二〇一八年（**第8巻**）
＊『安倍政権の終焉と新自由主義政治、改憲のゆくえ』旬報社、二〇二〇年（**第14巻**）
＊『軍事同盟に代わる平和の枠組みを、今こそ』安保破棄中央実行委員会ブックレット、二〇二〇年（**第12巻**）
＊『「平成」の天皇と現代史』旬報社、二〇二一年（**第5巻**）

Ⅱ　共・編著

『国際平和と日本社会のゆくえ』（共著、渡辺洋三）労働旬報社、一九九一年
▽『シリーズ日本近現代史』（全四巻、共編、坂野潤治ほか）岩波書店、一九九四年
『現代の政治・経済』（編著、山﨑廣明ほか）山川出版社、一九九五年
『「憲法改正」批判』（共著、浦田一郎ほか）労働旬報社、一九九四年
▽『現代日本社会論』（編著）労働旬報社、一九九六年
▽『講座現代日本』（全四巻、共編著）大月書店、一九九六～七年
『グローバル安保体制がやってくる』（共編著）日本評論社、一九九八年
『日本国憲法史年表』（共編著、杉原泰雄ほか）勁草書房、一九九八年
『憲法「改正」の争点』（編著）旬報社、二〇〇二年
『有事法制のシナリオ』（共編著）旬報社、二〇〇二年
『いまこそ、憲法を生かす』（共著、矢田部理ほか）コンパス21刊行委員会、二〇〇二年
『「イラク」後の世界と日本』（共著、姜尚中ほか）岩波ブックレット、二〇〇三年
▽『講座戦争と現代』（全五巻、共編著）大月書店、二〇〇三～〇四年
▽『日本の時代史』（全三〇巻、共編著）吉川弘文館、二〇〇三～〇四年
▽『変貌する〈企業社会〉日本・一橋大学大学院社会学研究科先端課題研究1』（編著）旬報社、二〇〇四年
『対論　戦争、軍隊、この国の行方』（共著、小林節ほか）青木書店、二〇〇四年四月
『今こそ学校で憲法を語ろう』（共編）青木書店、二〇〇七年
『「現代」という環境―一〇のキーワードから』（共編、渡辺雅男）旬報社、二〇〇七年
▽『新自由主義か新福祉国家か』（共著、二宮厚美・岡田知弘・後藤道夫）旬報社、二〇〇九年
『東京をどうするか』（共編著、進藤兵）岩波書店、二〇一一年
『新たな福祉国家を展望する』（共編著、井上英夫・後藤道夫）旬報社、二〇一一年一一月
▽『〈大国〉への執念―安倍政権と日本の危機』（共著、二宮厚

美・岡田知弘・後藤道夫）大月書店、二〇一四年

『憲法改正問題資料』（上・下、編著）旬報社、二〇一五年

▽『新福祉国家構想5　日米安保と戦争法に代わる選択肢―憲法を実現する平和の構想』（編著）大月書店、二〇一六年

『現代史とスターリン『スターリン秘史―巨悪の成立と展開』が問いかけたもの』（共著、不破哲三）新日本出版社、二〇一七年

Ⅲ　論　文

【一九七五】

「行政判例研究　条例制定請求代表者証明書の交付申請に対する拒否処分が適法とされた事例」『自治研究』五一巻二号、二月

【一九七六】

「戦時下における川島理論の形成と展開―戦後民主主義法学形成史の一側面」『季刊現代法』第九号、一月

＊「一九二〇年代における天皇制国家の治安法制再編成をめぐって―治安維持法成立史論」『社会科学研究』二七巻五・六号、三月**（第2巻）**

「第Ⅰ部　課題へのアプローチ」『農家相続と相続税（日本の農業一〇五）』利谷信義他と共著、財団法人農政調査委員会、三月

＊「治安維持法の成立をめぐって」『季刊現代史』第七号、六月**（第2巻）**

【一九七七】

＊「戦前日本における憲法思想の一断面―政治的自由をめぐって」『科学と思想』第二四号、四月**（第2巻）**

「表現の自由理論史」『法律時報臨時増刊　憲法三十年の理論と展望』五月

【一九七八】

＊「日本のファシズム化と言論統制」『法学セミナー増刊　言論とマスコミ』五月**（第2巻）**

【一九七九】

＊「天皇制国家秩序の歴史的研究序説―大逆罪・不敬罪を素材として」『社会科学研究』第三〇巻五号、三月**（第1巻）**

＊「ファシズム期の宗教統制―治安維持法の宗教団体への発動をめぐって」東京大学社会科学研究所編『ファシズム期の国家と社会4　日本ファシズムの法体制』東京大学出版会、一二月**（第1巻）**

【一九八〇】

「宗教統制について（一）～（三）」、「解説　左翼・文化運動篇について」『昭和思想統制史資料』七・八・一一・一三巻、生活社

＊「現代警察とそのイデオロギー」金原左門他編『講座現代資本主義国家2　現代日本の国家構造』大月書店、五月**（第3巻）**

＊「天皇制警察の理念―ファシズム期の警察に焦点をあてて」「近代警察史年表」、「警察関係資料文献解題」『法学セミナー増刊　現代の警察』一〇月**（第3巻）**

【一九八一】

「最近の防衛論にみる支配的イデオロギーの特質」『法と民主主

義』四月

「明治憲法と治安立法」『歴史公論』七巻三号、四月

＊「治安維持法と戦後民主主義」『Law School』三三号、六月（第３巻）

＊「政治的表現の自由法理の形成―戦後憲法理論史のための序章」『社会科学研究』三三巻三号、一〇月（第３巻）

【一九八二】

＊「明治憲法下における国民生活」杉原泰雄編『市民のための憲法読本』筑摩書房、五月（第２巻）

「新『ニッポンイデオロギー』についての覚書」『創文』九月

「支配層の生き残り戦略と臨調基本答申」『法と民主主義』一〇月

「自民党憲法調査会『中間報告』批判」『月刊憲法運動』一一月

＊「日本帝国主義の支配構造―一九二〇年代における天皇制国家秩序再編成の意義と限界」『歴史学研究　別冊　民衆の生活文化と変革主体』一一月（第１巻）

【一九八三】

＊「日本国憲法『改正』史論」（１）～（15）『法律時報』一九八三年四月～一九八四年一一月（『日本国憲法「改正」史』日本評論社、一九八七年所収）（第６巻）

＊「現代日本国家論の課題」『唯物論研究』九号、九月（第15巻）

「一九八〇年代日本の国家体制・その方向」『法の科学』一一号、一一月

【一九八四】

「八〇年代反動の性格とその矛盾」『労働法律旬報』一〇九三号、四月上

「一九二〇年代の支配体制」日本現代史研究会編『一九二〇年代の日本の政治』大月書店、五月

「八十年代警察のめざす方向と風俗営業等取締法『改正』」東京弁護士会『風営法改正ここが問題だ』七月

＊「現代日本社会分析の課題」『賃金と社会保障』八九九号、一〇月上（第15巻）

＊「風俗営業取締法改正と警察権拡大」『法学セミナー』一二月（第３巻）

【一九八五】

「戦後日本国家の支配構造―その形成と特質」『労働法律旬報』一一一一・一一一二号、一月上・下

「日本国憲法の歴史的性格」奥平康弘・杉原泰雄編『憲法を学ぶ〔新版〕』有斐閣、四月

「宗教団体に対する弾圧と統制」『婦人通信』三二〇号、九月

＊「保守政治と革新自治体」歴史学研究会・日本史研究会編『講座日本歴史12　現代2』東京大学出版会、一〇月（第10巻）

＊「現代警察に問われるもの」梓沢和幸他著『当世警察事情』東研出版、一〇月（第３巻）

＊「国家機密法案の背景と法的問題点」歴史科学協議会編『国家機密法案を考える2』歴史科学協議会、一〇月（第３巻）

＊「現代日本警察の形成―『近代化』から『日本化』へ」『社会科学研究』三七巻五号、一二月（**第3巻**）

【一九八六】

「法学三〇年のあゆみと展望『国家・司法体制と市民法』」『法学セミナー』一月

【一九八七】

「共同研究　21世紀戦略を読む―『支配層の21世紀戦略の研究にあたって』『七〇年代における戦略形成』」『労働法律旬報』一一五九・六〇号、一月上・下

「ファシズムの時代と鈴木憲法学の形成」鈴木安蔵博士追悼論集『日本憲法科学の燭光』勁草書房、一月

「日経連『労働問題研究委員会報告』を読んで―労働者にとって将来社会が問われている」『賃金と社会保障』九五五号、二月上

＊「八〇年代反動と教育臨調」『労働法律旬報』一一六四号、三月下（**第15巻**）

＊「現代日本社会の権威的構造と国家―企業支配の形成」藤田勇編『権威的秩序と国家』東京大学出版会、三月（**第10巻**）

「日本資本主義の現段階と臨教審」『教育』五月

「戦後の日本」『ジュニア版　日本の歴史　第4巻』読売新聞社、五月

＊「最近の警察文献」『法学セミナー増刊　警察の現在』七月（**第3巻**）

「高度成長期における戦後型支配構造の成立」『歴史学研究別冊　世界史認識における国家』一一月

【一九八八】

「憲法調査会設置」『ジュリスト』一月一日・一五日

＊「新たな戦略視点と布陣示した日経連―88年『労働問題研究委員会報告』の検討」『賃金と社会保障』九八一号、三月上（**第16巻**）

＊「八〇年代の教育改革」『労働法律旬報』一一八九号、四月上（**第15巻**）

「今日の大学院問題を考える　東京大学の『学院』構想」日本教職員組合大学部『大学部時報』一六号、七月

＊「現代日本社会の構造・その歴史的形成」『社会科学研究』四〇巻三号、九月（**第16巻**）

「現代天皇制の形成―吉田茂の天皇論を中心に」『現代と思想』一五号、九月

「時代の概観と革新的法律学の課題・総論」／「渡辺洋三『現代法』論の形成」（「『法律時報』の六〇年と革新的法律学」）『法律時報』一〇月

【一九八九】

「八〇年代警察のねらいとその矛盾」静岡大学法経学会『法経論集』二五号、三月

「現代政治構造の中の天皇制―一九八〇年代における復権とその矛盾」『歴史学研究』五九二号、四月

＊「現代天皇制のゆくえ―保守と反動の間で」『教育』四月（**第4巻**）

「現代の天皇制と日本の民主主義」東京民研『子供と生きる』

五九号、四月
「今日の情勢をどう見るか」全国民主主義教育研究会『未来をひらく教育』七六号、春号
「中曽根康弘と天皇―戦後保守政治の中の天皇制」（一）～（一四）『法律時報』五月～一九九一年七月
「現代日本社会像の再構成」『UP』二〇〇号、六月
「現代政治の中の天皇制」五・三集会記録集編集委員会『黄金の釘一つ打つ―玉串料訴訟勝利記念集会記録集』八月
「企業社会と労働組合運動（上）（下）」『月刊TGU』八、九月
「現代日本の国家・法の構造―その形成と再編成」『法の科学』一七号、一〇月
「支配構造の再編成と『教育改革』」全国進路指導研究会『進路指導研究』一〇三号、一九八九年秋季
「支配構造の再編成と女性」日本教職員組合婦人部『女子教育問題研究のために　一九八九年』一二月

【一九九〇】

「資本に好都合な政府づくりへの労使共同―日経連労働問題研究委員会報告の検討」『賃金と社会保障』一〇二二号、四月上
「九〇年代における政財界の大学政策と私たちの課題」東京地区私立大学教職員組合連合『私立大学の創造』一〇号、五月
「新指導要領にあらわれた政・財界のねらい」（上）（下）『歴史地理教育』六、七月
＊「戦後憲法史の中の天皇制」全国憲法研究会年報『憲法問題』創刊号、一〇月**（第4巻）**
＊「本島事件と現代日本社会の自由」長崎の証言の会『証言一九九〇』八月**（第4巻）**
「九〇年代日本国家と天皇制」『文化評論臨時増刊号』一〇月
「今、なぜ『政治改革』か?」『季刊　おおさかの街』二一号、一〇月
＊「なぜいま、「日の丸」「君が代」か?」教育科学研究会・山住正巳編『あなたは君が代を歌いますか』国土社、一二月**（第15巻）**

【一九九一】

＊「これからの天皇制―大国日本の岐路」『法学セミナー』一月**（第4巻）**
「『戦後政治の総決算』へ―戦後史のなかの八〇年代」歴史学研究会・日本史研究会編『日本同時代史5　転換期の世界と日本』青木書店、一月
「現代日本社会における権利のありよう」『日本の科学者』二月号
＊「現代日本の民主主義・自由と本島発言」『平和文化研究』一四集、二月**（第4巻）**
「企業社会日本と生涯学習」『月刊社会教育』三月
「序論　現代日本社会の構造と特殊性―問題の提起」東京大学社会科学研究所編『現代日本社会1　課題と視角』東京大学出版会、五月
＊「現代日本国家の特殊な構造」同上**（第10巻）**
「保守分裂・『相乗り』の背景をどう見るか」『住民と自治』六

月号

「日本現代史像の再構成—日本社会の特殊な構造解明のために」『歴史科学』一二四・一二五合併号、六月

＊「戦後日本の支配構造と天皇制—日本帝国主義の復活と天皇制」『歴史学研究』七月号 **（第４巻）**

＊「現代日本社会と社会民主主義—西欧型社会民主主義への模索とその隘路」東京大学社会科学研究所編『現代日本社会５　構造』一一月 **（第16巻）**

「現代史部会大会報告批判」『歴史学研究』一二月

【一九九二】

＊「企業社会と社会民主主義」（東大社研シンポジウム—日本の社会民主主義）『社会科学研究』四四巻一号、八月 **（第10巻）**

「企業社会日本の構造と労働者の生活」基礎経済科学研究所編『日本型企業社会の構造』労働旬報社、一〇月

【一九九三】

「自由と人権」「国家機構と法」渡辺洋三編『法の常識第三版』有斐閣、六月

「総選挙の結果を私はこう読む・権威的改革への第一歩」『住民と自治』九月号

＊「憲法と『現実』の間」『教育』九月号 **（第９巻）**

「憲法改悪は日本をどこへ導くか」1～8『婦人通信』一一月～九四年六月

【一九九四】

「総論」渡辺治他編『シリーズ日本近現代史４　戦後改革と現代社会の形成』岩波書店、一月

＊「保守合同と自由民主党の結成」同前 **（第10巻）**

「『行政改革』の望む日本社会の将来—第三次行革審「最終答申」を読む」『賃金と社会保障』一一二一号、一月上

「『政治改革』と憲法改正」（上）（下）『労働法律旬報』一三二七・一三二八号、一三二九号、一月上・下、二月上

「憲法の規範力」『法学セミナー』二月

「動きだした行革審路線と国際貢献国家」『住民と自治』四月

「『普通の国』の本格的実現めざす小沢構想」『週刊金曜日』五月一三日

「小沢一郎の改憲構想」『法律時報』五月

＊「政治改革・政界再編と憲法改正」『憲法問題』五月 **（第８巻）**

「解説・わが罪はつねにわが前にあり」松橋忠光『わが罪はつねにわが前にあり』社会思想文庫、六月

＊「批評—日本企業社会・異常な繁栄の秘密」斉藤茂男『日本の情景９　わが亡きあとに洪水はきたれ！』岩波書店、六月 **（第10巻）**

「連立政権の行方と保育制度改革」保育研究所編『誰のための保育制度改革か？』全国保育団体連合会、八月

「憲法の有効性は失われていない」『法学セミナー』一一月

＊「戦後教育はこのようにして現在に至った」『週刊金曜日』一一月一一日～一二月九日 **（第15巻）**

＊「戦後改革と法」渡辺洋三他編『講座革命と法三　市民革命と日本法』日本評論社、一二月（**第5巻**）

「現代日本における新大国主義の台頭」『PERSPECTIVES ASIATIQUES』一号

【一九九五】

＊「読売『憲法改正試案』の政治的意味とオルタナティブの道」『法学セミナー』一月（**第8巻**）

「新・新党の旗印となる「読売」改憲試案」『前衛』一月

「政治改革から憲法改正へ」大阪歴史科学協議会『歴史科学』一三九号、二月

＊「日本国憲法運用史序説」樋口陽一編『講座憲法学1　憲法と憲法学』日本評論社、四月（**第9巻**）

＊「戦後保守支配の構造」『岩波講座日本通史20　現代1』岩波書店、七月（**第10巻**）

「戦後五〇年・企業社会と『平和主義』の形成と成熟」『法学セミナー』八月

「日本の帝国主義化と総保守化の現段階」『場・トポス』七号、一二月

【一九九六】

＊「日本国憲法」渡辺治編『現代日本社会論』旬報社、四月（**第9巻**）

「天皇制」同前

「解説・現代社会の変革とアナキズム思想の意味」ジョン・クランプ『八太舟三と日本のアナキズム』青木書店、七月

＊「階級の論理と市民の論理」『講座世界史12　わたくし達の時代』東京大学出版会、七月（**第16巻**）

「破防法はなぜできたか、いかに使われようとしたか」『法律時報』八月

＊「中教審答申　その政治的・経済的背景」『高校のひろば』九月秋季号（**第15巻**）

「九六年選挙の歴史的意義と今後の展望」『ほんりゅう』一二月

【一九九七】

「現代日本社会の到達点とそのゆくえ―現代日本の帝国主義化とその矛盾」『かながわ総研所報』八六・八七号

「戦後政治における天皇利用の歴史と現段階」『法と民主主義』二・三月合併号

「日本の帝国主義化と企業支配・企業社会的統合」『労働法律旬報』一四一〇号、六月下

＊「帝国主義的改革と対抗の構想」渡辺治ほか編『講座現代日本4　日本社会の対抗と構想』大月書店、七月（**第11巻**）

「日本の現代帝国主義化と日米安保」『日本の科学者』八月

＊「支配層の21世紀戦略と教育改革」『教育』九月（**第15巻**）

「医療・社会保障制度改革の政治経済的背景」『月刊保団連』九月

「戦後教育運動の歩みと教育改革」『人間と教育』一六号、一二月

【一九九八】

「九〇年代政治・社会の激動と矛盾を読み解く―現代日本社会

を問う：その普遍性と特殊性」第一七回中央大学大学院シンポジウム、一月
「多国籍企業時代下の新自由主義的改革と対抗の戦略」『女性労働研究』三三号、一月
＊「戦後政治の形成と農村」南亮進ほか編『デモクラシーの崩壊と再生』日本経済評論社、二月（第10巻）
「憲法五〇年の歩みと今後の展望」『広島弁護士会福山地区会会報』三月
「現代日本の政治・経済の焦点」全労連『交流と資料』一七号、六月号
「21世紀の日本の進路を決める参議院選挙」『月刊保団連』六月
「日本企業国家はどう変わりつつあるか」『経済と社会』夏季号
「企業社会日本の構造変動—不況の深刻化と改革ラッシュ」全国商工団体連合会編『全商連第一九回事務局交流会報告集』一〇月
「新ガイドラインにみる日米の21世紀戦略は何か—周辺事態法案の背景とねらい、そして21世紀は」『自由法曹団東京支部ニュース』一一月
＊「橋本行政改革は日本をどこへ導くか」渡辺治『日本とはどういう国か　どこへ向かっていくのか』教育史料出版会、一一月（第13巻）

［一九九九］

「自自連立政権は新たな軍事大国化への第一歩」『週刊金曜日』一月一五日
「九〇年代教育改革はなぜ起こったか」（第一七回中間研究集会講演より『歴史地理教育』三月
「『教課審・中教審』がめざすもの—財界の21世紀戦略と国民の教育改革」千葉県高教組第四八次県教研全体会記念講演集、三月
＊「新ガイドラインの日本側のねらい」山内敏弘編『日米新ガイドラインと周辺事態法』法律文化社、三月（第12巻）
「新ガイドライン・米国と日本—戦後社会の構造転換」『労働総研クォータリー』三五号、七月
＊「新時代の日本的経営のねらうもの—日本の帝国主義化と企業社会の変容」渡辺治『企業社会・日本はどこへ行くのか』教育史料出版会、七月（第13巻）
「新ガイドラインが語る日本の位置」『住民と自治』八月
「日本の軍事大国化・新自由主義改革の世界史的位置」『法律時報』八月号
＊「『復権』するアメリカ」『地理　増刊』八月（第12巻）
「日本の現代帝国主義化の現段階—第一四五国会の意味するもの」『飛礫』二五号、一二月
「新たなナショナリズムと天皇制—第二段階に入った日本の大国化の中で」『Radical Review』二号、一二月

［二〇〇〇］

「日本政治の動向と東京都政をどう見るか」東京高齢期運動連絡会編『高齢期問題シリーズ』二号、一月
「今なぜ『日の丸・君が代』か」『エデュカス』一月

「今なぜ日の丸・君が代法制化なのか?」『東濃民主教育研究会通信現実直視』一一号、一月
「戦後政治の大転換」現代ジャーナリズム研究会編『日本の転換』毎日新聞社、二月
「財界の教育要求と教職員組合運動―「日の丸・君が代」と教育の多様性をつなぐもの」『エデュカス』四月
*「憲法調査会の歴史的位置」『法律時報』五月（第8巻）
「憲法調査会の日本国憲法のゆくえ」『部落』五月
「企業社会の変貌と日本のゆくえ―軍事大国化と新自由主義改革はどんな社会をめざすのか、それといかに立ち向かうか?」『民主法律』六月
「憲法調査会設置のねらいと役割」『法と民主主義』七月
「日本の軍事大国化と戦争の新たな形」『日本の科学者』八月
「総選挙で問われたものは何だったのか?」『月刊全労連』八月
「現代憲法改正論の構造転換」杉原泰雄先生古希記念論文集刊行会編『二一世紀の立憲主義―現代憲法の歴史と課題』勁草書房、六月
「いまなぜ日の丸・君が代、いまなぜ新自由主義改革なのか?」福祉倶楽部・福井典子編『どうする日本の福祉』青木書店、一〇月
「新しい福祉国家をめざす運動をどうつくっていくのか?」同前
「現代の改憲策動と憲法調査会の役割　新段階にきた改憲策動とのたたかい」『礫』二〇〇〇年
「ナショナリズムとグローバリズム」（上）（下）『歴史地理教育』八月、九月
「総選挙で問われたものは何だったのか?」『月刊全労連』八月
「二〇〇〇年総選挙が意味するものは何か―新自由主義の構図をみる」『月刊東京』九月
*「新自由主義戦略としての司法改革・大学改革」『法律時報』一一月（第13巻）
*「21世紀の日本をソフトに政治学する（上）なぜいま、社会保障切り捨てなのか」／「（中）日本は、なぜ福祉国家ができなかったか」／「（下）新しい福祉国家をめざして」『月刊ゆたかなくらし』一二月〜二〇〇一年三月（第13巻）

【二〇〇一】

「なぜ『新しい人権』『首相公選制』なのか?」（上・下）『月刊憲法運動』一月、二月
「新自由主義改革の一環としての教育改革」（特集　日本教育学会第五九回大会報告）『教育学研究』六八巻一号、三月
*「財界と教育改革」『経済』四月（第13巻）
「森首相退陣と首相公選論の昂揚」『ポリティーク01』五月
「小泉内閣は何をめざすか」『月刊民商』六月
*「『国民の道徳』の政治的背景」浜林正夫・山科三郎編『徹底批判「国民の道徳」』大月書店、六月（第15巻）
*「いまなぜ奉仕活動・道徳教育なのか?―教育改革の新段階」『教育』六月（第15巻）

「「司法改革」の本質と背景」『法と民主主義』七月
「新段階にはいった軍事大国と憲法改悪」『月刊民商』八月
「小泉構造改革の読みかた」『住民と自治』八月
＊「小泉政権の登場と参院選の政治的意義」『ポリティーク02』八月（**第13巻**）
「小泉政権論」『飛礫』三二号、一一月秋号
「岐路に立つ日本社会と憲法改正の新段階」『経済』一〇月
「参院選の結果と小泉改革のゆくえ」『月刊全労連』一〇月
「小泉内閣による自衛隊参戦法の強行と大国化の新段階」『経済』一二月
「構造改革への賛否の対立が初めて表れた選挙」『労働情報』八月一五日

【二〇〇二】

＊「テロ対策特措法と民主党の役割」『ポリティーク03』一月（**第12巻**）
＊「小泉政治は何をめざしているか—構造改革型政治の確立」『賃金と社会保障』一三二三・一三二四号、一月上・下（**第13巻**）
「小泉『構造改革』とは何か?」『行政社会論集』一四巻四号
＊「9・11事件と日本の対外・国内政策」山内敏弘編『有事法制を検証する』法律文化社、一月（**第12巻**）
「徹底批判 馬脚をあらわした小泉政権」『週刊金曜日』三月一日
「この国のかたちと憲法の姿—改憲派の構想」『週刊金曜日』四月二六日・五月三日
「なぜ今、憲法「改正」の動きか」『クレスコ』五月
「日本はどこへ行くのか—グローバル大国の完成か、平和国家の道か」『法律時報』五月
＊「有事法制の登場への道—いまなぜ有事法制か?」『ポリティーク04』五月（**第12巻**）
「有事法制のねらい—日本有事からグローバル有事への転換」『法律時報』七月
「日本の国民統合システムの再編と「市民参加」」『ピープルズ・プラン』一九号、七月
「なぜいま有事法制なのか（特集 平和でこそ商売繁盛）」『月刊民商』七月
「日本がイニシアチブをとって武器輸出入を規制する」『AERA Mook 平和がわかる』朝日新聞社、九月
「戦後の平和を守ったのは憲法九条」『日本の論点二〇〇三』文藝春秋社、一一月
「しあわせの方程式—人間都政への道」東京自治フォーラム実行委員会『人間都政への道』一一月
「いまなぜ教育基本法改正か」『ポリティーク05』一二月
「現代史部会大会報告批判」『歴史学研究』七七〇号、一二月
＊「有事関連法案と日米当局者の意図」『法律時報増刊 憲法と有事法制』一二月（**第12巻**）

【二〇〇三】

「石原慎太郎思想の原点—強者の美学」『月刊東京』一月

「なぜ、いま有事法制なのか」憲法再生フォーラム編『有事法制批判』岩波新書、二月

「イラク攻撃、北朝鮮と有事法制」『論座』六月

＊「今なぜイラク特措法なのか」『世界』八月（**第12巻**）

「新しいナショナリズムを生み出したもの」『週刊金曜日』八月八日・一五日

＊「いまなぜ教育基本法『改正』か」教育科学研究会編『いま、なぜ教育基本法改正か』国土社、八月（**第15巻**）

「政党関係のインパクト―有事法制を成立させた力と成立による影響」『法学セミナー』九月

「政党関係のインパクト」『法学セミナー』九月

「新自由主義・「構造改革」路線の現段階と対抗の構想―新しい福祉国家をめざして」『国公労調査時報』一一月

＊「アメリカ帝国主義の自由市場形成戦略と現代の戦争」渡辺治・後藤道夫編『講座戦争と現代1』大月書店、一一月（**第12巻**）

＊「日本の軍事大国化・その諸段階と困難」同前（**第12巻**）

「軍事大国化・『構造改革』戦略と教育の未来」（全国教職員学習交流集会in東京）『クレスコ』一一月

【二〇〇四】

「総選挙後の新たな政治状況と労働運動の課題」『月刊全労連』一月

「《新しい戦争》の時代における日本と平和」『平和文化研究』二六集、三月

「現代日本の構造と特徴―教育基本法、有事法制、憲法改正を切り口にして」『地域社会研究』一四号、三月

「日本の軍事大国化の新しい段階」『季刊自治と分権』一五号、四月春号

「改憲策動とたたかうために」『法と民主主義』四月

「政治日程に登場した憲法「改正」策動」『ポリティーク07』四月

＊「現代日本のナショナリズム」後藤道夫・山科三郎編『講座戦争と現代4　ナショナリズムと戦争』大月書店、六月（**第15巻**）

＊「総論・開発主義・企業社会の構造とその再編成」渡辺編『変貌する〈企業社会〉日本』旬報社、七月（**第13巻**）

＊「政治改革から保守二大政党制へ」同前（**第13巻**）

「警察のめざすもの―緊急治安対策プログラム」日本国民救援会『季刊救援情報』八月

「有事法制は何をめざすか」『海員』八月

「参院選の結果と保守二大政党制、憲法改正」『労働情報』八月一日

＊「高度成長と企業社会」渡辺治編『日本の時代史27巻』吉川弘文館、八月（**第10巻**）

＊「現代国家の変貌―グローバリゼーション・新自由主義改革・帝国主義」『現代思想』三二巻九号、八月（**第13巻**）

＊「小国主義政治の歴史的終焉」後藤道夫編『日本の時代史28巻』吉川弘文館、九月（**第12巻**）

「保守二大政党体制の形成と憲法改悪への接近―参院選の政治的インパクト」『ポリティーク08』九月
「殴る側の大国日本と憲法改正」京都府保険医協会『京都保険新聞別冊』一〇月
「構造改革、改憲と憲法25条」同前
「改憲の最大の焦点は何か―「普通の国」化と憲法」『世界』一〇月
「岐路に立つ日本にオルタナティブな構想を」『住民と自治』一〇月
「2004年戦争はごめん女性のつどい・社会を変える憲法の力」（上）（下）『婦人通信』一〇月、一一月
「今日の憲法状況と私たちの進路」『歴史地理教育』一一月
「顕わになった現代日本の報道姿勢」『総合ジャーナリズム研究』一八七号、冬号

【二〇〇五】

「改憲のねらいと対抗の構想」①〜⑥『労働情報』一月一日・一五日〜五月一日・一五日
「日本国憲法を二一世紀のマニフェストに―九条の力と可能性」『教育』一月
「改憲の二つの狙いと改憲論の諸類型」『季刊ピープルズ・プラン』二九号、二月
「改憲をめぐる政治情勢」（前）（後）『月刊東京』二月、三月
「憲法・教育基本法改正は何をめざすか?」『人間と教育』四五号、三月
「大日本帝国憲法」「不敬罪」「大逆事件」「日本資本主義論争」「人間宣言」「日本国憲法」「皇室外交」「皇室典範と登極令」以上、吉田裕ほか編『岩波天皇・皇室辞典』岩波書店、三月
「いまなぜ憲法改正か」『建設政策』一〇〇号、三月
「改憲をめぐる維持情勢―改憲を阻止する政治的、社会的力をどう形成するか」『月刊東京』三月
「いま改憲論とどう向き合うか」民科法律部会市民講座「いま戦争と平和を考える」（2）『法学セミナー』四月
「九条改憲を許さないために―二〇〇四年改憲阻止夏合宿の記録」『自由法曹団報』一七二号、四月
＊「グローバル化・強い国家政策と現代警察のねらい」小倉利丸編『グローバル化と監視警察国家への抵抗』樹花舎、四月 **（第3巻）**
「改憲論のねらいと諸類型」『歴史地理教育』五月
「検証・石原都政―その暴走の構図」『法と民主主義』五月
「現代の憲法改正論と小泉構造改革」『国公労調査時報』五月
「改憲の背景と憲法問題をめぐる現局面をどう見るか」『月刊全労連』五月
「戦後国民統合の変容と象徴天皇制」歴史学研究会・日本史研究会編『講座日本史10巻』東大出版会、七月
「現代改憲論の国家構想」『法の科学』三五号、八月
＊「現代改憲動向の中の憲法調査会報告書」『法律時報』九月 **（第**

8巻）

「自民党・新憲法案を読む―改憲派のねらいと困難」九条の会、九月

「自民党新憲法第一次案は何をねらうか」『前衛』一〇月

「非戦のメッセージが込められた現行憲法」『日本の論点二〇〇六』文藝春秋社、一一月

「改憲 狙いは海外における武力行使の正当化」『エコノミスト』一一月一五日

「『構造改革』政治時代の幕開け」『現代思想』三三巻一三号、一二月

【二〇〇六】

＊「自民党新憲法草案の登場と改憲問題の新段階」『ポリティーク11』三月（第8巻）

＊「九・一一総選挙の結果と構造改革推進体制の確立」同前（第13巻）

「現代日本におけるナショナリズムの台頭」『日本の科学者』三月

「自民党『新憲法草案』発表の背景と特徴」『憲法シリーズ2 総批判・『新憲法』』コンパス21刊行委員会、三月

＊「中曽根康弘からみた戦後の改憲史」『年報日本現代史』一一号、五月（第7巻）

「ポスト小泉＝安倍政権とこの国のゆくえ」『季刊自治と分権』一〇月秋号

＊「教育基本法改正をめぐる対抗とそのねらい」教育科学研究会編『教育基本法の「改正」を許さない』国土社、一〇月（第15巻）

「治安維持法と破防法の教訓」樹花舎編『やっぱり危ないぞ！共謀罪』樹花舎、一〇月

「現代日本の保守政治と天皇」『法と民主主義』一〇月

「安倍政権の改憲、構造改革にいかに立ち向かうか―憲法が生きる都政、国政の実現を」『月刊東京』一一月

＊「安倍政権論―『戦後体制』の打破を目指す政権」『ポリティーク12』一二月（第14巻）

「安倍政権の政治姿勢と「教育再生」論の本質」『クレスコ』一二月

「九条は守れるのか―安倍政権の改憲二本立て戦略を暴く」週刊金曜日編『日本はどうなる二〇〇七』年一二月

【二〇〇七】

＊「戦後保守政治の中の安倍政権」『現代思想』三五巻一号、一月（第14巻）

「『一橋社会科学』の船出にあたって」『一橋社会科学』創刊号、一月

「憲法・教育基本法「改正」のねらいは何か―安倍政権の課題と矛盾」『保育情報』一月

「憲法・教育基本法をめぐる情勢と今後の課題―安倍政権の改憲、構造改革にいかに立ち向かうか」『北海道経済』四八七号、

一月
＊「日本の新自由主義」デビッド・ハーベイ『新自由主義―その歴史的展開と現在』作品社、二月（**第13巻**）
「安倍政権は、なぜ改憲を急ぐのか」『とめよう改憲！ ブック』二月
「安倍政権の改憲論のねらいと矛盾」『前衛』四月号
「安倍政権は教育、憲法をどうしようとしているのか？」『教育』五月
「改憲 日本はどこへ行くのか 憲法改正問題を参院選で正面から議論せよ」『エコノミスト』六月二六日
「安倍政権における改憲の新段階」『社会評論』一五〇（夏）号、八月
「改憲・新自由主義に抗して―闘いの展望はここに」『法と民主主義』八月、九月
「憲法九条『改正』で日本は平和になるのか―安倍政権における改憲の新段階」（『建国記念の日』不承認二・一一大阪府民のつどい）『歴史科学』一八九号、九月
「反構造改革のうねりと『教育再生』」『クレスコ』一〇月
「参院選の結果と構造改革政治の現段階―東京における政治対抗を中心に」『月刊東京』一〇月
「参院選後の情勢と改憲阻止の展望－改憲阻止へ国民過半数の結集を」『月刊民商』一〇月
「集団的自衛権と改憲問題」『月刊憲法運動』九・一〇月合併号
「福田政権で改憲戦略はどうなるか」週刊金曜日編『日本はどうなる二〇〇八』一一月
「安倍政権とはなんであったか」『月刊全労連』一一月
「安倍新保守政権の成立と改憲の新段階」大学九条の会沖縄ブックレット編集員会編『新保守主義の動向と沖縄―沖縄から憲法九条を守るために』一一月
「『新自由主義時代の歴史学』報告へのコメント」東京歴史科学研究会『人民の歴史学』一七四号、一二月

【二〇〇八】

＊「D・ハーヴェイ『新自由主義』の問題提起と日本における新自由主義の展開について」『情況』七〇号、一月（**第13巻**）
「今日の情勢をどう見るか―運動の力点『季刊自治と分権』一月冬号
「〇七年参院選後の新状況をどう読むか―衆参ねじれ下の「大連立」、改憲新戦略と私たちの課題」『金融労働調査時報』一月
「ポスト安倍政権における教育改革のゆくえ―新自由主義か、新保守主義か」『人間と教育』五七号、春号
＊「現代改憲史と構造改革」『法律時報増刊 改憲・改革と法』四月（**第8巻**）
「『軍備のない日本を』は、理想に過ぎないのか？」女性「九条の会」、六月
「ポスト安倍政権における改憲・構造改革と地方自治」『月刊東京別冊』七月

＊「新自由主義構造改革と改憲のゆくえ―ポスト安倍政権の動向」『世界』七月（**第8巻**）

「改憲の新局面と憲法運動の課題」『季論21』創刊号、七月

＊「教育改革の真のねらいは何か」『歴史地理教育』七月（**第15巻**）

「憲法九条の過去・現在そして未来―東アジアの平和に焦点を当てて」思想・良心・信教の自由研究会編『憲法九条を沖縄・アジアから見つめる』いのちのことば社、八月

「憲法をめぐる現局面と海外派兵恒久法」『月刊全労連』九月

「麻生政権の本当のねらい」『週刊金曜日』一〇月三日

＊「新自由主義と現代日本の貧困」メディア総合研究所編『貧困報道』花伝社、一〇月（**第14巻**）

「現在の政治状況と東京―改憲、新自由主義のゆくえ」『月刊東京』一〇月

「今日の政治情勢の特徴と改憲策動」『月刊憲法運動』一一月

『ビラ配布の自由と日本国憲法』日本国民救援会中央本部、一二月

「橋本行革以降における統治体制の変容と改憲」『行財政研究』七二号、一二月

【二〇〇九】

「岐路に立つ新自由主義と日本の進路」『季刊自治と分権』一月冬号

「新自由主義東京の新福祉東京への転換をめざして」『月刊東京』三月

「新自由主義の現段階と道州制の狙い」（自治労連・地方自治問題研究機構一〇周年記念特集）『季刊自治と分権』四月春号

「新自由主義の行方と『もう一つの東京』」（三〇〇号記念シンポジウム）『月刊東京』五月

「歴史の眼　日本における新自由主義の展開と松下政経塾」『歴史評論』七月

「現在の政治・経済状況と憲法の役割」『法と民主主義』七月

「構造改革・日米同盟『回帰』政権の登場」『季論21』七月夏号

「存在意義　教育、子どもたちの困難と教職員組合の役割」『クレスコ』八月

「安倍、福田政権崩壊による改憲論の新段階と民主主義法学の課題」『法の科学』四〇号、九月

「鳩山政権と新自由主義の行方　転換か、再編か」『現代思想』三七巻一三号、一〇月

「民主党中心政権下の新自由主義、改憲と運動の展望」①〜⑥『労働情報』一一月一日〜二〇一〇年二月一日

「総選挙は何をもたらしたか?―民主党政権の下、改憲、構造改革はどうなるか」『月刊東京』一一月

＊「政権交代と民主党政権の行方」二宮厚美ほか共著『新自由主義か新福祉国家か』旬報社、一二月（**第14巻**）

「新自由主義転換期の日本と東京―変革の対抗的構造を探る」『世界』一二月

「私たちが発言することによって、メディアも政治も変えることができる」『高校のひろば』七四号、一二月冬号

【二〇一〇】

「日本が直面する課題」『季刊自治と分権』一月冬号

「民主党政権と憲法の行方」九条の会、二月

「新しい政治の第一歩と『構造改革』、経験の行方―民主党政権の矛盾的性格と福祉・平和の政治実現への道」『前衛』二月

「『新しい福祉都市・東京』と実現に向けた課題」『月刊東京』三月

「民主党政権で憲法改正はどうなる」『自由と正義』三月

「民主党政権と安保体制のゆくえ」『法律時報増刊　安保改定50年』六月

「教育の新自由主義改革を転換させる裁判闘争」『歴史地理教育』六月

「戦後保守政治と平和―戦後民主主義運動が強制した『小国主義』」平和と和解の研究センター編『平和と和解の思想をたずねて』大月書店、六月

「民主党政権の現状と参院選」『月刊全労連』六月

「渡辺治の政治学入門」1〜22『クレスコ』七月〜二〇一二年九月

「安保闘争の戦後保守政治への刻印」『歴史評論』七月

＊「民主党政権の行方と教育」『教育』七月**（第15巻）**

「民主党政権の新段階と憲法をめぐる情勢」『月刊憲法運動』一〇・一一月

「参院選の結果、参院選後の情勢と東京」（上）（下）『月刊東京』一〇月、一一月

「民主党政権のゆくえと日本の政治」『季刊自治体労働運動研究』三八号、一二月

【二〇一一】

「菅民主党政権の構造改革路線復帰と首都東京変革の意義」『法と民主主義』一月

＊「民主党政権論」『賃金と社会保障』一五三三号、三月上**（第14巻）**

＊「3・11が投げかけた課題―憲法で希む」森英樹ほか編『3・11と憲法』日本評論社、三月**（第9巻）**

「大連立準備政権となった菅政権と政治の行方」『月刊全労連』四月

「東日本大震災からの復興政策と民主党政権の行方―社会保障と税の一体改革に焦点をあてて」『季刊人権問題』二五号、七月

「大震災後の政治の行方―大連立、比例定数削減がねらうもの」『月刊憲法運動』七月

「三・一一後の政治再編と運動の課題」『季刊自治と分権』七月夏号

「新自由主義改革、大震災、原発事故と子どもたちの未来」『教育』八月

「三・一一以後の政治の変化と日本の針路をめぐる対決点」『前衛』九月

「現代史の中の日本民主法律家協会―獲得した成果を確信しこれからの課題を探る」『法と民主主義』一一月

＊「三・一一後の情勢と新たな福祉国家の展望」『月刊全労連』一二月（**第14巻**）

「天皇制にこだわって四五年―安田浩君の私的回想」『歴史学研究月報』一二月

【二〇一二】

「二〇一二年の展望を語る　二つの国民的経験と新たな福祉国家構想の緊急性」『月刊保団連』一月

「野田政権がめざす構造改革政治の新段階と私たちの課題」『建設労働のひろば』八一号、一月

「三・一一後、いのちを大切にする日本をめざして―貧困・格差を克服する新しい福祉国家像の探求」「健生会」四月

＊「二つの憲法との格闘―長谷川憲法史、憲法学が明らかにした世界と残された課題」『戦後法学と憲法　長谷川正安先生追悼論集―歴史・現状・展望』日本評論社、五月（**第9巻**）

「三・一一後の日本のゆくえと憲法の生きる社会の展望」女性「九条の会」、五月

「戦後史の各時代と憲法―時期区分試論」石村修ほか編著『時代を刻んだ憲法判例』尚学社、六月

＊「朝日訴訟事件」石村修ほか編著『時代を刻んだ憲法判例』尚学社、六月（**第9巻**）

＊「現代日本における社会民主主義の可能性」『未来』六月（**第16巻**）

＊「二つの国民的経験と新自由主義をめぐる対抗の新段階―新自由主義転換の構想と主体形成に焦点をあてて」『歴史学研究　増刊号』一〇月（**第16巻**）

＊「戦後史のなかで大震災・原発事故と復旧・復興を考える」『歴史評論』一〇月（**第10巻**）

「大連立政治か、新自由主義政治の終焉か」『週刊金曜日』一一月二三日

「安田浩とその時代―運動と学問の軌跡」安田浩追悼文集刊行委員会編『追悼　安田浩　運動と学問』きかんし、一二月

【二〇一三】

「総選挙の結果と日本政治の行方」『季論21』一月冬号

「二つの選挙結果をどう見るか―二〇一二年総選挙・都知事選総括」『月刊東京』一・二月

「新たな段階に突入した政治の下で求められる労働組合の課題」『学習の友　二〇一三年春闘別冊』学習の友社、一月

「総選挙がもたらした日本政治の新段階と運動の課題」『月刊全労連』二月

「新自由主義・軍事大国化の大攻勢に立ち向かい憲法の生きる地域・社会を」『農民』六七号、二月

「新段階の日本政治と憲法、アジア」『月刊憲法運動』三月

「二つの選挙結果をどう見るか―総選挙・都知事選総括」『月刊東京』三月

「安倍政権は何をやろうとしているのか、いかに立ち向かうか」『建設労働のひろば』八六号、四月
「第二次安倍政権論―改憲・軍事大国化と新自由主義の行方」『前衛』四月
「安倍新政権と改憲・新自由主義構造改革の行方」『ねっとわーく京都』二九二号、五月
「安倍改憲論の背景とねらい・その新たな特徴」『法と民主主義』六月
「新段階に入った日本政治と東アジア―大連立・維新の会、新しい大衆運動」『歴史評論』六月
「平和憲法の危機を語る―主権者としてどう考え行動するか」『二〇一三年三月二三日憲法市民集会報告集』千葉県弁護士会、七月
「安倍政権の成立と改憲の新段階」『自由法曹団報一九一』八月
「参院選の結果と安倍政権」『住民と自治』一〇月
「新自由主義時代のデモクラシー」唯物論研究協会『デモクラシーを研ぎ直す』一〇月
「参院選の結果と日本、東京の行方」『月刊東京』一〇月
*「戦後六八年の社会構造と教育・地域の困難」教育科学研究会編『講座教育実践と教育学の再生　第5巻　三・一一と教育改革』かもがわ出版、一一月（**第15巻**）
「安倍政権の新たな改憲戦略に立ち向かう―『戦争する軍隊』づくりから『戦争する国』づくりへ」九条の会、一二月

【二〇一四】

「安倍改憲の歴史的位置と新たな特徴」（上）（下）『前衛』一月、二月
「安倍政権の政治に代わる『もう一つの日本』を東京から―東京都知事選の全国的意義」『法と民主主義』一月
「安倍政権の改憲政治と国民的共同の課題」『月刊全労連』三月
*「安倍政権の改憲・軍事大国化構想のなかの集団的自衛権」『別冊法学セミナー　集団的自衛権容認を批判する』八月（**第12巻**）
*「秘密保護法制の歴史的展開と現代の秘密保護法」右崎正博ほか編『秘密保護法から「戦争する国」へ』旬報社、一〇月（**第3巻**）
*「安倍政権とは何か」渡辺ほか共著『〈大国〉への執念―安倍政権と日本の危機』大月書店、一〇月（**第14巻**）
*「安倍政権と現代改憲の新段階」『法律時報増刊　改憲を問う』一二月（**第8巻**）

【二〇一五】

「安倍政権の改憲を阻み、憲法を活かす日本と東京を」『月刊東京』一・二月
「総選挙の結果と安倍政権の政治」『月刊東京』四月
「第三次安倍内閣の暴走にいかに立ち向かうか」『月刊女性&運動』四月
「安倍政権と日本の危機―改憲策動の歴史をふり返り安倍政権の位置を探る」『月刊憲法運動』四・五月

「安倍内閣と改憲策動の新段階」『前衛』五月
＊「戦後日本の岐路で何をなすべきか」『世界』六月（第16巻）
＊「日本国憲法をめぐる攻防の七〇年と現在」『法と民主主義』七・八・九月号（第16巻）
「憲法の平和と民主主義をめぐる攻防の七〇年」久冨善之・教育科学研究会『教育をつくる』旬報社、八月
「戦争法案反対運動が切り拓いた新たな地平」『現代思想』一〇月臨沂増刊号』九月
「戦後安保体制の大転換と安倍政権の野望」『経済』一一月
「戦争法廃止の展望と安倍政権の野望―グローバル大国化と新自由主義の新たな段階」『ＫＯＫＫＯ』四号、一二月
＊「戦争法案反対運動の到達点と戦争する国づくり阻止の展望」『月刊全労連』一二月（第16巻）
【二〇一六】
＊「安倍政権の教育改革の位置とねらい」『日本教育法学会年報』四五号、三月（第15巻）
「憲法公布七〇年、安倍政権の野望と運動のこれから」『月刊憲法運動』五・六月
「戦争法廃止か安倍改憲か」『前衛』五月
「憲法をめぐる情勢と参院選後の課題」『月刊憲法運動』一二月
＊「安倍政権による戦争法強行と対抗構想」渡辺治・福祉国家構想研究会編『新福祉国家構想5　日米安保と戦争法に代わる選択肢―憲法を実現する平和の構想』大月書店、一〇月（第16巻）
＊「補論　日本の平和のためには憲法改正が必要なのか?―新憲法論批判」同前（第9巻）
＊「安保のない日本をめざす運動と構想の経験」同前（第16巻）
＊「日米安保と戦争法に代わる日本の選択肢―安保条約、自衛隊、憲法の今後をめぐる対話」同前（第16巻）
「参議院選挙後のたたかい―憲法まもる大闘争の前進を」『社会保障』四六九号、六冬号
「安倍改憲の新段階と九条の会の新たな課題」『広島ジャーナリスト』二二七号、二〇一六年冬
「参院選の結果と運動の課題」（上）（下）『月刊東京』一〇月、一一月号
「憲法をめぐる参院選後の情勢と課題」『月刊憲法運動』一二月
【二〇一七】
「安倍政権を倒し平和と福祉の地域と日本をつくる展望」『季刊自治と分権』一月冬号
＊「近代天皇制・天皇論の課題」歴史科学協議会編『歴史が挑んだ課題―継承と展開の50年』大月書店、五月（第1巻）
「戦後政治と憲法・憲法学の七〇年」『法律時報臨時増刊　戦後憲法学七〇年の軌跡』五月
＊「近年の天皇論議の歪みと皇室典範の再検討」吉田裕・瀬畑源・河西秀哉編『平成の天皇制とは何か―制度と個人のはざまで』岩波書店、七月（第5巻）
「改憲をめぐる戦後史の展開と安倍改憲の歴史的位置」『歴史学

研究』一〇月

「安倍政権に代わる選択肢を―安倍改憲を阻む共同から野党連合政権めざす共同へ」『前衛』一〇月

「安倍首相の改憲発言―そのねらいと危険性」九条の会、一一月

「安倍政権と二〇一七年総選挙」『月刊東京』一二月

「衆院選後、安倍改憲の新段階と九条の会の課題」九条の会東京連絡会『生きいき憲法』五三号、一二月

【二〇一八】

「日本国憲法がこれまで果たしてきた役割と改憲策動」日本婦人団体連合会篇『女性白書２０４８』ほるぷ出版、八月

「安倍九条改憲の危険性と、発議阻止にむけたたたかい―朝鮮半島情勢激変、参院選を見据えて」『月刊憲法運動』九月

「憲法とともにあゆみつづける―子どもの未来・くらし・平和」『月刊女性&運動』一〇月

「安倍改憲の新局面と阻止の展望」『前衛』一二月

【二〇一九】

「安倍改憲をめぐる攻防と参院選」『季論21』七月夏号

「参院選の結果と安倍改憲をめぐる新たな情勢・課題―日民協第五八回定時総会記念講演より」『法と民主主義』八・九月

「改憲と国家改造戦略の歴史と現段階」『法の科学』五〇号、九月

「参院選結果と安倍政権をめぐるたたかいの展望」『月刊東京』九月

「参院選後の新たな情勢と改憲阻止の展望」『月刊憲法運動』一〇・一一月

【二〇二〇】

＊「平成の天皇とは何であったか」1～4『季論21』一月冬号～一〇月秋号（**第5巻**）

「安倍改憲のねらいと危険性―改憲発議阻止のために」九条の会ブックレット、四月

「序　地方自治の未来を切り拓く中野の共同」小澤哲雄『地方自治を拓く』自治体研究社、四月

「人権と政治」『月刊地域と人権』八月

「安倍政権退陣、菅政権の誕生と『現代』誌への期待」『治安維持法と現代』四〇号、秋季号

「安保六〇年と日本国憲法」『月刊憲法運動』一二月号

【二〇二一】

＊「新段階に入った改憲策動に終止符を」『経済』九月（**第8巻**）

【二〇二二】

「総選挙の結果と野党共闘の行方」『月刊東京』一・二月号

「総選挙の結果と改憲をめぐる対抗の新局面」『月刊憲法運動』一・二月

「総選挙の結果と改憲問題の新局面」『月刊全労連』二月

「現代政治の中の天皇制―その軌跡と批判」改憲阻止！労働者・市民行動、二月

＊「コロナ禍の中の新自由主義―その歴史的位置・構造・矛盾」『法の科学』五三号、九月（**第13巻**）

【二〇二三】

「改憲のねらいと危険性—いま何が問題か」学習の友ブックレット28『ストップ大軍拡　憲法を活かし、生活を守る』学習の友、六月

Ⅳ　英文著作・論文

Nakasone Yasuhiro and Post-War Conservative politics. Nissan Occasional Paper Series.NO.18, 1993

The Sociology of Jisyuku and Kicho: The Death of the Showa tennno as a Reflection of the Structure of Contemporary Japanese Society. JAPAN FORUM 2 1989.

The Emperor as a Symbol in Postwar Japan. THE TOHOGAKKAI, ACTA ASIATICA 59, 1990,11

Characteristics of Neoliberalism in Japan-Late Start and Different Modality. Japonesia review. No.3. 2007.

Ⅴ　その他（座談会・対談・インタビュー・書評など）（抄）

【一九八〇～八五】

書評「大江志乃夫『徴兵制』」『法学セミナー』一九八一年四月

長谷川正安・渡辺洋三・藤田勇・戒能通厚・渡辺治・水林彪・田山輝明「『マルクス主義法学講座』の完結に寄せて1」『法律時報』一九八一年八月

書評「長谷川正安『憲法現代史』」『法律時報』一九八二年七月

回顧と展望「日本近代（七）」『史学雑誌』九二編五号、一九八三年五月

書評「小田中聡樹『治安政策と法の展開過程』」『法律時報』一九八三年七月

コラム「ポルノ・非行は本能寺か　戦後警察の執念と戦略」『朝日ジャーナル』一九八五年二月一五日号

【一九八七】

インタビュー「21世紀めざす『支配戦略』—今次『高等教育改革』の位置」『全院協ニュース』一三二号、五月三〇日

書評「永井憲一他編『資料日本国憲法』」『法律時報』七月

コラム「上半期の収穫　法律」『週刊読書人』八月一〇日

コラム「『法の秩序』より『体制の秩序』を選んだ検察当局」『朝日ジャーナル』九月一一日

【一九八八】

講演「憲法はどう生きてきたか」「憲法をどう生かすか」『一九八七年度太子堂区民講座記録誌』世田谷区教育委員会太子堂分会

対談（西谷敏）「現代日本社会と労働者の未来」『労働法律旬報』一一八三・一一八四号、一月上・下

コラム「学生運動の狭間に」全国大学生活協同組合連合会『読書のいずみ』三五号、六月

【一九八九】

座談会（沼田稲次郎・藤田勇）「いま改めて人間の尊厳を」『労働法律旬報』一二〇七・一二〇八号、一月上・下

座談会「天皇死去から一か月　東大生と天皇」『東京大学新聞』二月七日
談話「政治不信　下」『朝日新聞』五月一六日
巻頭「かがり火　現代日本における『平和』の構造」『月刊社会教育』七月
コラム「新しい知への招待　戦後史の中の天皇論」『授業づくりネットワーク』二巻七号、九月
書評「渡辺洋三編『現代日本の法構造』」『赤旗』九月四日
コラム「『天皇』と『教育』―保守勢力と民主化運動の拮抗の中で」『草の実』三五〇号、一〇月
講演「企業社会の矛盾と80年代『保守改革』」（第三一回自治体学校）『住民と自治』一一月号

【一九九〇】

書評「石川真澄他著『自民党―長期支配の構造』」『月刊東京』一月
座談会「象徴天皇制の今日」『歴史評論』一月
対談（二宮厚美）「日本社会の90年代展望」『労働法律旬報』一二三四号、二月下
座談会「若手研究者の成長と科学者運動」『日本の科学者』五月
書評「岩波新書編集部編『昭和の終焉』」『エコノミスト』五月二二日
対談「戦後45年　日本を問う」（上）（中）（下）『赤旗』八月一〇、一一、一二日
対談「豊かな社会、学生の選択」『読書のいずみ』四四号、九月
コラム「『豊かな社会』の構造をみつめるとき」『全国革新懇ニュース』六四号、九月一五日
コラム「著者は語る・『「豊かな社会」日本の構造』」『住民と自治』一〇月
談話「平和憲法に大きな穴をあける」『ＡＥＲＡ』一〇月九日
座談会「いま、なぜ小選挙区制・政党法か」『労働法律旬報』一二四九号、一〇月下
コラム「『経済大国から生活大国へ』の大合唱が空しく聞こえる過労死の蔓延」『週刊ポスト』一〇月一二日
コラム「渡辺治：新任の社会学部教授」『ＭＥＲＣＵＲＹ』三三号、一〇月
コラム「国連協力法案と憲法改正」『東京新聞』一〇月三〇、三一日号
談話「即位の礼はナショナリズム高揚のため」『全院協ニュース』一五二号、一一月

【一九九一】

コラム「春闘に想う・過労死のない社会システムを」『連合通信』一月
対談（渡辺洋三）「国際平和への展望と九〇年代日本」『労働法律旬報』一二五九号、三月上
シンポジウム「日本型企業社会を考える」『経済』六月

【一九九三】

書評「『競争の教育』久富善之―現代日本の教育における競争秩序の解明」『教育』七月

コラム「国民のための公共事業を守る課題」『労働運動』八月

【一九九四】

インタビュー「情勢の底流を見抜く」『うんゆ一般』六月

インタビュー「都民の力で、もっと人間らしい社会を」『つくろう私たちのまち東京』ふたたび革新都政をめざす会、六月

【一九九五】

講演「激動の九〇年代：日本の政治を読む―小沢一郎氏の大国化構想を中心に」『民研学習資料』三月

シンポジウム（斎藤諦淳・山崎政人ほか）「『55年体制の崩壊』と教育政策」『日本教育政策学会年報』二号、一九九五年

【一九九六】

メッセージ「政治や社会のありようを明確にして闘うとき」『ほんりゅう』一月

座談会「激動の世界と日本資本主義」『経済』一〇月

インタビュー「大国主義化の新たな段階に」『うんゆ一般』一二月

【一九九七】

座談会（徳重昌志・山科三郎）「橋本「改革」と民主主義」『経済』六月

インタビュー「新ガイドラインは何をめざしているか」『海員』一〇月

座談会（藤島宇内・浦田一郎ほか）「新ガイドラインの本質とその背景」『法と民主主義』一一月

【一九九八】

コラム「財界の21世紀戦略とは」『愛知保険医新聞』四月一五日

【一九九九】

座談会（森英樹・浦田一郎）「グローバル安保体制と憲法の平和主義」『法律時報』一月

インタビュー「新ガイドラインが語る日本の位置」『住民と自治』八月

座談会（森英樹・浦田一郎・和田進）「グローバル安保体制と憲法の平和主義」『法律時報』一月

インタビュー「石原都政のねらいは何か」『月刊東京』五月

座談会（上田耕一郎・二宮厚美）「これから世界と日本はどうなるか」（復刊四周年記念）『経済』一一月

コラム「憲法に具体的な力を持たせてきた歩み」『くにたち公民館だより』一一月

【二〇〇〇】

時評「国会での憲法調査会の発足に際して」『法と民主主義』一月

コラム「国際化社会と日本のゆくえ」『子どもと教育』一月

座談会「現代日本の争点―二つの改革をめぐって」（上）（下）『賃金と社会保障』一二六五・六六号、六七号、一月上・下、二月上

講演「周辺事態法は日本をどこに向かわせるか」『国連憲法問題研究会連続講座報告集一八集』三月

コラム「90年代教育改革は教育困難を解決するか」『子どもと生きる』七・八号

【二〇〇一】

座談会（杉原泰雄・隅野隆徳）「憲法と国家・地方自治」『季刊自治と分権』一月冬号

対談（竹内常一）「いじめから「学級崩壊」へ」（上）（下）『月刊東京』一月、二月

座談会（二宮厚美・志田なや子・後藤道夫）「現代日本政治の焦点」『ポリティーク01』五月

座談会（石埼学・久保田穣）「パンドラの箱を開く『対テロ法』」『週刊金曜日』一〇月二六日

【二〇〇二】

対談（矢田部理）「憲法改悪のシナリオを問う」『いまこそ、憲法を生かす』コンパス21刊行委員会

座談会（川田悦子・武藤一羊）「小泉政権の参戦と『構造改革』」『ピープルズ・プラン』一七号、一月

インタビュー「新自由主義改革にどう対抗するか」『月刊社会教育』一月

座談会（安田浩・中西新太郎・後藤道夫）「新自由主義と国家統合」『ポリティーク04』五月

対談（和田進）「有事法制・憲法・地方自治」『季刊自治と分権』七月夏号

座談会（暉峻衆三・進藤兵・後藤道夫）「開発主義と『構造改革』」『ポリティーク05』一二月

【二〇〇三】

対談（田中孝彦）「なぜ、いま教育基本法改正なのか」（上）（下）『教育』四、五月

【二〇〇四】

インタビュー「憲法改悪を許さないために」『民医連医療』五月

コラム「現代日本社会の常識の誕生―日本の時代史（27）高度成長と企業社会」『本郷』五二号、七月

座談会（斎藤貴男・進藤兵・中西新太郎）「石原慎太郎とは何か」『ポリティーク08』九月

「メッセージ」『学習の友別冊　日本国憲法　改憲NO！』一〇月

対談（武藤一羊）「改憲へひた走る政治‐どこから反撃するか」『ピープルズ・プラン』二五号、冬号

【二〇〇五】

コラム「『日本の時代史』完結によせて」『本郷』五六号、三月

インタビュー「検証・石原都政―その暴走の構図」『法と民主主義』五月

コラム「九条改憲を阻み九条の理念を実現する運動を」『社会民主』九月

対談（野中広務）「戦後史・憲法・構造改革」『季刊自治と分権』一〇月秋号

【二〇〇六】

インタビュー「地方から暮らしの防波堤を―反構造改革と憲法九条は車の両輪」『ねっとわーく京都』一月

座談会（小澤隆一・二宮厚美・後藤道夫）「改憲をめぐる情勢と改憲阻止の展望」『ポリティーク11』三月

座談会（後藤道夫・木下智史）「対談・戦後改憲論の動向と特徴」『法律時報』六月

座談会（二宮厚美・後藤道夫・岡田知弘）「総点検　構造改革」『ポリティーク12』一二月

【二〇〇七】

座談会（天野恵一・木下ちがや）「新自由主義とナショナリズム」『インパクション』一五七号、四月

インタビュー「『新自由主義―その歴史的展開と現在』」『図書新聞』六月

座談会（上原公子ほか）「自民党惨敗後の政治はどう変わるか、どう変えるか」『ピープルズ・プラン』四〇号、一一月

対談（品川正治）「新しい日本の進路を問う時代に」『経済』一一月

【二〇〇八】

書評「社会保障でしあわせになるために　『社会保障基本法』への挑戦」『月刊保団連』四月

インタビュー「『教育改革』の真のねらいは何か」『歴史地理教育』七月

対談（湯浅誠）「戦争と貧困」『週刊金曜日』九月一二日

【二〇〇九】

シンポジウム「戦後民主主義の経過と特質―戦後民主主義運動と政治支配の対抗」地域人権ネット『戦後の人権及び部落問題の研究　第四年度研究会報告』二月

シンポジウム（岡田知弘、三橋良士郎）「道州制・地方分権改革と地方自治の行方」『季刊自治と分権』四月春号

インタビュー「高校生一万人の「憲法意識調査」を読み解く」『高校のひろば』七二号、夏号

【二〇一〇】

対談（品川正治）「いま、新しい国のかたちを問う」『経済』一月

対談「鳩山政権一〇〇日の攻防とその行方―新自由主義・利益誘導政治・新福祉国家」『現代思想』二月

シンポジウム（暉峻衆三、中西新太郎）「『戦後史』における時代区分をめぐって」『季論21』一〇月秋号

【二〇一一】

インタビュー「全体研究『現代日本社会』の「冒険」」『全所的共同研究の四〇年―インタビュー記録集』東京大学社会科学研究所シリーズ四二号、一月

対談（藤末衛）「今こそ新しい福祉国家構想を―憲法九条・二五条を実現しよう」『民医連医療』二月

シンポジウム「参院選後の情勢と対抗軸としての福祉国家構想の意義」（第三八回中央社会保障学校「福祉国家を考える」）『社

会保障』四三三号、冬号

【二〇一二】

対談（長瀬文雄）「新自由主義政治の現段階といのちを守る社会運動の課題」『いのちとくらし研究所報』四〇号、一〇月

【二〇一三】

座談会（岡田知弘、河添誠）「政治・経済・運動の課題―二〇一二年総選挙・都知事選挙の結果を受けて」『法と民主主義』一月

講演録「野中広務さん　渡辺治さんと憲法を語ろう」「青木書店『今こそ学校で憲法を語ろう』発刊記念シンポジウム」おまかせHR研究会、八月

【二〇一四】

巻頭言「安倍政権とは何か―軍事大国への野望と困難」『季論21』七月夏号

報告「全国革新懇『一点共闘』と政治を変える共同の発展をめざす懇談会」『前衛』七月

【二〇一五】

シンポジウム「戦後七〇年が問いかけるもの」『季論21』七月夏号

【二〇一六】

巻頭言「なぜいま、明文改憲発言なのか」『季論21』四月春号

対談（不破哲三）「現代史とスターリン―『スターリン秘史―巨悪の成立と展開』が問いかけたもの」一～三『前衛』一一月、一二月、二〇一七年一月号

インタビュー「安倍改憲を阻止する道―これしかない野党共闘」『治安維持法と現代』三二号、秋季号

講演「安倍改憲の新段階と九条の会の新たな課題」『広島ジャーナリスト』二七号、一二月

【二〇一七】

ブックレビュー「森正『評伝布施辰治』」『法律時報』九月

【二〇一八】

講演「九条二項を亡きものに―自民改憲案を読み解く」（全日本民医連「憲法九条を守る憲法闘争全県連代表者会議」）『いつでも元気』六月

講演「憲法とともにあゆみつづける―子どもの未来・くらし・平和」第六四回日本母親大会、八月

【二〇一九】

インタビュー「市民と野党の共闘で安倍改憲に終止符を！」『経済』八月

【二〇二〇】

インタビュー「新政権は『安倍＝菅政治』を断ち切れ」『選択』一〇月

【二〇二二】

インタビュー「ひとりでは社会は変えられない―変革のための社会科学研究、その道の途上で」『人間と教育』一一四号、夏号

VI　学会報告

一九八二年度民主主義科学者協会法律部会学術総会報告「一九八〇年代日本の国家体制・その方向―帝国主義的国家体制の確立をめぐって」

一九八二年度歴史学研究会大会報告「日本帝国主義の支配構造―一九二〇年代における天皇制国家秩序再編成の意義と限界」

一九八七年度歴史学研究会大会現代史部会報告「高度成長期における戦後型支配構造の成立」

一九八八年度民主主義科学者協会法律部会学術総会報告「現代日本の国家・法の構造」

一九八九年度全国憲法研究会総会報告「戦後憲法学と天皇制」

一九九〇年度歴史学研究会臨時大会報告「戦後日本の支配構造と天皇制」

一九九五年日本教育政策学会第一回大会シンポジウム「『55年体制の崩壊』と教育政策」提案「『55年体制崩壊』の意味と教育政策へのインパクト」

二〇〇〇年日本教育学会第59回大会全体シンポジウム「21世紀『教育改革』と日本の教育・学校の未来」提案「新自由主義改革の一環としての教育改革」

二〇〇二年度歴史学研究会大会現代史部会コメント

二〇〇四年度歴史学研究会大会全体会コメント「現代帝国主義論と帝国史の架橋」

＊二〇〇四年度日本政治学会共通論題「日本の左翼―過去・現在・未来」報告「戦後型左翼の形成・展開と日本政治に対する規制力」**（第16巻）**

二〇〇六年度民主主義科学者協会法律部会プレシンポ報告

二〇〇七年度同時代史学会大会報告「開発主義国家から新自由主義国家へ―同時代日本社会の歴史的位置をさぐる」

二〇〇八年度民主主義科学者協会法律部会学術大会報告「改憲論の新段階と民主主義法学の課題」

二〇一二年度歴史学研究会大会全体会報告「二つの国民的経験と新自由主義をめぐる対抗の新段階―新自由主義転換の構想と主体形成に焦点をあてて」

二〇一三年歴史科学協議会第四六回大会報告「新段階に入った日本政治と東アジア」

二〇一五年度第四五回教育法学会定期総会報告「安倍政権の教育改革の位置とねらい」

著作集あとがき

著作集全一六巻を出すことができた。

旬報社社長の木内洋育さんと実際に本づくりの相談を始めたのは、二〇一八年のことだから、準備も含めると、足掛け六年もかかった。刊行が始まったのは、二〇二一年一一月であるから、三年弱が経っている。

著作集を編んで改めて気付かされたのは、ここで扱った論点のほとんど全てが「未完」であるということであった。未完といえば聞こえは良いが、どれもが中途半端、多くの検討し残しがある。

とはいえ、筆者には、自分の仕事をまとめて出版していただけたのは、望外の喜びである。著作集をつくることができたのはひとえに、木内さんのおかげである。著作集の「解題にかえて」で折に触れて書いたが、ここで改めてお礼を申し上げる。

木内さんとの出会い

木内さんと初めて会ったのがいつかは覚えていない。一九八〇年代中葉のことだから、かれこれ、もう四〇年になる。一緒に仕事をした初めは、一九八五年一月上・下旬号『労働法律旬報』の戦後四〇年を問う特集で「戦後日本社会の変容と変革の展望」という企画を立て、加藤哲郎、安田浩、高橋祐吉さんとの座談会を行ったあたりのことであろうか。頻繁に会うようになったのは、本巻の「解題にかえて」でも書いたように、一九九〇年に『「豊かな社会」日本の構造』をつくった時からである。以後、木内さんの勧めで、たくさんの単行本を出した。単著だけでも、『憲法「改正」』、『増補・憲法「改正」』二〇〇五年、『安倍政権論』二〇〇七年、『安倍政権と日本政治の新段階』二〇一三年、『安倍政権の改憲・構造改革の新段階』二〇一三年、『安倍政権の終焉と新自由主義政治、改憲の行方』二〇二〇年、『「平成」の天皇と現代史』二〇二二年である。

しかし、木内さんと仕事をした主力は、共著や筆者が編者になっての企画の方であった。渡辺洋三さんとの座談会を本にした『国際平和と日本社会のゆくえ』一九九一年、浦田一郎、三輪隆、和田進さんなどとの共著『「憲法改正」批判』一九九四年、同じく三輪隆、小澤隆一さんと筆者の三人が編者となってつくった『有事法制のシナリオ』二〇〇二年がそれである。また、筆者が編者となって現代日本社会の論点を二二人の研究者がかなりの紙数で書いた『現代日本社会論』一九九六年も記憶に残る仕事である。

なんといっても、筆者の記憶に残るのは、筆者の単独編集で、戦後の憲法改正案、改正関係文書に解説を付して出版した『憲法「改正」の争点』二〇〇二年であり、その増補版『憲法改正問題資料』(上・下)二〇一五年である。この『争点』『資料』は、原則として全ての資料を抜粋でなく全文収録し、筆者が全て解説を書いたものである。各資料を専門家の分担でなく、筆者一人が書くのは欠陥も多い代わりに解説の視点が一貫している点では、意義があったと自負している。『争点』を出した、二〇〇二年は、それまで歴代自民党首相が政権発足当初に「在任中は憲法改正をしない」と表明する慣行を覆して改憲を明言した小泉政権のもとで、自衛隊の海外派兵、改憲が浮上したときであった。この本は、表紙が真っ赤で、分厚い、よく目立つ本であったが、当時小泉内閣の閣僚であった石破茂のテレビでのインタビューで、椅子に座った石破の背後の本棚に、この赤い本が並べてあったのをよく覚えている。

木内さんとの仕事では、すぐ後に述べる、後藤道夫、二宮厚美さんなどと一緒に、雑誌『ポリティーク』を出したこと、また民主党政権樹立の直後、岡田知弘、後藤、二宮、筆者の四名で『新自由主義か新福祉国家か』と題する単行本を出版したことも思い出深い。二〇〇九年八月の総選挙で圧勝して誕生した民主党政権をどう評価するかは、当時、最も強い関心の集まった点であった。本書を執筆した四人は、その年の春に福祉国家構想研究会を呼びかけて研究会をスタートさせていたが、本書は、この四人が共同で出した最初の本であった。

「先生」のこと、「理論的」友人のこと

筆者が現代の支配に対する批判的な研究を一生追求しようと決意するうえで、またその方法や視角を形成するうえで大きな影響を与えてくれた「先生」と「理論的」旧友のことにまず触れたい。

筆者が、その進路や研究の方法、視角に影響を受けた二人の先生がいる。まず一人は、筆者の東戸山中学時代の社会科の教師であった黒羽清隆先生である。黒羽先生からは、その歴史の授業で何より学問、とくに歴史学の面白さを教えてもらった。それと社会を良くするために働くことの重要性を教えてもらった。マルクスの三部作やウエーバーを教えてくれたのも先生であった。先生はその後、高校教師から静岡大学に赴任したが、筆者が東京大学社会科学研究所（東大社研）に入ってからは一緒にお仕事を手伝うようになっていた。著作集6巻の「解題にかえて」で書いたように、先生は、筆者が最初の単行本『日本国憲法「改正」史』をお送りした直後、亡くなられた。

二人目は、東大社研で六年間の助手時代、毎日のようにお会いし、話し込み、文体に至るまで影響を受けた奥平康弘先生である。大学時代、学生運動に専念していたこともあって「先生」と呼ぶ人はいなかったが、東大社研に入って、奥平先生にお会いできた。先生からは、歴史の中で市民的自由の重要性を嫌というほど学んだ。黒羽先生を社会派と言えば奥平先生は市民派とでもいうべき存在であった。筆者は、社会派として歩いてきたが、市民派を常に意識してきたのは奥平先生の影響も強い。

筆者が東大社研から一橋大学に移り先生も国際基督教大学に赴任されてお会いすることは少なくなったが、なんと九条の会でご一緒することになり、親しいおつきあいが復活した。その奥平先生も、二〇一五年一月に亡くなられた。講演を行なって、おつれあいと帰宅された夜中のことであった。

理論的影響を受けた友人は、たくさんいるが、ここでは、同世代の三人のお名前だけあげたい。一人は筆者の戸山高校時代からの親友、安田浩さんである。彼とは、天皇制国家と現代日本の国家、帝国主義復活と対米従属、日本労働運動の構造などについて、夜が明けるまで話した。その交流は、お互いが研究者の道に入っても、時に問題関心が離れたり、また近寄ったりしながら、彼が亡くなるまで続いた。この安田さんを歴史派と呼べば、理論派とでも名付けられる友人が、後藤道夫、二宮厚美さんのお二人である。後藤さんや二宮さんともお付き合いは長い。帝国主義、新自由主義、対抗構想としての新福祉国家などは彼らの論稿に学び、また議論しあって彫琢してきた。筆者はここでも、歴史派と理論派の間でウロウロしている。

社会運動の中で

筆者は、支配層の繰り出す政策を批判的に検討し、現状の変革をめざす立場から現代日本の構造の分析に取り組んできたが、筆者の拙い作品のほとんどは、こうした支配層の攻勢に立ち向かう社会運動に関わって書いたものであった。そのなかで多くの人々と出会い、自分の分析を吟味し影響を受けた。本来であれば、ここでこれら多くの人々に触れたいと思ったが、膨大な紙数を要しとうてい無理なので、ここでは筆者が関わった運動や団体について触れておきたい。

改憲阻止の運動

筆者が研究の早い時期から追求し、現在に至るも追求しているテーマは、支配層が執念をもって何度も挑戦した、日本国憲法と憲法「改正」に関わるものであり、それに反対する運動のなかで多くの人々に出会い、お世話になった。

その意味でまず挙げるのは、筆者が東大社研の助手時代から参加している学会「民主主義科学者協会法律部会」（以下民科）、特に憲法分科会のメンバーである。著作集6巻の「解題にかえて」で触れたように、民科の合宿ではいつも、改憲や支配層の攻撃に関しての議論が闘わされた。
また、同じく日本国憲法擁護の立場に立った憲法学会である「全国憲法研究会」（全国憲）のメンバーからも影響を受けた。筆者自身、東大社研助手時代から、全国憲の事務局を、隅野隆徳事務局長から浦田賢治事務局長時代にかけて六年にわたって務め、その間多くの方々から影響を受けた。

筆者が改憲問題に取り組んだ直接の契機となったのは、憲法改悪阻止各界連絡会議（憲法会議）である。憲法会議は、一九六五年に結成以来、川村俊夫事務局長のもと、改憲に反対する運動を続けて現在にいたっている。これも著作集6巻「解題にかえて」で書いたように、筆者が改憲問題に取り組んだのは、一九八二年、川村事務局長から、当時自民党憲法調査会内で展開されていた、改憲の動きについて報告するように依頼されたことであった。その後も、現在に至るまで、改憲の波、軍事大国化の波がおこるたび、また新たな段階に入るたびに、憲法会議での講演や原稿の依頼を受け、改めて勉強を続けてきた。

改憲問題に取り組むうえでなんといっても大きな影響を与えたのは、二〇〇四年六月に誕生した「九条の会」、その後二〇年以上にわたって続いている全国の9条の会運動との関わりである。

これも、川村さんからのお誘いで、結成前から関わった。当時は、小泉内閣のもとで自衛隊の海外派兵から、改憲の動きが台頭していたが、民主党を含めた野党共闘はおろか、社民党と共産党の共闘もできていなかった。そこで、九条の改悪に反対する一点で、賛同する個人が集まる形で、市民の広い結集を図ろうと始まったのが、九条の会であった。以後二〇年以上にわたり事務局員として携わってきた。九条の会について思い出は多いが、ここでは、大きな影響を受けた、同じ事務局の二人の「先輩」についてのみ触れておきたい。一人はすでに亡くなられた川村さんであり、もうお一人は、著作集本巻収録の第6論文でも扱った「許すな！憲法改悪市民連絡会」の運動にずっと携わってこられた高田健さんである。政治的立場も異なるお二人からは、いろいろなことがおこるたびに、9条の会の、党派を超えた運動という性格を何より大切にするという原則をくり返し学ばされた。

企業社会と新自由主義批判の運動

憲法問題と並んで筆者が力を入れたのは、企業社会のもとでの日本社会の構造の分析であり、その企業社会を右から改変した新自由主義改革の分析であった。すでに、企業社会のもとでの社会保障の貧困な構造、企業社会に固有の「過労死」や「単身赴任」などの矛盾、企業社会変革の展望については、八〇年代中葉から、講演や原稿の依頼を受けて、それを機に勉強していた。一九八四年二月、進歩的な弁護士集団である自由法曹団の東京支部総会での講演とシンポジウム「八〇年代反動の性格と矛盾」がその初めであった。九〇年代以降になると、自由法曹団からは、軍事大国化、改憲と新自由主義改革という二つの改革についての講演の依頼を多数受けた。

企業社会のもとでの教育や子どもたちの競争構造、さらに、教育現場で浮上した「日の丸・君が代」、そして、九〇年代に本格化する教育の新自由主義改革については、八〇年代後半からたくさんの教育関係団体からの要請で講演や原稿を頼まれ、自らが属する大学問題も含めて、勉強した。教育科学研究会からは、一九八九年の昭和天皇死去に関わる問題での講演を手始めに、九〇年代に入ると、教育の新自由主義改革について、新たな段階に踏み込むごとに原稿を依頼され、それを機に、勉強した。

日本民間教育団体連絡会(民教連)や都高教はじめ全国の教職員組合や教育の市民団体などからは、支配層の軍事大国化、改憲と、新自由主義改革の二本立ての攻撃、教育現場における、その表れについてたくさんの依頼を受け、その度に勉強を重ねた。

全日本民主医療機関連合会(民医連)や、保険医団体連合会(保団連)、各地の保険医協会からは、九〇年代以降進行する新自由主義改革、それに伴う社会保障、医療制度の体系的な削減、再編成の動きについて講演を依頼され、そのたびに改めて勉強をした。

『講座現代日本』『ポリティーク』から福祉国家構想研へ

新自由主義と軍事大国化の二つの改革による支配構造の再編成を、筆者は日本の現代帝国主義化の動きと捉え分析するようになった。こうした分析の示唆、手がかりを得たのは、後藤道夫、二宮厚美、中西新太郎、木下武男らと行なった大月書店の『講座現代日本』の刊行であった。この講座のための研究が、筆者の現代日本社会分析の土台となった。

それをさらに具体的に分析しようと、旬報社から『ポリティーク』を刊行した。雑誌の刊行は想定を上回る難事業であったが、筆者にとっても勉強の刺激となり、多くのことを学んだ。

この『ポリティーク』の中から新自由主義を終焉させるには、それに対抗する構想、新しい福祉国家の構想が必要ではという共通の思いが強まり、対抗構想の具体化をめざして、後藤、二宮、渡辺に、岡田知弘を加えた四人を共同代表にして福祉国家構想研究会を立ち上げた。ここには多くの運動団体が集まり、対抗構想づくりの過程で大いに勉強したが、この研究会については、著作集第14巻「解題にかえて」で書いたので、ここでは省略する。

東京自治問題研究所と日本民主法律家協会

一九八〇年代末葉に、当時から事務局を務めていた安達智則さんのお誘いで、東京自治問題研究所の活動に参加した。当時、筆者は、美濃部都政を始め革新自治体の成立とその政治については強い関心をもっていたが、地方自治について正面から勉強したことがなかった。これを機に、自民党政権下の地方自治の構造の勉強を始めた。

二〇〇一年、東京自治問研の理事長に就任した。全く自信はなかったが、事務局長の石橋映二さん、安達さんたちの助けでなんとか務めることができた。実は筆者が理事長に就任する以前の一九九九年から石原都政が猛威を振るっていた。革新の統一候補で石原都政を何とか変えたいという思いから、この時期に、都知事選でも、統一をめざす動きをつくるのに努力した。

本巻の「解題にかえて」でも書いたように、筆者は、一九七〇年代から日本民主法律家協会の事務局を務め、機関誌『法と民主主義』に多数の原稿を書いた。また、二〇一一年から三年間、理事長を務めたが、その詳細は本巻「解題にかえて」に譲る。

大学での研究、教育

筆者の研究には、一九七三年に助手として採用されて以来助手、助教授として一九九〇年春まで一七年を過ごした東京大学社会科学研究所、一九九〇年以来、二〇一〇年の定年まで二〇年間を過ごした一橋大学社会学部、社会学研究科での生活は大きな影響力をもった。

社研助手、助教授時代は、教育義務がなかったため、筆者は、いくつかの大学での非常勤講師としての授業——概ね憲法の授業であった——を除けば、研究に専念した。しかも社研は、法律、政治、経済、歴史の研究者が専門分野を超えて集まる研究所であり、筆者のようなものには最適の場所であった。

しかし、筆者には、学生に対する講義をもたないことは、逆に不満であった。学生への講義やゼミを通じて、筆者自身の問題関心も、社会に対する仮説も試されると思ったからである。そうした折、一橋大学に就職していた、学生時代からの友人であり社会科学方法論研究会のメンバーでもあった加藤哲郎さんから、一橋大学に誘いがあり、しかも学部は、法学部でなく、社会学部であるということで、筆者は一も二もなく了承して、一九九〇年に一橋大学に移ることになった。

一橋大学での生活は、筆者にとっては、最高の環境であった。何より、一橋大学は、ゼミナールを重んじている大学であり、移動早々から、学部ゼミナールを持つことになった。最初はもちろん、応募者はゼロ、でも加藤さんが第一次募集で学生をこちらに紹介してくれた学生二人と、二次募集で取った学生で、ゼミをスタートした。それから二〇年、ほぼ二〇〇人の学生をゼミで指導した。毎週、ゼミの日は、午後からスタートして八時過ぎまでやることが多かった。夏の合宿、冬の卒論合宿も含めて、楽しい時間であった。

講義の方は、政治学分野は、加藤哲郎、吉田裕、筆者の三人で成り立っていたので、交代で、政治学、政治過程、政治史、比較政治、それに、学部一、二年生を対象とした、「政治と社会」という教養科目の授業を分担した。講義では、当初は企業社会論、企業社会と自民党政治の存続、企業社会と教育、のちには新自由主義改革などを中心に行なった。

研究にとって大きな影響を与え、刺激となったのは、大学院のゼミナールと講義であった。

大学院のゼミには、正規の試験を受けて入学した院生の他、〝もぐり〟で、ゼミに参加したり講義に出る学生が大変多かった。それら学生も含めて、こちらの方は、筆者の研究課題や問題意識を深めるには、大きな刺激となった。大学院ゼミには、学部の筆者のゼミ生からの学生もいた。彼ら、彼女らの多くは、研究者として、あるいは社会運動にかかわって旺盛に活動している。筆者のバトンが、彼ら、彼女らに受け継がれることを願っている。

ポスト著作集でやりたいこと

著作集をつくるとき、筆者は、自分にとっては、これを中間総括にし、今後の研究課題を確認する手立てにしようと企んでいた。しかし、著作集を進めるうち、その目論見が極めて甘いものであったことに気付かされた。

一つは、今までやってきたことはどれも中途半端で、残りの人生で挑戦するには、そこで出された課題は大きすぎることに気づいたことであった。しかも、中間総括にしては、筆者は歳をとりすぎていて、むしろ「終活」になりかねないことに、これまた気付かされたことである。

しかし、著作集後に、どうしてもやりたいことはある。一つは、日本の新自由主義の三〇年を総括して、この三〇年で日本はどうなったかを改めて検証したい、『新自由主義の日本史』を書いてみたいことである。もう一つは、戦後八〇年を総括し、前半四五年、高度成長と企業社会の日本と、後半三五年、新自由主義と停滞の三〇年を通して、日本はなぜこうなったのか、これからどこへ、をテーマにした『戦後日本史』である。

＊

最後に、これまで、ほぼ五〇年、それぞれ仕事を持ちながら共に歩んできた妻の由美子に感謝したい。講演や原稿に追われ、いつも「忙しい」「忙しい」と無理を強いてきたことも少なくなかった。今、彼女は、大学院で博士論文を執筆中だが、筆者の論文や彼女の論文について折に触れて議論してきたことが少しでも役にたてば幸いである。

また、改めて、本著作集という無謀な企画を実現してくれた木内洋育さんにお礼を申し上げたい。

この社会を何とかしたいと考え行動している人々が、この著作集のどれか一冊でも手に取って読んでいただき、現存社会の問題を考える手がかりにしていただければ、これにすぐる喜びはない。

二〇二四年八月

著　者

[著者紹介]
渡辺　治（わたなべ　おさむ）
一橋大学名誉教授。1947年東京都生まれ。1972年東京大学法学部卒業、73年4月より79年3月まで東京大学社会科学研究所助手、79年10月より同研究所助教授、1990年4月より一橋大学社会学部教授、2000年4月より10年3月まで同大学大学院社会学研究科教授、この間、2004年12月より06年11月まで同大学院社会学研究科長・社会学部長、2010年名誉教授。2001年より10年まで東京自治問題研究所理事長。2011年より14年まで日本民主法律家協会理事長。2004年より「九条の会」事務局。

渡辺治著作集第16巻
運動・社会民主主義・対抗構想
2024年9月10日　初版第1刷発行

著者………………渡辺　治
装丁………………坂野公一（welle design）
発行者……………木内洋育
発行所……………株式会社 旬報社
〒162-0041 東京都新宿区早稲田鶴巻町544
TEL 03-5579-8973　FAX 03-5579-8975
ホームページ　https://www.junposha.com/
印刷・製本………モリモト印刷株式会社

ISBN 978-4-8451-1820-5

渡辺治著作集
全16巻

第1巻　天皇制国家の専制的構造
第2巻　明治憲法下の治安法制と市民の自由
第3巻　戦後日本の治安法制と警察
第4巻　戦後政治史の中の天皇制
第5巻　現代政治史の中の象徴天皇制
第6巻　日本国憲法「改正」史　憲法をめぐる戦後史・その1
第7巻　政治改革と憲法改正　憲法をめぐる戦後史・その2
第8巻　現代改憲をめぐる攻防　憲法をめぐる戦後史・その3
第9巻　運動が支える憲法の力　憲法をめぐる戦後史・その4
第10巻　企業社会の形成と自民党政治——戦後日本国家の構造
第11巻　グローバル化と現代日本の帝国主義化
第12巻　「帝国」アメリカの覇権と日本の軍事大国化
第13巻　新自由主義日本の軌跡
第14巻　新自由主義日本の現在
第15巻　現代日本国家と教育、ナショナリズム
第16巻　運動・社会民主主義・対抗構想